www.ingramcontent.com/pod-product-compliance
Lightning Source LLC
Chambersburg PA
CBHW081123170426
43197CB00017B/2734

ליקוטי מוהר"ן

LIKUTEY MOHARÁN

ליקוטי מוהר"ן
LIKUTEY MOHARÁN
Volumen 4 (Lecciones 23-32)

Por el
Rabí Najmán de Breslov

Traducción al Inglés del
texto original en Hebreo
y Edición
Moshé Mykoff

Notas
Jaim Kramer

Traducción al Español
Guillermo Beilinson

Publicado por
BRESLOV RESEARCH INSTITUTE
Jerusalem/New York

ISBN 978-1-928822-39-4
Copyright © 2013 Breslov Research Institute

todos los derechos reservados

Ninguna parte de esta publicación podrá ser traducida, reproducida o archivada en ningún sistema o transmitida de ninguna forma y de ninguna manera, electrónica, mecánica, fotocopiada o grabada o de cualquier otra manera, sin el consentimiento previo, por escrito, del editor.

Primera edición

Título del original:
Likutey Moharan IV

Para más información:
Breslov Research Institute
POB 5370
Jerusalem, Israel.

Breslov Research Institute
POB 587
Monsey, NY 10952-0587
Estados Unidos.

Breslov Research Institute
c\o G.Beilinson
calle 493 bis # 2548
Gonnet (1897)
Argentina.
e-mail: abei2ar@Yahoo.com.ar

Impreso en Israel
Diseño de cubierta: Shimon Bar
Revisión del original: Betzalel Retyk

Para la Elevación del Alma

de mi Padre

Aarón ben Biniamin z"l

y para mi Madre

Berta bat Pola

•

INDICE

Prefacio i

Lección 23 2

Lección 24 70

Lección 25 106

Lección 26 142

Lección 27 146

Lección 28 174

Lección 29 204

Lección 30 266

Lección 31 334

Lección 32 414

Apéndice: Diagramas................................. 423

Likutey Halajot 433

LOS SABIOS DE ATENAS*

Relata el Talmud (*Bejorot* 8b):

Cierta vez, el Emperador romano le hizo la siguiente pregunta al rabí Ioshúa ben Janania: "¿Cuánto dura el tiempo de gestación de una serpiente?".

---

* **Los Sabios de Atenas.** Éste es uno de los pasajes hagádicos más extraordinarios y enigmáticos del Talmud. Relata cómo el rabí Ioshúa ben Janania, "el más sabio de los judíos" (*Jaguigá* 5b), superó en ingenio a los Sesenta Sabios de Atenas. Esos Sesenta Sabios eran famosos por su gran sabiduría y profunda comprensión. Esto hace que su increíble conversación parezca mucho más ridícula.

Comentando sobre este pasaje en *Bejorot*, el Maharsha (*loc. cit., v.i. beHagadá*) escribe: ¿Quién podría llegar a creer que el rabí Ioshúa hubiese consentido voluntariamente a tal batalla de ingenio? ¿Acaso tiene algún sentido el que pusiera su vida en peligro para debatir con los Sesenta Sabios - especialmente en un intercambio tan trivial y absurdo como el que encontramos aquí? Más aún, en la eventualidad de que él saliese vencedor, ¡¿no había mejor manera para el rabí Ioshúa de vencer a sus adversarios que invitarlos a una comida?!

De acuerdo a ello, el Maharsha concluye que no hay forma de interpretar este intercambio de manera literal. Más bien, él explica todo el encuentro como un debate metafísico entre los judíos y los gentiles sobre los siguientes temas: la fe; la recepción de la Torá; el carácter único del pueblo judío; la importancia de unirse a Dios; la profecía; la recompensa y el castigo; la naturaleza eterna de la Torá; el exilio; y la llegada del Mashíaj. Hace notar que, dado que las discusiones precedentes en el Talmud se centraban en la obra de la naturaleza y en el orden natural de las cosas, ello derivó en una discusión sobre el período de gestación de la serpiente, lo que a su vez llevó a la historia del rabí Ioshúa y de los Sabios de Atenas. Mientras que los Sabios [progenitores de la civilización occidental] argüían a favor de la aceptación de la ciencia como guía para la moral, el rabí Ioshúa enfatizaba la creencia fundamental del judaísmo en la guía de la providencia Divina.

Aunque otros comentaristas ofrecen diferentes interpretaciones, todos están de acuerdo con la premisa del Maharsha de que el intercambio no debe ser tomado de manera literal. En verdad, como dice el Ari sobre los pasajes de la Hagadá en general, este intercambio entre el rabí Ioshúa y los Sabios de Atenas incorpora algunos de los secretos más profundos de la Kabalá. En el curso de las próximas nueve lecciones (#23-31), el Rebe Najmán revela algunas de esas ideas asombrosas y nos muestra que, pese a su naturaleza esotérica, pueden ser aplicadas a la vida diaria. Al final de la Lección #31, el rabí Natán escribe que aunque el Rebe había expresado su intención de "decir Torá" sobre toda la historia, no sucedió así. Hay dos intercambios entre el rabí Ioshúa y los Sabios que no aparecen en las lecciones (B y G, más abajo). Sin embargo, apoyándose en las otras enseñanzas del Rebe, el rabí Natán provee de una interpretación de ese material, completando así las lecciones conocidas colectivamente como *Sabei debei Atuna* ("Los Sabios de Atenas").

"Entonces lleva un atado de cañas", le aconsejó el rabí Ioshúa, "y cuando lleguemos a la puerta, deja el atado en el piso como si estuvieses descansando".

Al llegar a la residencia de los Sabios, el rabí Ioshúa notó que había unos guardias dentro de la entrada para impedir que alguien entrase y que había guardias afuera de la entrada para impedir que alguien saliese. Si los ancianos notaban las huellas de alguien entrando, matarían a los guardias de afuera por haber sido negligentes. Si notaban las huellas de alguien saliendo, matarían a los guardias de adentro por haber sido negligentes. En cuanto a los guardias mismos, ellos nunca matarían a nadie salvo que la persona entrase o saliese totalmente. ¿Qué hizo el rabí Ioshúa? Se puso las sandalias al revés y se quedó en la entrada dejando huellas. Cuando los ancianos notaron las marcas, presumieron que alguien había salido y mataron a los guardias de adentro. Entonces el rabí Ioshúa volvió a invertir sus sandalias y se quedó en la entrada haciendo huellas. Cuando los ancianos notaron las marcas, presumieron que alguien había entrado de modo que mataron al resto de los guardias. El rabí Ioshúa pudo entonces entrar a...

Adentro, encontró a los Sabios más jóvenes sentados en la galería superior más prestigiosa y a los Sabios más ancianos sentados abajo. Esto era hecho a propósito, para desorientar al intruso. Si saludaba primero a los ancianos, los más jóvenes lo acusarían de no haberles mostrado el debido respeto en virtud de su posición más preeminente. Y si primero saludaba a los más jóvenes en la galería superior, los ancianos lo acusarían de no haberles mostrado el respeto debido a su edad. Así, de la manera que fuese, siempre podrían acusarlo y condenarlo a muerte. El rabí Ioshúa comprendió esto y por lo tanto saludó a todos los Sabios de Atenas al mismo tiempo.

El Rebe Najmán cierta vez se dirigió a sus seguidores y les preguntó, "¿A qué altura estamos de las plegarias?". Más tarde explicó que sus lecciones seguían el orden de las plegarias y agregó que era muy probable que algún día alguien orase de acuerdo con esas enseñanzas (*Tzadik* #366). En estas lecciones podrá verse al Rebe Najmán tratando muchas de las secciones individuales de las plegarias diarias: el *tamid* (ofrenda diaria; #28); el *ketoret* (la ofrenda de incienso; #24); la *Baraita del rabí Ishmael* (los trece principios de interpretación de la Torá; #27); *Hodu* (#25), *Pesukey deZimra* (Salmos de alabanza; #22); *Az Iashir* (La Canción del Mar Rojo; #27); *Kriat Shemá* (#23); y *Tajanun* (#31). En las Lecciones #26 y #30 el Rebe trata el tema de la plegaria en general, lo que implica generalmente la plegaria de la *Amidá*. Finalmente, de acuerdo al *Belbey HaNajal*, la Lección #29 se relaciona con todo el orden de las plegarias de la mañana. Oramos para ser dignos de estas enseñanzas.

"Siete años", respondió el rabí Ioshúa. Cuando el Emperador insistió en que los Sabios de Atenas habían hecho copular a dos serpientes y la hembra había parido luego de tres años, el rabí Ioshúa replicó que la serpiente ya había estado preñada por cuatro años. Cuando le preguntó cómo era posible que la serpiente hubiese copulando una vez que estaba preñada, el rabí Ioshúa explicó, "En esto, las serpientes no son diferentes a los humanos".

"Pero los Sabios son expertos", arguyó el Emperador.

"Quizás, pero nosotros somos más listos", le replicó el rabí Ioshúa.

"Si ése es el caso", dijo el Emperador, "entonces anda a verlos. Sé más listo que ellos y tráemelos aquí".

"¿Cuántos son ellos?".

"Son sesenta". El rabí Ioshúa le solicitó al Emperador que le preparase una nave con sesenta camarotes, cada uno con sesenta sillas. Una vez hecho esto, salió para Atenas.

Cuando el rabí Ioshúa llegó a Atenas, entró a una carnicería. Allí encontró al carnicero trozando un animal. El rabí Ioshúa le dijo, "Véndeme tu cabeza".

"De acuerdo", respondió al carnicero. Cuando le preguntó cuánto quería por ella, el carnicero le respondió que costaba medio *zuz*.

El rabí Ioshúa le dio el dinero y le dijo, "Ahora bien, dame tu cabeza". El carnicero le alcanzó la cabeza del animal. "Yo no te pedí la cabeza del animal", insistió el rabí Ioshúa, "¡yo te pedí *tu* cabeza! Ahora bien, si quieres liberarte del compromiso, comienza a caminar y guíame hacia la entrada del colegio de los Sabios de Atenas".

El carnicero protestó. "Temo llevarte allí. Si ven que alguien está señalando hacia su colegio, lo matan".

Comenzamos recontando toda la historia. La traducción sigue la versión que aparece en el *Ein Iaacov* (#5) en lugar del texto estándar del Talmud Babli, pues el Rebe Najmán solía citar el *Ein Iaacov*. Se han intercalando los comentarios de Rashi y del *Etz Iosef* para proveer de una imagen más clara acerca de lo que está sucediendo. Además, la presentación es informal en el hecho de que no intenta adherirse al lenguaje exacto del Talmud (una traducción más precisa de cada intercambio se ofrece en la lección respectiva). Debe hacerse notar que debido a que los extractos que aparecen en el *Likutey Moharán* no coinciden con el orden del pasaje Talmúdico, se ha provisto de referencias al final de cada intercambio indicando dónde es posible encontrarlos en las obras del Rebe. En cuanto a los dos intercambios que no aparecen en el *Likutey Moharán*, al igual que la historia de apertura y su conclusión, éstos están explicados en el *Likutey Halajot, Leyes del Shabat* #6, y pueden encontrarse traducidos en este volumen.

C. Los Sabios de Atenas le dijeron, "Dinos algo falso".

El rabí Ioshúa dijo, "Teníamos una mula que dio a luz. Colgando del cuello de la mula recién nacida había una nota que tenía escrito lo siguiente: De la herencia de tu padre se me deben cien mil monedas".

Los Sabios le dijeron, "¿Qué estás diciendo? ¿Acaso una mula puede dar a luz?".

"Ésas son las palabras falsas que me pidieron". Ellos le preguntaron, "Si la sal se pudre y hiede, ¿cómo será posible preservarla?".

"Con la placenta de una mula", les respondió.

"Pero todos saben que la mula no tiene placenta", insistieron.

"¡Es verdad!" admitió. Pero, "¿cómo puede pudrirse la sal?".

(tratado en *Likutey Moharán* I, 23)

* * *

D. Los Sabios de Atenas le dijeron al rabí Ioshúa, "Constrúyenos una casa que esté en los cielos".

Pronunciando un Nombre Santo, el rabí Ioshúa ascendió y se quedó entre el cielo y la tierra. "Tráiganme aquí arriba algunos ladrillos y cemento".

"¡Pero tú sabes que es imposible llevar ladrillos y mortero hasta allí!", protestaron.

"Si es así, entonces es imposible que alguien construya una casa entre el cielo y la tierra".

(tratado en *Likutey Moharán* I, 28)

* * *

E. "Dinos", le dijeron los Sabios al rabí Ioshúa, "¿dónde está el centro del universo?".

Él apuntó con el dedo y dijo, "¡Aquí!".

"¿Quién lo dice?".

"Tomen una cuerda y midan. Verán que es así".

(tratado en *Likutey Moharán* I, 23)

* * *

F. Dijeron los Sabios, "Tenemos un aljibe en el desierto. Tráelo a la ciudad".

El rabí Ioshúa tomó un puñado de afrecho y lo arrojó frente a ellos.

"¿Qué te trae aquí?", preguntaron.

"Soy un sabio judío. He venido a aprender sabiduría de ustedes", les respondió.

"Si es así, te haremos algunas preguntas".

"Muy bien", dijo el rabí Ioshúa. "Si me vencen, podrán hacer conmigo lo que quieran. Pero si yo demuestro ser más listo que ustedes, entonces les pediré que vengan a comer pan conmigo a bordo de mi nave".

* * *

A. Los Sabios de Atenas le preguntaron al rabí Ioshúa, "Cierta vez un hombre le propuso matrimonio a una mujer pero ella se negó. Más tarde, fue a otra parte, para pedir la mano de una mujer de linaje más distinguido aún que la primera. ¿Es que esto tiene sentido? ¿No debería haber aprendido de la primera experiencia? Si no era digno de la primera mujer, ciertamente no sería digno de la segunda. ¿Por qué entonces trató una segunda vez?".

El rabí Ioshúa tomó una estaca, bajó la mano e intentó hundir la estaca en la pared, en donde no había ningún hueco. Ésta no entró. Levantando las manos, puso la estaca más arriba donde ya había un hueco y la estaca entró. Él dijo, "Lo mismo se aplica a ese hombre. Él encontró su pareja".

(tratado en *Likutey Moharán* I, 29)

* * *

B. Los Sabios de Atenas preguntaron, "¿Qué hay de la persona que le presta dinero a su vecino y le cuesta recuperarlo? ¿Por qué les presta entonces dinero a otros? ¿No debería haber aprendido su lección la primera vez?".

"Que no les sorprenda esto", les respondió el rabí Ioshúa. "Esa persona es como alguien que va a un pantano y corta cañas hasta que hace un atado. Cuando quiere levantarlo no puede. ¿Qué hace entonces? Continúa cortando y apilando nuevos atados sobre el primero, hasta que llega alguien y la ayuda. Entonces, levantan toda la carga, incluido el primer atado".

(tratado en *Likutey Moharán* I, 6)

* * *

dentro de la cáscara, ¿por dónde sale su espíritu vital?".

"Sale por el mismo lugar por donde entró", les respondió.

(tratado en *Likutey Moharán* I, 26, 27)

* * *

J. Los Sabios le dijeron al rabí Ioshúa, "Muéstranos un objeto que valga menos que el daño que produce".

El rabí Ioshúa trajo una estera y la plegó. Seguía siendo demasiado ancha para pasar por la puerta. "Tráiganme un martillo para romper la puerta y la pared que la rodea. Entonces la estera podrá pasar.... ¡Esta estera es un objeto cuyo valor es menor que la pérdida que produce!".

(tratado en *Likutey Moharán* I, 25)

* * *

Viendo que había vencido a los Sabios de Atenas, el rabí Ioshúa les dijo que debían cumplir con su parte del acuerdo y comer pan con él a bordo de su nave. A medida que los Sabios fueron llegando, el rabí Ioshúa los condujo, a cada uno, a un camarote separado. Cuando cada uno vio las sesenta sillas, supuso que sus camaradas estarían por llegar. El rabí Ioshúa entonces instruyó al capitán para que levase anclas y partiese. Antes de dejar Atenas, el rabí Ioshúa llenó una bolsa con tierra. En alta mar, pasaron junto a un remolino que tragaba toda el agua que uno le arrojaba. El rabí Ioshúa vio tres imágenes: una con las manos en la cabeza, otra con las manos en el corazón y la última con las manos detrás de la espalda. Tomó una pequeña jarra e inclinándose por sobre la borda de la nave la llenó con agua del remolino.

Al llegar a Roma, el rabí Ioshúa le presentó al Emperador a los Sabios de Atenas. Debido a que habían estado durante mucho tiempo lejos de su tierra, los Sabios se comportaban de manera humilde y recatada. No parecían en absoluto los sabios orgullosos y arrogantes que el Emperador esperaba. "Estos no pueden ser los hombres que te pedí que trajeses", insistió el Emperador. "¿Puedes probarme que éstos son los Sabios de Atenas?", le pidió al rabí Ioshúa.

Tomando un puñado de tierra de la bolsa que había traído con él, el rabí Ioshúa lo arrojó sobre los Sabios. Inmediatamente los hombres de Atenas sintieron el polvo familiar de su tierra natal y se transformaron. En un instante revivieron sus espíritus y les volvió su

"Háganme una cuerda con este afrecho y yo se lo traeré. Si no hacen lo que les pido, yo no haré lo que me piden ustedes".

"Es imposible hacer una cuerda a partir del afrecho", objetaron.

"Y es igualmente imposible que una persona pueda traer un aljibe desde el desierto hasta la ciudad".

(tratado en *Likutey Moharán* I, 31)

* * *

G. "Tenemos una piedra de molino que se ha quebrado en pedazos", le dijeron los Sabios al rabí Ioshúa. "¿Podrías coserla para nosotros?".

Tomando uno de los trozos de la piedra, se lo arrojó y les dijo, "Háganme hilos con esto, como hacen las mujeres cuando sacan hilos de una prenda para poder coserla. Entonces les podré coser la piedra de molino".

"Imposible", le dijeron. "No es posible devanar hilo de una piedra".

"Entonces, ¡¿es posible coser una piedra de molino?!".

(tratado en *Likutey Halajot, Shabat* 6)

* * *

H. "¿Cómo es posible cosechar un jardín de cuchillos?", le preguntaron los Sabios al rabí Ioshúa. "¿Qué instrumento se usa?".

"El cuerno de un burro", les respondió.

"¿Has visto alguna vez un burro con un cuerno?", dijeron con incredulidad.

"¡¿Han visto un jardín que produzca cuchillos?!".

Los Sabios tomaron dos huevos y los pusieron delante del rabí Ioshúa. "Dinos, si puedes, cuál de estos fue puesto por una gallina blanca y cuál por una negra".

El rabí Ioshúa trajo dos trozos de queso y los puso delante de los Sabios. Les dijo, "¡Primero díganme cuál de estos quesos proviene de una cabra blanca y cuál de una negra!".

(tratado en *Likutey Moharán* I, 30)

* * *

I. "¿Qué sucede cuando un polluelo muere dentro del cascarón?", le preguntaron los Sabios de Atenas al rabí Ioshúa. "Dado que está sellado

arrogancia aristocrática. Pensando que estaban cerca de su hogar, no tuvieron prurito alguno en hablarle de manera desafiante y desdeñosa al Emperador. "Puedes hacer con ellos lo que quieras", el convencido Emperador le dijo al rabí Ioshúa.

Tomando el agua del remolino que había traído, el rabí Ioshúa la volcó en una cisterna. "Llenen esta cisterna con agua", les ordenó a los Sabios, "y luego podrán irse". Los Sabios comenzaron a traer baldes de agua. Sin embargo, pese a toda el agua que volcaban en la cisterna, ésta era tragada por el agua que el rabí Ioshúa había puesto allí. Los Sabios de Atenas continuaron llevando más y más agua, hasta que finalmente se desplomaron y murieron.

* * *

ליקוטי מוהר"ן

LIKUTEY MOHARÁN

ליקוטי מוהר"ן סימן כ"ג

סָבֵי דְּבֵי אַתּוּנָא

אֵימָא לָן מִלֵּי דִּכְדִיבֵי. אָמַר לְהוּ הֲוֵי לָן כַּדְנִיתָא וִילָדָה, וַהֲוֵי תַּלְיָא לָהּ פִּתְקָא. וּכְתִיב בֵּהּ: דְּמַסִּיק בְּבֵי אַבָּא מְאָה אַלְפֵי זוּזֵי. אָמְרוּ לֵהּ, וְכַדְנִיתָא מִי יָלְדָה. אָמַר לְהוּ, הֵי, הֵי נִינְהוּ מִלֵּי דִּכְדִיבֵי: מִלְחָא כִּי סַרְיָא בְּמָה מַלְחֵי לָהּ, בְּסִילוּתָא דְּכַדְנִיתָא. וּמִי אִיכָּא סִילוּתָא לְכַדְנִיתָא, וּמִלְחָא מִי סַרְיָא (בכורות ח:):

רַשִׁ"י

מִלֵּי דִּכְדִיבֵי – דְּבַר כָּזָב: כַּדְנִיתָא – פִּרְדָּה: תָּלָא פִּתְקָא – שְׁטָר בְּצַוָּארוֹ שֶׁל הַוָּלָד: הֵי נִינְהוּ מִלֵּי דִּכְדִיבֵי – אֵלּוּ הֵם דְּבָרֵי כָזָב: סִילוּתָא – שִׁלְיָא:

(לְשׁוֹן רַבֵּנוּ, זִכְרוֹנוֹ לִבְרָכָה)

צִוִּיתָ צֶדֶק עֵדֹתֶיךָ וֶאֱמוּנָה מְאֹד (תהלים קיט):

seguidor del Rebe, nunca recuperó su compromiso original (*Kojvei Or*, p. 54, #30; ver *A Través del Fuego y del Agua*, Capítulo 4 y nota 9).

Aparte del tema del dinero y de la riqueza, hay otras alusiones a Reb Lipa en esta lección. Una aparece en la mención del tipo de esposa que la persona puede tener (§3, §6). La esposa de Reb Lipa provenía de una familia jasídica y no se oponía a que él se volviese un jasid de Breslov. Pero más tarde y debido a su comportamiento, hubo conflictos sobre este tema (*Kojvei Or, Ibid.*).

Se cuenta que Reb Lipa estaba una vez sentado en la Tercera Comida del Shabat con el Rebe. Durante la comida, que se extendió hacia bien entrada la noche del sábado, Reb Lipa fue llamado afuera para tratar un asunto comercial. Era muy vergonzante tener que salir a la mitad del discurso de Torá del Rebe debido a problemas financieros. El Rebe hizo notar, "Ella los atrapa con riqueza en este mundo y luego los mata" (ver más adelante, §6). Aparte de la obvia referencia a Reb Lipa, la segunda parte de las proféticas palabras del Rebe Najmán se cumplieron más tarde en el nieto de Reb Lipa, Reb Moshé Velvel. Cierta vez Reb Moshé estaba viajando con su cochero, un gentil que había estado a su servicio durante cierto tiempo. Éste último desvió de pronto la carreta hacia adentro del bosque, donde amenazó con matar a Reb Moshé Velvel. El nieto de Reb Lipa rogó por su vida y cuando parecía que sus pedidos estaban cayendo en oídos sordos pidió que al menos se le permitiese realizar una mitzvá más. El cochero aceptó y Reb Moshé Velvel comenzó a orar el servicio de Minjá de la tarde. Sus amargos gemidos y la gran emoción conmovieron al cochero que cambió de parecer. Juntos retornaron al hogar. Reb Moshé Velvel le agradeció al cochero por haber librado su vida pero lo despidió debido a que nunca más podría volver a confiar en él. Poco después el cochero retornó y asesinó a Reb Moshé Velvel (*Siaj Sarfei Kodesh* 1-174).

LIKUTEY MOHARÁN 23[1]

"**Dinos algo falso**".

Él les dijo, "Teníamos una mula. Ésta dio a luz y había una nota colgando de su cuello. Tenía escrito lo siguiente: La herencia de tu padre me debe cien mil monedas".

Ellos le dijeron, "¿Acaso una mula puede dar a luz?".

"Eso es lo falso", les contestó.

"Si la sal se pudre ¿con qué se la puede preservar?".

"Con la placenta de una mula".

"¿Una mula tiene placenta?".

"¿La sal se pudre?" (*Bejorot* 8b).

Rashi:
algo falso – una mentira: **una mula** – cruza entre caballo y burra: **una nota colgando** – un documento en el cuello del recién nacido: **Eso es lo falso** – ésa es la mentira: **placenta** – placenta física:

"***Tzivita Tzedek* (Tú ordenaste la justicia) de Tus testimonios y poderosa fidelidad**" (Salmos 119:138).

---

1. Likutey Moharán 23. El Rebe Najmán dio este discurso durante el invierno del año 5563 (1803) (ver *Until The Mashiach* p. 93). La lección misma (hasta el punto indicado en el texto) fue compuesta palabra por palabra por el Rebe Najmán, de ahí que tenga el prefacio en la edición hebrea con las palabras *leshón Rabeinu z"l* ("el lenguaje de nuestro maestro, de bendita memoria"). Toda lección designada así era: a) copia fiel del manuscrito del Rebe Najmán; o b) transcrita por el rabí Natán a partir del dictado del Rebe Najmán. Todas las otras lecciones, aparte de las pocas que fueron registradas por otros discípulos, fueron puestas por escrito por el rabí Natán después de haberlas oído del Rebe. Los temas principales de esta lección son: la verdad; la fe, especialmente tal como se relaciona con los temas comerciales; el Pacto (*brit*) y la gran importancia y valor de cuidarlo; la mezuzá; y los males de la avaricia y de la tristeza.

En esencia, esta lección estaba dirigida a Reb Lipa, uno de los primeros jasidim de Nemirov que se volvió seguidor del Rebe Najmán. Fue la elevación espiritual que Reb Lipa recibió en su primera visita a Breslov a finales del año 5562 (1802) lo que inspiró al rabí Natán y a Reb Naftalí a viajar para ver al Rebe por primera vez. Los tres pasaron las festividades y los meses siguientes encendidos con una nueva devoción a Dios. Pero durante el curso del invierno, Reb Lipa se involucró en los negocios y fue arrastrado por un ardiente deseo de riqueza. El Rebe, que comprendía que alcanzar esa riqueza minaría el crecimiento espiritual de Reb Lipa, le dijo, "No quiero que tengas dinero". Pero Reb Lipa se negó a aceptar el consejo del Rebe Najmán y evitó visitar al Rebe durante los años siguientes. Aunque más tarde volvió a ser

כִּי יֵשׁ פָּנִים דִּקְדֻשָּׁה, שֶׁהֵם אַנְפִּין נְהוֹרִין, בְּחִינַת חַיִּים, כְּמוֹ שֶׁכָּתוּב (משלי טז): "בְּאוֹר פְּנֵי מֶלֶךְ חַיִּים". בְּחִינַת שִׂמְחָה, כְּמוֹ שֶׁכָּתוּב (תהלים טז): "שֹׂבַע שְׂמָחוֹת אֶת פָּנֶיךָ", וּכְתִיב (בראשית מה): "וַתְּחִי רוּחַ יַעֲקֹב", זֶה בְּחִינַת שִׂמְחָה:

וְיֵשׁ פָּנִים דְּסִטְרָא אָחֳרָא, שֶׁהֵם אַנְפִּין חֲשׁוֹכִין, מָרָה שְׁחוֹרָה, עֲבוֹדָה זָרָה, כְּמוֹ שֶׁכָּתוּב (שמות כ'): "לֹא יִהְיֶה לְךָ אֱלֹקִים אֲחֵרִים עַל פָּנָי".

versículo enseña que, al alcanzar la Luz del Rostro, es posible alcanzar el sendero de la vida y una completa alegría.

5. revivió el espíritu de Iaacov...alegría. Cuando se le informó a Iaacov que Iosef estaba vivo y que era virrey en Egipto, "revivió el espíritu de Iaacov". Rashi (*loc. cit.*) afirma que el Espíritu (Presencia) Divino retornó a Iaacov después de haberlo dejado cuando Iosef fue vendido como esclavo. Esto se relaciona con la enseñanza Talmúdica (*Shabat* 30b): "El Espíritu Divino sólo reposa sobre los que están contentos". Así, cuando Iaacov se alegró por las buenas noticias, el Espíritu Divino retornó y él "revivió". La alegría y la vida son por lo tanto sinónimos. Más adelante en esta sección, el Rebe enseña que Iaacov es la verdad, el *Or HaPanim*. El versículo se traduce así en nuestro texto como sigue: **Iaacov** – aquel que tiene la verdad; **espíritu** – tiene alegría; **revivió** – y alcanza la vida.

Mientras que en el texto de prueba anterior proveniente de los Salmos se conectan los conceptos de *Or HaPanim*, alegría y vida, aquí, el texto trae otro versículo para mostrar la conexión entre la verdad, la alegría y la vida. Esto fortalece la afirmación del Rebe en su párrafo de introducción que, como se explicó (n. 2), establece que *Or HaPanim* y verdad son análogos.

Hasta aquí, el Rebe Najmán ha introducido varios conceptos positivos interconectados entre sí: el rostro de santidad (verdad), luz, vida y alegría. Dejando esto de lado por un momento, continúa tratando algunos conceptos negativos correspondientes.

6. rostro del Otro Lado...idolatría. En contraste con el rostro de santidad, las escrituras hablan de un rostro no santo, un rostro del Otro Lado. Los conceptos correspondientes de "rostros oscurecidos" y melancolía contrastan con los rostros brillantes y la alegría asociados con el rostro de santidad, el *Or HaPanim*. Melancolía en hebreo es *mará shejorá* (מרה שחורה; ver n. 11). *ShaJor* es "negro" y se relaciona con los rostros oscurecidos, *anpin JaShujin* (אנפין חשוכין). Otro concepto negativo que introduce el Rebe es la idolatría (que contrasta con la fe). Dado que la fe y la verdad están interconectadas, el idólatra no posee las cualidades asociadas con el *Or HaPanim*/verdad – en particular las cualidades de un rostro brillante y de alegría. Más bien, aquel que rechaza la fe debe tomar de las cualidades asociadas con el rostro del Otro Lado, por lo que vive una vida melancólica.

En el *Likutey Moharán* I, 109, el Rebe Najmán explica que cada persona tiene la libertad de elegir la fuente de su fuerza vital. A partir de nuestra lección podemos ver que, si es digna, tomará la vitalidad del *Or HaPanim*. De lo contrario y dado que siempre se necesita una fuente de vida, automáticamente la traerá del Otro Lado.

7. Delante de Mi rostro. El *Zohar* (II, 86a y sig.) habla de cinco "rostros" (*partzufim*, personas

Hay un rostro de santidad – rostros brillantes, el aspecto de "vida"², como está escrito (Proverbios 16:15), "A la luz del rostro del Rey Vivo".³ Éste es [también] aspecto de la alegría, como en (Salmos 16:11), "[Me harás conocer la senda de la vida,] la plenitud de la alegría en Tu rostro".⁴ También está escrito (Génesis 45:27), "Y revivió el espíritu de Iaacov" – éste es el aspecto de la alegría.⁵

Y existe el rostro del Otro Lado – rostros oscurecidos, la melancolía, la idolatría.⁶ Como está escrito (Éxodo 20:3), "No tendrás otros dioses delante de Mi rostro".⁷

2. rostro de santidad...rostros brillantes...vida. El Rebe Najmán comienza la lección con el concepto del rostro de santidad. Este rostro, conocido en los escritos sagrados como el *Or HaPanim* (Luz del Rostro), es un aspecto correspondiente de la verdad. Como enseña el Rebe Najmán en otra instancia (*Likutey Moharán* I, 192), "La verdad es el rostro de todos los rostros de la santidad". En este párrafo de apertura el Rebe Najmán continúa conectando el concepto de la Luz del Rostro con la vida y con la alegría, luego con la fe y a través de la fe con la verdad. Esta conexión entre el *Or HaPanim* y la verdad también aparece en las enseñanzas de la Kabalá (ver n. 19).

En el *Likutey Halajot*, el rabí Natán introduce esta lección como sigue: Todo en el mundo tiene un aspecto esencial a través del cual se lo identifica. Ese aspecto es su "rostro". Esto también se aplica a Dios, si así pudiera decirse. De esta manera, cuando el Salmista dice (Salmos 105:4), "Busca Su rostro siempre" –busca el rostro de Dios– está diciendo que debemos buscar el aspecto esencial a través del cual podemos identificar a Dios, por así decir. Este aspecto es la verdad (que el Midrash llama "el sello y la insignia de Dios"; *Bereshit Rabah* 8:5). Aquel que logra identificar la verdad reconoce que Dios es el Creador de todo y que Él gobierna con providencia Divina sobre todas las cosas del mundo. Este conocimiento es el *Or HaPanim*, el rostro de la santidad. Así, al reconocer la verdad, uno atrae sobre sí la Luz del Rostro (*Likutey Halajot, Guiluaj* 4:1). Esta Luz del Rostro es una gran fuerza espiritual y le da a la persona un "rostro brillante". Sin embargo, es precisamente su gran fuerza lo que hace que alcanzar el *Or HaPanim*/la verdad, sea algo formidable. Por lo tanto, como continúa explicando el rabí Natán, para alcanzar la absoluta verdad es necesario tener fe (ver n. 18 más adelante, que la fe absoluta sólo es posible con la verdad; ver también n. 23). Ello se debe a que la verdad/*Or HaPanim* es una luz tan grande que nadie puede mirarla de manera directa. La fe, por otro lado, sirve como un filtro que le permite a la persona contemplar el *Or HaPanim* (*Likutey Halajot, Guiluaj* 4:2).

El Rebe Najmán también conecta el rostro de santidad con el concepto de vida. Muestra que la Luz del Rostro *es* vida. Así, aquel que busque la verdad y que por lo tanto atraiga sobre sí el *Or HaPanim*, realizará y aumentará espiritualmente su vida.

3. la luz del rostro del Rey Vivo. Este versículo de Proverbios conecta todos los conceptos anteriores: la fe, la vida ("vivo") y el rostro. Cuando se alcanza el rostro del Rey (Dios), el *Or HaPanim*, se alcanza la vida. Esta vida puede comprenderse en general como una larga vida en el Mundo que Viene (ver *Julín* 142a). Sin embargo, el Rebe Najmán está enseñando que es posible alcanzar esa "buena vida" incluso en este mundo, como será explicado más adelante (§5, cf. n. 87).

4. la alegría en Tu rostro. Aquí el Rebe une el concepto de alegría con el *Or HaPanim*. El

וְאֵלּוּ בְּנֵי אָדָם הַנּוֹפְלִים בְּתַאֲוַת מָמוֹן, וְאֵינָם מַאֲמִינִים שֶׁהַקָּדוֹשׁ־בָּרוּךְ־הוּא יָכוֹל לְפַרְנֵס אֶת הָאָדָם בְּסִבָּה קַלָּה, וְרוֹדְפִים אַחַר פַּרְנָסָתָם בִּיגִיעוֹת גְּדוֹלוֹת, וְהֵם אוֹכְלֵי לֶחֶם בְּעִצָּבוֹן, כְּמוֹ שֶׁכָּתוּב (בראשית ג'): "בְּעִצָּבוֹן תֹּאכֲלֶנָּה", וְעַצְבוּת הוּא מָרָה שְׁחוֹרָה. אֵלּוּ בְּנֵי אָדָם נִקְשָׁרִים בְּפָנִים דְּסִטְרָא אָחֳרָא, אֱלֹקִים אֲחֵרִים, חֹשֶׁךְ, בְּחִינַת מִיתָה, כְּמוֹ שֶׁכָּתוּב (איכה ג'): "בְּמַחֲשַׁכִּים הוֹשִׁיבַנִי" וְכוּ'.

en Dios". Esto hace referencia a uno que deja su hogar en la oscuridad de la noche, antes del amanecer, para atender sus asuntos mundanos. Sería mejor si pusiese su fe en Dios y confiase en que Él le dará lo que necesite. En verdad tiene oscuridad y *no* luz, pues no tiene fe (*Berajot* 6b, *HaKotev, Etz Iosef*).

10. con tristeza.... Luego de que comió del Árbol del Conocimiento, Adán fue maldecido con tener que trabajar la tierra. Y aunque comería los frutos de su propia labor, eso sería con gran tristeza y melancolía. De las palabras "con tristeza comerás", nuestros Sabios concluyen que "ganarse el sustento es dos veces más difícil que dar a luz" (*Pesajim* 118a). La mujer fue maldecida: "con *etzev* (tristeza) darás a luz" (Génesis 3:16), pero el hombre fue maldecido: "con *itzavon* (tristezas) comerás". La forma plural, *itzavon*, denota un *etzev* doble. El sufrimiento del hombre trabajando para obtener el pan diario es el doble del sufrimiento de la mujer cuando da a luz. (Ver más adelante, esta sección y n. 31, para cómo el Rebe explica esta frase Talmúdica).

En este punto de la lección, el Rebe Najmán une el concepto de trabajar para ganarse el sustento con la idolatría. Esto se debe a que el dinero se gana sin fe en Dios. Sin fe (verdad), no tiene alegría; sólo tiene tristeza (ver próxima nota). Hemos visto en nuestro texto que la melancolía y la idolatría son sinónimos. Así, las Escrituras afirman, "con tristeza comerás". Es decir, el trabajo y el comer de la persona serán con tristeza. Sin embargo, esa tristeza no se debe a que tiene que trabajar duro para obtener el sustento, sino más bien debido a la idolatría – a la falta de fe y de alegría. Por el contrario, el *Parparaot LeJojmá* explica el versículo (Salmos 23:1), "Dios es mi pastor, nada me ha de faltar" – *debido* a que Dios es mi pastor. Porque yo confío en Él para todo, nunca me faltará nada.

11. la tristeza es melancolía. El término *mará shejorá* ha sido traducido aquí como melancolía. *Mará* es la vesícula biliar. Más adelante en la lección (§2), el Rebe Najmán menciona el *tjol* (טחול), el bazo. Estos dos apéndices del hígado ayudan al funcionamiento del sistema digestivo. En la fisiología medieval, se decía que la disposición anímica de la persona estaba gobernada por humores o bilis, cuatro fluidos cuyas proporciones relativas en el cuerpo determinaban la salud y el temperamento de la persona. La bilis negra, traducción literal de *mará shejorá*, es el fluido particular asociado con la irascibilidad y la melancolía. Hoy en día, está asociado con el fluido alcalino segregado por el hígado y que se acumula en la vesícula biliar. El bazo también absorbe algo de este fluido y de acuerdo a las enseñanzas antiguas es el asiento de las emociones y de la pasión. Es por ese motivo que estos dos órganos están considerados como directamente asociados con los estados emocionales de amargura, melancolía y depresión.

12. muerte...murieron. A partir del versículo podemos ver que sentarse en la oscuridad, es

Ahora bien, aquellos que sucumben al deseo de dinero[8] y no creen que el Santo, bendito sea, puede proveerle el sustento al hombre de una manera fácil, corren y se esfuerzan detrás de su subsistencia. Ellos comen el pan con tristeza,[9] como en (Génesis 3:17), "con tristeza comerás"[10] – y la tristeza es melancolía.[11] Tales personas están unidas al rostro del Otro Lado, "a otros dioses", a la oscuridad, el aspecto de la muerte, como está escrito (Lamentaciones 3:6), "Me puso en la oscuridad [como aquellos que hace mucho murieron]".[12]

Divinas) en el ámbito de la santidad y de los correspondientes "rostros" del Otro Lado. Luego de explicar las diferencias entre ellos, el *Zohar* comenta que es por ello que la Torá afirma, "No tendrás otros dioses delante de Mi rostro". Es decir, cuando se está unido al *Or HaPanim*, el rostro de santidad, se niegan los efectos y el poder del rostro del Otro Lado (cf. *Parparaot LeJojmá*).

8. deseo de dinero. Habiendo mencionado las cualidades negativas asociadas con el rostro del Otro Lado, el Rebe Najmán muestra cómo esto se relaciona también con la discusión entre el rabí Ioshúa y los Sabios de Atenas. Esta discusión, como quedará en claro en el transcurso de la lección, tiene que ver de hecho con el terrible daño generado en la vida por el deseo de dinero y los lujos. El Rebe Najmán equipara ese deseo con la idolatría.

En su comentario a este discurso, el *BeIbey HaNajal* apunta a una distinción entre el apego directo al dinero y a las posesiones y la expresión más sutil de ese deseo. Lo primero implica el deseo de riqueza y de todos los atractivos que la riqueza ofrece. Ése es el deseo que el Rebe trata aquí; aquellos que sucumben a él se esforzarán para satisfacerlo, incluso tomando prestadas fantásticas sumas de dinero. El deseo más sutil de dinero aparece en aquél que comprende la locura de perseguir la riqueza de modo que su codicia se manifiesta de una manera menos obvia, por ejemplo, en una actitud avara. Como resultado, puede ser mezquino al dar caridad o en temas de negocios o en cualquier apego similar a las posesiones materiales. Cada uno de ellos puede ser incluido en el deseo de dinero y, como una forma de "adoración del dinero", debe ser erradicado de la personalidad. El rabí Natán agrega que, hablando en general, el dinero judío es considerado dinero de santidad. Ello se debe a que virtualmente todo judío da caridad. Más aún, sólo hace falta mirar la lista de mitzvot que los judíos llevan a cabo con su dinero: para la educación de Torá de los hijos; para vestimentas especiales y delicias para el Shabat y las festividades; para la compra de tzitzit, tefilín, mezuzot, para las cuatro especies… incluso la comida cuesta más porque deben comprarla kosher. Por esos motivos y más, el dinero judío es dinero de santidad (*Torat Natán* #14).

9. pan con tristeza. El Salmista dice (Salmos 127:2), "En vano será para ustedes, los que madrugan y se sientan tarde para comer el pan de tristeza…". Rashi explica: "Así como aquel que trabaja duro es sustentado por Dios, lo mismo sucede con el que pasa su tiempo trabajando en la Torá. Dios también lo sustenta". Así, para aquellos que salen a trabajar día y noche, esforzándose duramente y asumiendo que son sus esfuerzos los que les hacen llegar el sustento – su trabajo es en vano. Su "pan" es pan de tristeza, de melancolía y no trae placeres a cambio. El *Parparaot LeJojmá* agrega que esto se relaciona con la enseñanza Talmúdica sobre el versículo (Isaías 50:10), "Aquel que ha andado en la oscuridad y no tiene luz, que confíe

וַעֲלֵיהֶם נֶאֱמַר (יחזקאל ז'): "וּזְהָבָם לְנִדָּה", הַיְנוּ בְּחִינַת עֲבוֹדָה זָרָה, כְּמוֹ שֶׁאָמְרוּ חֲכָמֵינוּ, זִכְרוֹנָם לִבְרָכָה (שבת פרק ט): 'מִנַּיִן לַעֲבוֹדָה־זָרָה שֶׁמְּטַמֵּא כְּנִדָּה' שֶׁנֶּאֱמַר "תִּזְרֵם כְּמוֹ דָוָה".
אֲבָל אֵלּוּ בְּנֵי אָדָם שֶׁמַּשָּׂאָם וּמַתָּנָם בֶּאֱמוּנָה, הֵם דְּבֵקִים בְּאוֹר הַפָּנִים דִּקְדֻשָּׁה. כִּי אֵין אֱמוּנָה בְּלֹא אֱמֶת, כַּמּוּבָא בַּזֹּהַר (בלק קצח:): הַיְנוּ צֶדֶק, הַיְנוּ אֱמוּנָה וְכוּ', [וּמַסִּיק שָׁם אֱמוּנָה אִתְקְרִיאַת כַּד אִתְחַבַּר בָּהּ אֱמֶת, נִמְצָא שֶׁעִקַּר אֱמוּנָה עַל־יְדֵי אֱמֶת] וֶאֱמֶת הוּא אוֹר הַפָּנִים כַּיָּדוּעַ:

Santo Templo era conocido como el *lejem hapanim*, porque reflejaba la luz del *Or HaPanim*. Así, incluso hoy en día, todo aquel que ponga su fe en Dios será digno de que el pan que coma sea un aspecto del pan de la proposición, reflejando la gran Luz del Rostro (cf. Lección #31:9).

17. justicia...fe. El versículo al cual se relaciona este pasaje del *Zohar* (*loc. cit.*) aparece en Isaías (11:5). Dice: "Y la *justicia* será un cinturón para su cadera y la *fe* una banda para sus lomos". El profeta utiliza los términos "justicia" y "fe" de manera intercambiable, para referirse a la cualidad de la rectitud. Ver la nota siguiente.

18. fe...verdad. Pregunta el *Zohar*: "¿Cuál es la diferencia entonces entre la justicia y la fe (acaso no son ambas aspectos de la rectitud)?". Responde: "[La justicia] es llamada fe sólo cuando está unida con la verdad". El rabí Natán explica que la fe, en esencia, se aplica en aquellas áreas en las cuales uno carece de conocimiento. Si es posible comprender mediante la lógica, ¿para qué se necesita la fe? Pero, ¿qué sucede si la persona carece del conocimiento correcto? ¿Cómo se supone que deba saber sobre qué tiene que tener fe? Por ese motivo, la fe depende de la verdad. Si la persona realmente busca la verdad, la real verdad, necesariamente llegará a creer en Dios, en los Tzadikim y en la Torá – aunque no pueda comprender lógicamente por qué debería hacerlo (*Likutey Etzot, Emet veEmuná* 4). Así, la fe se vuelve una fe *real*, una fe *absoluta*, cuando está unida con la verdad. Por lo tanto y en el contexto de nuestra lección, aquellos que muestran fe al tratar con temas monetarios –se ganan el sustento de manera honesta y fidedigna porque sólo se apoyan en Dios– están unidos al *Or HaPanim*/la verdad. Agrega el *Parparaot LeJojmá*: Vemos por lo tanto que "*tzedek* (rectitud) se rectifica mediante la caridad" (*Zohar* III, 113b). Y ello se debe a que dar caridad es una expresión de fe.

El *Targúm Ionatán* interpreta este versículo de Isaías como haciendo referencia a la era mesiánica. "La justicia será un cinturón para su cadera" alude a los Tzadikim que estarán alrededor del Mashíaj (como un cinturón) y "la fe una banda para sus lomos" alude a los fieles que lo rodearán (como una banda). En términos de nuestra lección, en la era mesiánica dejará de existir la idolatría del dinero (ver *Likutey Moharán* I, 13:1). Esto será gracias a los Tzadikim, guardianes del Pacto, como el Rebe explica en la próxima sección. Es decir, aquellos que tengan fe en los Tzadikim y estén unidos a ellos se verán libres del deseo de dinero, libres de la idolatría.

19. la verdad es la Luz del Rostro, como es sabido. Vemos en los escritos del Ari que hay "370 Luces del Rostro". Esas luces provienen de la fuente más elevada, de la persona Divina *Arij*

De ellos[13] se dice (Ezequiel 7:19), "…y su oro es como algo impuro".[14] Esto corresponde a la idolatría, como enseñaron nuestros Sabios (*Shabat* 82a): ¿Cómo sabemos que la idolatría impurifica al igual que una mujer que está menstruando? Porque está escrito (Isaías 30:22), "…[y el oro de sus imágenes fundidas] arrojarán como cosa menstruosa".[15]

Pero aquellos que conducen sus negocios con fe[16] están unidos a la luz del rostro de la santidad. Pues no hay fe sin verdad, como dice en el *Zohar* (III, 198b): "Eso es justicia; eso es fe".[17] {Y concluye allí: "Es llamada fe sólo cuando está unida a la verdad". Así, la fe viene esencialmente por medio de la verdad.[18]} Y la verdad es la Luz del Rostro, como es sabido.[19]

---

decir, el rostro de la oscuridad, se compara con la muerte. El Rebe Najmán afirma así que la falta de fe expresada por aquel que sucumbe al deseo de dinero indica su incapacidad de alcanzar la verdad. No puede estar unido al rostro de santidad, a los rostros brillantes y a la alegría. En su lugar, se ha puesto en una posición de melancolía, idolatría y muerte. La muerte mencionada aquí contrasta con la vida mencionada por el Rebe al comienzo. Así, el Rebe ha introducido cinco conceptos contrapuestos: rostro de santidad y rostro del Otro Lado, rostros brillantes y rostros oscurecidos, alegría y melancolía, fe e idolatría, vida y muerte.

13. De ellos. De aquellos que trabajan y se afanan, pero que no tienen fe.

14. oro…impuro. Es decir, sus ganancias –su oro, su dinero y sus ahorros– son impuros. ¿Qué es esa impureza? El Rebe continúa:

15. idolatría…cosa menstruosa. El Libro de Levítico trata sobre varias causas de impurificación ritual, incluyendo: descargas genitales (masculinas y femeninas); lepras; carcasas de reptiles; contacto con los muertos. Cada una conlleva un diferente grado de impureza. Nuestros Sabios enseñan que la idolatría también imparte impureza ritual, pues ensucia el alma, pero difieren en cuanto a qué clase de impureza es – la de una descarga menstrual o la del contacto con una carcasa (ver *Shabat* 82a y sig.). En base a esa enseñanza Talmúdica el Rebe equipara a la idolatría con la menstruación. Consecuentemente, nuestra lección enseña que, dado que ellos ganan su "oro", sus ganancias, sin fe, son impuros y semejantes a idólatras.

16. con fe. Esto connota no sólo ganarse el sustento con fe en Dios sino también de manera honesta. El *Parparaot LeJojmá* hace notar que esto incluye mantener la palabra, no importa lo que suceda; no tomar el dinero de otro y dar caridad.

Aquí el Rebe Najmán introduce el concepto de la fe y de la gran virtud de aquellos que ponen su confianza en Dios para el sustento. Ellos pueden traer vida desde los niveles más elevados, desde el *Or HaPanim*. En el *Likutey Tefilot*, el rabí Natán explica esta fe como: creer en Dios, en los verdaderos Tzadikim, en la Torá (Escrita y Oral) y en la Comunidad de Israel. El rabí Natán afirma además que no se debe permitir que las dudas y las cuestiones sobre la providencia Divina de Dios (e.g., por qué uno tiene que trabajar para obtener el pan diario mientras que su vecino lo consigue de manera mucho más fácil) ocupen la mente y minen la fe. Sobre el tema del sustento y de la fe (verdad), el *Parparaot LeJojmá* indica que el pan de la proposición en el

וְזֶה שֶׁאָמְרוּ חֲכָמֵינוּ, זִכְרוֹנָם לִבְרָכָה (שבת לג:): "וַיִּחַן פְּנֵי הָעִיר", 'חַד אָמַר מַטְבֵּעַ תִּקֵּן לָהֶם, וְחַד אָמַר מֶרְחֲצָאוֹת תִּקֵּן לָהֶם. הַיְנוּ הַךְ וְלֹא פְּלִיגֵי', כִּי יַעֲקֹב הוּא בְּחִינַת אֱמֶת, כְּמוֹ שֶׁכָּתוּב (מיכה ז'): "תִּתֵּן אֱמֶת לְיַעֲקֹב", וְהוּא בְּחִינַת אוֹר הַפָּנִים, וְתֵכֶף כְּשֶׁבָּא, נִתְתַּקֵּן אֱמוּנָה.

וְזֶה 'מַטְבֵּעַ תִּקֵּן', שֶׁתִּקֵּן תַּאֲוַת מָמוֹן. וּכְשֶׁתִּקֵּן תַּאֲוַת מָמוֹן, נִתְתַּקֵּן פְּגַם עֲבוֹדָה זָרָה. וְזֶה 'מֶרְחֲצָאוֹת תִּקֵּן לָהֶם', כְּמוֹ שֶׁכָּתוּב: "וַתֵּרֶד בַּת פַּרְעֹה לִרְחֹץ", וְדָרְשׁוּ חֲכָמֵינוּ, זִכְרוֹנָם לִבְרָכָה (מגלה יג, וסוטה יב:): 'לִרְחֹץ מִגִּלּוּלֵי בֵּית אָבִיהָ'.

(la absoluta verdad requiere de la fe, n. 2; la absoluta fe requiere de la verdad, n. 18) Iaacov, quien es la verdad, pudo rectificar la fe de la gente al llegar a Shejem.

¿Cómo sabemos que la fe de los ciudadanos de Shejem necesitaba ser rectificada? El simple hecho de que las mejoras estaban allí para ser hechas por Iaacov demuestra que su fe era deficiente y que necesitaba ser rectificada. Más aún, esto se conecta más adelante, donde el Rebe Najmán introduce el concepto de guardar el Pacto y los Tzadikim. El Rebe afirma que al guardar el Pacto (la pureza sexual) uno se salva del rostro del Otro Lado (§2) y que es el Tzadik quien puede anular ese rostro (§3). Esto se relaciona con nuestro texto aquí en el hecho de que Iaacov encontró que los habitantes de Shejem eran inmorales (como se evidenció por la seducción de Dina por parte de una figura tan importante como la del hijo del jefe, Shejem). Así, al reconocer su predilección por la inmoralidad, Iaacov comprendió que la gente estaba llena de codicia y de lujuria y que necesitaba de todas las rectificaciones que él, el Tzadik, podía traerle. Aun así, como veremos más adelante (§3, n. 49), ni siquiera eso fue suficiente.

24. codicia…idolatría…. Como explicó el Rebe Najmán anteriormente, "Aquellas personas que sucumben… no creen…. Su oro es como algo impuro… idolatría". El deseo de dinero y la idolatría son por lo tanto una y la misma cosa.

25. limpiarse de la idolatría…. Las Escrituras relatan que cuando Batia, la hija del faraón, bajó al río Nilo para bañarse, encontró al niño Moshé dentro de un canasto flotando en el agua. Nuestros Sabios nos dicen que ese baño era en verdad para limpiarse de la idolatría. El Talmud (*loc. cit.*) enseña: "Batia también era conocida como Iehudit. ¿Por qué? Porque todo aquel que niega la idolatría es llamado Iehudí (un judío)". Las casas de baño de Iaacov también hacen referencia al baño y al limpiarse de la idolatría. Así, acuñar una moneda (para rectificar la codicia) y establecer casas de baño (para limpiarse de la idolatría) son en verdad la misma idea y no están en conflicto. En verdad, la tercera opinión en el Talmud, que Iaacov estableció mercados, también está de acuerdo con nuestro texto. "Mercados" connota transacciones monetarias y ganarse el sustento, un ámbito en donde prevalece en general la codicia. Así Iaacov, quien es la verdad, tuvo la intención de rectificar todos los aspectos de la codicia.

Esto es lo que dijeron nuestros Sabios: "Y él agració el rostro de la ciudad" (Génesis 33:18) – unos dicen que acuñó una moneda para ellos y otros dicen que estableció casas de baño para ellos (Shabat 33b).[20] Ambas explicaciones son una y la misma cosa, no están en conflicto.[21] Ello se debe a que Iaacov es la personificación de la verdad, como en (Mija 7:20), "Da verdad a Iaacov". Él también corresponde a la Luz del Rostro.[22] Y tan pronto como llegó [a Shejem], la fe fue rectificada.[23]

Éste es el significado de "acuñó una moneda". Él rectificó el deseo de dinero. Y al rectificar la codicia, también se rectificó la corrupción de la idolatría.[24] Y éste es el significado de, "él estableció casas de baño para ellos". Como está escrito (Éxodo 2:5), "La hija del faraón descendió para bañarse". Nuestros Sabios explican que ella fue a limpiarse de la idolatría de la casa de su padre (Meguilá 13a).[25]

Anpin (ver Apéndice: Las Personas Divinas). La palabra hebrea *panim* (rostro; פנים) tiene el valor numérico de 185 (incluidas 4 unidades por las cuatro letras y 1 unidad por la palabra misma). Dado que *panim* es plural (dos), indica dos veces 185, o un total de "370 Luces". Más aún, el Ari enseña en el *Etz Jaim* (13:14) que la raíz de las 370 Luces del Rostro se encuentra en los Trece Atributos de Misericordia y en particular en el séptimo Atributo, *Emet* (Verdad) (cf. Éxodo 34:6; *Likutey Moharán* I, 8:4, n. 31-34). Esto vuelve a apuntar a la conexión entre la verdad y el *Or HaPanim*. Y así, la búsqueda de la verdad es en esencia la búsqueda del más elevado de los niveles, del rostro de santidad – es decir, la búsqueda de Dios Mismo (ver más arriba, n. 2).

20. moneda...casas de baño para ellos. Al retornar a la Tierra Santa, Iaacov llegó a Shejem. Luego de haber pasado veinte años de dificultades en la casa de Labán y de haber encontrado a Esaú en su camino de retorno a su hogar, Iaacov estaba agradecido por el refugio que Shejem parecía ofrecerle. Para mostrar su aprecio, decidió mejorar la ciudad. Nuestros Sabios ofrecen diferentes opiniones sobre lo que hizo: acuñó una moneda, estableció mercados o construyó casas de baño. El Rebe Najmán une ahora esto con nuestra lección.

21. ...no están en conflicto. Esta expresión común del Talmud, "Ambas son una y la misma cosa...", tiene la intención de mostrar que los puntos de vista opuestos no son necesariamente excluyentes. Más bien y con la adecuada comprensión, pueden ser vistos como complementarios.

22. verdad a Iaacov...Rostro. Rashi explica este versículo de Mija como: "Da la verdad de Iaacov a sus hijos". Pues Iaacov era el epítome, la encarnación clásica de la verdad. En base a nuestro texto, él encarnaba por lo tanto la Luz del Rostro (ver más arriba n. 19). El *Mei HaNajal* agrega: Las palabras "*EMeT LeIaACoV*" ("verdad a Iaacov", אמת ליעקב)" contienen las mismas letras que *IaACoV LO MeT* ("Iaacov no falleció", יעקב לא מת). Esto indica que Iaacov alcanzó la cualidad de la vida eterna (ver *Taanit* 5b). Y así, todo aquel que esté unido a Iaacov/el *Or HaPanim*, igualmente vivirá por siempre.

23. la fe fue rectificada. Debido a que la verdad y la fe son complementarias e interdependientes

וְזֶה: "וַיִּחַן פְּנֵי הָעִיר", "פְּנֵי" דַּיְקָא, שֶׁהִיא פָּנִים דְּסִטְרָא אָחֳרָא. שֶׁהִיא מַטְבֵּעַ, הַיְנוּ תַּאֲוַת מָמוֹן.

כִּי כָּל עֲבוֹדוֹת זָרוֹת תְּחוּבִים בְּמָמוֹן. וּבִשְׁבִיל זֶה מָמוֹן עִם אוֹתִיּוֹתָיו גִּימַטְרִיָּא ק"מ, כְּנֶגֶד ק"מ [מֵאָה וְאַרְבָּעִים] קָלִין, שֶׁהַשְּׁכִינָה צוֹוַחַת: 'קַלַּנִי מֵרֹאשִׁי! קַלַּנִי מִזְּרוֹעִי'! (סנהדרין מו) עַל אֵלּוּ הַנּוֹפְלִים בְּתַאֲוַת מָמוֹן, שֶׁהֵם עֲבוֹדָה זָרָה כְּלוּלִים מֵעֲבוֹדוֹת זָרוֹת שֶׁל שִׁבְעִים אֻמּוֹת.

(וְעַל כֵּן הֵם ק"מ קָלִין, שֶׁהֵם שְׁתֵּי פְּעָמִים ע'. כִּי הַשְּׁכִינָה צוֹוַחַת הַקָּלִין כְּפוּלִים, בְּחִינַת 'קַלַּנִי מֵרֹאשִׁי קַלַּנִי מִזְּרוֹעִי', שֶׁהוּא בְּחִינַת קוֹלוֹת כְּפוּלִים, הַיְנוּ שְׁנֵי פְּעָמִים עַ"ן קָלִין, שֶׁצּוֹוַחַת הַשְּׁכִינָה עַל הַנּוֹפְלִים בְּתַאֲוַת מָמוֹן שֶׁהִיא עֲבוֹדָה זָרָה כְּלוּלָה מִכָּל הָעֲבוֹדוֹת זָרוֹת שֶׁל עַ"ן אֻמּוֹת).

וְזֶה שֶׁאָמְרוּ חֲכָמֵינוּ, זִכְרוֹנָם לִבְרָכָה (פסחים קיח): 'קָשִׁין מְזוֹנוֹתָיו כִּפְלַיִם כַּיּוֹלֵדָה', כִּי הַיּוֹלֶדֶת רָאֲמַת עַ"ן קָלִין קֹדֶם הַלֵּדָה, וְהָכָא יֵשׁ ק"מ קָלִין שֶׁהֵם שְׁנֵי פְּעָמִים עַ"ן:

"¡Mi cabeza [tefilín] está pesada! ¡Mi brazo [tefilín] está pesado!". Ellos ya no atestiguan sobre la grandeza de ese hombre.

29. Es por ello.... Este párrafo fue agregado por el rabí Natán. En los pocos casos en los que sintió que era necesario, el rabí Natán agregó material explicativo para facilitar la comprensión de la lección por parte del lector. Este material se presenta en español entre llaves { } (también utilizadas en tamaño pequeño para los versículos insertados por el editor, como en el comienzo de §3).

Aquí el Rebe Natán explica por qué la Presencia Divina clama con 70 clamores dobles –"Mi cabeza… Mi brazo"– para un total de 140. Ella se lamenta por la persona que está atrapada en los deseos de *mamón* (ממון) –también equivalente a 140– pues la codicia es la encarnación de las prácticas idólatras de las 70 naciones.

30. setenta clamores.... Correspondientes a las setenta palabras en el Salmo 20, "Que Dios te responda en el día de angustia" (*Zohar* III, 249b; ver *Likutey Moharán* I, 21:7, n.60).

31. ciento cuarenta clamores.... Con esto el Rebe Najmán demuestra que la maldición del hombre es doble que la maldición de la mujer: el dolor de su trabajo para ganarse el sustento es dos veces el de ella durante las labores de parto (ver más arriba, n. 10). Más adelante (§5, §8), la lección asocia "nacimiento" con ganancia (nuevos ingresos). Todo nacimiento –una nueva

Éste es el significado de, "Y él agració el rostro de la ciudad". Específicamente el "rostro", el rostro del Otro Lado, que es una moneda – es decir, el deseo de dinero.[26]

Pues toda idolatría se basa en el dinero. Es por ello que el valor numérico de la palabra *mamón* (dinero) más las letras [que forman la palabra] es equivalente a ciento cuarenta[27]; para contrarrestar los ciento cuarenta clamores con los que clama la Presencia Divina – "¡Mi cabeza está pesada! ¡Mi brazo está pesado!" (*Sanedrín* 46a) – debido a aquellos que sucumben a la codicia. Ésta es la idolatría que engloba a todas las otras prácticas idólatras de las setenta naciones.[28]

{Es por ello que hay ciento cuarenta clamores, dos veces setenta, pues la Presencia Divina clama un doble clamor, correspondiente a: "¡Mi cabeza está pesada! ¡Mi brazo está pesado!", lo que es un aspecto de un doble clamor. En otras palabras, hay dos veces setenta clamores que la Presencia Divina profiere debido a aquellos que sucumben al deseo de dinero, que es la idolatría que incluye a todas las prácticas idólatras de las setenta naciones.[29]}

Esto es lo que enseñaron nuestros Sabios: Ganarse el sustento es dos veces más difícil que dar a luz (*Pesajim* 118a). Pues la mujer en trabajo de parto clama con setenta clamores antes de dar a luz.[30] Pero aquí hay ciento cuarenta clamores, que es dos veces setenta.[31]

---

26. el rostro de la ciudad...moneda.... Tal como sigue siendo la práctica incluso hoy en día en muchos países, era costumbre colocar el retrato de algún personaje prominente en las monedas (cf. *Bereshit Rabah* 39:11).

27. mamón...ciento cuarenta. Ver Apéndice: Numerología de las Letras Hebreas. Aquí, el número de letras en la palabra misma (*mamón*, ממון) se agrega para completar la equivalencia numérica.

28. la Presencia Divina....idolatría.... Este pasaje Talmúdico, citado en parte en el texto, hace referencia a los que cometen idolatría y blasfeman. Incluso así, la Presencia Divina lamenta el destino de esas personas y clama con angustia por su suerte. Nuestro texto se refiere específicamente a la codicia, a la idolatría del dinero. Dado que esas personas están entregadas a la codicia, la Presencia Divina constantemente se angustia por ellas. El *Etz Iosef* (*loc. cit., v.i. kalani*) comenta: ¿Por qué precisamente la cabeza y el brazo? Así como el hombre lleva los tefilín sobre la cabeza y el brazo, lo mismo hace el Santo, bendito sea. Así como nuestros tefilín atestiguan sobre la grandeza de Dios, los tefilín de Dios atestiguan sobre la grandeza de la Comunidad de Israel (ver *Berajot* 6a). Cuando el hombre lleva a cabo las mitzvot, Dios se regocija en él. Pero cuando comete idolatría, niega, por así decirlo, la Presencia de Dios en el mundo. En lugar de regocijarse en él, la Presencia Divina llora y se lamenta por él, clamando,

וְזֶהוּ (אבות פרק ב'): 'וְאַל תְּהִי רָשָׁע בִּפְנֵי עַצְמְךָ', 'בִּפְנֵי' – זֶהוּ בְּחִינַת פָּנִים דְּסִטְרָא אָחֳרָא, הַבָּא מֵחֲמַת תַּאֲוַת מָמוֹן, שֶׁאֵין מַאֲמִין בְּהַקָּדוֹשׁ-בָּרוּךְ-הוּא, שֶׁהוּא הַזָּן וּמְפַרְנֵס, וְהוּא חוֹשֵׁב "כֹּחִי וְעֹצֶם יָדִי עָשָׂה לִי אֶת הַחַיִל הַזֶּה" (דברים ח'). וְזֶה 'עַצְמְךָ', לְשׁוֹן עֹצֶם יָדִי:

clamores contrarresten y anulan a los "setenta rostros" del Otro Lado. Pero para poder atraer las "riquezas y gloria"/ganancias, se debe clamar dos veces. Primero se debe traer el *daat* hacia el lado derecho. Luego, se debe traer la riqueza a través del *daat* del lado derecho para llevarla hacia el lado izquierdo. De modo que hay 70 y 140 clamores, correspondientes a dar nacimiento a un nuevo *daat* (70 clamores del nacimiento) y a traer la *shefa* (140 clamores de ganarse el sustento) (*Likutey Halajot, Gneva* 2:2-4).

32. No seas malvado.... La Mishná comienza con la advertencia de que debemos ser meticulosos con nuestras plegarias. Esto se une con nuestro texto en el hecho de que aquel que ora por sus necesidades reconoce su verdadera fuente y así rechaza la idolatría. De modo que "no es un malvado". Sin embargo, aquel que no es cuidadoso con sus plegarias matutinas (ver más arriba, n. 9) y que se levanta temprano para salir a ganarse el sustento – es un idólatra pues adora el dinero. Y así, el Rebe continúa....

33. biFNeI...PNeI. Como explicó el Rebe más arriba, la codicia hace que la persona quede apegada al rostro del Otro Lado.

34. mi propia fuerza.... El versículo hace referencia a lo que les podría suceder a los judíos después de haber entrado a la Tierra Santa. De pensar que había sido su fuerza y poder lo que les permitió poseer la tierra y reclamar la propiedad de sus frutos y de sus riquezas –"Fue mi propia fuerza..."– Dios les advierte, "Que fue el Señor tu Dios quien te dio la riqueza..." (Deuteronomio 8:18). Esto es un paralelo directo de aquellas personas descritas en nuestro texto que piensan que son sus esfuerzos los que les hacen ganar los ingresos, en lugar de la providencia Divina de Dios.

El *Parparaot LeJojmá* une este versículo con los 140 clamores de la Presencia Divina. El versículo afirma, "Fue mi propia fuerza y el poder de mi mano...". "Fuerza" alude a la mente, a los pensamientos con los cuales la persona reflexiona sobre cómo ganar dinero. El "poder de mi mano" alude al trabajo físico que es necesario realizar. En contra de esos dos comportamientos idólatras la Presencia Divina clama, "Mi cabeza... Mi brazo".

35. ATZMeja...OTZeM de mi mano. La Mishná se traduce así en nuestro texto como: **No seas malvado** – un idólatra, **bifnei** –y quedes apegado al rostro del Otro Lado, **atzmeja** – pensando que fueron tu fuerza y tu poder los que te dieron el sustento.

Resumen: La persona debe tener fe en que Dios la proveerá del sustento. Es posible alcanzar esa fe mediante la verdad. De esa manera la persona puede estar unida al *Or HaPanim*, a la vida, a la alegría y al rostro de santidad. Sin embargo, aquel que carece de fe y piensa que son sus propios esfuerzos los responsables de traerle el sustento, es considerado un idólatra. Está unido al rostro del Otro Lado, a la muerte y a la melancolía.

Y esto es: "No seas malvado *bifnei atzmeja* (ante ti mismo)" (*Avot* 2:13)[32] – *biFNeI* corresponde al *PNeI* (el rostro) del Otro Lado, que viene como resultado del deseo de dinero.[33] Pues [esta persona] no cree en el Santo, bendito sea, [no tiene fe en] que Él sustenta y provee. Sino que piensa (Deuteronomio 8:17), "Fue mi propia fuerza y el poder de mi mano lo que me trajo toda esta prosperidad".[34] Y esto es *ATZMeja*, lingüísticamente similar a "*OTZeM* (el poder) de mi mano".[35]

---

idea, una nueva devoción, etc.– incluso en santidad, es doloroso (ver *Likutey Moharán* I, 21:7, n. 60). Pero aun así el dolor y el sufrimiento de aquellos que, debido a su falta de fe, sucumben a la idolatría, es el doble del de un nacimiento "común". Ellos emiten 140 clamores. Así, no sólo la Presencia Divina lamenta su destino clamando 140 clamores sino que también ellos, debido a su falta de fe, deben sufrir y proferir 140 clamores para poder llegar a ver incluso un poco de ganancia. El *Parparaot LeJojmá* agrega que la persona tiene que emitir los primeros 70 clamores para dar nacimiento a una ganancia. Habiendo hecho esto, tiene que proferir 70 clamores más para no caer en la trampa de pensar que fueron sus propios esfuerzos los que le trajeron esa ganancia, pues eso mismo sería una señal de que está atrapada en el deseo de dinero. El Rebe Najmán mismo enseña esto (§7 agregado) cuando relaciona los setenta clamores con la plegaria intensa necesaria para ser salvados del mal de la codicia.

El rabí Natán ofrece la siguiente explicación de los 70 y los 140 clamores en base a las enseñanzas de la Kabalá: Toda la *shefa* (influjo de abundancia) desciende en virtud de la *sefirá* de *Daat* (Conocimiento), como en (Proverbios 24:4), "Con conocimiento se llenan las cámaras" – con *shefa*. *Daat* también alude a los ojos, como en (Génesis 3:7), "Sus ojos se abrieron" – esto hace referencia al conocimiento (Rashi, *loc. cit.*). El Ari enseña que *Daat* comprende 10 permutaciones del Nombre de Dios *IHVH* (יהוה). Dado que cada Nombre es numéricamente igual a 26, el total es 260. La palabra hebrea para "ojo" es *ain* (עין), que es numéricamente equivalente a 130. Dos veces *ain* es 260, equivalente a las 10 permutaciones – es decir, *Daat* (ver *Likutey Moharán* I, 15:8, n.74). De aquí podemos ver la conexión entre *Daat* y los ojos.

Ahora bien, en la Kabalá el lado derecho corresponde a la bondad, a la benevolencia y al dar, mientras que el lado izquierdo corresponde al juicio, un aspecto del recibir. Esta misma distinción se aplica también a la Torá. Está escrito sobre la Torá (Proverbios 3:16), "Largo de días en su mano derecha y en su mano izquierda riquezas y gloria" (ver *Likutey Moharán* I, 12:3, n. 41-44). En nuestro contexto, "largo de días" hace referencia a la vida, que el Rebe mencionó al comienzo de esta sección; cada pequeña gota de *daat*, de conocimiento de la Torá, que uno alcanza lo acerca a la vida. Las "riquezas y gloria" hacen referencia a la necesidad del hombre, la *shefa* que recibe a través de la providencia Divina para sustentarlo. Además, la Torá está compuesta de "setenta rostros" (*ain panim*; la letra *ain* equivale a 70) o modos de interpretación de la Torá, contrastando con los "setenta rostros" del Otro Lado. Estos se corresponden a su vez con el rostro de santidad y con el rostro del Otro Lado.

Por lo tanto, es necesario buscar los setenta rostros de la Torá, de la verdad, para alcanzar "largo de días"/vida. Esto es posible clamando *ain* (70) clamores para dar nacimiento a un nuevo *daat*, a una nueva comprensión de la Torá, a mayores niveles de verdad, del *Or HaPanim*. Estos

ב. וְדַע שֶׁעַל-יְדֵי תִּקּוּן בְּרִית קֹדֶשׁ, הוּא נִצּוֹל מִפָּנִים דְּסִטְרָא אָחֳרָא. עַל-יְדֵי דַם בְּרִית, נִתְתַּקֵּן דַּם נִדָּה, תַּאֲוַת מָמוֹן. כְּמוֹ שֶׁכָּתוּב (זכריה ט'): "גַּם בְּדַם בְּרִיתֵךְ", עַל-יְדֵי בְרִית, "שִׁלַּחְתִּי אֲסִירַיִךְ מִבּוֹר". 'בּוֹר דָּא טְחוֹל'. מָרָה שְׁחוֹרָה, "בְּעִצָּבוֹן תֹּאכְלֶנָּה". כִּי בְּרִית הוּא בְּחִינַת מֶלַח הַמַּמְתִּיק מְרִירוּת וְעִצָּבוֹן הַפַּרְנָסָה, כַּמּוּבָא בַּזֹּהַר (ויחי רמא:): 'אִלְמָלֵא מִלְחָא לָא הֲוֵי עָלְמָא יָכְלֵי לְמִסְבַּל מְרִירוּתָא'. וְזֶהוּ (במדבר יח): "בְּרִית מֶלַח עוֹלָם הוּא". וְזֶהוּ (ויקרא ב'): "אַל תַּשְׁבִּית מֶלַח בְּרִית אֱלֹקֶיךָ" - "אֱלֹקֶיךָ" דַּיְקָא, כִּי עַל-יְדֵי-זֶה נִתְקַשֵּׁר בֶּאֱלֹקוּת, וְנִתְפָּרֵשׁ מֵעֲבוֹדָה זָרָה, כְּמוֹ שֶׁכָּתוּב (איוב יט): "מִבְּשָׂרִי אֶחֱזֶה אֱלוֹקַּ". כִּי עַל יְדֵי תִּקּוּן הַבְּרִית, מֵאִיר

40. si no fuese por la sal…amargura. El *Zohar* (*loc. cit.*) enseña que la sal corresponde a la *sefirá* de *Iesod* (Fundación), que corresponde a su vez al órgano sexual, al *brit*. La sal es un depurador y puede ser utilizada para extraer la sangre de la carne (como en el proceso de kasherización). En nuestro texto, esto se relaciona con el poder de la sal para extraer del sistema el exceso de bilis y de sangre putrefacta – es decir, la amargura en la persona. Cuidar el Pacto le permite así a la persona superar la melancolía/codicia. Además el Talmud enseña (*Guitin* 70a): "La sal disminuye el esperma". Esto se relaciona nuevamente con controlar y guardar la pureza sexual, el Pacto. Ver nota siguiente.

41. sal…eterno. Rashi explica esto como el pacto eterno del sacerdocio que Dios hizo con Aarón. Tal como la sal no se pudre, de la misma manera ese pacto nunca se estropeará. Más aún, la palabra hebrea tanto para "mundo" como para "eterno" es *olam* (עולם). Así, "Si no fuese por la sal, el *olam* (mundo) no podría soportar la amargura". ¿Cuál es la sal que guarda al mundo? "El pacto de sal [i.e., el *brit*, que] es *olam* (eterno)". Este pacto eterno, que no se estropeará, guarda al mundo de la codicia.

42. Que no falte…tu Señor…a la Divinidad…. La sal debe ser colocada sobre cada uno de los sacrificios que se llevan al altar. Rashi comenta: Desde los primeros días de la Creación, Dios hizo un pacto con la sal de que ésta sería colocada sobre los sacrificios. Aquí el Rebe Najmán hace la conexión entre "guardar el pacto eterno" y "tu Señor…". Es decir, todo aquel que guarde el Pacto podrá unirse a la santidad y separarse de la idolatría. El versículo se lee entonces así: **Que no falte la sal** – no dañes el Pacto **de tu Señor** – para que puedas ser consciente y unirte a tu Señor, a la santidad y no a la idolatría.

43. Desde mi carne percibo a Dios. El Midrash relata que fue luego de circuncidarse que Abraham recibió una revelación de Dios. Abraham dijo entonces, "De no haber estado circuncidado, ¿cómo podría haber experimentado una revelación Divina?" (*Bereshit Rabah* 48:2). El *Zohar* agrega: "En virtud del Pacto, la persona puede experimentar la Divinidad, ¡incluso físicamente!" (*Zohar* I, 94a). Así, **Desde mi carne** – al guardar el Pacto, **percibo a Dios** – lo experimento.

2. ¡Y debes saber! Al rectificar el santo *brit* (Pacto)[36] [la persona] se salva del rostro del Otro Lado. Mediante la sangre de la circuncisión, se rectifica la sangre de la menstruación – el deseo de dinero.[37] Como está escrito (Zacarías 9:11), "También con la sangre de tu pacto" – mediante la circuncisión – "Yo he librado a tus prisioneros de la fosa".[38] "La fosa" es el bazo, la melancolía, "con tristeza comerás".[39]

Pues el Pacto corresponde a la sal, que endulza la tristeza de [trabajar para] ganarse el sustento. Como dice en el *Zohar* (I, 241b): "Si no fuese por la sal, el mundo no podría soportar la amargura".[40] Éste es el significado de (Números 18:19), "El pacto de sal es eterno"[41]; y es [también] (Levítico 2:13), "Que no falte la sal del pacto de tu Señor". Específicamente "tu Señor", pues con ello te unes a la Divinidad y te separas de la idolatría.[42] Como está escrito (Job 19:26), "Desde mi carne percibo a Dios".[43] En virtud de la rectificación del *brit*, hace que la "luz

---

36. santo brit.... El Rebe Najmán introduce aquí el concepto de cuidar el Pacto. Este *brit* (pacto) que Dios hizo con Abraham y con sus descendientes, está sellado mediante la circuncisión (Génesis 17). Como tal, el pacto del pueblo judío con Dios se centra en la pureza sexual. Cuidar el *brit* implica un alto estándar de comportamiento moral en pensamiento, palabra y especialmente en la acción. Por el contrario, el daño al Pacto se produce a través de lo siguiente: 1) relaciones sexuales con una *nidá* (toda mujer que ha menstruado y no se ha sumergido en la mikve); 2) relaciones con no judíos; 3) un matrimonio prohibido (e.g., un cohen con una divorciada); 4) onanismo, homosexualidad y similares (ver *Likutey Moharán* I, 11:3-4, nn. 29, 42). El rabí Natán agrega que la principal manifestación de haber cuidado el Pacto es dejar una progenie que continúe con la búsqueda de Dios. Cuando uno les deja bienes a sus descendientes y ellos no sucumben a la codicia sino que buscan a Dios, entonces realmente merece alcanzar el Or HaPanim (*Likutey Halajot, Ibum* 1:3-5; cf. *Likutey Moharán* I, 21:5, nn. 34-37).

37. Sangre.... Más arriba, el Rebe equiparó a la codicia con la idolatría y, a través de ella, con la impureza de la menstruación (§1, nn. 14,15). Aquí explica que es posible contrarrestar la impureza asociada con la sangre de la menstruación con la sangre de la circuncisión – es decir, cuidando el Pacto. Además, en su forma plural, la palabra hebrea para sangre es *damim*, que también significa "dinero". Así el *dam* del Pacto contrarresta el *dam* de la menstruación – es decir, el deseo de *damim* (dinero). El Rebe Najmán explica a continuación cómo es esto.

38. sangre de tu pacto...librado.... El profeta les dice a los judíos que serán considerados rectos y dignos de la redención debido a que realizaron la mitzvá de la circuncisión (*Rashi, Radak, loc. cit.*).

39. el bazo.... En el *Tikuney Zohar* (#48) encontramos que *tjol* (bazo) y *mará* (bilis) se comparan con una fosa, la fosa de la melancolía y del exilio. En nuestro texto el versículo se traduce entonces como, **También con la sangre de tu pacto** – al guardar el Pacto, **Yo he librado...de la fosa** – Dios liberará a los judíos de la melancolía, de la tristeza y del exilio. Es decir, al cuidar el Pacto la persona se salva de la codicia, del pan de la tristeza y de la melancolía.

לְעַצְמוֹ אוֹר פְּנֵי מֶלֶךְ חַיִּים:
וְזֶה (כתבות סו:) 'מֶלַח מָמוֹן חָסֵר', כִּי עַל-יְדֵי מֶלַח, נִתְמַעֵט אֶצְלוֹ תַּאֲוַת מָמוֹן:

(vida) Iaacov (*Zeir Anpin*/verdad). El *Mei HaNajal* agrega: "Ella aferró [a Iosef] por su vestimenta... él dejó su vestimenta" (Génesis 39:12). Dicen nuestros Sabios, comentando sobre este versículo: Cuando Iosef entró a la casa de Potifar, vio la semejanza del rostro de Iaacov (*Sotá* 36b). Y Iosef comprendió que si llegaba a pecar con la esposa de Potifar y a dañar el *brit*, no merecería recibir el rostro de Iaacov, el *Or HaPanim*. Más aún, las palabras "aferró su vestimenta" aluden a las necesidades materiales de la persona para abrigo y ropas (*Sabiduría y Enseñanzas del Rabí Najmán de Breslov* #100). Al tratar de seducirlo, la esposa de Potifar esperaba hacer que Iosef dañase el Pacto y así hacerlo sucumbir a la codicia. Pero "Él dejó su vestimenta...". Iosef cuidó el Pacto y por lo tanto no sucumbió a la codicia. En su lugar, huyó del deseo de placeres materiales.

45. Con sal, se disminuye el dinero.... Nakdimon ben Gurion era famoso por su gran riqueza. Sin embargo, después de la destrucción del Segundo Templo, encontraron a su hija en el campo buscando algo para comer. Cuando le preguntaron qué había sido de las fantásticas riquezas de su padre, ella contestó con un dicho popular, "¡*Sala* (cuida) el dinero disminuyéndolo [al dar caridad]!". Aparentemente, su padre no había dado caridad en la medida de su riqueza y así todo se había perdido (*Ketuvot* 66b, ver *Rashi y Maharsha, v.i. Melaj*). El Rebe Najmán juega con las palabras "*melaj mamón, jazer* (sala el dinero para disminuirlo)", colocando la coma antes –*melaj, mamón jazer*– para enseñar que "con sal, se disminuye el dinero". Es decir, con la sal/ el Pacto, uno percibe la Divinidad y hace que disminuya el deseo de dinero. En los extractos de esta lección (§7), el Rebe enseña que uno debe ser probado primero con el deseo de dinero antes de poder ganar "dinero en santidad". Deberá negociar de manera honesta y fidedigna (ver más arriba, §1, n. 16) y quebrar los pensamientos y las confusiones que surgen debido al deseo de dinero. Sus pensamientos deberán estar dirigidos a utilizar el dinero que obtenga para servir a Dios y para dar caridad, especialmente caridad para aquellos dedicados al estudio de la Torá y a las devociones. En nuestro contexto, el hecho de "salar" el dinero, de guardar el Pacto, le permite a la persona apreciar la santidad. La une al rostro de la santidad y ello la lleva a dar caridad de todo corazón. Por el contrario, el hecho de no guardar el Pacto hace que la persona se aleje de la caridad, de la Divinidad y se apegue así al rostro del Otro Lado, a la idolatría. (La caridad y su efecto positivo sobre la persona serán tratados en la próxima sección).

El *Parparaot LeJojmá* hace notar que cuando el *Zohar* menciona "si no fuese por la sal...", inmediatamente afirma que esa sal, el Pacto, va unida con la caridad (*Zohar* I, 241b). Ello se debe a que la caridad (la fe) complementa al Pacto (la verdad). El *Parparaot LeJojmá* agrega: La caridad también corresponde a guardar el Pacto, como en (Salmos 37:21), "El Tzadik da con benevolencia". Aquel que es un Tzadik, que guarda el Pacto, es benevolente y caritativo. Encontramos por lo tanto en el Talmud dos versiones del dicho popular arriba mencionado: Una versión dice "*melaj mamón, JaSeR* (חסר)"; la otra versión dice, "*melaj mamón, JeSeD* (חסד, bondad)". De hecho, ambas son iguales: para "salar" el dinero, uno debe dar caridad o actuar de manera benevolente, que es también una forma de caridad. Más aún, la diferencia entre *jaseR* (חסר) y *jeseD* (חסד) es la diferencia entre una letra *dalet* (ד) y una letra *resh* (ר), diferencia que es hecha notar en otra instancia (*Likutey Moharán* I, 10:5). Allí, el Rebe Najmán enseña: Los

del rostro del Rey Vivo" brille sobre él.⁴⁴

Y esto es: Con sal, se disminuye el dinero (*Ketuvot* 66b). Ello se debe a que mediante la sal disminuye el deseo de dinero.⁴⁵

Enseña el Talmud: El rabí Menajem el hijo de Simai era conocido como "el hijo de un hombre santo". ¿Por qué? Pues su padre nunca miró una moneda (*Pesajim* 104a). En base a nuestro texto podemos comprender que el rabí Simai era llamado santo debido a que había guardado el Pacto. Por lo tanto nunca buscó placeres materiales ni físicos. Más aún, el Midrash (*Shir HaShirim Rabah*, v. 7:8) afirma: "Dos [grandes y] malos deseos fueron puestos en el mundo: la idolatría y la inmoralidad.... Aquel que vence a la mala inclinación de la inmoralidad es como si venciese a ambos". Esto se une con nuestra lección en el hecho de que al guardar el *brit* la persona niega la idolatría de la codicia.

Escribe el rabí Natán: Parece haber una contradicción en el tratamiento que hace el Rebe Najmán de las dos pasiones más fuertes, la codicia y la inmoralidad. Por un lado, el Rebe afirma claramente que la mayor prueba que debe pasar un hombre en este mundo es la prueba de la pureza sexual, el cuidado del Pacto. Si lo consigue, podrá decir, "Desde mi carne yo [puedo] percibir a Dios". Esto aparece en muchas lecciones del *Likutey Moharán* (I, 22, 23, 29, 36...). Pero incluso si el hombre falla, incluso si sucumbe a su inclinación y se comporta de manera inmoral, aun así podrá ser rectificado. Sin embargo, en "El Señor de la Plegaria" (*Los Cuentos del Rabí Najmán* #12) encontramos que la codicia es tan terrible que si alguien sucumbe al deseo de dinero, Dios no lo quiera, nunca podrá ser purificado de ello (excepto a través del "sendero del Poderoso Guerrero"). Parecería ser, por lo tanto, que la idolatría del dinero es mucho peor que el mal de la inmoralidad, pues no puede ser rectificada. El rabí Natán responde: Ciertamente, el deseo de inmoralidad es la prueba más difícil que debe enfrentar el hombre. Pero incluso si la persona no puede mantener un elevado nivel de santidad, en la medida en que sea cuidadosa y no peque, podrá ser rectificada. Sin embargo, si daña el Pacto, será castigada sucumbiendo a la codicia (ver más adelante, §3, que los enemigos del Tzadik/el guardián del Pacto, sucumben a la codicia). Dado que esa persona no tiene un Tzadik que la ayude, está destinada a pasar su vida corriendo detrás del dinero. Deberá sustentar a su familia trabajando duramente, con preocupaciones, ira, angustia y los demás sufrimientos que caen sobre aquellos que no tienen fe. Por lo tanto, es necesario buscar al verdadero Tzadik, aquel que se encuentra en el nivel más elevado. Pues entonces, aunque uno haya pecado y haya sido castigado con la codicia, el Tzadik podrá ayudarlo (*Torat Natán* #12).

44. luz del rostro del Rey Vivo...sobre él. El Rebe comenzó la lección mostrando que la unión al rostro de santidad es vida y alegría. Ese rostro de santidad, explicó, se alcanza a través de la verdad. Aun así, aquí parece que es guardando el Pacto que se alcanza ese rostro. Esto puede comprenderse a partir de lo siguiente: El nivel de verdad hace referencia a *Zeir Anpin* (*Zohar* III, 1a). Las luces de *Zeir Anpin* (que comprende seis *sefirot*) se revelan en la *sefirá* más baja, *Iesod*, que corresponde al *brit* (ver Apéndice: Las Personas Divinas). Así, cuando uno guarda el *brit*, recibe la luz de *Zeir Anpin*/la verdad que actúa como un filtro para la Luz del Rostro, el rostro de santidad. Por lo tanto y en esencia, adquirir el *Or HaPanim* guardando el Pacto *es* adquirirlo a través de la verdad.

Ahora podemos comprender mejor la prueba anterior del Rebe (§1, n. 5): "Revivió el espíritu de Iaacov". Encontramos en los escritos que si bien Iaacov corresponde a la verdad, Iosef corresponde al *brit*. Así, cuando hay un aspecto de Iosef (*Iesod*/Pacto), entonces revive

ג. וְזֶהוּ (דברים לג): "וַיְגָרֶשׁ מִפָּנֶיךָ אוֹיֵב", מִפָּנֶיךָ דִּקְדֻשָּׁה, "וַיֹּאמֶר הַשְׁמֵד" – לְשׁוֹן שְׁמָד, לְשׁוֹן עֲבוֹדָה-זָרָה, הַיְנוּ תַּאֲוַת מָמוֹן. כִּי כָּל יִשְׂרָאֵל נִקְרָאִים צַדִּיקִים, עַל שֵׁם הַבְּרִית. וּבִשְׁבִיל זֶה, כְּשֶׁמְגָרֵשׁ מִפְּנֵיהֶם דִּקְדֻשָּׁה, אֶת הָאוֹיֵב, הוּא מַפִּיל אוֹתָם הָאוֹיְבִים, בְּפָנִים דְּסִטְרָא אָחֳרָא, הַיְנוּ הַשְׁמֵד:

נִמְצָא, כָּל צַדִּיק וְצַדִּיק, כְּשֶׁהַקָּדוֹשׁ-בָּרוּךְ-הוּא רוֹצֶה לְגָרֵשׁ אוֹיְבָיו שֶׁל צַדִּיק, הוּא מַפִּיל אֶת הָאוֹיֵב בְּתַאֲוַת מָמוֹן. כִּי 'צַדִּיק הוּא בְּרִית עוֹלָם' (תקון מח), וְזֶה הָאוֹיֵב שֶׁל צַדִּיק, שֶׁחוֹלֵק עַל צַדִּיק, אֵין לוֹ מֶלַח לְהַמְתִּיק מְרִירוּתוֹ. כִּי 'מֶלַח מָמוֹן חָסֵר', כִּי עִקַּר תַּאֲוַת מָמוֹן שֶׁנִּתְמַעֵט, אֵינוּ אֶלָּא עַל-יְדֵי בְּרִית:

voluntariamente, tal como la circuncisión y la negación de la idolatría, continúan observándola fielmente hasta el día de hoy (*Shabat* 130a). A lo largo de las generaciones, aunque ha habido un debilitamiento general en la observancia de las mitzvot, los judíos se han mantenido firmes en la mitzvá de la circuncisión, incluso bajo las condiciones más difíciles. Debido a su tremendo autosacrificio para llevar a cabo esa mitzvá, son considerados rectos – *Tzadikim*.

48. hace que esos enemigos sucumban.... Cuando, mediante la verdad y la fe, el pueblo judío merece unirse al rostro de santidad, Dios castiga a sus enemigos haciendo que persigan el dinero/la idolatría (ver extractos, §10). Preocupados por sus deseos, sus malos designios en contra de los judíos son dejados de lado. Si bien esto se encuentra en el nivel general, es decir, los judíos frente a las naciones, también se aplica al nivel individual. El Rebe lo demostrará seguidamente en términos del Tzadik frente a aquellos que se le oponen.

49. El Tzadik es un pacto eterno. "¿Quién es un Tzadik? Aquel que cuida el Pacto" (*Zohar* I, 59b). El Tzadik es aquél que verdaderamente cuida el Pacto – en el nivel más elevado. Este Tzadik personifica las cualidades de *Iesod*, que es la sal que protege de la codicia (ver más arriba, n. 40). Pero el enemigo del Tzadik, debido a que se opone al Tzadik, carece de la sal de *Iesod*/el Pacto para protegerlo de la avaricia. Cae por lo tanto en la trampa del deseo de dinero/la idolatría. Este principio ha sido demostrado históricamente. Muchos oponentes de los Tzadikim estuvieron sumidos en el deseo de riquezas, lo que hizo –y continúa haciendo– que se burlaran de los objetivos y los logros del Tzadik. Esto a su vez los alejó más aún del Tzadik e hizo que persiguiesen todavía más la riqueza. Como resultado, la mayor parte de ellos pasó su vida corriendo tras el dinero y nunca experimentó la verdad, el *Or HaPanim*.

Ahora podemos comprender mejor la historia relatada en las Escrituras sobre Batia, la hija del faraón (ver n. 25). Aunque el faraón se declaró un dios, el epítome de la idolatría, su propia hija rechazó esa falsa creencia y fue a limpiarse del paganismo. Pero la purificación de Batia no podía estar completa sin la unión al Tzadik. Egipto estaba lleno de idolatría, ¿adónde podía ir para encontrar al Tzadik? Sin embargo, debido a que era sincera en su deseo de la verdad, fue asistida en su búsqueda. Descendió al río y encontró a Moshé, el Tzadik.

3. {"**Él expulsa al enemigo de delante de tu rostro y proclama: '¡*Hashmed*! (¡Destrúyelo!)'"** (Deuteronomio 33:27).}

Y éste es el significado de, "Él expulsa al enemigo de delante de tu rostro" – "de tu rostro" de santidad; "y proclama: '¡*Hashmed*!'" – lingüísticamente similar a *ShMaD* (apostasía), idolatría, es decir el deseo de dinero.[46]

Pues, en virtud del Pacto, todos los judíos son considerados Tzadikim.[47] Y debido a ello, cuando Él expulsa al enemigo de delante de sus rostros de santidad, Él hace que esos enemigos sucumban al rostro del Otro Lado – es decir, a la apostasía.[48]

Así, [por] todos y cada uno de los Tzadikim, cuando el Santo, bendito sea, desea alejar a los enemigos del Tzadik, Él hace que el enemigo sucumba a la codicia. Ello se debe a que "el Tzadik es un pacto eterno" (*Tikuney Zohar* #48, p. 85a), y el enemigo del Tzadik, aquel que disputa con el Tzadik, no tiene sal para endulzar su amargura. Pues "Con sal, se disminuye el dinero"; porque, esencialmente, la codicia sólo disminuye mediante el Pacto.[49]

---

versículos "No te inclines ante un *el ajeR* (otro-dios)" (Éxodo 34:14) y "Dios es *ejaD* (uno)" (Deuteronomio 6:4) sólo tienen el punto posterior de la letra *dalet*, el Tzadik, que los diferencia. Si agregamos el punto posterior (el Tzadik) a la *resh* (otro-dios) eso la transforma en una *dalet* ("Dios es uno"). En nuestro contexto, "salar" el dinero actuando de manera bondadosa y dando caridad hace descender sobre la persona la cualidad del Tzadik. Ello la salva de la idolatría, del otro-dios y la une al Dios único.

Resumen: La persona debe tener fe en que Dios la proveerá del sustento. Es posible alcanzar esa fe mediante la verdad. De esa manera la persona puede estar unida al *Or HaPanim*, a la vida, a la alegría y al rostro de santidad. Sin embargo, aquel que carece de fe y piensa que son sus propios esfuerzos los responsables de traerle el sustento, es considerado un idólatra. Está unido al rostro del Otro Lado, a la muerte y a la melancolía (§1). El rostro de santidad se alcanza mediante la sangre de la circuncisión, la sal, la caridad – todos aspectos del cuidado el Pacto (§2).

46. Él expulsa…. En esta sección el Rebe Najmán introduce el concepto del Tzadik, el nivel más elevado en el cuidado del Pacto. Comienza enseñando que cuando la persona encuentra el rostro de santidad pero es enemiga de esa santidad, sucumbe al *shmad*/idolatría/el deseo de dinero.

47. todos los judíos son considerados Tzadikim. El versículo dice (Isaías 60:21), "Tu pueblo son todos Tzadikim". El *Zohar* pregunta, "¿Acaso todos los judíos son verdaderamente Tzadikim? ¡Mira cuántos pecadores hay entre ellos! Sin embargo, debido a que están circuncidados, debido a que tienen el Pacto, son llamados Tzadikim" (*Zohar* I, 93a; ver más adelante, extractos, §10). Esto puede comprenderse mejor a la luz de lo que dijeron los Sabios: Toda mitzvá que los judíos aceptaron con gran alegría, tal como la circuncisión, la llevan a cabo con alegría hasta el día de hoy…. Toda mitzvá por la que los judíos sacrificaron sus vidas

וּבִשְׁבִיל זֶה, זְבוּלוּן שֶׁהָיָה אוֹהֵב לְיִשָּׂשכָר, נֶאֱמַר בּוֹ (דברים לג): "שְׂמַח זְבוּלוּן". "שְׂמַח", הֵפֶךְ בְּעִצָּבוֹן, "שֹׂבַע שְׂמָחוֹת אֶת פָּנֶיךָ".
וְזֶה כְּשֶׁבִּקֵּשׁ רָחָב סִימָנָא דְּחַיֵּי, כְּמוֹ שֶׁכָּתוּב (יהושע ב'): "וְהַחֲיִיתֶם אֶת אָבִי וְאִמִּי וְכוּ', אָמְרָה וּנְתַתֶּם לִי אוֹת אֱמֶת". כִּי אֱמֶת הוּא בְּחִינַת חַיִּים כַּנַּ"ל,

וְאָמְרוּ לָהּ: "אֶת תִּקְוַת חוּט הַשָּׁנִי תִּקְשְׁרִי לָךְ". "תִּקְוָה", זֶה בְּחִינַת אֱמוּנָה, כְּמוֹ שֶׁכָּתוּב (ירמיה לא): "וְיֵשׁ תִּקְוָה לְאַחֲרִיתֵךְ". וֶאֱמוּנָה, הִיא אַחֲרִית הַיָּמִים. כִּי עָלֶיהָ עוֹמְדִים כָּל הַמִּדּוֹת, כְּמוֹ שֶׁכָּתוּב (מכות כד): "בָּא חֲבַקּוּק וְהֶעֱמִידָן עַל אַחַת" וְכוּ'.

y familia los israelitas debían salvar durante la conquista. En el contexto de nuestra lección, podemos comprender este pasaje bíblico como sigue: Rajav, la cortesana, era la antítesis del cuidado del Pacto. Estaba muy lejos de la verdad, de la alegría y de la vida. Pero ella se arrepintió y enmendó sus caminos. Al convertirse, se unió a los Tzadikim –pues todos los judíos son Tzadikim (ver más arriba)– y así pidió una señal de vida, de verdad (cf. *Parparaot LeJojmá*).

52. Tikva...fe.... Los espías le respondieron a Rajav que para que ella pudiese alcanzar la verdad, debía primero unirse a la *tikva*... − tener fe (ver más arriba §1; *Parparaot LeJojmá*). El Rebe Najmán trae ahora una serie de pruebas para demostrar que *tikva* implica fe. La *tikva* (cordón) que se le dijo a Rajav que debía dejar a la vista hace referencia a la *tikva* (esperanza) de aquellos que se mantienen firmes en su fe. Las palabras, "Hay *tikva* para tu final", profetizan la esperanza en el prometido final del exilio. Esto también se une con nuestro texto en el hecho de que la melancolía es una forma de exilio (ver más arriba n. 39). El *Parparaot LeJojmá* agrega que es muy raro que la persona común pueda percibir la luz Divina, el *Or HaPanim*, pues sólo los verdaderos Tzadikim se elevan a un nivel tan grande y exaltado de *daat*. La mayor parte de las personas deben apoyarse en la fe. Esto implica unirse a los verdaderos Tzadikim y tener fe en ellos. De esta manera, una chispa del *Or HaPanim* brillará también en ellas. Podrán anular su deseo de dinero y también vivir una vida de verdad.

53. Final de los Días...atributos.... Jeremías profetizó sobre "tu final", el Final de los Días. En el *Zohar* encontramos que los siete días de la semana son un paralelo de las siete *sefirot* inferiores. La séptima *sefirá*, *Maljut*, es la última – i.e., el Final de los Días (*Zohar* II, 189b). En otra instancia el Rebe Najmán enseña que *Maljut* corresponde a la fe (*Likutey Moharán* I, 35:7). Así el Final de los Días es la fe. Más aún, las *sefirot* también son conocidas como *midot* (medidas, atributos) pues ellas proveen la medida y el límite para las luces superiores en la forma de rasgos y atributos. También el tiempo es un aspecto de la medida y del límite, como en (Salmos 39:5), "*midat iamai* (la medida de mis días)" (cf. *Rashi, ibid.* :6). Así, el *Final de los Días*, la fe, es *Maljut*, sobre la cual se apoyan las otras *sefirot* (ver Apéndice: Estructura de las Sefirot). El Rebe Najmán trae seguidamente otro texto de prueba para la afirmación de que la fe es el pilar fundamental sobre el cual todo descansa.

54. Habakuk...el Tzadik vive por su fe. La Torá prescribe 613 mitzvot. El rey David

Es por ello que se dice de Zebulun, que era amado por Isajar (Deuteronomio 33:18), "Regocíjate Zebulún". "Regocíjate" es la inversa de "con tristeza" – "plenitud de la alegría en Tu rostro".[50]

Así, cuando Rajav pidió una señal de vida – como en (Ioshúa 2:13), "Que mantengan con vida a mi padre y a mi madre" – ella dijo, "…y denme una señal verdadera" (Ibid. :12), pues la verdad corresponde a la vida, como se explicó.[51]

Y ellos le dijeron (Ibid. :18), "Atarás para ti este *tikva* (cordón) de hilo escarlata". "*Tikva*" alude a la fe, como en (Jeremías 31:16), "Hay *tikva* (esperanza) para tu final".[52] Y la fe es el Final de los Días porque todos los atributos se basan en ella,[53] como en (Makot 24a): Habakuk vino y la basó en un [principio, como está escrito (Habakuk 2:4), "El Tzadik vive por su fe"].[54]

Lo mismo puede decirse de Shejem (ver más arriba §1, nn. 20-26). Al igual que los habitantes de la ciudad que llevaba su nombre, también Shejem era una persona inmoral. En lugar de aceptar la ayuda de Iaacov, mediante la cual tanto él como su ciudad hubieran quedado rectificados, Shejem rechazó a Iaacov y violó a Dina, la hija de Iaacov. La inmoralidad de Shejem hizo que cayera a su vez en la codicia. Fue a ver a sus conciudadanos y los convenció de que cosecharían grandes beneficios si aceptaban a Iaacov y a sus hijos entre ellos, diciendo, "ellos comerciarán con nosotros…" (cf. Génesis 34:21-24). Finalmente, su codicia lo destruyó a él y a toda la ciudad.

50. Zebulun…Isajar…. La tribu de Zebulun estaba compuesta de mercaderes internacionales. Ellos negociaban sus propias mercaderías al igual que las de Isajar, su hermano. De esta manera permitían que los hombres de Isajar se dedicaran totalmente al estudio de la Torá (*Rashi*, Génesis 49:13). Debido a que llevaban a cabo sus asuntos comerciales con fe, los hombres de Zebulun merecieron "regocijarse". Es decir, estaban contentos y alegres con lo que tenían en la vida. Fueron así capaces de alcanzar el rostro de santidad, la alegría y la vida. Esto se une con el concepto de la caridad mencionado más arriba (n. 45). La intención de Zebulun al comerciar era mantener a aquellos dedicados al estudio de la Torá y, de esa manera, merecieron la bendición de "¡regocíjate!" – de la alegría, el rostro de santidad y la vida. Ver más adelante, sección 7 y nota 135. Con referencia a esto el *Parparaot LeJojmá* cita el siguiente pasaje del *Zohar* (III, 89b): "¿Qué es caridad? Es el rostro al cual están unidas todas las luces (el *Or HaPanim*). La caridad es verdad…".

51. Rajav…vida…como se explicó. Los dos hombres que Ioshúa envió a espiar la Tierra Santa, Kalev y Pinjas, se ocultaron en la casa de Rajav, una cortesana muy famosa quien, habiendo oído sobre las grandes maravillas que Dios había realizado por Israel, decidió arrepentirse y convertirse. Ahora bien, con la inminente invasión de Canaán por parte de los israelitas, Rajav salvó a los dos espías y les pidió a cambio que salvasen a toda su familia. Cuando los espías aceptaron, Rajav pidió una "señal verdadera", una señal de vida, para sellar el pacto. Ellos decidieron que ella debía colgar un cordón escarlata fuera de su ventana para indicar cuál casa

וְחוּט הַשָּׁנִי, זֶה בְּחִינַת זְרִיחַת אוֹר הַפָּנִים, כְּמוֹ שֶׁכָּתוּב (בראשית לח): "וַיִּקְרָא שְׁמוֹ זָרַח" וְכוּ', "כִּי הַחֹשֶׁךְ יְכַסֶּה אֶרֶץ וְעָלַיִךְ יִזְרַח ה'" (ישעיה ס').

כִּי חֹשֶׁךְ הוּא בְּחִינוֹת בְּעִצָּבוֹן, דַּאֲגַת וְתַאֲוַת הַפַּרְנָסָה, צַעַר כִּפְלַיִם כַּיּוֹלֵדָה, אַנְפִּין חֲשׁוֹכִין, עֲבוֹדָה זָרָה. "וְעָלַיִךְ יִזְרַח ה'", אֱמוּנַת אֱלֹקוּת, אוֹר הַפָּנִים, "וַיִּחַן פְּנֵי הָעִיר" תִּקּוּן הַמַּטְבֵּעַ, תִּקּוּן תַּאֲוַת מָמוֹן, בְּחִינוֹת "שְׂמַח זְבוּלוּן":

וְזֶה בְּחִינַת (ברכות ח'): 'מָצָא אוֹ מוֹצֵא', כִּי הַפַּרְנָסָה הוּא בְּחִינַת אִשָּׁה, כְּמוֹ שֶׁאָמְרוּ חֲכָמֵינוּ, זִכְרוֹנָם לִבְרָכָה (סנהדרין פא): 'הַיּוֹרֵד

---

palabra mano aparece cuatro veces. Esto alude al descendiente de Zeraj, Aján, que sucumbió a la codicia y tomó cuatro cosas de los despojos prohibidos de Jericó (Ioshúa 7:21). Si bien Zeraj era el rostro brillante que se alcanza a través del cordón escarlata/la fe, Aján carecía de fe y así fue atrapado por su deseo de dinero (*Parparaot LeJojmá*).

56. Pues la oscuridad…sobre ti brilla Dios. En este punto el Rebe Najmán alinea sintéticamente muchos de los conceptos mencionados en el texto. Éste es uno de los métodos que el Rebe utiliza comúnmente para construir una lección (ver "Las Dieciocho Reglas" por Reb Abraham Jazan, en el volumen I). Comienza su discurso con un concepto, introduce un segundo concepto, seguido por un tercero, un cuarto, etc. Entonces, en algún momento se detiene y los "reagrupa". Esto lo hace reordenando los conceptos previamente mencionados y uniéndolos entre sí a través de un grupo adicional de textos de prueba. Así, no sólo A está conectado con B, B con C y C con D, sino que al reagruparse, A también está conectado directamente con C y con D. Más aún, después de conectar A con B y con C, el Rebe puede interrumpir el flujo con algo más antes de introducir los conceptos D y E. Entonces los reagrupa uniendo a los cinco. De esa manera, el Rebe también hace una revisión de la lección hasta ese momento.

57. oscuridad…idolatría. "La oscuridad cubre la tierra". La tierra es *Maljut*, la fe. Cuando uno carece de fe, es cubierto por la oscuridad – se hunde en la melancolía y en la tristeza. Esa "oscuridad" hace que se preocupe y se inquiete por el sustento, con un dolor y una angustia que son el doble del dolor de dar a luz. Profiere no sólo 70 sino 140 clamores de angustia y tiene el rostro oscurecido por la preocupación. Es un idólatra. Todo esto, debido a que carece de fe.

58. brilla Dios…Regocíjate Zebulun. "Pero sobre ti brilla Dios". Cuando uno tiene fe, el "cordón escarlata" de la esperanza, merece el *Or HaPanim*. Su apego al Tzadik –quien al igual que Iaccov agracia "el rostro de la ciudad"– trae una rectificación para su deseo de dinero. Entonces está satisfecho con lo que posee, tiene vida y –al igual que Zebulun– se regocija.

59. Encontré o encuentra. Cuando un hombre se casaba le preguntaban, "¿Encontré o encuentra?". Ésta era una referencia a los dos versículos contrastantes que pronto serán citados en el texto: 1) "Aquel que encuentra una esposa ha encontrado el bien" y 2) "Encontré más amarga que la muerte a la mujer". El Rebe Najmán explicará esto dentro del contexto de nuestra lección.

Y el "cordón escarlata" corresponde a ZRIJat (el brillo) de la Luz del Rostro, como en (Génesis 38:30), "…[con el cordón escarlata que tenía en su mano… Iehudá] le puso por nombre ZeRaJ".[55]

"Pues la oscuridad cubre la tierra… pero sobre ti brilla (iZRaJ) Dios" (Isaías 60:2).[56] Ello se debe a que la "oscuridad" corresponde a: "con tristeza", la preocupación y el deseo por el sustento, un dolor que es "el doble de dar a luz", rostros oscurecidos, idolatría.[57] "Pero sobre ti brilla Dios": ésta es la fe en Dios, la Luz del Rostro, "Y él agració el rostro de la ciudad", la rectificación de la moneda, [i.e.,] la rectificación del deseo de dinero, correspondiente a "Regocíjate Zebulún".[58]

Éste es el significado de (Berajot 8a): [Cuando un hombre toma una mujer por esposa le preguntan,] "¿Encontré o encuentra?".[59] Ello se debe a que el sustento corresponde a la esposa. Como dicen nuestros Sabios: Todo aquel que interfiere con el sustento de otro es como si

---

comprendió que con el pasaje del tiempo y la declinación espiritual de las generaciones, la gente no sería tan recta como sus antepasados. Por lo tanto indicó once principios sobre los cuales cada judío debía ser particularmente cuidadoso. Esos once principios lo mantendrían en el sendero correcto y lo ayudarían a observar la Torá. Con el pasar del tiempo el profeta Isaías comprendió que incluso esos once eran demasiado. Redujo los principios fundamentales a seis. Más tarde Habakuk hizo una reducción mayor y apoyó todos los principios de la religión en uno: la fe. Como está escrito, "El Tzadik vive por su fe". Aquel que tiene fe puede observar la Torá. En verdad, cuanto más grande sea su fe, más grande será su apego a la ley y a los principios de la Torá. El Maharsha afirma que los dos primeros preceptos de los Diez Mandamientos –"Yo soy Dios tu Señor…" y "No tendrás otros dioses delante de Mí"– fueron recitados por Dios de manera simultánea y ambos se fundan en el principio de la fe. Más aún, esas dos *mitzvot*, una positiva y otra prohibitiva, incluyen a todos los otros preceptos positivos y prohibitivos respectivamente. Se sigue por lo tanto que el atributo de la fe es el fundamento de todas las mitzvot y que las mitzvot están todas "apoyadas en una" (*Makot* 24a, *v.i. Sheba Habakuk*).

55. ZRIJat…ZeRaJ. Afirman las Escrituras: "Cuando llegó el momento [en que Tamar debía] dar a luz, había mellizos en su vientre. En el alumbramiento, uno sacó la mano. La partera tomó un cordón escarlata y se lo ató a la mano… Pero luego retiró su mano y salió su hermano… [Iehudá] lo llamó Peretz. Y después salió su hermano, el que tenía en la mano el cordón escarlata y [Iehudá] lo llamó Zeraj" (Génesis 38:27-30). El Rebe Najmán conecta esto con el cordón escarlata que Rajav colgó fuera de su ventana. En nuestro contexto, cuando ella pidió una "señal de verdad", se le dijo que se uniese a la fe (*tikva*). Ésta es la misma *tikva* del "cordón escarlata" que estaba unido a Zeraj. Él era un Tzadik (*Rashi*, Génesis 38:30) y su nombre, que significa "brillando", corresponde al rostro brillante de la santidad/la alegría/la vida. Es decir, cuando la persona alcanza la fe, alcanza el rostro de santidad/la alegría/la vida. Específicamente, esto se logra uniéndose a los Tzadikim. ¿Por qué? Porque no es posible alcanzar el *Or HaPanim* a no ser que se cuide el Pacto, el concepto del Tzadik.

Rashi (*Ibid.*) hace notar que en el pasaje que habla sobre el nacimiento de Zeraj, la

לְפַרְנָסַת חֲבֵרוֹ כְּאִלּוּ בָּא עַל אִשְׁתּוֹ'. וּפַרְנָסָה שֶׁהוּא בְּעִצָּבוֹן, הִיא בְּחִינַת 'מוֹצֵא אֲנִי מַר מִמָּוֶת אֶת הָאִשָּׁה'.

(בְּחִינַת מְרִירוּתָא דְּעָלְמָא שֶׁצָּרִיךְ לְהַמְתִּיקָהּ עַל-יְדֵי מֶלַח כַּנַּ"ל, 'אִלְמָלֵא מִלְחָא לָא הֲוֵי יָכִיל עָלְמָא לְמִסְבַּל מְרִירוּתָא'. וְעַל כֵּן לְהֵפֶךְ, בְּפַרְנָסָה דִּקְדֻשָּׁה כְּתִיב: "מָצָא אִשָּׁה מָצָא טוֹב" (משלי יח). "טוֹב" בְּחִינַת צַדִּיק, בְּחִינַת בְּרִית מֶלַח, שֶׁהוּא מַמְתִּיק מְרִירוּתָא, הַיְנוּ תַּאֲוַת וְעִצָּבוֹן הַפַּרְנָסָה).

וּפַרְנָסָה שֶׁהוּא בְּחִינַת: "שָׂמַח זְבוּלוּן בְּצֵאתֶךָ", הוּא בְּחִינַת "מָצָא אִשָּׁה מָצָא טוֹב". 'וְאֵין טוֹב אֶלָּא צַדִּיק' (יומא לח:). הַיְנוּ בְּרִית, כְּמוֹ שֶׁכָּתוּב (ישעיה ג'): "אִמְרוּ צַדִּיק כִּי טוֹב".

וּכְמוֹ שֶׁכָּתוּב (שמות ב) "וַתֵּרֶא אוֹתוֹ כִּי טוֹב הוּא" – 'שֶׁנּוֹלַד מָהוּל' (מדרש רבה, שמות, פרשה א'). 'וְאֵין טוֹב אֶלָּא אוֹר', כְּמוֹ שֶׁכָּתוּב (בראשית א'): "וַיַּרְא אֱלֹקִים אֶת הָאוֹר" וְכוּ'. זֶה בְּחִינַת "וְעָלַיִךְ יִזְרַח ה'", בְּחִינַת חוּט הַשָּׁנִי:

---

el Pacto para endulzar la amargura, lleva un pesado yugo. Por otro lado, si *encuentra* una buena esposa, i.e., el Tzadik, o si ha cuidado el Pacto, se habrá protegido de esa amargura, de la codicia.

63. Zebulun...encontrado el bien...Tzadik...bien. Como opuesto a la vida de amarguras que uno *encontró*, el Rebe Najmán ahora se centra en la alegría, el bien y la vida que se *encuentran* apoyándose en Dios para el sustento y uniéndose al Tzadik. Enseña el Talmud: El mundo fue creado en aras de incluso un solo Tzadik. Esto es como en (Génesis 1:4), "Dios vio que la luz era buena". Esa luz hace referencia al Tzadik, como en las palabras de Isaías, "Di del Tzadik que es bueno" (*Ioma, loc. cit.*). El Maharsha hace notar que en el relato de la Creación, las Escrituras siguen cada nueva creación con la frase: "Dios vio que *ello* era bueno". Sólo una vez se especifica el sujeto: "Dios vio que la *luz* era buena". La luz que es buena, dice el Maharsha, fue creada para el Tzadik que es bueno. A partir de nuestra lección podemos ver que esa luz es el *Or HaPanim*, la luz del rostro brillante. Ella fue creada para el Tzadik, para que aquellos que están apegados a él puedan estar unidos al *Or HaPanim*.

64. nacido circunciso. Esto hace referencia a Moshé. Enseñan nuestros Sabios: "Moshé nació circunciso. Al nacer toda la casa se llenó de luz" (*Shmot Rabah, loc. cit.*). Esto se alinea con lo que el Rebe enseña, que el término "Tzadik" se aplica a aquel que está circuncidado (§2, §3). El Tzadik es luz; el Tzadik es bueno. Todas estas cualidades se encuentran en Moshé.

65. brilla Dios...cordón escarlata. Como se explicó anteriormente en esta sección (n. 55), Zeraj está asociado con el cordón escarlata – i.e., la fe. Mediante la fe uno merece el rostro de la santidad, el *Or HaPanim*, la alegría y la vida.

tuviese relaciones con su esposa (*Sanedrín* 81a).⁶⁰ Y el sustento que es "con tristeza" corresponde a (Eclesiastés 7:26), "*Encontré* más amarga que la muerte a la mujer".⁶¹

{Esto corresponde a la amargura del mundo que no ha sido endulzada mediante la sal. Como se explicó: "Si no fuese por la sal, el mundo no podría soportar la amargura". Por otro lado, está escrito sobre el sustento que es santo (Proverbios 18:22), "Aquel que *encuentra* una esposa ha encontrado el bien". "Bien" corresponde al Tzadik, el pacto de sal que endulza la amargura, es decir el deseo de sustento y la tristeza.⁶²}

Y el sustento, que corresponde a "Regocíjate Zebulun en tu salida", es un aspecto de "Aquel que encuentra una esposa ha encontrado el bien". Y "bien" no es otra cosa que el Tzadik (*Ioma* 38b); es decir el Pacto, como en (Isaías 3:10), "Di del Tzadik que es bueno".⁶³

Más aún está escrito (Éxodo 2:2), "Ella vio que él era bueno" – pues había nacido circunciso (*Shmot Rabah* 1:20).⁶⁴ Y "bueno" no es otra cosa que la luz, como en (Génesis 1:4), "Dios vio la luz [que era buena]" (*Shmot Rabah, ibid.*). Esto corresponde a "Pero sobre ti brilla Dios", el aspecto de la "cuerda escarlata".⁶⁵

---

60. sustento…esposa. El hombre está incompleto sin una mujer, como en (Génesis 2:18), "Crearé una ayuda para él". El Maharsha (*v.i., Eshet, Sanedrín* 81a) explica el pasaje citado en el texto como sigue: Tanto en la Torá como en el Talmud vemos que la esposa del hombre se equipara con su apoyo y sustento. Un motivo es que incluso la tarea de sus manos está incompleta sin su ayuda, como enseñaron nuestros Sabios (*Iebamot* 63a): "El hombre lleva a su hogar la harina y su esposa la cocina. El hombre lleva a su hogar la tela y su esposa la cose…". Vemos entonces que así como la supervivencia de la persona depende del sustento, igualmente depende de su esposa. Por lo tanto, interferir con el sustento de alguien es como "interferir" con su esposa – un daño al Pacto. A partir de nuestro texto, la conexión es obvia: un Pacto cuidado lleva hacia el *Or HaPanim*, al igual que conducirse con honestidad y fe en los negocios. Sin embargo, la persona que es codiciosa y llega al punto de interferir con el sustento de otro, esa persona está unida a la idolatría, al rostro del Otro Lado. Más aún, el Talmud enseña que aquel que interfiere con el sustento del prójimo es llamado específicamente un *rashá* (malvado; cf. *Kidushin* 59a). Esto se une con lo que se enseñó anteriormente (§1:final): "No seas *rashá* ante ti mismo". Pues aquél que es un malvado –que interfiere con el sustento de otro –está unido al rostro del Otro Lado.

61. Encontré más amarga que la muerte…. La muerte ocurre una sola vez. Pero las tristezas que acompañan a la tarea de ganarse el sustento se presentan todos los días. Aquel que sufre estas tristezas "muere" diariamente.

62. soportar la amargura…bien…Tzadik…. Esta amargura es la clase de amargura, la melancolía y la tristeza que uno sufre, incluso diariamente, cuando siente que son sus esfuerzos los responsables de sus ingresos y no la providencia Divina. Esa persona, sin la sal/el Tzadik/

ד. וְזֶה בְּחִינַת מְזוּזָה, כִּי אִיתָא בַּמִּדְרָשׁ (במדבר פרשה כב): 'לָמָּה נִקְרָא שְׁמָן זוּזֵי? מִפְּנֵי שֶׁזָּזִין מִזֶּה לָזֶה'.
וְזֶה (איוב כב): "וְהָיָה שַׁדַּי בְּצָרֶיךָ", הַיְנוּ עַל-יְדֵי מְזוּזָה, "וְכֶסֶף תּוֹעָפוֹת לָךְ" - עַל-יְדֵי-זֶה פַּרְנָסָתוֹ מְעוֹפֶפֶת לָךְ. כִּי שַׁדַּי הוּא בְּחִינַת בְּרִית. כְּמוֹ שֶׁכָּתוּב (בראשית לה): "אֲנִי אֵל שַׁדַּי, פְּרֵה וּרְבֵה".
וְזֶה שֶׁדָּרְשׁוּ חֲכָמֵינוּ, זִכְרוֹנָם לִבְרָכָה (ירושלמי ברכות פרק א'): שֶׁעֲשֶׂרֶת הַדִּבְּרוֹת הֵם בִּקְרִיאַת שְׁמַע, וְדִבּוּר "לֹא תַחְמֹד" כְּנֶגֶד "וּכְתַבְתָּם עַל מְזוּזוֹת". כִּי עַל-יְדֵי מְזוּזָה נִתְבַּטֵּל חֶמְדַּת הַמָּמוֹן כַּנַּ"ל, מֶלַח מָמוֹן חָסֵר:

logros, enfrenta el peligro de creer que fueron sus propias capacidades –"mi fuerza y el poder de mi mano"– las que le hicieron obtener ese ingreso. De caer en esa trampa, quedará atrapada en el rostro del Otro Lado. Por ese motivo la Torá nos ordena poner la mezuzá en los marcos de las puertas de nuestros hogares. Es una mitzvá poner la mano sobre la mezuzá y besarla tanto al salir como al entrar (*Kitzur Shuljan Aruj* 11:24; ver *Likutey Torá, VeEtjanan, Mitzvat Mezuzá*). Al ser consciente de la mezuzá, la persona se une a su santidad. Ello le inculca la fe en Dios, en todo momento, de modo que puede estar unida al rostro de santidad.

67. meZuZá...ZuZin...ZaZ.... Así *meZuZá* (מזוזה) connota *ZuZin* (זוזים). Es decir, el deseo de dinero puede ser contenido y contrarrestado a través del concepto de la mezuzá.

68. Shadai...multiplícate. *Shadai* es el Santo Nombre de Dios asociado con el Pacto –"sé prolífico y multiplícate"– la *sefirá* de *Iesod* (ver Apéndice: Las Sefirot y los Nombres de Dios). El Pacto protege a la persona de la codicia. Así, cuando la persona toma de la santidad del Nombre *Shadai*, su ingreso se ve bendecido, tal como fue el de Zebulun, y está satisfecha con lo que posee (ver extractos, §11). Más aún, la *shefa* le llega de manera fácil (ver más arriba §1); pues debido a su fe, no tiene que trabajar duramente para ganarse el sustento. Éste es el significado de "el dinero volará hacia ti". Agrega el *Parparaot LeJojmá*: En la parte externa del pergamino de la mezuzá el escriba coloca el Santo Nombre *Shadai*, directamente detrás de la palabra *vehaiáh* (*Iore Dea* 288:15). La palabra *VeHaIaH* está compuesta por las letras de otro Nombre Sagrado de Dios, *IHVH*. La mezuzá es *Shadai* en su aspecto externo y *IHVH* en su aspecto interno. Más aún, el *Zohar* enseña que cuando las fuerzas del Otro Lado se aproximan a la puerta de la casa y ven el Santo Nombre *Shadai* (en nuestro contexto, el Pacto) se asustan y se detienen. El rabí Itzjak preguntó, "Entonces, ¿por qué no es suficiente con tener solamente ese Nombre sobre la puerta?". Sin embargo, la mezuzá también debe contener los dos pasajes que enseñan sobre la fe en Dios (*Zohar* III, 267a). El *Mei HaNajal* agrega a partir del *Zohar* (III, 300b): La palabra *MeZuZOT* (מזוזת) contiene las mismas letras que *ZaZ MaVeT* (זז מות, "La muerte se ha movido"). Al tener la mezuzá en el marco de la puerta de hecho se rechaza a la muerte (idolatría/el deseo de dinero).

69. Shemá...mezuzá...disminuye el dinero. Como hemos visto, la mezuzá es el concepto del Pacto y el Pacto es la sal que endulza la amargura del deseo de dinero (§2). Afirma el Talmud

4. Y éste es concepto de la *meZuZá*.⁶⁶ Pues vemos en el Midrash (*Bamidbar Rabah* 22:8): ¿Por qué [las monedas] son llamadas *ZuZin*? Porque ellas *ZaZ* (se mueven) de una persona a la otra.⁶⁷

{"*Shadai* (El Todopoderoso) será tu tesoro y el dinero volará hacia ti" (Job 22:25).}

Y éste es el significado de, "*Shadai* será tu tesoro" – es decir, mediante la mezuzá; "y el dinero volará hacia ti" – con esto el sustento volará hacia tu mano. Ello se debe a que *Shadai* corresponde al Pacto, como en (Génesis 35:11), "Yo soy Dios, *Shadai*; sé prolífico y multiplícate".⁶⁸

Esto es lo que expusieron nuestros Sabios (*Talmud Ierushalmi, Berajot* 1:5): Los Diez Mandamientos están [aludidos en] el Shemá... y el mandamiento "No codiciarás" (Éxodo 20:14) es paralelo a: "Y las escribirás en las mezuzot" (Deuteronomio 6:9; 11:20). Ello se debe a que en virtud de la mezuzá, se elimina la atracción del dinero; como se mencionó más arriba: "Con sal, se disminuye el dinero".⁶⁹

Resumen: La persona debe tener fe en que Dios la proveerá del sustento. Es posible alcanzar esa fe mediante la verdad. De esa manera la persona puede estar unida al *Or HaPanim*, a la vida, a la alegría y al rostro de santidad. Sin embargo, aquel que carece de fe y piensa que son sus propios esfuerzos los responsables de traerle el sustento, es considerado un idólatra. Está unido al rostro del Otro Lado, a la muerte y a la melancolía (§1). El rostro de santidad se alcanza mediante la sangre de la circuncisión, la sal, la caridad – todos aspectos del cuidado del Pacto (§2). Todos los judíos son considerados Tzadikim y pueden unirse al rostro de santidad, pues están circuncidados. Pero cuando la persona se opone a aquellos unidos al rostro de santidad, en especial al Tzadik, Dios hace que sucumba a la codicia y se una al rostro del Otro Lado (§3).

66. meZuZá. Aquí el Rebe Najmán introduce el concepto de la mezuzá y explica cómo esta mitzvá se aplica a nuestra lección.

El *Parparaot LeJojmá* provee la siguiente introducción a la mezuzá y a su relación con nuestra lección: Los dos pasajes de la Torá que incluyen a la mezuzá son los capítulos del *Shemá* (Deuteronomio 6:4-9) y *Vehaiáh im shamoa* (Deuteronomio 11:13-21). Esos dos pasajes, cada uno de los cuales contiene el versículo, "Y las escribirás [a estas palabras] sobre los marcos de las puertas de tu hogar", hablan sobre la fe en Dios que es necesario tener y la observancia de las mitzvot. A partir del versículo citado anteriormente por el Rebe, "Regocíjate Zebulun en tus salidas [para comerciar]" (Deuteronomio 33:18; ver más arriba §3), podemos ver que los negocios implican "salir" – salir por la puerta de nuestro hogar. Uno sale con la intención de asegurarse el sustento, la *shefa* (abundancia). Aun así, cuando la persona sale para traer *shefa* al hogar, para servir mejor a Dios, encuentra una considerable oposición por parte del Otro Lado. Incluso para obtener aunque más no sea una pequeña ganancia debe superar numerosas dificultades y obstáculos puestos en su camino por la Mala Inclinación que trata de confundirla con intenciones falsas/equivocadas y llevarla hacia la codicia. Como resultado, pasará su tiempo buscando cada vez mayores ganancias, a expensas del estudio de la Torá y del cumplimiento de las mitzvot. Por lo tanto, al salir del hogar, la persona se enfrenta con un gran peligro. E incluso cuando retorna y entra a su casa con *shefa*, no está segura tampoco. Satisfecha con sus propios

וְזֶהוּ (תהלים נ'): "וְזִיז", הַיְנוּ מָמוֹן, "שַׂדַּי עִמָּדִי". עַל-יְדֵי שְׁמִירַת הַבְּרִית, עַל-יְדֵי מְזוּזָה, זוֹכֶה לִבְחִינַת "שָׂמַח זְבוּלוּן". וְזֶה שֶׁאָמְרוּ רַבּוֹתֵינוּ, זִכְרוֹנָם לִבְרָכָה 'וּכְתַבְתָּם" - שֶׁיְּהֵא כְּתִיבָה תַמָּה' (שבת קג: מנחות לד.), וְזֶה בְּחִינַת (בראשית כה): "יַעֲקֹב אִישׁ תָּם" כִּי עַל יָדוֹ "וַיִּחַן פְּנֵי הָעִיר", עַל יָדוֹ תִּקּוּן הַמַּטְבֵּעַ כַּנַּ"ל.
וְזֶהוּ שֶׁאָמְרוּ חֲכָמֵינוּ, זִכְרוֹנָם לִבְרָכָה (שבת לב:): שֶׁאֲרִיכַת יָמִים עַל-יְדֵי מְזוּזָה, כִּי סָמוּךְ לְ"וּכְתַבְתָּם" - "לְמַעַן יִרְבּוּ יְמֵיכֶם". כִּי עַל-יְדֵי אֱמוּנָה בְּמַשָּׂא וּמַתָּן, בָּא אוֹר הַחַיִּים כַּנַּ"ל: וְזֶה שֶׁאָמְרוּ: 'מִקְרָא נִדְרָשׁ לְפָנָיו', הַיְנוּ בְּחִינַת אוֹר הַפָּנִים, שֶׁהוּא סִימָנָא דְחַיֵּי. וּבִשְׁבִיל זֶה קְבִיעוּת הַמְּזוּזָה בַּשְּׁלִישׁ הָעֶלְיוֹן שֶׁל הַפֶּתַח (מנחות לג.), כִּי אָמְרוּ חֲכָמֵינוּ, זִכְרוֹנָם לִבְרָכָה (בבא מציעא מב): 'לְעוֹלָם יְשַׁלֵּשׁ אָדָם אֶת מְעוֹתָיו שְׁלִישׁ בִּפְרַקְמַטְיָא' וְכוּ'. וּשְׁלִישׁ הָעֶלְיוֹן

El *Parparaot LeJojmá* hace notar que la mezuzá alude tanto a la verdad como a la fe. Primero, como opina *Tosafot*, la mezuzá debe estar escrita tal como se escribe un rollo de Torá, porque contiene la verdad de la Torá (*Tosafot, Guitin 6b, v.i. Amar*; ver *Meguilá* 16b). Además, la mezuzá tiene el nombre *Shadai* escrito sobre ella y ello hace referencia al Pacto, que es verdad. En cuanto a la misma palabra mezuzá (מזוזה), ésta es numéricamente igual al Santo Nombre *ADoNaI* (65=אדני). Este Nombre hace referencia al aspecto de *Maljut*, la fe (*Likutey Torá, VeEtjanan, Inian Mezuzá*; ver Apéndice: Las Sefirot y los Nombres de Dios). La mezuzá encarna así las dos enseñanzas más importantes de esta lección: la fe y la verdad.

73. mezuzá...fe...señal de vida. Enseña el Talmud (*loc. cit.*) que los dos versículos, en virtud de ser adyacentes, están relacionados. Esto es para enseñar que al observar la mitzvá de la mezuzá uno merece una larga vida. En el contexto de nuestra lección, observar la mitzvá de la mezuzá indica guardar el Pacto. Su recompensa es "largo de días", la vida sobre la cual el Rebe Najmán habló al comienzo mismo de la lección (ver n. 31). Más aún, el Talmud continúa diciendo que esto lo sabemos debido a que se expone el versículo que está "de cara a él" (que lo precede). Esto, dice el Rebe Najmán, sugiere que para exponer y buscar el "rostro"/el *Or HaPanim*/la verdad/la *señal* de la vida (ver más arriba §3, n. 51), uno debe primero guardar el Pacto, la mezuzá.

74. el tercio superior.... Se mide el marco de la puerta y se fija la mezuzá al comienzo del tercio superior (*Iore Dea* 289:2). Si es una puerta muy alta, se puede poner la mezuzá a la altura del hombro. De esa manera, es posible contemplar y ver la mezuzá (*Ibid.* 289:3, *Taz*; *Ibid.* 289:4, *Shaj*).

75. dividir su dinero en tercios.... Los tres tercios son como sigue: un tercio en inversiones comerciales, para garantizarse un ingreso constante; un tercio en tierras – en bienes inmobiliarios

{"*Y ziz sadai* (el ave de los campos) está conmigo" (Salmos 50:11).}

Y éste es el significado de, "Y *ZiZ*" – dinero – "*SaDaI* está conmigo". A través de guardar el *brit*, mediante la mezuzá, él merece el aspecto de "Regocíjate Zebulun".[70]

Y esto es lo que dijeron nuestros Sabios: "Y las escribirás" – la escritura debe ser completa (*Shabat* 103b).[71] Ello corresponde a (Génesis 25:27), "Iaacov era un hombre completo". Pues a través de él –"Y él agració el rostro de la ciudad"– se produjo la rectificación de la moneda.[72]

Esto es también lo que dijeron nuestros Sabios: Largo de días es resultado de la mezuzá (*Shabat* 32b). Ello se debe a que, yuxtapuesto a "Y las escribirás", se encuentra [el versículo] "Para que se alarguen tus días" (Deuteronomio 11:21). Como se explicó, la luz de la vida proviene del hecho de encarar los asuntos comerciales con fe. Y esto es lo que ellos dijeron: Un versículo puede ser expuesto en base a lo que [tiene frente a su] "rostro" (lo precede) (*Shabat, ibid.*). En otras palabras, ello corresponde a la Luz del Rostro, que es una señal de vida.[73]

Éste es el motivo por el cual la mezuzá se fija en el tercio superior del marco de la puerta (*Menajot* 33a).[74] Pues han enseñado nuestros Sabios: La persona debe siempre dividir su dinero en tercios: un tercio en los negocios, [un tercio en tierras y un tercio en efectivo] (*Bava Metzía* 42a).[75]

(*loc. cit.*): "¿Por qué fueron elegidos los pasajes del *Shemá* y de *Vehaiáh* para ser recitados diariamente? Fueron seleccionados debido a que incluyen los Diez Mandamientos". El Decálogo mismo es una reafirmación de nuestra fe en Dios (ver más arriba n.54). Precisamente el mandamiento en contra de la codicia está aludido en las palabras del *Shemá*, "Y las escribirás sobre las mezuzot". Por lo tanto, al reafirmar nuestra fe mediante la mitzvá de la mezuzá, "disminuye el dinero" – es decir, se supera el deseo de riquezas.

70. ZiZ...SaDaI.... Rashi (*loc. cit.*) explica que este pájaro es denominado *ziz* porque se mueve constantemente (*zaz*) de un lugar a otro, como las monedas que pasan de una mano a otra (ver más arriba, esta misma sección). Consecuentemente, el *ZiZ* (dinero/*ZuZ*) es contrarrestado por el *Shadai*, el Pacto/*Shadai*, permitiendo que la persona controle su codicia. Entonces, estará satisfecha y contenta como Zebulun.

71. las escribirás...deben ser completas. A partir de la palabras del *Shemá*, "y las escribirás" nuestros Sabios aprenden que las letras de la mezuzá [y de los tefilín] deben ser completas, cada una escrita de acuerdo con su ley particular (*Iore Dea* 288:final).

72. Iaacov era un hombre completo.... La mezuzá, en virtud de que sus letras son *tam* (completas), corresponde a Iaacov/verdad, que era un *ish tam* (un hombre completo). Mediante la verdad –las letras completas– uno alcanza la fe y puede así anular el deseo por la moneda (§1). También mediante el Pacto/mezuzá, es posible alcanzar el *Or HaPanim*/la verdad (§2).

הוּא הַשְּׁלִישׁ שֶׁבִּפְרַקְמַטְיָא, כְּמַאֲמַר חֲכָמֵינוּ, זִכְרוֹנָם לִבְרָכָה (ירושלמי פאה פרק ח'): 'טָבִין חַמְשִׁין דְּעָבְדִין מִמָּאתָן דְּלָא עָבְדִין'. וְעִקַּר הָאֱמוּנָה צָרִיךְ לִהְיוֹת בְּמַשָּׂא וּבְמַתָּן, כְּמוֹ שֶׁכָּתוּב (שבת לא): 'נָשָׂאתָ וְנָתַתָּ בֶּאֱמוּנָה'. נִמְצָא שֶׁעִקַּר הַמָּמוֹן שֶׁשָּׁם צָרִיךְ אֱמוּנָה הוּא בִּשְׁלִישׁ עֶלְיוֹן, שֶׁהוּא בַּשְּׁלִישׁ שֶׁבִּפְרַקְמַטְיָא:

ה. **וְכָל** הַמִּצְוֹות שֶׁאָדָם עוֹשֶׂה אוֹתָם בְּלֹא מָמוֹן, הַיְנוּ שֶׁאֵין רוֹצֶה לְהַפְסִיד מָמוֹן בִּשְׁבִיל הַמִּצְוָה, זֶה הַבְּחִינָה נִקְרָא צֶדֶק, וְזֶה **צִוִּיתָ צֶדֶק עֵדֹתֶיךָ**.
אֲבָל כְּשֶׁחָבִיב כָּל כָּךְ הַמִּצְוָה, עַד שֶׁאֵין מַרְגִּישׁ בְּהֶפְסֵד מָמוֹן, זֹאת הַבְּחִינָה נִקְרָא אֱמוּנָה. כִּי עִקַּר אֱמוּנָה הוּא בְּמָמוֹן, כְּשֶׁמְּשַׁבֵּר תַּאֲוַת מָמוֹן כַּנַּ"ל, שֶׁשָּׁם פָּנִים דִּקְדֻשָּׁה.
וְזֶה **אֱמוּנָה מְאֹד** – זֶה מָמוֹן כְּמוֹ שֶׁכָּתוּב (דברים ו): "וּבְכָל מְאֹדֶךָ" (ברכות נד):

Así, la mezuzá corresponde a muchos de los conceptos tratados en la lección hasta este punto: guardar el Pacto, la alegría, la fe, la verdad, la vida y el *Or HaPanim*.

78. sin dinero…justicia…. El Rebe Najmán explica ahora el versículo citado al comienzo de la lección. Hemos visto que aunque la justicia es un concepto que se corresponde con la fe, sólo se vuelve fe –i.e., completa– cuando está unida con la verdad. Pues la fe y la verdad son complementarias (§1, nn. 17-19). Por lo tanto, la persona que no está dispuesta a gastar dinero para realizar una mitzvá muestra que está lejos de la cualidad del "rostro brillante", el rostro de santidad, la alegría, la vida (*Parparaot LeJojmá*). La mitzvá que lleva a cabo es "justicia" (rectitud), en conformidad con la letra de la ley. Pero carece de verdad y no puede por lo tanto ser llamada fe. Ver más arriba (n.8), que incluso la mezquindad es considerada un deseo de dinero – más todavía cuando la persona es mezquina en cuanto a utilizar el dinero para una mitzvá.

79. tan querida…fe… Habiendo quebrado el deseo de dinero al utilizarlo para cumplir con una mitzvá, la persona merece el rostro de santidad, la verdad. El haber pagado de todo corazón por ello muestra una total lealtad y devoción de su parte. Como tal, la mitzvá es en verdad un acto de fe (*Parparaot LeJojmá*). El versículo así se traduce en nuestro texto como sigue: **Tú ordenaste la justicia de Tus testimonios** – Cuando uno lleva a cabo una mitzvá sin deseo de gastar demasiado dinero, muestra que no ha logrado ni guardar el Pacto ni la verdad, el *Or HaPanim*. Dado que su fe es incompleta, aun desea el dinero. Sin embargo… **y poderosa fidelidad** – cuando vence la codicia y se une a la verdad alcanza el *Or HaPanim*/la alegría/la vida, y las mitzvot que realiza son "fe".

80. poderosa…todo tu poder. "Ama a Dios tu Señor con todo tu corazón, con toda tu alma

El tercio invertido en los negocios es el tercio superior, como en la enseñanzas de nuestros Sabios: Cincuenta produciendo es mejor que doscientos inactivos (*Talmud Ierushalmi, Peá* 8:8).[76]

Y la fe debe aplicarse principalmente a los negocios, como en (*Shabat* 31a): ¿Has llevado a cabo tus negocios con fe? Así, la esencia del dinero, allí en donde uno necesita de la fe, es el tercio superior – el tercio invertido en los negocios.[77]

5. {*"Tzivita Tzedek* (Tú ordenaste la justicia) de Tus testimonios y poderosa fidelidad".}

Ahora bien, todas las mitzvot que la persona lleva a cabo sin dinero –pues no desea gastar dinero alguno en la mitzvá – ese aspecto es llamado "justicia" (*tzedek*). Éste es el significado de "Tú ordenaste la justicia de Tus testimonios".[78]

Pero cuando la mitzvá le es tan querida que no siente la pérdida del dinero, ese aspecto es llamado "fe". Pues la fe se encuentra principalmente en el dinero –cuando se quiebra el deseo de dinero, como se explicó– que es donde se encuentra el rostro de santidad.[79]

Y éste es el significado de, "…y poderosa fidelidad" – éste es el dinero, como en (Deuteronomio 6:5), "con toda tu fuerza".[80]

(*Ibid., Maharsha, v.i. Leolam*), o en una caja de seguridad; y un tercio en efectivo, para las necesidades urgentes (*Rashi, ibid., v.i. Tajat*). Esos fondos se dejan de lado para los gastos diarios.

76. cincuenta produciendo.... El Talmud hace referencia a la Mishná en *Peá* (8:8,9): Todo aquel que tenga doscientos *zuz* no tiene permitido acceder a ciertas caridades públicas. Si tiene menos, se le permite. Sin embargo, si tiene, cincuenta *zuz* invertidos, no puede tomar de la caridad. Esto es porque cincuenta produciendo es mejor que doscientos inactivos.

77. tercio superior...negocios. El Rebe Najmán conecta los "cincuenta produciendo es mejor" con el tercio del capital de la persona en inversiones. Éste es el mejor tercio, correspondiente a la mezuzá que está ubicada en la "mejor" parte de la puerta o el tercio superior. La mezuzá cuida el Pacto y así, observar la mitzvá de la mezuzá, lleva a la persona a la verdad y a la fe, fe que es altamente necesaria al llevar a cabo los negocios.

Para resumir, las leyes y conceptos de la mezuzá tratados en esta sección son: *meZuZá* corresponde al dinero, *ZuZim*. Ella corresponde a guardar el Pacto, a *Shadai* –el Santo Nombre escrito en la parte externa del pergamino opuesto a las letras del nombre *IHVH*– y permite que la persona acceda a la alegría y a la satisfacción, a "regocíjate Zebulun". La mezuzá ayuda a que la persona pueda superar el mandamiento prohibitivo de "No codiciarás". La mezuzá debe estar escrita con letras completas sobre pergamino, de la misma manera que un rollo de Torá, porque también ella corresponde a la verdad/Iaacov. Observar la mitzvá de la mezuzá trae vida, el *Or HaPanim*. La mezuzá debe ser colocada en el tercio superior del marco de la puerta, una posición en la cual es paralela a los negocios y protege a la fe mientras uno se dedica a ello.

וְזֶה פֵּרוּשׁ שֶׁאָמְרוּ סָבֵי דְּבֵי אַתּוּנָא:
אָמַר לָנוּ מִלֵּי דִּכְדִיבָא – זֶה בְּחִינַת שֶׁקֶר, בְּחִינַת עֲבוֹדָה זָרָה, כְּמוֹ שֶׁאָמְרוּ חֲכָמֵינוּ, זִכְרוֹנָם לִבְרָכָה, (סנהדרין צב): 'כָּל הַמַּחֲלִיף בְּדִבּוּרוֹ כְּאִלּוּ עוֹבֵד עֲבוֹדַת-כּוֹכָבִים' וְכוּ'. וְאָמַר לָהֶם:
הֲוֵי לָן כַּדְנַיְתָא וְיָלְדָה – 'כַּדְנַיְתָא', זוֹ פִּרְדָּה. זֶה בְּחִינַת עַכּוּ"ם, דְּשַׁרְיָא בְּפֵרוּדָא, כַּמּוּבָא בַּזֹּהַר (משפטים צה.): 'שָׁארֵי בְּחִבּוּרָא וְסַיֵּם בְּפֵרוּדָא'.
וְיָלְדָה – זֶה בְּחִינַת רוּחַ, הַמֻּכְנֶה בְּשֵׁם לֵדָה. וְאָמְרוּ לוֹ:

parezcan verdaderas, aunque no lo son (*Sanedrín, loc. cit., v.i. Hamajlif*). Esto es algo muy común entre aquellos que no conducen sus negocios con fidelidad. El *Maharsha* y el *Iun Iaacov* (*Ibid., v.i. Kol hamajlif*) citan el Midrash que dice que la verdad es el sello de Dios (ver n. 2). Disfrazar o cambiar el sello de Dios vuelve a la persona hacia la idolatría. Y también una mentira, incluso en los asuntos cotidianos, es comparable a la idolatría.

83. PiRDá...PeRuDa. *PiRDá* (פרדה) es el término hebreo para el animal producto de la cruza de un caballo con una burra. Transmite el concepto de *peruda* (פרודה), separación – una cualidad asociada con los idólatras. El Maharsha explica que así como la mula no continua con el linaje patrilineal, de la misma manera los idólatras (*Maharsha, Bejorot* 8b, *v.i. Kudnaita*). El Rebe Najmán expande este pensamiento para enseñar que la mentira/la idolatría no tiene "descendencia", ninguna ganancia, como pronto veremos. Esto también se une con la enseñanza Talmúdica (*Pesajim* 113b): "El caballo tiene una fuerte pasión por el sexo". En nuestro contexto, el caballo alude a aquel que no guarda el Pacto. Debido a su pasión, ese "caballo" no trae nada puro al mundo, sólo híbridos. Como tal es, en un sentido, estéril, pues su linaje no continúa. De acuerdo a esto, el *Zohar* (III, 80a) advierte a la gente que no debe conducirse con la pasión de un caballo, pues esa pasión daña las almas de la descendencia.

84. separados. Ver más arriba (n. 7), que así como hay "rostros" (personas Divinas) de santidad, hay personas Divinas de lo no santo. El pasaje del *Zohar* citado aquí hace referencia específicamente a *Zeir Anpin* y *Maljut* del Otro Lado. Ellos comienzan juntos, al igual que *Zeir Anpin* y *Maljut* de santidad. Sin embargo, mientras que *Zeir Anpin* y *Maljut* de santidad se unen y "dan a luz" (almas), aquellos del Otro Lado terminan separados. Ellos nunca pueden estar unidos, pues de otra manera el mal abrumaría al mundo. Ahora bien, es sabido que *Zeir Anpin* y *Maljut* hacen referencia a la verdad y a la fe respectivamente. Así, en nuestro contexto, la separación de las personas no santas de *Zeir Anpin* y de *Maljut* indica la idolatría. Esto como en, "Todo aquel que no mantiene su palabra" – correspondiente a la mentira/*Zeir Anpin* del Otro Lado; "es como si hubiese servido a la idolatría". Carece de fe/*Maljut* del Otro Lado.

85. dio a luz...ganancia. Toda cosa nueva que le llega a una persona es considerada un nacimiento. Ver más arriba, nota 31.

Ésta es la explicación de lo que dijeron los Sabios de Atenas:[81]

Dinos algo falso – Esto corresponde a una mentira, a la idolatría. Como dijeron nuestros Sabios: Todo aquel que no mantiene su palabra es como si sirviese a la idolatría (*Sanedrín* 32a).[82] Él les dijo:

Teníamos una mula. Ésta dio a luz – "Una mula" es una *PiRDá*. Éste es el aspecto de los adoradores de ídolos que habitan en *PeRuDa* (separación).[83] Como dice en el *Zohar* (II, 95a): "Ellos comienzan unidos pero terminan separados".[84]

Ésta dio a luz – Esto corresponde a la ganancia, que se le da el nombre de "nacimiento".[85] Y ellos le dijeron:

---

y con toda tu fuerza (*MeODeja*)". Enseña el Talmud: "Tu fuerza" hace referencia a la riqueza de la persona (*Berajot* 54a). Así, "poderosa fidelidad (*emuná MeOD*)" alude al dinero que se paga por una mitzvá, lo que indica fe. Es interesante notar que el Talmud (*loc. cit.*) ofrece dos interpretaciones para la palabra "*meodeja*": 1) Ama a Dios "con todo tu dinero" – aunque Él haga que pierdas tu dinero (por ejemplo, si uno se ve forzado a elegir entre transgredir un precepto y perder su dinero, debe voluntariamente abandonar su dinero en lugar de transgredir). 2) Ama a Dios "con todo tu *MeOD*" – es decir, con cualquier *MiDá* (medida) que Él te dé, abundante o lo contrario. En nuestro contexto, estas dos enseñanzas tienen una connotación similar. Uno debe pagar lo que pueda en el cumplimiento de una mitzvá y medir sus caminos para no cometer un pecado. Transgredir siendo mezquino con el dinero es equivalente a la idolatría, como se mencionó más arriba. Por el contrario, aceptar todo lo que Dios nos da es una señal de fe, pues demuestra que uno está satisfecho con lo que le toca y no corre tras la riqueza (cf. *Torá Temima*, Deuteronomio 6:5; *Etz Iosef*, Berajot 60b, *v.i. Bejol mamonja*).

Resumen: La persona debe tener fe en que Dios la proveerá del sustento. Es posible alcanzar esa fe mediante la verdad. De esa manera la persona puede estar unida al *Or HaPanim*, a la vida, a la alegría y al rostro de santidad. Sin embargo, aquel que carece de fe y piensa que son sus propios esfuerzos los responsables de traerle el sustento, es considerado un idólatra. Está unido al rostro del Otro Lado, a la muerte y a la melancolía (§1). El rostro de santidad se alcanza mediante la sangre de la circuncisión, la sal, la caridad – todos aspectos del cuidado del Pacto (§2). Todos los judíos son considerados Tzadikim y pueden unirse al rostro de santidad, pues están circuncidados. Pero cuando la persona se opone a aquellos unidos al rostro de santidad, en especial al Tzadik, Dios hace que sucumba a la codicia y se una al rostro del Otro Lado (§3). Observar la mitzvá de la mezuzá ayuda a que la persona alcance la fe, la alegría y la vida, pues la mezuzá corresponde al Pacto (§4). Cumplir con una mitzvá tiene que ser una expresión de fe. La persona debe estar dispuesta a pagar el dinero necesario para realizarla (§5).

81. Los Sabios de Atenas. El Rebe Najmán entreteje ahora toda la lección con el intercambio citado al comienzo, entre el rabí Ioshúa ben Janania y los Sesenta Sabios de Atenas.

82. no mantiene su palabra. Rashi explica que la persona "disfraza sus palabras" para que

וְכַדְנֵיתָא מִי יָלְדָה – כִּי 'עַכּוּ"ם אֵל אַחֵר אִסְתָּרֵס וְלֹא עָבֵד פֵּרִין' (שם קג.). וְהֵשִׁיב לָהֶם: 'הִי נִיהוּ מִלֵּי דִכְדִיבָא'. הַיְנוּ הַשֶּׁקֶר, שֶׁנִּדְמֶה לָהֶם שֶׁמַּרְוִיחִין, וּבֶאֱמֶת אֵינָם מַרְוִיחִין.

וְתָלָא לֵהּ פִּתְקָא בְּצַוָּארָא דַּהֲוֵי מַסִּיק בֵּי אַבָּא מְאָה אַלְפֵי זוּזֵי, בֵּי אַבָּא זֶה עֲבוֹדַת-אֱלִילִים, כְּמוֹ שֶׁכָּתוּב (ירמיה ב): "הָאוֹמֵר לָעֵץ אָבִי אָתָּה."

וַעֲבוֹדָה זָרָה הִיא חוֹבָה. שֶׁמַּכְרַעַת אֶת הַכֹּל לְכַף חוֹבָה. וְכָל הַמִּתְדַּבְּקִין בָּהּ הֵם בַּעֲלֵי חוֹבוֹת, כְּמוֹ שֶׁאָנוּ רוֹאִים בְּחוּשׁ, שֶׁזֶּה הַמַּשָּׂא תָּלוּי בְּצַוַּאר בְּנֵי אָדָם, שֶׁאֵין מִסְתַּפְּקִין בְּמָמוֹנָם. וְלוֹוִין מָמוֹן מֵאֲחֵרִים, וְנִדְמֶה לָהֶם שֶׁהֵם מִשְׁתַּכְּרִין שָׂכָר הַרְבֵּה, וְאַחַר- כָּךְ מֵתִים בַּעֲלֵי חוֹבוֹת. וְאִם אֵינָם מֵתִים בַּעֲלֵי חוֹבוֹת, הֵם בְּחַיֵּיהֶם

que la persona necesita proviene del *ETz* (עץ, Árbol) del Conocimiento (*Likutey Halajot, Suká* 7:3). En base a esto, el versículo de Jeremías se lee: "Quien le dice a un árbol" –aquellos que dicen de su propio *etzá* e ideas sobre cómo ganar dinero: "Tú eres mi padre"– producirás, cuando, de hecho, tal consejo es idolatría.

89. deuda…débito. Las Escrituras nos dicen que cuando Abraham venció a los Cuatro Reyes, "Él los persiguió hasta Jová" (Génesis 14:15). Rashi comenta: "No existe un lugar llamado Jová. De hecho se refiere al [territorio de la tribu de] Dan debido a que allí se colocarían ídolos en el futuro". En hebreo, la palabra *jová* significa "deuda" o "débito". Aquellos unidos a la idolatría "inclinan los platillos de la justicia" hacia el lado del débito. De aquí que la idolatría sea llamada "deuda".

El rabí Natán escribe que es por ello que aquel que toma prestado el llamado *baal jov* (un deudor). La deuda financiera puede ser rastreada hasta la idolatría. Insatisfecho con su parte, toma prestado con la esperanza de realizar grandes ganancias. Ello indica que carece de fe, que es un *baal* (un señor de) *jov* (deuda/idolatría). Es por ello que es necesario evitar tomar prestado o, de tomar prestado, al menos sólo dentro de los parámetros de la Torá, tanto en ley como en espíritu (*Likutey Halajot, Ribit* 1; ver más adelante n. 113; ver también *Cruzando el Puente Angosto*, Capítulo 14).

90. toman prestado…ganancias. Ver más arriba nota 87, que ésta es la primera de las cuatro categorías de "ganar pero no ganar". Aquellos que no lo tienen en cuenta y que piden prestado corresponden a aquel que toma prestado con la esperanza de obtener una gran ganancia pero que sus inversiones fallan.

91. mueren como deudores. Esto hace referencia a la segunda de las cuatro categorías de "ganar pero no ganar", aquel que piensa que mediante su trabajo está obteniendo grandes ganancias y así gasta libremente, sólo para más tarde preguntarse adónde fue su dinero.

¿Acaso una mula puede dar a luz? – Esto es porque [se dice de la] idolatría: "El otro-dios es estéril… y no produce descendencia" (*Ibid.* 103a).[86] Y él les contestó:

Eso es lo falso – En otras palabras, la mentira. A ellos les parece que obtienen ganancias, pero en verdad no están ganando nada.[87]

y había una nota colgando de su cuello. Tenía escrito lo siguiente: La herencia de tu padre me debe cien mil monedas – "La herencia de tu padre" es la idolatría, como en (Jeremías 2:27), "Quien le dice a [un ídolo hecho a partir de] un árbol, 'Tú eres mi padre'".[88]

Y la idolatría es una deuda que vuelca todo hacia el lado del débito.[89] Todos los que están unidos a ella son deudores. Como es fácilmente observable, esa carga cuelga alrededor del cuello de las personas: no les es suficiente con el dinero que tienen y toman prestado dinero de los demás. Les parece que están obteniendo grandes ganancias,[90] pero más tarde mueren como deudores.[91] Y aunque no fallezcan como deudores,

---

86. estéril…. Esto hace referencia a *Zeir Anpin* del Otro Lado. Es estéril y no puede producir almas. En nuestra lección, esto indica que la mentira/la idolatría es incapaz de producir ganancia alguna/nacimiento – no les provee ningún beneficio duradero a aquellos que siguen sus equivocados caminos.

Enseña el Midrash: Cuando Abraham era un niño y comenzó a predicar la fe en Dios, la gente lo llamó un *pirdá akara* (mula estéril) que no puede tener cría (*Bereshit Rabah* 38:6). A partir de nuestro texto podemos ver que los codiciosos/idólatras presumen que son capaces de dar a luz (ganancias, descendencia). En verdad, fue Abraham, la persona de fe, quien de hecho dio nacimiento a toda una nación – el pueblo judío compuesto por Tzadikim, pues están todos circuncidados.

87. ganancias…ganando nada. Esto puede comprenderse de varias maneras: 1) alguien toma prestado una gran suma de dinero para invertir, esperando una gran ganancia, pero la inversión falla; 2) alguien se siente seguro de su capacidad para los negocios y en los frutos de su propio trabajo, y así gasta liberalmente, para más tarde preguntarse adónde fue su dinero; 3) alguien tiene ganancias, incluso grandes ganancias, pero al hacerlo hipoteca su vida entera y su felicidad; 4) alguien gana algo de dinero pero para hacerlo debe trabajar duramente, al punto incluso de poner en peligro su vida. Más arriba (n. 3), mencionamos que el Rebe Najmán veía posible alcanzar una verdadera "buena vida" incluso en este mundo. La base de esa buena vida es el *Or HaPanim* logrado a través de la verdad y de la fe. Aquí, el Rebe se centra en el aspecto negativo: la mentira y la falta de fe. Ésta es la mentira de la idolatría que hace que la persona "gane pero no gane" (ver más adelante, §8, donde esto se trata más ampliamente).

88. idolatría…árbol…padre. Las palabras "mi padre (אבי)" suponen descendencia. Aun así, ¿no hemos dicho que la idolatría (בי אבא, "la herencia de tu padre") es estéril y no puede producir descendencia? Sin embargo, en otra instancia el rabí Natán escribe que el *ETzá* (עצה, consejo)

בַּעֲלֵי חוֹבוֹת, וּמַטְרִיחִים אֶת עַצְמָם בִּטְרָחוֹת גְּדוֹלוֹת, וּמְסַכְּנִים אֶת עַצְמָם בְּסַכָּנַת דְּרָכִים, בִּשְׁבִיל שָׂכָר מְעָט, בִּשְׁבִיל לְשַׁלֵּם חוֹב אֲבִיהֶם, חוֹב עֲבוֹדָה זָרָה. כִּי 'מִצְוָה לְקַיֵּם דִּבְרֵי הַמֵּת'.

וְזֶה הַדָּבָר לָהֶם כְּמוֹ צַוָּאָה מֵאֲבִיהֶם, שֶׁיְּשַׁלְּמוּ חוֹבוֹתָיו. וְזֶה שֶׁפֵּרֵשׁ מַהֲרַשָׁ"א, 'תָּלָא לֵהּ פְּתָקָא בְּצַוָּארָא' – שְׁטַר צַוָּאָה.

וְאַחַר-כָּךְ אָמְרוּ לוֹ:

מִלְחָא כִּי סַרְיָא בְּמַאי מַלְחִי לֵהּ – כִּי תִקּוּן שֶׁל תַּאֲוַת מָמוֹן, הוּא תִּקּוּן הַבְּרִית מֶלַח כַּנַּ"ל.

וְשָׁאֲלוּ אוֹתוֹ: זֶה שֶׁתִּקֵּן בְּרִיתוֹ, אִם נָפַל לְסִרְחוֹן תַּאֲוַת מָמוֹן, בְּמַאי תִּקּוּנוֹ. וְהֵשִׁיב לָהֶם:

בְּסִילוּתָא דְּכַדְנַיְתָא – כִּי בֶּאֱמֶת יֵשׁ עוֹד תִּקּוּן לְתַאֲוַת מָמוֹן, הַיְנוּ שֶׁיִּסְתַּכֵּל לַשֹּׁרֶשׁ, שֶׁמִּשָּׁם בָּא כָּל הַמָּמוֹן וְכָל הַהַשְׁפָּעוֹת. וְעַל-יְדֵי הִסְתַּכְּלוּתוֹ שָׁם, יִתְבַּטֵּל תַּאֲוָתוֹ. כִּי שָׁם בְּשָׁרְשָׁהּ, הַשֶּׁפַע כֻּלּוֹ אוֹר צַח וּמְצֻחְצָח, וְתַעֲנוּג רוּחָנִי, וְאֵין מִתְאַוֶּה (נ"א מִתְעַבֶּה כת"י) אֶלָּא לְמַטָּה. וּמִי הוּא הַפֶּתִי יָסוּר הֵנָּה, לְהַשְׁלִיךְ תַּעֲנוּג רוּחָנִי, וְלִקַּח תַּעֲנוּג עָב.

que la búsqueda de la satisfacción de las necesidades materiales es como una obligación sagrada, equivalente al deseo final de su padre moribundo. Corren detrás del dinero, justificándolo con la explicación de que ello es necesario para la supervivencia. ¿Por qué es así? Debido a que la codicia surge de una falta de fe/idolatría ("la herencia del padre"). La idolatría hace que aquellos unidos a ella sientan que *se deben* a sí mismos el tener dinero, de modo que corren tras él.

96. como se explicó. Más arriba, secciones 2 y 3, y notas 40, 45, 49.

97. sucumbe.... Los Sabios continuaron cuestionando al rabí Ioshúa: Dado que el Pacto es una de las cosas que protege de sucumbir a la codicia, si la persona ya ha rectificado el *brit* pero así y todo sucumbe, ¿cómo puede ser rectificada?

De acuerdo al *Belbey HaNajal*, que hace una distinción entre la codicia propiamente dicha y una forma más sutil de avaricia —es decir, la mezquindad (ver más arriba, n. 8)— la cuestión puede comprenderse de una manera algo diferente. El Rebe Najmán enseña que el Pacto protege de la codicia. Si es así, entonces, ¿cómo es que hay gente aparentemente recta que es mezquina? Si el Pacto contrarresta la codicia, ¿cómo es que esas personas rectas son tan poco dadivosas?

98. abundancia.... Toda la *shefa*, tanto la abundancia espiritual como material, surge de los niveles superiores más elevados. Es por ello que la humanidad tiene un ardiente deseo de

pasan sus vidas endeudados.[92] Se abocan a grandes tareas y se ponen en peligro al viajar, todo por una pequeña ganancia; [93] para pagar la deuda de su padre, la deuda de la idolatría, pues es una mitzvá cumplir con los deseos de los fallecidos.[94]

Y este tema es para ellos como un legado del padre, en el hecho de que deben pagar las deudas que dejó. Así es como lo explica el Maharsha: "Había una nota colgando de su cuello" – un testamento.[95]

Y luego le dijeron:
Si la sal se pudre ¿con qué se la puede preservar? – Pues la rectificación del deseo de dinero es la rectificación del pacto de sal, como se explicó.[96]

De modo que le preguntaron: Si la persona que ha rectificado su *brit* sucumbe al hedor de la codicia, ¿cómo puede ser rectificada?[97] Y él les respondió:

Con la placenta de una mula – Pues en verdad hay otra rectificación para la codicia: deberá buscar la fuente de la cual proviene el dinero y la abundancia. Al centrarse en ello su deseo será eliminado. Ello se debe a que allí, en su fuente, el influjo de abundancia es una luz totalmente clara y un deleite espiritual. Sólo se vuelve <corpórea> debajo. ¿Quién es el tonto que desecharía (cf. Proverbios 9:16) – que arrojaría el deleite espiritual y elegiría el placer material?[98]

---

92. pasan su vida endeudados. Esto hace referencia a la tercera de las cuatro categorías de "ganar pero no ganar", aquel que tiene ganancias, incluso grandes ganancias, pero al hacerlo pasa sus días "debiendo", porque hipoteca su vida entera y su felicidad.

93. tareas…peligro…pequeña ganancia. Ésta es la última de las cuatro categorías de "ganar pero no ganar", aquel que consigue algo de dinero, pero sólo mediante gran trabajo y dificultad. Por una pequeña ganancia está dispuesto a poner en juego incluso su vida y su bienestar.

94. es una mitzvá cumplir…los fallecidos. La enseñanza Talmúdica (*Guitin* 40a) de que "es una mitzvá cumplir con los deseos de los fallecidos" hace referencia a los deseos de un moribundo aunque no estén estipulados en su testamento. En nuestro contexto, "fallecidos" sugiere idolatría, que es la muerte (§1). Aquellos que sucumben al deseo de dinero sienten la necesidad de correr tras más dinero. Incluso lo consideran una mitzvá – ¡correr detrás del dinero! Después de todo, al hacerlo, ¡¿acaso no están cumpliendo con la última voluntad y testamento del "fallecido"?!

95. un testamento. Nuestra lección se alinea así con la interpretación del Maharsha quien dice que la nota que el rabí Ioshúa encontró colgando del cuello de la mula era el testamento de su padre, pidiéndoles que pagasen la deuda que tenía. A esto el Rebe Najmán agrega que la gente considera

אֲבָל לְזֹאת הַהִסְתַּכְּלוּת, אִי אֶפְשָׁר לָבוֹא, אֶלָּא עַד שֶׁיְּתַקֵּן בְּרִיתוֹ, כְּמוֹ שֶׁכָּתוּב: "מִבְּשָׂרִי אֶחֱזֶה אֱלוֹהַּ". שֶׁבַּתְּחִלָּה צָרִיךְ לְתַקֵּן בְּשַׂר קֹדֶשׁ, וְאָז יוּכַל לְהִסְתַּכֵּל בָּאֱלֹקוּת. וּבִשְׁבִיל זֶה, עִקַּר הַתִּקּוּן שֶׁל תַּאֲוַת מָמוֹן, הוּא עַל-יְדֵי בְרִית. וּכְשֶׁמְּתַקֵּן בְּרִיתוֹ, אִי אֶפְשָׁר לִפֹּל לְתַאֲוַת מָמוֹן. כִּי עַל-יְדֵי מֶלַח, תַּאֲוַת מָמוֹן חָסֵר כַּנַּ"ל.

וְשֹׁרֶשׁ הַשְּׁפָעוֹת הוּא מְכֻנֶּה בְּשֵׁם שִׁלְיָא, שֶׁשָּׁם מֻנָּח הַוָּלָד. כִּי הַשִּׁלְיָא הוּא בְּחִינַת דַּלְתֵי בִטְנִי, כִּי יֵשׁ שְׁנֵי דְלָתוֹת לָאִשָּׁה. כְּמוֹ שֶׁכָּתוּב (איוב ג): "כִּי לֹא סָגַר דַּלְתֵי בִטְנִי" (בכורות מה). וְנַעֲשָׂה מִשְּׁנֵי דַלְתִין, צוּרַת מֵ"ם סְתוּמָה, שֶׁשָּׁם מֻנָּח הַוָּלָד, וְהוּא בְּחִינַת מֵ"ם [אַרְבָּעִים] יוֹם שֶׁל יְצִירַת הַוָּלָד (נדה ל׳).

וְכֵן יֵשׁ לְמַעְלָה דַּלְתֵי שָׁמַיִם, שֶׁמִּשָּׁם נוֹלָד הַשְּׁפָעוֹת, כְּמוֹ שֶׁכָּתוּב (תהלים עח): "דַּלְתֵי שָׁמַיִם פָּתַח וַיַּמְטֵר עֲלֵיהֶם כֶּעָפָר שְׁאֵר" וְכוּ'.

---

toda la abundancia material – y sólo podrían hacerlo guardando más cuidadosamente el Pacto. Este centrarse en la fuente superior negaría a su vez la mezquindad, el sutil deseo de dinero.

101. una placenta.... El Rebe Najmán ahora se vuelve hacia cómo la fuente de la abundancia anula el deseo de dinero. Extendiendo la analogía fisiológica en la cual la nueva abundancia y ganancia se asemejan a un nacimiento, dice que la fuente de la nueva *shefa* debe naturalmente ser la placenta situada en el útero.

102. dos puertas...DaLTei...vientre. Enseña el Talmud: Así como hay puertas en una casa, también hay puertas en el útero (*Bejorot* 45a). La palabra *daltei* es plural indicando dos puertas. El abrir y cerrar del útero permite que pase la "descendencia", la *shefa*. Ver las dos notas siguientes.

103. dos DaLeT...mem cerrada.... La *mem* final tiene la forma de un cuadrado cerrado (ם). La *dalet* es una letra que tiene dos lados, con la forma de un ángulo recto (ד). Al unir sus puntas, las dos *dalet* forman una *mem* final (ם) – el útero en el cual descansa el vástago.

104. mem días de la formación.... En la numerología hebrea la letra *mem* es igual a 40. El Talmud afirma que después de la fertilización hacen falta 40 días para que la criatura tome forma. En nuestro contexto, esto alude a la descendencia que toma forma en la *mem*, en las dos *dalet*/puertas cerradas. El Rebe Najmán relaciona esto ahora con la fuente/"útero" de la *shefa*.

105. puertas del cielo...y llovió sobre ellos la carne.... La carne es una señal de riqueza (*Rashi*, Deuteronomio 12:20; *Julín* 84a). La lluvia también es una señal de abundancia (cf. *Taanit* 8b). Más aún, nuestros Sabios enseñan que una sequía puede asemejarse a una mujer que pierde el embarazo (*Ibid*.). Así, cuando esas *daltei* (puertas) del cielo se abren desciende la *shefa*. La fuente de esa abundancia material es el "útero" en el cielo.

Sin embargo, es imposible alcanzar esa visión si no se rectifica primero el *brit*. Como está escrito, "Desde mi carne percibo a Dios". Es necesario primero rectificar la carne sagrada, lo que hace posible observar la Divinidad.[99] Debido a ello la principal rectificación del deseo de dinero se lleva a cabo por medio del Pacto. Y cuando la persona rectifica el *brit*, ya no sucumbe a la codicia. Ello se debe a que mediante la sal disminuye el deseo de dinero, como se explicó más arriba.[100]

Ahora bien, la fuente de la abundancia es conocida con el nombre de "placenta", pues allí es donde descansa el vástago.[101] Ello se debe a que la placenta es un aspecto de las "puertas de mi vientre". Pues la mujer tiene dos puertas, como en (Job 3:9), "Él no cerró las *DaLTei* (puertas) de mi vientre".[102] A partir de dos *DaLeT* se conforma una *mem* cerrada, que es donde descansa el vástago.[103] Ello corresponde a los *mem* días de la formación de la criatura (Nidá 30a).[104]

Y también Arriba hay puertas del cielo desde donde se difunde el influjo de abundancia. Como está escrito (Salmos 78:23, 27), "Él abrió las puertas del cielo… y llovió sobre ellos la carne como si fuera polvo".[105]

---

dinero, pues en su fuente, el dinero contiene una gran luz espiritual. Surge directamente del *Or HaPanim* (*Parparaot LeJojmá*). Sin embargo, cuanto más desciende la *shefa* hacia este mundo y hacia "esta mundanalidad", más corpórea y material se vuelve su atracción. Al nivel de la codicia, se transforma en una idolatría. Por lo tanto, al contemplar la fuente de la *shefa* se está mirando hacia un elevado nivel espiritual. Al buscar la espiritualidad y centrarse en la fuente de esa gran luz, la persona se une a ella y experimenta el deleite espiritual. Una vez que ello sucede, ya no se siente más atraída por los bajos atractivos materiales del dinero.

99. carne sagrada…. "Carne sagrada" hace referencia al Pacto. Se hace sagrada mediante la mitzvá de la circuncisión. Ver *Likutey Moharán* I, 7:extractos, notas 79 y 80. Cuando la persona infunde su corporeidad, su carne, con santidad, puede alcanzar una revelación Divina (ver más arriba n. 43). Esto se logra guardando el Pacto – un requisito necesario si se quiere superar los ilusorios atractivos del dinero y de toda la abundancia material, y centrarse en su exaltada fuente superior.

100. más arriba. Ver sección 2. Aquellos que guardan el Pacto no sucumben a la codicia/idolatría. No tienen necesidad de centrarse en la fuente de la abundancia.

El *Beibey HaNajal* interpreta esto de acuerdo a la distinción hecha anteriormente. La pregunta que hicieron los Sabios de Atenas se centra en aquellos que son mezquinos. Los Sabios de Atenas conectaron esa sutil forma de codicia con la idolatría y asumieron que guardar el Pacto la contrarrestaría. Así, si los rectos son rectos precisamente porque han cuidado el Pacto, ¿cómo es que ciertas personas rectas son mezquinas? ¿Quizás no han guardado verdaderamente el Pacto? La respuesta del rabí Ioshúa, de acuerdo al *Beibey HaNajal*, fue que ellos ciertamente guardaron el Pacto y que no sucumbieron a la codicia propiamente dicha. Sin embargo, es posible que hubieran sido mezquinos en cuyo caso sólo necesitaban centrarse en la fuente de

וְזֶה שֶׁהֵשִׁיב לָהֶם: בְּשִׁלְיָא דְכַדְנִיתָא, הוּא תִּקּוּנוֹ שֶׁל זֶה הַשּׁוֹמֵר הַבְּרִית, כְּשֶׁנּוֹפֵל לְתַאֲוַת מָמוֹן. וְאָמְרוּ לֵהּ:

מִי אִיכָּא שִׁלְיָא לְפִרְדָּה. – כִּי עכו"ם אֵין לָהּ אֲפִלּוּ בֵּית וָלָד. אָמַר לָהֶם:

וּמִלְחָא מִי סַרְיָא – כִּי בֶּאֱמֶת מִי שֶׁתִּקֵּן הַבְּרִית, אֵינוֹ נוֹפֵל לְתַאֲוַת הַמָּמוֹן:

אַנְשֵׁי דָמִים וּמִרְמָה לֹא יֶחֱצוּ יְמֵיהֶם (תהלים נה). הַיְנוּ מִי שֶׁהוּא בַּעַל מַחֲלֹקֶת, נוֹפֵל לְתַאֲווֹת מָמוֹן, וְיָמָיו כָּלִים בִּרְדִיפָה אַחַר מוֹתָרוֹת.

idolatría. **Ésta dio a luz** – Hubo ganancias, **y había una nota colgando de su cuello. Tenía escrito lo siguiente: La herencia de tu padre me debe cien mil monedas** – y debido a las grandes ganancias, la gente se ve arrastrada tras la idolatría del dinero.

Sabios: **¿Acaso una mula puede dar a luz?** – Pero la idolatría es estéril. ¡No puede haber ganancias! ¿Por qué, entonces, la gente anhela el dinero?

Rabí Ioshúa: **Eso es lo falso** – Ellos piensan que tendrán ganancias. Pero las únicas ganancias provienen de la verdad, del *Or HaPanim*.

Sabios: **Si la sal se pudre ¿con qué se la puede preservar?** – Tú afirmas que guardar el Pacto protege a la persona de la codicia. Pero, ¿qué sucede con la persona que guarda el Pacto y sin embargo es codiciosa? ¿Cómo puede ser rectificada?

Rabí Ioshúa: **Con la placenta de una mula** – Centrándose en la fuente de la abundancia, el gran deleite espiritual otorgado por esa clara luz.

Sabios: **¿Una mula tiene placenta?** – Pero la codicia es idolatría. No tiene útero, no tiene descendencia. No hay fuente sobre la cual pueda centrarse la persona y ser rectificada de su codicia.

Rabí Ioshúa: **¿La sal se pudre?** – Sí, pero todo aquel que guarde el Pacto no sucumbirá a la codicia.

109. Los hombres sanguinarios.... El Rebe Najmán explica ahora cómo los conceptos mencionados en la lección están aludidos en este versículo.

110. beligerante...excesos. Estos "hombres sanguinarios y falsos" son los enemigos del Tzadik sobre los cuales el Rebe Najmán habló anteriormente (§3). Ver también más adelante, sección 10. El versículo que el Rebe cita proveniente de los Salmos está precedido por: "Arroja tu carga sobre Dios y Él te sustentará; nunca dejará que tropiece el Tzadik. Pero Tú, Dios, los harás descender a la fosa. Los hombres sanguinarios…" (Salmos 55:23, 24). En otras palabras, aquel que tiene fe y se apoya solamente en Dios está unido a la Torá, al Tzadik. Pero aquel que cae de la fe se ve acuciado por la melancolía (la fosa; ver más arriba §2). Éste es el "hombre sanguinario y falso", que promueve la disputa y los conflictos en contra del Tzadik. Como se

Y esto es lo que él les respondió: **Con la placenta de una mula.** Ésta es la rectificación para aquel que guarda el *brit* y sucumbe al deseo de dinero.[106] Y ellos le dijeron:

¿Una mula tiene placenta? – Pues la idolatría no tiene ni siquiera un útero.[107] Él les dijo:

¿La sal se pudre? – Pues la verdad es que aquel que rectifica el *brit* no sucumbe al deseo de dinero.[108]

6. "Los hombres sanguinarios y falsos no llegarán a la mitad de sus días, [pero yo confiaré en Ti]" (Salmos 55:24).[109] Es decir, aquel que es beligerante sucumbe a la codicia. Sus días se consumen corriendo detrás de los excesos.[110]

---

106. él les respondió…placenta…. ¿Con qué se puede preservar la sal cuando se pudre – es decir, cómo es posible salvar a la persona que ha cuidado el Pacto y que sin embargo sucumbió a la codicia de la abundancia material? A esto el rabí Ioshúa respondió, "Con la placenta de una mula" – es decir, buscando la fuente de esa abundancia. En su fuente, el objeto material de la codicia (por ejemplo, el dinero) es una luz clara y un deleite espiritual. Una vez experimentada, ¿quién querría algo más? Así, al centrarse en la fuente se anula la codicia.

107. mula…útero. Los Sabios de Atenas quedaron sorprendidos por la respuesta del rabí Ioshúa. Ellos razonaron: Una mula no tiene placenta – es decir, la idolatría no tiene una fuente Arriba. En ese caso, no tiene útero, como en, "otro-dios es estéril… y no produce descendencia". Así, el deseo de dinero y de abundancia material –la idolatría de la codicia– tampoco tiene una fuente y no tiene útero (placenta) a través de la cual proveer *shefa*. Es necesario admitir por lo tanto que todo aquel que sucumba a la codicia/idolatría no tendrá esperanzas de poder rectificarse. Porque ciertamente será incapaz de centrarse en la pura y exaltada fuente de la *shefa*/dinero, el *Or HaPanim*. Y, debido a su codicia, sólo se centrará en la idolatría – ¡idolatría que no tiene una fuente en el cielo! (*Parparaot LeJojmá*).

108. La sal se pudre…. El rabí Ioshúa rechazó su pregunta. Él dijo: La respuesta que les di se basó en el hecho de que ustedes suponen que aquel que ha guardado el Pacto de alguna manera puede llegar a sucumbir a la codicia. Por lo tanto les dije que podía rectificarse contemplando la fuente de la abundancia material del dinero, algo que tal persona, debido a que guardó el Pacto, sería capaz de hacer. Pero la verdad es que la pregunta de ustedes no es una pregunta en absoluto. Alguien que merezca guardar el Pacto merecerá la luz del Dios Vivo y, por lo tanto, no sucumbirá a la oscuridad del deseo de dinero. Pues esa luz expele a la oscuridad y debido a que "con la sal se disminuye el dinero" su deseo de dinero se eliminará de manera automática (*Parparaot LeJojmá*).

En base a nuestra lección, el intercambio del rabí Ioshúa con los Sabios de Atenas se lee como sigue:

Sabios: **Dinos algo falso** – ¿Qué es considerado algo falso, una mentira?

Rabí Ioshúa: **Teníamos una mula** – El deseo de dinero, la codicia, debe ser comparado con la

וְזֶה: "לֹא יֶחֱצוּ יְמֵיהֶם" – שֶׁאֵין אָדָם מֵת וַחֲצִי תַאֲוָתוֹ בְּיָדוֹ (מדרש רבה קהלת סדר א). וְזֶה "לֹא יֶחֱצוּ" – שֶׁאֵין מַשִּׂיג חֲצִי תַאֲוָתוֹ, כַּמּוּבָא לְעֵיל בְּאוֹת ג' עַל פָּסוּק "וַיְגָרֶשׁ מִפָּנֶיךָ אוֹיֵב וַיֹּאמֶר הַשְׁמֵד" עַיֵּן שָׁם:

(עד כאן לשון רבנו, זכרונו לברכה):

וְזֶה שֶׁסִּיֵּם "וַאֲנִי אֶבְטַח בָּךְ" – שֶׁהוּא הַהִפּוּךְ מִתַּאֲוַת מָמוֹן. כִּי הַמְשֻׁקָּע בְּתַאֲוַת מָמוֹן, אֵינוֹ בּוֹטֵחַ בַּה', כִּי הוּא עוֹבֵד כָּל עַכּוּ"ם. אַךְ: "וַאֲנִי אֶבְטַח בָּךְ" – שֶׁתּוּכַל לְהַזְמִין לִי פַּרְנָסָתִי בְּסִבָּה קַלָּה, וְאֶהֱיֶה שָׂמֵחַ בְּחֶלְקִי, וְלֹא אֶהְיֶה מְשֻׁקָּע בְּתַאֲוַת מָמוֹן:

וְעַל כֵּן אֵלּוּ הַמְשֻׁקָּעִים בְּמָמוֹן, כָּל מַה שֶּׁיֵּשׁ לוֹ עֲשִׁירוּת יוֹתֵר, יֵשׁ לוֹ דְּאָגוֹת וַעֲצָבוֹת וּמָרָה שְׁחוֹרָה בְּיוֹתֵר. כִּי הַמָּמוֹן וְהָעֲשִׁירוּת

la codicia es idólatra. Se expone a un gran peligro para ganar el sustento. No sucede así con el hombre de fe. Él confía en que Dios le proveerá de un medio para ganarse la vida, fácil y espiritualmente adecuado.

El rabí Natán escribe que a partir de esta lección podemos comprender cuán terrible es el pecado de la usura y del cobro de intereses. Cuando la persona toma dinero prestado, hipoteca en esencia todos sus bienes al prestamista. Más aún, dado que la raíz superior del dinero y, por extensión, de todos sus bienes, es la misma que el alma (ver *Likutey Moharán* I, 69), el alma misma del que toma prestado queda hipotecada al prestamista. Como resultado, el acreedor recibe la *shefa* que estaba destinada al deudor. En ese caso, ¡¿no es suficiente con que el acreedor tenga un lazo con el alma del deudor y con su *shefa*, sino que también demanda pagos usurarios provenientes de los bienes del deudor?! Más bien, la persona que ha sido bendecida, que puede incluso prestarles dinero a los demás, debe creer que esa *shefa* viene directamente de Dios. De esa manera no tratará de asegurarla tomándola de otra persona (*Likutey Halajot, Ribit* 1; ver más arriba, n. 89).

Esto, escribe el rabí Natán, explica también por qué el término hebreo que designa a una "sociedad de préstamo libre de intereses" es *guemilat jesed* ("haciendo bondad"). Prestar puede ser un acto de bondad o un acto de idolatría. Le incumbe al prestamista asegurarse de que su préstamo sea un acto de bondad, pues de otra manera está forzando al deudor a lo que es equivalente a la idolatría (débito; n. 89). El prestamista tiene prohibido por lo tanto cobrar intereses. En verdad, si recibiese ganancias por su préstamo, no sólo dejaría de ser un acto de bondad sino que también sería culpable de promover la idolatría. Pues al buscar ganancias, el prestamista estaría difundiendo la noción de que la codicia/la idolatría paga – que produce "descendencia". En esa misma línea, nuestros Sabios enseñan (*Bava Metzía* 71a): "Todo aquel que presta dinero a interés niega la existencia de Dios". Ello se debe a que es un idólatra (*Likutey Halajot, Ribit* 2:1; ver más adelante, n. 142).

114. sumidos en el deseo de dinero.... Este párrafo y los dos que siguen pasan revista a la

Éste es el significado de, "no llegarán a la mitad de sus días" – el hombre fallece sin haber satisfecho ni siquiera la mitad de sus deseos materiales *(Kohelet Rabah 1:34)*.[111] Esto es "no llegarán a la mitad" – no alcanzarán la mitad de sus deseos, como se explicó más arriba sobre el versículo, "Él expulsa al enemigo de delante de tu rostro y proclama: '¡Destrúyelo!'". Estudia allí.[112]

Y así concluye [el Salmista]: "pero yo confiaré en Ti", que es lo opuesto de la codicia. Porque aquel que está hundido en el deseo de dinero no confía en Dios. Sino que sirve a todas las idolatrías. Pero en cambio, "Yo confiaré en Ti" – que Tú puedes proveerme de sustento de una manera fácil. Me regocijaré con mi parte y no quedaré hundido en la codicia.[113]

Por lo tanto, con respecto a aquellos que están sumidos en [el deseo de] dinero – cuanto más grande sea su riqueza, mayores serán sus preocupaciones, su tristeza y su melancolía.[114] Ello se debe a que

---

explicó anteriormente, esta persona se aleja de la santidad y es castigada con la destrucción, con el correr detrás de los excesos idólatras.

111. ni siquiera la mitad.... Afirma el Midrash: "El hombre fallece sin haber satisfecho ni siquiera la mitad de sus deseos materiales. Si tiene cien quiere doscientos. Si tiene doscientos, quiere cuatrocientos". Es decir, la persona nunca alcanza siquiera la mitad de lo que desea. Porque si ya tiene cien y busca doscientos más, sólo tiene un tercio de los deseo de su corazón.

112. ...expulsa al enemigo...Estudia allí. Arriba, sección 3. Como ha enseñado el Rebe Najmán, cuando el Santo, bendito sea, quiere alejar a los enemigos del Tzadik ("los hombres sanguinarios"), hace que sucumban a la idolatría/la codicia. Ello se debe a que el Tzadik es un Pacto eterno y aquellos que disputan con el Tzadik no tienen sal para endulzar su amargura; pues "con sal, se disminuye el dinero". Más aún, "La mitad de sus *días*" alude a los atributos (ver más arriba n. 53) y en nuestro contexto particular a *Maljut*, la fe. Los "hombres sanguinarios" que se oponen al Tzadik/la verdad nunca alcanzan una fe completa ni la verdad, pues la verdad sólo está completa con la fe.

El rabí Natán escribe que oyó otra explicación del Rebe para este concepto de "ni siquiera la mitad de sus deseos materiales...". Debido a que el trabajo para ganarse el sustento es el doble del trabajo de parto (140 clamores), el hombre nunca tiene satisfecha la mitad de sus necesidades de *shefa*. Sea lo que fuere que gane nunca será la mitad de lo que desea. La única solución es la fe. Con fe merecerá lo que se conoce como "doble *shefa*". Esta doble *shefa* es un aspecto de "el dinero volará hacia ti" (ver arriba §4) y contrarresta el concepto de "ni siquiera la mitad de sus deseos materiales" (ver *Likutey Halajot, Guenevá* 2:5).

Hasta este punto, el texto de la lección ha sido *leshón Rabeinu* (ver n. 1). Lo que queda del texto fue compilado por el rabí Natán (ver §6:final).

113. confiaré en Ti.... Como enseña el Rebe Najmán más arriba (§1), la persona sumida en

שֶׁלּוֹ הוּא בִּבְחִינַת: "בְּעִצָּבוֹן תֹּאכְלֶנָּה", שֶׁהוּא בְּחִינַת עַצְבוּת וּמָרָה שְׁחוֹרָה, אַנְפִּין חֲשׁוֹכִין, מִיתָה, כַּנַּ"ל. וְעַל כֵּן כָּל מַה שֶּׁיֵּשׁ לוֹ מָמוֹן וַעֲשִׁירוּת יוֹתֵר, יֵשׁ לוֹ עַצְבוּת וּמָרָה שְׁחוֹרָה וּדְאָגוֹת יוֹתֵר, כִּי הַמָּמוֹן שֶׁלּוֹ הוּא מִבְּחִינַת עַצְבוּת וּמָרָה שְׁחוֹרָה וְכוּ' כַּנַּ"ל.

וְזֶהוּ שֶׁאָמְרוּ רַבּוֹתֵינוּ, זִכְרוֹנָם לִבְרָכָה (אבות פרק ב'): 'מַרְבֶּה נְכָסִים – מַרְבֶּה דְאָגָה'. כִּי בְּוַדַּאי הוּא מַרְבֶּה דְאָגָה וְעַצְבוּת עַל-יְדֵי רִבּוּי הַנְּכָסִים וְהָעֲשִׁירוּת. כִּי הַנְּכָסִים שֶׁלּוֹ הֵם בְּעַצְמוֹ בְּחִינַת עַצְבוּת כַּנַּ"ל, וְעַל כֵּן כָּל מַה שֶּׁמִּתְרַבִּין יוֹתֵר, נִתְרַבֶּה הָעַצְבוּת וְהַדְּאָגוֹת בְּיוֹתֵר כַּנַּ"ל.

וְעַל כֵּן הַמָּמוֹן וְהָעֲשִׁירוּת הוּא מְקַצֵּר וּמְכַלֶּה יָמָיו וְחַיָּיו שֶׁל הָאָדָם, כִּי אֵין דָּבָר שֶׁמַּפְסִיד הַחִיּוּת כְּמוֹ הַדְּאָגָה וְהָעַצְבוּת, כַּיָּדוּעַ לְחַכְמֵי הָרוֹפְאִים. וְהַמָּמוֹן וְהָעֲשִׁירוּת הוּא מַרְבֶּה דְאָגָה וְעַצְבוּת כַּנַּ"ל, עַל-כֵּן הוּא מַפְסִיד וּמְכַלֶּה חַיָּיו. כִּי הוּא מְקֻשָּׁר בְּפָנִים דְּסִטְרָא אָחֳרָא, אֱלֹקִים אֲחֵרִים, חֹשֶׁךְ, שֶׁהוּא בְּחִינַת מִיתָה, הֵפֶךְ אוֹר פְּנֵי מֶלֶךְ חַיִּים כַּנַּ"ל. וְעַל כֵּן הַמָּמוֹן מֵמִית אוֹתוֹ, כִּי הוּא בִּבְחִינַת מִיתָה, שֶׁהוּא עַצְבוּת וְכוּ' כַּנַּ"ל, שֶׁכָּל זֶה הוּא בְּחִינַת תַּאֲוַת מָמוֹן כַּנַּ"ל:

וְזֶה שֶׁכָּתוּב (בראשית ג): "וְעָפָר תֹּאכַל כָּל יְמֵי חַיֶּיךָ" – "עָפָר" זֶה בְּחִינַת הַמָּמוֹן, כְּמוֹ שֶׁכָּתוּב: "וְעַפְרוֹת זָהָב לוֹ". הַיְנוּ שֶׁהַמָּמוֹן וְהָעֲשִׁירוּת שֶׁהוּא בְּחִינַת עָפָר, "תֹּאכַל כָּל יְמֵי חַיֶּיךָ", כִּי הַמָּמוֹן הִיא אֹכֶלֶת וּמְכַלָּה כָּל יְמֵי חַיָּיו שֶׁל הָאָדָם כַּנַּ"ל.

---

cosas tienen su fuente en algún aspecto de lo inanimado: en la tierra, en las rocas, en el polvo. En nuestro texto, el polvo es comparado con la melancolía (ver párrafo siguiente). Esto sugiere que el oro (antes de ser extraído) al igual que todo lo que está unido al polvo, está envuelto en la melancolía.

119. ...como se explicó. En base a esta conexión entre el polvo y el oro (dinero), el versículo de Génesis se lee: "El dinero y las preocupaciones que trae comerán todos los días de tu vida". El *Parparaot LeJojmá* agrega: Las palabras "polvo comerás" le fueron dichas a la serpiente,

su dinero y su riqueza se encuentran en la categoría de "con tristeza comerás", que es pena, melancolía, rostros oscurecidos y muerte, como se explicó más arriba. De modo que cuanto más dinero y riqueza tengan, más sentirán la tristeza, la melancolía y la preocupación. Pues su dinero proviene del aspecto de la tristeza, de la melancolía, etc.[115]

Esto es lo que enseñaron nuestros Sabios: El que aumenta sus posesiones aumenta sus preocupaciones (Avot 2:7).[116] Pues ciertamente aumentan la preocupación y la tristeza debido a un incremento en sus posesiones y en su riqueza. Pues las posesiones que tiene son en sí mismas un aspecto de la tristeza. Por lo tanto, cuanto más se incrementan, más aumentan la tristeza y la preocupación, como se explicó más arriba.

De modo que el dinero y la riqueza acortan y consumen los días de la vida de la persona. Pues no hay nada que mine más la vitalidad que la preocupación y la tristeza, como bien saben los médicos competentes. Y el dinero y la riqueza agregan preocupaciones y tristezas, como se explicó. De modo que la persona disminuye y consume su vida, pues está unida al rostro del Otro Lado, "otros dioses", oscuridad – que corresponde a la muerte, el reverso de "La luz del rostro del Rey Viviente", como se explicó. Por lo tanto, el dinero la mata. Porque éste se encuentra en la categoría de muerte, que es tristeza, etc. Pues todo esto es el deseo de dinero, como se explicó más arriba.[117]

Éste es el significado de lo que está escrito (Génesis 3:14), "Comerás polvo todos los días de tu vida". "Polvo" corresponde al dinero, como en (Job 28:6), "Su polvo es oro".[118] Es decir, el dinero y la riqueza, que corresponden al polvo, "comerás todos los días de tu vida". Pues el dinero come y consume los días de la persona. Como se explicó.[119]

---

lección explicando los efectos negativos de desear demasiado dinero. Luego se agregan algunos conceptos adicionales, que sirven para aclarar éstas y otras ideas presentadas en la lección.

115. ...más arriba...etc. Esto ha sido explicado más arriba, sección 1.

116. aumenta sus posesiones...preocupaciones. "No pienses que aquel que es rico está satisfecho y que pasa sus días en la tranquilidad. Por el contrario, siempre está preocupado por sus bienes. Pregúntale, que él te lo dirá..." (*Rabeinu Iona, Avot* 2:7). El Rebe Najmán explica aquí que, para aquel que está sumido en el deseo de dinero, es precisamente la riqueza la causa de sus preocupaciones. Su riqueza es un aspecto de la melancolía, de modo que cuanto más tiene más melancolía siente.

117. más arriba. Ver sección 1.

118. polvo es oro. Este capítulo del Libro de Job habla del mundo natural e indica que todas las

כִּי עָפָר הוּא בְּחִינַת עַצְבוּת, שֶׁהוּא בְּחִינַת תַּאֲוַת מָמוֹן, כְּמוֹ שֶׁכָּתוּב בַּתִּקּוּנִים (תקון ע קכב:): 'עָפָר אִיהוּ קַר וְיָבֵשׁ, הָכֵי טְחוֹל קַר וְיָבֵשׁ'. וּמֵהַטְּחוֹל נִמְשָׁךְ הָעַצְבוּת, כַּיָּדוּעַ. וְזֶה שֶׁסִּיֵּם שָׁם בַּתִּקּוּנִים: 'וּבְגִין דָא: וְעָפָר "תֹּאכַל" (כָּל) יְמֵי חַיֶּיךָ" וְכוּ', הַיְנוּ כַּנַּ"ל. עַיֵּן שָׁם וְהָבֵן הֵיטֵב:

וְזֶה שֶׁכָּתוּב בַּתִּקּוּנִים (תקון ג' בהיא תקונים האחרונים): טְחוֹל דָא לִילִית, אִמָּא דְעֵרֶב-רַב, שְׂחוֹק הַכְּסִיל. מָאן כְּסִיל, דָא אֵל אַחֵר וְכוּ' עַיֵּן שָׁם, וְאִיהוּ אַסְכָּרָה לִרְבַיָּא, דְאִנּוּן חַיָּבַיָּא. חַיְכִית בְּהוֹן בְּעָתְרָא בְּהַאי עָלְמָא, וּלְבָתַר קְטִילַת לוֹן.

כִּי אֵלּוּ הַמְשֻׁקָּעִים בְּמָמוֹן, הֵם בִּבְחִינַת "בְּעִצָּבוֹן תֹּאכֲלֶנָּה". שֶׁהוּא בְּחִינַת טְחוֹל, שֶׁהוּא בְּחִינַת עַצְבוּת וּמָרָה שְׁחוֹרָה וְרִבּוּי

122. **Tikuney Zohar.** El pasaje se lee: El bazo es Lilit, la madre de la multitud mezclada, la burla del loco. ¿Quién es el loco? Es otro-dios…. Y ella es la *askara* (literalmente, difteria; traducido en nuestro texto como "muerte") que aflige a los niños de aquellos que son culpables; ella los atrapa con riqueza en este mundo y luego los mata. ¿Y por qué son llamados "niños"? Pues les falta la comprensión como para huir de ella. Pero un corazón que comprende huye de ella – pues allí es donde está el Tzadik. Éste es el significado oculto de, "Aquel que es bueno delante del Señor escapará de ella, pero el pecador será atrapado por ella" (Eclesiastés 7:26).

Este pasaje del *Tikuney Zohar* será explicado en los párrafos que siguen.

123. **Lilit…otro-dios….** El Ari enseña que nunca se debe pronunciar el nombre de un ángel (aparte de aquellos que también son el nombre de personas, tal como Mijael o Gabriel) porque la mera mención de sus nombres invoca sus poderes (ver *Jaiei Adam* 6:27; *Ibid., Tosafot Jaim*, 47). Sin embargo es posible pronunciar sus nombres sin enunciar las letras finales. Así nunca se debe, bajo ninguna circunstancia, pronunciar los nombres de los dos Ángeles Destructores, *Samael* (סמאל) y *Lilit* (לילית). Generalmente se acorta su pronunciación a *SM* (סמ), o el *Samaj Mem*; y a Lil o Lili. Estos dos ángeles son conocidos como marido y mujer. Ella es la "burla del loco", La "compañera" del otro-dios/*Samael* (estéril/idolatría; ver más arriba, n. 86), mientras que él es el Ángel de la Muerte. Ellos son la "pareja perfecta": ella engaña a la gente llevándola a correr detrás de la riqueza, juega con ella y la atrapa (ver n. 1, el nieto de Reb Lipa); él es la muerte misma.

El Ari enseña que cuando la multitud mezclada hizo el Becerro de Oro, dijo (Éxodo 32:1), "Haz para nosotros un Dios que vaya *lefaneinu* (delante de nosotros)". Su intención era dañar el *Or HaPanim* (*Shaar Mamrei Rashbi, Mishpatim*, p. 89). A partir de nuestro texto y de las citas del *Tikuney Zohar* podemos comprender que la multitud mezclada estaba compuesta por aquellos que sucumbieron a las burlas de Lilit. Ellos cayeron profundamente en la codicia/idolatría al buscar un otro dios y arruinaron su unión con la verdad, con el *Or HaPanim*.

Ello se debe a que el polvo corresponde a la tristeza, que es codicia, como está escrito en el *Tikuney Zohar*: El polvo es frío y seco. El bazo también es frío y seco (#70, p. 134a).[120] Y del bazo proviene la tristeza, como es sabido.[121] Por lo tanto el *Tikuney Zohar* concluye allí: Debido a ello, "comerás polvo todos los días de tu vida". Esto está explicado más arriba. Estudia allí y lo comprenderás bien.

Y esto es lo que está escrito en el *Tikuney Zohar* (Agregado #3, p. 140a)[122]: "El bazo es Lilit, la madre de la multitud mezclada, la burla del loco. ¿Quién es el loco? Es otro-dios…. Y ella es la muerte que aflige a los niños de aquellos que son culpables; ella los atrapa con riqueza en este mundo y luego los mata".[123]

Pues aquellos que están hundidos en [el deseo de] dinero se encuentran en la categoría de "con tristeza comerás", el aspecto del bazo, que es pena, melancolía y un aumento de las preocupaciones.

---

de quien también está escrito (Isaías 65:25), "Y el polvo es alimento de la serpiente". Esto hace referencia a aquellos que buscan la riqueza. Aunque ellos consumen ese "polvo", siempre están preocupados por la posibilidad de no llegar a tener suficiente. Debido a ello, nunca están verdaderamente satisfechos. Lo mismo sucede con los codiciosos. Nunca están satisfechos, no importa cuánto tengan (ver *Zohar* III, 230a).

120. polvo…bazo…seco. Para comprender mejor el resto de esta sección, que cita sistemáticamente este pasaje del *Tikuney Zohar* (*loc. cit.*), se ofrece la siguiente traducción: Las luces superiores son percibidas [a través de *Maljut*. Pero esos locos –es decir, el bazo]/Saturno/ un recipiente negro– que están en la oscuridad, se asemejan al vientre de la serpiente. De ellos se dice, "Comerás polvo todos los días de tu vida". El polvo es frío y seco. El bazo también es frío y seco…. El jinete no debe estar subordinado al caballo, sino el caballo subordinado al jinete… y en cuanto al jinete –es decir, el hombre– si es digno, está escrito, "Le haré una ayuda…". Pero si no [es digno], "ella estará contra él". Y esto hace referencia a la mala inclinación, sobre la cual está escrito, "Encontré más amarga que la muerte a la mujer". Esto es el bazo/Saturno. "Ayuda" es la Presencia Divina, sobre la cual está escrito, "Aquel que encuentra una esposa ha encontrado el bien" y es por ello que los maestros de la Mishná han afirmado, "Encontré o encuentra".

El rabí Natán continúa conectando secciones de este pasaje con otro pasaje del *Tikuney Zohar* (ver n. 122), explicándolos en el contexto de nuestra lección.

121. …como es sabido. El *Zohar* enseña: Hay cuatro elementos fundamentales en el cuerpo: el agua, el fuego, el aire y la tierra… cada uno tiene cuatro rostros… cuatro fluidos biliosos de diferentes colores: [blanco, rojo, verde y negro]…. La bilis negra, que corresponde a Lilit/Saturno, gobierna el *tjol* (el bazo). El bazo es la fuente de la melancolía, que lleva a las profundidades del Gueinom, a la pobreza y a la oscuridad… (*Zohar* III, 227b). El bazo también corresponde al elemento final, a la tierra – es decir, al polvo (frío y seco). El polvo, como se explicó, es el dinero. De modo que el dinero, el deseo de riquezas, hace que la persona esté unida al bazo – a la melancolía y a la tristeza. Por lo tanto, "Comerás polvo…".

דְּאָגוֹת, וְהֵם מְקֻשָּׁרִים בְּפָנִים דְּסִטְרָא-אָחֳרָא אֵל אַחֵר וְכוּ' כַּנַּ"ל.
שֶׁכָּל זֶה הוּא בְּחִינַת הַטְּחוֹל, אִמָּא דְּעֵרֶב רַב, שְׂחוֹק הַכְּסִיל, אֵל אַחֵר כַּנַּ"ל.

וְזֶה שֶׁכָּתוּב שָׁם, 'לְבָתַר קְטִילַת לוֹן'. כִּי בְּוַדַּאי הַמָּמוֹן שֶׁהוּא בְּחִינַת טְחוֹל, עֲצָבוּת וְכוּ' כַּנַּ"ל, הוֹרֶגֶת אוֹתָם. כִּי הַמָּמוֹן שֶׁלּוֹ הוּא בִּבְחִינַת מִיתָה, אַנְפִּין חֲשׁוֹכִין, עֲצָבוּת וְכוּ' כַּנַּ"ל.

וְזֶהוּ מַה שֶּׁכָּתוּב לְעֵיל, מָצָא אוֹ מוֹצֵא, שֶׁתַּאֲוַת מָמוֹן הוּא בְּחִינַת: "מוֹצֵא אֲנִי מַר מִמָּוֶת אֶת הָאִשָּׁה" וְכוּ' כַּנַּ"ל. כִּי כֵן מְבֹאָר שָׁם בַּתִּקּוּנִים (תיקון ע' הנ"ל): 'וּמוֹצֵא אֲנִי מַר מִמָּוֶת אֶת הָאִשָּׁה וְדָא טְחוֹל' וְכוּ'.

אַךְ פַּרְנָסָה דִּקְדֻשָּׁה הוּא בְּחִינַת "מָצָא אִשָּׁה מָצָא טוֹב" וְכוּ', שֶׁהוּא בְּחִינַת הַצַּדִּיק כַּנַּ"ל. כִּי הַצַּדִּיק הָאֱמֶת נִצּוֹל מִזֶּה, כִּי אֵין הַמָּמוֹן מַזִּיק לוֹ, כִּי עָלָיו נֶאֱמַר: "טוֹב לִפְנֵי הָאֱלֹקִים יִמָּלֵט מִמֶּנָּה" וְכוּ'. כְּמוֹ שֶׁכָּתוּב שָׁם בַּתִּקּוּנִים (תיקון ג' הנ"ל): וְאַמַּאי אִתְקְרִיאוּ רַבְיָא, בְּגִין דְּלָא אִית בְּהוֹן דַּעַת לְאִשְׁתְּזָבָא מִנַּהּ, אֲבָל לֵב מֵבִין אִשְׁתְּזִיב מִנַּהּ דְּתַמָּן צַדִּיק. וְרָזָא דְמִלָּה: 'טוֹב לִפְנֵי הָאֱלֹקִים יִמָּלֵט מִמֶּנָּה וְחוֹטֵא יִלָּכֶד בָּהּ'.

כִּי צָרִיךְ חָכְמָה וְדַעַת גָּדוֹל לָזֶה, שֶׁלֹּא יַזִּיקֵנוּ הַמָּמוֹן, שֶׁלֹּא יְכַלֶּה

128. Tzadik se ve libre…. El Tzadik alcanza el *Or HaPanim*, la clara luz del deleite espiritual, la fuente de toda *shefa*. De acuerdo a ello, se salva de la amargura de la melancolía, de la muerte.

129. niños…falta la comprensión…. El Ari enseña que el otro-dios carece de *daat* (conocimiento sagrado) y consecuentemente no tiene descendencia [pues la *sefirá* de *Daat* es el elemento básico de toda unión]. Sin embargo, si alguien que posee *daat* lo daña, ese *daat* corrompido es, por así decirlo, entregado al ámbito del otro-dios (*Shaar Mamrei Rashbi, Mishpatim*, p. 92). En nuestro texto, "niños" indica no tener un conocimiento maduro, una falta de *daat*. Sin embargo, el Tzadik tiene un corazón que comprende. Él tiene el *daat* para huir de la codicia. Anteriormente (n. 31), hemos visto que toda la *shefa* proviene de *Daat*. Aquellos que tienen conocimiento sagrado se salvan de la amargura asociada con el sustento, pues reciben la *shefa* directamente de su fuente. Pero los que tienen un *daat* corrompido, los "niños", pasan prácticamente todas sus vidas corriendo detrás de las posesiones, de los bienes que sólo los amargan más aún; siendo esto la consecuencia de haber entregado su *daat* a la idolatría, al ámbito del Otro Lado.

Ellos están unidos al rostro del Otro Lado, un otro-dios, como se explicó más arriba. Todo esto corresponde al bazo, a la madre de la multitud mezclada, a la burla del loco y al otro-dios.[124]

Esto es lo que está escrito allí, "y luego los mata". Pues ciertamente el dinero –el aspecto del bazo, de la tristeza, etc.– los mata. Ello se debe a que el dinero que poseen se encuentra en la categoría de muerte, rostros oscurecidos, tristeza, etcétera, como se explicó.[125]

Y esto es lo que está escrito más arriba, "Encontré o encuentra". El deseo de dinero corresponde a "*Encontré* más amarga que la muerte a la mujer". Pues así es como está explicado en el *Tikuney Zohar* (#70, p. 134a): "*Encontré* más amarga que la muerte a la mujer" – éste es el bazo, etc.[126]

Pero el sustento de santidad corresponde a "Aquel que *encuentra* una esposa ha encontrado el bien", que es aspecto del Tzadik, como se explicó.[127] Pues el verdadero Tzadik se ve libre de ello, porque el dinero no le hace daño.[128] Se dice de él (Eclesiastés 7:26), "Aquel que es bueno ante el Señor escapará de ella, [pero el pecador será atrapado por ella]". Como está escrito allí en el *Tikuney Zohar* (Agregado #3): ¿Y por qué son llamados "niños"? Pues les falta la comprensión como para huir de ella. Pero un corazón que comprende huye de ella – pues allí es donde está el Tzadik.[129] Éste es el significado oculto de, "Aquel que es bueno ante el Señor escapará de ella, pero el pecador será atrapado por ella".

Pues es necesaria una gran sabiduría e inteligencia para que el dinero no lo dañe, para que no consuma los días de su vida. Pues la

---

124. más arriba.... Esto aparece en la sección 1. Aquí, el Rebe Najmán conecta los conceptos tratados al comienzo de la lección con los conceptos de "la madre de la multitud mezclada, la burla...", del pasaje citado del *Tikuney Zohar*.

125. como se explicó. Ver más arriba, sección 1. Dado que el deseo de dinero es la muerte misma, buscar el dinero (motivados por el deseo y la codicia) es, en efecto, buscar la muerte. De esa manera, Lilit atrapa y aflige a aquellos que son jóvenes – es decir, que son demasiado tontos como para huir de ella.

126. Encontré más amarga...bazo, etc. El *Tikuney Zohar* (*loc. cit.*) equipara el bazo con la Inclinación al Mal, Lilit. Ella es la esposa que es más amarga que la muerte. En nuestro contexto, esto se relaciona con el deseo de dinero. Aquel que no tiene fe es un idólatra. Su existencia es amarga pues constantemente corre detrás de la riqueza, lo que le agrega melancolía y preocupaciones a su vida. Cuanto más adquiere de esa "deseada" riqueza, más amargo le es.

127. Tzadik, como se explicó. Ver más arriba, sección 3 (nn. 49, 63). El Tzadik es la sal que endulza la amargura de ganarse el sustento. Él es el bien.

יְמֵי חַיָּיו. כִּי רֹב הָעוֹלָם נִלְכְּדוּ בָּזֶה, הַיְנוּ בְּתַאֲוַת מָמוֹן, וְהַמָּמוֹן הוֹרֶגֶת וּמְמִית אוֹתָם כַּנַּ"ל. וְאִי אֶפְשָׁר לְהִנָּצֵל מִזֶּה כִּי אִם עַל־יְדֵי הַצַּדִּיק שֶׁנֶּאֱמַר עָלָיו: "טוֹב לִפְנֵי הָאֱלֹקִים יִמָּלֵט מִמֶּנָּה" וְכוּ' כַּנַּ"ל, אַשְׁרֵי לוֹ:

עַיֵּן שָׁם (תיקון ג' הנ"ל, ותיקון ע' הנ"ל), וְתִרְאֶה נִפְלָאוֹת, אֵיךְ עַתָּה שֶׁפָּתַח רַבֵּנוּ, זִכְרוֹנוֹ לִבְרָכָה, אֶת עֵינֵינוּ וְגִלָּה לָנוּ אֶת הַהַקְדָּמוֹת הַחֲדָשׁוֹת הַנִּפְלָאוֹת, הַמְבֹאָרִים לְעֵיל בְּהַתּוֹרָה הַזֹּאת, עַתָּה מְבֹאָרִים הֵיטֵב דִּבְרֵי הַתִּקּוּנִים הַנַּ"ל. כִּי עַתָּה מְבֹאָרִים שָׁם כָּל דִּבְרֵי רַבֵּנוּ הַנַּ"ל, רְאֵה וְהָבֵן וַחֲכַם.

עַיֵּן שָׁם בְּתִקּוּן ע' הַנַּ"ל מַה שֶּׁכָּתוּב שָׁם, אִם זָכָה וְכוּ' עֵזֶר, וְאִם לָאו כְּנֶגְדּוֹ וְכוּ'. עָלֶה אִתְּמַר "וּמוֹצֵא אֲנִי מַר מִמָּוֶת אֶת הָאִשָּׁה", וְדָא טְחוֹל שַׁבְּתַאי וְכוּ'. (הַיְנוּ בְּחִינַת עַצְבוּת וּמָרָה שְׁחוֹרָה, שֶׁהוּא בְּחִינַת טְחוֹל. שַׁבְּתַאי, פְּתַיָּא אֻכָּמָא כַּיָּדוּעַ). עֵזֶר דָּא שְׁכִינְתָּא, עָלֶה אִתְּמַר מָצָא אִשָּׁה מָצָא טוֹב וַיָּפֶק רָצוֹן מֵה', וּבְגִין דָּא הֲווֹ אָמְרֵי מָארֵי מַתְנִיתִין מָצָא אוֹ מוֹצֵא. עַיֵּן שָׁם הֵיטֵב וְהָבֵן, וְתִרְאֶה שֶׁכָּל דִּבְרֵי רַבֵּנוּ, זִכְרוֹנוֹ לִבְרָכָה, מְבֹאָרִים עַתָּה שָׁם וּבְתִקּוּן ג' הַנַּ"ל בְּאֵר הֵיטֵב:

enseñanzas judías sobre la astrología, el planeta Saturno se relaciona con la oscuridad, con la enfermedad y con la pobreza (*Baraita de Shmuel HaKatan*). En nuestro contexto esto se relaciona con la influencia de las "fuerzas de la naturaleza" sobre el hombre. Cuando la persona está sumida en la idolatría, cree que es su propia fuerza y capacidad lo que le provee el sustento. Esto ciertamente no es así, porque desde el momento mismo de su nacimiento el hombre es puesto bajo la influencia de las *mazalot* (las constelaciones) que determinan su *shefa* – ingresos, salud, etc. (ver *Shabat* 156a; *Likutey Moharán* I, 14:9, n. 71). Pero la persona que tiene fe en Dios puede elevarse por sobre su *mazal*/destino y recibir la *shefa* directamente de Dios. Esto puede verse a partir de la enseñanza Talmúdica sobre Abraham. Los Sabios relatan que nuestro primer patriarca era estéril. Cuando Dios le informó que sería bendecido con descendencia, Abraham dijo, "Señor del Mundo, he estudiado mi horóscopo y sé que no estoy destinado a tener hijos". A lo cual Dios respondió, "Elévate por sobre tus dictados astrológicos. No hay *mazal* para el judío". Y Abraham creyó en Dios (*Shabat, Ibid.*; ver Génesis 15:1-6). Uniendo esto con nuestro texto, podemos decir que Abraham atribuyó su esterilidad a la influencia de Saturno/el otro-dios, bajo cuyos dictados presumía que se encontraba. Sin embargo, cuando Dios le indicó lo contrario, Abraham tuvo fe. Él enseñó y difundió la fe. Dios le informó que se encontraba por lo tanto más arriba de las influencias planetarias.

mayor parte del mundo es atrapado por esto, es decir, por el deseo de dinero. Pero el dinero los liquida y los mata, como se explicó. Y sólo es posible escapar de ello mediante el Tzadik. De él se dice, "Aquel que es bueno ante el Señor escapará de ella". Feliz de él.[130]

Estudia allí en el *Tikuney Zohar* y verás cosas asombrosas; cómo ahora el Rebe Najmán, de bendita memoria, nos ha abierto los ojos y nos ha revelado estas nuevas y asombrosas introducciones que han sido explicadas más arriba en esta lección – sólo ahora las palabras del *Tikuney Zohar* quedan claramente explicadas. Porque ahora, todas las palabras del Rebe son claras. Mira. Comprende. Adquiere sabiduría.

Estudia lo que está escrito allí en el *Tikún* #70 (p. 134): Si él es digno, [ella será] "una ayuda" (Génesis 2:18); sino, [ella estará] "en su contra" (Ibid.). De esto se dijo: "*Encontré* más amarga que la muerte a la mujer"[131] – éste es el bazo, Saturno, etc. {es decir, el aspecto de la tristeza/melancolía, que es el bazo/Saturno/un recipiente oscuro, como es sabido}.[132] "Una ayuda" – ésta es la Presencia Divina. De ella se dice, "Aquel que *encuentra* una esposa ha encontrado el bien y obtiene el favor de Dios". Y debido a ello, los maestros de la Mishná enseñaron: "Encontré o encuentra". Estudia esto bien y comprende; fíjate que todas las palabras del Rebe Najmán están ahora claramente explicadas, allí y en el *Tikún* #3.

---

130. Feliz de él. Feliz es el Tzadik que se ve libre de todo ello. Y felices son aquellos que están unidos al Tzadik, pues él imbuye en sus seguidores el conocimiento mediante el cual pueden salvarse de esa "muerte".

131. ayuda…amarga…mujer. El rabí Natán explica que marido y mujer son conceptos que se corresponden con la verdad y la fe (*Likutey Halajot, Guiluaj* 4:5). Así, "Si es digno" de decir la verdad… ella será su "ayuda" y él se unirá a la fe. Él podrá entonces alcanzar el *Or HaPanim*. Pero "si no", si carece de la verdad, "ella estará en su contra" y él no tendrá fe. Sucumbirá entonces a la idolatría, sobre la cual se dijo, "Encontré más amarga que la muerte a la mujer".

En un nivel "más concreto" podemos concluir a partir de esto que todo aquel que sucumba a la idolatría del dinero y que se vuelva un "esclavo del trabajo", terminará dañando o incluso destruyendo su matrimonio. La mujer que debía ser su "ayuda", se volverá "en su contra" debido a las largas horas que él pase fuera del hogar. Entonces también su esposa le amargará la vida. Eso es lo que le sucedió al seguidor del Rebe Najmán, a Reb Lipa, cuando sucumbió al deseo de riqueza (ver más arriba, n. 1). Debido a su codicia, su esposa, quien originalmente lo apoyaba, comenzó a ponerse en su contra. Así se quedó no sólo con la amargura de tener que ganarse el sustento sino también con la amargura de un matrimonio arruinado.

132. bazo/Saturno/un recipiente oscuro…. Ésta es la primera vez que se menciona a Saturno en la lección. Ver la nota 121 para la conexión entre el bazo, lo negro y Saturno. En las

זֹאת הַתּוֹרָה הִיא לְשׁוֹן רַבֵּנוּ, זִכְרוֹנוֹ לִבְרָכָה, בְּעַצְמוֹ, עַד הַמָּקוֹם שֶׁנִּרְשָׁם לְעֵיל. וּמִשָּׁם וָהָלְאָה הוּא מִלְּשׁוֹנִי, מַה שֶּׁשָּׁמַעְתִּי עוֹד דְּבָרִים, שֶׁלֹּא נִתְבָּאֲרוּ בִּלְשׁוֹנוֹ הַקָּדוֹשׁ. וְעוֹד לֶאֱלוֹהַּ מִלִּין, מַה שֶּׁשָּׁמַעְתִּי וְהֵבַנְתִּי מִפִּיו הַקָּדוֹשׁ בְּעֵת שֶׁזָּכִיתִי לִשְׁמֹעַ מִפִּיו הַקָּדוֹשׁ הַתּוֹרָה הַזֹּאת. וְזֶהוּ:

'קָשִׁים מְזוֹנוֹתָיו כִּפְלַיִם כַּיּוֹלֵדָה', כִּי הַיּוֹלֶדֶת רָאמַת עַיִ"ן קָלִין, וְהָכָא יֵשׁ ק"מ קָלִין וְכוּ', עַיֵּן לְעֵיל. כִּי צְרִיכִים לְהִתְנַסּוֹת וּלְהִצְטָרֵף בְּתַאֲוָה זוֹ שֶׁל מָמוֹן, קֹדֶם שֶׁזּוֹכִין לְמַשָּׂא וּמַתָּן בֶּאֱמוּנָה, לְהָרִיחַ וּלְהוֹלִיד מָמוֹן דִּקְדֻשָּׁה. דְּהַיְנוּ שֶׁצְּרִיכִין לְהִתְגַּבֵּר מְאֹד בְּשָׁעָה שֶׁעוֹסֵק בְּמַשָּׂא וּמַתָּן, שֶׁלֹּא יִפֹּל אָז לְתַאֲוַת מָמוֹן כְּלָל חַס וְשָׁלוֹם. רַק מַשָּׂאוֹ וּמַתָּנוֹ יִהְיֶה בֶּאֱמֶת וּבֶאֱמוּנָה וּלְשַׁבֵּר וּלְבַטֵּל כָּל הַמַּחֲשָׁבוֹת וְהַבִּלְבּוּלִים וְהַתַּאֲווֹת שֶׁל מָמוֹן שֶׁבָּאִים עָלָיו. רַק כָּל כַּוָּנָתוֹ יִהְיֶה בִּשְׁבִיל הַשֵּׁם יִתְבָּרַךְ לְבַד, כְּדֵי שֶׁיִּזְכֶּה לַעֲבֹד הַשֵּׁם יִתְבָּרַךְ עַל-יְדֵי הַמָּמוֹן שֶׁיַּרְוִיחַ, וְלִתֵּן צְדָקָה לְהַחֲזִיק לוֹמְדֵי תוֹרָה וְעוֹבְדֵי הַשֵּׁם וְכוּ'.

וּבִשְׁבִיל זֶה קָשִׁים מְזוֹנוֹתָיו שֶׁל אָדָם כִּפְלַיִם כַּיּוֹלֵדָה כִּי הַיּוֹלֶדֶת צְרִיכָה לִסְבֹּל חֶבְלֵי לֵדָה, וּצְרִיכָה לִצְעֹק ע' קָלִין קֹדֶם הַלֵּדָה. וְהָכָא יֵשׁ ק"מ קָלִין, שֶׁהַשְּׁכִינָה צוֹוַחַת, חַס וְשָׁלוֹם, 'קַלַּנִי מֵרֹאשִׁי קַלַּנִי מִזְּרוֹעַי', עַל הַנּוֹפְלִים בְּתַאֲוַת מָמוֹן.

וְקֹדֶם שֶׁמַּרְוִיחִין מָמוֹן, צְרִיכִין לֵילֵךְ וְלַעֲבֹד וּלְהִתְנַסּוֹת וּלְהִצְטָרֵף דֶּרֶךְ אֵלּוּ הַק"ם קָלִין, וְלִצְעֹק וּלְהִתְפַּלֵּל לְהַשֵּׁם יִתְבָּרַךְ לַעֲבֹד עֲלֵיהֶם בְּשָׁלוֹם וּלְהִנָּצֵל מֵהֶם; עַל-כֵּן 'קָשִׁים מְזוֹנוֹתָיו כִּפְלַיִם כַּיּוֹלֵדָה', דְּאִלּוּ הָתָם ע' קָלִין וְהָכָא ק"ם קָלִין, וְהָבֵן:

aludida en la historia de la hija de Nakdimon ben Gurion: *melaj, mamon jaser* (ver más arriba, n. 45). Éste fue y sigue siendo un medio viable para servir a Dios. Cuando alguien, que tiene poco tiempo para estudiar Torá, sustenta a una persona que estudia Torá todo el tiempo, el mérito de ese comerciante/benefactor es doble. Es recompensado por la caridad y se le acredita, además, la mitad del estudio de Torá de "Isajar" (cf. *Iore Dea* 246:21). De esa manera, el comerciante se vuelve digno de alcanzar el nivel de "Regocíjate, Zebulún".

136. setenta...ciento cuarenta...deseo de dinero. Ver más arriba, sección 1, notas 27-31.

137. clamar y llorar...Comprende esto. Aquí, por primera vez en la lección, el Rebe Najmán

La lección hasta este punto es *Leshón Rabeinu* – las palabras del Rebe mismo. De aquí en adelante las palabras son mías [rabí Natán], en base a enseñanzas adicionales que oí [del Rebe] pero que no fueron aclaradas en su santo discurso. Yo oí y comprendí más palabras Divinas de él cuando tuve el mérito de escuchar esta lección directamente de sus santos labios:

7. Ganarse el sustento es dos veces más difícil que dar a luz. Pues la mujer en trabajo de parto clama con setenta clamores antes de dar a luz. Pero aquí hay ciento cuarenta clamores, que es dos veces setenta. Ver más arriba.[133] Pues es necesario ser probados y refinados con el deseo de dinero antes de ser dignos de conducir los negocios con fe y de obtener y "dar nacimiento" al dinero en santidad. En otras palabras, al dedicarnos a los negocios será necesario ser muy fuertes para no sucumbir en absoluto a la codicia, Dios no lo permita.[134] En su lugar, todos los negocios deberán ser llevados a cabo con honestidad y fe, quebrando y eliminando todos los pensamientos, las confusiones y el deseo de dinero que uno pueda llegar a experimentar. La intención sólo deberá ser en aras de Dios; para llegar a ser digno de servirlo a Él a través del dinero que se gane y de dar caridad para sustentar a aquellos que estudian la Torá, que sirven a Dios, etcétera.[135]

Es por ello que "ganarse el sustento es dos veces más difícil que dar a luz". Pues la mujer en trabajo de parto sufre los dolores del parto y gime con setenta clamores antes de dar a luz. Pero aquí hay ciento cuarenta clamores con los que gime la Presencia Divina, Dios no lo permita –"¡Mi cabeza está pesada! ¡Mi brazo está pesado!"– debido a todos aquellos que sucumben al deseo de dinero.[136]

Y antes de que la gente pueda obtener una ganancia financiera, debe atravesar, experimentar, ser probada y refinada en la senda de esos ciento cuarenta clamores. Deberá clamar y llorar ante Dios para poder sobrevivir en paz a esto y ser salvada de ello. Por lo tanto, "ganarse el sustento es dos veces más difícil que dar a luz". Pues mientras que allí hay setenta clamores, aquí hay ciento cuarenta. Comprende esto.[137]

133. Ver más arriba. Todo esto aparece en la sección 1.

134. al dedicarnos.... Pues es más probable que caigamos en la trampa cuando la tentación nos enfrente.

135. dar caridad para sustentar..... Éste era el acuerdo entre las tribus de Isajar y de Zebulun; Zebulun se dedicaría a los negocios y sustentaría el estudio de Torá de Isajar (ver más arriba, n. 50). Aquí, la caridad es introducida directamente en la lección, aunque anteriormente estuvo

גַּם בְּאֵר אָז שֶׁק"ם קָלִין הֵם שְׁתֵּי פְּעָמִים ע', הַיְנוּ: 'קַלַּנִי מֵרֹאשִׁי קַלַּנִי מִזְּרוֹעִי', שֶׁהֵם בְּחִינַת שְׁנֵי מִינֵי קוֹלוֹת, מֵרֹאשִׁי וּמִזְּרוֹעִי. וְכָל קוֹל הוּא בְּחִינַת ע' קָלִין שֶׁל הַיּוֹלֶדֶת, וְהָכָא הֵם כְּפוּלִים: "קַלַּנִי מֵרֹאשִׁי קַלַּנִי מִזְּרוֹעִי", "קַלַּנִי" - לְשׁוֹן קוֹל, עַל כֵּן הֵם ק"ם קָלִין:

כִּי בֶּאֱמֶת כָּל הָרוּחַ הַמְּכִנֶּה בְּשֵׁם לֵדָה, וְכָל הַמָּמוֹן וְכָל הַהַשְׁפָּעוֹת נִמְשָׁכִין רַק מִשְּׁבִירַת תַּאֲוַת מָמוֹן, שֶׁהִיא בְּחִינַת אֱמֶת כַּנַּ"ל. וְזֶהוּ בְּחִינַת קֻשְׁטָא קָאֵי (שבת קד) כִּי אָמְרוּ רַבּוֹתֵינוּ, זִכְרוֹנָם לִבְרָכָה (פסחים קיט): 'וְאֵת כָּל הַיְקוּם אֲשֶׁר בְּרַגְלֵיהֶם' - זֶה מָמוֹנוֹ שֶׁל אָדָם, שֶׁמַּעֲמִידוֹ עַל רַגְלָיו. וְעַל כֵּן עִקַּר הַמַּעֲמַד פַּרְנָסָה, הַיְנוּ מָמוֹנוֹ שֶׁל אָדָם שֶׁמַּעֲמִידוֹ עַל רַגְלָיו, הוּא עַל-יְדֵי אֱמֶת, שֶׁהוּא

nuestro contexto, el Rebe enseña que la "verdad se sostiene", es decir, el dinero ganado en santidad permanece, mientras que "la mentira no se sostiene", es decir, el dinero obtenido sin fe desaparece.

142. el dinero de la persona...sobre sus pies. La palabra para "subsistencia", *IKuM* (יקום), tiene las mismas letras que *KUMI* (קומי), que significa "levantarse" o "estar de pie". Por lo tanto comenta el *Parparaot LeJojmá*: Así como las piernas sostienen al hombre, de la misma manera lo sostiene su dinero. La clave para mantener la riqueza es quebrar el deseo de riqueza – es decir, mediante la verdad, pues "la verdad se sostiene; la mentira no se sostiene". La mentira no tiene "patas" para sostenerse. Incluso si la persona ha adquirido abundante riqueza, ésta no permanecerá con ella. Por otro lado y tal como el Rebe Najmán acaba de citar, "la verdad se sostiene". Así, ¿cuál es la subsistencia que se mantiene y que permanece siempre para sostener a la persona? Aquella que proviene de la verdad. El rabí Natán agrega que éste es otro motivo más por el cual se prohíbe la usura. Enseñan nuestros Sabios (*Bava Metzía* 71a): "Todo aquel que presta dinero a interés, sus bienes disminuirán". Ello se debe a que aquél que cobra interés demuestra que no cree que sea Dios Quien provee. Esa es una mentira y lo hace equivalente a un idólatra. El dinero que adquiere al cobrar intereses surge de la mentira/idolatría, que no puede sostenerse. Sus bienes por lo tanto disminuyen (*Likutey Halajot, Ribit* 2,2; ver n. 113).

Este versículo del Deuteronomio fue dicho con respecto a Koraj, Datán y Aviram, quienes se oponían a Moshé. Cuando fueron tragados por la tierra, su riqueza –"toda la subsistencia a sus pies"– se fue con ellos. Ello se debe a que aquellos que se oponen al Tzadik sucumben a la idolatría de la codicia y de la mentira. Cuando se negaron a arrepentirse, fueron tragados, pues su riqueza no los pudo sostener. El Talmud (*loc. cit.*) hace notar que Koraj era tan rico que necesitaba trescientas *pereidot* (mulas) para llevar solamente las llaves de las arcas de su tesoro. Pero las mulas implican mentira y no producen ganancias. Así, aunque Koraj se apoyó en su dinero, sobornando a la gente para que se opusiese a Moshé y logrando despertar la oposición contra el Tzadik, finalmente su riqueza le falló y lo llevó a una muerte horrible.

8. También explicó que ciento cuarenta clamores son dos veces setenta. "¡Mi cabeza está pesada! ¡Mi brazo está pesado!", corresponden a los dos tipos de clamores: [el clamor] de "Mi cabeza" y [el clamor] de "Mi brazo". Cada clamor es un aspecto de los setenta clamores de la mujer en trabajo de parto. Pero aquí son dobles: "¡Mi cabeza *kalani*! ¡Mi brazo *kalani*!".[138] *KaLani* es lingüísticamente similar a *KoL* (sonido). Es por ello que hay ciento cuarenta clamores.[139]

Pues en verdad, toda la ganancia, que es conocida como un "nacimiento" y todo el dinero y la abundancia, sólo provienen del hecho de quebrar la codicia – el aspecto de la verdad, como se explicó.[140] Esto corresponde a (*Shabat* 104a): La verdad se sostiene; [la mentira no se sostiene].[141] Pues enseñaron nuestros Sabios: "y toda la subsistencia a sus pies" (Deuteronomio 11:6) – esto es el dinero de la persona que la sostiene sobre sus pies (*Pesajim* 119a).[142] Así, el apoyo principal [para el] sustento, es decir el dinero de la persona que la sostiene sobre sus pies, se debe a la verdad – el aspecto de quebrar la codicia, como se explicó.

---

sugiere el importante papel que juega la plegaria en la vida de la persona. En otra instancia, en el *Likutey Moharán* (I, 7:1), el Rebe Najmán compara la plegaria con la fe. Esto está relacionado con el hecho de que por medio de la plegaria intensa es posible alcanzar la fe necesaria para superar la codicia y la tendencia al materialismo. También ésta es la interpretación dada más arriba para los 70 y los 140 clamores (n. 31). Estos son los clamores y las plegarias necesarias para tener éxito en la santidad.

Es interesante notar que el *Tikuney Zohar* (Agregado #3; cf. más arriba §6) afirma: "Ella los atrapa con riqueza en este mundo y luego los mata". La palabra para "riqueza", *uTRA* (עותרא), se asemeja a *ATaR* (עתר), que denota "plegaria", como en (Génesis 25:21), "*VaiATaR* (ויעתר) – E Itzjak oró". En nuestro contexto esto puede manifestarse de dos maneras contrastantes. Una posibilidad es que Lilit, a través de la "burla del loco", convenza a la persona de que está orando apropiadamente y que ya ha alcanzado la verdadera fe, cuando, de hecho, sus plegarias no fueron muy intensas y aún debe continuar clamando a Dios. En ese caso, ella aún tiene el poder de atraparlo. O, por otro lado, la plegaria de la persona puede anular al Otro Lado y así salvarse de su trampa. En ese caso, mediante la plegaria es posible de hecho obtener una gran riqueza y ganancia.

138. Mi cabeza…Mi brazo…. Ver más arriba, notas 29 y 31.

139. KaLani…Kol…ciento cuarenta clamores. Comparar el *Parparaot LeJojmá* citado más arriba, nota 34.

140. Como se explicó. Esto aparece más arriba, sección 5. Ver también nota 31.

141. La verdad se sostiene…. Las tres letras hebreas que deletrean la palabra *EMeT* (verdad) tienen dos "patas" cada una – אמת. Pero las letras para *SheKeR* (mentiras) tienen sólo una "pata" cada una – שקר. Por lo tanto: "La verdad se sostiene; la mentira no se sostiene". En

בְּחִינַת שְׁבִירַת תַּאֲוַת מָמוֹן כַּנַּ"ל. וְזֶה בְּחִינַת קֻשְׁטָא קָאֵי, הַיְנוּ עַל-יְדֵי אֱמֶת יֵשׁ לוֹ מָמוֹן, שֶׁהוּא בְּחִינַת עֲמִידָה, שֶׁמַּעֲמִידוֹ עַל רַגְלָיו כַּנַּ"ל.

אֲבָל שִׁקְרָא לָא קָאֵי, כִּי שֶׁקֶר הוּא עֲבוֹדָה זָרָה, תַּאֲוַת מָמוֹן, כְּמוֹ שֶׁאָמְרוּ רַבּוֹתֵינוּ, זִכְרוֹנָם לִבְרָכָה: 'הַמַּחֲלִיף בְּדִבּוּרוֹ כְּאִלּוּ עוֹבֵד עֲבוֹדָה זָרָה', וְעַל כֵּן עַל-יְדֵי שֶׁקֶר, שֶׁהוּא עֲבוֹדָה זָרָה, תַּאֲוַת מָמוֹן, אֵין לוֹ שׁוּם קִיּוּם וּמַעֲמָד, הַיְנוּ שֶׁאֵין לוֹ מָמוֹן, הַנִּקְרָא יְקוּם וְכוּ' כַּנַּ"ל. וְזֶהוּ: 'שִׁקְרָא לָא קָאֵי' כַּנַּ"ל כִּי עֲבוֹדָה זָרָה, אֵל אַחֵר אִסְתָּרֵס וְלָא עָבֵד פֵּרִין, כַּמְבֹאָר שָׁם בַּמַּאֲמָר הַנַּ"ל הֵיטֵב.

כִּי עַל-פִּי הָרֹב, אֵלּוּ הָרוֹדְפִים בְּיוֹתֵר אַחַר תַּאֲוַת מָמוֹן, הֵם מֵתִים בַּעֲלֵי חוֹבוֹת, וּמְאוּמָה אֵין בְּיָדָם. וַאֲפִלּוּ אִם אֵינָם מֵתִים בַּעֲלֵי חוֹבוֹת, הֵם בְּחַיֵּיהֶם בַּעֲלֵי חוֹבוֹת לְתַאֲווֹתָם. שֶׁהֵם מִתְאַוִּים כָּל-כָּךְ לְמָמוֹן הַרְבֵּה, עַד שֶׁהֵם רָצִים וִיגֵעִים מְאֹד כָּל יְמֵיהֶם בִּיגִיעוֹת גְּדוֹלוֹת, וּמְסַכְּנִים עַצְמָם בְּסַכָּנוֹת גְּדוֹלוֹת, בִּשְׁבִיל לְמַלְּאַת תַּאֲווֹתָם, כְּאִלּוּ הָיָה עֲלֵיהֶם חוֹב גָּדוֹל לְשַׁלֵּם, הַיְנוּ חוֹב הָעֲבוֹדָה זָרָה וְכוּ', כַּמְבֹאָר לְעֵיל. וְכָל יְמֵיהֶם אֵינָם יְכוֹלִים לְמַלְּאַת תַּאֲווֹתָם, וּלְשַׁלֵּם חוֹב הַזֶּה שֶׁל תַּאֲווֹתָם, כִּי 'אֵין אָדָם מֵת וַחֲצִי תַּאֲוָתוֹ בְּיָדוֹ' וְכוּ' כַּנַּ"ל.

נִמְצָא שֶׁאֵין מָמוֹנוֹ מָמוֹן כְּלָל, כִּי אֵין לוֹ שׁוּם הֲנָאָה מִמָּמוֹנוֹ, כִּי 'אֵל אַחֵר אִסְתָּרֵס וְלָא עָבֵד פֵּרִין' וְכוּ' כַּנַּ"ל. וְעַל כֵּן אִי אֶפְשָׁר לְהַמְשִׁיךְ שֶׁפַע וּמְזוֹנוֹת וּלְהָרְוִיחַ מָמוֹן הַנִּקְרָא מָמוֹן, דְּהַיְנוּ מָמוֹן דִּקְדֻשָּׁה, שֶׁיִּהְיֶה 'שָׂמֵחַ בְּחֶלְקוֹ' שֶׁזֶּהוּ עִקַּר הָעֲשִׁירוּת, כְּמוֹ שֶׁאָמְרוּ רַבּוֹתֵינוּ, זִכְרוֹנָם לִבְרָכָה, 'אֵיזֶהוּ עָשִׁיר - הַשָּׂמֵחַ בְּחֶלְקוֹ' (אבות פרק ד'), כִּי אִם עַל יְדֵי שְׁבִירַת תַּאֲוַת מָמוֹן, שֶׁהוּא בְּחִינַת אֱמֶת, שֶׁמִּשָּׁם עִקַּר הַהַשְׁפָּעָה כַּנַּ"ל.

---

146. **deuda...ni siquiera la mitad de sus deseos.** Ver arriba, sección 6.

147. **...influjo de abundancia.** Sólo aquellos que desprecian el deseo de dinero son felices y están satisfechos con sus vidas. Ésta es la fórmula para una "buena vida".

Éste es el concepto de "la verdad se sostiene". Es decir, es debido a la verdad que ahora tiene dinero, lo que corresponde a sostenerse, porque la pone sobre sus pies.

Pero "la mentira no se sostiene". Ello se debe a que la mentira es idolatría, el deseo de dinero, como enseñaron nuestros Sabios: Todo aquel que no mantiene su palabra es como si sirviese a la idolatría. Por lo tanto, como resultado de la mentira, que es idolatría/codicia, no tiene sustento ni soporte – no tiene dinero, que es llamado "subsistencia". Éste es el significado de, "la mentira no se sostiene", porque la idolatría, un otro-dios, "es estéril... y no produce descendencia", como se ha explicado claramente en la lección.[143]

Pues, hablando en general, aquellos que están atrapados en el deseo de dinero mueren como deudores, sin haber ganado nada.[144] E incluso si no mueren como deudores, viven sus vidas como deudores de sus deseos. Tan grande es su deseo de dinero que constantemente corren y se afanan, poniéndose en un gran peligro para satisfacerlo. Es como si sostuvieran la carga de una gran deuda que debe ser pagada – la deuda de la idolatría, como se explicó.[145] En toda su vida son incapaces de cumplir con sus deseos y de pagar lo que les deben a sus deseos, porque "el hombre muere sin haber satisfecho ni siquiera la mitad de sus deseos".[146]

Sucede entonces que su dinero no es dinero en absoluto. No sienten placer del dinero, pues "el otro-dios es estéril... y no produce descendencia", como se explicó más arriba. Por lo tanto es imposible atraer un influjo de abundancia y de sustento y ganar el dinero que es llamado "dinero", es decir dinero de santidad, de modo que uno esté contento con lo que posee –pues ésa es la esencia de la riqueza, como dijeron nuestros Sabios: ¿Quién es rico? Aquel que está contento con lo que posee (*Avot* 4:1)– a no ser que quiebre el deseo de dinero, lo que corresponde a la verdad, de donde proviene el principal influjo de abundancia.[147]

---

143. ...claramente explicado en la lección. Ver sección 5. El rabí Natán continúa repasando las anteriores afirmaciones del Rebe Najmán sobre el bien que *vale la pena* buscar. Indica cuáles trampas deben ser evitadas y en particular la trampa de la codicia; y qué se debe hacer para alcanzar ese bien.

144. sin haber ganado nada. Literalmente, "con nada en la mano" como para mostrar el resultado de los esfuerzos de toda su vida.

145. como se explicó. Más arriba, sección 5. Ver nota 95.

וְעַל כֵּן 'קָשִׁים מְזוֹנוֹתָיו כְּפִלְיָם כַּיּוֹלֵדָה', כִּי צָרִיךְ לֵילֵךְ וְלַעֲבֹר וּלְשַׁבֵּר הַקְ"ם קָלִין שֶׁל תַּאֲוַת מָמוֹן כַּנַּ"ל, אֲשֶׁר רַק עַל־יְדֵי זֶה יְכוֹלִין לְהַרְוִיחַ מָמוֹן. כִּי עִקַּר הַשֶּׁפַע נִמְשָׁךְ מֵאֱמֶת, שֶׁהוּא בְּחִינַת שְׁבִירַת תַּאֲוַת מָמוֹן.

וּבָזֶה מְקֻשָּׁר הַמַּאֲמָר הֵיטֵב. וְהָבֵן שָׁם הֵיטֵב מְאֹד, כִּי דִּבְרֵי רַבֵּנוּ, זִכְרוֹנוֹ לִבְרָכָה, הֵם עֲמֻקִּים מְאֹד מְאֹד וְיֵשׁ בָּהֶם עֲמָקוּת גָּדוֹל:

(שַׁיָּךְ לְאוֹת א): שָׁם מְבֹאָר שֶׁהַמָּמוֹן הוּא בְּחִינַת פָּנִים וְכוּ' עַיֵּן שָׁם. **וְעַל כֵּן** אָמְרוּ רַבּוֹתֵינוּ, זִכְרוֹנָם לִבְרָכָה: 'פְּנֵי הָאָרֶץ הֵם הָעֲשִׁירִים'. כְּמוֹ שֶׁפֵּרֵשׁ רַשִׁ"י עַל פָּסוּק (בראשית מא): "וְהָרָעָב הָיָה עַל כָּל פְּנֵי הָאָרֶץ" – 'מִי הֵם פְּנֵי הָאָרֶץ אֵלּוּ הָעֲשִׁירִים'. כִּי הַמָּמוֹן וְהָעֲשִׁירוּת הוּא בְּחִינַת פָּנִים כַּנַּ"ל:

שָׁם:

תַּאֲוַת מָמוֹן הוּא בְּחִינַת חֹשֶׁךְ, אַנְפִּין חֲשׁוֹכִין וְכוּ' עַיֵּן שָׁם. וְכֵן מְרֻמָּז בַּזֹּהַר (מקץ קצג.): 'קֵץ שָׂם לַחֹשֶׁךְ' וְכוּ' דָּא זַהֲמָא דְּדַהֲבָא:

(שַׁיָּךְ לְאוֹת ג):

"וַיְגָרֶשׁ מִפָּנֶיךָ אוֹיֵב וַיֹּאמֶר הַשְׁמֵד" וְכוּ', כִּי 'כָּל יִשְׂרָאֵל נִקְרָאִים צַדִּיקִים עַל שֵׁם הַבְּרִית' וְכוּ' עַיֵּן שָׁם. וְעַל כֵּן יוּכַל כָּל אֶחָד, שֶׁהוּא שׁוֹמֵר הַבְּרִית יוֹתֵר מֵחֲבֵרוֹ, לְהַפִּיל אֶת חֲבֵרוֹ, כִּי הוּא בְּחִינַת צַדִּיק, פָּנִים דִּקְדֻשָּׁה, לְגַבֵּי חֲבֵרוֹ, וְעָלָיו נֶאֱמַר גַּם כֵּן: "וַיְגָרֶשׁ מִפָּנֶיךָ אוֹיֵב" כוּ'.

a ellos mismos – en deuda con sus deseos, como se explicó más arriba en el texto. Lo más importante es comprender esta lección y ponerla en práctica, para salvarse de un destino más amargo que la muerte.

149. como se explicó. Ver más arriba, nota 31, que la *shefa* desciende en virtud del *daat* y está enraizada en el *Or HaPanim*, el rostro de santidad.

150. la escoria en el oro. En nuestro contexto, la escoria, la imperfección en el oro, es la mentira en el deseo de dinero. Este pasaje del *Zohar* habla de la "tierra de vida", la vida eterna, como opuesta a la vida oscurecida y fugaz que resulta de la escoria en el oro.

Por lo tanto, "ganarse el sustento es dos veces más difícil que dar a luz". Pues es necesario atravesar, experimentar y quebrar los ciento cuarenta clamores de la codicia. Sólo así será posible obtener una ganancia, pues el principal influjo de abundancia proviene de la verdad – cuando se quiebra el deseo de dinero.

Con esto, están unidos los [diferentes conceptos de la] lección. Compréndelos bien, porque las palabras del Rebe Najmán son muy profundas y de una gran hondura.[148]

9. Lo siguiente se relaciona con la sección 1. Allí se explica que el dinero corresponde al rostro. Ver allí.

Así enseñaron nuestros Sabios: Los ricos son el rostro de la tierra. Como expone Rashi sobre el versículo (Génesis 41:56), "había hambre sobre toda la faz de la tierra" – ¿quiénes son la "faz de la tierra"? Son los ricos. Ello se debe a que tanto el dinero como la riqueza son un aspecto del rostro, como se explicó.[149]

Allí [lo siguiente también se relaciona con la sección 1]:
El deseo de dinero corresponde a la oscuridad, rostros oscurecidos.... Estudia allí. Esto también está aludido en el *Zohar* (I, 193a): "Él puso fin a la oscuridad" (Job 28:3). Ésta es la escoria en el oro.[150]

10. Lo siguiente se relaciona con la sección 3:
"Él expulsa al enemigo de delante de tu rostro y proclama: '¡Destrúyelo!'" .... Pues todos los judíos son considerados Tzadikim en virtud del Pacto. Estudia allí. Por lo tanto es posible que la persona que cuide el *brit* más que su prójimo, pueda vencerlo, porque se encuentra en la categoría de Tzadik/un rostro de santidad frente a él. De esa persona también se dice, "Él expulsa al enemigo de delante de tu rostro…".

148. de una gran hondura. Lo siguiente aparece en una nota marginal (#9), escrita por el rabí Natán o por Reb Najmán Goldstein, autor del *Parparaot LeJojmá*: Ahora podemos comprender mejor por qué la lección gira en torno a las palabras del Talmud, "Dinos algo falso". El deseo de dinero/codicia, como ha explicado el Rebe Najmán, es mentira/idolatría. Ello se debe a que ciertamente es una mentira. La persona piensa que está ganando cada vez más dinero pero al final se queda sin nada, un fenómeno muy común en estos días. Por lo tanto, mientras tenga ese [falso] dinero, no tendrá vida; no sentirá placer alguno de ese dinero porque siempre sentirá una falta. Estará siempre *jaser* (carente). Cuanto más desee más estará debiendo. El rabí Ioshúa por lo tanto les respondió a los Sabios de Atenas, "Ésa es la mentira". La gente piensa que está ganando pero en realidad no está ganando en absoluto. Ellos mueren como deudores pues, en la mayor parte, siguen endeudados. E incluso si no son deudores, aun así terminan "debiéndose"

וְעַל־כֵּן צָרִיךְ לִזָּהֵר כְּשֶׁיֵּשׁ מַחֲלֹקֶת עַל הָאָדָם, שֶׁלֹּא יִפֹּל לְתוֹךְ תְּשׁוּקַת הַמָּמוֹן, כִּי אוּלַי חֲבֵרוֹ פָּנִים דִּקְדֻשָּׁה נֶגְדּוֹ, וְיֵשׁ לוֹ כֹּחַ לְהַפִּיל אוֹתוֹ, וְהַנְּפִילָה הוּא שֶׁמַּפִּילִין אוֹתוֹ לְתַאֲוַת מָמוֹן כַּנַּ"ל, עַל כֵּן צָרִיךְ לִזָּהֵר מִזֶּה:

שָׁם:

'כִּי כָּל יִשְׂרָאֵל נִקְרָאִים צַדִּיקִים עַל שֵׁם הַבְּרִית'. שָׁמַעְתִּי אָז מִפִּיו הַקָּדוֹשׁ בְּפֵרוּשׁ, שֶׁאָמַר שֶׁכָּל יִשְׂרָאֵל עַל־יְדֵי שֶׁהֵם נִמּוֹלִים עַל כֵּן כֻּלָּם נִקְרָאִים צַדִּיקִים:

(שַׁיָּךְ לְאוֹת ד):

וְזֶה בְּחִינַת מְזוּזָה וְכוּ'. וְזֶהוּ "וְהָיָה שַׁדַּי בְּצָרֶיךָ וְכֶסֶף" וְכוּ', כִּי שַׁדַּי הוּא בְּחִינַת בְּרִית וְכוּ' עַיֵּן שָׁם. וְזֶה בְּחִינַת שַׁדַּי 'שֶׁאָמַר לְעוֹלָמוֹ דַּי', דְּהַיְנוּ שֶׁשָּׂמֵחַ בְּחֶלְקוֹ וְאוֹמֵר "דַּי" לָמָה שֶׁיֵּשׁ לוֹ וְאֵינוֹ מִתְאַוֶּה יוֹתֵר, שֶׁזֶּהוּ בְּחִינַת שְׁבִירַת תַּאֲוַת מָמוֹן, שֶׁזּוֹכִין עַל־יְדֵי שְׁמִירַת הַבְּרִית כַּנַּ"ל:

viene a través del Pacto – "y proclama: '¡*Hashmed*! (¡Destrúyelo!)'". También demostraron un asombroso sacrificio al rechazar la idolatría romana. En verdad, su devoción al guardar el Pacto y al renunciar a la idolatría debería haber sido suficiente como para expulsar al enemigo romano. Sin embargo, como enseñan en otra instancia nuestros Sabios: Aunque en la época del Segundo Templo había personas rectas, el Templo fue destruido debido a que los judíos de esa generación se odiaban entre sí (*Ioma* 9b). Pues en lugar de luchar contra el enemigo común, los judíos pelearon entre sí. Cada uno venció a su "enemigo" haciéndolo sucumbir a los deseos idólatras del dinero. Y una vez que los judíos fueron culpables de idolatría, el Segundo Templo fue destruido. En otra instancia (*Likutey Moharán* I, 13:1), el Rebe Najmán enseña que la construcción del Tercer Templo en los días del Mashíaj sólo tendrá lugar una vez que haya sido anulada la adoración del dinero, el deseo de riqueza.

152. debido a que están circuncidados.... Ver más arriba, nota 47.

153. Shadai...suficiente...más arriba. Como se explicó, sección 4 (n. 68), el Santo Nombre *Shadai* se relaciona con la mezuzá y con el Pacto. Aquí, la lección agrega la enseñanza Talmúdica de que *Shadai* mismo connota la noción de que hay *dai* (suficiente). Es por ello específicamente que este Nombre está asociado con los dos conceptos, pues ambos indican la necesidad de refrenarse: la mezuzá, en la búsqueda de los placeres materiales y el cuidado del *brit*, en la búsqueda de los placeres físicos.

Debido a ello, si la persona se encuentra en una disputa, deberá tener mucho cuidado y no sucumbir al deseo de dinero. Porque es posible que la otra persona esté [en la categoría de] un rostro de santidad frente a ella y tenga el poder de vencerla. La derrota consiste en que la otra persona la hace sucumbir a la codicia; de modo que es necesario que esté muy alerta con respecto a esto.[151]

Allí [lo siguiente también se relaciona con la sección 3]:
Pues todos los judíos son considerados Tzadikim en virtud del Pacto. Yo [el rabí Natán] lo oí a él [el Rebe Najmán] decir entonces, "*Todos* los judíos –debido a que están circuncidados– son considerados Tzadikim".[152]

11. Lo siguiente se relaciona con la sección 4:
Y éste es el concepto de la mezuzá.... Y éste es el significado de, "*Shadai* (El Todopoderoso) será tu tesoro y el dinero volará hacia ti".... Ello se debe a que *Shadai* corresponde al Pacto. Estudia allí. Éste es el concepto de *Shadai*: "[Cuando Dios llegó al Shabat de la Creación,] Él le dijo a Su mundo, '¡*Dai*! (¡Suficiente!)'" (*Jaguigá* 12a). En otras palabras, la persona está "contenta con su parte". Dice, "¡Suficiente!" ante todo lo que posee y no desea nada más. Esto corresponde a quebrar el deseo de dinero, que se logra cuidando el *brit*, como se explicó más arriba.[153]

---

151. ...alerta con respecto a esto. Ver más arriba, sección 3, notas 46-49. Podemos comprender mejor la enseñanza Talmúdica citada más arriba (n. 47): Toda mitzvá por la que los judíos sacrificaron sus vidas voluntariamente, tal como la circuncisión y la negación de la idolatría, continúan observándola fielmente hasta el día de hoy (*Shabat* 130a). Nuestros Sabios dijeron esto luego de un período especialmente oscuro de la historia judía conocido como la Generación del *Shmad* (Conversión Forzada), que siguió a la destrucción del Segundo Templo, cuando los judíos voluntariamente pusieron en peligro sus vidas para cumplir con los preceptos de la circuncisión y la negación de la idolatría. Los conquistadores romanos de la Tierra Santa, notorios por su inmoralidad y codicia, emplearon todos los medios posibles para separar a los judíos de la Torá y de las mitzvot, intentando llevarlos hacia la idolatría. Los judíos se resistieron con el notable autosacrificio que repetidamente decoró nuestra historia – la ofrenda de sus vidas mismas. Visto en el contexto de nuestra lección, podemos explicar que los judíos de esa generación estaban dispuestos a sacrificar sus mismas vidas para quedar unidos al *Or HaPanim*. Con ese fin, hicieron lo posible para llevar a cabo la mitzvá de la circuncisión, guardar el *brit*, a través de lo cual se alcanza el *Or HaPanim*. Con ello esperaban vencer a los idólatras romanos, como en, "Él expulsa al enemigo de delante de tu rostro" – el rostro de santidad que

(גַּם זֶה שַׁיָּךְ לְאוֹת ד):

מְבֹאָר שָׁם, שֶׁעַל־יְדֵי מִצְוַת מְזוּזָה נִתְבַּטֵּל חֶמְדַּת הַמָּמוֹן, וְעַל כֵּן "וּכְתַבְתָּם עַל מְזוּזוֹת" וְכוּ' כְּנֶגֶד "לֹא תַחְמֹד" כַּנַּ"ל עַיֵּן שָׁם. עַתָּה בּוֹא וּרְאֵה נִפְלְאוֹת ה', כִּי מְבֹאָר בִּירוּשַׁלְמִי פֵּאָה (ובבראשית רבה פרשה לה): 'אַרְטַבָּן שָׁלַח לְרַבִּי חַד מַרְגָּלִיתָא טָבָא, שָׁלַח לֵיהּ רַבִּי חֲדָא מְזוּזָה'. וְלִכְאוֹרָה הוּא פֶּלֶא, מַדּוּעַ שָׁלַח לוֹ מְזוּזָה דַּיְקָא, וְלֹא מִצְוָה אַחֶרֶת. אַךְ עַל־פִּי מַה שֶּׁגִּלָּה רַבֵּנוּ, זִכְרוֹנוֹ לִבְרָכָה, בְּהַתּוֹרָה הַזֹּאת, מְבֹאָר הָעִנְיָן הֵיטֵב, כִּי מְזוּזָה דַּיְקָא מְבַטֵּל חֶמְדַּת הַמָּמוֹן, וְעַל־כֵּן שָׁלַח לוֹ מְזוּזָה דַּיְקָא. כִּי אַרְטַבָּן שָׁלַח לוֹ מַרְגָּלִיתָא טָבָא, הַיְנוּ עֲשִׁירוּת וּמָמוֹן, כִּי הָיָה שָׁוֶה מָמוֹן הַרְבֵּה, וְעָשָׂה עִקַּר הַחֲשִׁיבוּת מִזֶּה. עַל כֵּן שָׁלַח לוֹ רַבִּי כְּנֶגֶד זֶה מְזוּזָה דַּיְקָא, כִּי מְזוּזָה מְבַטֵּל חֶמְדַּת הָעֲשִׁירוּת כַּנַּ"ל:

מִלְחָא כִּי סַרְיָא, זֶה שֶׁנָּפַל לְסִרְחוֹן תַּאֲוַת הַמָּמוֹן כוּ'. וְעַל־כֵּן אַפְקוּהוּ בְּלָשׁוֹן כִּי סַרְיָא, שֶׁהוּא לָשׁוֹן הַנֶּאֱמַר בְּעַכּוּ"ם כְּמוֹ

su propio hijo. Sin saber lo que había ocurrido, el emperador hizo que el niño, su propio hijo, fuese llevado ante su presencia. Cuando se descubrió que no estaba circuncidado, el decreto fue anulado. De esa manera, Rabí salvó su vida. Eventualmente Antonino, el hijo del emperador, llegó a ser muy amigo de Rabí. Siendo más tarde emperador, Antonino solía enviarle bolsas de oro a su amigo judío. Rabí, que también era muy rico, solía decirle, "Yo no necesito tu dinero", pues no necesitaba más. Para poder visitarlo diariamente, Antonino construyó un palacio con un pasaje subterráneo secreto que conectaba con la casa de Rabí. Finalmente, se convirtió al judaísmo, fue circuncidado y estudió Torá (*Avodá Zará* 10b; ver *Tosafot, Ibid., v.i. Amar*).

También vemos que Rabí era conocido como Rabeinu HaKadosh ("nuestro santo maestro"), un título que ganó debido a que "nunca puso sus manos debajo del cinturón" (*Shabat* 118b). Rabí personificaba así al Tzadik que guarda el Pacto. Más arriba (§4), el Rebe Najmán mostró la conexión entre la mezuzá y el Pacto, lo que explica porqué Rabí le envió una mezuzá a Artaban. Siendo el Tzadik, Rabí podía salvar del *shmad* a aquellos que estaban apegados a él (§3), como sucedió cuando se anuló el decreto que prohibía la circuncisión. Antonino, quien le enviaba bolsas de oro a Rabí (caridad; ver más arriba §10), aceptó eventualmente el Pacto y se libró de la codicia. Pasó sus últimos años en el estudio de la Torá, satisfecho con su parte (§10).

El Talmud relata además sobre Rabí que antes de fallecer levantó los diez dedos de la mano hacia el cielo y dijo, "¡Señor del Universo! Es revelado ante Ti que he trabajado en la Torá con estos diez dedos, pero que nunca tomé placer de este mundo – ni siquiera con el dedo meñique" (*Ketuvot* 104a, *Rashi*). Rabí mismo estaba totalmente limpio de toda codicia y nunca buscó beneficio alguno de su gran riqueza.

12. Esto también se relaciona con la sección 4:

Allí está explicado: **Ello se debe a que en virtud de la mezuzá, se elimina la atracción del dinero…. Y el mandamiento "No codiciarás" es paralelo a: "Y las escribirás en las mezuzot".** Estudia allí. Ahora bien, ven y mira las maravillas de Dios. Está explicado en el *Talmud Ierushalmi, Peá*: Artaban le envió una hermosa perla a Rabí.[154] Rabí le envió de vuelta una mezuzá (1:1; *Bereshit Rabah* 35:4).[155] A primera vista, esto es algo sorprendente. ¿Por qué le envió específicamente una mezuzá y no algún otro objeto religioso? Sin embargo, en base a lo que el Rebe Najmán ha revelado en esta lección, el tema está muy bien aclarado: La mezuzá en particular elimina la atracción del dinero. Es por esto que específicamente le envió una mezuzá, porque Artaban le había enviado una perla hermosa – es decir, riqueza y dinero. Ella valía mucho dinero, que él veía como lo más importante. Por lo tanto, para contrarrestarlo, Rabí le envió específicamente una mezuzá. Porque la mezuzá elimina la atracción de la riqueza, como se explicó.[156]

13. [Lo siguiente se relaciona con la sección 5:]

Si la sal se pudre, ¿con qué se la puede preservar?…. Sucumbe al hedor de la codicia. Se utiliza la expresión "se *SaRia* (se pudre)" debido

---

154. Artaban. Artaban era el rey de Persia. Su filosofía de vida era, "El dinero es todo y puede comprar todo, incluso la felicidad" (*Ifat Toar, Bereshit Rabah* 35:4). Rabí es el rabí Iehudá el Príncipe, el compilador de la Mishná.

155. …una mezuzá. Artaban le envió una hermosa perla y desafió a Rabí a que le enviase algo de similar valor. Rabí le mandó una mezuzá. "Yo te envié un objeto invaluable", se quejó Artaban, "¡y tú me envías un objeto que vale unas pocas monedas!". Rabí le respondió, "Tanto tu riqueza como mí riqueza no llegan a equipararse con el valor de la mezuzá. Pues yo debo cuidar tu regalo. Pero mi regalo te cuida a ti en este mundo y en el próximo". El rabí Natán explica ahora esto dentro del contexto de nuestra lección.

156. …como se explicó. Rabí buscó por lo tanto contrarrestar con la mezuzá la codicia de Artaban. Pues el valor de la mezuzá es tal que, en este mundo, protege a la persona del deseo de dinero. Más aún, cuidará de la persona en el Mundo que Viene – porque la mezuzá lleva a la persona hacia el *Or HaPanim*, que es la vida eterna.

Otros eventos en la vida de Rabí se alinean también con los conceptos tratados en nuestra lección. El Talmud relata que Rabí nació en la Generación del *Shmad* (ver más arriba, n. 151). Los romanos habían decretado que se debía matar a todo niño circuncidado. El padre de Rabí, el Raban Shimón ben Gamliel, era la cabeza del Sanedrín. Como líder de los judíos, sintió que era su deber dar el ejemplo y santificar el Nombre de Dios, ignorando el decreto. Circuncidó a su hijo en una gran ceremonia pública. Cuando el niño fue llevado ante el emperador romano bajo el cargo de haber sido circuncidado en violación del decreto, la emperatriz lo cambió por

שֶׁכָּתוּב (שְׁמוֹת ל״ב) "סָרוּ מַהֵר" וְכוּ׳ כִּי הַמְשׁוּקָע בְּמָמוֹן, עוֹבֵד כָּל הָעֲכוּ״ם כַּנַּ״ל, וְעַל כֵּן עַל כָּל מַטְבֵּעַ חֲקוּקָה הָעֲבוֹדָה זָרָה שֶׁל עֲכוּ״ם:

עַל-פִּי הַדְּבָרִים הָאֵלֶה, יָבִין הַמַּשְׂכִּיל, לְפָרֵשׁ כֻּלָּא סֻגְיָא דְ׳הַזָּהָב קוֹנֶה אֶת הַכֶּסֶף, וְהַכֶּסֶף אֵינוֹ קוֹנֶה וְכוּ׳ הַנְּחֹשֶׁת קוֹנָה׳ וְכוּ׳, וְהַכְּלָל - מַה שֶּׁהוּא מַטְבֵּעַ וְיוֹצֵא, חָשׁוּב מָעוֹת. עַיֵּן שָׁם כָּל הַסֻּגְיָא. וְסֻגְיָא ׳אִי מָעוֹת נִקְנֶה בַּחֲלִיפִין׳, וְסֻגְיָא דְ׳כָל הַנַּעֲשֶׂה דָּמִים בְּאַחֵר׳ - הַכֹּל יְבֹאַר לַמַּשְׂכִּיל עַל-פִּי הַתּוֹרָה הַזֹּאת עִם עוֹד קְצָת הַקְדָּמוֹת:

con lo que se encuentra por sobre el tiempo, con el Creador. La esencia de la prohibición en contra de la usura tiene que ver con el elemento del tiempo. Porque debido a que el que toma prestado retiene el dinero del prestamista durante un tiempo, el prestamista demanda de él una compensación por no poder utilizar esos fondos. Esto es *ribit* (interés), una de las principales formas del daño producido en la fe. Porque sólo Dios provee de sustento y lo hace cuando lo considera apropiado. Incluso si durante un tiempo la persona carece de recursos, debe tener fe en que Dios puede darle el sustento a partir de otra fuente, porque Dios se encuentra más allá del tiempo. Por lo tanto, al hacer un contrato que estipula un marco temporal sobre el cual se cargan los intereses, la persona de hecho se separa de la Fuente del tiempo, de Dios, que está más allá del tiempo. Esto es equivalente a la idolatría. Así, el versículo afirma (Levítico 25:36), "No tomes de él usura ni interés; teme a tu Dios para que tu hermano pueda *vivir* junto a ti". Al cobrar intereses la persona se une al rostro del Otro Lado. Pero si no practica la usura, podrá merecer la vida y la unión con el rostro de la santidad, el *Or HaPanim* (*Likutey Halajot, Ribit* 3).

158. ...todo el asunto allí. Este tema, al igual que los dos siguientes, es conocido en el Talmud como *suguiot*. Una *suguia* es un estudio Talmúdico que puede abarcar desde unas pocas líneas hasta varias páginas y que se centra en un tema específico. Aquellos mencionados en el texto tratan sobre los conceptos fundamentales relacionados con las transacciones monetarias: qué se considera "moneda" con el poder de compra y qué es considerado "mercadería" y que puede ser comprado.

159. introducciones adicionales. El *Mei HaNajal* repasa esta lección a la luz de la festividad de Jánuca. Explica: El entonces prevaleciente gobierno del imperio griego corresponde a la idolatría del dinero, la forma de idolatría a la que están unidas todas las otras formas de idolatría y los decretos de conversión forzada. Pues entre otras cosas, los griegos decretaron *shmad* (apostasía) sobre los judíos. Por otro lado, la santidad especial de los Cohanim (tenían prohibido casarse con una divorciada, etc.) corresponde a guardar el Pacto. Por lo tanto, el milagro de Jánuca se produjo debido a los Cohanim, los Jashmonaim, quienes vencieron a los griegos (§3). Las lámparas de aceite que encendemos para conmemorar el milagro de Jánuca corresponden al *Or HaPanim*, como en (Salmos 104:15), "El aceite para iluminar el rostro".

El Ari enseña que durante Jánuca se revelan los Trece Atributos de Misericordia. Ellos corresponden a las trece palabras de la bendición, "Bendito seas Tú... que nos ordenó lo concerniente al encendido de las luces de Jánuca". Durante los primeros siete días, se revelan

a que éste es un término usado en conexión con la idolatría, como en (Éxodo 32:8), "*SaRu* (Ellos se han vuelto) rápidamente [del camino que Yo les ordené seguir]". Esto es porque aquel que está sumido en el [deseo de] dinero sirve a todas las idolatrías, como se explicó. Y así, en su moneda se encuentra grabado el ídolo de cada una de las naciones idólatras.[157]

En base a estas enseñanzas, la persona inteligente comprenderá cómo explicar todo el tema correspondiente a "oro adquiere plata, pero plata no adquiere... cobre adquiere... el principio: Aquello que es una moneda corriente es considerado dinero" (*Bava Metzía* 44a). Estudia todo el asunto allí.[158] Y el tema de "si es posible adquirir dinero a través del trueque" (*Ibid.* 45b) y también la cuestión de "aquello que es tratado como dinero para alguna otra cosa" (*Kidushin* 28a) – todo se volverá claro para el sabio en base a esta lección y a otras introducciones adicionales.[159]

---

157. SaRia...SaRu.... La similitud entre *saria* (סריא) y *saru* (סרו) apunta a la conexión entre el "pudrirse" y la idolatría, el "volverse" y alejarse de Dios. El Rebe Najmán muestra otra conexión entre el deseo de dinero y la idolatría, es decir, la práctica de las naciones de grabar la imagen de los ídolos en su dinero. Esta práctica tiene la intención de asegurarse de que sus dioses los favorezcan con "ganancias" adicionales. Sin embargo, es una mentira, porque no perduran.

El Rebe Najmán dijo cierta vez: "El hombre y el dinero no pueden permanecer juntos. O bien el dinero le es retirado al hombre o el hombre es retirado de su dinero. Los dos no pueden permanecer juntos. ¿Dónde están todas las riquezas acumuladas desde el comienzo del tiempo? La gente amasó riquezas desde el comienzo – ¿dónde están ahora? ¡Son absolutamente nada!" (*Sabiduría y Enseñanzas del Rabí Najmán de Breslov* #51).

En otro discurso sobre las leyes de la usura basado en esta lección, el rabí Natán escribe: El pueblo judío, enraizado como está en las setenta almas de los hijos de Iaacov (Génesis 46), está unido a los setenta "rostros" de la Torá, el rostro de santidad, el *Or HaPanim*. Sin embargo, las setenta naciones están unidas al rostro del Otro Lado. Por lo tanto, en su esencia, los judíos están lejos del deseo de dinero; un rasgo que les pertenece a las naciones. En esencia, la codicia/idolatría se encuentra en aquellos que toman prestado [o que compran a crédito]. El versículo afirma (Deuteronomio 28:2), "Les prestarás a muchos pueblos pero no tomarás prestado". Hemos visto en la lección que aquel que tiene fe espera con paciencia el sustento, no corre constantemente tras él, no toma prestado ni se pone en peligro con el fin de ganar algo. Más bien, espera. Aparte de esto, podemos comprobar que el daño principal de aquél que desea dinero se produce en el concepto del tiempo. Esa persona carece de la paciencia necesaria como para esperar la llegada de sus ingresos. Pues está claro que hay "tiempos" – tiempos para los negocios, tiempos para ganancias y tiempos para pérdidas. Hay buenos años y malos años. Todas las transacciones monetarias están gobernadas por el tiempo. Ahora bien, los judíos creen que Dios creó el mundo y todo lo que contiene. Así como Él creó el espacio, también creó el tiempo. El objetivo principal del judío es unir aquello que está sometido al tiempo

es el *Or HaPanim* y la persona que merezca esa luz no experimentará pérdida alguna al cumplir con la mitzvá. Éste es también el motivo por el cual es costumbre dar algo más de caridad en Jánuca (ver *Mishná Brurá* 670:1).

Más aún, la ley de la Torá estipula que la menorá debe ser colocada cerca de la puerta de entrada, para que la persona tenga la mezuzá sobre su mano derecha y la menorá de Jánuca hacia la izquierda; de esta manera estará rodeada de mitzvot (*Oraj Jaim* 671:7). Ello se debe a que Jánuca y mezuzá son sinónimos, ambas protegen a la persona de la codicia (ver n. 66, del *Parparaot LeJojmá*). Y el mejor lugar para colocar la menorá es en el tercio inferior de la puerta (*Oraj Jaim* 671:6). Con la mezuzá en el tercio superior (§4) y la menorá en el tercio inferior, todas las posesiones y bienes están cuidados. Colocar la menorá en el lado izquierdo también contrarresta la influencia del deseo de dinero, que corresponde al lado izquierdo (ver n. 31). Así, la menorá (izquierda) protege de la codicia, mientras que la mezuzá (derecha) lleva al *Or HaPanim*, a la larga vida (§4). También encendemos las velas comenzando desde el lado izquierdo de la menorá (*Oraj Jaim* 676:5). Es decir, cada noche al encender, comenzamos desde la izquierda y nos movemos hacia la derecha – hacia una larga vida.

los primeros siete Atributos hasta *Emet*. En el octavo día de Jánuca se revelan los restantes seis Atributos, comenzando con *Notzer* (*Pri Etz Jaim, Shaar HaJánuca*). Ahora bien, el nombre Iaacov (יעקב) es numéricamente equivalente a siete veces el Santo Nombre *IHVH* (7 x 26 = 182), correspondiente a los primeros siete Atributos. El nombre Iosef (יוסף) es equivalente a seis veces *IHVH* (6 x 26 = 156), correspondiente a los restantes seis Atributos. En el contexto de nuestra lección, los primeros siete Atributos corresponden a Iaacov, la personificación de *Emet* (verdad), el *Or HaPanim* (ver más arriba, n. 19). Los seis siguientes corresponden a Iosef, la personificación de *Iesod/notzer* (guardar), el Pacto (ver más arriba, n. 44). El *Or HaPanim/Iaacov* sólo puede estar completo con el Pacto/Iosef. Así, las Trece Luces del *Or HaPanim* brillan al unísono en Jánuca, porque es entonces que está presente la combinación necesaria para el encendido de la luz.

Cuando las cualidades de la verdad y de la fe están interconectadas, la persona se siente dispuesta a pagar por una mitzvá y no lo siente como una pérdida, sea cual fuere el costo (§5). Vemos por lo tanto que la persona pobre debe vender incluso su camisa para conseguir aceite con el cual encender las luces de Jánuca (*Oraj Jaim* 631:1). Ello se debe a que la luz de Jánuca

ליקוטי מוהר"ן סימן כ"ד

אָמְרוּ לֵהּ אֶמְצָעוּתָא דְּעָלְמָא הֵיכָא, זַקְפָא לְאֶצְבַּעָתֵהּ, אָמַר לְהוּ: הָכָא. אָמְרוּ לֵהּ, מִי יֵימַר. אָמַר, אַיְתוּ אַשְׁלוּ וּמוּשְׁחוּ:

(לְשׁוֹן רַבֵּנוּ זִכְרוֹנוֹ לִבְרָכָה):

א. דַּע, שֶׁיֵּשׁ אוֹר, שֶׁהוּא לְמַעְלָה מִנַּפְשִׁין וְרוּחִין וְנִשְׁמָתִין, וְהוּא אוֹר אֵין־סוֹף.

וְאַף־עַל־פִּי שֶׁאֵין הַשֵּׂכֶל מַשִּׂיג אוֹתוֹ, אַף־עַל־פִּי־כֵן רְדִיפָה דְמַחֲשָׁבָה לְמִרְדַּף אֲבַתְרֵהּ. וְעַל יְדֵי הָרְדִיפָה, אָז הַשֵּׂכֶל מַשִּׂיג אוֹתוֹ בִּבְחִינַת מָטֵי וְלֹא מָטֵי. כִּי בֶּאֱמֶת אִי אֶפְשָׁר לְהַשִּׂיג אוֹתוֹ, כִּי הוּא לְמַעְלָה מִנֶּפֶשׁ רוּחַ נְשָׁמָה:

La Torá no les fue dada sólo a aquellos que pueden elevarse hasta los cielos. Más bien, está muy cerca de nosotros...". Y continúa, "Todos los niveles que menciona el Rebe se aplican siempre –cada día, cada semana, cada mes y cada año– al pueblo judío en general y a cada judío en particular" (*Likutey Halajot, Hodáa* 6:1, 20).

2. ...Luz del Infinito. Existen cinco partes o niveles del alma: *nefesh, rúaj, neshamá, jaiá* y *iéjida* (alma, espíritu, alma superior, esencia viviente y esencia única). De éstas, se dice que las tres primeras, conocidas con el acrónimo *NaRaN*, son *pnimim* (internas) porque el hombre tiene la capacidad de hacer descender esos niveles hacia su existencia terrestre. Los dos niveles superiores, conocidos por su acrónimo *JaI*, son llamados *makifim* (circundantes) debido a su naturaleza trascendente (cf. *Likutey Moharán* I, 21, n. 26). Los Kabalistas enseñan que los cinco niveles del alma del hombre, que se originan en los ámbitos más elevados, son un paralelo de los universos superiores y corresponden a la dimensión interna de cada uno de esos mundos (*Innerspace*, p. 16). El Rebe Najmán comienza esta lección con el concepto conocido como el *Or Ein Sof* (la Luz del Infinito). Esta luz es más elevada que los *pnimim* y más elevada todavía que sus correspondientes mundos, tal como el Rebe explicará (#7 y #8, más adelante). Y aun así, en el curso de la lección veremos cómo y en cierta medida, esos exaltados niveles espirituales pueden ser adquiridos.

3. alcanzando y no alcanzando...neshamá. Esta noción de "alcanzando y no alcanzando" o "logrando y no logrando", es conocida en la Kabalá como *mati velo mati*. Este concepto y el concepto de la Luz del Infinito serán explicados más adelante en la sección 8, donde el Rebe Najmán los unirá con *Keter, NaRaN* y otros temas que serán tratados en esta lección.

LIKUTEY MOHARÁN 24[1]

Ellos le preguntaron, "*¿Emtzauta Dealma Eija* (Dónde está el centro del universo)?". Él indicó hacia arriba con el dedo y les dijo, "¡Aquí!". "¿Quién lo dice?", exclamaron. "Traigan una cuerda para medir y mídanlo", les respondió.

(*Bejorot* 8b)

¡Debes saber! Hay una luz más elevada que el *nefesh*, el *rúaj* y la *neshamá*. Ésta es la Luz del Infinito (*Or Ein Sof*).[2]

Y aunque el intelecto no la puede aprehender, sin embargo la mente en su carrera la persigue y en virtud de ese correr, el intelecto llega a ser capaz de aferrarla en el aspecto de "alcanzando y no alcanzando" (*mati velo mati*). Pues en verdad no es posible aprehenderla, porque [esa Luz se encuentra] por sobre el *nefesh*, el *rúaj* y la *neshamá*.[3]

---

1. Likutey Moharán 24. Esta lección fue dada un viernes a la noche durante el verano de 1803. Una gran cantidad de seguidores del Rebe Najmán había llegado inesperadamente para estar con él durante el Shabat. Al dar el discurso, el Rebe se encontraba en un estado tal de temor y emoción que los presentes no pudieron comprenderlo en absoluto. Sólo más tarde la lección fue pasada por escrito por el Rebe mismo tal cual la había dado (*Tzadik* #144; *Until the Mashiach* p. 99). Tan grande era su fervor al hablar durante la comida del Shabat a la noche, que el Rebe tuvo que cubrir su rostro con un pañuelo. Aun así, aquellos que lograron atisbar por el costado pudieron ver que su rostro brillaba como una brasa ardiente (*Siaj Sarfei Kodesh* 1-276). Esta lección fue compuesta palabra por palabra por el Rebe Najmán, de aquí la designación *leshón Rabeinu* (ver Lección #23, n. 1).

Los temas principales de la lección son: la alegría; llevar a cabo las mitzvot con alegría; la fe; y la sabiduría. La lección también habla de *Keter* y otros conceptos Kabalistas muy profundos, algunos relacionados con los Cuatro Mundos y con los niveles que se encuentran incluso por sobre los Cuatro Mundos y las Diez *Sefirot*. Cada concepto es explicado sólo en su aplicación dentro del contexto de la lección. (Todo aquel interesado en explorar estos conceptos puede estudiarlos en *Innerspace*, una introducción a la Kabalá por el rabí Aryeh Kaplan, Moznaim Publishers).

Uno de los discursos más extensos del *Likutey Halajot*, sobre "Las Leyes de *Hodáa* (Agradecimiento)" #6, se basa en esta lección. El rabí Natán comienza ese discurso como sigue: "Tú, lector, debes saber y creer que todo lo que está escrito en esta lección [del *Likutey Moharán*] puede ser realizado por cada judío, cada vez que lleva a cabo una mitzvá con alegría.

ב. וְדַע שֶׁאִי אֶפְשָׁר לְהַשִּׂיג אוֹתוֹ אֲפִלּוּ בִּבְחִינַת מְטֵי וְלֹא מְטֵי. אֶלָּא עַל יְדֵי עֲשִׂיַּת הַמִּצְוֹות בְּשִׂמְחָה. כִּי עַל יְדֵי שִׂמְחַת הַמִּצְוָה, נִשְׁלָם הַקְּדֻשָּׁה. וּמַעֲלָה הַחִיּוּת וְהַקְּדֻשָּׁה שֶׁבַּקְּלִיפּוֹת, בִּבְחִינַת אַחַד-עָשָׂר סַמָּנֵי הַקְּטֹרֶת.

כִּי הַקְּלִפּוֹת הֵם בְּחִינַת מוֹתָרוֹת, וְהֵם בְּחִינַת עַצְבוּת, בִּבְחִינַת (משלי יד): "בְּכָל עֶצֶב יִהְיֶה מוֹתָר". וְהֵם תָּקְפָּא דְדִינָא, בִּבְחִינַת (בראשית ו): "וַיִּתְעַצֵּב אֶל לִבּוֹ". וְעִקַּר הַשִּׂמְחָה הִיא בַּלֵּב, כְּמוֹ

en el Santo Templo (Éxodo 30:34). Las once especias combinadas para formar el incienso están enumeradas en el tratado *Keritut* (6b). El Ari explica que así como hay Diez *Sefirot* de Santidad, también existen Diez *Sefirot* del Otro Lado. Mientras que las *sefirot* de la santidad toman vitalidad directamente de los mundos superiores, las *sefirot* del Otro Lado deben recibir su vitalidad de manera indirecta, a través del ámbito de la santidad. Por lo tanto, aunque hay diez *sefirot*, el ámbito del mal comprende "once chispas" – diez *sefirot* más la chispa de santidad que les da vida. El *ketoret*, la ofrenda diaria de las once especias tenía el objetivo de ser un medio para contrarrestar las "once fuerzas del mal" y elevar las chispas de santidad que allí se encuentran (*Shaar HaKavanot, Drushei Tefilat HaBoker* p. 85). El Rebe Najmán explica a continuación la conexión entre el *ketoret* y el llevar a cabo las mitzvot con alegría.

7. exceso. La palabra *klipot* significa literalmente "cáscaras". Son llamadas "excesos" porque no son algo que uno utilice. Un ejemplo de ello sería la cáscara de la nuez o del huevo. Si bien tiene el propósito de proteger aquello que es valioso, en sí y de por sí no tiene uso alguno, de modo que se la retira y descarta.

8. En toda tristeza…. A partir del versículo en Proverbios podemos ver que la tristeza y el exceso/*klipot* son sinónimos. Relata el Talmud (*Berajot* 30b): El rabí Irmiá exhibía una gran sonrisa. El rabí Zeirá le dijo, "En toda 'tristeza' hay exceso" (o como explica Rashi: La persona que evita la frivolidad es recompensada). El rabí Irmiá le respondió, "Estoy llevando los tefilín". En nuestro contexto, el rabí Zeirá le advirtió al rabí Irmiá en contra del exceso de la alegría mundana (pues en nuestro ámbito gobiernan las *klipot* y así esos "excesos" son en realidad tristeza y no alegría). El rabí Irmiá respondió que él derivaba su alegría del hecho de llevar a cabo la mitzvá de los tefilín y no de algo que tuviera que ver con las *klipot*. (La traducción de Proverbios no es literal pero se ajusta a las necesidades del texto).

El rabí Natán hace notar que muy seguido oímos historias sobre sabios de la época del Talmud que hacían bromas o se comportaban de manera graciosa antes de comenzar sus estudios y devociones. La importancia de la alegría es tal que esos Tzadikim a veces se comportaban incluso de manera tonta. Ello se debe a que, en un sentido profundo, el exilio del pueblo judío se debe a la tristeza (ver n. 12). La intención de esos Tzadikim era alcanzar un estado de alegría y regocijo, tanto para ellos como para sus discípulos (*Likutey Halajot, Nefilat Apaim* 4:5).

9. juicios estrictos…Se entristeció en Su corazón. El versículo hace referencia al Diluvio de la generación de Noaj. Las *klipot*/tristeza entraron, si así pudiera decirse, en el corazón de Dios.

2. ¡Y debes saber! Es imposible aferrar [la Luz] incluso en el aspecto de "alcanzar y no alcanzar" a no ser que se lleven a cabo las mitzvot con alegría.[4] Esto se debe a que mediante la alegría de la mitzvá se perfecciona la santidad.[5] Ello eleva la vitalidad y la santidad que se encuentran entre las fuerzas del mal (*kiplot*), similar a las once especias del incienso.[6]

Pues las *klipot* son un aspecto del exceso[7] y corresponden a la tristeza, como en (Proverbios 14:23), "En toda tristeza hay exceso".[8] También son los juicios estrictos, correspondientes a (Génesis 6:6), "Se entristeció en Su corazón…".[9] Y la esencia de la alegría se encuentra en el corazón,

---

4. mitzvot con alegría. Hay una tradición que afirma que se le escuchó decir al Ari, considerado el Kabalista más importante del último milenio, que los tremendamente exaltados niveles que alcanzó los obtuvo como resultado de haber llevado a cabo las mitzvot con una gran alegría (ver *Mishná Brurá* 669:11). El rabí Natán agrega que la alegría aumenta la capacidad mental (*Likutey Halajot, Nefilat Apaim* 4:2; ver más adelante, §5-§8). Por lo tanto, dice el rabí Natán en otra instancia, uno debe tomar el hábito diario de alabar a Dios por todo el bien que posee. No importa cuán terribles se presenten las cosas, siempre debe haber algún bien sobre el cual uno pueda regocijarse. Al hacerlo, llegará a la alegría (*Likutey Halajot, Hodáa* 6:10).

5. se perfecciona la santidad. En el proceso de la Creación tuvo lugar algo conocido en la terminología de la Kabalá como la Ruptura de los Recipientes (ver *Innerspace*, Capítulo 10). Esos recipientes, las *sefirot* originales de la Creación, fueron creados como entidades separadas, incapaces de interactuar. Como resultado de esa "falla" inherente, no pudieron retener la luz Divina filtrada hacia ellas y se quebraron. Ello hizo que muchas chispas de santidad descendiesen de su nivel original, lo que generó un ámbito externo o inferior en donde la presencia de Dios está, a veces, casi totalmente oscurecida. Esos mundos inferiores son conocidos como el ámbito de las fuerzas del mal (*klipot*) del Otro Lado. En verdad, la creación del mal fue algo necesario, pues mediante ello el hombre posee libertad de elección —para elegir entre el bien y el mal— asemejándose así a su Creador. Más aún, para que ese ámbito pueda existir, debe haber alguna chispa de santidad que lo sustente. La misión del hombre en este mundo es extraer esas chispas de santidad de entre las *klipot* y restaurar los recipientes, no a su estado primigenio sino a un estado perfeccionado. Esto se logra al cumplir con las mitzvot. Cada mitzvá llevada a cabo extrae una o más chispas sagradas y aumenta así la plenitud en la estructura de la santidad. De la misma manera, cada generación extrae y rectifica nuevas y adicionales chispas, elevándolas constantemente hacia la santidad. Éste es un proceso largo y continuo que durará hasta la llegada del Mashíaj. Él extraerá entonces todas las chispas restantes y rectificará al mundo entero (*Etz Jaim, Shaar HaKlalim* p. 2). En nuestro contexto, este proceso de extraer las chispas desde los ámbitos inferiores es llamado por el Rebe Najmán el perfeccionamiento de la santidad. Como se volverá claro en el curso de la lección y especialmente hacia el final, cuanto más grande sea la alegría con la que uno lleva a cabo la mitzvá, más se completa y perfecciona la santidad.

6. once especias del incienso. Dios le ordenó al pueblo judío presentar una ofrenda de incienso

שֶׁכָּתוּב (תהלים ד): "נָתַתָּה שִׂמְחָה בְלִבִּי".
וְגָלוּת הַשְּׁכִינָה, שֶׁהוּא בְּחִינַת לֵב שֶׁהוּא שִׂמְחָתָן שֶׁל יִשְׂרָאֵל, עִקַּר גָּלוּתָהּ – כְּשֶׁעֲצָבוּת שֶׁהֵם הַקְּלִפּוֹת גּוֹבְרִים עָלֶיהָ, בִּבְחִינַת: "וַיִּתְעַצֵּב אֶל לִבּוֹ". וְזֶה הוּא כְּשֶׁיֵּצְאוּ יִשְׂרָאֵל מֵהַגָּלוּת, כְּתִיב (ישעיה נה): "כִּי בְשִׂמְחָה תֵצֵאוּ".
וּבִשְׁבִיל זֶה, שֶׁעַל־יְדֵי הַקְּטֹרֶת מַעֲלִין מֵהַקְּלִפּוֹת חִיּוּתָם, כְּתִיב בָּהֶם (משלי כז): "קְטֹרֶת יְשַׂמַּח לֵב". נִמְצָא כְּשֶׁעוֹשֶׂה הַמִּצְוָה בְּשִׂמְחָה, אֲזַי מַעֲלֶה הַשְּׁכִינָה, שֶׁהִיא הַמִּצְוָה, שֶׁהִיא שִׂמְחַת הַלֵּב, מִבֵּין הַקְּלִפּוֹת.
וְזֶהוּ בְּחִינַת מַלְכוּת דַּעֲשִׂיָּה הָעוֹלָה מִן הַקְּלִפּוֹת:

13. con alegría saldrán. Pues la alegría, cuando se fortalece, tiene el poder de anular las *klipot*. Y, dado que las *klipot* son tristeza/exilio, cuando llega la Redención, aquellos que han estado exiliados salen con alegría. O, como enseña el *Zohar* (III, 118a): ellos saldrán con la Presencia Divina. La *Shejiná*, si así pudiera decirse, también será redimida (*Parparaot LeJojmá*).

14. incienso...extrae...alegra el corazón. Ver más arriba, notas 5 y 6. Dado que el *ketoret* extrae las chispas de santidad de las *klipot*, corresponde a la alegría (que extrae del exilio). Por lo tanto, "alegra el corazón".

15. Presencia Divina...mitzvá. El *Zohar* (II, 93a) enseña que la *Shejiná* es un aspecto de las mitzvot. El Ari explica que las mitzvot corresponden al nivel del *nefesh* (alma inferior), que es sinónimo de *Maljut* (*Shaar HaGuilgulim* 11). Así, como hace notar el Rebe Najmán, la Presencia Divina, que también es *Maljut* (ver n. 17), corresponde a la mitzvá. Ver *Likutey Moharán* I, 14:5, nota 48.

16. ...de entre las fuerzas del mal. La alegría de la mitzvá *es* la alegría de la Presencia Divina. Así vemos que, al igual que el *ketoret*, la alegría tiene el poder de extraer las chispas de santidad de entre las *klipot*.

17. Maljut del Mundo de la Acción que asciende.... Esta afirmación requiere comprender los siguientes conceptos.

Es una enseñanza fundamental del judaísmo el que nada puede ser dicho de Dios Mismo. Debido a que es indefinible, Dios es llamado *Ein Sof* (el Infinito). Esto alude a lo ilimitado de Su Ser y Existencia, conceptos que la mente humana es incapaz de aferrar. Por definición, por lo tanto, nada existe –nada puede existir– fuera del *Ein Sof*. Fue por ese motivo que, en el comienzo de la Creación, Dios, por así decirlo, Se retiró y estableció el así llamado Espacio Vacío o Vaciado, dentro del cual Él creó todos los universos, mundos, etc. (*Shaar HaHakdamot*, p. 17). Esos mundos actúan como filtros, ocultando la Infinita Luz de Dios y permitiendo así la existencia de los seres creados. En general, las enseñanzas de la Kabalá hablan de Cuatro Mundos: *Atzilut* (Cercanía), el Mundo Exterior; *Beriá* (Creación), el Mundo del Trono; *Ietzirá*

como está escrito (Salmos 4:8), "Tú has puesto alegría en mi corazón".[10]

Ahora bien, el exilio de la Presencia Divina (*Shejiná*) –que corresponde al corazón, a la alegría de Israel[11]– se produce principalmente cuando las fuerzas del mal, la tristeza, se sobreponen a ella.[12] Esto es como en, "Se entristeció en Su corazón". Así está escrito que cuando el pueblo judío salga del exilio (Isaías 55:12): "Con alegría saldrás".[13]

Y puesto que mediante el incienso se les extrae la vitalidad a las fuerzas del mal, está escrito sobre ello (Proverbios 27:9), "El incienso alegra el corazón".[14] Así, cuando la persona lleva a cabo una mitzvá con alegría, eleva a la Presencia Divina –que es la mitzvá,[15] la alegría del corazón– de entre las fuerzas del mal.[16]

Éste es el concepto de *Maljut* del Mundo de la Acción que asciende desde las fuerzas del mal.[17]

Ello hizo que el Atributo del Juicio superase al Atributo de Misericordia, lo que a su vez hizo que el Diluvio, i.e., los juicios estrictos, se desataran sobre el mundo. Vemos por lo tanto que las *klipot* son tristeza y juicios estrictos. Es en el corazón en donde se siente esa tristeza y en donde las *klipot* abruman a la persona. El rabí Natán agrega que si la persona cae en la tristeza, es muy probable que sucumba también ante sus deseos, particularmente ante los dos más fuertes, el deseo de dinero y de sexualidad. Como enseña el Rebe Najmán, esos dos deseos provienen de los sentimientos de tristeza y de melancolía (ver *Likutey Moharán* I, 23:2, 3). Y, concluye el rabí Natán, de esa tristeza derivan todos los problemas de la persona (*Likutey Halajot, Hodáa* 6:2). Esto vuelve a conectar con la Generación del Diluvio, cuyos mayores crímenes fueron el robo y la inmoralidad. Ese comportamiento del hombre trajo la tristeza/los juicios estrictos al corazón de Dios y Él envió el Diluvio.

10. alegría en el corazón. Por otro lado, el corazón es también el asiento de la alegría. Pero cuando las *klipot* gobiernan, se sobreponen a la alegría. El Rebe explica a continuación la naturaleza de ese corazón.

11. Presencia Divina...corazón...alegría.... El *Tikuney Zohar* (21, p. 49b) enseña que la *Shejiná* (Presencia Divina) corresponde al corazón. De manera similar, dice el *Zohar* sobre el versículo de Isaías (55:12) que el Rebe Najmán pronto citará, "Con alegría saldrán [del exilio]": Esta alegría es la Presencia Divina (*Zohar* III, 118a). Esto indica que la Presencia Divina es el corazón/la alegría del pueblo judío (*Mabuei HaNajal*, Lección 24).

12. ...se sobreponen a ella. Cuando la Presencia Divina/el corazón/la alegría es superada por la tristeza, ello es una señal de que las *klipot* están gobernando. Esto genera a su vez los juicios estrictos – i.e., el exilio, el "exilio de la Presencia Divina". Ésta es también la explicación para el versículo (Isaías 63:9), "En todos sus sufrimientos Él sufre" – el Santo, bendito sea, si así pudiera decirse, siente el dolor que Sus hijos sufren en el exilio. Más aún, como explica el rabí Natán, el principal exilio es el exilio del alma. Y no hay una tristeza más grande ni un exilio más penoso que cuando el alma –el asiento de la Presencia Divina inmanente en el hombre– está separada de su alimento y deleite espiritual.

ג. וּכְשֶׁאָדָם עוֹשֶׂה אֵיזֶה מִצְוָה, יֵשׁ כֹּחַ בְּהַמִּצְוָה, לֵילֵךְ וּלְעוֹרֵר

(Salmos); el *Shemá*; y la *Amidá* (Dieciocho Bendiciones). Todos estos se corresponden a los Cuatro Mundos en orden ascendente. Nuestras plegarias del servicio de la mañana elevan a los mundos inferiores y los unen con los mundos superiores (*Shaar HaKavanot, Drushei Tefilat HaBoker* 1, p. 78; ver *Likutey Moharán* I, 14:8). Debido a que *Maljut* es el límite inferior de la santidad, es el primero en ser elevado. Es por ello que es importante recitar el Capítulo del *Ketoret* que se encuentra el comienzo de la plegaria.

También es importante saber que en cada nivel existe un aspecto superior y un aspecto inferior de la santidad. Se dice del aspecto superior de la santidad, referido como "luz", que es *pnimi* (interior). De la santidad inferior, a la cual se la denomina "recipiente" para acoger esa luz, se dice que es *jitzoni* (externa). El *jitzoni* actúa como una vestimenta para cubrir el *pnimi*. (Esto no debe ser confundido con el *Or Makif* y el *Or Pnimi* mencionados en el *Likutey Moharán* I, 21:4, n. 26). Ahora bien, cuando la unidad de *sefirot* de un nivel comienza a ascender, es el aspecto de santidad interno/superior de la unidad el que se eleva. Sin embargo, dado que ese aspecto nunca es tan sagrado como el nivel superior al cual asciende, sólo se eleva al *jitzoni* del nivel superior. Por ejemplo, cuando *Maljut* asciende al nivel de la unidad *NeHI*, es el *pnimi* de *Maljut* el que asciende a *NeHI*. Sin embargo, sólo alcanza al *jitzoni* de *NeHI*. A su vez, cuando *NeHI* asciende a la unidad *JaGaT*, sólo el *pnimi* asciende a *JaGaT* y se vuelve el *jitzoni* que inviste a *JaGaT*. Cuando *JaGaT* asciende a la unidad *JaBaD*, sólo el *pnimi* de *JaGaT* asciende y se transforma en el *jitzoni* que inviste a *JaBaD*. Todo esto tiene lugar en el Mundo de la Acción. Sin embargo, cuando *JaBaD* asciende al nivel superior, se eleva a la unidad *Maljut* del mundo superior, *Ietzirá*. Así, el *pnimi* de *JaBaD* asciende y se transforma en el *jitzoni* de *Maljut* de *Ietzirá*. Y así el proceso continúa en todos los mundos, hasta que todos quedan unidos con el punto superior de *Atzilut* (*Shaar HaKavanot, Drushei Tefilat HaBoker* 1, p. 79).

El lector encontrará que los conceptos explicados en esta introducción se aplican a las próximas secciones de nuestra lección, en donde el Rebe Najmán habla de las diversas unidades de *sefirot* ascendiendo para investir las unidades de niveles superiores. Hasta aquí el Rebe Najmán ha hablado sobre la Presencia Divina/*Maljut* ascendiendo desde las *klipot*. Como explica el *Parparaot LeJojmá*: A partir de la lección podemos ver que ese ascenso hace referencia a lo que sucede cuando el judío lleva a cabo las mitzvot con alegría. Esa alegría del pueblo judío es la santidad de la Presencia Divina investida en la mitzvá. Al llevar a cabo la mitzvá con alegría, la Presencia Divina sale de su exilio en el ámbito de las *klipot*. Esto es lo que quiere decir "*Maljut* del Mundo de la Acción asciende desde las fuerzas del mal". Agrega el rabí Natán: El Ari enseña que todas las *sefirot* y todos los mundos se unen y ascienden durante las plegarias. Lo que el Rebe Najmán revela aquí es que todo judío puede generar esas elevaciones en los Mundos Superiores, en cualquier momento, simplemente realizando una mitzvá con alegría (*Likutey Halajot, Nefilat Apaim* 4:1). El rabí Natán hace notar también que, debido a que al comienzo del Shabat las fuerzas del mal no tienen poder y los mundos ya no necesitan ascender del "exilio" (ver *Shaar HaKavanot, Drushei Shabat*), el Shabat es por lo tanto un momento de gran alegría (*Likutey Halajot, ibid.* 4:3).

Resumen: Aunque la mente corre para alcanzar la Luz del Infinito, ésta sólo puede ser captada en el aspecto de "alcanzando y no alcanzando" (§1). Para captar esa luz, incluso en la categoría de "alcanzando y no alcanzando" es necesario llevar a cabo las mitzvot con una gran alegría. Esto eleva a *Maljut*/*Shejiná* desde las *klipot* (§2).

3. Cuando la persona lleva a cabo alguna mitzvá, esa mitzvá tiene poder para ir y despertar a todos los mundos al servicio a Dios. Esto

(Formación), el Mundo Angélico; *Asiá* (Acción), este mundo y el ámbito de las *klipot* (*Etz Jaim, Heijal ABIA* 43:1; ver Apéndice: Niveles de Existencia). También hay un quinto mundo superior que, debido a su naturaleza sublime y oculta, difícilmente puede ser incluido con los otros cuatro. Debido a la naturaleza inefable e incognoscible del *Ein Sof*, fue necesario crear un mundo que funcionase como una interfase entre el Creador Infinito y Su creación finita. Ése es el Mundo de *Adam Kadmon* (Hombre Primordial). Sin embargo, debido a que *Adam Kadmon* constituye una unidad casi completa con la luz Divina que fluye hacia él, puede decirse que está unido con el *Ein Sof* y no puede ser llamado propiamente un "mundo" (*Innerspace*, p. 23).

Las emanaciones Divinas que manifiestan el poder creativo de Dios en los mundos son conocidas como *sefirot*. Las Diez *Sefirot*, en orden descendente, son: *Keter, Jojmá, Biná, Jesed, Guevurá, Tiferet, Netzaj, Hod, Iesod, Maljut*. En un sentido general, *Jojmá* es un paralelo de *Atzilut*; *Biná* es un paralelo de *Beriá*; *Zeir Anpin* (desde *Jesed* hasta *Iesod*) es un paralelo de *Ietzirá*; *Maljut* es un paralelo *Asiá*. Se dice que *Keter*, que a veces está incluido con las otras *sefirot* pero otras veces no (ver el párrafo siguiente) corresponde al ápice de *Atzilut* (ver Apéndice: Las Personas Divinas) pero se lo asocia con *Adam Kadmon*. El Ari enseña que cada mundo, individualmente, también contiene esas diez *sefirot* – e.g., *Asiá* comprende desde *Keter* hasta *Maljut*, al igual que *Ietzirá* y demás. Así, *Maljut* del Mundo de la Acción, que puede ser pensado como *Maljut* de *Maljut*, se encuentra en el nivel más bajo de la santidad. Por debajo está el ámbito del Otro Lado. Sin embargo, precisamente porque es lo más cercano a las fuerzas del mal, ese *Maljut* cumple una función muy importante: la extracción de las chispas de santidad de entre las *klipot* (ver n. 5). Como se mencionó más arriba, la Presencia Divina corresponde a *Maljut* (ver *Etz Jaim, Heijal Adam Kadmon* 1:2). Así, en nuestro texto, cuando el Rebe Najmán menciona que la Presencia Divina se encuentra en el exilio, se está refiriendo a *Maljut* de *Asiá* que ha caído del ámbito de la santidad hacia el ámbito de lo no santo.

Los Kabalistas explican que la *sefirá* de *Keter* es considerada, en cierto sentido, como por sobre el estrato de las *sefirot*. Muchas veces, debido al hecho quizá de que *Keter* está más allá de la comprensión o porque el interés está puesto en la estructura interdependiente de las *sefirot* más bien que en su orden simple (ver Apéndice: Estructura de las Sefirot), *Keter* está oculto y en su lugar se manifiesta la cuasi *sefirá* de *Daat*. Esto presenta un orden algo diferente de las *sefirot*: *Jojmá, Biná, Daat, Jesed, Guevurá, Tiferet, Netzaj, Hod, Iesod, Maljut*; con *Keter* y *Daat* siendo mutuamente excluyentes. Esto se debe a que *Daat* es de hecho una manifestación externa (*jitzón*) de *Keter*. Dado que *Keter* es tan exaltado, hacemos referencia a su parte externa, *Daat* (*Etz Jaim* 23:8). En esta estructura de las *sefirot*, las tres primeras (*Jojmá, Biná, Daat – JaBaD*) corresponden a los *mojín*, el intelecto o cerebro (cabeza); la segunda tríada (*Jesed, Guevurá, Tiferet – JaGaT*) corresponde al torso junto con las manos; la siguiente tríada de *sefirot* (*Netzaj, Hod, Iesod – NeHI*) corresponde a las piernas y al órgano de la reproducción; *Maljut* son los pies (ver Apéndice: Las Sefirot y el Hombre). Aunque cada una de las *sefirot* se encuentra en un nivel separado, cada tríada es a veces considerada como una unidad, siendo *Maljut* una unidad en sí misma. En diversos momentos, las posiciones de estas unidades de *sefirot* son alteradas de modo que una unidad de un nivel inferior asciende a un nivel superior. Uno de esos momentos es durante el recitado de la Plegaria de la Mañana.

El Ari enseña que la Plegaria de la Mañana se divide en cuatro secciones: las Bendiciones de la Mañana, el *Ketoret* y los *Korbanot* (lecturas de los sacrificios); los *Pesukey deZimra*

כָּל הָעוֹלָמוֹת לַעֲבוֹדַת הַשֵּׁם יִתְבָּרַךְ. בִּבְחִינַת (שמות י): "בִּנְעָרֵינוּ וּבִזְקֵנֵינוּ נֵלֵךְ, בְּצֹאנֵנוּ וּבִבְקָרֵנוּ נֵלֵךְ". וְזֶה בְּחִינַת 'מַלְכוּת מַלְבִּישׁ נֶצַח הוֹד יְסוֹד', שֶׁהֵם כְּלֵי הַהֲלִיכָה.

וְזֶה בְּחִינַת (תהלים לז): "תּוֹרַת אֱלֹקָיו בְּלִבּוֹ לֹא תִמְעַד אֲשׁוּרָיו", שֶׁהִיא הוֹלֶכֶת לְעוֹרֵר. וְזֶה בְּחִינַת (שם סח): "הֲלִיכוֹת אֵלִי מַלְכִּי בַקֹּדֶשׁ" - כְּשֶׁמַּעֲלִין מַלְכוּת לְתוֹךְ הַקְּדֻשָּׁה, הִיא מַלְבֶּשֶׁת אֶת הֲלִיכוֹת אֵלִי אֶת 'נֶצַח הוֹד יְסוֹד', לֵילֵךְ וּלְעוֹרֵר כָּל הַדְּבָרִים לַעֲבוֹדַת הַשֵּׁם יִתְבָּרַךְ:

ד. וְעַל-יְדֵי הַהִתְעוֹרְרוּת, הַיְנוּ עַל-יְדֵי הֲלִיכָה, נִמְשָׁךְ בְּרָכָה לְכָל הָעוֹלָמוֹת. וְזֶה בְּחִינַת: 'נֶצַח הוֹד יְסוֹד מַלְבִּישִׁין אֶת חֶסֶד גְּבוּרָה תִּפְאֶרֶת', שֶׁהֵם הַיָּדַיִם, שֶׁמִּשָּׁם כָּל הַבְּרָכוֹת.

Najmán demuestra cómo el cumplimiento de las mitzvot con alegría comienza el proceso del ascenso. Aquí trae un texto de prueba que conecta *Maljut* (Reinado) con este proceso. Cuando **mi Rey [está] en santidad** – cuando *Maljut* asciende desde las *klipot*, entonces **el andar...** – inviste a *NeHI*, haciendo que *NeHI* "vaya" y despierte a los niveles superiores en el servicio a Dios (*Parparaot LeJojmá*).

22. todas las cosas. El Rebe Najmán comenzó esta sección con, "despertar a todos los *mundos* al servicio a Dios". Aquí, el Rebe dice, "despertar todas las *cosas* al servicio a Dios". Es decir, no sólo la mitzvá llevada a cabo con alegría tiene el poder de despertar los mundos superiores al servicio a Dios, sino que también las creaciones inferiores de este mundo se despiertan para servir a Dios (*Mabuei HaNajal*, Lección 24).

23. servicio a Dios. Resumen: Aunque la mente corre para alcanzar la Luz del Infinito, ésta sólo puede ser captada en el aspecto de "alcanzando y no alcanzando" (§1). Para captar esa luz, incluso en la categoría de "alcanzando y no alcanzando" es necesario llevar a cabo las mitzvot con una gran alegría. Esto eleva a *Maljut/Shejiná* desde las *klipot* (§2). Cuando *Maljut* se eleva, despierta al servicio a Dios a la unidad de *sefirot* que se encuentra por encima, *NeHI*, que es un paralelo de las piernas. Ello, a su vez, despierta al servicio a Dios a todos los mundos que están por sobre *NeHI* (§3).

24. despertar...todos los mundos. Este despertar de los mundos superiores se produce a través del cumplimiento de las mitzvot con alegría. Cada persona, al llevar a cabo las mitzvot con alegría, puede traer bendiciones sobre el mundo entero. El Talmud alude a esto: Afortunado aquél que realiza una mitzvá. Inclina la balanza hacia el lado del mérito tanto para sí mismo como para el mundo entero (*Kidushin* 40b). Esto se une con la afirmación anterior del rabí Natán sobre el hecho de que todo lo mencionado en esta lección se aplica a cada judío (ver más arriba, n. 1).

25. manos...bendiciones. El Rebe Najmán explica al final de esta sección que las bendiciones

es como en (Éxodo 10:9), "Con nuestros niños y con nuestros ancianos iremos… con nuestras ovejas y nuestras vacas iremos".[18] Éste es el concepto de *Maljut* invistiendo a *Netzaj*, *Hod* y *Iesod* – los miembros de locomoción.[19]

Esto corresponde a (Salmos 37:31), "La Torá de su Dios está en su corazón; no tropezarán sus pies" – pues se dirige a despertar [a los mundos].[20] Y éste es el aspecto de (*ibid.* 68:25), "…el andar de mi Dios, mi Rey, en santidad". Cuando *Maljut* es elevado hacia la santidad, éste inviste "el andar de mi Dios" –*Netzaj*, *Hod* y *Iesod*– para ir y despertar[21] a todas las cosas[22] al servicio a Dios.[23]

4. Ahora bien, mediante ese despertar, i.e., mediante el "ir", se hacen descender bendiciones a todos los mundos.[24] Éste es el concepto de *Netzaj*, *Hod* y *Iesod* invistiendo a *Jesed*, *Guevurá* y *Tiferet* – las manos, de las cuales provienen las bendiciones.[25]

---

18. niños…ancianos…iremos. Las "ovejas y vacas" aluden a las chispas de santidad que deben ser elevadas desde los niveles más bajos (correspondiente a los *Korbanot* que recitamos en la Plegaria de la Mañana). Así, en el contexto de nuestra lección, el versículo se lee: **Con nuestros niños y con nuestros ancianos iremos** – ¿cuándo es que ascienden los niveles y los mundos superiores? **con nuestras ovejas y nuestras vacas iremos** – cuando ascienden los niveles inferiores.

Cuando Moshé le advirtió al faraón que, de no permitir que los judíos sirviesen a Dios en el desierto, Egipto sería atacado por la plaga de langostas, el faraón comenzó a ceder. Consideró dejar que algunos judíos saliesen de Egipto durante unos días y le preguntó a Moshé (Éxodo 10:8), "¿Quiénes irán?". Moshé respondió, "Con nuestro niños y con nuestros ancianos…". Todos, desde los más jóvenes hasta los más ancianos, desde los más pequeños hasta los más grandes, todos irían a servir a Dios. En nuestro contexto, esto se relaciona con el hecho de elevar todas las chispas desde las *klipot*. Al sacrificar el cordero de Pesaj en Egipto en medio de un gran regocijo y dejando el exilio en Egipto con gran alegría, los judíos fueron capaces de unir a todos y elevar al servicio a Dios incluso a los niveles más bajos (representados por los animales) (*Mei HaNajal; Mabuei HaNajal*, Lección 24).

19. Maljut invistiendo…. Como se explicó más arriba (n. 17), cuando *Maljut* asciende, se transforma en el *jitzoni* (la vestimenta) del nivel superior, *NeHI*. En nuestro contexto, *Maljut* sale de entre las *klipot* (a través del cumplimiento de las mitzvot con alegría) e inviste los miembros de locomoción – pone en movimiento a *NeHI*, las piernas, para que vaya y despierte a los mundos superiores al servicio a Dios.

20. Torá de su Dios…no tropezarán sus pies…. Cuando **la Torá de su Dios está en su corazón** – cuando la mitzvá (Torá) es llevada a cabo con alegría (corazón) para que no haya tristeza, para que no haya *klipot*, **no tropezarán sus pies.** La mitzvá/Presencia Divina asciende desde las *klipot* e inviste los miembros de locomoción, haciendo que "vayan" (*Parparaot LeJojmá*).

21. el andar de mi Dios, mi Rey…para ir y despertar. En este primer texto de prueba, el Rebe

וְזֶה בְּחִינַת (בראשית ל): "וַיְבָרֶךְ ה' אֹתְךָ לְרַגְלִי". נִמְצָא שֶׁעוֹלִין הָרַגְלִין בִּבְחִינַת יָדַיִם, בִּבְחִינַת (שופטים ד): "וַתֵּלֶךְ יַד בְּנֵי יִשְׂרָאֵל הָלוֹךְ וְקָשָׁה".

וְעִקַּר הַבְּרָכוֹת מִיָּדַיִם, בִּבְחִינַת (ויקרא ט): "וַיִּשָּׂא אַהֲרֹן אֶת יָדוֹ אֶל הָעָם וַיְבָרְכֵם", וּכְמוֹ שֶׁכָּתוּב (בראשית מט): "מִידֵי אֲבִיר יַעֲקֹב מִשָּׁם רֹעֶה אֶבֶן יִשְׂרָאֵל":

ה. וְעִקַּר הַבְּרָכָה שֶׁנִּשְׁפָּעִין מֵהַיָּדַיִם, הֵם שֵׂכֶל. וּכְשֶׁבָּאִים לְמַטָּה, נַעֲשִׂים לְכָל אֶחָד וְאֶחָד כְּפִי רְצוֹנוֹ, כְּמוֹ שֶׁכָּתוּב (תהלים קמה): "פּוֹתֵחַ אֶת יָדֶיךָ וּמַשְׂבִּיעַ לְכָל חַי רָצוֹן".

בְּכֵן מִי שֶׁהוּא בַּעַל נֶפֶשׁ, צָרִיךְ לְכַוֵּן רְצוֹנוֹ, שֶׁיַּמְשִׁיךְ בִּרְכַּת שֵׂכֶל. בִּבְחִינַת (בראשית מח): "שִׂכֵּל אֶת יָדָיו", וּבִבְחִינַת (שמות טו):

explica el Midrash: estaba siempre alegre (*Bereshit Rabah* 86:4). Fue debido a que llevaba a cabo las mitzvot con alegría que pudo elevarse de entre las *klipot*. Así, "Iosef *fue* por todo Egipto…" (Génesis 41:46), "fue" alude a las piernas. Dado que hizo que las piernas se elevasen, trajo bendiciones sobre él.

Resumen: Aunque la mente corre para alcanzar la Luz del Infinito, ésta sólo puede ser captada en el aspecto de "alcanzando y no alcanzando" (§1). Para captar esa luz, incluso en la categoría de "alcanzando y no alcanzando" es necesario llevar a cabo las mitzvot con una gran alegría. Esto eleva a *Maljut/Shejiná* desde las *klipot* (§2). Cuando *Maljut* se eleva, despierta al servicio a Dios a la unidad de *sefirot* que se encuentra por encima, *NeHI*, que es un paralelo de las piernas. Ello, despierta al servicio a Dios a todos los mundos que están por sobre *NeHI* (§3). Despertar los mundos y todo lo que hay en la Creación a Su servicio hace descender bendiciones a todos los mundos (§4).

30. la principal bendición…intelecto. Dicen nuestros Sabios: Si has adquirido *daat* (conocimiento sagrado) ¿qué es lo que te falta? Si te falta *daat*, ¿qué es lo que has adquirido? (cf. *Nedarim* 41a). En otras palabras, con el conocimiento sagrado la persona tiene todo; sin él, no tiene nada. Así, con conocimiento/intelecto uno obtiene bendiciones. En verdad, el intelecto *es* la principal bendición.

31. de acuerdo a su voluntad…. Cuando la mano de Dios se abre y la *shefa* desciende, cada persona recibe en la medida de su *ratzón* (voluntad o deseo). Si la persona desea lo material, la *shefa* que le corresponda se cristalizará como riqueza material, como en el caso de Labán (ver más arriba, n. 26). Por el contrario, la persona que busque la bendición del intelecto recibirá *mojín*, las mentalidades necesarias para percibir la Luz del Infinito (*Mei HaNajal*).

32. espiritualmente sensible…. El Rebe Najmán le aconseja al *baal nefesh* (al espiritualmente sensible o literalmente, "señor del alma") buscar las bendiciones del intelecto/espíritu en lugar

Esto corresponde a (Génesis 30:30), "Dios te bendijo a mis pies".²⁶ A partir de esto vemos que los pies ascienden al aspecto de las manos, como en (Jueces 4:24), "La mano de los hijos de Israel fue y se impuso".²⁷

Y la esencia de las bendiciones proviene de las manos, como en (Levítico 9:22), "Aarón levantó las manos hacia el pueblo y lo bendijo".²⁸ Y está escrito (Génesis 49:24), "De las manos del poderoso de Iaacov, de allí el Pastor, la Roca de Israel".²⁹

5. Y la principal bendición que fluye de las manos es el intelecto.³⁰ Cuando esta [bendición] desciende, cobra forma para cada persona de acuerdo a su voluntad, como está escrito (Salmos 145:16), "Abres Tu mano y satisfaces la voluntad de todo ser viviente".³¹

Por lo tanto, aquel que sea espiritualmente sensible deberá dirigir su voluntad para atraer la bendición del *SeJeL* (intelecto).³² Esto como en

---

provienen de las manos (*JaGaT*, ver n. 17). Cuando *NeHI* asciende al nivel superior de *JaGaT*, se produce una unificación entre los niveles inferiores y superiores. Esas unificaciones, conocidas como *zivuguim* o *ijudim*, permiten que descienda la *shefa* (abundancia y bendiciones) hacia este mundo.

26. te bendijo a mis pies. Iaacov le dijo esto a Labán, quien fue muy pobre hasta que Iaacov se quedó a vivir en su casa (*Rashi*, Génesis 30:27). Iaacov, que realizaba las mitzvot con alegría –como en (Salmos 14:7), "Se alegrará Iaacov"– hacía descender las bendiciones sobre él y sobre su entorno (*Mei HaNajal*). Éste es el significado de "te bendijo a mis pies" – has sido bendecido debido a los pies, a las piernas que han ascendido hacia las manos (como veremos en el próximo versículo).

27. mano…fue y se impuso. La palabra "fue" implica ir. El acto de ir se asocia generalmente con los pies, pero cuando las piernas (*NeHI*) ascienden al nivel de las manos (*JaGaT*), las manos "fueron y se impusieron". Como resultado hubo abundancia y bendiciones.

El *Mei HaNajal* hace notar que este versículo de Jueces hace referencia al pueblo judío que se arrepintió cuando fue oprimido por Iavin, el rey de Canaán y por su jefe militar, Sisera. Al ascender *Maljut* de santidad de entre esas *klipot*, merecieron que *NeHI* ascendiese a *JaGaT* para traer bendiciones. El versículo afirma por lo tanto, "La mano… *fue* y se impuso".

28. Aarón levantó las manos…y lo bendijo. El Talmud deduce a partir de este versículo que cuando los cohanim bendicen al pueblo judío, deben extender las manos (*Sotá* 38a). Vemos entonces que las manos son una parte integral de la entrega y transferencia de bendiciones.

29. las manos…de Iaacov…Roca de Israel. Este versículo es parte de la bendición que Iaacov le dio a Iosef. A través de sus manos, Iaacov pudo transmitir la bendición.

Rashi (*loc. cit.*) explica "Roca de Israel", aludiendo a Iosef que mereció la posición de virrey en Egipto. Como virrey, Iosef era un aspecto de *Maljut* (Reinado) y aunque se encontraba entre las *klipot*, mantuvo su santidad. Pese a todo lo que le había sucedido, Iosef nunca perdió la esperanza; como dicen las Escrituras sobre él (Génesis 39:2), "Fue hombre próspero" – y

"מְקַדֵּשׁ ה' כּוֹנְנוּ יָדֶיךָ".
וְזֶה בְּחִינַת 'חֶסֶד גְּבוּרָה תִּפְאֶרֶת שֶׁמַּלְבִּישִׁין אֶת חָכְמָה בִּינָה דַּעַת':

ו. **וְצָרִיךְ** לְהַמְשִׁיךְ אֱמוּנָה לְתוֹךְ בִּרְכַּת הַשֵּׂכֶל, כִּי אֵין לִסְמֹךְ עַל הַשֵּׂכֶל בְּעַצְמוֹ, כַּיָּדוּעַ.

וְזֶה בְּחִינַת (משלי כח): "אִישׁ אֱמוּנוֹת רַב בְּרָכוֹת", וּבְחִינַת (שמות יז): "וַיְהִי יָדָיו אֱמוּנָה", וּבְחִינַת (שמואל א' כד): "וְקָמָה בְּיָדְךָ מַמְלֶכֶת

comprenderlo, desarrollando su intelecto en plenitud (*Likutey Moharán* I, 62:2). Este pasaje apoya claramente el concepto del trabajo intelectual. Pero no hay contradicción en ello. Es necesario utilizar el intelecto para buscar a Dios, allí en donde Él pueda ser encontrado. Al mismo tiempo, la persona debe comprender que no importa cuán inteligente pueda ser, que no importa cuánto entienda, hay cosas que se encuentran más allá de su comprensión. En esas áreas, necesita de la fe – una fe incluso mayor que su intelecto. Esa fe sustentará al intelecto y le permitirá desarrollar más todavía su mente, sin extraviarse fuera del sendero correcto (ver *Likutey Halajot, Guiluaj* 4:11; ver más adelante, n. 50).

Escribe el rabí Natán: Si la persona percibiese la inmensa y hermosa luz que contiene cada mitzvá en su fuente, rápidamente abandonaría todo apego a lo mundano. El placer de una sola mitzvá es mucho más grande que lo que uno pueda llegar a imaginar. Pero están aquellos que, antes de cumplir con los preceptos de Dios, buscan comprenderlos intelectualmente. Ello constituye un intelecto no atemperado por la fe; un intelecto destructivo. Por el contrario, muy afortunados son aquellos que tienen fe. Ellos llevan a cabo las mitzvot, aunque no comprendan su significado. Su recompensa será muy grande (*Likutey Halajot, Nefilat Apaim* 4:14; una traducción del *Likutey Moharán* II, 12, titulada *¿Aié?*, Breslov Research Institue, en el volumen *Cuatro Lecciones del Rabí Najmán de Breslov*, desarrolla este tema en profundidad). Habiendo enfatizado la necesidad de dirigir la voluntad para adquirir el intelecto, el Rebe Najmán comienza esta sección diciendo, "También es necesario traer fe hacia la bendición del intelecto".

37. fe…bendiciones. Es decir, donde hay fe, hay una abundancia de bendiciones: el intelecto – *JaBaD*.

38. Sus manos eran fe. Mientras Ioshúa estuvo luchando contra Amalek, Moshé se mantuvo, durante todo el día, de pie con sus manos extendidas en plegaria. "Sus manos eran fe", eran sólidas y firmes. En nuestro contexto esto hace referencia a llevar la fe hacia la bendición del intelecto. Dado que *JaGaT* inviste a *JaBaD*, llevar fe hacia el intelecto (*JaBaD*) corresponde a traer fe hacia las manos (*JaGaT*). Esto se debe a que la bendición se recibe a través de las manos (ver más arriba, §5).

En otra instancia, el Rebe Najmán enseña que Amalek representa las filosofías ajenas (*Likutey Moharán* II, 19). "Sus manos eran fe" alude a Moshé trayendo la fe hacia el intelecto. De esa manera se protegió el intelecto, por lo que Moshé pudo contrarrestar las falsas ideologías intelectuales de Amalek.

(Génesis 48:14), "Él *SiKeL* (cruzó) sus manos".[33] Esto también corresponde a (Éxodo 15:17), "Un santuario, Dios, que establecieron Tus manos".[34]

Éste es el concepto de *Jesed*, *Guevurá* y *Tiferet* investiendo a *Jojmá*, *Biná* y *Daat*.[35]

6. También es necesario traer fe hacia la bendición del intelecto. Pues uno no debe basarse solamente en el intelecto, como es sabido.[36]

Esto corresponde a (Proverbios 28:20), "Un hombre de fe, abundante en bendiciones"[37]; y a (Éxodo 17:12), "Sus manos eran fe"[38]; y a (Samuel I,

---

de las bendiciones de la prosperidad material. Le aconseja "dirigir su voluntad" – i.e., buscar activamente el intelecto y el conocimiento Divino.

33. SeJeL...SiKel sus manos. Al bendecir a sus nietos, Menashé y Efraím, Iaacov cruzó las manos. Debido a que cumplía con las mitzvot con alegría (n. 26), Iaacov tenía el poder de transmitir la bendición del intelecto a través de las manos. Por lo tanto, cuando los hijos de Iosef desearon ese intelecto, Iaacov atrajo la bendición del *SeJeL* (שכל) mediante el *SiKeL* (שכל), cruzando las manos al bendecirlos (*Mei HaNajal*).

34. santuario...Tus manos. Enseña el Talmud: Todo aquel que adquiere conocimiento, es como si el Santo Templo fuese construido en sus días (*Berajot* 33a). El "santuario", el Santo Templo, corresponde así al intelecto. El versículo enseña que para adquirir un intelecto espiritual es necesario primero moldear las manos, pues ellas son el canal para la bendición del intelecto (*Parparaot LeJojmá*).

35. Jesed, Guevurá, Tiferet.... Como se mencionó, *JaGaT* corresponde a las manos. Cuando *JaGaT* recibe la bendición del intelecto, asciende, si así pudiera decirse, al nivel de los *mojín*, *JaBaD* (ver n. 17). Esto es *JaGaT* investiendo a *JaBaD*.

Resumen: Aunque la mente corre para alcanzar la Luz del Infinito, ésta sólo puede ser captada en el aspecto de "alcanzando y no alcanzando" (§1). Para captar esa luz, incluso en la categoría de "alcanzando y no alcanzando" es necesario llevar a cabo las mitzvot con una gran alegría. Esto eleva a *Maljut/Shejiná* desde las *klipot* (§2). Cuando *Maljut* se eleva, despierta al servicio a Dios a la unidad de *sefirot* que se encuentra por encima, *NeHI*, que es un paralelo de las piernas. Ello, despierta al servicio a Dios a todos los mundos que están por sobre *NeHI* (§3). Despertar los mundos y todo lo que hay en la Creación a Su servicio hace descender bendiciones a todos los mundos (§4). De todas las bendiciones, el intelecto es la principal. Éste puede ser adquirido dirigiendo el deseo hacia lo espiritual (§5).

36. fe...no debe basarse solamente en el intelecto.... Enseña el Rebe Najmán: Cuando la persona se apoya sólo en el intelecto, puede caer en muchos errores y trampas y llegar a un gran mal. La esencia del judaísmo es andar con simplicidad... (*Likutey Moharán* II, 12). Ésta es una de las enseñanzas fundamentales del Rebe Najmán. El Rebe exhortaba a sus seguidores a mantenerse en un sendero simple y recto. Al dedicarse a la gimnasia mental o a la especulación filosófica el intelecto puede llevar al ateísmo, Dios no lo permita. En otra instancia, el Rebe Najmán enseña: Todo aquello que la persona sea capaz de comprender, debe esforzarse en

יִשְׂרָאֵל", הַיְנוּ שֶׁיְּשַׁמְּשֵׁךְ אֱמוּנָה לְתוֹךְ בִּרְכַּת הַיָּדַיִם.
וְזֶהוּ בְּחִינַת (שמואל א' ב): "וּבָנִיתִי לוֹ בַּיִת נֶאֱמָן", וְזֶה בְּחִינַת
(תהלים פט): "אֱמוּנָתְךָ בִּקְהַל קְדשִׁים", קֹדֶשׁ זֶה בְּחִינַת מֹחִין.
וְזֶה בְּחִינַת: 'מַלְכוּת דִּיצִירָה נַעֲשֶׂה מִמֶּנָּה חָכְמָה בִּינָה דַּעַת
דַּעֲשִׂיָּה':

ז. **וּבִפְנִימִיוּת בְּרְכָאָן**, שֶׁהוּא דַּקּוּת הַבְּרְכָאָן, נִתְבָּרֵךְ מֵהֶם הַמְסַדֵּר

Éste es el significado de nuestro texto, "*Jojmá, Biná, Daat* del Mundo de la Acción hechos a partir de *Maljut*…". (Para una explicación sobre por qué se dice que *NeHI* y *JaGat* ascienden, mientras que se dice que *Maljut* de *Ietzirá* es hecho descender… ver las enseñanzas del Ari, *Shaar HaKavanot, Drushei Tefilat HaBoker* 3, p. 85). Debe hacerse notar que ahora que se ha hecho descender a *Maljut* de *Ietzirá* hacia *Asiá*, quedan entonces once *sefirot* interactuando en *Asiá*: las Diez *Sefirot* de *Asiá* y *Maljut* de *Ietzirá*. Esas once corresponden al *ketoret* que tiene once especies. En la terminología de nuestra lección, esas once *sefirot* son: llevar a cabo las mitzvot con alegría (*Maljut*); hacer que los mundos "vayan" y sirvan a Dios (*NeHI*); traer las bendiciones (*JaGaT*) del intelecto (*JaBaD*); atemperar y proteger el intelecto con la fe (*Maljut* de *Ietzirá*). Estas once anulan a las once chispas del Otro Lado (ver más arriba, n. 6; *Etz Jaim* 23:8).

El *Parparaot LeJojmá* comenta que el hecho de traer desde un mundo superior hacia un mundo inferior es un paralelo de traer la fe desde un nivel superior a nuestro nivel actual de intelecto, para que esa fe siempre sea más fuerte que el intelecto. Ello protege a la mente para que no sea influenciada por filosofías falsas y ajenas. Ver más arriba, nota 36.

43. interioridad…aspecto refinado de las bendiciones. La interioridad hace referencia a la combinación de *Maljut* de *Ietzirá* descendiendo hacia los *mojín*, el *JaBaD* de *Asiá*. La fe y el intelecto interactúan para crear las bendiciones que descienden a través de las manos (*JaGaT*). Así, la parte más interna de las bendiciones nace en *JaBaD*, donde *JaBaD* se encuentra con *Maljut* del mundo superior. Cuando esas dos manos se unen, "los controles…".

44. controles…. Dado que el Rebe Najmán retorna aquí a la afirmación del comienzo sobre la Luz del Infinito que la mente corre para aferrar aunque no puede hacerlo, se hace necesaria otra introducción. En el texto hebreo, las palabras traducidas como "controles del intelecto" son *mesader umiashev* de los *mojín*. Definida literalmente, *mesader* es la facultad de la mente para organizar y coordinar toda la información, mientras que *umiashev* es la facultad que ordena y asienta la mente. En aras de la simpleza, hemos utilizado el término "controles" en el texto y en las notas. En este punto, debido a la naturaleza esotérica de las dos secciones siguientes, se le aconseja al lector leer las secciones 7 y 8 sin las notas y luego estudiar cuidadosamente la sección 9. Concebida como una revisión de las dos secciones previas, la sección 9 fue compuesta por el rabí Natán para aclarar y definir algunos de los conceptos más difíciles presentados por el Rebe Najmán. Luego de haber estudiado esa revisión será considerablemente más fácil seguir el flujo de la lección del Rebe junto con las notas.

24:20), "El *maljut* (reinado) de Israel será establecido en tu mano"[39] – en otras palabras, uno debe llevar fe a la bendición de las manos.

Y éste es el significado de (Samuel I, 2:35), "Yo le construiré una casa fiel".[40] Y esto es (Salmos 89:6), "…tu fidelidad en la congregación de los santos". "Santo" corresponde a las mentalidades (*mojín*).[41]

Éste es el concepto de *Jojmá*, *Biná* y *Daat* del Mundo de la Acción hechos a partir de *Maljut* del Mundo de la Formación.[42]

7. Ahora bien, desde la interioridad (*pnimiut*) de las bendiciones, que es el aspecto sutil de las bendiciones, se bendicen los controles del intelecto.[44]

---

39. maljut…en tu mano. *Maljut* corresponde a la fe (*Parparaot LeJojmá*; ver *Likutey Moharán* I, 35:7). Cuando el rey Shaúl reconoció finalmente que David estaba destinado a ser rey, le dijo, "El *maljut*… en tu mano". En nuestro contexto esto hace referencia a *Maljut* trayendo la bendición del intelecto hacia las manos. Cuando las bendiciones llegan a las manos, pueden ser distribuidas hacia todos los mundos. El *Mei HaNajal* agrega que el versículo previo, "Sus manos eran fe", hace referencia a Moshé, el primer líder del pueblo judío, mientras que este versículo, "El *maljut* de Israel…", alude al descendiente del rey David, al Mashíaj. El papel de ambos líderes es instilar fe en el pueblo; Moshé comenzó el proceso y el Mashíaj lo completará. Más aún, así como en la época de Moshé los judíos dejaron el exilio con alegría, elevando así a *Maljut* y trayendo abundante bendición, de la misma manera, en la época del Mashíaj, los judíos dejarán su exilio con alegría trayendo abundantes bendiciones al mundo.

40. una casa fiel. Este versículo hace referencia a Dios que, con fidelidad, cumplirá con Sus bendiciones para con aquellos elegidos para honor y eminencia – en nuestro texto, *Maljut*. Esto apunta a la conexión entre *Maljut* y la fe (*Parparaot LeJojmá*). El *Mei HaNajal* explica que este versículo proveniente del Libro de Samuel alude a Tzadok, el Sumo Sacerdote durante el reinado del rey David. Hemos visto que la bendición desciende a través de las manos, como en, "Aarón (el Sumo Sacerdote) levantó las manos…" (ver más arriba, §4). La bendición misma es el intelecto, que puede ser atemperado con la fe. Así, el versículo se lee: **Yo le construiré** – Tzadok, el sacerdote, a través de quien descienden las bendiciones, traerá hacia la bendición del intelecto **una casa fiel** – i.e., fe.

41. fidelidad…Santo corresponde a las mentalidades. El Rebe Najmán ha explicado que la fe debe ser llevada hacia la bendición del intelecto para protegerlo de las filosofías ajenas. Ello se hace llevando fe hacia las manos – i.e., dirigiendo la voluntad con el fin de recibir esas bendiciones para inspiración espiritual (ver más arriba, §5). Hasta este punto, los textos de prueba han sido presentados para conectar la fe con las bendiciones y las manos (*JaGaT*). Aquí, el Rebe une a la fe directamente con la "congregación de los santos" – i.e., las mentalidades (*JaBaD*). Como enseña el Ari: el término *kodesh* (santo) siempre hace referencia a los *mojín* (las mentalidades; ver *Likutey Moharán* I, 21:3, 4 y notas 22, 26).

42. hechos a partir de Maljut del Mundo de la Formación. Como se explicó (más arriba, n. 17), cuando las *sefirot* ascienden cubren como una vestimenta (*jitzoni*) el nivel superior. Así, cuando *Maljut* es hecho descender desde *Ietzirá* hacia *JaBaD* de *Asiá*, *JaBaD* cubre ese *Maljut*.

וְהַמְיַשֵּׁב אֶת הַשֵּׂכֶל, שֶׁהִיא בְּחִינַת כֶּתֶר. בְּחִינַת (בראשית כו):
"וְאֶהְיֶה עִמְּךָ וַאֲבָרְכֶךָּ", כֶּתֶר, הוּא לְשׁוֹן הַמְתָּנָה, כְּמוֹ שֶׁכָּתוּב
(איוב לו): "כַּתַּר לִי זְעֵיר", כִּי כְּשֶׁשּׁוֹאֲלִין אֶת הָאָדָם אֵיזֶהוּ שֵׂכֶל,

El rabí Natán agrega que ésta es la diferencia entre los Tzadikim y los ángeles. Enseñan nuestros Sabios: En el Futuro, la parte de los Tzadikim estará *dentro* de la parte de los ángeles (*Talmud Ierushalmi, Shabat* 2) – ellos estarán más cerca del *Ein Sof*. Ello se debe a que, en virtud de las limitaciones impuestas sobre ellos por *Keter*, los Tzadikim tienen libertad de elección (ver más arriba, n. 5). Los ángeles, por otro lado, no poseen libertad de elección. No encuentran restricciones, pero tampoco corren para ascender. Por lo tanto, los Tzadikim que trabajaron todas sus vidas para ascender a niveles superiores y fueron retenidos por *Keter*, tendrán una posición más elevada (*Likutey Halajot, Nefilat Apaim* 4:9).

46. Keter…ehiéh…te bendeciré. Cada una de las *sefirot* tiene un correspondiente Nombre Sagrado de Dios (ver Apéndice: Las Sefirot y los Nombres de Dios). El nombre *EHIéH* (אהיה) –que significa "Seré"– es un paralelo del nivel de *Keter*. Así, el versículo se lee: "*Keter* estará contigo y te bendecirá". En nuestro contexto, ya hemos visto que la bendición es traída a los mundos, a *JaGaT*, cuando *Maljut* de *Ietzirá* (la fe) se une y es cubierta por *JaBaD* de *Asiá* (el intelecto). En base a este texto de prueba proveniente de Génesis, se vuelve claro que *Keter* (*Ehiéh*) es en esencia la combinación de *Maljut* y de *JaBaD* – la fuente de la bendición.

Agrega el *Mei HaNajal*: Este versículo es parte de la bendición que Dios le dio a *ITZJaK* (יצחק), que fue llamado así debido a que trajo mucha *TZJoK* (צחוק, alegría) al mundo (Génesis 21:6 y *Rashi*). Es la alegría en el cumplimiento de las mitzvot lo que hace que la persona (y los mundos) se eleve hasta *Keter*, de donde puede entonces ascender a niveles más elevados todavía.

Escribe el rabí Natán: Itzjak fue la primera persona que nació en santidad. Fue por ello que recibió el nombre de Itzjak, pues la esencia de la santidad está directamente unida con la alegría. Por tanto, no podía nacer antes de que la letra *hei* le fuese agregada al nombre de Abraham, cuando fue cambiado de Abram en Abraham. La letra *hei* corresponde a los cinco sonidos de alegría que, como enseñan nuestros Sabios, pueden ser oídos en una ceremonia nupcial celebrada de la manera prescrita por la Torá (*Berajot* 6b; *Likutey Halajot, Hodáa* 6:17).

47. Keter…esperar…KaTaR…. El Rebe Najmán explica ahora cómo *Keter* actúa como un control para el intelecto. Como se mencionó (n. 45), *KeTeR* (corona) es similar a *KaTaR*, la palabra en arameo para designar "esperar". Prueba de esto proviene del Libro de Job, donde Elihu, uno de los amigos de Iov, le dice a él, "*Katar* por mí un momento". Quería que esperasen a que recolectase sus pensamientos (intelecto) antes de ofrecer su explicación para el sufrimiento de Iov, tal como habían hecho los demás. Aplicando esto a nuestra lección, *Keter/katar* transmite el concepto de hacer que los *mojín* esperen – i.e., retener y restringir el intelecto evitando que ascienda rápidamente al siguiente nivel. Aunque esos *mojín* han sido puestos en movimiento por la persona que realizó las mitzvot con alegría (ver más arriba, §3-§6), ahora deben ser retenidos por *Keter*, un proceso de espera diseñado para traer la fe hacia el intelecto. Subsecuentemente, sin embargo, esos *mojín* intentarán ascender nuevamente y al final lo lograrán (ver más adelante, n. 51).

[Esos controles] corresponden a *Keter*,⁴⁵ como en ⁽Génesis 26:3⁾, "Y *ehiéh* (estaré) contigo y te bendeciré".⁴⁶ *KeTeR* es sinónimo de "esperar", como en (Job 36:2), "*KaTaR* (Espera) por mí un poco". Pues cuando le preguntamos a una persona algo [relacionado con el] intelecto, ésta dice, "Espera hasta que me componga".⁴⁷ Y también allí hace falta *EMuNá*

---

45. controles…Keter. Como se mencionó, al comienzo de la Creación Dios estableció el así llamado Espacio Vacío dentro del cual creó todos los universos, los mundos, etc. Esa "línea circular" de demarcación mediante la cual todos los seres creados fueron separados, por así decirlo, del *Ein Sof*, es denominada *Keter* (*Shaar HaHakdamot* p. 17). *Keter* (כתר), la más elevada de las *sefirot*, tiene varias connotaciones y todas ellas se aplican a nuestro texto. Simplemente, la palabra hebrea *keter* significa "corona". Así como una corona se asienta sobre la cabeza, esta *sefirá* está por arriba, a la cabeza de todas las otras. *Keter* también sugiere la palabra en arameo *KaTaR* (כתר), que significa "esperar". Una tercera connotación de *Keter* es *lehaJTiR* (להכתיר), "rodear", pues *Keter* rodea a toda la Creación que se encuentra en su interior (*Pardes Rimonim, Shaar Erjei HaKinuim* 20). El aspecto común a todas estas connotaciones es la función de *Keter* como una especie de demarcación o partición, una "cortina". Así sea como una "corona" que demarca un tope, un "rodear" que define límites o el "esperar" que impone restricción, *Keter* divide entre lo superior y lo inferior – entre *Ein Sof* y todo lo que Él creó. Más aún, esto se aplica a cada nivel de la Creación en donde aparezca *Keter*. *Asiá* tiene un *Keter* que la separa de *Ietzirá*. El *Keter* de *Ietzirá* la separa de *Beriá* y así en más, hasta el más elevado de los niveles, el *Ein Sof*.

Ahora bien, en un sentido general, cada vez que algo superior se encuentra más allá de la posibilidad de ser aprehendido por aquello que es inferior, lo superior es denominado *Ein Sof* con respecto a lo inferior. Este principio se aplica igualmente a la jerarquía de las *sefirot* y de los mundos, donde *Maljut* de un mundo superior es considerada como *Ein Sof* frente al mundo que está por debajo (*Shaar HaHakdamot, Drushei ABIA* #11; ver *Likutey Moharán* I, 22:10, n. 110). Como hemos visto, hay algo que divide y separa entre lo superior y lo inferior, es decir *Keter*. Sin embargo, debido a sus cualidades abstrusas, *Keter* también se encuentra incluso más allá de la posibilidad de aprehensión de la *sefirá* inmediatamente inferior a ella. Así, es conocida como *mojín* de *mojín*, algo que está más allá de la comprensión (*Etz Jaim* 23:8; ver *Likutey Moharán* I, 21:4, n. 26). Ella divide entre *Ein Sof* y los *mojín* que se encuentran por debajo. La cuestión que se presenta es la siguiente: si la barrera, *Keter*, no puede ser aprehendida, ¿cómo es posible que un mundo ascienda hacia el otro? ¿Cómo puede algo que está más allá de nuestras mentalidades llegar a ser comprendido mientras exista esa separación inalcanzable? La respuesta es que, en verdad, *Keter* no puede ser aprehendida. No puede ser sobrepasada, pues es demasiado elevada. Aun así y al mismo tiempo, puede ser alcanzada. Éste es el concepto de *mati velomati* ("alcanzando y no alcanzando"). Hemos visto en nuestro texto (§6), que *Maljut* de *Ietzirá* es hecho descender y se transforma en el aspecto interno de *JaBaD* de *Asiá*. De esa manera, *Keter* puede ser alcanzado y superado, porque *JaBaD* de *Asiá* ha investido a *Maljut* de *Ietzirá* (su "*Ein Sof*"). En ese caso, ¿qué función cumple *Keter*? El Rebe Najmán explicará que, como una "cortina", *Keter* actúa para controlar el intelecto, permitiendo que la persona absorba una sabiduría superior, una luz mayor, antes de pasar al nivel siguiente. También retiene y restringe a la persona para que no pase más allá de sus capacidades. En esta sección se explica qué significa esto y cómo funciona.

אוֹמֵר: הַמְתֵּן עַד שֶׁאֶתְיַשֵּׁב, וְגַם שָׁם צָרִיךְ אֱמוּנָה, בִּבְחִינַת אָמוֹן מֻפְלָא.

וְזֶה בְּחִינַת 'שֶׁמִּפְּנִימִיּוּת חֶסֶד גְּבוּרָה תִּפְאֶרֶת, וּמִפְּנִימִיּוּת מַלְכוּת דִּיצִירָה, נַעֲשֶׂה כֶּתֶר דַּעֲשִׂיָּה. וְכֵן עוֹלִין הָעוֹלָמוֹת עַד לְמַעְלָה, עַד אֲצִילוּת לְמַעְלָה לְמַעְלָה'.

וְזֶה (יחזקאל ג׳): "בָּרוּךְ כְּבוֹד ה׳ מִמְּקוֹמוֹ". "בָּרוּךְ", זֶה בְּחִינַת יָדַיִם; "כְּבוֹד ה׳", זֶה בְּחִינַת אֱמוּנָה; "מִמְּקוֹמוֹ", זֶה בְּחִינַת כֶּתֶר:

---

mundos superiores (*Shaar HaKavanot, Drushei Tefilat HaBoker* 1). Esto también se aplica al cumplimiento de las mitzvot con alegría, como hemos visto (n. 17). Así, luego de alcanzar *Keter* de *Asiá* uno puede ascender al nivel siguiente, a *Maljut* de *Ietzirá* que inviste a *NeHI* de *Ietzirá*, y así en más. Este proceso de elevar los Mundos Superiores continúa más arriba todavía hasta que alcanza el cenit del Mundo de *Atzilut*.

    El *Mei HaNajal* explica esto de la siguiente manera. Cuando la persona alcanza *Keter* de *Asiá*, merece una alegría completa. Pues *Keter* corresponde a la alegría, como en (Isaías 35:10), "Una alegría eterna sobre sus cabezas" – la alegría que experimenta es como una corona sobre su cabeza (ver *Shabat* 88a; *Likutey Moharán* I, 22:9). Esa alegría, que puso en movimiento su elevación desde *Maljut* de *Asiá* hacia *JaBaD* de *Asiá*, ahora la lleva hacia el próximo mundo, el Mundo de *Ietzirá*. Si más tarde alcanza *Keter* de *Ietzirá*, su alegría será mucho mayor todavía y la propulsará continuamente hacia arriba a través del Mundo de *Beriá*. Si alcanza *Keter* de *Beriá*, una alegría aún más grande y más perfecta, podrá ascender y atravesar el Mundo de *Atzilut*. Agrega el rabí Natán: Comprobamos a partir de esto que el fundamento de toda alegría es cuando la persona ubicada en el más bajo de los mundos realiza una mitzvá con alegría. Esa mitzvá que se ha llevado a cabo con alegría, aunque haya sido realizada por una persona que se encuentra en el más bajo de los niveles, tiene el poder de elevarse hasta *Keter* (*Likutey Halajot, Nefilat Apaim* 4:9).

52. Bendita…manos. Pues las bendiciones están en *JaGaT*, las manos (ver 4:final y notas).

53. gloria de Dios…fe. Como se explicó (§6 y n. 39), *Maljut* (Reinado) es fe. *Maljut* también es gloria, como en (Salmos 24:10), "Rey de gloria" (*Mei HaNajal*).

54. Su lugar…Keter. "Su lugar" connota un lugar que es desconocido, más allá de toda posibilidad de aprehensión – i.e., *Keter* (*Parparaot LeJojmá*). Por lo tanto, en el contexto de nuestra lección, el versículo se lee: **Bendita** – la bendición del intelecto que desciende a *JaGaT* para traer *shefa* para todos los mundos, **sea la gloria de Dios** – requiere fe, **desde Su lugar** – porque el intelecto junto con la fe conforman a *Keter*, que controla la mente y le impide sobrepasar su capacidad de aprehensión.

    Agrega el *Mei HaNajal*: Anteriormente (§6), el Rebe Najmán citó el versículo, "tu fidelidad en la congregación de los santos", que hace referencia a la fe unida a los *mojín*. El versículo completo dice: "Ellos alabarán Tu *pele* (maravilla), tu fidelidad…". Es decir, la fe que traen a la congregación santa, a los *mojín*, provendrá de Tu *pele/Keter* (ver n. 49).

(fe)⁴⁸; correspondiente a "un asombroso *OMaN* (comerciante)".⁴⁹

Éste es el aspecto de *Keter* del Mundo de la Acción hecho a partir de la interioridad de *Jesed, Guevurá* y *Tiferet* y de la interioridad de *Maljut* del Mundo de la Formación.⁵⁰ Así es como los mundos ascienden, cada vez más alto, hasta el Mundo de la Cercanía.⁵¹

Y éste es el significado de (Ezequiel 3:12), "Bendita sea la gloria de Dios desde Su lugar". "Bendita" corresponde a las manos⁵²; "la gloria de Dios" es sinónimo de fe⁵³; "desde Su lugar" es el concepto de *Keter*.⁵⁴

Vemos que, antes de fallecer, cuando llegó el momento en que Iaacov debía bendecir a sus hijos, se sintió disgustado con sus tres hijos mayores, Rubén, Shimón y Leví (Génesis 49:3-8, ver *Rashi*). El rabí Natán explica que cada uno de ellos había actuado anteriormente, en algún momento, de manera precipitada, dañando así el concepto de *Keter*. Por lo que Iaacov no los bendijo, porque es específicamente *Keter* lo que controla y rectifica los *mojín* y así hace descender las bendiciones. Esto, agrega el rabí Natán, muestra cuán importante es refrenarse para pensar las cosas antes de responder a las preguntas, a las peticiones y ciertamente a las provocaciones de los demás (*Likutey Halajot*, Hodáa 6:54).

48. hace falta la fe. Ya hemos visto que "también es necesario traer fe hacia la bendición del intelecto" (§6). Habiendo presentado un texto de prueba para demostrar que el intelecto es *katar/Keter*, el Rebe Najmán muestra a continuación que también la fe es *Keter*.

49. EMuNá…asombroso OMaN. La palabra hebrea para "asombroso" es *pele* (פלא). En el *Tikuney Zohar* se enseña que *pele* connota *Keter* (*Zohar Jadash* p. 154a; *Parparaot LeJojmá*). Por lo pronto, *OMaN* (אמן) sugiere y es similar a *EMuNá* (אמונה). Así, "un asombroso *oman*" alude a la maravilla y a la elevación de *Keter* que corresponde a la fe. Incluso allí, en la elevación de *Keter*/intelecto, se necesita la fe.

50. Keter…Jesed, Guevurá, Tiferet…Maljut…Formación. Como hemos visto, cuando *JaGaT* asciende, inviste y se transforma en el *jitzoni* de la unidad *JaBaD*. Así, los *mojín* (*JaBaD*) son lo que el Rebe llama aquí "la interioridad de *Jesed, Guevurá* y *Tiferet*". Al combinar *Maljut* de un mundo superior con esos *mojín* de un mundo inferior, se forma *Keter*. Ese *Keter* por lo tanto contiene tanto el intelecto (*JaBaD*) como la fe (*Maljut*) y en él se puede encontrar la interioridad de las bendiciones – i.e., *JaBaD*. Más específicamente, a partir de *JaGaT* de *Asiá* (las manos) –donde se revelan las bendiciones de *Maljut* (la fe) de *Ietzirá* (que descienden a través de *JaBaD* de *Asiá*)– se produce *Keter*/control de *Asiá* (*Parparaot LeJojmá*). El *Mishnat Jasidim* (*Meseját Haasiá* 1) explica de la misma manera que *Maljut* de *Ietzirá* forma la cortina o partición del mundo de *Asiá*. Como tal, *Keter* sirve para controlar, para organizar y para asentar la mente. Procesa la información y el conocimiento que recibe la mente para que aquello que la persona sea capaz de comprender con su intelecto pueda hacerlo y que aquello que su intelecto no pueda comprender sea dirigido hacia el ámbito de la fe. Su fe, que surge de un nivel superior, controlará al intelecto y no le permitirá que se arriesgue a cruzar los límites de su actual capacidad de comprensión (ver más arriba, n. 36).

51. cada vez más alto. Como resultado de las plegarias de la persona, todo ascenso y elevación que ocurra en el mundo más bajo, el Mundo de *Asiá*, también tendrá lugar en los

ח. וּכְשֶׁעוֹשֶׂה וּמְתַקֵּן אֶת הַמְיֻשָּׁב וְהַמְסֻדָּר, שֶׁהוּא הַכֶּתֶר, כָּרָאוּי, וְהַמֹּחִין רוֹדְפִין לְהַשִּׂיג הָאוֹר אֵין-סוֹף. וְהַכֶּתֶר מְעַכֵּב אֶת הַשֵּׂכֶל, כְּדֵי לְיַשֵּׁב אֶת הַשֵּׂכֶל. וְעַל-יְדֵי הָרְדִיפָה וְהַמְעַכֵּב, אֲזַי מַכֶּה הַמֹּחִין בְּהַמְיֻשָּׁב וְהַמְסֻדָּר, וְנַעֲשִׂין הֵיכָלִין לְאוֹר אֵין-סוֹף. וְאַף-עַל-פִּי-כֵן לָא יְדִיעַ וְלָא אִתְיְדַע, כַּמּוּבָא בַּזֹּהַר פָּרָשַׁת נֹחַ (סה, א): 'וּמִגּוֹ הַאי פְּרִיסָא בִּרְדִיפָה דְּהַאי

con *JaBaD* de *Asiá* (la luz menor), produce las cámaras/*Keter* a través de las cuales es posible ascender a niveles aún mayores.

El *Mei HaNajal* explica que el término "cámaras", que en hebreo se dice *heijalot*, corresponde al Santo Templo, que también es llamado *Heijal*. El Templo, como indicó anteriormente el Rebe Najmán, es sinónimo de intelecto (ver más arriba, n. 34). Al traer las bendiciones mediante el deseo por lo espiritual, la persona es capaz de crear las cámaras necesarias para percibir la Luz del Infinito.

58. ni se hacen conocer. Las secciones anteriores de esta lección se han centrado básicamente en el Mundo de la Acción. Cuando la persona lleva a cabo una mitzvá con alegría en este mundo produce la ascensión de todos los mundos hacia niveles superiores. Un proceso paralelo tiene lugar en la persona misma. Al progresar en su desarrollo espiritual, principalmente al llevar a cabo las mitzvot con alegría (ver n. 4), su alma asciende desde *Asiá* hacia *Ietzirá*, *Beriá* e incluso hacia *Atzilut* mismo. Sin embargo, dado que *Beriá*, el Mundo del Trono, es la morada general de las almas, el ascender más allá, hacia *Atzilut*, es algo que sólo logran los Tzadikim muy grandes. Más aún, cuando el Rebe Najmán habla de crear cámaras para percibir la Luz del Infinito, de hecho se está refiriendo a niveles que están incluso más allá del Mundo de *Atzilut* – es decir, *Keter* o *Adam Kadmon*.

Antes de continuar, es apropiado enfatizar la regla halájica del rabí Itzjak Diltash: **En el estudio de la Kabalá, está absolutamente prohibido profundizar en la naturaleza de Keter** (impreso en el *Zohar* antes de la Introducción). Esto es algo reiterado por el Ari, quien afirma: "No supongas equivocadamente que las Diez *Sefirot* de *Atzilut* son el nivel más elevado. Hay otros universos que son anteriores y que están por sobre ellas. Sin embargo, debido a su eminencia superior, sólo se encuentran vagamente aludidos en algunos pocos lugares del *Zohar*. En verdad, hay miles y miles de niveles por sobre *Atzilut*. Esas luces son conocidas como *Tzajtzajot*" (*Etz Jaim, Heijal Adam Kadmon, Shaar Igulim veIosher* 1:1). Dijo el Rebe Najmán: Cada individuo, desde aquél cuyo conocimiento es muy avanzado hasta aquél cuyo conocimiento es muy básico, tiene "algo por sobre él" que le está prohibido estudiar (*Tzadik* #560).

En nuestro texto, el Rebe hace referencia al Tzadik cuyo cumplimiento de las mitzvot se realiza con una alegría tal que sus devociones lo llevan hasta el ápice de *Atzilut* y más allá. Este Tzadik ha alcanzado el nivel de *Keter*, el control de la mente, que le permite generar una cámara lo suficientemente fuerte como para contener la Luz del *Ein Sof*. Por lo tanto está listo para alcanzar la Luz del *Ein Sof*, un nivel superior, ¡un nivel que está incluso por encima de *Keter* de *Atzilut*! Pero, ¿puede alcanzar esa luz? El Rebe Najmán continúa....

8. Cuando la persona hace y rectifica apropiadamente los controles/ *Keter*[55] y los *mojín* corren para aprehender la Luz del Infinito, el *Keter* restringe el intelecto para asentarlo[56] – entonces, como resultado del correr y del restringir, las mentalidades golpean los controles, creando cámaras para la Luz del Infinito.[57] Sin embargo, [esas cámaras] no son conocidas ni se hacen conocer.[58]

Como dice en el *Zohar*, en la Parashat Noaj (I, 65a): "Y desde dentro de esa cortina, mediante el correr del pensamiento [superior] que alcanza

---

Resumen: Aunque la mente corre para alcanzar la Luz del Infinito, ésta sólo puede ser captada en el aspecto de "alcanzando y no alcanzando" (§1). Para captar esa luz, incluso en la categoría de "alcanzando y no alcanzando" es necesario llevar a cabo las mitzvot con una gran alegría. Esto eleva a *Maljut/Shejiná* desde las *klipot* (§2). Cuando *Maljut* se eleva, despierta al servicio a Dios a la unidad de *sefirot* que se encuentra por encima, *NeHI*, que es un paralelo de las piernas. Ello, despierta al servicio a Dios a todos los mundos que están por sobre *NeHI* (§3). Despertar los mundos y todo lo que hay en la Creación a Su servicio hace descender bendiciones a todos los mundos (§4). De todas las bendiciones, el intelecto es la principal. Éste puede ser adquirido dirigiendo el deseo hacia lo espiritual (§5). Sin embargo, el intelecto sólo no es suficiente. Es necesario atemperar el intelecto con fe (§6). Pues al combinar el intelecto con la fe, se forma *Keter*. *Keter* controla la mente, para que uno pueda alcanzar niveles aún mayores de fe y de intelecto (§7).

55. hace y rectifica apropiadamente.... Como se explicó, esto se logra trayendo fe hacia los *mojín*, el intelecto.

56. los mojín corren...Keter restringe.... Dios, como el *Ein Sof*, es la Fuente de todo en la Creación y es hacia Él que todo en la Creación anhela retornar. Las *sefirot*, las emanaciones Divinas a través de las cuales el *Ein Sof*, por así decirlo, Se hace conocido en el mundo, son contracciones de la luz celestial. Al descender nivel tras nivel y mundo tras mundo, esas luces se vuelven cada vez más difusas. Esto es así para que la Infinita Luz de Dios pueda, de alguna manera, ser recibida por el hombre. Al mismo tiempo y debido a que anhelan reunirse con su Fuente, las *sefirot* están siempre buscando ascender hacia el *Ein Sof* (cf. *Etz Jaim, Shaar Haakudim* 6, p. 85). Cuando la persona lleva a cabo una mitzvá con alegría, pone en movimiento el proceso que permite que esas luces, las *sefirot*, comiencen a ascender. Una vez que eso sucede, éstas intentan elevarse hacia el Nivel más Alto. Esto es lo que quiere decir "las mentalidades corren...". Sin embargo, dado que las *sefirot* tienen cada una su lugar y no deben ascender a esa altura, tienen que ser retenidas. Éste es el papel de *Keter*, que restringe las luces de las otras *sefirot*, cada una en su propio nivel. (El rabí Natán pasará revista y explicará más aún este punto en la sección 9).

57. creando cámaras.... En la terminología de la Kabalá esto es conocido como la creación de *keilim* (recipientes) con los cuales contener la luz (ver *Etz Jaim, Shaar Haakudim* 6:1, p. 75; *Pardes Rimonim, Shaar HaTzajtzajot*, Capítulo 6). Cuando una luz mayor se pone en contacto con una luz menor, se crea un *keli* (recipiente) o cámara (cf. *Etz Jaim, Shaar Ozen, Jotem, Pé* 4:3, p. 56). En nuestro contexto, cuando *Maljut* de *Ietzirá* (la luz mayor) se pone en contacto

מַחֲשָׁבָה, מְטֵי וְלָא מְטֵי'. **וּפְרִיסָא**, זֶה הַמְסַדֵּר וְהַמְיַשֵּׁב, שֶׁהוּא בְּחִינַת כֶּתֶר, שֶׁהוּא פָּרוּס בֵּין הַנֶּאֱצָלִים לְבֵין הַמַּאֲצִיל. 'וְאִתְעֲבִידוּ תְּשַׁע הֵיכָלִין, דְּלָאו אִנּוּן נְהוֹרִין, וְלָא רוּחִין, וְלָא נִשְׁמָתִין, וְלֵית מָאן דְּקָיְמָא בְּהוּ, וְלָא מִתְדַּבְּקִין, וְלָא מִתְיַדְּעִין'.

וְדַע, שֶׁזֶּה תַּכְלִית הַיְדִיעָה, כִּי תַּכְלִית הַיְדִיעָה – דְּלָא יָדַע.

וְזֶה בְּחִינַת (ישעיה נח): "וְהִשְׂבִּיעַ בְּצַחְצָחוֹת נַפְשֶׁךָ"; כִּי אוֹרוֹת אֵלּוּ, הֵם הַצַּחְצָחוֹת, שֶׁהֵם לְמַעְלָה מֵהַסְּפִירוֹת, אַשְׁרֵי מִי שֶׁזּוֹכֶה שֶׁיָּרוּץ מַחֲשַׁבְתּוֹ לְהַשִּׂיג הַשָּׂגוֹת אֵלּוּ, אַף-עַל-פִּי שֶׁאֵין לוֹ יְכֹלֶת בְּיַד הַשֵּׂכֶל לְהַשִּׂיג אוֹתָם, כִּי לָא מִתְדַּבְּקִין וְלָא יְדִיעָן.

comprende que no sabe nada – que ni siquiera puede alcanzar esos niveles. (Es posible que lo "alcance" pero se mantiene "inalcanzable").

63. luces que son los Esplendores.... Otro nombre para *Adam Kadmon* es El mundo de las *Tzajtzajot* (Esplendores). En ese exaltado nivel, las luces son más puras y más intensas que la luz de las *sefirot*. Al mismo tiempo, precisamente debido a que son el reflejo más cercano de la Luz del Infinito, actúan como una barrera que le permite al alma soportar la Luz de Dios sin quedar totalmente anulada en ella (*Innerspace*, p.111). Parecería que es por esto que el Rebe Najmán enfatiza la descripción del *Zohar* de que esas luces, "no se hacen accesibles ni cognoscibles". Pues es su ocultamiento lo que permite que la luz de Dios no abrume a la Creación. Así, en un nivel que se encuentra más allá del intelecto, más allá de la mente consciente, el hombre recibe la recompensa final: la Luz del Mundo que Viene que "saciará tu alma con esplendores". Más aún, como afirma el Rebe Najmán, "Afortunado aquel que es digno de que su mente corra...", porque esa persona ha alcanzado los Esplendores, la Luz del Infinito, incluso mientras aún se encuentra investida en lo corpóreo de este mundo. Y aunque el Rebe se refiere obviamente a Tzadikim muy grandes, el concepto se aplica a cada persona, cada una en su propio nivel (ver más arriba, notas 1, 57). O, como explica el rabí Natán: Cada persona, dependiendo de su apego a los verdaderos Tzadikim, puede beneficiarse de su sabiduría, de sus enseñanzas y consejos al punto de compartir sus deleites en los Esplendores y traer alegría a su propio corazón (*Likutey Halajot*, Hodáa 6:20).

Agrega el rabí Natán: Aunque los Tzadikim de la generación dedican mucho tiempo y esfuerzo a perfeccionarse a sí mismos para, eventualmente, alcanzar esos niveles muy elevados, su principal motivación nunca es el logro personal. Más bien, lo que buscan es traer alegría a los corazones de todos los judíos. De esa manera, incluso aquellos que aún no han quebrado sus malos deseos, que aún no se han elevado a ningún nivel espiritual avanzado, pueden igualmente beneficiarse de esas grandes luces. La persona sólo necesita tener fe en el hecho de que todos los placeres de este mundo no pueden igualarse a la recompensa que le espera incluso por uno solo de sus puntos buenos, por una sola de sus mitzvot y buenas acciones. Más aún, esto se aplica no sólo al judío simple temeroso de Dios sino también a los pecadores. Aunque ellos están muy distantes de Dios, sus buenas acciones son tomadas en cuenta. Con esa fe, la persona puede llegar a la alegría; y con esa alegría, puede unirse a la Divinidad (*Likutey Halajot*, Hodáa 6:51).

y no alcanza"⁵⁹ –siendo la cortina los controles/*Keter*, que se extienden entre la creación y el Creador⁶⁰– "se crean Nueve Cámaras. Ellas no son [del nivel de las] luces ni espíritus ni almas superiores. No hay nadie que pueda comprenderlas… no se hacen accesibles ni cognoscibles".⁶¹

¡Y debes saber! Ésta es la culminación del conocimiento. Pues la culminación de todo conocimiento [de Dios] se da cuando uno comprende que no sabe nada.⁶²

Éste es el significado de (Isaías 58:11), "Él saciará tu alma con esplendores". Pues esas luces son los Esplendores (*Tzajtzajot*), que son más elevados que las *sefirot*. Afortunado aquel que es digno de que su mente corra y aprehenda esas percepciones – aunque no esté en poder del intelecto el alcanzarlas, pues "ellas no se hacen accesibles ni cognoscibles".⁶³

---

59. cortina…alcanza y no alcanza. La cortina a la cual hace referencia el *Zohar* es *Keter*, a partir del cual se forman las cámaras (ver más arriba, n. 57). Ahora que el Tzadik ha creado esas cámaras –i.e., alcanzado esos niveles extremadamente elevados– busca niveles más grandes todavía, aquéllos por sobre *Keter*. Sin embargo, aunque los alcanza, en verdad no llega a ellos; aunque los obtiene, no los obtiene en verdad. Éste es el concepto de *mati velomati* ("alcanzando y no alcanzando"). En un sentido más amplio, *mati velomati* puede asemejarse a alguien que, extendiéndose hasta el límite, puede tocar algo que desea aferrar. Aunque pueda haberlo tocado, en el mejor de los casos *sólo* lo ha tocado. El objeto se mantiene más allá de su alcance. Aún no lo ha aferrado. Más adelante, en la sección 9, el rabí Natán explica este concepto más ampliamente. En nuestro contexto, *mati* (alcanzando) corresponde a los *mojín* que ascienden a un nivel superior – logrando un grado mayor de conocimiento y comprensión; y *lomati* (no alcanzando) corresponde a la fe – el nivel superior de fe donde, pese a haber alcanzado grandes niveles del intelecto uno aún no comprende (ver n. 36).

60. cortina…. Ver más arriba, nota 45, para una explicación de *Keter* como una cortina entre el *Ein Sof* y Su Creación.

61. no se hacen accesibles ni cognoscibles. Este pasaje del *Zohar* hace referencia a los niveles más exaltados y esotéricos de *Keter* que buscan elevarse hacia el mundo más elevado de *Adam Kadmon* (*Matok Midbash, loc. cit.*). Ver más adelante, nota 64, para la explicación de por qué hay nueve de tales cámaras.

En nuestro contexto, esto hace referencia al Tzadik que ha alcanzado niveles muy elevados y busca ascender más aún. Habiendo alcanzado los niveles que pueden ser descritos como las luces de las *sefirot* y que corresponden al *rúaj* (espíritu) y a la *neshamá* (alma superior), dirige su voluntad para percibir la Luz del *Ein Sof* tal cual se manifiesta en el nivel más exaltado, *Adam Kadmon*.

62. culminación…no sabe nada. Esta afirmación se encuentra en *Bejinat Olam* 33:13 (ver *Tzadik* #282). Aplicada a nuestra lección, se traduce como: **La culminación de todo conocimiento** – al alcanzar el nivel más elevado de los *mojín*, incluso por sobre *Keter*, **uno**

וְתִשְׁעָה הֵיכָלִין אֵלּוּ, נַעֲשִׂין עַל-יְדֵי הַבְּטִישָׁה, שֶׁמְּבַטְּשִׁין הַמֹּחִין בַּכֶּתֶר בִּשְׁעַת רְדִיפָה. וְהַמֹּחִין הֵם תְּלַת, וְכָל אֶחָד כָּלוּל מִתְּלַת, כִּי נִכְלָלִין בִּשְׁעַת רְדִיפָה. וְשָׁלֹשׁ פְּעָמִים שָׁלֹשׁ, הֵם תִּשְׁעָה, וְזֶהוּ תִּשְׁעָה הֵיכָלִין:

וְזֶה הָעִנְיָן עָמֹק עָמֹק מִי יִמְצָאֶנּוּ, כַּמּוּבָן לַמַּשְׂכִּיל. וְכַאֲשֶׁר רָמַז לִי רַבֵּנוּ זִכְרוֹנוֹ לִבְרָכָה, בְּעַצְמוֹ, גֹּדֶל עֲמִיקוּת הַסּוֹד הַנּוֹרָא הַזֶּה שֶׁמַּגִּיעַ לְמַעְלָה לְמַעְלָה וְכוּ', וְכַמְבֹאָר בְּהַתּוֹרָה הַזֹּאת לַמֵּעַיֵּן, וְהֻכְרַחְתִּי לְבָאֵר הַדָּבָר קְצָת.

וְהוּא, כִּי הַכֶּתֶר הוּא הַמְיַשֵּׁב וְהַמְסַדֵּר אֶת הַמֹּחִין, דְּהַיְנוּ הַכֹּחַ שֶׁיֵּשׁ בְּהַשֵּׂכֶל שֶׁל אָדָם לְיַשֵּׁב וּלְסַדֵּר אֶת הַמֹּחַ וְהַדַּעַת לְבַל יַהֲרֹס לָצֵאת חוּץ מִן הַגְּבוּל, זֶה הַכֹּחַ הוּא בְּחִינַת כֶּתֶר כַּנַּ"ל. וְזֶה הַכֹּחַ הוּא כְּמוֹ מְחִצָּה הַמַּפְסֶקֶת בֵּין הַמֹּחִין וּבֵין הָאוֹר אֵין-סוֹף, כִּי זֶה הַכֹּחַ שֶׁהוּא הַמְיַשֵּׁב וְהַמְסַדֵּר, הוּא מְעַכֵּב אֶת הַמֹּחִין בְּעֵת מְרוּצָתָם וּרְדִיפָתָם לְבַל יֵהָרְסוּ לַעֲלוֹת אֶל ה' לְמַעְלָה מִמְּחִצָּתָם, כִּי הַמֹּחִין רוֹדְפִין לְהַשִּׂיג הָאוֹר אֵין-סוֹף. וְזֶה הַכֹּחַ הַנַּ"ל שֶׁל הַשֵּׂכֶל שֶׁהוּא הַמְיַשֵּׁב וְהַמְסַדֵּר, שֶׁהוּא בְּחִינַת כֶּתֶר - הוּא עוֹמֵד בִּפְנֵיהֶם כְּמוֹ מְחִצָּה, וּמְעַכֵּב אוֹתָם מֵרְדִיפָתָם כַּנַּ"ל.

וְעַל-יְדֵי הָרְדִיפָה וְהַמְעַכֵּב, הַיְנוּ עַל-יְדֵי הָרְדִיפָה שֶׁהַמֹּחִין

los mundos y todo lo que hay en la Creación a Su servicio hace descender bendiciones a todos los mundos (§4). De todas las bendiciones, el intelecto es la principal. Éste puede ser adquirido dirigiendo el deseo hacia lo espiritual (§5). Sin embargo, el intelecto sólo no es suficiente. Es necesario atemperar el intelecto con fe (§6). Pues al combinar el intelecto con la fe, se forma *Keter*. *Keter* controla la mente, para que uno pueda alcanzar niveles aún mayores de fe y de intelecto (§7). Al rectificar apropiadamente a *Keter*, la persona crea cámaras (recipientes) mediante las cuales puede percibir luces espirituales muy exaltadas. En última instancia, llegará incluso a atisbar la Luz del Infinito, las *Tzajtzajot* (Esplendores), que sólo puede ser percibida en el aspecto de "alcanzando y no alcanzando" (§8).

65. me insinuó…dilucidar…. El rabí Natán pasa revista y aclara las últimas dos secciones de la lección.

66. como se explicó. Más arriba, sección 7 (y notas 36, 42, 47).

En cuanto a esas Nueve Cámaras, ellas son creadas como resultado de la colisión que ocurre cuando las mentalidades, en su decurso, golpean con el *Keter*. Las mentalidades son tres y cada una está compuesta de tres debido a que, en su carrera, se incluyen [una en la otra]. Y tres veces tres es igual a nueve. Éstas son las Nueve Cámaras.[64]

9. {Este tema es en verdad muy profundo, ¿quién puede comprenderlo? Esto es algo evidente para el sabio; el mismo Rebe Najmán me dejó entrever la gran profundidad de este tremendo misterio, que llega muy alto... y como queda en claro a partir de esta lección para aquellos que la estudian. Por lo tanto hay necesidad de dilucidar un poco el asunto. Como sigue[65]:

El *Keter* es lo que controla a las mentalidades; es el poder que tiene el intelecto humano para componer y organizar la mente y el asiento del conocimiento, para que no se arriesgue a pasar más allá del límite. Ese poder es el aspecto de *Keter*, como se explicó.[66] Es como una barrera que separa entre las mentalidades y la Luz del Infinito. Pues ese poder, constituido por los controles, restringe a las mentalidades en el momento de su ir detrás y correr, para que no se arriesguen ascendiendo a Dios, más allá de la barrera. Esto se debe a que las mentalidades corren para aprehender la Luz del Infinito y ese poder del intelecto –los controles/ *Keter*– se yergue en su camino como una barrera y les impide correr, como se explicó más arriba.

Y en virtud del correr y restringir –i.e., el correr de las mentalidades

---

64. Nueve Cámaras. Es axiomático en la Kabalá que cada vez que dos *sefirot* interactúan, en una cierta medida, cada una se vuelve parte de la otra. Nuestro texto ha tratado sobre tres *mojín* –JaBaD– que ascienden a *Keter* y que buscan elevarse más todavía. Al hacerlo colisionan con *Keter*, cuyo papel es hacer que esperen. Durante ese período de "espera", el correr de los *mojín* los hace interactuar entre sí. *Jojmá*, *Biná* y *Daat* interactúan con *Jojmá*, *Biná* y *Daat* para crear Nueve Cámaras. (Para apreciar plenamente lo que el Rebe está enseñando aquí es necesario estar familiarizados con algunos de los más profundos y recónditos conceptos Kabalistas, incluyendo *Atik Iomim*, *Atika Kadisha* y *Risha delo Itiada*; ver *Etz Jaim, Heijal HaKetarim* 13).

Resumen: Aunque la mente corre para alcanzar la Luz del Infinito, ésta sólo puede ser captada en el aspecto de "alcanzando y no alcanzando" (§1). Para captar esa luz, incluso en la categoría de "alcanzando y no alcanzando" es necesario llevar a cabo las mitzvot con una gran alegría. Esto eleva a *Maljut/Shejiná* desde las *klipot* (§2). Cuando *Maljut* se eleva, despierta al servicio a Dios a la unidad de *sefirot* que se encuentra por encima, *NeHI*, que es un paralelo de las piernas. Ello, despierta al servicio a Dios a todos los mundos que están por sobre *NeHI* (§3). Despertar

רוֹדְפִין לְהַשִּׂיג אוֹר הָאֵין-סוֹף, וְעַל-יְדֵי כֹּחַ הַמְעַכֵּב, שֶׁהוּא כֹּחַ הַמְיַשֵּׁב וְהַמְסַדֵּר, בְּחִינַת כֶּתֶר כַּנַּ"ל, עַל-יְדֵי שְׁנֵי בְּחִינוֹת אֵלּוּ, עַל-יְדֵי-זֶה מְבַטְּשִׁין וּמְכִין הַמֹּחִין בִּבְחִינַת הַמְחִצָּה הַנַּ"ל, שֶׁהוּא הַמְיַשֵּׁב וְהַמְסַדֵּר, וְעַל-יְדֵי-זֶה נַעֲשִׂין הֵיכָלִין לְאוֹר אֵין סוֹף, דְּהַיְנוּ שֶׁנַּעֲשִׂין בְּחִינַת כֵּלִים וְהֵיכָלוֹת בְּרוּחָנִיּוּת עֶלְיוֹן, לְהַשִּׂיג עַל יָדָם בִּבְחִינַת מָטֵי וְלָא מָטֵי אוֹר הָאֵין-סוֹף בָּרוּךְ הוּא. כִּי אִם לֹא הָיָה הַמְעַכֵּב הַנַּ"ל כְּלָל, וְלֹא הָיָה מִי שֶׁיְּעַכֵּב אֶת הַמֹּחִין מֵרְדִיפָתָם וּמֵרוּצָתָם, הָיוּ מִתְבַּטְּלִין הַמֹּחִין לְגַמְרֵי. כִּי הָיָה הָאָדָם מִתְבַּטֵּל בַּמְּצִיאוּת, כִּי אוֹר הָאֵין-סוֹף אִי אֶפְשָׁר לְהַשִּׂיג. אַךְ עַל-יְדֵי שְׁנֵי הַבְּחִינוֹת, שֶׁהֵם הָרְדִיפָה וְהַמְעַכֵּב, עַל-יְדֵי-זֶה נַעֲשִׂין בְּחִינַת מְחִצּוֹת וְהֵיכָלִין הַנַּ"ל שֶׁעַל יָדָם מַשִּׂיגִין אוֹר הָאֵין סוֹף רַק בִּבְחִינַת 'מָטֵי וְלָא מָטֵי'.

וּפֵרוּשׁ 'מָטֵי וְלָא מָטֵי', יָדוּעַ לַמְּבִינִים. דְּהַיְנוּ 'שֶׁמַּגִּיעַ וְאֵינוֹ מַגִּיעַ', שֶׁרוֹדֵף וּמַגִּיעַ לְהַשִּׂיג וְאַף-עַל-פִּי-כֵן אֵינוֹ מַגִּיעַ וּמַשִּׂיג, שֶׁזֶּה נַעֲשֶׂה עַל-יְדֵי הָרְדִיפָה וְהַמְעַכֵּב כַּנַּ"ל. וְאַף-עַל-פִּי שֶׁנַּעֲשִׂין אֵלּוּ הַהֵיכָלִין הַנַּ"ל, אַף-עַל-פִּי-כֵן לָא יְדִיעַ וְלָא אִתְיְדַע, וְלֵית מָאן דְּקָיְמָא בְּהוּ, וְלָא מִתְדַּבְּקִין וְלָא יָדְעִין וְכוּ' כַּנַּ"ל. כִּי אִי אֶפְשָׁר לְצַיֵּר בַּשֵּׂכֶל הַשָּׂגוֹת אֵלּוּ הַהֵיכָלוֹת הַנַּ"ל, כִּי הֵם לְמַעְלָה מִנַּפְשִׁין רוּחִין וְנִשְׁמָתִין, לְמַעְלָה מִכָּל הַשִּׂכְלִיּוֹת, כִּי הֵם לְמַעְלָה

estado tan exaltado. Simplemente quedaría anulado, como explica el rabí Natán. Además, el rabí Natán enseña en otra instancia que si no fuera por las restricciones, si el hombre ascendiese y nunca descendiese, no habría manera de traer *shefa* al mundo. No habría bendiciones. El mundo entonces, Dios no lo permita, sería destruido. Esto puede asemejarse a lo que tuvo lugar durante la Rotura de los Recipientes (*Likutey Halajot, Nefilat Apaim* 4:25). Sin embargo, con *Keter*, uno puede ascender y alcanzar exaltados niveles, sin pasar el límite. *Keter* lo retendrá impidiéndole que alcance prematuramente los niveles que se encuentran más allá. De esa manera, sus lazos con este mundo no serán cortados y continuará siendo el medio a través del cual descienda la *shefa*.

70. como se explicó más arriba. Ver más arriba, sección 8 y nota 59.

71. como se explicó más arriba. Esto ha sido tratado en la sección 8 y la nota 58.

para aprehender la Luz del Infinito y el poder de restricción, el poder de los controles/*Keter*– debido a esos dos conceptos, las mentalidades colisionan y golpean la barrera, los controles, y con ello se crean cámaras para la Luz del Infinito. En otras palabras, se crean aspectos de recipientes y de cámaras en el ámbito espiritual, mediante los cuales es posible aprehender la Luz del Infinito, bendito sea, en el aspecto de "alcanzar y no alcanzar".[67] Pues si no existiese el factor de la restricción, de no haber uno que impidiese que las mentalidades corrieran y fueran detrás, éstas quedarían totalmente anuladas. La persona quedaría anulada en la Realidad Suprema.[68] Ello se debe a que es imposible aprehender la Luz del Infinito. Pero, en virtud de los dos aspectos, el correr y el restringir, se crea el concepto de las barreras y de las cámaras. Mediante ellas uno aprehende la Luz del Infinito, [pero] sólo en el aspecto de "alcanzando y no alcanzando".[69]

La explicación de "alcanzando y no alcanzando" es conocida para el iniciado: es el lograr y no lograr. Uno corre y busca aferrar y sin embargo no alcanza ni aferra. Esto es resultado del correr y el restringir, como se explicó más arriba.[70] Y aunque esas cámaras son creadas, sin embargo "no son conocidas ni se hacen conocer. No hay nadie que pueda comprenderlas... no se hacen accesibles ni cognoscibles" como se explicó más arriba.[71] Pues es imposible formarse una idea de esas cámaras en el intelecto, porque son más elevadas que el *nefesh*, *rúaj* y *neshamá* –más elevadas que todos los Intelectos– pues son más

---

67. se crean cámaras...alcanzar y no alcanzar. Ver notas 56, 57 y 59.

68. anulada en la Realidad Suprema. El término hebreo que aparece en el texto, *metziut* (מציאות), significa "ser" y "realidad". En nuestro contexto, esto hace referencia a la anulación del ser en el Ser Primordial, la anulación de la realidad de la existencia de la persona en la Realidad Suprema. Y aunque, en verdad, éste es el retorno a la Fuente, algo que toda la Creación y el hombre en particular, desea... (ver nota siguiente).

69. imposible aprehender...y no alcanzando. En este punto, el rabí Natán agrega una nueva dimensión a nuestra comprensión de la lección. *Keter* ha sido tratada hasta ahora en su papel de partición que retiene a los *mojín* impidiéndoles pasar más allá de su nivel. El rabí Natán ahora arroja luz a otro aspecto de *Keter*. Nuestra lección comienza diciendo: "¡Debes saber! Hay una luz más elevada que el *nefesh*, el *rúaj* y la *neshamá*. Ésta es la Luz del Infinito. Y aunque el intelecto no la puede aferrar, la mente sin embargo corre y la persigue...". Ello indica que los *mojín*, que en última instancia surgen del *Ein Sof*, están siempre intentando ascender a su Fuente (ver más arriba, n. 56). Si no fuese por *Keter* que los retiene, los *mojín* correrían hacia la Luz del Infinito. Sin embargo, esto sería desastroso, pues el hombre no puede existir en un

מֵהַסְּפִירוֹת וְכוּ'. כַּמְבֹאָר לְעֵיל בִּלְשׁוֹן רַבֵּנוּ זִכְרוֹנוֹ לִבְרָכָה.
עַיֵּן שָׁם הֵיטֵב וְתָבִין שֶׁלֹּא הוֹסַפְתִּי שׁוּם דָּבָר כְּלָל, כִּי בִּכְלָל דְּבָרָיו
דְּבָרַי. רַק חָזַרְתִּי וּבֵאַרְתִּי הַדְּבָרִים קְצָת, לְגֹדֶל עֹצֶם עֲמִקוּתָם עַד
אֵין-סוֹף.

וּבִשְׁבִיל זֶה נַעֲשִׂין תִּשְׁעָה הֵיכָלִין דַּיְקָא, כִּי הַמֹּחִין הֵם שָׁלֹשׁ,
וּמַחֲמַת רְדִיפָתָם וְהַכָּאָתָם בְּהַמְעַכֵּב הַנַּ"ל, הֵם נִכְלָלִין זֶה בָּזֶה,
וְנַעֲשֶׂה כָּל אֶחָד כָּלוּל מִשָּׁלֹשׁ, וְשָׁלֹשׁ פְּעָמִים שָׁלֹשׁ הֵם תִּשְׁעָה,
וְזֶהוּ בְּחִינַת תִּשְׁעָה הֵיכָלִין הַנַּ"ל:

אַשְׁרֵי מִי שֶׁיִּזְכֶּה לֵילֵךְ וְלַעֲלוֹת בְּדֶרֶךְ הַקֹּדֶשׁ, הַנֶּאֱמַר בְּהַתּוֹרָה
הַזֹּאת, עַד שֶׁיִּזְכֶּה לְהַשָּׂגוֹת אֵלּוּ:

וְזֶה שֶׁשָּׁאֲלוּ סָבֵי דְּבֵי אַתּוּנָא:
**אֶמְצָעוּתָא דְּעָלְמָא הֵיכָא. זָקְפָא אֶצְבְּעָתָא, אָמַר הָכָא. אָמְרוּ לֵהּ
מִי יֵימַר, אָמַר לְהוּ אַיְתוּ אַשְׁלֵי וּמוּשְׁחוּ.**
שֶׁשָּׁאֲלוּ אוֹתוֹ: אֵיךְ מַשִּׂיגִין אוֹר אֵין סוֹף, שֶׁהוּא אֶמְצָעָא דְּעָלְמָא,
שֶׁמִּמֶּנּוּ הַכֹּל שׁוֹאֲבִין חִיּוּת וְשֶׁפַע.

זָקְפָא אֶצְבְּעָתָא – זֶה בְּחִינַת בְּרָכוֹת כַּנַּ"ל, בְּחִינַת: "וַיִּשָּׂא אַהֲרֹן
אֶת יָדָו וַיְבָרְכֵם" כַּנַּ"ל. הַיְנוּ שֶׁעַל-יְדֵי הַבְּרָכוֹת מְבַטְּשִׁין הַמֹּחִין
בְּכֶתֶר, וְנַעֲשִׂין הֵיכָלִין כַּנַּ"ל.

73. mencionado anteriormente. Sección 8 y nota 64.

74. Éste es el significado.... El Rebe Najmán explica ahora el intercambio entre el rabí Ioshúa y los Sabios de Atenas dentro del contexto de nuestra lección.

75. centro del universo.... Ya hemos visto que el intelecto mediante el cual uno alcanza la *shefa* de la bendición –i.e., la Luz del Infinito– corresponde al Santo Templo (ver §5, n. 34). Enseñan nuestros Sabios que "el Santo Templo se encuentra en el centro del universo" (cf. *Tanjuma, Kedoshim* 10). Más aún, en el Santo Templo estaba la *Even Shetiá*, la roca fundacional del mundo. Dios formó primero esa roca. Luego, desde allí, extrajo el resto del mundo. La *Even Shetiá* en el Santo Templo corresponde a "de quien todo toma vitalidad y abundancia". Así, en el contexto de nuestra lección, el centro del universo corresponde al *Ein Sof*, el nivel más elevado de intelecto y de bendición (*Mei HaNajal*).

76. bendiciones...Keter.... Como se explicó más arriba (§4), las bendiciones son traídas a

elevadas que las *sefirot*, como está explicado más arriba en el propio lenguaje del Rebe.[72]

Estudia bien [la lección] y comprenderás, pues yo no he agregado nada. Mis palabras están incluidas en las de él. Yo sólo he pasado revista y explicado un poco las enseñanzas debido a su grande e infinita profundidad.

Y es por esto que se crean específicamente nueve cámaras. Las mentalidades son tres, pero debido a que corren y golpean el factor restrictivo, se incluyen una en la otra, de modo que cada una se compone [entonces] de tres; y tres veces tres es nueve. Éste es el concepto de las Nueve Cámaras mencionado anteriormente.[73]

Afortunado aquel digno de ir y de ascender por el sendero de santidad del cual se habla en esta enseñanza, hasta que merezca esas percepciones.}

10. Éste es el significado de lo que preguntaron los Sabios de Atenas[74]:

Ellos le preguntaron, "¿Dónde está el centro del universo?". Él indicó hacia arriba con el dedo y les dijo, "¡Aquí!". "¿Quién lo dice?", exclamaron. "Traigan una cuerda para medir y mídanlo", les respondió.

Ellos le preguntaron: "¿Cómo es posible aferrar la Luz del Infinito?" – pues Él es el **centro del universo**, de quien todo toma vitalidad y abundancia.[75]

Él indicó hacia arriba con el dedo – Éste es el concepto de las bendiciones, correspondiente a, "Aarón levantó las manos y los bendijo", como se explicó más arriba. En otras palabras, a través de las bendiciones, las mentalidades colisionan con el *Keter* y se crean las cámaras.[76]

---

72. más elevadas que el nefesh, el rúaj y la neshamá.... Los niveles por encima de *Keter* de *Atzilut*, es decir *Adam Kadmon*, son tan exaltados que ninguna palabra ni descripción llega a transmitir una imagen adecuada. Las luces de *Adam Kadmon* están tan completamente unidas al *Ein Sof* que se mantienen absolutamente incognoscibles e inefables, incluso para el nivel más elevado del intelecto. No sucede lo mismo con los niveles por debajo de *Adam Kadmon*. Aunque también ellos son muy exaltados, pueden, por así decirlo, ser conocidos – i.e., aprehendidos por el *nefesh*, el *rúaj* y la *neshamá* (ver *Pardes Rimonim, Shaar HaTzajtzajot*, Capítulo 6). De acuerdo a esto, el Ari enseña que *Adam Kadmon* es la raíz y la fuente de todo lo que se encuentra por debajo – i.e., todos los niveles del alma, del espíritu y del alma superior, etc. (ver *Etz Jaim, Heijal ABIA* 42:2, p. 300 y sig.)

וְאָמְרוּ לֵהּ מִי יֵימַר – מִי הוּא זֶה שֶׁיִּכָּנֵס בְּהֵיכְלֵי הַתְּמוּרוֹת, לִמְקוֹם הַקְּלִפּוֹת, לְהַעֲלוֹת מִשָּׁם הַקְּדֻשָּׁה בִּבְחִינַת קְטֹרֶת כַּנַּ"ל, וְשֶׁעַל-יְדֵי עֲלִיָּתוֹ יִתְעַלֶּה הַבְּרָכוֹת כַּנַּ"ל.

וְזֶה: מִי יֵימַר, לְשׁוֹן תְּמוּרָה, לְשׁוֹן (ויקרא כז): "אִם הָמֵר יְמִירֶנּוּ". וְהֵשִׁיב לָהֶם,

אִתּוֹ אַשְׁלֵי וּמוֹשְׁחוּ – הַיְנוּ עִקַּר עֲלִיַּת הַקְּדֻשָּׁה, עַל-יְדֵי הַשִּׂמְחָה. וְלֶעָתִיד בְּצֵאת יִשְׂרָאֵל מֵהַגָּלוּת בְּשִׂמְחָה, כְּמוֹ שֶׁכָּתוּב: "כִּי בְשִׂמְחָה תֵצֵאוּ", וְאָז יִכְלוּ הַקְּלִפּוֹת לְגַמְרֵי.

80. mi ieiMaR…haMeR iMirenu…. El Rebe Najmán explica ahora cómo esa pregunta se relaciona con las Cámaras de los Intercambios. Los Sabios preguntaron, "Quién *ieiMaR* (יימר)", que es como *haMeR iMirenu* (המר ימירנו). Este versículo de Levítico hace referencia a la persona que aparta un animal para el sacrificio diciendo, "Este animal será consagrado…". El animal debe ser entregado al Templo. Si no tiene daño alguno, será sacrificado; si está dañado, se vuelve propiedad del Templo aunque no sea apto para propósitos de sacrificio. Sin embargo, no se le permite a la persona transferir la santidad a otro animal diferente. Si intenta ese intercambio, ambos animales son considerados consagrados al Templo (ver *Rashi, loc. cit.*). Esto se une con nuestro texto en el hecho de que el animal corresponde a los ámbitos más bajos, el de las *klipot* (cf. n. 18). Si la persona quiere llevar santidad a niveles tan bajos, debe tener mucho cuidado de no intercambiar – i.e., no caer en las Cámaras de los Intercambios. Sin embargo, aunque se equivoque y caiga en esas Cámaras, no debe perder la esperanza. La santidad le es imbuida también al "segundo animal" – i.e., hay chispas de santidad a las cuales puede unirse incluso si se equivoca, de modo que finalmente podrá encontrar una manera para elevarse desde las *klipot*.

Escribe el rabí Natán: Cuando una persona transgrede, hace que las chispas de santidad caigan al ámbito de las *klipot*. Debido a que ha hecho que esas chispas descendieran, al confesar su pecado, deberá poner en palabras su remordimiento. Por ello se recita el *Vidui* (confesión) como parte de la plegaria de *Tajanun* que sigue a la *Amidá* del servicio de la mañana y de la tarde. De esta manera, la persona eleva esas chispas caídas. Éste es el significado de la pregunta hecha por los Sabios: "¿Quién lo dice?" – i.e., ¿quién descenderá hacia las *klipot* de modo que el "decirlo" (el habla) rectifique el pecado? (*Likutey Halajot, Nefilat Apaim* 4:2).

81. la principal elevación…alegría. El rabí Ioshúa respondió que en verdad no hay necesidad de entrar en las Cámaras de los Intercambios para extraer las chispas de santidad que allí descendieron. Dado que la alegría es el medio principal para elevar las chispas caídas, al llevar a cabo las mitzvot con alegría y regocijo uno eleva automáticamente la santidad que se encuentra dentro de las *klipot*, en las Cámaras de los Intercambios (cf. *Parparaot LeJojmá*). Las pruebas que el Rebe Najmán trae a continuación serán combinadas más adelante (n. 85).

82. totalmente destruidas. Ya hemos visto que las Diez *Sefirot* del Otro Lado toman el sustento de las chispas de santidad. Cuando esas chispas son extraídas, el Otro Lado/*klipot* no tiene manera de sustentarse. Cuando se complete el retiro de esas chispas, el mal dejará de existir (ver n. 5).

¿Quién lo dice?, exclamaron – ¿Quién es el que entra en las Cámaras de los Intercambios,[77] el dominio de las fuerzas del mal, para elevar a la santidad desde allí –el concepto del incienso[78]– y mediante su elevación eleva a las bendiciones?[79]

Éste es el significado de, *"mi ieMaR* (quién lo dice)". Lingüísticamente se asemeja a *teMuRá* (intercambio), como en (Levítico 27:33), "si *haMeR iMirenu* (lo intercambia)…".[80] Y él les respondió:

Traigan una cuerda para medir y mídanlo – En otras palabras, la principal elevación de la santidad se produce mediante la alegría.[81] Y en el Futuro, cuando el pueblo judío salga del exilio con alegría, como en, "Pues con alegría saldrán" – las fuerzas del mal serán totalmente destruidas.[82]

---

través de las manos. Cuando uno lleva a cabo una mitzvá con alegría, eleva a *Maljut* (§2), lo que produce entonces que ascienda *NeHI* (§3). Esto, a su vez, eleva a *JaGaT*, trayendo así bendiciones al mundo (§4). Así, el rabí Ioshúa "apuntó con el dedo", correspondiendo a traer las bendiciones desde el "centro del universo", el *Ein Sof*. Con esto indicó que el traer intelecto debe ser hecho en aras del crecimiento espiritual – i.e., para percibir la Luz del Infinito.

77. Cámaras de los Intercambios. El rabí Natán explica el concepto de las Cámaras de los Intercambios de la siguiente manera: El Otro Lado, las *klipot*, son las fuerzas del mal. Ellas basan su poder en su capacidad para intercambiar e invertir "el mal en bien y el bien en mal… la oscuridad en luz y la luz en oscuridad" (Isaías 5:20). Todas las pasiones y los malos deseos provienen de su poder, donde el mal aparece como algo bueno y extravía a la persona alejándola de la verdad. De la misma manera, todas las disputas y las mentiras surgen de esas Cámaras de los Intercambios, incluyendo la mentira que lleva al odio y a la ira. Ello se debe a que las *klipot*, cuyo poder proviene de las Cámaras de los Intercambios, atraen y seducen a la persona con pensamientos equivocados incluso en contra de sus amigos, convenciéndola de que hay una buena causa para el odio y la ira (*Likutey Halajot, Hodáa* 6:12, 46). En otra instancia, el rabí Natán conecta las Cámaras de los Intercambios con aquellos que van tras la sabiduría externa y la filosofía. Esas personas carecen de fe y sus vidas están llenas de cuestionamientos y de tristeza. ¿Cómo pueden sentir alegría si no tienen la fe para consolarlas cuando no hay respuestas? (*Likutey Halajot, Nefilat Apaim* 4:4). En nuestro contexto, las Cámaras de los Intercambios son las *klipot* que le trae tristeza a la Presencia Divina (ver más arriba, 2; cf. *Los Cuentos del Rabí Najmán*, #11).

78. incienso. Como ha sido explicado más arriba en la sección 2, las once especies del incienso tienen el poder de anular a las *klipot* (ver notas 5 y 6).

79. eleva a las bendiciones. Al llevar a cabo las mitzvot con alegría, se eleva a *Maljut*. Ello eleva a *NeHI* que entonces inviste a *JaGaT*. *JaGaT* es donde se revelan las bendiciones del intelecto (*JaBaD*) (como se explicó más arriba, §3-§5). Los Sabios preguntaron: "¿Quién es lo suficientemente digno como para descender a las Cámaras de los Intercambios y elevar a las *klipot*, haciendo que las bendiciones puedan descender desde el centro del universo/*Ein Sof*?".

וְזֶה: 'אִיתּוּ אַשְׁלֵי', הַיְנוּ עַל יְדֵיכֶם וְעַל כָּרְחֲכֶם יִתְבַּטְּלוּ הַקְּלִפּוֹת. כִּי אַתֶּם בְּעַצְמְכֶם תָּבִיאוּ אֶת בֵּית־יִשְׂרָאֵל מֵהַגָּלוּת, הַנִּקְרָאִים אַשְׁלֵי, הַיְנוּ חֶבֶל נַחֲלָתוֹ. כְּמוֹ שֶׁכָּתוּב (ישעיה סו): "וְהֵבִיאוּ אֶת אֲחֵיכֶם בֵּית יִשְׂרָאֵל".

שֶׁכָּל אֶחָד וְאֶחָד מֵהָעַכּוּ״ם יָבִיאוּ בְּיָדָם אֶת בֵּית יִשְׂרָאֵל מֵהַגָּלוּת, עַל־יְדֵי רִבּוּי הַשִּׂמְחָה שֶׁיִּהְיֶה בָּעֵת הַזֹּאת, כְּמוֹ שֶׁכָּתוּב (תהלים קכו): "אָז יֹאמְרוּ בַגּוֹיִם הִגְדִּיל ה׳ לַעֲשׂוֹת עִם אֵלֶּה וְכוּ׳, הָיִינוּ שְׂמֵחִים".

וְעַל־יְדֵי הַשִּׂמְחָה יִתְבַּטְּלוּ הַקְּלִפּוֹת, בִּבְחִינַת (שמואל ב׳ ח׳): "וַיְמַדְּדֵם בַּחֶבֶל הַשְׁכֵּב אוֹתָם אַרְצָה". וְזֶה: "מוֹשְׁחוּ", הַיְנוּ

Parece haber una contradicción entre el hecho de que las *klipot* ayudarán a los judíos en la Redención Final y la afirmación anterior de que en el Futuro las *klipot* serán totalmente destruidas. El *Parparaot LeJojmá* responde a esto explicando que hay diferentes tipos de *klipot*. Aquellas que son el mal absoluto serán completamente destruidas; aquellas que tienen una chispa de santidad, permanecerán. Ver más adelante, nota 87, donde esto se explica en más detalle (ver también *Likutey Halajot, Purim* 4:2).

85. entre las naciones…estaremos alegres. Una gran alegría inundará el mundo en el momento de la Redención Final. Las mismas *klipot* elevarán a los judíos/la santidad, a quienes tenían cautivos hasta ese momento. Así, el Rebe Najmán ha mostrado a través de estos textos de prueba que no hay necesidad de descender hacia las Cámaras de los Intercambios para extraer las chispas de entre las *klipot*. Donde hay alegría, las mismas *klipot* se encargan de elevar la santidad. Esto lo sabemos a partir de lo que las Escrituras dicen con respecto al Futuro, al afirmar que las naciones mismas traerán a los judíos de retorno a la "santa montaña", hacia la santidad. ¿Por qué? Porque en el Futuro habrá una gran alegría, como en, "… estaremos alegres". Y, así como en el Futuro la alegría será tan grande que no habrá necesidad de descender hacia el ámbito de las *klipot* para retirar las chispas de santidad, igualmente hoy en día, al llevar a cabo las mitzvot con alegría podemos retirar la santidad de entre las *klipot* sin necesidad de descender al ámbito de las *klipot*, a las Cámaras de los Intercambios. Las mismas *klipot*, incluso ahora, elevarán las chispas de santidad gracias a la alegría (*Parparaot LeJojmá*). El *Metzudat David* explica las palabras "estaremos alegres" como haciendo referencia incluso al tiempo en que los judíos se encuentran en el exilio. Incluso ahora estamos alegres debido a que sabemos que Dios nos redimirá. En otras palabras, tomamos nuestro sentimiento de alegría de la alegría que estará presente en el Futuro, en el tiempo de la Redención Final (ver n.87: final).

86. ellos midieron con una cuerda…. Este versículo habla de cómo el rey David se vengó de los moabitas por la muerte de su familia. Mientras huía del rey Saúl, David le encargó al pueblo de Moab que cuidase a sus padres y a sus hermanos. Pero ellos traicionaron a David y mataron a los miembros de su familia. Cuando más tarde conquistó a los moabitas, David los hizo

Éste es el significado de, "traigan una cuerda para medir". Es decir, mediante ustedes y en contra de su voluntad se eliminarán las fuerzas del mal. Porque ustedes mismos [los gentiles] traerán a la Casa de Israel desde el exilio. Ellos [la Casa de Israel] son llamados una "cuerda para medir", es decir, "la cuerda de Su herencia" (Deuteronomio 32:9).[83] Como está escrito (Isaías 66:20), "Y ellos traerán a [todos] tus hermanos" – la Casa de Israel.[84]

Con sus manos, cada uno de los gentiles traerá a la Casa de Israel desde el exilio, en virtud de la abundante alegría que existirá en ese momento. Como está escrito (Salmos 126:2,3), "Entonces declararán entre las naciones, Dios ha hecho grandes cosas con estos... estaremos alegres".[85]

Y mediante la alegría, se eliminarán las fuerzas del mal, correspondiente a (Samuel II, 8:2), "Y los midieron con una cuerda, haciéndolos yacer por tierra".[86] Éste es el significado de, "mídanlo": es

---

Se pregunta el *Parparaot LeJojmá*: Parecería ser que el rabí Ioshúa no respondió a la pregunta. Tal como lo explica el Rebe Najmán, ellos querían saber cómo es que la alegría le permite a uno descender hacia las *klipot* para elevar las chispas de santidad. Aun así, su respuesta fue que no hay necesidad de entrar en las *klipot*; que las *klipot* mismas elevarán las chispas de santidad, como sucederá en el Futuro. De modo que no queda del todo claro cómo es que esa elevación se logra a través de la alegría. Sin embargo, dado que las *klipot* son un aspecto de la tristeza y la santidad es un aspecto de la alegría, entonces, obviamente, la elevación de las chispas de santidad se produce a través de la alegría, como en, "Pues saldrán con alegría".

83. cuerda para medir...cuerda de Su herencia. Todo el versículo dice: "La porción de Dios es Su pueblo; Iaacov, el *jevel* (cuerda) de Su herencia". Rashi explica (*loc. cit.*): Dios les entregó Su parte a los judíos cuando Iaacov completo el *jevel*. La primera hebra fue Abraham y la segunda Itzjak. Sólo Iaacov, la tercera hebra, completó la cuerda. Él y sus hijos, la Casa de Israel, fueron así elegidos como la "porción de Dios" – o, como dice el Rebe aquí, se volvieron Su "cuerda para medir".

84. traerán a tus hermanos.... El versículo dice: "Ellos [los gentiles] traerán a tus hermanos [los judíos] de entre todas las naciones como ofrenda para Dios... sobre Mi santa montaña, Ierushalaim...". Ello hace referencia a los Días del Mashíaj. Cuando los judíos sean redimidos del exilio final, no sólo ascenderán a la Tierra Santa, sino que las naciones gentiles, por propia voluntad, los llevarán. Rashi agrega (*loc. cit.*) que ello tendrá lugar en medio de un gran regocijo, con música y canciones. En nuestro contexto, podemos conectar esto con el hecho de no tener que descender a las Cámaras de los Intercambios para retirar las chispas de santidad – i.e., los judíos del exilio. Dado que la elevación de esas chispas se logra mediante la alegría y cuando llegue Mashíaj habrá una inmensa alegría, las naciones, las *klipot*, llevarán por propia voluntad a los judíos hacia arriba, hacia la "santa montaña" – i.e., hacia los grandes niveles y hacia las cámaras de santidad, las bendiciones del *Ein Sof*.

הַמְּדִידָה לְכַלּוֹת אוֹתָם:

Traigan una cuerda para medir y mídanlo – "Las *klipot* mismas elevarán la santidad", respondió el rabí Ioshúa. "Y una vez que las chispas de santidad hayan sido retiradas, las *klipot* serán totalmente destruidas. Por lo tanto no hay necesidad alguna de descender hacia las *klipot*" (§2).

Escribe el rabí Natán:

A partir de la enseñanza del Rebe Najmán podemos ver que en el Futuro, cuando el pueblo judío deje permanentemente el exilio, su tremenda alegría anulará a todas las fuerzas del mal. La cuestión es, ¿qué valor tiene esto para nosotros en el presente? En este largo exilio, donde la tristeza abunda y crece diariamente, ¿qué podemos hacer ahora para superar las dificultades y poner fin a nuestra declinación espiritual? El rabí Natán responde con otra de las enseñanzas del Rebe Najmán: Cuando Dios desea traerle la salvación al pueblo judío, hace brillar sobre él una luz del Futuro, una luz tomada de la Redención Final (*Likutey Moharán* I, 250). Éste es el significado de lo que el Rebe enseña aquí "Traigan una cuerda..." – traigan la alegría desde el Futuro. Lo más importante que cada uno de nosotros debe recordar ahora, en medio de nuestros problemas y tristezas (del exilio), es que al final, en el Final Definitivo, Dios *redimirá* a los judíos del exilio. Entonces, todas las tristezas y las *klipot* serán eliminadas del mundo. Saber esto mediante el intelecto y la fe ayuda a que cada uno de nosotros haga descender sobre sí la luz de esa salvación futura, una salvación de alegría y regocijo. Esto puede darnos una gran alegría incluso en el presente. Y nos ayudará a superar nuestras tristezas y problemas personales, para que podamos ascender desde las *klipot* hacia los niveles más elevados de la santidad, hacia los Mundos Superiores (*Likutey Halajot*, *Hodáa* 6:10).

Con esto, podemos comprender la verdadera intención detrás de la pregunta de los Sabios de Atenas: "¿Quién lo dice?". Estos Sabios representan a las filosofías ajenas y a la duda. Ellos implantan el "¿Quién lo dice?" en la mente de la persona de manera que ésta llega a cuestionar su capacidad de elevarse desde las *klipot*. Cada uno de nosotros se pregunta si podrá alguna vez ascender hacia algún nivel espiritual, y ni hablar de los elevados niveles mencionados en esta lección. Tal duda sólo lleva a la pérdida de la esperanza, agregando tristeza a nuestra ya opresiva amargura, y el exilio a nuestro pesado destierro. Esto, en sí mismo, le da más fuerza a las *klipot*. Sin embargo, el rabí Ioshúa, el Tzadik paradigmático que siempre trata de darle ánimo a cada judío para que ascienda de su exilio, contrarresta a las *klipot* proclamando que la redención de Dios llegará finalmente. Entonces habrá una gran alegría y regocijo en el mundo, por lo que ningún judío debe perder la esperanza (ver *Likutey Moharán* II, 78). Por lo tanto, cada uno de nosotros tiene la capacidad de traer alegría desde la Redención Futura. Podemos tomar fuerzas de ello para redimirnos incluso ahora (*Mabuei HaNajal*, Lección 24; ver *Likutey Halajot*, *Hodáa* 6:67).

Alguien le preguntó cierta vez al Rabí Natán, "¿Cómo es posible que yo pueda sentir alegría cuando tengo tantos problemas y dificultades?". "¡Tómala prestada!", respondió el rabí Natán (*Siaj Sarfei Kodesh* 1-736). A partir de nuestra lección podemos comprender que lo que el rabí Natán quería decir era que debía tomar la alegría prestada de la Redención Futura, cuando Dios le traerá la salvación a todo el pueblo judío – ¡pronto y en nuestros días, Amén!

decir, la medida para destruirlos.[87]

"medir". Dos medidas del pueblo de Moab fueron condenadas a muerte y la medida restante fue forzada a pagarle un tributo anual (ver *Metzudat David, loc. cit.*). Aquí también las *klipot* serán **medidas con una cuerda** – llamadas a rendir cuentas por el pueblo judío, **haciéndolas yacer por tierra** – eliminándolas.

El *Parparaot LeJojmá* explica esto con más detalle. Enseñan nuestros Sabios: El árbol mismo provee el mango para el hacha que lo cortará. Ello hace referencia a David quien, aunque descendía de Moab, los conquistó y los destruyó (*Sanedrín* 39b). En época de Moshé, Dios les prohibió a los judíos hacer la guerra contra los moabitas (Deuteronomio 2:9). Ello se debió a que Ruth descendería de ellos (*Rashi*, Números 31:2). Pero en época de David, dado que la chispa de santidad en Moab había ascendido cuando Ruth se convirtió al judaísmo, ya no merecían ser protegidos. De modo que David los conquistó. Hizo matar a dos medidas de moabitas, aparentemente porque comprendió que éstos habían quedado sin ninguna vitalidad sagrada (ver más arriba, n. 5). Pero a aquellos en los cuales podía "medir" un grado de santidad (*Maljut* de *Asiá*), los dejó con vida. El tributo anual que estos moabitas le llevaron a David corresponde a la mencionada ofrenda que las naciones traerán en el Futuro (ver n. 84). Esto se une con la enseñanza del *Zohar* (III, 190a) de que los moabitas que mató David eran descendientes de aquellos que habían hecho pecar a los judíos en el desierto (ver Números 25). ¿Cómo pudo David decidir cuáles eran? Utilizó una cuerda/la Presencia Divina/*Maljut*. Esa "cuerda" reveló cuáles de los moabitass descendían de los pecadores y cuáles no. De ese modo fue capaz de destruir por completo a las *klipot* que ya no tenían chispa alguna.

87. mídanlo…para destruirlos. En el Futuro, la alegría será tan grande que las *klipot* devolverán voluntariamente todas las chispas de santidad y ellas mismas se anularán. En cierta medida este proceso ya tiene lugar. Aunque actualmente es imposible eliminar a todas las *klipot*, cada persona –en la medida de sus devociones y especialmente a través de llevar a cabo las mitzvot con alegría– eleva las chispas desde las *klipot*. Esto mismo es la "medida". Es decir, realizar las mitzvot lleva a ajustar cuentas con las *klipot*: aquéllas totalmente carentes de santidad son eliminadas, aquellas que mantienen una chispa de santidad, permanecen (*Parparaot LeJojmá*).

En base a nuestra lección, el intercambio entre el rabí Ioshúa y los Sabios de Atenas se traduce como sigue:

¿Dónde está el centro del universo? – Los Sabios de Atenas preguntaron: "¿Cómo es posible aprehender el *Ein Sof*?" (§8).

Él apuntó con el dedo y les dijo, ¡Aquí! – "Trayendo bendiciones", respondió el rabí Ioshúa. "Esto hace que los *mojín* asciendan a niveles superiores, para traer la bendición del intelecto" (§3-§7).

¿Quién lo dice? – "Pero, ¿quién se atreve a entrar en las Cámaras de los Intercambios para elevar las chispas de santidad? ¿Cómo puede alguien comenzar el proceso de ascenso hacia los niveles superiores para traer esas bendiciones, cuando ello implica primero descender al dominio de las *klipot*!" (§2).

ליקוטי מוהר"ן סימן כ"ה

לְשׁוֹן רַבֵּנוּ, זִכְרוֹנוֹ לִבְרָכָה

אָמְרוּ לֵהּ, אַחֲוֵי לָן מָנָא דְּלָא שָׁוְיָא לְחַבָּלָא. אַיְתֵי בּוּדְיָא. פְּשָׁטוּהוּ, וְלָא הֲוֵי עָיֵל לְתַרְעָא. אָמַר לְהוּ, אַיְתוּ מָרָא סִתְרוּ. הַיְנוּ מָנָא דְּלָא שָׁוְיָא לְחַבָּלָא:

רַשִׁ"י
אַחֲוֵי לָן מָנָא דְלָא שָׁוְיָא לְחַבָּלָא – הַרְאֵנוּ כְּלִי שֶׁאֵינוּ שָׁוֶה הַהֶפְסֵד שֶׁהוּא מַפְסִיד: **בּוּדְיָא** – מַחֲצֶלֶת: לֹא עָיֵל בְּתַרְעָא – שֶׁהָיָה אָרוֹךְ וְרָחָב יוֹתֵר מִן הַפֶּתַח: אַיְתוּ מָרָא וְסִתְרוּ – בִּנְיַן הַפֶּתַח וְהַכֹּתֶל עַד שֶׁיִּכָּנֵס:

מִשֶּׁחָרַב בֵּית־הַמִּקְדָּשׁ בָּטַל הַשָּׁמִיר וְנֹפֶת צוּפִים וַאֲמָנָה (משנה סוטה מח):

א. כִּי צָרִיךְ כָּל אָדָם לְהוֹצִיא אֶת עַצְמוֹ מֵהַמְדַמֶּה, וְלַעֲלוֹת אֶל הַשֵּׂכֶל. וּכְשֶׁנִּמְשָׁךְ אַחַר הַמְדַמֶּה, זֶה בְּחִינַת שְׁרִירוּת לֵב, שֶׁהוּא

la destrucción del Santo Templo. Algunas de ellas desaparecieron con el Primer Templo, otras (enumeradas aquí) se nos perdieron con la destrucción del Segundo Templo (ver *Tosafot, Guitin* 68a, *v.i. Ika*). El shamir era un gusano muy especial del tamaño de un grano de centeno, creado al atardecer del Sexto Día de la Creación (*Avot* 5:6; ver *Rashi, Rambam*). Su poder especial yacía en su capacidad para cortar las piedras. Eso se lograba simplemente colocando el shamir sobre la piedra. Fue utilizado para grabar las gemas preciosas del pectoral del Sumo Sacerdote y para cortar las piedras en la medida justa para la construcción del Santo Templo.

4. miel de Tzufim. La zona era llamada Tzufim (o Tzuf) debido a sus elevadas montañas desde donde la gente podía ver a lo lejos (*tzofé*). La miel producida allí era muy espesa y dulce y su sabor era fácilmente detectable en cualquier alimento horneado en el cual hubiera sido utilizada (ver *Rashi, loc. cit.* 48b, *v.i. Solet*).

5. hombres de fe. Los hombres de fe eran aquellos que confiaban en que Dios siempre los sustentaría. Rashi explica que era gente benevolente, que daba caridad a manos llenas y generosa con el dinero que gastaba para las mitzvot, por ejemplo, en honor al Shabat y a las festividades (*Rashi, loc. cit.* 48b, *v.i. Shemaminim*).

El Rebe Najmán introduce seguidamente los conceptos de imaginación, ilusiones e intelecto, mostrando cómo éstos se relacionan con las tres cosas que desaparecieron con la destrucción del Templo.

LIKUTEY MOHARÁN 25[1]

Ellos le dijeron, "*Ajavei Lan Mana* (Muéstranos algo) que no valga el daño [que produce]". Él trajo una estera. La desplegaron pero no pasaba por la puerta. Él les dijo, "Traigan un martillo y quiébrenla [la puerta junto con la pared]. Esto es algo que no vale el daño [que produce]" (*Bejorot* 8b).

Rashi:
Muéstranos algo que no valga el daño - muéstranos un objeto que no valga el daño que produce; **una estera** - una alfombra[2]; **no pasaba por la puerta** - era más ancha y larga que la abertura; **Traigan un martillo y quiébrenla** - el marco de la puerta y la pared, hasta que pueda pasar.

Desde la destrucción del Santo Templo, no existen más el gusano shamir,[3] la miel de Tzufim[4] y los hombres de fe.[5]

(*Sotá* 48a)

Pues cada persona debe <quebrar el poder de la imaginación y acceder al> intelecto. Pero cuando uno es arrastrado tras <los deseos ilusorios>, ello es un aspecto de "las visiones del corazón" (cf.

---

1. Likutey Moharán 25. Esta lección (hasta el punto indicado en el texto) es *leshón Rabeinu* (ver Lección 23, n. 1). Aunque no tenemos información sobre cuándo el Rebe Najmán dio este discurso, lo más probable es que haya sido entre 1803-1806, cuando fueron dadas la mayor parte de las otras lecciones basadas en el relato Talmúdico de los Sabios de Atenas.

Los temas principales son: superar las ilusiones; alcanzar el intelecto adquirido; elevarse de nivel en nivel; y la caridad. El Rebe Najmán también incluyó una referencia velada a los "Estatutos Concernientes a los Judíos", un *ukasé* emitido por el zar ruso que tuvo un efecto desastroso en la estabilidad financiera de las comunidades judías en Ucrania y más allá. El texto que aparece marcado entre paréntesis angulares < > indica material traducido de un manuscrito anterior del *Likutey Moharán* que difiere en algo de la versión que se encuentra en las ediciones impresas. Se cree que ese manuscrito pertenecía al rabí Natán.

2. una alfombra. En la época del Talmud era costumbre sentarse y dormir en esteras hechas de paja y de caña. Esto explica porqué la estera no se doblaba ni se plegaba. Incluso hoy en día, tales esteras son comunes en algunos países del medio oriente.

3. gusano shamir. El Talmud (*Sotá* 48a) hace una lista de las cosas que dejaron de existir con

הוֹלֵךְ אַחַר הַמְדַמֶּה שֶׁבַּלֵּב.
וּכְשֶׁיּוֹצֵא מִשְׁרִירוּת הַלֵּב, וּמְשַׁבֵּר לִבּוֹ הָאֶבֶן – זֶה בְּחִינַת 'שָׁמִיר', שֶׁעַל יָדוֹ נִכְנָע הָאֶבֶן, וְאֵינוֹ הוֹלֵךְ אַחַר תַּאֲווֹת הַמְדַמִּיּוֹת, וְהוֹלֵךְ אַחַר הַשֵּׂכֶל.

interno, que no tiene apego alguno por lo corpóreo. El *medamé* entonces queda dependiente de los rasgos y los deseos del corazón y es envuelto por ellos.

El punto es que el poder de la imaginación que tiene cada uno de nosotros puede llevarnos a tremendas alturas o a lo opuesto, Dios no lo permita. Es posible crear la imagen de cierto objetivo en la mente y a través de ese imaginar –"visualización creativa"– ir en busca de ese fin. Es posible utilizar el *medamé* para comparar una cosa con otra y luego actuar de acuerdo a la conclusión producto de ese proceso mental. Cuando el Rebe Najmán les dijo a sus seguidores, "Les he dado buenos y puros poderes de imaginación", se estaba refiriendo a la capacidad de desarrollar ideas originales de Torá para las cuales uno debe emplear la imaginación creativa reconociendo las semejanzas entre diferentes conceptos, objetos, situaciones, etcétera, y uniéndolos entre sí (*Tzadik* #521).

En el mismo sentido, el rabí Natán escribe que el poder de la imaginación del hombre surge del árbol del Conocimiento del Bien y del Mal (*Torat Natán* #2). Esto también subraya el papel que juega el *medamé* como una interfase entre lo santo y lo que no lo es. Puede ser llevado hacia el bien/el intelecto, para que la imaginación ayude en el servicio a Dios; o, alternativamente, puede ser llevado hacia el mal/los deseos del corazón, de modo que la imaginación produzca ilusiones que alejen de Dios. Dentro de nuestra lección el Rebe Najmán hace referencia a ambos aspectos del *medamé*. El objetivo es elevar el *medamé* del corazón hacia el intelecto, que, como será explicado, es un proceso en tres etapas: 1) quebrar las ilusiones; 2) pasar el intelecto de la potencia al acto; 3) adquirir el conocimiento. (Para más sobre la distinción entre la imaginación y la ilusión ver *Cruzando el Puente Angosto*, Capítulo 11, p. 190-193).

8. corazón de piedra...shamir...intelecto. Se dice que el corazón que sigue tras las ilusiones es un "corazón de piedra" (ver *Metzudat David*, Ezequiel 11:19). Así como el shamir corta y graba las piedras (ver más arriba, n. 3), aquel que corta y quiebra sus ilusiones graba su corazón con la luz del intelecto.

El *Mabuei HaNajal* advierte en contra de malinterpretar el énfasis del Rebe Najmán en buscar el nivel del intelecto. Uno puede equivocadamente asumir que el intelecto connota la investigación filosófica. Sin embargo, queda claro a partir de otras lecciones y dichos del Rebe que eso no puede ser en absoluto lo que quiere decir. Por el contrario, a lo largo de sus enseñanzas advierte severamente en contra de enturbiar la mente con especulaciones filosóficas (ver *Tzadik* XV). Más bien, el Rebe enfatizó la importancia de la fe y de la simpleza. Pues, en verdad, las indagaciones e investigaciones son producto del poder de la imaginación del intelecto. Por lo tanto, la persona que aún no haya anulado los deseos y las malas características de su corazón tendrá una imaginación atraída por lo material y los deseos físicos. Cuanto más utilice sus capacidades intelectuales e intente comprender la naturaleza de la Divinidad con su mente defectuosa, más la extraviará y la hará tropezar su intelecto. Si, por otro lado, purifica el poder de la imaginación, su intelecto podrá llevarla a niveles cada vez más altos, como el Rebe continúa explicando.

Deuteronomio 29:18).⁶ Sigue <tras la inclinación del corazón>.⁷

Y cuando la persona se libera de las visiones del corazón y quiebra su "corazón de piedra" (Ezequiel 11:19) – éste es el concepto del gusano shamir. Con ello <se quiebra y se doblega el corazón de piedra>, de modo que la persona no va tras sus deseos ilusorios sino tras el intelecto.⁸

6. las visiones del corazón. Rashi explica que "visiones" connota desear lo que el corazón percibe. Así como los ojos son atraídos por lo que ven, esa persona es atraída por lo que su corazón ve. Éstas son las ilusiones a las cuales hace referencia el Rebe Najmán, las pasiones y los deseos del corazón. Uno debe "quebrar el poder de la imaginación y acceder al intelecto" –i.e., elevarse por sobre las "visiones del corazón"– porque son esas ilusiones las que le ocultan la santidad (cf. *Mabuei HaNajal*, Lección 25).

7. ...la inclinación del corazón. Este concepto de la imaginación, el *medamé* (מדמה), requiere una mayor explicación. El Rebe Najmán llama al poder de la imaginación "el *medamé* en el corazón". La raíz del *medamé* se encuentra en la naturaleza física del cuerpo. Aquí, al Rebe Najmán equipara al *medamé* con los deseos ilusorios. Más adelante, lo asemeja a las fuerzas del mal (*klipot*) que se manifiestan como malos pensamientos, confusiones y obstáculos. Como tal, el poder de la imaginación del hombre ofusca y ensombrece la santidad enraizada en su alma Divina. Ese alma es la esencia interior del intelecto del hombre. De allí provienen todas las formas del despertar y del anhelo por la vida espiritual, al igual que el rechazo de los deseos materiales que surgen del *medamé*. A la luz del hecho de que el Rebe Najmán conecta el *medamé* con el corazón, es sorprendente que el rabí Natán, basado en otras de las enseñanzas del Rebe, llame al *medamé* "El mensajero del intelecto". Dice: Debido a que el intelecto mismo no tiene contacto con lo físico, su conciencia de lo corpóreo le llega a través de su mensajero, el *medamé*. Éste es el motivo, explica, de que el *medamé* sea el verdadero lugar de la libertad de elección del hombre; pues la esencia interior del intelecto está perfectamente unida a Dios, separada de todos los deseos y rasgos negativos, de modo que no tiene más opción que hacer Su voluntad. Por lo tanto, el papel del *medamé* es, por así decirlo, llevar conceptos de la realidad física hacia el intelecto; una función que realiza asemejando un concepto a otro. Sin embargo, en el proceso de hacer asociaciones y unir ideas, el *medamé*, a no ser que haya alcanzado un nivel de claridad y pureza, está sujeto al error y a la mala interpretación (*Likutey Halajot, Shlujin* 5:1).

El *Mabuei HaNajal* desarrolla esto y ofrece la siguiente explicación: Estos diferentes puntos de vista del poder de la imaginación lo dejan a uno preguntándose si el *medamé* es una función del corazón, como indica aquí el Rebe Najmán o del intelecto, como sugiere el rabí Natán. La respuesta es que el *medamé* debe ser comprendido como una interfase entre la santidad de la esencia interna del intelecto y los rasgos del corazón. Así como el intelecto interno no tiene conexión alguna con lo corpóreo excepto a través de la imaginación, de la misma manera los rasgos del corazón no tienen capacidad de actuar si no es a través del poder de la imaginación del intelecto. Esto se debe a que, en esencia, la mente es responsable del control y de la dirección de todas las funciones humanas. Por lo tanto, los Tzadikim, cuyos corazones están bajo su control, de modo que pueden anular completamente los deseos y las malas cualidades – se vuelven dignos de aclarar y de purificar su *medamé*. En ese punto el poder de la imaginación se vuelve dependiente de la esencia interna del intelecto/el alma y se incluye allí. Por el contrario, cuando la persona está gobernada por el corazón, los poderes de la imaginación la alejan del intelecto

וְכָל זְמַן שֶׁלֹּא הוֹצִיא שִׂכְלוֹ אֶל הַפֹּעַל, שֶׁלֹּא הִשְׁתַּמֵּשׁ בְּשִׂכְלוֹ עֲדַיִן - אָז אֶצְלוֹ הַשֵּׂכֶל בְּכֹחַ. אַף-עַל-פִּי שֶׁכְּבָר שָׁבַר הַמְדַמֶּה, אָז נִתְקוֹמֵם תְּכוּנַת שִׂכְלוֹ. כִּי 'כְּשֶׁזֶּה קָם, זֶה נוֹפֵל' (כמובא ברש"י ריש פרשה תולדות), אֲבָל הַשֵּׂכֶל עֲדַיִן בְּכֹחַ.

וְאַחַר-כָּךְ כְּשֶׁחוֹקֵר בְּשִׂכְלוֹ וּמִשְׁתַּמֵּשׁ בּוֹ, אֲזַי הַשֵּׂכֶל בְּפֹעַל. וְזֶה בְּחִינַת 'נֹפֶת צוּפִים', בִּבְחִינַת (שיר השירים ד'): "נֹפֶת תִּטֹּפְנָה שִׂפְתוֹתַיִךְ" - שֶׁהוֹצִיא מְתִיקוּת שִׂכְלוֹ מִכֹּחַ אֶל הַפֹּעַל. [וְזֶה: "שִׂפְתוֹתַיִךְ", הוּא בְּחִינַת מוֹצִיא מִכֹּחַ אֶל הַפֹּעַל, שֶׁהוּא בְּחִינַת הַדִּבּוּר].

וְאַחַר-כָּךְ כְּשֶׁמַּשִּׂיג בְּשִׂכְלוֹ כָּל מַה שֶּׁיֵּשׁ בְּיַד אֱנוֹשִׁי לְהַשִּׂיג, אָז שִׂכְלוֹ שָׁב שֵׂכֶל הַנִּקְנֶה. כְּמוֹ שֶׁכָּתְבוּ הַמְחַקְּרִים, שֶׁיֵּשׁ שֵׂכֶל בְּכֹחַ, וְשֵׂכֶל הַפֹּעַל, וְשֵׂכֶל הַנִּקְנֶה.

pensamientos, para que los labios "destilen" el producto del intelecto. El Rebe conecta por lo tanto la miel de Tzufim con la actualización del intelecto (*Torat Natán* #8).

13. aprehende...todo.... Más adelante, el Rebe Najmán enseña que cada persona tiene su propio y único nivel. Cuando aquí dice, "todo lo que el intelecto humano tiene el poder de comprender", quiere decir cada uno de acuerdo a su propio nivel. Una vez que la persona alcanza el máximo intelecto de ese nivel, puede comenzar su avance hacia el nivel superior. Esto será explicado más adelante en las secciones 2 y 3.

14. se vuelve un intelecto adquirido. El intelecto adquirido, como el Rebe Najmán pronto explicará, es equivalente al intelecto espiritual – i.e., el conocimiento de Dios. Aunque la Torá es en verdad una con Dios, debemos diferenciar aquí entre "conocimiento de la Torá" y "conocimiento de Dios". "Conocimiento de la Torá" significa que uno ha estudiado las complejidades de la Torá, las ha comprendido y así ha adquirido conocimiento. Pero ello no dice nada sobre su conocimiento de Dios ni su cercanía a Él. En verdad, están aquellos que han estudiado Torá pero que están muy lejos de Dios. Ello se debe a que han hecho de la erudición su principal objetivo y utilizan el conocimiento de Torá que han adquirido como una herramienta para su propio beneficio. Por el contrario, aquellos que estudian Torá en aras de servir a Dios, que utilizan su conocimiento para acercarse a Él, aprendiendo a cumplir con la Torá y con las mitzvot para reconocer el dominio de Dios y la providencia Divina sobre cada detalle de la Creación – ellos reciben lo que es conocido como un "intelecto adquirido". Así, explica el rabí Natán: Mientras la persona no haya alcanzado el intelecto adquirido, no puede apoyarse en su propio conocimiento. Ello se debe a que las *klipot* (las fuerzas del mal) de la ilusión pueden dominarla fácilmente (*Torat Natán* #7). En el *Likutey Tefilot*, en la plegaria que el rabí Natán compuso en base a esta lección, agrega que el originar ideas de Torá con el propósito de servir a Dios es también considerado un intelecto adquirido y es un objetivo muy valioso.

15. potencia...acto...intelecto adquirido. El rabí Natán compara esas tres etapas del intelecto

Y mientras no haga pasar su intelecto <de la potencia al acto> – [en tanto] no utilice todavía el intelecto– el intelecto estará latente, aunque haya quebrado la imaginación. [Aunque] se haya establecido la característica de su intelecto, pues "cuando uno sube el otro baja", el intelecto aún se encuentra en potencia.[9]

Luego, cuando [la persona] investiga con su intelecto y lo utiliza, entonces el intelecto [pasa de la potencia] al acto.[10] Éste es el concepto de la miel de Tzufim. Corresponde a (Cantar de los Cantares 4:11), "Tus labios destilan como un panal"[11]– la dulzura del intelecto ha pasado de la potencia al acto. {Éste es el significado de "tus labios", la actualización del potencial, que es el concepto del habla.}[12]

Y más tarde, cuando aprehende con su intelecto todo lo que el intelecto humano tiene el poder de comprender,[13] su intelecto se vuelve un intelecto adquirido.[14] Como han escrito los estudiosos: hay un intelecto en potencia, un intelecto en acto y un intelecto adquirido.[15]

---

9. ...se encuentra en potencia. En una lección anterior (*Likutey Moharán* I, 1:2), el Rebe Najmán asemeja a Iaacov con el intelecto y a Esaú con la locura. Aquí, al contrastar las características del intelecto con las de los deseos ilusorios, aplica la expresión que Rashi utiliza para demostrar la relación entre Iaacov y Esaú. Rashi dice: "Cuando uno sube el otro baja" (Génesis 25:23). Su poder es mutuamente excluyente; cuando uno se eleva, el otro pierde poder y retrocede. De manera similar, cuando la persona quiebra la ilusión, su intelecto puede pasar al frente. Cada uno posee esos dos elementos contrastantes, puede permitir que gobiernen las ilusiones o puede utilizar el intelecto. El Rebe Najmán explica que el primer paso debe ser el quiebre de las ilusiones. Al lograrlo, éstas retroceden y el intelecto sale a la superficie. Se eleva entonces al nivel del intelecto en potencia. Ello corresponde al gusano shamir que corta la piedra/el corazón/las ilusiones. Más adelante se explica cómo se logra el aspecto de "cortar la piedra" y subyugar las ilusiones (§4).

10. investiga.... Como opuesto a la investigación filosófica, la persona debe utilizar su intelecto para la investigación de Torá. Al estudiar Torá y utilizar el poder de la imaginación para desarrollar nuevas ideas, comienza a utilizar el intelecto en la búsqueda de lo espiritual. En el proceso de asemejar una cosa con la otra, crea recipientes con los cuales absorber la sabiduría y la santidad que se encuentra en aquello que está estudiando (*Mabuei HaNajal*). El poder de su intelecto ha pasado así de la potencia al acto.

11. Tus labios destilan como un panal. La explicación que hace el Midrash del versículo expresa la noción de que las palabras de Torá son tan dulces como la miel de Tzufim (*Shir HaShirim Rabah* 4:11).

12. actualización...habla. Escribe el rabí Natán: La esencia del intelecto es aquello que el hombre conceptualiza y expresa en la forma de palabras, palabras de Torá que se manifiestan a través de las veintidós letras del alfabeto hebreo. Hasta que uno no haya llegado a desarrollar esa capacidad, el intelecto se mantendrá en potencia. Es necesario aprender a articular los

וְעִקַּר קִיּוּמוֹ שֶׁל אָדָם לְאַחַר מִיתָתוֹ, אֵינוֹ אֶלָּא שֵׂכֶל הַנִּקְנֶה, וְזֶה הַשְׁאָרוֹתָיו לְאַחַר הַמִּיתָה. וְזֶה בְּחִינַת אֲמָנָה, כִּי אֲמָנָה - לְשׁוֹן קִיּוּם דָּבָר, כִּי שֵׂכֶל הַנִּקְנֶה, הוּא קִיּוּם שֶׁל אָדָם לְאַחַר מוֹתוֹ.

וְשֵׂכֶל הַנִּקְנֶה נִקְרָא, מַה שֶּׁאָדָם יוֹדֵעַ הַרְבֵּה דְּבָרִים בִּידִיעָה אַחַת. כִּי קֹדֶם צָרִיךְ לֵידַע הַרְבֵּה הַקְדָמוֹת קֹדֶם שֶׁיֵּדַע אֵיזֶהוּ דָּבָר, וְאַחַר-כָּךְ כְּשֶׁמַּשִּׂיג אֶת הַדָּבָר, מַשְׁלִיךְ הַקְדָמוֹתָיו, וְיוֹדֵעַ אֶת הַדָּבָר בִּידִיעָה אַחַת.

וְעִקַּר הַמַּעְיָן הַחָכְמָה מִן הַמִּקְדָּשׁ יָצָא, כִּי שָׁם הָיוּ מַקְרִיבִין הַקָּרְבָּנוֹת, שֶׁהֵם הַבַּהֲמִיּוּת וְכֹחַ הַדִּמְיוֹן. כְּמוֹ שֶׁכָּתוּב (תהלים נא):

a través de las décadas. El Rebe Najmán hace referencia a esta idea muy seguido. Uno debe dejar su intelecto adquirido en este mundo para las generaciones venideras. De esa manera, los otros podrán beneficiarse de sus esfuerzos y también llegar a reconocer a Dios y a servirlo. Más aún, esto puede ser hecho por cada persona, cada una de acuerdo a su propio nivel (ver *Likutey Moharán* I, 21; *Likutey Moharán* II, 7).

17. AMaNá…iAMeN. El versículo citado de Reyes hace referencia a la promesa que Dios le hizo a David de que su hijo, Shlomo, heredaría el trono y construiría el Santo Templo (*Targúm Ionatán; Metzudat David*). Esto se une con nuestra lección en el hecho de que *iamen* (יאמן), el cumplimiento de la promesa *después* de la vida de David, corresponde al intelecto adquirido que permanece después de fallecer. Ambos son *amaná* (אמנה), expresiones de una fidelidad/fe duradera. No es de extrañar que el Rebe equipare *amaná* con el intelecto adquirido pues esto se une con lo expresado más arriba (n. 8), con respecto al hecho de que el intelecto de la persona debe encuadrarse en el ámbito de la Torá y no en las especulaciones filosóficas o en las ciencias. Pues sólo cuando el intelecto está unido con la fe es posible alcanzar el intelecto adquirido (cf. *Likutey Moharán* I, 24:6 y notas 36-41).

18. un solo saber. Esto implica transformar el material en bruto de *Jojmá*/el intelecto en potencia, por medio del proceso mental de *Biná*/el intelecto en acto, para producir *Daat*/el intelecto adquirido (ver más arriba, n. 15). Comparar esto con el *Likutey Moharán* I, 21:1 y nota 6, donde el Rebe Najmán describe el nivel más elevado de intelecto, es decir, el influjo Divino que le llega a la persona sin ninguna clase de explicación introductoria.

19. fuente principal de sabiduría…Templo. Al final de esta sección el Rebe Najmán presenta un texto de prueba para sustentar su conexión entre el intelecto y el Santo Templo.

20. sacrificios…naturaleza animal…ilusión. En los extractos sobre esta lección (más adelante §6), el Rebe Najmán explica que los animales, al igual que el hombre, tienen el poder de imaginación/ilusión, pero que no tienen intelecto. Por lo tanto, todo aquel que siga tras los deseos de su corazón, de sus pasiones, en lugar de ir tras su intelecto, caerá al nivel del animal. Y, debido a que sus instintos animales lo llevaron a pecar, su rectificación será llevar un sacrificio animal al Santo Templo. Dado que el Templo corresponde al intelecto, esto lo volverá a elevar al nivel humano.

Ahora bien, el intelecto adquirido es la esencia de la existencia del hombre después de la muerte. Esto es lo que queda de él después de la muerte.[16] Y éste es el concepto de *amaná* (hombres de fe). Pues *AMaNá* implica una existencia duradera, <como en (Reyes I, 8:26), "Que Tus palabras *iAMeN* (sean duraderas)">.[17] Pues el intelecto adquirido es la existencia duradera después de la muerte.

Se denomina "intelecto adquirido" cuando la persona conoce muchas cosas con un [solo] saber. Al comienzo, es necesario mucho material introductorio antes de llegar a conocer el tema. Pero más tarde, una vez que uno ha aferrado el tema, se descartan las introducciones y se conoce la cosa con un solo saber.[18]

Ahora bien, la fuente principal de sabiduría fluye del Templo,[19] porque allí era donde se llevaban a cabo los sacrificios. [Lo que se sacrificaba] era la naturaleza animal y el poder de la ilusión.[20] Como está

---

con *Jojmá* (sabiduría), *Biná* (comprensión) y *Daat* (conocimiento). *JoJMáH* (חכמה) es *KoaJ MaH* (כח מה), el intelecto en potencia, porque la sabiduría está aún indiferenciada. *Biná*, la siguiente etapa, es el intelecto en acto. Esto es trabajar con la comprensión para extraer y desarrollar una estructura lógica a partir de la sabiduría potencial. *Biná* por lo tanto es "comprender una cosa a partir de otra" (*Sanedrín* 93b). *Daat*, la etapa final, corresponde a la exteriorización de la sabiduría y de la comprensión; la completitud del proceso del pensamiento en cuyo punto se alcanza el conocimiento de Dios – el intelecto adquirido. Los tres intelectos también pueden equipararse al corpus de la Torá en general. El *Jumash*, los Cinco Libros de Moshé, comprende de manera seminal todo el cuerpo de leyes de la Torá, aunque sin definiciones concluyentes para ninguna de ellas. Todas las leyes están presentes pero sólo en potencia. La Mishná, la redacción de la Ley Oral, es la etapa intermedia en la cual las leyes se presentan en una forma más concreta para que puedan establecerse los principios de su aplicación. Aun así, uno no puede derivar ninguna ley directamente de la Mishná. Para ello debe dirigirse al Talmud. En el Talmud, se unifica toda la sabiduría y la comprensión del *Jumash* y de la Mishná. El resultado es la aplicación práctica de la ley, i.e., el intelecto adquirido. Sólo mediante el *daat* provisto por el Talmud pueden llevarse a cabo apropiadamente las mitzvot de la Torá (*Torat Natán* #5).

16. después de la muerte. En otra instancia, el Rebe Najmán equipara el intelecto adquirido con el alma (*Likutey Moharán* I, 61:3). Al igual que el alma y que el Mundo que Viene, el intelecto adquirido es eterno. El *daat* de Dios que se adquiere no sólo permanece con uno eternamente sino que, como el Rebe indica, *será* su eternidad, su existencia duradera, cuando todo lo demás que tuvo o que fue sea olvidado (cf. *Mabuei HaNajal*). Podemos comprobarlo con algunos de nuestros sabios más ilustres de las generaciones pasadas, e.g., Rashi, Rambam, los Codificadores, el Ari, el Gaon de Vilna, los grandes maestros jasídicos, el Rebe Najmán, el rabí Natán y los Sabios de la Mishná y del Talmud antes que ellos. Estos grandes líderes judíos sirvieron a Dios con todas sus fuerzas. Por lo tanto, incluso hasta hoy en día, su intelecto adquirido —en la forma de las enseñanzas que han dejado para las generaciones siguientes— sigue siendo el sustento del pueblo judío y ha mantenido virtualmente "vivos" a esos líderes,

"זִבְחֵי אֱלֹקִים רוּחַ נִשְׁבָּרָה" - שֶׁשְּׁבִירַת הַדִּמְיוֹן הֵם הַקָּרְבָּנוֹת. וּבִשְׁבִיל זֶה אָמְרוּ חֲכָמֵינוּ, זִכְרוֹנָם לִבְרָכָה: 'כְּשֶׁחָרַב בֵּית־הַמִּקְדָּשׁ בָּטַל הַשָּׁמִיר וְכוּ'. וּכְשֶׁיִּבָּנֶה בֵּית־הַמִּקְדָּשׁ, אָז יִתְקַיֵּם (יואל ד'): "וּמַעְיָן מִן הַמִּקְדָּשׁ יֵצֵא":

ב. וְדַע שֶׁבְּכָל עוֹלָם וְעוֹלָם וּבְכָל מַדְרֵגָה וּמַדְרֵגָה, יֵשׁ שָׁם דִּמְיוֹנוֹת אֵלּוּ. וְהֵם הַקְּלִפּוֹת הַקּוֹדְמִים לַפְּרִי, וְסוֹבְבִים אֶת הַקְּדֻשָּׁה, בִּבְחִינַת (תהלים יב): "סָבִיב רְשָׁעִים יִתְהַלָּכוּן". וּכְשֶׁאָדָם נֶעְתָּק מִמַּדְרֵגָה לְמַדְרֵגָה, אָז צָרִיךְ לוֹ לֵילֵךְ דֶּרֶךְ אֵלּוּ הַדִּמְיוֹנוֹת, כְּדֵי לְהַגִּיעַ אֶל הַקְּדֻשָּׁה. וְתֵכֶף כְּשֶׁעוֹלֶה לְהַמַּדְרֵגָה, אֲזַי נִתְעוֹרְרִין הַקְּלִפּוֹת שֶׁבַּמַּדְרֵגָה, וּמְסַבְּבִין אוֹתוֹ. וְצָרִיךְ לְהַכְנִיעַ אוֹתָם וּלְשַׁבֵּר אוֹתָם, וּלְטַהֵר אוֹתוֹ הַמָּקוֹם מִקְּלִפּוֹת:

24. cada uno de los mundos...niveles.... Encontramos en el Eclesiastés (7:14): "Dios hizo uno frente al otro". "Uno" hace referencia a la santidad y "otro" hace referencia a las *klipot*. En cada nivel, para cada medida de santidad hay una correspondiente medida de lo no santo. Por lo tanto, cuando uno quiebra las *klipot* y alcanza el intelecto de un nivel en particular, sólo lo lleva a cabo en ese nivel. Cuando se eleva a un nivel superior, enfrenta un nuevo grupo de *klipot* – aquellas que corresponden a la santidad del nivel superior y que lo circundan. El Ari enseña que hay miles y miles de niveles dentro de cada mundo (ver *Etz Jaim*, 1:2). Y en cada nivel de intelecto se encuentran esas *klipot*.

25. cáscaras que preceden al fruto y rodean.... El término *klipot*, traducido en la lección como "fuerzas del mal", significa literalmente "cáscaras", tal como la cáscara que rodea al fruto. En nuestro texto, esto hace referencia a las *klipot* que circundan el intelecto. Dado que cada nivel tiene su propio intelecto espiritual en particular, cada nivel tiene *klipot* que rodean ese intelecto y que impiden la entrada.

El versículo, "Los malvados andan alrededor", hace referencia a la gente malvada que no deja en paz ni a los pobres ni a los enfermos. Los rodean y los atormentan de todas las maneras posibles (ver *Rashi, Metzudat David*). Más adelante (§4), el Rebe Najmán enseña que la caridad tiene el poder de subyugar a las *klipot*. Esas *klipot* son "los malvados" que atormentan a los pobres y los encadenan a sus bajos deseos. Pero aquellos que dan caridad pueden subyugar esos malos deseos y ascender a niveles superiores.

26. purificar ese lugar.... Independientemente del nivel en el que se comience, siempre habrá ilusiones. Al quebrar esas ilusiones y elevarse hacia el intelecto –desde el intelecto en potencia al intelecto en acto y más tarde al intelecto adquirido– a cada paso se presentarán las ilusiones. Por lo tanto, no es suficiente con elevarse al intelecto y adquirir el fruto, uno deberá también retirar el desecho y descartarlo, para purificar el nivel al que se ha elevado.

escrito (Salmos 51:19), "Los sacrificios de Dios son un espíritu quebrantado" – el quebrar la ilusión <se logra mediante> los sacrificios.[21] Debido a esto dijeron nuestros Sabios: Desde la destrucción del Santo Templo, no existe más el gusano shamir….[22] Pero cuando el Santo Templo sea reconstruido, se cumplirá: "Una fuente surgirá del Templo" (Joel 4:18).[23]

2. ¡Y debes saber! En cada uno de los mundos y en cada uno de los niveles existen esas ilusiones.[24] Éstas son las cáscaras (*klipot*) que preceden al fruto y rodean aquello que es santo, correspondiente a (Salmos 12:9), "Los malvados andan alrededor".[25]

Y al elevarse de un nivel a otro la persona tiene que pasar a través de esas ilusiones para alcanzar la santidad. Tan pronto como asciende al [nuevo] nivel, se despiertan las fuerzas del mal de <ese> nivel y la rodean <por todos lados>. Tendrá entonces que subyugarlas y quebrarlas para purificar ese lugar de las fuerzas del mal.[26]

---

21. sacrificios…espíritu quebrantado…. Un espíritu quebrantado hace referencia al corazón quebrado por el remordimiento y el arrepentimiento (cf. *Metzudat David*). El versículo se traduce entonces en nuestro texto como sigue: **Los sacrificios de Dios** – los sacrificios que elevan a la persona hacia Dios, en el Templo/intelecto, **son un corazón quebrantado** – son el quebrar el *medamé* en el corazón. Esto, incidentalmente, indica la importancia de recitar la porción de las plegarias diarias que tratan de los sacrificios, *Korbanot*. Como enseñan nuestros Sabios: Todo aquel que se ocupe de la lectura de los sacrificios es como si los hubiese ofrecido (*Menajot* 110a). Más aún, el Ari enseña que recitar esas lecturas eleva a la persona de entre las *klipot* [de las ilusiones] (*Shaar HaKavanot, Drushei Tefilat HaShajar* 1). El significado de esto será aclarado más adelante en la sección 2.

22. no existe más el gusano shamir. Debido a que las tres cosas a las que hacen referencia los Sabios aluden al intelecto, cuando el Templo/intelecto fue destruido, los sacrificios/el quebrar las ilusiones – dejaron de llevarse a cabo. Por lo tanto, dejaron de existir el intelecto en potencia, el intelecto en acto y el intelecto adquirido (ver la nota siguiente).

23. una fuente surgirá del Templo. Es decir, cuando se reconstruya el Templo, volverán a ofrecerse los sacrificios – i.e., se volverá a quebrar el *medamé* para que el intelecto pueda desarrollarse y tomar el control. Sin embargo, no hay que pensar que hoy esto es algo imposible de lograr. En otra instancia, el Rebe Najmán enseña que el Templo corresponde a la mente de la persona. Todo aquel que construye su mente con el *daat* de Dios es como si hubiese reconstruido el Templo (ver *Likutey Moharán* I, 13:1, n. 23). En otras palabras, cada persona, en la medida en que ocupe su mente con el conocimiento de Dios, hará que el intelecto supere a las ilusiones. Más aún, cuando llegue Mashíaj, el Santo Templo será reconstruido y se volverán a ofrecer los sacrificios – la fuente del intelecto estará abierta para todos.

Resumen: Cada persona debe quebrar las ilusiones y las pasiones, el *medamé* en el corazón. Al hacerlo, pondrá en acto su intelecto en potencia y logrará el intelecto adquirido.

ג. וְדַע שֶׁאֵין שְׁנֵי בְּנֵי אָדָם שָׁוִין זֶה לָזֶה. כִּי כָּל הַנְּשָׁמוֹת הֵם זֶה לְמַעְלָה מִזֶּה, וְזֶה מַלְבּוּשׁ לָזֶה. וּפְנִימִית שֶׁל תַּחְתּוֹן נַעֲשֶׂה לְבוּשׁ וְחִיצוֹנִיּוּת לְחִיצוֹנִיּוּת עֶלְיוֹן.

נִמְצָא כְּשֶׁאֶחָד רוֹצֶה לַעֲלוֹת מִמַּדְרֵגָתוֹ לְמַדְרֵגָה עֶלְיוֹנָה, אֲזַי הוֹלֵךְ וְנֶעְתָּק הָאָדָם הָעוֹמֵד בַּמַּדְרֵגָה הָעֶלְיוֹנָה, וְהוֹלֵךְ וְנֶעְתָּק לַמַּדְרֵגָה הַיּוֹתֵר עֶלְיוֹנָה, כִּי אִי אֶפְשָׁר שֶׁיִּהְיוּ שְׁנֵי אֲנָשִׁים בְּמַדְרֵגָה אַחַת. וְאֵינוֹ נֶעְתָּק מֵהָאָדָם הָעֶלְיוֹן, אֶלָּא הַפְּנִימִיּוּת שֶׁלּוֹ, וְהַחִיצוֹנִיּוּת

análogo a la relación entre el cuerpo y el alma: el *jitzoni*/cuerpo actúa como una vestimenta que inviste el *pnimi*/alma. Ese investir se aplica a cada nivel. Ahora bien, cuando un determinado nivel comienza a ascender, es sólo el aspecto interno de santidad de ese nivel el que se eleva. Ese aspecto interno es el alma; el nivel espiritual del intelecto adquirido (ver n. 16) y un eterno punto de santidad. Incluso así, sólo asciende para transformarse en el *jitzoni* del nivel superior. Por ejemplo, cuando la *sefirá* de *Maljut* asciende, es el *pnimi* de *Maljut* el que asciende para investir al *jitzoni* de la tríada de *sefirot* que se encuentra por sobre ella, es decir *Netzaj*, *Hod*, *Iesod* (*Likutey Moharán* I, 24:2, n. 17). Éste es el significado de, "el aspecto interno de la inferior transformándose en una vestimenta para el aspecto externo de la superior". Lo mismo se aplica a las almas cuando se elevan a niveles superiores. No adquieren lo que está por encima de ellas sino que lo cubren como una vestimenta externa. El Rebe continúa explicando.

30. ascender...un nivel más elevado.... Como se explicó más arriba (n. 27), dos personas no pueden estar en el mismo nivel. La cuestión es, ¿qué sucede cuando una persona merece ascender a un nivel superior? ¿Qué sucede con la persona que ya está en ese nivel? ¿Es empujada hacia arriba, hacia los lados o hacia abajo? El Rebe Najmán explica que cuando una persona asciende, aquella que se encuentra por encima se eleva más aún; y esto, a su vez, eleva a todos aquellos que se encuentran por encima de ella. El rabí Natán escribe que ésta es la esencia de la mitzvá de "Ama a tu prójimo como a ti mismo" (Levítico 19:18). Ascender y hacer que otros asciendan completa la estructura de santidad. Por lo tanto, las acciones de una sola persona tienen el poder de elevar a todos aquellos que se encuentran por encima, cada uno a su lugar apropiado (*Torat Natán* #11). Como se explicó (§1), seguir tras los deseos constituye un comportamiento animal, un descenso del nivel humano. Por el contrario, buscar el intelecto adquirido eleva a la persona hacia el nivel de ser humano. Se sigue a partir de lo que el Rebe dice aquí, que todo aquel que se encuentre por encima de la persona que avanza en su conocimiento de Dios automáticamente se elevará un grado en la escala espiritual. Por lo tanto, los logros del individuo que busca a Dios son en verdad para beneficio de muchos.

31. ...el aspecto externo permanece allí. Ver más arriba, nota 29, que este aspecto interno es el alma, el *pnimi*. Dado que el alma es lo que busca y alcanza el intelecto adquirido, es el alma la que asciende. Sin embargo, el aspecto externo permanece en su lugar. Como enseña el Ari: Allí en donde haya sido establecida la santidad, permanecerá siempre una impresión de santidad (*Mevo Sharim* 2:2:5, p. 41). Esta impresión es el *jitzoni*, que permanece en su nivel original. Sólo el *pnimi* asciende.

3. ¡Y debes saber! No hay dos personas iguales. Ello se debe a que todas las almas se encuentran en diferentes niveles.[27] Una invistiendo a la otra,[28] con el aspecto interno de la inferior transformándose en una vestimenta para el aspecto externo de la superior.[29]

Por lo tanto, cuando la persona desea ascender desde su nivel a un nivel superior, aquella que se encuentra en el nivel superior avanza hacia un nivel más elevado. Ello se debe a que es imposible que dos personas estén en el mismo nivel.[30] Pero sólo el aspecto interno del hombre del nivel superior se eleva. El aspecto externo permanece <allí>.[31] De la

---

El Rebe Najmán (más adelante §7) les objeta con firmeza a aquellos que, cuando encuentran dificultades y contratiempos en sus devociones, piensan que aunque se hayan elevado a un cierto nivel ahora están cayendo y regresando. El Rebe dice que ello no es así. Más bien, esas dificultades son resultado de haber entrado a un nivel superior por lo que ahora deben encontrar y purificar la *klipá* que rodea a ese nivel. Los contratiempos también pueden ser tomados como una advertencia para aquellos que, equivocadamente, piensan que han alcanzado un gran nivel de intelecto, cuando en realidad, todo lo que han alcanzado es la *klipá* del nivel superior. La persona debe por lo tanto purificarse siempre. La pureza la ayudará a superar a las *klipot*, para ascender realmente al intelecto superior.

Resumen: Cada persona debe quebrar las ilusiones y las pasiones, el *medamé* en el corazón. Al hacerlo, pondrá en acto su intelecto en potencia y logrará el intelecto adquirido (§1). En cada nivel hay nuevas medidas de intelecto rodeadas por nuevas ilusiones/*klipot*. Al ascender la escala espiritual, es necesario subyugar las *klipot* de cada nuevo nivel (§2).

27. las almas se encuentran en diferentes niveles. El Ari asemeja el orden de las almas con un árbol. El árbol tiene raíces, un tronco, ramas grandes, ramas más pequeñas y hojas. De manera similar, todas las almas están incluidas en el "árbol" que es el alma de Adán. Cada raíz de su alma se expande en un sistema desarrollado de otras almas. Dependiendo de la fuente del alma, algunas almas son raíces de otras, unas sirven como ramas, otras como pequeñas ramas u hojas (*Shaar HaGuilgulim* #11, 31). Como resultado, no hay dos personas iguales. Cada una tiene una diferente raíz o, si dos provienen de la misma raíz, tendrán diferentes posiciones en ese árbol/alma. Debe hacerse notar que aunque un alma puede surgir de una parte inferior de ese árbol, de modo que comienza la vida en un bajo nivel espiritual, sin embargo, mediante el estudio de la Torá y el cumplimiento de las mitzvot podrá ascender. Así, el Ari enseña que, aunque uno comience en el nivel más bajo de todos, podrá elevarse incluso al nivel de Moshé Rabeinu (*ibid.* #1).

28. Una invistiendo a la otra. Cuando asciende al siguiente nivel.

29. ...interno...aspecto externo del superior. El Rebe Najmán pronto tratará sobre los aspectos internos y externos en el contexto de nuestra lección. Lo "externo invistiendo a lo interno" es un principio general que se encuentra en la Kabalá (no debe confundirse con el *Or Makif* y el *Or pnimi* mencionados en el *Likutey Moharán* I, 21:4, n. 26). Para explicar: Cada nivel tiene dos aspectos diferentes de santidad, el *pnimi* (interior) y el *jitzoni* (exterior). El *jitzoni* puede ser descrito como un recipiente que contiene la luz espiritual, el *pnimi*. Esto es

נִשְׁאָר. וְגַם הָאָדָם שֶׁבַּמַּדְרֵגָה הַתַּחְתּוֹנָה, אֵינוֹ נֶעְתָּק וְעוֹלֶה, אֶלָּא הַפְּנִימִיּוּת. וְהַפְּנִימִיּוּת שֶׁל הַתַּחְתּוֹן, נַעֲשֶׂה חִיצוֹנִיּוּת לְחִיצוֹנִיּוּת עֶלְיוֹן.

וְאַף-עַל-פִּי שֶׁכְּבָר נִשְׁבַּר הַקְּלִפָּה שֶׁבַּמַּדְרֵגָה עֶלְיוֹנָה עַל-יְדֵי הָאָדָם הָעֶלְיוֹן, אַף-עַל-פִּי-כֵן, כְּשֶׁפְּנִימִיּוּת שֶׁל הָעֶלְיוֹן נֶעְתָּק מִשָּׁם. וְחִיצוֹנִיּוּת (נ״א ופנימיות) הַתַּחְתּוֹן עוֹלֶה, אֲזַי הַקְּלִפָּה חוֹזֵר וְנֵעוֹר. כִּי לֹא נִכְנַעַת אֶלָּא לִפְנֵי הָאוֹר הַפְּנִימִיּוּת שֶׁל הָעֶלְיוֹן, אֲבָל לִפְנֵי הַתַּחְתּוֹן אֲפִלּוּ לִפְנֵי פְּנִימִיּוּתָיו, יֵשׁ כֹּחַ בְּיָדָהּ לְהִתְעוֹרֵר כְּנֶגְדּוֹ. וּבִשְׁבִיל זֶה צָרִיךְ לוֹ לְשַׁבֵּר אוֹתָהּ וּלְהַכְנִיעַ אוֹתָהּ מֵחָדָשׁ.

וּפְנִימִיּוּת וְחִיצוֹנִיּוּת, הֵם שְׁנֵי מִינֵי עֲבוֹדוֹת: עֲבוֹדָה שֶׁל תּוֹרָה וּתְפִלָּה וּמִצְווֹת, הֵם פְּנִימִיּוּת. וַעֲבוֹדַת אֲכִילָה וּשְׁתִיָּה וּשְׁאָר צָרְכֵי הַגּוּף, הֵם חִיצוֹנִיּוּת. וַעֲבוֹדַת חִיצוֹנִיּוּת, הַיְנוּ אֲכִילָה וּשְׁתִיָּה, שֶׁל הָאָדָם הָעוֹמֵד בַּמַּדְרֵגָה הָעֶלְיוֹנָה, הִיא מְאִירָה וּמְשַׁבַּחַת יוֹתֵר, מֵעֲבוֹדוֹת פְּנִימִיּוּת, הַיְנוּ תּוֹרָה וּתְפִלָּה, שֶׁל הָאָדָם הָעוֹמֵד בַּמַּדְרֵגָה

a despertar por la partida de la luz de la persona superior, debe mostrarse capaz de subyugarlas. Agrega el *Parparaot LeJojmá*: El Rebe Najmán dijo que es por eso que aquel que está hundido en los deseos físicos y en el materialismo encontrará considerables obstáculos cuando intente elevarse a la santidad. Dado que se le presentan nuevas *klipot* a cada paso, está sumido en la batalla y deberá fortalecerse una y otra vez (ver también *Tzadik* #145).

36. dos clases de devociones.... El Rebe Najmán explica ahora qué son el aspecto interno y el aspecto externo. La Torá y las mitzvot son medios directos para llevar a la persona más cerca de Dios. Como tal, son el aspecto *pnimi*, el intelecto adquirido. Las necesidades físicas, por otro lado, tienen una conexión menos obvia con la Divinidad. Ellas son el aspecto *jitzoni*, las devociones externas. Esas devociones corresponden al *medamé* debido al hecho de que pueden ser de beneficio para el hombre si y sólo si se las subyuga de modo que queden bajo la dirección y el gobierno del intelecto adquirido (ver más arriba, n. 7). El rabí Natán agrega que aunque las devociones externas son de naturaleza física, sin embargo juegan un papel definido en la elevación de la persona hacia los niveles espirituales superiores. Sin embargo, ello sólo puede llevarse a cabo si la persona se fortalece espiritualmente cuando se ocupa de los temas mundanos tales como el comer, los negocios y demás, para concentrarse específicamente en la santidad que allí se encuentra (cf. *Likutey Tefilot*).

37. irradia más.... Esto se debe a que en cada nivel el *jitzoni*/cuerpo está unido al *pnimi*/alma. Por lo tanto, aunque una devoción en particular sea sólo una devoción externa, si se encuentra

misma manera, <del hombre> en el nivel inferior sólo se mueve y asciende el aspecto interno. El aspecto interno del [hombre] del nivel más bajo se transforma en el aspecto externo del aspecto externo del superior.[32]

Y aunque la *klipá* en el nivel superior ya ha sido quebrada por el hombre [que había estado en ese nivel] superior,[33] sin embargo, cuando el aspecto interno del superior sale de allí y el <aspecto interno> del inferior asciende, la fuerza maligna vuelve a despertar. Ello se debe a que sólo estaba subyugada por la luz del aspecto interno del superior.[34] Pero ante el inferior, incluso ante su aspecto interno, tiene el poder para volver a levantarse contra él. Debido a ello, es necesario quebrarla y subyugarla nuevamente.[35]

Ahora bien, el aspecto interno y el aspecto externo son dos clases de devociones. La devoción del estudio de la Torá, de la plegaria y de las mitzvot es el aspecto interno; la devoción de comer, beber y otras necesidades físicas es el aspecto externo.[36] Y la devoción externa – es decir, comer y beber– de la persona ubicada en el nivel superior irradia más y es más loable que la devoción interna –es decir, la Torá, la plegaria <y las mitzvot>– de la persona ubicada en el nivel inferior.[37]

---

32. aspecto externo del aspecto externo del superior. Cuando la persona quiebra las *klipot* de un cierto nivel y utiliza su intelecto para alcanzar el intelecto adquirido, asciende su *pnimi*, su alma esencial. Sin embargo, dado que su *pnimi* aún no es tan grande como el nivel al cual se ha elevado, no puede "entrar". Permanece "fuera", invistiendo el aspecto externo del nivel superior. Sólo podrá continuar quebrando las *klipot* ubicadas a la entrada de ese nivel. Mientras tanto, se mantendrá en el límite del nivel superior.

33. la cáscara…ya ha sido quebrada…. El Rebe Najmán hace referencia a una pregunta obvia. Para que el individuo que estamos llamando "superior" haya podido alcanzar ese nivel, debe de haber quebrado las *klipot* a la entrada de ese nivel. Si es así, ¿por qué deben ser quebradas nuevamente por el "recién llegado" a ese nivel?

34. vuelve a despertar…por la luz del aspecto interno…. El aspecto interno es el intelecto adquirido. Cuando uno se eleva por sobre los deseos físicos y pasiones y utiliza el intelecto, subyuga el animal dentro de sí. Sin embargo, dado que el aspecto interno del individuo superior está ahora ascendiendo a un nivel más elevado, las *klipot* que han sido anuladas previamente ya no están subyugadas. En cuanto al individuo inferior, aún no se ha elevado a ese nivel de pureza y las *klipot* vuelven a despertar.

35. volver a levantarse contra él…subyugarla nuevamente. Cuando el individuo que ha estado previamente en un nivel inferior encuentra por primera vez esas *klipot* que se han vuelto

הַתַּחְתּוֹנָה. וּבִשְׁבִיל זֶה פְּנִימִיּוּת הַתַּחְתּוֹן נַעֲשֶׂה לְבוּשׁ לַחִיצוֹנִיּוּת הָעֶלְיוֹן:

וְזֶה פֵּרוּשׁ (ירמיה יז): "כִּסֵּא כָבוֹד מָרוֹם" וְכוּ', "כִּסֵּא" זֶה בְּחִינַת פְּנִימִיּוּת, לְשׁוֹן אִתְכַּסְיָא. "כָּבוֹד", זֶה חִיצוֹנִיּוּת וּלְבוּשׁ, כְּמוֹ שֶׁכָּתוּב (שבת קיג): 'רַבִּי יוֹחָנָן קָרָא לְמָאנֵהּ' וְכוּ'. "מָרוֹם מֵרִאשׁוֹן" – הַיְנוּ כְּשֶׁנִּתְרוֹמֵם וְנִתְעַלֶּה מִמַּדְרֵגָה הָרִאשׁוֹנָה, וְאָז נַעֲשֶׂה מִפְּנִימִיּוּת חִיצוֹנִיּוּת. בִּשְׁבִיל זֶה, "מְקוֹם מִקְדָּשֵׁנוּ" – צָרִיךְ לְקַדֵּשׁ אֶת הַמָּקוֹם מֵחָדָשׁ, כִּי הַקְּלִפּוֹת חוֹזְרִים וְנֵעוֹרִים כַּנַּ"ל:

ד. וְאִי אֶפְשָׁר לְהַכְנִיעַ הַקְּלִפּוֹת, הַיְנוּ הַדִּמְיוֹנוֹת וְהַמַּחֲשָׁבוֹת וְהַתַּאֲווֹת וְהַבִּלְבּוּלִים וְהַמְּנִיעוֹת שֶׁבַּמַּדְרֵגָה, אֶלָּא עַל-יְדֵי גְדֻלּוֹת הַבּוֹרֵא.

כַּמּוּבָא בַּכַּוָּנוֹת שֶׁל "הוֹדוּ לַה' קִרְאוּ בִשְׁמוֹ", שֶׁזֶּה הַמִּזְמוֹר נִתְקַן

41. como se explicó más arriba. El versículo se traduce así en nuestro texto: **Un trono de gloria** – el aspecto interno se vuelve la vestimenta externa cuando es **exaltado desde el principio** – cuando la persona se eleva a un nivel superior. Pero debido a que aún no ha quebrado las *klipot* de ese nivel, que **es el lugar de nuestro Templo** – debe santificar ese lugar, subyugar las *klipot* y adquirir un nuevo nivel de intelecto. Rashi (*loc. cit.*) comenta que este versículo fue dicho en alabanza a Dios. En la sección siguiente, el Rebe Najmán enseña que la mejor manera para subyugar a las *klipot* es alabar a Dios.

Resumen: Cada persona debe quebrar las ilusiones y las pasiones, el *medamé* en el corazón. Al hacerlo, pondrá en acto su intelecto en potencia y logrará el intelecto adquirido (§1). En cada nivel hay nuevas medidas de intelecto rodeadas por nuevas ilusiones/*klipot*. Al ascender la escala espiritual, es necesario subyugar las *klipot* de cada nuevo nivel (§2). Cuando uno asciende a un nivel superior, las *klipot* que fueron subyugadas por aquellos que se encontraban allí, vuelven a despertar. Ello se debe a que la persona aún no ha quebrado esas *klipot* y aquellos que las habían subyugado han partido de allí. Por lo tanto la persona se vuelve sólo una vestimenta del aspecto interno de ese nivel superior. Sin embargo, cuando anule a esas nuevas *klipot*, alcanzará el nuevo *pnimi* (§3).

42. fuerzas del mal.... El Rebe Najmán menciona diversas formas de manifestación de las fuerzas del mal. Esto con el objetivo de que el lector sea consciente de que las *klipot* no son sólo el mal o las malas acciones, sino todo aquello que impide la entrada y el avance en la santidad. Las *klipot* pueden ser ilusiones de la mente, deseos del corazón o actos que se llevan a cabo (ver más adelante, sección 9).

Debido a ello, el aspecto interno de la [persona] inferior se vuelve una vestimenta para el aspecto externo de la superior.[38]

{"**Un trono de gloria exaltado desde el principio es el lugar de nuestro Templo**" (Jeremías 17:12).}

Ésta es la explicación de, "un *kisé* (trono) de gloria exaltado...". [La palabra] *KiSé* corresponde al aspecto interno dado que es lingüísticamente similar a *itKaSIa* (cubierto).[39] "Gloria" es el aspecto externo y una vestimenta, como está escrito (*Shabat* 113a), "El rabí Iojanan llamaba a sus vestimentas, 'Mi gloria'".[40] [La expresión] "exaltado desde el principio" hace referencia al aspecto interno que se transforma en el aspecto externo, cuando uno es exaltado y elevado desde el nivel inicial. Como resultado, "en el lugar de nuestro Templo" – es necesario santificar nuevamente el lugar. Ello se debe a que las fuerzas del mal se han vuelto a despertar, como se explicó más arriba.[41]

4. Sin embargo sólo es posible subyugar las fuerzas del mal de un nivel –i.e., las ilusiones, los malos pensamientos, los deseos, las confusiones y los obstáculos[42]– mediante la grandeza del Creador.

Como dice en las *Kavanot* sobre "Ofrezcan alabanzas a Dios, proclamen Su nombre" (Crónicas I, 16:8-36): Esta canción fue instituida

---

en un nivel superior, derivará su luz directamente de un nivel superior de intelecto adquirido. Dado que esa luz es más grande que la del nivel inferior, iluminará a su recipiente y hará que irradie más aún que las devociones internas de los niveles inferiores.

38. ...una vestimenta para el aspecto externo de la superior. Ahora podemos comprender mejor el proceso de investir. Debido a que la luz de la impresión/*jitzoni* dejada por el individuo superior es mayor que la luz del *pnimi* inferior, cuando el individuo inferior asciende sólo puede investir ese aspecto externo. Aún no ha quebrado las *klipot* y no ha entrado al nivel superior. Cuando lo haga, alcanzará el nivel de *pnimi* de ese nivel superior.

39. KiSé...itKaSIa. El Rebe Najmán explica ahora cómo este versículo de Jeremías alude a los conceptos mencionados en la lección. La palabra *kisé* (כסא) es similar a *itkasia* (אתכסיא), el término arameo para designar "oculto", correspondiente al *pnimi*.

40. Gloria...vestimentas.... La gloria es una cualidad que se adquiere desde fuera de la persona y se relaciona con lo externo, como una vestimenta. Ésta es la conexión con el hecho de que el rabí Iojanan llamó a sus vestimentas del Shabat, "Mi gloria", literalmente, "Quienes me honran" (*Shabat, loc. cit.*). En nuestro contexto, esto hace referencia al intelecto adquirido, que es eterno. El Talmud enseña que el Shabat corresponde al Mundo que Viene, al mundo eterno (cf. *Berajot* 57b). Así, el intelecto adquirido, cuyo logro le permite a la persona ascender a un nivel más elevado, se vuelve la vestimenta del nivel superior.

לְהַכְנִיעַ הַקְּלִפּוֹת שֶׁבַּיְצִירָה, כִּי נִתְעוֹרְרִים נֶגֶד עֲשִׂיָּה שֶׁעוֹלָה בַּיְצִירָה, וְעַל-יְדֵי שֶׁמַּזְכִּירִין גְּדֻלּוֹת הַבּוֹרֵא – נִכְנָעִין, עַיֵּן שָׁם. כִּי 'פְּנִימִיּוּת הַיְצִירָה עוֹלָה לַבְּרִיאָה, וּפְנִימִיּוּת עֲשִׂיָּה עוֹלָה וּמַלְבִּישׁ לְחִיצוֹנִיּוּת יְצִירָה' עַיֵּן שָׁם.

וְהַהִתְגַּלּוּת גְּדֻלּוֹת הַבּוֹרֵא, הוּא עַל-יְדֵי צְדָקָה שֶׁנּוֹתְנִין לְעָנִי הָגוּן. כִּי עִקַּר הַגְּדֻלָּה וְהַפְּאֵר הוּא הִתְגַּלּוּת הַגְּוָנִין. וְכֶסֶף וְזָהָב הֵן הַגְּוָנִין, כִּי גְוָנִין עִלָּאִין בָּהֶם. וּגְוָנִין עִלָּאִין הַמְלֻבָּשִׁים בְּכֶסֶף וְזָהָב, אֵין מְאִירִין אֶלָּא כְּשֶׁבָּאִים לָאִישׁ הַיִּשְׂרְאֵלִי, כִּי שָׁם מְקוֹמָם.

45. caridad...persona digna que la necesita. Así como el hecho de expresar la grandeza de Dios expulsa a las *klipot*, lo mismo sucede con la caridad. Cuando la persona utiliza su dinero para dar caridad, demuestra que tiene fe en que es Dios quien creó el mundo y que les provee de sustento a todos; que todo el dinero le pertenece a Él. De esa manera, la caridad revela la grandeza de Dios (*Parparaot LeJojmá*). El rabí Natán enseña que la caridad también incluye actos de bondad (*Torat Natán* #11). Podemos inferir a partir de esta lección que el objetivo de la caridad es revelar la grandeza de Dios. Así, el criterio principal para determinar a quién se le debe dar es cuánto revela la grandeza de Dios en el mundo aquel que recibe la caridad (individuo u organización). Esto no quiere decir que no haya muchas causas dignas. Sin embargo, la caridad debe ser dada con criterio. El rabí Natán escribe que así como la caridad debe ser dada a quien lo merezca, iluminando de esa manera los Colores Superiores (ver la nota siguiente) y revelando la grandeza de Dios, lo opuesto también es verdad: dar a quien no lo merezca puede ocultar ese esplendor (*Likutey Tefilot*; ver *Cruzando el Puente Angosto*, Capítulo 15).

46. Colores Superiores. Los Colores Superiores hacen referencia a las *sefirot*, con cada *sefirá* correspondiente a un color diferente (ver Apéndice: Los Colores Superiores). Cuando las cosas están como deben ser, como cuando el pueblo judío cumple con las mitzvot, esos Colores interactúan y se coordinan, manifestando la belleza celestial (*Zohar* II, 152b; *Matok Midbash*, ibid.). Aquí, el Rebe Najmán enseña que la grandeza de Dios puede verse en esos Colores que se revelan mediante la caridad. Al revelar los Colores Superiores se anulan las *klipot* y ello permite que la persona alcance el intelecto adquirido.

47. plata y oro.... Los colores de la plata y del oro corresponden a *Jesed* y a *Guevurá* (Bondad y Fuerza). Esas dos *sefirot* se combinan para formar una tercera *sefirá*, *Tiferet*, que es Belleza y Esplendor (*Zohar* II, 90b). Así, el Rebe Najmán enseña que los metales preciosos, la plata y el oro, en la forma de monedas, reflejan el esplendor celestial (cf. *Parparaot LeJojmá*). El rabí Natán agrega que la raíz superior de la plata y del oro es extremadamente elevada, al punto en que el gran esplendor celestial que reflejan es la grandeza de Dios Mismo. Al mismo tiempo, debido a que "Dios hizo uno frente al otro" (ver n. 24), el dinero y las ilusiones relacionadas a él son las causas más comunes del alejamiento del hombre de Dios. En otras palabras, algunas de las más poderosas *klipot* que cierran la entrada a la santidad se manifiestan en temas de naturaleza monetaria (*Torat Natán* #14).

para subyugar a las fuerzas del mal en el Mundo de la Formación. Ello se debe [a que las fuerzas del mal] se levantan contra el Mundo de la Acción que asciende hacia el Mundo de la Formación. Pero al proclamar la grandeza del Creador, son subyugadas. Estudia allí.[43]

Pues el aspecto interno del Mundo de la Formación asciende al Mundo de la Creación y el aspecto interno del Mundo de la Acción asciende e inviste el aspecto externo del Mundo de la Formación. Estudia allí.[44]

Ahora bien, la grandeza del Creador se revela mediante la caridad que se le da a una persona digna que la necesita.[45] Ello se debe a que la principal grandeza y esplendor se manifiestan en la revelación de los Colores <Superiores>.[46] Y la plata y el oro son en sí mismos los Colores, pues los Colores Superiores se encuentran en ellos.[47] Pero los Colores Superiores que están investidos en la plata y en el oro no brillan a no ser que le lleguen a un judío. Pues ése es su lugar. Uno se incluye

---

43. Kavanot sobre Ofrezcan alabanzas…Estudia allí. Esto aparece en las enseñanzas del Ari, en el *Pri Etz Jaim* (*Shaar HaZemirot* 1, p. 139). Durante la Plegaria de la Mañana, con la conclusión de los *Korbanot* (la sección de la lectura de los sacrificios), el Mundo de *Asiá* (Acción) asciende al Mundo de *Ietzirá* (Formación). Como resultado, las *klipot* en *Ietzirá* vuelven a despertar y tratan de impedir ese ascenso (ver más arriba, §3). Para contrarrestar esto, recitamos el salmo al cual hace referencia el Rebe, "Ofrezcan alabanzas a Dios, proclamen Su nombre". Conocido como *Hodu* ("Ofrezcan alabanzas"), este salmo recitado al comienzo de los *Pesukey deZimra* llama a que todos, tanto humanos como ángeles, reconozcan la grandeza de Dios. (El Ari explica que esto sucede así sea recitado antes del *Baruj Sheamar*, como en el *nusaj sefaradí* o después del *Baruj Sheamar*, como en el *nusaj ashkenazí*). Recitar esos versículos que expresan la grandeza de Dios hace que las *klipot* teman a Dios y dejen de oponerse, por así decirlo.

44. Mundo de la Formación…Creación…Estudia allí. Ver *Pri Etz Jaim* (*Shaar HaTefilá* #1, p. 2; #4, p. 6). Las *klipot* son más fuertes durante la oscuridad de la noche. Cuando comienza el día, su poder disminuye. Mediante las mitzvot de la mañana –lavarse las manos, cuidar de las necesidades del cuerpo, colocarse el talit y los Tefilín– nos limpiamos de las *klipot* que han quedado unidas a nosotros durante la noche. Entonces, al recitar la Plegaria de la Mañana, unimos los Cuatro Mundos haciendo que *Asiá* ascienda a *Ietzirá*, *Ietzirá* a *Beriá* y *Beriá* al Mundo de *Atzilut* (ver Apéndice: Niveles de Existencia). Aun así, sólo el *pnimi* del mundo inferior asciende al mundo superior, investiendo el *jitzoni* de ese mundo superior. En nuestro contexto, las *klipot* reinan cuando la oscuridad –las ilusiones, los malos pensamientos, los deseos, etcétera– se aferran a la persona. Al usar el intelecto para reconocer a Dios se quiebran esas ilusiones y la persona se limpia de esas *klipot*. Uno debe entonces intentar ascender al siguiente nivel. Sin embargo, debido a que las *klipot* del nivel superior han vuelto a despertar, es necesario invocar la grandeza de Dios para vencerlas.

וְנִכְלָלִים זֶה בָּזֶה, וּמִתְנַהֲרִין אֵלוּ הַגְּוָנִין, בִּבְחִינַת (ישעיה מט): "יִשְׂרָאֵל אֲשֶׁר בְּךָ אֶתְפָּאָר", כִּי מְקוֹם הַגְּוָנִין אֵינוֹ אֶלָּא אֵצֶל אִישׁ הַיִּשְׂרְאֵלִי.

וּכְשֶׁמִּתְנַהֲרִין הַגְּוָנִין, אֲזַי הַקָּדוֹשׁ-בָּרוּךְ-הוּא מִתְגַּדֵּל וּמִתְפָּאֵר בָּהֶם, בִּבְחִינַת (חגי ב): "לִי הַכֶּסֶף וְלִי הַזָּהָב, וְנַעֲשֶׂה מֵהֶם בִּגְדֵי יֶשַׁע". "יֶשַׁע" – אִסְתַּכְּלוּתָא, כְּמוֹ "יִשְׁעוּ אֶל ה'" (זוהר יתרו צ: עין שם) – מֵחֲמַת הַפְּאֵר הַכֹּל מִסְתַּכְּלִין בּוֹ, כִּי כֻּלָּם מִתְאַוִּין לְהִסְתַּכֵּל בּוֹ.

אֲבָל כָּל זְמַן שֶׁהַכֶּסֶף וְזָהָב אֵצֶל הָעַכּוּ"ם, אֲזַי הַגְּוָנִין נֶעֱלָמִים אוֹרָם, וְאֵינָם מְאִירִין, כִּי אֵין שָׁם מְקוֹמָם. כִּי אֵין מְקוֹמָם אֶלָּא אֵצֶל אִישׁ הַיִּשְׂרְאֵלִי, בִּבְחִינַת: "יִשְׂרָאֵל אֲשֶׁר בְּךָ אֶתְפָּאָר", כִּי שָׁם פְּאֵר הַגְּוָנִין:

וּבִשְׁבִיל זֶה הָעַכּוּ"ם תְּאֵבִין לְמָמוֹן יִשְׂרָאֵל, אַף-עַל-פִּי שֶׁיֵּשׁ לְהָעַכּוּ"ם כֶּסֶף וְזָהָב הַרְבֵּה, תְּאֵבִים לְדִינָר שֶׁל יְהוּדִי, כְּאִלּוּ לֹא רָאָה מָמוֹן מֵעוֹלָם. וְזֶה מֵחֲמַת שֶׁהַכֶּסֶף וְזָהָב שֶׁיֵּשׁ תַּחַת יָדָם, אֵין הַגְּוָנִין מְאִירִין, וְאֵין הַחֵן שׁוֹרֶה עַל מָמוֹן שֶׁלָּהֶם, כִּי עִקַּר הַפְּאֵר וְהַחֵן לֹא נִתְגַּלֶּה אֶלָּא אֵצֶל יִשְׂרָאֵל.

hace que la gente quiera contemplarlos. Así, "las vestimentas de *iesha* (ישע, salvación)" son "vestimentas de *ishu* (ישעו, mirar)", que llaman la atención de la gente. En verdad, son atraídos por los Colores que revelan la grandeza de Dios. Todos miran hacia Dios, hacia la plata y el oro que reflejan la grandeza y el esplendor de Dios.

52. Israel...el esplendor de los Colores está allí. Como se explicó, los Colores están en *Tiferet* (Esplendor). Dado que *Tiferet* corresponde a Israel, al pueblo judío, ése es el único lugar del cual irradiará este esplendor. No brilla cuando la plata y el oro están en posesión de los gentiles.

53. las naciones ansían el dinero de Israel.... El Rebe Najmán hace referencia ahora a la obsesión que tienen las naciones con el "dinero judío". A lo largo del exilio del pueblo judío, los gobernantes gentiles y los terratenientes han gravado con un impuesto tras otro a las comunidades judías que vivían en sus tierras. Nunca satisfechos con lo que recibían, encontraban motivos adicionales para agregar mayores impuestos y oprimir más a los judíos. Ello continuó incluso en el así llamado civilizado siglo XX, como se demuestra por la infatuación que demostraron los nazis al quedarse con las posesiones de sus víctimas judías. Ver *Cruzando el Puente Angosto*, Capítulo 15, p. 275-277, para un tratamiento de este fenómeno.

en el otro y esos Colores brillan, como en (Isaías 49:3), "Israel, en quien Yo me enorgullezco". Ello se debe a que el lugar de los Colores se encuentra en Israel.[48]

Y cuando los Colores brillan, el Santo, bendito sea, se engrandece y se enorgullece en ellos, como en (Jagai 2:8), "Mía es la plata, Mío es el oro".[49] A partir de ellos se producen "vestimentas de *iesha* (salvación)" (Isaías 61:10).[50] "*IeSHA*" es mirar, como en (Samuel II, 22:42), "*ISHAu* (ellos miraron) a Dios". Debido al esplendor, todos miran hacia Él, porque todos desean contemplarlo.[51]

Sin embargo, cuando la plata y el oro están entre las naciones, las luces de los Colores desaparecen y no brillan, porque ése no es su lugar. Ellos sólo le pertenecen al judío, como en, "Israel, en quien *etPaER* (Yo me enorgullezco)". Pues el *PeER* (esplendor) de los Colores está allí.[52]

Como resultado, las naciones ansían el dinero de Israel. Aunque ellas tienen mucha plata y oro, ansían el dinar del judío. Como si nunca antes hubiesen visto dinero. Ello se debe a que en la plata y en el oro que poseen no brillan los Colores. La gracia y el valor no están en su dinero. Pues el esplendor y la gracia sólo se revelan en Israel.[53]

---

48. le lleguen a un judío...Israel. Cuando *Jesed* y *Guevurá* se combinan en *Tiferet*, la plata y el oro están apropiadamente ubicados. Esto puede comprenderse a partir de lo siguiente: *Tiferet* es la *sefirá* dominante entre las seis *sefirot* que componen a *Zeir Anpin*, al punto de que *Zeir Anpin* es a veces llamado *Tiferet* (תפארת). También es denominado ocasionalmente *Israel* (ver Apéndice: Las Personas Divinas, Nombres Alternativos). Por lo tanto, "su lugar" –el lugar de *Jesed*/la plata y *Guevurá*/el oro– está con Israel, con el judío (*Parparaot LeJojmá*). El profeta Isaías enfatiza el orgullo que Dios siente por cada judío. La palabra para "orgullo" en este versículo es *peer* (פאר), que también significa "esplendor" y "belleza". Así: **Israel, en quien –** cuando los Colores Superiores están en su lugar, interactuando dentro de Israel/*Tiferet*, **Yo me enorgullezco –** se revela la grandeza de Dios, pues ese esplendor celestial surge de Él.

49. Mía es la plata...el oro. Cuando los Colores se coordinan y se incluyen uno en el otro, irradian y manifiestan esplendor. Pero los Colores sólo se revelan cuando están en posesión de un judío. Así, Dios se exalta y se enorgullece en Israel, diciendo, "Mía es la plata, Mío es el oro". Es decir, el esplendor de la plata y del oro –los Colores brillantes que se encuentran en el judío– están en verdad con Dios Mismo.

50. vestimentas.... Como hemos visto, la plata y el oro encarnan los Colores Superiores que brillan cuando están en posesión de un judío. ¿Qué es lo que irradian? Irradian su esplendor oculto. Así, la plata y el oro –en verdad, todo el dinero– no son más que vestimentas del esplendor celestial.

51. IeSHA...ISHAu...contemplarlo. El esplendor celestial que irradia de la plata y del oro

וּבִשְׁבִיל זֶה נִקְרָאִים רָשִׁים, כְּמוֹ (אבות פרק ב): 'הֱווּ זְהִירִים בָּרָשׁוּת'. כִּי הֵם רָשִׁים וַעֲנִיִּים, כִּי אֵין לָהֶם הֲנָאָה מִמָּמוֹנָם, כְּאִלּוּ הֵם עֲנִיִּים, וּתְאֵבִין לְמָמוֹן שֶׁל יִשְׂרָאֵל, כִּי עַל מָמוֹנָם שֶׁל הַיִשְׂרְאֵלִי שׁוֹרֶה הַפְּאֵר וְהַחֵן, וְהַכֹּל תְּאֵבִין לְהִסְתַּכֵּל עַל הַפְּאֵר וְהַחֵן:

אֲבָל דַּע, תֵּכֶף וּמִיָּד כְּשֶׁהָעַכּוּ"ם מְקַבֵּל מָמוֹן יִשְׂרָאֵל, תֵּכֶף וּמִיָּד נִתְעַלֵּם הַחֵן וְהַפְּאֵר בְּתוֹךְ הַמָּמוֹן. וּבִשְׁבִיל זֶה הָעַכּוּ"ם בְּכָל פַּעַם תּוֹבֵעַ מָמוֹן אַחֵר מִיִּשְׂרָאֵל, וְשׁוֹכֵחַ הַמָּמוֹן שֶׁכְּבָר קִבֵּל, כִּי נִתְעַלֵּם הַחֵן כְּשֶׁבָּא לְיַד הָעַכּוּ"ם, וְזֶהוּ: שֶׁאֵין מְקָרְבִין אֶלָּא בִּשְׁעַת הֲנָיָתָן:

וְזֶה בְּחִינַת (בראשית ו): "חֵן בְּעֵינֵי ה'" – עֵינֵי ה', זֶה גְּוָנִין עִלָּאִין, שֶׁהֵם בְּחִינַת כֶּסֶף וְזָהָב, שָׁם עִקַּר הַחֵן וְהַפְּאֵר:

todos quieren contemplarlas. Ésta es la implicación de "Los ojos de Dios" – todos miran hacia Dios, i.e., hacia la plata y el oro que reflejan el esplendor de los Colores Superiores. El versículo así se traduce en nuestro texto como sigue: **Gracia** – el esplendor celestial que está investido en la plata y en el oro, **a los ojos de Dios** – hace que se mire hacia la fuente de ese esplendor, i.e., la grandeza de Dios.

Este versículo de Génesis citado por el Rebe habla sobre Noaj encontrando gracia a los ojos de Dios. Fue esa gracia la que lo salvó del destino de los de su generación, la Generación del Diluvio. Aunque reconocían que había un esplendor celestial en el dinero, no obtenían placer alguno de él. Estaban sumidos en el robo, siempre tomando lo que no les pertenecía (Génesis 6:11). Noaj, por otro lado, encontró la gracia. El Midrash enseña que era un Tzadik, una persona caritativa (*Midrash Tanjuma, Noaj* 5). La caridad que daba rectificaba su dinero (como enseña el Rebe en el próximo párrafo). Fue por lo tanto capaz de encontrar la gracia, el esplendor celestial: "Noaj halló [la gracia] *a los ojos de Dios*" – i.e., en los Colores Superiores.

Resumen: Cada persona debe quebrar las ilusiones y las pasiones, el *medamé* en el corazón. Al hacerlo, pondrá en acto su intelecto en potencia y logrará el intelecto adquirido (§1). En cada nivel hay nuevas medidas de intelecto rodeadas por nuevas ilusiones/*klipot*. Al ascender la escala espiritual, es necesario subyugar las *klipot* de cada nuevo nivel (§2).

Cuando uno asciende a un nivel superior, las *klipot* que fueron subyugadas por aquellos que se encontraban allí, vuelven a despertar. Ello se debe a que la persona aún no ha quebrado esas *klipot* y aquellos que las habían subyugado han partido de allí. Por lo tanto la persona se vuelve sólo una vestimenta del aspecto interno de ese nivel superior. Sin embargo, cuando anule a esas nuevas *klipot*, alcanzará el nuevo *pnimi* (§3). Para anular las *klipot* se requiere la revelación de la grandeza de Dios. Ello se logra dando caridad a una persona digna que lo necesite. Entonces, la grandeza se manifiesta a través del esplendor celestial que se encuentra en el dinero. Pero ese esplendor sólo irradia cuando está con el judío. Cuando deja las manos judías, pierde su lustre (§4).

{"**Sé cuidadoso con las autoridades gobernantes, pues se muestran amigables sólo cuando es para su propio beneficio. Actúan amigablemente cuando les conviene**" (*Avot* 2:3).}

Debido a ello <los gentiles> son llamados "empobrecidos", como en, "Sé cuidadoso con las *ReSHut* (autoridades)", pues ellas están *RaSHut* (empobrecidas) e indigentes. No obtienen ningún placer de su dinero, como si fueran pobres e indigentes. Por lo tanto anhelan el dinero de Israel, pues el esplendor y la gracia se encuentran en el dinero del judío. Y todos ansían contemplar el esplendor y la gracia.[54]

¡Pero debes saber! Tan pronto como el <no judío> recibe el dinero de Israel, la gracia y el esplendor desaparecen inmediatamente dentro de él.[55] Debido a ello, los <no judíos> siempre demandan más dinero de Israel. Ellos se olvidan del dinero que ya han recibido, pues la gracia desaparece <tan pronto> como les llega <a sus manos>.[56] Éste es el significado de, "se muestran amigables sólo… cuando les conviene".[57]

Esto corresponde a (Génesis 6:8), "gracia a los ojos de Dios". "Los ojos de Dios" son los Colores Superiores, el concepto de la plata y del oro. Lo esencial de la gracia y del esplendor se encuentra allí.[58]

---

54. ReSHut…RaSHim…. El Rebe Najmán apunta a la similitud entre la palabra *reshut* (רשות), que hace referencia a los gobernantes gentiles y la palabra *rashim* (רשים), "gente empobrecida". No importa cuán ricas hayan sido las naciones gentiles que gobernaron sobre el pueblo de Israel, siempre anhelaron el dinero judío. Pero no sólo el deseo de riquezas es lo que las atrae. Lo que realmente desean es el esplendor y la gracia que perciben en el dinero del judío. Carentes de esas cualidades y del placer que el dinero les puede dar debido a ello, están realmente empobrecidas.

55. desaparecen inmediatamente dentro de él. Esto sucede debido a que el lugar del esplendor sólo está en Israel, en el judío (ver más arriba, notas 48, 52).

56. siempre demandan…. Éste es el motivo de los continuos impuestos. Y aunque ello pueda parecernos algo lejano y ajeno en estos días, esto también tiene implicaciones contemporáneas, como el Rebe indica más adelante (ver también n. 63).

57. cuando les conviene. Literalmente, la palabra *hanaiatan* (traducida aquí como "les conviene") significa "su placer". Los gobernantes sólo son amigos de una persona cuando pueden sacar algún beneficio de ello. En nuestro contexto, esto hace referencia a las naciones que persiguen el esplendor que irradia del dinero judío. Se sienten atraídas por su belleza y gracia –y más precisamente, por los Colores Superiores– y lo desean para ellas, para poder sentir *placer* en ello. Sin embargo, una vez que el dinero pasa de manos, del judío al gentil, pierde su gracia y esplendor debido a que el lustre de los Colores Superiores deja de irradiar. Los gentiles por tanto no obtienen placer alguno de ese dinero. Lo único que sienten es pobreza – deseo de algo que no pueden obtener.

58. Los ojos de Dios…la plata y el oro…. Más arriba, el Rebe Najmán explicó que la plata y el oro son vestimentas del esplendor celestial. Esas vestimentas atraen la atención de todos y

וְזֶה שֶׁאָמַר אֲבִימֶלֶךְ לְשָׂרָה: "הִנֵּה נָתַתִּי אֶלֶף כֶּסֶף לְאָחִיךְ, הִנֵּה הוּא לָךְ כְּסוּת עֵינָיִם" (בראשית כ). הַיְנוּ: כְּשֶׁיָּצָא הַמָּמוֹן מִיַּד עַכּוּ"ם לְיַד הַיִּשְׂרְאֵלִי, תֵּכֶף נִתְגַּלּוּ הַגְּוָנִין, וְנַעֲשׂוּ בִּבְחִינַת "בִּגְדֵי יֶשַׁע", הַיְנוּ "כְּסוּת עֵינָיִם", שֶׁהַכֹּל מִסְתַּכְּלִין בָּהֶם, שֶׁהַכֹּל תְּאֵבִים לְהִסְתַּכֵּל בָּהֶם.

וְעַל-יְדֵי צְדָקָה שֶׁנּוֹתֵן מִמָּמוֹנוֹ, נִתְתַּקֵּן כָּל מָמוֹנוֹ, וְנִתְגַּלִּין הַגְּוָנִין וּמְאִירִין. וְנַעֲשָׂה כָּל מָמוֹנוֹ בִּבְחִינַת: 'לִי הַכֶּסֶף וְלִי הַזָּהָב', בִּבְחִינַת (ישעיה סא): "בִּגְדֵי יֶשַׁע מְעִיל צְדָקָה יְעָטָנִי".

וַאֲפִלּוּ זֶה הַמָּעוֹת שֶׁלּוֹקְחִין הָעַכּוּ"ם מֵאִתָּנוּ, נֶחְשָׁב לִצְדָקָה. כְּמוֹ שֶׁאָמְרוּ חֲכָמֵינוּ, זִכְרוֹנָם לִבְרָכָה (בבא בתרא ט): וְנוֹגְשַׂיִךְ צְדָקָה.

(Isaías 61:10). Cuando la persona es recta y da la caridad apropiada, rectifica su dinero. Entonces merece "vestimentas de salvación/contemplar", ver el esplendor celestial en su dinero. El otro concepto mencionado por el profeta, la alegría, es tratado más adelante (§5). En cuanto a qué constituye lo "apropiado" con respecto a la caridad, generalmente se considera aceptable el diez por ciento. Pero las circunstancias pueden variar. Aquellos que tienen un importante ingreso pueden y deben dar más, otros pueden no alcanzar siquiera ese monto. Para ello es necesario consultar a un rabino competente.

El rabí Natán escribe que dar caridad de la manera apropiada es una devoción muy grande mediante la cual uno rectifica totalmente su dinero. Dar caridad de la manera apropiada le permite a la persona quebrar las *klipot* que se interponen como una barrera ante la santidad y el intelecto, de modo que pueda elevarse de un nivel al otro (*Torat Natán* #18). Lo contrario, agrega el rabí Natán, también sucede. Así como el lustre se oculta cuando el dinero llega a las manos de un no judío, lo mismo sucede cuando es adquirido por un judío cuyas transacciones comerciales no son lo que debieran ser. Atraído por el esplendor, busca más y más dinero al punto en que sucumbe al deseo de riqueza. Como resultado, su dinero no puede irradiar el esplendor y la belleza inherentes a él (*ibid.* 15).

63. las naciones toman de nosotros...opresores, caridad. Aquí el profeta nos asegura de que todo el dinero tomado de los judíos durante su exilio les será devuelto con creces. Son los gobernantes que lo tomaron quienes lo devolverán. Nuestros sabios comentan que incluso aquello que fue tomado en contra de nuestra voluntad tuvo un motivo. Se nos recompensa por cada pérdida monetaria como si la hubiésemos dado para caridad. En nuestro contexto, hemos visto que perder dinero con un no judío indica un dinero no rectificado. Sin embargo, si cuando el no judío lo toma es considerado como caridad, entonces el resto del dinero del judío automáticamente pasa a estar rectificado. Debe dejarse en claro que esto no se aplica a los impuestos generales y demás. Más bien, el dinero tomado del judío que es considerado como caridad es aquel que debe entregarse para satisfacer las demandas de los terratenientes, de los políticos y similares. El *Parparaot LeJojmá* explica que esto es considerado como caridad pues

Y esto es lo que Abimelej le dijo a Sara (Génesis 20:16), "He aquí, yo le he dado mil piezas de plata a tu hermano. Que eso sea una vestimenta para los ojos".[59] En otras palabras, cuando el dinero pasa de las manos <del no judío> a las manos del judío, inmediatamente se revelan los Colores y se transforman en el aspecto de "vestimentas de *iesha* (salvación)" –i.e., una "vestimenta para los ojos" – que todos quieren mirar, que todos anhelan contemplar.[60]

Ahora bien, en virtud de la caridad que hace la persona con ese dinero, se rectifica todo su dinero, lo que hace que se revelen y brillen los Colores. Todo su dinero toma el aspecto de "Mía es la plata, Mío es el oro",[61] y "… vestimentas de salvación, me ha cubierto con manto de caridad".[62]

E incluso el dinero que <las naciones> toman de nosotros es considerado como caridad. Esto es como enseñaron nuestros Sabios (*Bava Batra* 9a) <concerniente a la frase> "y tus opresores, caridad" (Isaías 60:17).[63]

---

59. una vestimenta para los ojos. Cuando Abimelej, que había secuestrado a Sara, se la devolvió a Abraham, hizo este gesto de compensación financiera para que ella no le guardase rencor. Él pagó 1000 piezas de plata y le dijo, "Que eso sea una vestimenta para los ojos" (para "cubrir" todo rencor o la sospecha de los demás). Como hemos visto a partir del texto de prueba anterior concerniente a Noaj, "ojos" alude al esplendor/Colores y la plata es una vestimenta que cubre ese esplendor celestial (n. 50). De aquí que la lectura que hace *Sforno* del versículo –"Que eso sea un manto de colores"– encuadra perfectamente con los conceptos explicados en nuestra lección. Ver la nota siguiente.

60. …inmediatamente se revelan…anhelan contemplar. Hemos visto que cuando el dinero pasa del judío al no judío pierde su lustre. La cuestión es, ¿qué sucede con ese brillo? ¿Está perdido para siempre? ¿Qué sucede con el dinero que nunca estuvo en manos judías? ¿Nunca tuvo ningún brillo? El Rebe Najmán demuestra que hay un segundo aspecto en este proceso. Como mencionó anteriormente, el esplendor desaparece *dentro* del dinero. Ello indica que no se ha ido completamente, que el proceso es reversible. Cuando el no judío le da dinero a un judío o se lo devuelve, los Colores Superiores comienzan inmediatamente a brillar. Así, el pago de las 1000 piezas de plata que Abimelej le dio a Sara fue una "vestimenta para los ojos" un "manto de colores", correspondiente a la vestimenta/manto de los Colores Superiores. Ese manto, la vestimenta de salvación/aquello que todos desean contemplar, se hace a partir del dinero judío – del dinero en manos judías. Pues entonces la vestimenta irradia con el esplendor del orgullo que Dios siente por Israel y con Su propia grandeza.

61. caridad…Mío es el oro. Dar caridad es testimonio de la grandeza de Dios, de que Su voluntad gobierna el mundo. Ver más arriba, nota 45.

62. vestimentas…manto de caridad. El profeta dijo, "Me alegraré en Dios… pues Él me ha hecho vestir con vestimentas de salvación, me ha cubierto con manto de caridad (rectitud)…"

וְזֶהוּ (שיר השירים ז): "עֵינַיִךְ בְּרֵכוֹת בְּחֶשְׁבּוֹן" – "עֵינַיִךְ", זֶה הַגְּוָנִין, בְּחִינַת 'כֶּסֶף וְזָהָב', נִתְבָּרְכִין עַל-יְדֵי צְדָקָה, 'שֶׁכָּל פְּרוּטָה נִצְטָרֵף לְחֶשְׁבּוֹן גָּדוֹל' (בבא-בתרא שם:).

וַאֲפִלּוּ עַל-יְדֵי הַמָּמוֹן שֶׁבָּא לְתוֹךְ יַד הָעַכּוּ"ם, הַנִּקְרָאִים בַּת רַבִּים, גַּם זֶה נֶחֱשָׁב לִצְדָקָה, כְּמוֹ שֶׁכָּתוּב: "וְנוֹגְשַׂיִךְ צְדָקָה". וְזֶה דַּוְקָא, עַל שַׁעַר בַּת רַבִּים, כְּשֶׁעֲדַיִן עַל הַשַּׁעַר, קֹדֶם שֶׁבָּא לְיַד הָעַכּוּ"ם, עֲדַיִן שׁוֹרֶה הַחֵן עַל הַמָּמוֹן, אֲבָל אַחַר-כָּךְ נֶעֱלָם הַחֵן כַּנַּ"ל:

del mal – i.e., las ilusiones, los deseos, las confusiones, etc. (ver más arriba, n. 42). (En el manuscrito del *Likutey Moharán* utilizado para esta traducción faltan algunas palabras que se encuentran en las ediciones regulares del texto. Esas palabras, que aparecen aquí en el texto hebreo, pueden encontrarse más arriba en la traducción de Isaías 60:17).

67. más arriba. En el contexto de nuestra lección el versículo se lee entonces: **Tus ojos** – el dinero, los Colores Superiores **son como breijot** – están bendecidos, **en Jeshbon** – pues la suma dada para caridad rectifica el dinero de modo que éste puede brillar. **Ante la puerta de Bat-rabim** – pero el dinero sólo irradia hasta que llega a las manos de las naciones, luego de lo cual desaparece el esplendor.

El rabí Natán hace notar que esa "caridad" tomada por las naciones produce en última instancia su caída. Como se explicó, la caridad quiebra a las *klipot*, permitiendo el ascenso del intelecto. Las naciones frente a Israel son como las *klipot* frente al intelecto. Dado que la caridad quiebra a las *klipot*, los impuestos ("caridad") que las naciones les imponen a los judíos finalmente las quebrarán (*Torat Natán* #21).

Resumen: Cada persona debe quebrar las ilusiones y las pasiones, el *medamé* en el corazón. Al hacerlo, pondrá en acto su intelecto en potencia y logrará el intelecto adquirido (§1). En cada nivel hay nuevas medidas de intelecto rodeadas por nuevas ilusiones/*klipot*. Al ascender la escala espiritual, es necesario subyugar las *klipot* de cada nuevo nivel (§2).

Cuando uno asciende a un nivel superior, las *klipot* que fueron subyugadas por aquellos que se encontraban allí, vuelven a despertar. Ello se debe a que la persona aún no ha quebrado esas *klipot* y aquellos que las habían subyugado han partido de allí. Por lo tanto la persona se vuelve sólo una vestimenta del aspecto interno de ese nivel superior. Sin embargo, cuando anule a esas nuevas *klipot*, alcanzará el nuevo *pnimi* (§3). Para anular a las *klipot* se requiere la revelación de la grandeza de Dios. Esto se logra dando caridad a la persona digna que lo necesita. Entonces, el dinero de la persona se rectifica al punto en que la grandeza de Dios se manifiesta a través del esplendor celestial que se encuentra en él. Pero ese esplendor sólo brilla cuando el dinero está con el judío. Así, cuando las naciones anhelan ese esplendor y conspiran para tomarlo de los judíos, una vez que el dinero deja las manos judías, su lustre desaparece y se mantiene oculto hasta que es devuelto (§4).

{**"Tus ojos son como albercas en Jeshbon, ante la puerta de Bat-rabim"** (Cantar de los Cantares 7:5).}

Y éste es el significado de, "Tus ojos son como *BReiJot* (albercas) en Jeshbon". "Tus ojos" – estos son los Colores, correspondientes a la plata y al oro.[64] Ellos están *BaRuJ* (bendecidos) como resultado de la caridad. <"En Jeshbon"> – cada centavo cuenta para llegar a un gran *jeshbon* (suma) *(Bava Batra 9b)*.[65]

E incluso el dinero que llega a las manos de aquellos llamados "Bat-rabim", también es considerado caridad, como se explicó.[66] Por ello es específicamente "ante la puerta de Bat-rabim". Cuando aún se encuentra "ante la puerta", antes de que llegue a las manos del <no judío>, la gracia todavía permanece en el dinero. Pero luego, la gracia desaparece, como se explicó más arriba.[67]

---

virtualmente cada impuesto de esa naturaleza, no importa la justificación que se le dé, se paga para asegurar que los judíos puedan continuar observando la Torá y las mitzvot. Así, en última instancia, ese dinero sirve para revelar la grandeza de Dios.

El Talmud afirma allí: "Mientras el Templo estuvo en pie, la persona llevaba su contribución y era perdonaba de su pecado. Hoy en día, si la persona da caridad, bien; si no, los gentiles vienen y toman su dinero por la fuerza. Aun así ello es considerado caridad". En el pasaje adyacente, Rashi (*v.i. Aniim*) da un ejemplo de una causa indigna: los gobernantes que constantemente se quejan proclamando que necesitan más y más dinero, pues nunca tienen suficiente. En nuestro contexto, "Mientras el Templo estuvo..." hace referencia a la persona que da caridad de la manera apropiada, quebrando así sus deseos. Revela la grandeza de Dios y construye su Templo/intelecto. Por el contrario, a partir de nuestra lección hemos visto que al no dar caridad de la manera apropiada la persona cae en las pasiones y los bajos deseos, su Templo/intelecto se destruye y su dinero pierde el esplendor al ser transferido a los no judíos. Esos no judíos están empobrecidos, nunca satisfechos con sus impuestos mal habidos, siempre demandando sumas adicionales. El rabí Natán agrega que el Santo Templo encarnaba todos los Colores Superiores y el esplendor. Por lo tanto, cuando alguien llevaba caridad o un sacrificio al Templo, podía quebrar sus malos deseos y elevarse por sobre la transgresión (ver *Likutey Halajot, Akum* 3:19).

64. ojos…Colores…a la plata y al oro. Ver más arriba, nota 58.

65. BreiJot…BaRuJ…Jeshbon…suma. La palabra *breijot* (ברכות) transmite la idea de *baruj* (ברוך), bendito. Los centavos dados para caridad se vuelven una gran suma, trayendo así bendición a los Colores/al dinero.

66. Bat-rabim…como se explicó. Bat-rabim significa literalmente "hija de los muchos". Ésta es una referencia a las *muchas* naciones, como en (Salmos 3:3), "Muchos dicen de mi alma…", (*Midrash Shojer Tov; Mabuei HaNajal*). "Muchos" puede también aludir a las muchas facetas

וְזֶהוּ שֶׁאָמְרוּ סָבֵי דְּבֵי אַתּוּנָא:
אַחֲוֵי לָן מָנָא דְּלָא שָׁוְיָא לְחַבָּלָא. וְאַיְתִי בּוּדְיָא וּפַשְׁטוּהוּ, וְלָא עָיֵל לְתַרְעָא. וְאָמַר לוֹן, אַיְתוּ מָרָא וְסַתְרֵי לַפְּתַח עִם הַכֹּתֶל.
פֵּרוּשׁ:

בּוּדְיָא – זֶה בְּדָיוֹת הַלֵּב, מַה שֶּׁבּוֹדֶה מִלִּבּוֹ, הַיְנוּ הַמְדַמֶּה הַנַּ"ל, הַיְנוּ בְּחִינַת שְׁרִירוּת לֵב הַנַּ"ל.

כְּשֶׁזֶּה הַכֹּחַ הַמְדַמֶּה שֶׁבַּלֵּב, גּוֹבֵר וּמִתְפַּשֵּׁט עַל הָאָדָם שֶׁעוֹלֶה מִמַּדְרֵגָה הַתַּחְתּוֹנָה לְמַדְרֵגָה עֶלְיוֹנָה. וְהַקְּלִפָּה הַזֹּאת שֶׁהִיא הַמְדַמֶּה, לֹא שָׁוְיָא לְנֶגֶד עֵינֶיהָ הַהֶפְסֵד וְחַבָּלָה שֶׁנִּפְסְדָה כְּבָר מֵהָאִישׁ שֶׁהָיָה בְּמַדְרֵגָה עֶלְיוֹנָה, וְאַף-עַל-פִּי-כֵן הִיא מִתְגַּבֶּרֶת אַחַר-כָּךְ כַּנַּ"ל:

וְלֹא עָיֵל לְתַרְעָא – הַיְנוּ שֶׁלֹּא יָכוֹל הָאִישׁ לִכָּנֵס לְשַׁעַר קְדֻשָּׁה שֶׁהִיא הַשֵּׂכֶל, מֵחֲמַת הִתְגַּבְּרוּת הַמְדַמֶּה.

וְעֵצָה הַיְּעוּצָה עַל זֶה: סְתִירַת הַפֶּתַח, שֶׁהוּא הַמְדַמֶּה, שֶׁהוּא הַטֻּמְאָה, כְּמוֹ: 'הַבָּא לִטַמֵּא פּוֹתְחִין לוֹ' (יומא לח:), וְהוּא בְּחִינַת (בראשית ד): "לַפֶּתַח חַטָּאת רֹבֵץ". וּסְתִירָתוֹ – עַל-יְדֵי הַגְּוָנִין הַנַּ"ל, שֶׁהוּא גְּדֻלַּת הַבּוֹרֵא הַנַּ"ל.

el daño y la pérdida que ya han sufrido, sino que vuelven a despertar para impedir el logro de un nivel de santidad más elevado.

71. puerta...impurificarse. El Rebe Najmán demuestra ahora que las ilusiones y la imaginación en el corazón son *klipot* impuras. Como enseñan nuestros Sabios: A aquel que busca abandonar la santidad le abren la puerta. Es decir, cuando se trata de la impureza, el camino está abierto, desbloqueado por el *medamé*. Pero cuando se trata de la pureza, el *medamé* en el corazón cierra el camino. Ello explica por qué es tan fácil caer presa de la tentación.

72. el pecado yacerá a la puerta. Es fácil caer en la impurificación porque el pecado y la impureza están al acecho esperando en la puerta, invitando a entrar.

73. como se explicó. Después de dos textos de prueba que conectan el *medamé* con la puerta en la parábola Talmúdica, el Rebe Najmán nos recuerda que la manera de "quebrar" y anular a las *klipot*, al *medamé* en el corazón, es revelando la grandeza de Dios.

Ésta es la explicación de lo que dijeron los Sabios de Atenas[68]:

Muéstranos algo que no valga el daño [que produce]". Él trajo una *budia* (estera). La desplegaron pero no pasaba por la puerta. Él les dijo, "Traigan un martillo y quiebren la puerta junto con el *kotel* (pared)".

BuDIa – Esto alude a las *BeDaIot* (imaginaciones) del corazón, aquello que se fantasea desde el corazón – i.e., la imaginación. Ésta es la "visión del corazón" mencionada más arriba.[69]

Cuando este poder de imaginación en el corazón toma el control y envuelve a la persona que está ascendiendo desde un nivel inferior hacia un nivel superior, la fuerza del mal, que es la imaginación, no toma en cuenta el valor de la pérdida y del daño que ya ha sufrido debido a la persona que <se encuentra> en el nivel superior. <Ella la ha quebrado y subyugado> pero aun así, más tarde controla <al hombre inferior>, como se explicó.[70]

<La desplegaron> pero no pasaba por la puerta – Es decir, ella se despliega y toma el control, haciéndole imposible al judío entrar por <la puerta> de la santidad –el intelecto– debido al control de la imaginación.

<Traigan un martillo y quiebren la puerta junto con el *kotel* – En otras palabras, el consejo> que se da para ello es "quiebren la puerta", que es la imaginación, la impureza. Esto es como en: Aquel que viene a impurificarse, le abren la puerta (*Ioma* 38b).[71] Ello corresponde a (Génesis 4:7), "El pecado yacerá a la puerta".[72] [La imaginación] es "quebrada" por medio de los mencionados Colores, que es la grandeza del Creador, como se explicó.[73]

---

68. Ésta es la explicación.... El Rebe Najmán pasa ahora revista a nuestra lección dentro del contexto del intercambio entre el rabí Ioshúa y los Sabios de Atenas.

69. BuDIa...BeDaIot...más arriba. Ver más arriba, sección 1. La palabra en arameo para "estera", *budia* (בודיא), se asemeja a *BoDe* (בודה, "fantasear") – i.e., las *bedaiot* (בדיות, "imaginaciones") del corazón.

70. como se explicó. Ver más arriba, secciones 2 y 3. Cuando la persona de un nivel inferior asciende sólo es capaz de investir el aspecto *jitzoni* del nivel superior. Las *klipot* de ese nuevo nivel se levantan por lo tanto contra ella, pues sólo pueden ser anuladas mediante la luz del *pnimi*, que la persona aún no ha alcanzado. En otras palabras, esas fuerzas del mal no reconocen

וְהֵם בְּחִינַת **כּוֹתֶל** – 'כוּ' 'תֵּל' (זוהר משפטים קטז.). **כ"ו** זֶה בְּחִינַת שֵׁם הַקָּדוֹשׁ, שֶׁהוּא בְּחִינַת גְּוָנִין, כְּמוֹ שֶׁכָּתוּב (תהלים כז): "ה' אוֹרִי" – שֶׁהוּא אוֹרוֹת הַגְּוָנִין. "וְיִשְׁעִי" – שֶׁהוּא בְּחִינַת בִּגְדֵי יֶשַׁע הַנַּ"ל. וְהוּא **תֵּל** שֶׁהַכֹּל פּוֹנִין לוֹ (זוהר שם), וּתְאֵבִין לְהִסְתַּכֵּל בּוֹ:
(מְסֻמָּן כ"ד עַד כָּאן לְשׁוֹן רַבֵּנוּ, זִכְרוֹנוֹ לִבְרָכָה):

ה. גַּם דַּע שֶׁכְּדֵי לְהַכְנִיעַ הַקְּלִפָּה הַמְסַבֶּבֶת שֶׁבְּכָל מַדְרֵגָה כַּנַּ"ל, עַל-זֶה צָרִיךְ שֶׁיְּעוֹרֵר שִׂמְחָה שֶׁל מִצְוָה עַל עַצְמוֹ. הַיְנוּ שֶׁיִּשְׂמַח עַל-יְדֵי שֶׁיִּזְכֹּר שֶׁזָּכָה לְהִתְקָרֵב לְהַשֵּׁם יִתְבָּרַךְ, וְזָכָה לְהִתְקָרֵב לַצַּדִּיקִים הַמְקָרְבִין אוֹתוֹ לְהַשֵּׁם יִתְבָּרַךְ. וְעַל-יְדֵי הַשִּׂמְחָה זוֹ, הוּא מְשַׁבֵּר הַקְּלִפָּה וְנִכְנָס לְמַדְרֵגָה שְׁנִיָּה:

Muéstranos algo que no valga el daño que produce – Los sabios preguntaron: "¿Puedes mostrarnos algo que no reconozca el valor del daño que ha sufrido?".

Él trajo una budia y la desplegó – El rabí Ioshúa trajo una *budia*. Esto alude al *medamé* del corazón, a las fantasías y a las ilusiones del hombre. Esas *klipot* son la puerta de entrada ante cada nivel espiritual. Cada vez que la persona trata de ascender a un nivel superior, esas fuerzas malignas toman el control y se despliegan sobre ella. Aunque fueron previamente anuladas por la persona que había alcanzado ese nivel, las *klipot/budia* no toman en cuenta el daño que ya han sufrido. Por el contrario, vuelven a levantarse para impedir que la segunda persona pueda alcanzar el intelecto adquirido y ascender a niveles superiores.

Pero no pasaba por la puerta – Con las *klipot/medamé* reactivadas ante la puerta de entrada al nivel superior, ¿cómo será posible pasarlas y ascender?

Él les dijo, Traigan un martillo y quiebren la puerta junto con el kotel – La solución es quebrar la puerta, las ilusiones y las fantasías, por medio del *kotel* – i.e., revelando la grandeza de Dios. Alabar a Dios mediante la plegaria y dar caridad quiebra a las *klipot* y hace que los Colores Superiores brillen, para que todos miren hacia Él y reconozcan Su grandeza.

79. despertar la alegría.... Sentir entusiasmo con el cumplimiento de una mitzvá y estar alegres también anula el *medamé* del corazón y revela la grandeza de Dios. Esto fue aludido anteriormente en esta lección cuando el Rebe Najmán citó el versículo, "...me ha cubierto con manto de caridad" (ver más arriba §4, n. 62). Como se ha hecho notar, el profeta comienza con, "Me alegraré". Ello se debe a que la alegría, al igual que la caridad, revela la grandeza de Dios (*Parparaot LeJojmá; Mabuei HaNajal*). El poder de la alegría es también el tema principal del discurso anterior, Lección #24. Es necesario estudiarlo para comprender el inmenso impacto que la alegría tiene sobre nosotros y hasta qué niveles podemos elevarnos por medio de ella.

80. aproximaron al Santo, bendito sea...alegría.... La mejor manera de despertar a la alegría es recordar todas las bondades que Dios ha hecho por uno. Después de todo, la persona puede

<Y éste es el concepto de "la puerta junto con el *kotel*".[74] Es decir, la puerta se quiebra por medio del> concepto del *kotel* – *ko, tel*.[75] *Ko* corresponde al Santo Nombre, que es el concepto de los Colores. Como está escrito (Salmos 27:1), "*IHVH* es mi luz" – las luces de los Colores; "e *ishi* (mi salvación)" – las vestimentas de *iesha*.[76] Y Él es "el *tel* (monte) al que todos se vuelven"[77] y anhelan contemplar.[78]

5. ¡Debes saber también! Para subyugar las fuerzas del mal circundantes que se encuentran en cada nivel, es necesario despertar la alegría de la mitzvá <y traerla> sobre uno.[79] Es decir, es necesario alegrarse recordando el hecho de que uno ha merecido acercarse al Santo, bendito sea y que ha sido digno de estar cerca de los Tzadikim quienes lo aproximaron al Santo, bendito sea. Y mediante esa alegría se quiebran las fuerzas del mal y se entra en la santidad.[80]

---

74. la puerta junto con el kotel. La palabra *kotel* (pared) se agrega a partir del comentario de Rashi. Para hacer entrar la estera a través de la puerta es necesario quebrar la puerta junto con la pared. En nuestro contexto, para ascender a la santidad uno debe quebrar la puerta/ilusiones *por medio* del *kotel*. El Rebe explica cómo:

75. kotel – ko tel. Enseña el *Zohar* (II, 116a) La palabra *kotel* (כותל) es una combinación de dos palabras: *KO* (כו), que es numéricamente equivalente a veintiséis, igual que el Tetragrámaton, *IHVH* (יהוה); y *TeL* (תל), que es el *monte* al cual todos se vuelven. Esto hace referencia al Santo Templo y más específicamente al *Kotel*, al Muro Occidental del Santo Templo, del cual la Presencia Divina nunca se ha separado. El Talmud (*Berajot* 30a) enseña que el Santo Templo es "el monte al cual se vuelven todas las bocas" en plegaria. Esto también se une con nuestra lección en el hecho de que así como la plegaria del *Hodu* revela la grandeza de Dios (ver n. 43) lo mismo sucede con la plegaria en general.

76. KO…luces de los Colores…vestimentas…. El Salmista dice: "*IHVH* es mi luz e *ishi*". En nuestro contexto, esto se lee: "*KO/IHVH* (26) es la luz de los Colores Superiores y las vestimentas de *iesha*" que todos desean contemplar (ver §4 y n. 51).

77. tel al que todos se vuelven. Como se mencionó, el *Zohar* (*ibid.*) enseña que ese "*tel*" es el Santo Templo. Cuando el Templo se encontraba en pie, todos los Colores Superiores estaban encarnados en él. Hoy en día, están ocultos en la *Shejiná*, cuya morada está en el Muro Occidental. *Ko Tel* denota así los Colores Superiores y las vestimentas de plata y oro a las que todos se vuelven – i.e., la revelación de la grandeza de Dios mediante la plegaria y la caridad (ver el comentario del rabí Natán en la nota 63 para la conexión entre el Templo/sacrificios y la caridad).

78. …contemplar. Hasta este punto el texto de la lección es *leshón Rabeinu* (n. 1). Lo restante fue compuesto por el rabí Natán.

En base a nuestra lección, el intercambio entre el rabí Ioshúa y los Sabios de Atenas se traduce como sigue:

(שַׁיָּךְ לְאוֹת א'):

"זִבְחֵי אֱלֹקִים רוּחַ נִשְׁבָּרָה" שֶׁשְּׁבִירַת הַדִּמְיוֹן הֵם הַקָּרְבָּנוֹת וְכוּ' עַיֵּן שָׁם. וְזֶה בְּחִינַת סְמִיכָה עַל הַקָּרְבָּנוֹת, כִּי הַקָּרְבָּנוֹת מְבִיאִין מִבְּהֵמוֹת, שֶׁהֵם בְּחִינַת כֹּחַ הַמְדַמֶּה, כִּי הַבְּהֵמָה יֵשׁ לָהּ גַּם כֵּן כֹּחַ הַמְדַמֶּה. וּכְשֶׁאָדָם הוֹלֵךְ אַחַר הַמְדַמֶּה שֶׁבַּלֵּב, דְּהַיְנוּ אַחַר תַּאֲווֹתָיו, חַס וְשָׁלוֹם, שֶׁבָּאִין מִכֹּחַ הַמְדַמֶּה - זֶהוּ מַעֲשֵׂה בְּהֵמָה מַמָּשׁ, כִּי גַּם הַבְּהֵמָה יֵשׁ לָהּ כֹּחַ הַמְדַמֶּה.

וְעַל כֵּן כְּשֶׁאָדָם חוֹטֵא, חַס וְשָׁלוֹם, וְכָל הַחֲטָאִים בָּאִין עַל-יְדֵי כֹּחַ הַמְדַמֶּה, שֶׁמִּשָּׁם נִמְשָׁכִין כָּל הַתַּאֲווֹת, עַל כֵּן הוּא צָרִיךְ לְהָבִיא קָרְבָּן מִבְּהֵמוֹת, וְצָרִיךְ לִסְמֹךְ עָלָיו, וּלְהִתְוַדּוֹת כָּל חֲטָאָיו עַל הַקָּרְבָּן בִּשְׁעַת הַסְּמִיכָה, וְעַל-יְדֵי-זֶה נִמְשָׁכִין כָּל הַחֲטָאִים וְכָל כֹּחַ הַמְדַמֶּה עַל הַבְּהֵמָה, שֶׁהִיא בְּחִינַת מְדַמֶּה כַּנַּ"ל. וְאַחַר-כָּךְ: תֵּכֶף לִסְמִיכָה - שְׁחִיטָה. וְשׁוֹחֲטִין הַבְּהֵמָה לַקָּרְבָּן, וְעַל-יְדֵי-זֶה נִכְנָע וְנִשְׁבָּר הַמְדַמֶּה:

(שַׁיָּךְ לְאוֹת ב' ג'):

מְבֹאָר שָׁם, שֶׁכְּשֶׁאָדָם נֶעְתָּק מִמַּדְרֵגָה לְמַדְרֵגָה, אָז צָרִיךְ לוֹ לֵילֵךְ דֶּרֶךְ אֵלּוּ הַדִּמְיוֹנוֹת כְּדֵי לְהַגִּיעַ אֶל הַקְּדֻשָּׁה. וְתֵכֶף כְּשֶׁעוֹלֶה לְהַמַּדְרֵגָה הַשְּׁנִיָּה, אֲזַי נִתְעוֹרְרִין הַקְּלִפּוֹת שֶׁבַּמַּדְרֵגָה וּמְסַבְּבִין

humano al nivel del animal. El *medamé*, en lugar de actuar como una interfase entre la santidad del intelecto y los rasgos del corazón, es llevado hacia lo animal.

84. transmitidos al animal…quiebra la imaginación. Para rectificar este descenso espiritual que lo llevó desde el nivel del intelecto humano al nivel del *medamé* animal, la persona transfiere ese carácter animal, i.e., sus ilusiones, al animal mismo y luego lo ofrece como sacrificio. Ya hemos visto que el Templo corresponde al intelecto. Esa persona, que ha comenzado a arrepentirse y a ascender hacia la santidad aún no ha entrado al Templo/intelecto. Se enfrenta con obstáculos en la puerta misma. Sin embargo, su deseo de arrepentirse es en sí mismo un paso positivo, correspondiente a la anulación de los malos deseos. Se encuentra en el nivel de poner en acto al intelecto en potencia, que corresponde a expresar sus pensamientos mediante la palabra (ver n. 12). Es por eso que debe confesar sus pecados. Inmediatamente después, el animal es degollado. El perdón y la limpieza del *medamé*, producto de la ofrenda de ese animal como sacrificio, son un aspecto del intelecto adquirido. Y una vez logrado esto se anulan los malos deseos/las *klipot* de ese nivel.

6. Lo siguiente se relaciona con la sección 1:

"Los sacrificios de Dios son un espíritu quebrantado" – **el quebrar la ilusión <se logra mediante> los sacrificios.** Estudia allí.[81] Éste es el concepto de poner las manos sobre el sacrificio.[82] Pues los sacrificios se llevan a cabo con animales, que corresponden al poder de la imaginación, pues el animal también tiene poder de imaginación. Ahora bien, cuando la persona sigue tras la imaginación de su corazón –es decir, tras sus deseos, Dios no lo permita, que provienen del poder de la imaginación– ello es literalmente un comportamiento animal. Pues los animales también tienen poder de imaginación.[83]

Por lo tanto, cuando una persona peca, Dios no lo permita –siendo que todos los pecados provienen de la imaginación, desde donde vienen todos los deseos– tiene que ofrecer consecuentemente un sacrificio animal. Debe apoyar sus manos sobre él y confesar en ese momento todos sus pecados. Al hacerlo, sus pecados y el poder de la imaginación son transmitidos al animal, que corresponde a la imaginación, como se explicó. Luego, inmediatamente después de apoyar las manos, se lo degüella. El animal es sacrificado y con ello se subyuga y se quiebra la imaginación.[84]

7. Lo siguiente se relaciona con las secciones 2, 3:

Allí está explicado que **al elevarse de un nivel a otro la persona tiene que pasar a través de esas ilusiones para alcanzar la santidad. Tan pronto como asciende al [nuevo] nivel, se despiertan las fuerzas del**

---

decir, "Nací en el pueblo de Israel, soy consciente de Dios, soy consciente de la Torá y sé de los Tzadikim que pueden enseñarme Torá y guiarme en el servicio a Dios…". Cuanto más se revela la bondad de Dios, más se revela Su grandeza. Por lo tanto, la alegría, al igual que la caridad, anula a las *klipot* y permite entrar al intelecto (*Torat Natán* #22).

81. Estudia allí. Sección 1, notas 20 y 21.

82. poner las manos sobre el sacrificio. Esto proviene del versículo (Levítico 4:29), "Pondrá sus manos sobre la ofrenda… y la degollará…". Aquel que trae el sacrificio se ubica en la sección de Israel del patio del Templo, a la entrada de la sección sacerdotal y pone sus manos sobre el animal. Mientras apoya sus manos confiesa sus pecados. Entonces el animal es inmediatamente degollado (*Iad HaJazaká, Maasé HaKorbanot* 3:6, 12, 14, 15). El Rebe Najmán pronto explicará el significado de este acto.

83. animal…imaginación. Pero los animales no poseen intelecto adquirido. Por lo tanto, seguir tras los deseos del corazón como opuesto al intelecto hace que la persona descienda del nivel

אוֹתוֹ, וְצָרִיךְ לְהַכְנִיעַ אוֹתָם מֵחָדָשׁ וְכוּ' עַיֵּן שָׁם. וְאַף־עַל־פִּי שֶׁכְּבָר נִשְׁבַּר הַקְּלִפָּה שֶׁבַּמַּדְרֵגָה הָעֶלְיוֹנָה וְכוּ', אַף־עַל־פִּי כֵן כְּשֶׁפְּנִימִיּוּת שֶׁל הָעֶלְיוֹן נֶעְתָּק מִשָּׁם וְחִיצוֹנִיּוּת (וּפְנִימִיּוּת) הַתַּחְתּוֹן עוֹלָה, אֲזַי הַקְּלִפָּה חוֹזֵר וְנֵעוֹר וְכוּ' עַיֵּן שָׁם. וְאָמַר אָז בִּזֶה הַלָּשׁוֹן:

וּבְזֶה טוֹעִין הַחֲסִידִים הַרְבֵּה, שֶׁפִּתְאֹם נִדְמֶה לָהֶם, שֶׁנָּפְלוּ מֵעֲבוֹדַת ה', וּבֶאֱמֶת אֵין זֶה נְפִילָה כְּלָל, רַק מֵחֲמַת שֶׁצְּרִיכִין לַעֲלוֹת מִמַּדְרֵגָה לְמַדְרֵגָה, וְאָז מִתְעוֹרְרִין וּמִתְגַּבְּרִין מֵחָדָשׁ הַקְּלִפּוֹת, שֶׁהֵם הַתַּאֲווֹת וְהַבִּלְבּוּלִים וְהַדִּמְיוֹנוֹת וְהַמַּחֲשָׁבוֹת וְהַמְנִיעוֹת כַּנַּ"ל, עַל כֵּן צְרִיכִין לְהִתְגַּבֵּר בְּכָל פַּעַם מֵחָדָשׁ לַחֲזֹר וּלְהַכְנִיעַ וּלְשַׁבֵּר הַקְּלִפּוֹת וְהַמְנִיעוֹת וְכוּ' שֶׁבְּכָל מַדְרֵגָה וּמַדְרֵגָה מֵחָדָשׁ, אֲבָל בֶּאֱמֶת אֵין זֶה נְפִילָה כְּלָל כַּנַּ"ל:

(שַׁיָּךְ לְאוֹת ג):

וְדַע שֶׁאֵין שְׁנֵי בְּנֵי אָדָם שָׁוִין וְכוּ', נִמְצָא כְּשֶׁאֶחָד רוֹצֶה לַעֲלוֹת מִמַּדְרֵגָתוֹ לְמַדְרֵגָה עֶלְיוֹנָה יוֹתֵר, אֲזַי הוֹלֵךְ וְנֶעְתָּק הָאָדָם הָעוֹמֵד בְּאוֹתָהּ הַמַּדְרֵגָה הָעֶלְיוֹנָה, וְהוֹלֵךְ וְנֶעְתָּק לַמַּדְרֵגָה הַיּוֹתֵר עֶלְיוֹנָה וְכוּ'. וְאָמַר אָז בִּזֶה הַלָּשׁוֹן:

וְזֶה בְּחִינַת הֲרָמָה, מַה שֶּׁאֶחָד מֵרִים וּמַגְבִּיהַּ אֶת חֲבֵרוֹ. כִּי עַל־יְדֵי שֶׁזֶּה הָאָדָם שֶׁבַּמַּדְרֵגָה הַתַּחְתּוֹנָה עָלָה מִדַּרְגָּא לְדַרְגָּא, עַל־יְדֵי־זֶה הִגְבִּיהַּ וְהֵרִים אֶת חֲבֵרוֹ שֶׁבַּמַּדְרֵגָה הָעֶלְיוֹנָה, לַעֲלוֹת לְמַעְלָה עֶלְיוֹנָה יוֹתֵר. וְכֵן חֲבֵרוֹ דַּחֲבֵרוֹ, הַגָּבוֹהַּ עוֹד יוֹתֵר מֵחֲבֵרוֹ, עָלָה עוֹד יוֹתֵר לְמַעְלָה, וְכֵן לְמַעְלָה לְמַעְלָה, כִּי אִי אֶפְשָׁר שֶׁיִּהְיוּ שְׁנֵי בְּנֵי אָדָם בְּמַדְרֵגָה אַחַת כַּנַּ"ל:

búsqueda. Llegan a la conclusión de que no hay esperanza alguna de escapar de sus malos deseos. El Rebe Najmán afirma enfáticamente, "En esto, los jasidim están *muy* equivocados" (*Torat Natán* #22). Es necesario recordar la exhortación del Rebe Najmán, "¡Nunca pierdas la esperanza!" (*Likutey Moharán* II, 78).

86. el concepto de elevar.... Ésta es la enseñanza Kabalista de elevar cada mundo y de unirlo

mal de \<ese\> nivel y la rodean \<por todos lados\>. Tendrá entonces que subyugarlas y quebrarlas…** Estudia allí. **Y aunque la cáscara en el nivel superior ya ha sido quebrada… sin embargo, cuando el aspecto interno del superior sale de allí y el \<aspecto interno\> del inferior asciende, la fuerza maligna vuelve a despertar.** Estudia allí. [El Rebe Najmán] dijo entonces lo siguiente:

En esto, los jasidim están muy equivocados. De pronto les parece que han caído de su devoción a Dios. La verdad es que no han caído en absoluto. Más bien, debido a que han ascendido de un nivel a otro, las fuerzas del mal se han despertado y han vuelto a tomar el control. Estos son los deseos, las confusiones, las ilusiones, los malos pensamientos y los obstáculos, como se explicó más arriba. Es por ello que es necesario renovar las fuerzas una y otra vez, para volver, subyugar y quebrar nuevamente las fuerzas del mal y los obstáculos que se encuentran en cada uno de los niveles. En verdad, sin embargo, esto no es una caída en absoluto, como se explicó más arriba.[85]

8. Lo siguiente se relaciona con la sección 3:

¡Y debes saber! No hay dos personas… Por lo tanto, cuando la persona desea ascender desde su nivel a un nivel superior, aquella que se encuentra en el nivel superior avanza hacia un nivel más elevado. [El Rebe Najmán] dijo entonces lo siguiente:

Éste es el concepto de elevar, el hecho de que una persona eleva y levanta a su compañero. En virtud de que la persona en el nivel inferior asciende de un nivel a otro, con ello eleva y levanta a su compañero que se encuentra en un nivel superior para que éste ascienda a un nivel más elevado todavía. De la misma manera, el compañero de su compañero, que se encuentra en un nivel más elevado que el de su amigo – es ascendido más alto todavía. Y así sucede, cada vez más alto, porque es imposible que dos personas se encuentren en el mismo nivel, como se explicó más arriba.[86]

---

85. los jasidim que están muy equivocados…. El rabí Natán explica que ésta es una falencia común entre muchos de aquellos que comienzan a servir a Dios. Después de estudiar, orar y cumplir con las mitzvot durante un tiempo, empiezan a sentirse atacados por la confusión y las dificultades. Esto se debe a que han alcanzado el grado más elevado de intelecto de ese nivel en particular y deben ascender a un nivel superior. Sin embargo, en lugar de reconocer esas barreras como obstáculos que deben ser superados, las perciben como algo insuperable y abandonan la

אַחַר שֶׁאָמַר מַאֲמָר הַנַּ"ל, וְשָׁם מְכַנֶּה וְקוֹרֵא כָּל תַּאֲווֹת הַיֵּצֶר הָרָע בְּשֵׁם כֹּחַ הַמְדַמֶּה. אָמַר אָז: צְרִיכִין לִקְרֹא לוֹ וּלְכַנּוֹת לוֹ שֵׁם אַחֵר, הַיְנוּ לְהַבַּעַל-דָּבָר וְהַיֵּצֶר הָרָע צְרִיכִין לִקְרוֹת אוֹתוֹ בְּשֵׁם אַחֵר, דְּהַיְנוּ שֶׁלֹּא לִקְרוֹתוֹ עוֹד בְּשֵׁם יֵצֶר הָרָע, רַק בְּשֵׁם כֹּחַ הַמְדַמֶּה. וְאָמַר זֹאת בְּדֶרֶךְ שְׂחוֹק, אֲבָל הֲבַנְתִּי שֶׁהָיָה לוֹ בָּזֶה כַּוָּנָה שְׁלֵמָה, וְלֹא זָכִיתִי לְהָבִין כַּוָּנָתוֹ בָּזֶה:

precedente a la llegada del Mashíaj (*Zohar* III, 124b). *Biná* es "comprender una cosa a partir de la otra" – i.e., el intelecto que se obtiene comparando las cosas mediante la imaginación (ver n. 15). Ya hemos visto que para cada nivel de santidad existe un nivel contrastante del Otro Lado (ver n. 24). Dado que ahora nos encontramos en la época precedente al Mashíaj, *Biná* ha comenzado a ser revelada en el mundo. Para contrarrestar ese elevado nivel de santidad, se ha despertado el *medamé* en el corazón del hombre – las fantasías y las ilusiones que contrastan con la verdadera comprensión. De aquí el nuevo (octavo) nombre para la mala inclinación: el poder de la imaginación (*Kojvei Or* p. 119).

El *Mabuei HaNajal* concluye: El Rebe Najmán mismo eligió el nombre "Jasidim de Breslov" para sus seguidores. Cierta vez hizo notar que *BReSLoV* (ברסלב) está aludido en el versículo (Ezequiel 36:26), "Yo les quitaré de su carne el corazón de piedra y les daré un *LeV BaSaR* (לב בשר, corazón de carne)". Ese corazón de carne contrarresta el *medamé* en el corazón, el "corazón de piedra" (ver más arriba, §1). El punto del Rebe era que a través de las enseñanzas de Breslov la persona puede superar sus ilusiones y elevarse hacia el intelecto (cf. *Tzadik* #339).

9. Luego de dar esta lección, en la cual él denomina a todos los deseos provenientes de la mala inclinación [con el apelativo de] "el poder de la imaginación", [el Rebe Najmán] dijo: "Deberíamos llamarla y referirnos a ella con algún otro nombre". Es decir, Satán, la mala inclinación, debe ser llamado de otra manera; i.e., ya no deberá ser llamado la "mala inclinación" sino "el poder de la imaginación". Esto lo dijo en un tono ligero. Aun así, comprendí que había una intención en ello, aunque no tuve el mérito de comprender qué es lo que tenía en mente.[87]

con el mundo que se encuentra por encima, como se explica en el *Pri Etz Jaim, Shaar HaTefilá*, Capítulo 7 (*Parparaot LeJojmá*; ver también *Likutey Moharán* I, 24, n. 17). Como se mencionó, el rabí Natán explica que éste es el cumplimiento de la mitzvá de "Ama a tu prójimo como a ti mismo" (ver n. 30). Hacer que se eleven los que se encuentran por sobre uno, es algo que también completa la estructura de santidad. Esto se logra realizando actos de bondad y dando caridad. La gente entonces se involucra una con la otra e interactúa, algo análogo a los Colores Superiores cuando interactúan entre sí. Así, las buenas acciones de un solo individuo producen la elevación de todos aquellos que se encuentran por sobre él, cada uno a su lugar apropiado (*Torat Natán* #11).

87. algún otro nombre.... Escribe el *Mabuei HaNajal*: El Talmud enseña que la mala inclinación tiene siete nombres: el malo; el incircunciso; el impuro; el enemigo; el tropiezo; [el corazón de] piedra; el oculto (*Suká* 52a). Estos corresponden a las siete *sefirot* inferiores del Otro Lado, que, a su vez, contrastan con las siete *sefirot* inferiores de la santidad. En la Creación, sólo fueron reveladas siete *sefirot* inferiores. El siguiente nivel superior, *Biná*, fue reservado para el tiempo

ליקוטי מוהר"ן סימן כ"ו

(לְשׁוֹן רַבֵּנוּ, זִכְרוֹנוֹ לִבְרָכָה:)

רְצִיצָא דְּמַיֵת בְּבֵיעוּתֵהּ, הֵיכָא נָפֵק רוּחָא. וְאָמַר לְהוּ: בַּהֲינוּ דְעַל.

רַשִׁ"י:
רְצִיצָא דְמַיֵת – אֶפְרוֹחַ שֶׁמֵּת בְּתוֹךְ קְלִיפָּתוֹ:

רְצִיצָא – זֶה אֶפְרוֹחַ. זֶה בְּחִינַת צַדִּיק, בְּחִינַת (תהלים עב): "יִפְרַח בְּיָמָיו צַדִּיק".

שֶׁשָּׁאֲלוּ אוֹתוֹ: הַצַּדִּיק שֶׁמֵּמִית אֶת עַצְמוֹ, וּמוֹסֵר אֶת נַפְשׁוֹ בִּצְלוֹתֵהּ וּבָעוּתֵהּ – בְּאֵיזֶה מִן הַמְּקוֹמוֹת מִן הַתְּפִלָּה, צָרִיךְ לוֹ לִמְסֹר אֶת נַפְשׁוֹ בְּיוֹתֵר.

וְהֵשִׁיב לָהֶם:

הֵיכָא דְעַל – הַיְנוּ אֵיךְ שֶׁיֵּשׁ לוֹ לְהַעֲלוֹת נִיצוֹצֵי הַקְּדֻשָּׁה, הַיְנוּ אֵיךְ שֶׁנִּכְנָסִים בּוֹ מַחֲשָׁבוֹת זָרוֹת, וְצָרִיךְ לְהַעֲלוֹתָם כַּיָּדוּעַ, שָׁם

---

así, no todos logran sacrificar el alma. Usualmente, diferentes pensamientos –tanto buenos como malos– invaden la mente y frustran la concentración y el esfuerzo (el autosacrificio). Los Tzadikim, sin embargo, son capaces de mantener una plena concentración y alcanzar el nivel del autosacrificio. La pregunta es, ¿siempre lo logran? ¿Hay zonas de la plegaria en donde encuentran una dificultad en particular?

6. chispas de santidad.... Como resultado del pecado de Adán, se quebró la santidad del mundo, por así decirlo y muchas chispas descendieron hacia los ámbitos inferiores de las *klipot*. Sin embargo, cada persona, al llevar a cabo las mitzvot, eleva algunas de esas chispas, cada uno en la medida de su nivel (ver *Shaar HaPesukim, Shmot*). Los Tzadikim pueden incluso elevar chispas que han caído en los niveles más bajos (ver *Likutey Moharán* I, 30:7; *La Hagadá de Breslov*, Apéndice A). Éste es el significado de la conexión que ha hecho el Rebe entre el Tzadik e *ifraj* (ascender; n. 3): No sólo asciende él, sino que también eleva las chispas caídas y las restaura a su lugar apropiado en la santidad.

7. ...como es sabido. En la terminología de la Kabalá, la rectificación de las chispas de santidad que necesitan ser purificadas tiene lugar en el nivel de la mente de la persona Divina Superior (*Zohar* II, 254b). En nuestro mundo físico, esto puede asemejarse al proceso mental

LIKUTEY MOHARÁN 26[1]

"Un *Retzitza* (polluelo) que se muere dentro del cascarón, ¿Por dónde sale el espíritu vital?". Él les dijo, "Por donde entró" (*Bejorot* 8b).

Rashi:
Un polluelo que se muere – un polluelo que muere dentro del huevo.

Un polluelo — esto es un *eFRoaJ*, el concepto del Tzadik: <"El Tzadik, florecerá (*iFRaJ*) como la palma" (Salmos 92:13)[2]; y como en,> "En sus días el Tzadik *iFRaJ*" (Salmos 72:7).[3]

[Los Sabios de Atenas] le preguntaron: El Tzadik que da su vida y que sacrifica su alma en plegarias y ruegos,[4] ¿en qué lugar de la plegaria tiene que sacrificar especialmente su alma?[5]

Y [el rabí Ioshúa] les contestó:

Por donde entró — Es decir, cada vez que tiene que elevar las chispas de santidad. En otras palabras, cada vez que los pensamientos externos entran en él <tiene que elevarlos. Ello se debe a que los pensamientos externos son en verdad las chispas de santidad caídas,[6]> y tiene que elevarlas, como es sabido.[7] Allí es donde debe

---

1. Likutey Moharán 26. Esta corta lección fue compuesta palabra por palabra por el Rebe Najmán, de ahí la designación *leshón Rabeinu* (ver Lección 23, n. 1). Su tema es el autosacrificio en las devociones.

2. El Tzadik florecerá. Rashi (*loc. cit.*) explica que *iFRaJ* (יפרח) connota dar frutos. El Rebe Najmán equipara al Tzadik que es "fructífero" con un *eFRoaJ* (polluelo,).

3. Tzadik iFRaJ. En este versículo *iFRaJ* connota "elevar", al igual que ascender cada vez más alto (ver *Metzudat David*). El Tzadik que asciende espiritualmente es como un *eFRoaJ*.

4. da su vida…. En la alegoría de los Sabios, la expresión aramea *meit beveiutei* significa "muere en su cascarón". La palabra *vautei* (בעותה) también connota plegaria. Así, el Rebe Najmán interpreta su pregunta, aludiendo al Tzadik que "muere" al "dar su vida" en la plegaria – sacrificando su alma.

5. especialmente…. Cada persona debe poner esfuerzo y concentración en la plegaria. Aun

צָרִיךְ לוֹ לִמְסֹר נַפְשׁוֹ:

santidad en busca de rectificación. Al ocuparse de ellos, eleva esas chispas y las restaura en la santidad.

El rabí Natán agrega: En una lección anterior, el Rebe Najmán enseña que la plegaria es el vehículo principal para atraer la fuerza de vida (*Likutey Moharán* I, 9:1). La plegaria precedió al mundo y es el medio a través del cual todo pasa de la potencia al acto. El poder de los Tzadikim surge esencialmente de la plegaria. Así, el "cascarón" de nuestra alegoría corresponde al concepto de "antes de la creación", pues hasta ese momento nada nuevo había llegado a la existencia (en potencia); el "polluelo", una vez nacido, corresponde al concepto de "después de la creación" (en acto). Así como el aspecto de "después de la creación" deriva su fuerza de vida de "antes de la creación", de la misma manera el polluelo/Tzadik deriva su poder del cascarón/ plegaria que precedió al mundo (*Likutey Halajot, Beitzim* 1). A esto se debe también el hecho de que el poder del Tzadik para elevar las chispas de santidad sea mayor durante la plegaria.

En esta lección, el Rebe Najmán se ha centrado en el Tzadik y en su obligación de sacrificarse totalmente en aras de elevar las chispas de santidad. Sin embargo, esto no descarta el papel del judío común. Mediante la concentración en nuestras plegarias y en la realización de las mitzvot, cada uno de nosotros participa en el proceso de aumentar la santidad en el mundo. Cada uno, en la medida de su propio nivel, debe esforzarse y sacrificarse para elevarse y elevar a las chispas desde el ámbito de lo impuro.

sacrificar su alma.[8]

que identifica y separa el bien del mal. Elegir el bien y rechazar el mal es equivalente a elevar las chispas sagradas y a descartar las *klipot* malignas. El Ari enseña que la plegaria es un momento particularmente propicio para elevar las chispas de santidad. Es por ello precisamente por lo que la gente encuentra difícil concentrarse durante la oración; las chispas, en busca de su rectificación, llenan la mente en la forma de pensamientos ajenos y externos (cf. *Likutey Moharán* I, 30:7). Es así que el Tzadik, al orar, se dedica con gran energía a concentrarse en las palabras. Busca elevar la mayor cantidad posible de chispas. Aun así, hay veces en que el Tzadik se encuentra asediado por muchos pensamientos externos, que de hecho son chispas que buscan su rectificación. Debe por lo tanto hacer un mayor esfuerzo durante las plegarias y un autosacrificio más grande. Éste es el significado de la conexión hecha por el Rebe entre el Tzadik e *ifraj* (fructificar; n. 2): Cuando el Tzadik rectifica y eleva las chispas, "fructifica".

8. su alma. En el contexto de nuestra lección, el intercambio entre los Sabios de Atenas y el rabí Ioshúa se lee como sigue:

Sabios: **Cuando un polluelo se muere dentro del cascarón** – El Tzadik que se sacrifica poniendo una gran energía en sus plegarias, ¿dónde es que debe poner el mayor esfuerzo?

Rabí Ioshúa: **Por donde entró** – Que se sacrifique en aquellos lugares de la plegaria en los que siente la invasión de los pensamientos externos. En realidad, esos pensamientos son chispas de

ליקוטי מוהר"ן סימן כ"ז

רְצִיצָא דְמָיֵת בְּבֵיעוּתָהּ, הֵיכָא נָפֵק רוּחָא. אֲמַר לְהוּ, בְּהֵינוּ דְעָל.

א. כִּי לִמְשׁךְ אֶת כָּל הָעוֹלָם לַעֲבוֹדָתוֹ לְעָבְדוֹ שְׁכֶם אֶחָד, וְכֻלָּם יַשְׁלִיכוּ אֱלִילֵי כַסְפָּם וּזְהָבָם וְיִתְפַּלְלוּ אֶל הַשֵּׁם יִתְבָּרַךְ לְבַד - זֶה הַדָּבָר נַעֲשָׂה בְּכָל דּוֹר וָדוֹר לְפִי הַשָּׁלוֹם שֶׁבַּדּוֹר. כִּי עַל-יְדֵי הַשָּׁלוֹם שֶׁיֵּשׁ בֵּין בְּנֵי הָאָדָם, וְהֵם חוֹקְרִים וּמַסְבִּירִים זֶה לָזֶה הָאֱמֶת, עַל-יְדֵי-זֶה מַשְׁלִיךְ כָּל אִישׁ אֶת שֶׁקֶר אֱלִילֵי כַסְפּוֹ, וּמְקָרֵב אֶת עַצְמוֹ לְהָאֱמֶת:

ב. וְאִי אֶפְשָׁר לָבוֹא לִבְחִינַת שָׁלוֹם, אֶלָּא עַל-יְדֵי הֶאָרַת-פָּנִים, הַדְרַת-פָּנִים.

en otra instancia, todas las formas de idolatría se encuentran hoy en día englobadas en el dinero (Lección #23:1). Es por ello que, por el contrario, la persona que tiene una gran fe confía en Dios y da caridad de manera generosa (ver más adelante, §8, n. 63).

4. paz...verdad. El Rebe Najmán hace referencia aquí al delicado arte del diálogo honesto. Cuando dos personas conversan y debaten abiertamente, ninguna postula su posición como *la* verdadera. Si uno de ellos presenta una opinión verdadera, el otro estará dispuesto a oírla, a considerarla y, en última instancia, a aceptarla como la verdad. Se sigue de aquí que, debido a que Dios es el único Dios verdadero, es a través del diálogo honesto que el mundo entero llegará finalmente a reconocerlo y a aceptarlo. Así, en la medida del nivel de paz que haya entre la gente –i.e, en el grado en que la gente se dedique a un diálogo honesto– en esa misma medida la humanidad arrojará los falsos "dioses de plata y de oro" y Lo servirá "de manera unánime".

La plegaria del *Likutey Tefilot* compuesta por el rabí Natán en base a esta lección menciona las cualidades que minan la armonía y la paz entre la gente: el odio, la envidia, los sentimientos de superioridad y el ansia de disputa. Por otro lado, indica que la paz se promueve mediante la confianza; cada uno confiando en que el otro verdaderamente toma en cuenta su bien eterno.

5. rostro radiante. En la terminología de la Kabalá, este "rostro radiante" es conocido como el *Or HaPanim*. La Kabalá explica que esa luz radiante emana del rostro de la persona Divina *Arij Anpin*, que, como pronto veremos, se manifiesta en Iaacov. También vemos que el *Or HaPanim* corresponde a la verdad en el más elevado de los niveles, una verdad pura y absoluta que refleja la grandeza de Dios y Su omnipotencia (cf. Lección #23, n. 2). Como se explicó, cuando la persona reconoce esa verdad, la acepta y sólo sirve a Dios. Más aún, si prevalece la paz, puede entonces compartir la verdad con su compañero. Pero primero debe buscar el *Or HaPanim* –la verdad– por sí misma. Debe tener la voluntad de reconocer la verdad, donde fuere que esté.

LIKUTEY MOHARÁN 27[1]

"Un *Retzitza* (polluelo) que se muere dentro del cascarón, ¿Por dónde sale el espíritu vital?". Él les dijo, "Por donde entró".
(*Bejorot* 8b)

Para llevar al mundo entero a Su servicio, "para servirlo a Él de manera unánime",[2] para que todos se deshagan de sus dioses de plata y de oro[3] y sólo le oren a Dios – esto sucede en cada una de las generaciones en la medida de la paz que reine en esa generación. Como resultado de la paz que hay entre la gente –cuando investigan y se explican la verdad mutuamente– cada uno se deshace de la mentira de su adoración al dinero y se acerca a la verdad.[4]

2. Pero sólo es posible acceder al aspecto de la paz por medio de un rostro radiante[5] <y> de un rostro majestuoso.[6]

1. Likutey Moharán 27. Esta lección es *leshón Rabeinu* (ver Lección #23, n. 1). Aunque está basada en el relato Talmúdico de los Sabios de Atenas, como lo fueron las cuatro lecciones anteriores, no hay una información precisa referente a cuándo fue dada (cf. Lección #25, n. 1). Los temas principales de la lección son: la paz; la verdad; el estudio de la Torá; el refinamiento de la voz (de la canción y del clamor); la pureza del *brit*; y el sufrimiento. También se trata el asentamiento de Iaacov en Shejem después de retornar de la casa de Labán y la Canción del Mar. La conexión entre una voz refinada y el estudio de la Torá (ver más adelante, §4) se comprende como una referencia a Reb Aarón el Rav, quien era extremadamente erudito y tenía una voz muy agradable (*Tovot Zijronot* #7, p. 125).

2. al mundo entero…unánime. Este estado ideal de la devoción humana en el servicio Divino se basa en las palabras del profeta Zefania (3:9): "[Dios] le dará a las naciones un lenguaje común para que puedan todos llamar a Dios y servirlo a Él de manera unánime". Ese "lenguaje común" será el catalizador para la unión de todos los pueblos en la fe verdadera (*Metzudat David*). En la lección, el Rebe Najmán se centra en esa profecía y en el hecho de cómo es posible alcanzar ése elevado nivel de unanimidad y armonía. El *Mei HaNajal* indica que el lenguaje común es la plegaria: alabando y exaltando a Dios.

3. dioses de plata…. Ésta es una paráfrasis del profeta Isaías (2:20): "En ese día, el hombre arrojará sus dioses de plata y sus dioses de oro". Aunque el versículo habla específicamente de la idolatría, aquí el Rebe Najmán considera a la idolatría como un término genérico para designar a los malos deseos. Todos los malos deseos en los cuales se hunde la gente son una forma de idolatría. Una vez atrapada, su "devoción" a ese hábito o vicio no es muy diferente de la manera en la cual los idólatras adoran a sus dioses. Más aún, la frase "*elilei KaSPam* (dioses de plata)" también alude a la adoración del *KeSeF* (כסף, dinero). Como enseña el Rebe Najmán

וְזֶה (בראשית ל״ג): "וַיָּבֹא יַעֲקֹב שָׁלֵם עִיר שְׁכֶם" - אִתְעָרוּתָא שֶׁל בְּחִינַת (צפניה ג): "לְעָבְדוֹ שְׁכֶם אֶחָד", הוּא עַל-יְדֵי שָׁלוֹם. וְשָׁלוֹם הוּא עַל-יְדֵי בְּחִינַת יַעֲקֹב. שֶׁהוּא הֶאָרַת פָּנִים, בְּחִינַת שׁוּפְרֵהּ דְּיַעֲקֹב כְּעֵין שׁוּפְרֵהּ דְּאָדָם (בבא מציעא פ״ד. עיין שם), וְזֶה בְּחִינַת (תהלים כ״ד): "מְבַקְשֵׁי פָנֶיךָ יַעֲקֹב":

ג. **וְהַדְרַת-פָּנִים** זֶה בְּחִינַת דְּרוּשֵׁי הַתּוֹרָה. שֶׁהַתּוֹרָה נִדְרֶשֶׁת בִּשְׁלֹשׁ עֶשְׂרֵה מִדּוֹת, הַנִּמְשָׁכִים מִי״ג תִּקּוּנֵי דְקָנָא (זהר אחרי ס״ב.), מִבְּחִינַת הֲדָרַת פָּנִים, כְּמוֹ שֶׁכָּתוּב (ויקרא י״ט): "וְהָדַרְתָּ פְּנֵי זָקֵן":

tanto nuestro tercer patriarca recibió el nombre de Iaacov (יעקב), de la palabra *ekev* (עקב, talón; Génesis 25:26), que indica la finalización, el final. La tradición por lo tanto siempre habla de Iaacov como siendo la personificación última de la verdad (*Likutey Halajot, Shevuot* 2:27, 30).

8. belleza de Iaacov…Adán. Enseña el Midrash: "La luz que irradiaba del talón de Adán empalidecía incluso al sol" (*Kohelet Rabah* 8:2). La belleza de Adán era única en el hecho de que él era la obra de Dios Mismo. El pasaje Talmúdico que cita el Rebe Najmán en el texto nos dice que la belleza de Iaacov se asemejaba a la de Adán (*loc. cit.*). Iaacov, por lo tanto, corresponde al "rostro radiante", el *Or HaPanim*, que trae la paz.

9. buscan Tu rostro, Iaacov. El versículo hace referencia a aquellos descendientes de Iaacov que buscan a Dios (*Radak; Metzudat David*). En nuestro contexto, esto implica que aquellos que buscan a Dios son quienes poseen el atributo de Iaacov, la verdad. Esa verdad y la paz que trae son los elementos clave mediante los cuales la progenie de Iaacov llevará a todos los habitantes del mundo a servir a Dios *shejem ejad*.

Resumen: El grado en el que prevalezca la paz en una generación determinará directamente la medida en que la gente pueda compartir la verdad dedicándose a un diálogo honesto. Tal diálogo es vital, pues lleva a que el mundo entero se una en el servicio a Dios (§1). Sin embargo, para alcanzar la paz es necesario el rostro radiante y majestuoso (§2).

10. majestuoso…explicaciones de la Torá. Habiendo explicado que el "rostro radiante" es Iaacov/la verdad, el Rebe Najmán explica ahora el "rostro majestuoso".

11. Trece Principios…Rectificaciones de la Barba. Hay trece principios exegéticos básicos mediante los cuales se interpreta la Torá. Ellos se encuentran en la enseñanza conocida como la *Braita* del rabí Ishmael y en la Introducción a *Safra debei Rav* ("Enseñanzas de la Ieshivá de Rav", también conocida como *Torat Cohanim*) sobre el Libro de Levítico. El *Zohar* (III, 62a) enseña que esos Trece Principios están enraizados en las Trece Rectificaciones de la Barba de la persona Divina *Arij Anpin* (*Likutey Moharán* 20:4, notas 39-41).

12. ZaKaN…ZaKeN. Literalmente el versículo se lee: "Muestra reverencia por el *rostro* del anciano (זקן, *zaken*)". La palabra que se traduce como "reverencia", *hadar*, también significa "majestad". Más aún, Rashi (*loc. cit.*) explica que aquí "*zaken*" se refiere específicamente a una

Esto es (Génesis 33:18), "Iaacov llegó *ShaLeM* (completo) a la ciudad de *SheJeM*" – mediante *ShaLoM* (paz) se despierta el concepto de "servirlo a Él *SheJeM ejad* (al unísono)".⁷ Y la paz proviene del aspecto de Iaacov. Él es el rostro radiante, correspondiente a: La belleza de Iaacov se asemejaba a la belleza de Adán (Bava Metzía 84a).⁸ Esto es sinónimo de (Salmos 24:6), "Aquellos que buscan Tu rostro, Iaacov".⁹

3. Y el rostro majestuoso corresponde a las explicaciones de la Torá.¹⁰ Pues la Torá se explica mediante Trece Principios, que provienen de las Trece Rectificaciones del *ZaKaN* (Barba)¹¹ – el aspecto del rostro majestuoso. Como está escrito (Levítico 19:32), "Muestra reverencia ante la presencia del *ZaKeN* (anciano)".¹²

> Debe hacerse notar que hay muchos niveles de verdad (ver *Maim*, en el libro *Cuatro Lecciones del Rabí Najmán de Breslov* y *Cruzando el Puente Angosto*, Capítulo 4). Cada uno tiene su propio nivel y percepción de lo que la verdad realmente es. Como se dijo anteriormente, el *Or HaPanim* es la verdad en su nivel más elevado. La persona que busque ese nivel de verdad no se dejará engañar por las medias verdades o por la mentira. Incluso si se equivoca, gracias al hecho de que se encuentra en una constante búsqueda de niveles de verdad cada vez más elevados, reconocerá su error y lo corregirá. Más aún, debido a que ansiosamente busca la verdad logrará la paz. Si su compañero la amonesta o toma una posición diferente a la suya, no sentirá rencor. Todo lo contrario, debido a que busca sinceramente la verdad, se sentirá agradecida por toda contribución que la ayude a encontrarla.
>
> **6. rostro majestuoso.** En el curso de las próximas dos secciones el Rebe Najmán explicará la naturaleza de esa radiación y majestad, prerrequisitos para la paz, que se manifiestan en el rostro.
>
> **7. Iaacov...ShaLeM...ShaLoM.** Las letras de la palabra *shalem* (שלם), que significa "completitud" y "totalidad", también son la raíz de la palabra *shalom* (שלום, paz). Esto alude al hecho de que la *shleimut* (perfección), que se alcanza cuando el diálogo honesto lleva al reconocimiento universal de Dios, se fundamenta en un avanzado grado de paz. Sin embargo, *shalom* sólo puede ser alcanzado mediante el *Or HaPanim*/Iaacov/la verdad. Éstas son las claves para llevar el mundo al servicio a Dios *shejem ejad* (שכם אחד). El versículo así se traduce en nuestro texto como sigue: **Iaacov** – aquel que busca la verdad/*Or HaPanim*, **llegó shalem** – puede alcanzar *shalom* en **la ciudad de Shejem** – y así llevar al mundo entero a servir a Dios de manera unánime.
>
> El rabí Natán hace notar que para que algo sea verdad, tiene que ser verdadero desde el comienzo hasta el final. Esto se encuentra aludido en las letras de la palabra *emet* (אמת) que, al igual que el alfabeto hebreo mismo, comienza con una letra *alef* (א), tiene una *mem* (מ) en el medio y concluye con una *tav* (ת). Esto indica que la verdad es aquello que está completo en todos sus componentes. De hecho, sólo cuando puede verificarse el final es posible decir que el comienzo y el medio también fueron *emet*. Así, aunque Abraham reveló la verdad y llevó al mundo al servicio a Dios, eso sólo fue el comienzo. El patriarca del medio, Itzjak, siguió en los caminos de su padre y profundizó el trabajo, pero el *emet* aún carecía de plenitud. Hizo falta su hijo, la tercera generación, para establecer la verdad de la enseñanza de Abraham. Por lo

ד. וּלְפִי הַהִזְדַּכְּכוּת חָכְמָתוֹ בִּשְׁלֹשׁ-עֶשְׂרֵה מִדּוֹת אֵלּוּ הַנַּ"ל, כֵּן הִזְדַּכְּכוּת קוֹל רִנָּתוֹ. בִּבְחִינַת: 'זָקֵן – זֶה קָנָה חָכְמָה' (קדושין ל"ב:), 'הַקָּנֶה מוֹצִיא קוֹל' (ברכות ס"א ועין זהר פנחס רל"ב רל"ד רל"ה:).

וְזֶה (שיר השירים ב): "הַרְאִינִי אֶת מַרְאַיִךְ", זֶה בְּחִינַת הַדְרַת-פָּנִים,

microcosmos de todo el pueblo de Dios. Por lo tanto, al refinar y elevar el nivel de su estudio de la Torá, cada judío puede llevar a los otros judíos al servicio a Dios (*Torat Natán* #2).

14. la canción. El término hebreo que aparece en el texto, *rina* (רנה), tiene varias connotaciones alternativas: "canción" (Crónicas II, 20:22); "súplica" (Salmos 106:44, de acuerdo al *Targúm*); "clamor" (Reyes I, 22:36). Todas se aplican a nuestra lección (ver más adelante, §§5,6).

Agrega el rabí Natán: El poder de la canción es muy grande.... Ejecutar un instrumento musical implica dominar los "vientos" o tonos correctos para que la música producida sea agradable de escuchar. Este proceso de selección al ejecutar el instrumento musical corresponde a filtrar lo bueno de lo malo. De la misma manera, cuando la persona le canta a Dios, separa el bien para que el mal, que ya no tiene bien alguno que lo sustente, quede anulado. Tal es el poder de la canción (*Torat Natán* #7). Se sigue que la canción, así sea en plegaria o en alabanza a Dios, tiene el poder de mitigar los decretos, como el Rebe Najmán explicará más adelante (§5).

15. ha adquirido sabiduría. El Talmud pregunta por qué la palabra "anciano" aparece dos veces en el versículo (Levítico 19:32), "Levántate ante el anciano y muestra reverencia ante la presencia del anciano". Nuestros Sabios responden que el segundo "anciano" hace referencia a un hombre sabio y erudito, aunque sea joven (*Kidushin, loc. cit.*). Apoyan esta idea en un juego de palabras sobre el término "anciano" en hebreo, *ZaKeN*, sugiriendo que significa *Ze KaNa Jojmá* (זקן: זה קנה חכמה) – "éste ha adquirido sabiduría". El rabí Natán agrega que aunque uno no sea un "anciano", en la medida en que esté unido al Tzadik que sí es un "anciano", (de acuerdo a su nivel) será considerado como uno que ha adquirido sabiduría (*Likutey Halajot, Shevuot* 2:24).

16. KaNeH...voz. Al tratar sobre los diferentes órganos y sus funciones, el Talmud enseña que el *kaneh* (קנה, la tráquea o laringe) "emite la voz" (*Berajot* 61a). En nuestro texto, el Rebe Najmán hace notar la similitud entre *KaNaH* y *KaNeH*. Cuando la persona *kanah* (ha adquirido) sabiduría al refinar su conocimiento mediante los Trece Principios, su voz emerge por medio del *kaneh* y reverbera con claridad y pureza espiritual. Sin embargo, si carece de una sabiduría refinada, la voz que emerge del *kaneh* reverbera con un sonido que es espiritualmente opaco. La naturaleza de una "voz refinada" se explica en la sección siguiente. Es digno de hacer notar a este respecto la enseñanza del Talmud (ver *Meguilá* 32a): La persona debe estudiar con una melodía (pues ello ayuda a que recuerde sus estudios; *Tosafot, v.i. Vehashone*). Esto ilustra el hecho de que el estudio de la Torá está íntimamente unido a la canción, a la voz. Utilizar la voz al estudiar ayuda a refinar el estudio.

17. rostro...voz. El Rebe Najmán demuestra ahora cómo la conexión que ha hecho entre la voz y la sabiduría está aludida en este versículo del Cantar de los Cantares. Aunque pueda parecer redundante, la relevancia de esta prueba adicional será mejor comprendida más adelante (§6), a la luz de la enseñanza del Midrash de que este versículo le fue dicho por Dios al pueblo judío antes de cruzar el Mar Rojo (*Shmot Rabah* 21:5). Ver más adelante, nota 36.

4. En la medida en que se refine la sabiduría mediante [el uso de] esos Trece Principios,[13] así será el refinamiento de la voz de la canción.[14] Esto como en: Un anciano es alguien que *KaNaH* (ha adquirido) sabiduría (*Kidushin* 32b).[15] La *KaNeH* (tráquea) emite la voz.[16]

{"**Déjame ver tu rostro, déjame oír tu voz**" (Cantar de los Cantares 2:14).}[17]

Éste es el significado de: "Déjame ver tu rostro" – éste es el concepto

persona erudita, a un sabio. El versículo de Levítico se traduce entonces así: **Muestra hadar por el rostro** – ¿dónde se encuentra la majestad del rostro? en el *zaken* – el *zakan* (זקן, la barba), i.e., las Trece Rectificaciones traídas de la Barba Superior. Debido a que el conocimiento del sabio se basa en los Trece Principios Exegéticos, que a su vez están enraizados en las Trece Rectificaciones de la Barba, se sigue que el "rostro majestuoso" corresponde a las explicaciones de la Torá.

En un nivel más profundo, el Ari hace notar que las Trece Rectificaciones de la Barba también corresponden a los Trece Atributos de Misericordia (ver *Zohar* III, 228a). Los pelos de la Barba Superior se comprenden como canales de luces celestiales (*ibid.* 131a). Esos canales adornan el Rostro Superior e irradian con el *Or HaPanim* (*Etz Jaim* 13:8). En nuestro contexto, esos canales representan los medios por los cuales uno merece el *Or HaPanim*/la verdad. Estudiar Torá utilizando los Trece Principios atrae la luz del *Or HaPanim* a través de las Trece Rectificaciones. Debido a que éstas corresponden a los Trece Atributos de Misericordia, el estudio de la Torá también puede traer compasión y bondad al mundo, tal como explica el Rebe Najmán más adelante (§§5-8).

Resumen: El grado en el que prevalezca la paz en una generación determinará directamente la medida en que la gente pueda compartir la verdad dedicándose a un diálogo honesto. Tal diálogo es vital, pues lleva a que el mundo entero se una en el servicio a Dios (§1). Sin embargo, para alcanzar la paz es necesario el rostro radiante y majestuoso (§2). El rostro majestuoso corresponde a los Trece Principios mediante los cuales se explica la Torá (§3).

13. se refine la sabiduría.... Esto indica una comprensión clara y precisa del tema estudiado en la Torá. Cuanto más grande sea la claridad, mayor será el poder de la voz (ver *Eruvin* 54a que uno debe leer en voz alta lo que estudia).

En la práctica, esto se relaciona con la comprensión de la *halajá* refinando el conocimiento de las diferentes opiniones y posiciones para llegar a una decisión concluyente (ver *Likutey Moharán* II, 2:2). Muy pocos hoy en día, incluso entre los eruditos Talmúdicos, se encuentran en el nivel de emitir una regla autorizada en la ley de la Torá. Para la mayoría de nosotros, las palabras del Rebe Najmán deben ser tomadas por lo tanto como un buen consejo para estudiar mucha *halajá* y así poder practicar de la mejor manera posible (cf. *Sabiduría y Enseñanzas del Rabí Najmán de Breslov* #29). A todo lo largo del *Likutey Halajot*, el rabí Natán explica el concepto de "refinar el conocimiento" como la capacidad de deducir el consejo apropiado a partir de lo que se estudia, para saber cómo acercarse a Dios (ver *Likutey Moharán* I, 61:1; *Likutey Halajot, Shevuot* 2:26).

En otra instancia, el rabí Natán enfatiza el concepto de que "refinar la sabiduría" se aplica a cada judío. Los 248 miembros y las 365 venas y tendones de la persona corresponden al número equivalente de mandamientos positivos y prohibitivos de la Torá. En ese sentido, cada judío es, en sí mismo, un prototipo de la Torá. Además, debido a que se dice que la Torá está compuesta de 600.000 letras, correspondientes al número de almas en Israel, cada judío es un

בְּחִינַת זָקֵן כַּנַּ"ל. "הַשְׁמִיעִינִי אֶת קוֹלֵךְ" - כִּי הַקּוֹל לְפִי הַחָכְמָה שֶׁל דְּרוּשֵׁי הַתּוֹרָה, לְפִי הַשֵּׂכֶל שֶׁל שְׁלֹשׁ-עֶשְׂרֵה מִדּוֹת שֶׁהוּא דּוֹרֵשׁ בָּהֶם אֶת הַתּוֹרָה. וְזֶהוּ (עמוס ה): "דִּרְשׁוּנִי וִחְיוּ", כִּי "הַחָכְמָה תְּחַיֶּה אֶת בְּעָלֶיהָ" (קהלת ז):

ה. וּכְשֶׁנִּזְדַּכֵּךְ קוֹלוֹ, אָז עַל-יְדֵי הַשְׁמָעַת קוֹלוֹ לְבַד בְּלֹא דִבּוּר, הַקָּדוֹשׁ-בָּרוּךְ-הוּא מוֹשִׁיעוֹ בְּעֵת צָרָתוֹ. בִּבְחִינַת (תהלים ק"ו): "וַיַּרְא (ה') בַּצַּר לָהֶם בְּשָׁמְעוֹ אֶת רִנָּתָם" - עַל-יְדֵי שְׁמִיעַת קוֹלוֹ, הַקָּדוֹשׁ-בָּרוּךְ-הוּא רוֹאֶה מִי שֶׁמֵּצֵר לוֹ, אֵיזֶהוּ עַכּוּ"ם מֵצֵר לָנוּ.

respectivamente (*Tikuney Zohar* #61, p. 93b). Cuando esas dos personas Divinas están unidas, su interacción produce un estado de plenitud y de perfección. Lo que sucede es que *Zeir Anpin* le transfiere a *Maljut* la *shefa* (abundancia) que recibe de Arriba, trayendo así al mundo abundancia material y espiritual, paz, bienestar, etc. Éste será el estado de las cosas con la llegada del Mashíaj, cuando el mundo entero servirá a Dios de manera unánime. Sin embargo, incluso hoy en día, es posible tener un atisbo de esa utopía largamente esperada, mediante la unión de la voz y la palabra. Se dice del habla que, al igual que *Maljut* y la Presencia Divina, está actualmente en el exilio (ver *Likutey Moharán* I, 62:4). Es por eso que no existe el arte del diálogo honesto. Y con el habla en el exilio, es imposible que la gente converse entre sí y comparta la verdad. Esto, a su vez, hace imposible reconocer y servir a Dios de manera unánime. La solución se encuentra en refinar la voz. Rectificar la voz, explicando y refinando el estudio de la Torá, produce el nivel de paz requerido para crear un clima adecuado para el diálogo honesto. La voz/*Zeir Anpin* y el habla/*Maljut* se conectan y su unión da como resultado el flujo de abundancia mencionado más arriba. Esto se explica ahora en el texto.

23. voz...sin hablar...lo salva.... La plegaria, por mucho la fortaleza y la salvación del pueblo judío, es esencialmente un habla rectificada; la clase de habla que promueve la paz (ver más arriba, §1; *Likutey Moharán* I, 14:9; ver *Mei HaNajal*). Aun así, no siempre la persona se encuentra en una situación en la que puede orar de la manera apropiada. Puede estar en un lugar en donde se prohíbe la plegaria o quizás sea incapaz de concentrarse en las palabras. Existen numerosos obstáculos para orar de la manera apropiada. Sin embargo, como el Rebe Najmán enseña aquí, es posible refinar la voz al punto en que, incluso cuando la plegaria es imposible, la voz misma de la persona la salva de su aflicción. Puede clamar a Dios. Puede cantarle a Dios. Pues incluso sin palabras –señal de que el habla no está rectificada– Dios puede responder y responderá.

24. ...quién lo está afligiendo. La versión estándar del texto hebreo agrega las palabras, "qué nación nos está afligiendo". La versión manuscrita no contiene esa frase de modo que no ha sido incluida en la traducción. (Sin embargo, aparece cuando este versículo es vuelto a repetir al final mismo de la lección).

Sin embargo, aunque la aflicción producida por las naciones no se menciona de manera directa, es posible ver cómo está incluida dentro de la interpretación más amplia de las aflicciones del rostro majestuoso, el anciano, como se explicó.[18] "Déjame oír tu voz" – pues la voz está en relación a la sabiduría de las exposiciones de Torá, de acuerdo con el intelecto de los Trece Principios mediante los cuales *DoReSh* (se explica) la Torá.[19] Y esto es (Amos 5:4), "*DiRShuni* (Búsquenme) y vivirán",[20] pues "La sabiduría le da vida a quien la posee" (Eclesiastés 7:12).[21]

5. Ahora bien, cuando la voz está refinada[22] entonces, con sólo hacer oír su voz, <incluso> sin hablar, el Santo, bendito sea, lo salva en los momentos de aflicción.[23] Esto como en (Salmos 106:44), "Él vio su aflicción, cuando oyó su *rina*" – al hacer <oír> su voz el Santo, bendito sea, observa para ver quién lo está afligiendo.[24]

18. como se explicó. Ver la nota 12, que el *zaken* engloba a los Trece Principios traídos del *zakan* y se encuentra así en posesión de un rostro majestuoso.

19. voz…intelecto…. El Rebe Najmán ha conectado previamente a la voz (*kaneh*) con los Trece Principios/sabiduría/el anciano. Mediante este versículo, une a la voz con el rostro majestuoso. Por lo tanto, en el contexto de nuestra lección, el versículo se lee: **…ver tu rostro** – de acuerdo a cómo has merecido el rostro majestuoso/Trece Principios, **oír tu voz** – ése será el grado en el cual tu voz será refinada y oída (en clamor o canción).

20. DoReSh…DiRShuni…. El versículo, "*Dirshuni* (דרשוני) y vivirán", habla de aquellos que buscan a Dios. En nuestro contexto, esto hace referencia a quienes buscan la verdad (ver §1, n. 4). En la medida en que la persona refine su capacidad de *doresh* (explicar, דורש) la Torá por medio de los Trece Principios, así mismo alcanzará la vida. En otra instancia, el Rebe Najmán enseña que el *Or HaPanim*, el rostro radiante y majestuoso, *es* vida (Lección #23:1).

21. la sabiduría le da vida…. La sabiduría a la cual hace referencia Kohelet es la sabiduría de la Torá, que da vida eterna (*Targúm, loc. cit.*). Cuando la persona explica la Torá por medio de los Trece Principios, trae vida eterna desde el *Or HaPanim*/la verdad. Como se explicó, alcanzar la verdad le permite a la persona conversar con los demás de manera apacible, de modo que finalmente podrá llevar al mundo entero a servir a Dios de manera unánime.

Resumen: El grado en el que prevalezca la paz en una generación determinará directamente la medida en que la gente pueda compartir la verdad dedicándose a un diálogo honesto. Tal diálogo es vital, pues lleva a que el mundo entero se una en el servicio a Dios (§1). Sin embargo, para alcanzar la paz es necesario el rostro radiante y majestuoso (§2). El rostro majestuoso corresponde a los Trece Principios mediante los cuales se explica la Torá (§3). En la medida en que la persona refine su estudio de Torá por medio de los Trece Principios, así mismo refinará su voz (§4).

22. la voz está refinada. Como se explicó, esto sucede a través del estudio de la Torá por medio de los Trece Principios.

La siguiente introducción ayudará a aclarar esta sección: La Kabalá hace notar la diferencia entre la voz y el habla y explica que ellas corresponden a *Zeir Anpin* y a *Maljut*,

וְזֶהוּ (דברים כ״ז): "בַּאֵר הֵיטֵב" – "בְּשִׁבְעִים לָשׁוֹן". שֶׁפֵּרוּשִׁים וּדְרוּשֵׁי הַתּוֹרָה, שֶׁמְּשַׁמֵּשׁ תּוֹצָאוֹת הַקּוֹל, עַל יָדָם הֵיטִיב לָנוּ בְּכָל הַלְּשׁוֹנוֹת וּבְכָל הָעַכּוּ״ם. בִּבְחִינַת "בְּשָׁמְעוּ אֶת רִנָּתָם", רָאשֵׁי-תֵבוֹת בָּאֵ״ר, וּבָאֵר הוּא לְשׁוֹן פֵּרוּשׁ וּדְרוּשׁ:

ו. **וּלְהַדְרַת-פָּנִים** הַנַּ״ל אִי אֶפְשָׁר לָבוֹא, אֶלָּא עַל-יְדֵי תִּקּוּן הַבְּרִית. בִּבְחִינַת (דברי-הימים-א ט״ז): "הוֹד וְהָדָר לְפָנָיו", כְּשֶׁ"עֹז וְחֶדְוָה בִּמְקוֹמוֹ", שֶׁהוּא בְּרִית, הַנִּקְרָא בְּעַז, וְהוּא חֶדְוָה דְמַטְרוֹנִיתָא.

la medida en que la gente pueda compartir la verdad dedicándose a un diálogo honesto. Tal diálogo es vital, pues lleva a que el mundo entero se una en el servicio a Dios (§1). Sin embargo, para alcanzar la paz es necesario el rostro radiante y majestuoso (§2). El rostro majestuoso corresponde a los Trece Principios mediante los cuales se explica la Torá (§3). En la medida en que la persona refine su estudio de Torá por medio de los Trece Principios, así mismo refinará su voz (§4). Mediante una voz refinada, incluso cuando se es incapaz de orar, es posible despertar la misericordia de Dios y traer *shefa* y salvación (§5).

28. el brit. El Rebe Najmán enseñó más arriba que es necesario el rostro majestuoso para lograr la paz (§2). Esta majestad consiste en el intelecto y la sabiduría alcanzados mediante el estudio de la Torá (§3). Pero aunque la persona estudie Torá, no es seguro que sus estudios se vean libres de imperfecciones, las que pueden llevarla por el camino equivocado. El Rebe agrega por lo tanto aquí que para que esto tenga lugar de la manera apropiada debe haber una rectificación del *brit* – i.e., de la pureza sexual. Generalmente, cuando se usa la palabra *brit* ello hace referencia al cuidado del Pacto de Abraham – i.e., alejarse de la transgresión sexual. En nuestra lección, parece ser que el énfasis está puesto en un grado mayor de pureza sexual – i.e., abstenerse incluso del exceso en las relaciones permitidas. Tal pureza ayuda a aclarar el estudio de la Torá. Ver Lección #23, nota 36, para un tratamiento más completo de la connotación de *brit* en las enseñanzas del Rebe Najmán.

29. majestad...oz...en Su lugar. Es posible lograr el rostro majestuoso cuando "*oz* (el *brit*) está en su lugar" – i.e., cuando está cuidado. El Rebe Najmán explica a continuación cómo es que *oz* indica el *brit*.

30. brit...boAz. El nombre Boaz (בועז) está compuesto por dos palabras, *bo* (בו, "en él") y *oz* (עז, fuerza). Las Escrituras relatan que Boaz superó una prueba muy difícil en el ámbito de la pureza sexual (Ruth 3). Debido a que tuvo la fuerza para sobreponerse a su inclinación, es llamado el "fuerte". Así, *boaz* alude al *brit*.

31. el agrado de la Matronita. Debido a que en *Maljut* predomina el aspecto femenino, el *Zohar* ocasionalmente se refiere a esta *sefirá* como "la Matronita". Cuando el *brit* se rectifica y se cuida, las personas Divinas pueden interactuar y la transferencia de la *shefa* desde *Zeir Anpin*

Éste es el significado de (Deuteronomio 27:8), *"baer* (una buena explicación)". <Rashi aclara:> En las setenta lenguas.²⁵ <En otras palabras, por medio de la explicación de> la Torá, con lo cual se emite la voz, Él nos da el bien en todas las setenta lenguas>.²⁶ Esto es como en, *Beshamo Et Rinatam* ("cuando Él oyó su canción/súplica/clamor"), cuyas iniciales forman la palabra *BaER* y *baer* indica explicación y exposición.²⁷

6. Pero sólo es posible alcanzar el rostro majestuoso rectificando el *brit*.²⁸ Esto es como en (Crónicas I, 16:27), "Esplendor y majestad hay en Su rostro", cuando *"oz* (fuerza) y agrado están en Su lugar".²⁹ <*OZ* es> el *brit*, que es llamado *boAZ*³⁰; y es el agrado de la Matronita.³¹

---

personales, a las cuales hace referencia aquí el Rebe Najmán. A lo largo de sus enseñanzas el Rebe habla de la aflicción producida por las naciones, no sólo como la opresión a los judíos como un pueblo, sino también como las malas características de las naciones que han penetrado en el hogar del judío, en su personalidad, en su mente e incluso en su alma. Éstas, mantiene el Rebe, son las peores formas de aflicción que el judío puede llegar a sufrir. Las devociones del hombre deben por lo tanto estar dirigidas hacia la eliminación de esos "opresores", para poder elevarse por sobre ellos. La mejor manera es mediante la súplica: las plegarias diarias, *Jatzot*, *hitbodedut*, Salmos, etc. Pero, como se mencionó, no siempre es posible orar. Así, el Rebe Najmán enseña que uno puede incluso utilizar simplemente la voz, sin palabras, clamando o cantándole a Dios. Ambas maneras de refinar la voz son formas de *rina*, como resultado de lo cual Dios ayuda a la persona a superar e incluso a anular a sus opresores – así sean las aflicciones que se imponen de manera física, financiera, emocional o espiritual. Todo esto, por medio del estudio de la Torá, refinando y aclarando el conocimiento que se tiene de la Torá (ver más arriba, §4).

25. setenta lenguas. Moshé tradujo toda la Torá a las setenta lenguas. Ello fue con el objetivo de darle al pueblo judío la fuerza de la Torá que lo ayudaría a resistir a las setenta naciones (*Likutey Moharán* I, 36:1). El Rebe Najmán introduce todo esto dentro del contexto de nuestra lección.

26. Él nos da el bien…. Explicar la Torá refina la voz, como se explicó más arriba. Así, aunque estemos oprimidos, incluso al punto de ser incapaces de orar, aun podemos utilizar nuestras voces para el estudio de la Torá. Esto también es una forma de *rina* (como el Rebe prueba a continuación) y como tal, tiene el poder de ayudarnos contra nuestros opresores y permitirnos recibir el bien.

27. baer indica explicación…. La frase se traduce así en nuestro texto como sigue: **una buena** – Dios oye nuestros clamores y nos da el bien, incluso mientras estamos en medio de las setenta naciones, porque **baer** – nuestro estudio de la Torá, por medio de los Trece Principios, ha refinado nuestras voces.

Resumen: El grado en el que prevalezca la paz en una generación determinará directamente

וְזֶה (שמות ט״ו): "עָזִּי", זֶה בְּחִינַת בְּרִית. "וְזִמְרָת", זֶה בְּחִינַת קוֹל.
"וַיְהִי לִי לִישׁוּעָה", בִּבְחִינַת "וַיַּרְא (ה׳) בַּצַּר לָהֶם" וְכוּ׳:

וְזֶה שֶׁאָמְרוּ חֲכָמֵינוּ, זִכְרוֹנָם לִבְרָכָה (סוטה ל:): 'כְּשֶׁעָלוּ יִשְׂרָאֵל מִן הַיָּם, נָתְנוּ עֵינֵיהֶם לוֹמַר שִׁירָה'. כִּי עַל הַיָּם נִתְגַּלָּה בְּחִינַת בְּרִית, כְּמוֹ שֶׁאָמְרוּ חֲכָמֵינוּ, זִכְרוֹנָם לִבְרָכָה: "הַיָּם רָאָה וַיָּנֹס (וינס)" - 'וַיֵּצֵא הַחוּצָה' (מדרש רבה וישב פרשה ז).

'נָתְנוּ עֵינֵיהֶם' - זֶה בְּחִינַת הַדְרַת-פָּנִים, בְּחִינַת 'זָקֵן - זֶה קָנָה

36. **El Mar vio y huyó...huyó y salió.** Inicialmente, cuando los judíos se acercaron al Mar, éste se negó a abrirse. Entonces vio el sarcófago de Iosef y las aguas se apartaron y *huyeron* delante de los judíos. ¿Cuál fue el mérito de Iosef? Muchos años y generaciones antes, cuando Iosef aún era desconocido en Egipto, la esposa de Potifar intentó seducir a su esclavo hebreo. Al negarse a sus avances, Iosef guardó el *brit*. En lugar de sucumbir al pecado "huyó y salió" sin su manto. Debido a que Iosef había exhibido semejante fortaleza, soportando la vergüenza en aras de guardar el *brit*, el Mar se abrió para el pueblo judío (*Bereshit Rabah* 87:8). Así, el Rebe Najmán dice que "en el Mar... se reveló el *brit*".

El *Midrash Plia* (#51 y #52, edición de Varsovia) relata que el Mar huyó después de ver dos cosas: el sarcófago de Iosef y la *Braita* del rabí Ishmael. Esto nos ayuda a comprender mejor lo que sucedió durante la apertura del Mar. Antes de que los egipcios fueran ahogados, su ángel guardián se elevó para defenderlos delante del Tribunal Celestial. Los egipcios estaban acusados de muchas transgresiones, particularmente de idolatría. Careciendo de toda justificación que pudiese darles algún mérito a los egipcios, el ángel guardián de Egipto acusó a los judíos de ser también culpables de idolatría. Arguyó que, de hecho, carecían de mérito alguno, al igual que los egipcios. En ese momento prevalecía el Atributo del Juicio y los judíos estuvieron en gran peligro. El mar se negó a abrirse ante ellos (ver *La Hagadá de Breslov*, Apéndice A, p. 34, 35). Dios, que durante todo ese tiempo estuvo esperando a que los judíos elevasen sus voces en plegaria, dijo, "Déjame ver tu rostro, déjame oír tu voz" (ver §4, n. 17). Entonces se apiadó de ellos y le hizo ver al mar el sarcófago de Iosef y la *Braita* del rabí Ishmael. Éste huyó y los judíos se salvaron. Pregunta al *Parparaot LeJojmá*: Viendo que los judíos eran culpables de idolatría, ¿qué había en esas dos cosas que pudiese mitigar el Juicio al punto en que el camino se abrió delante de ellos para cruzar el Mar y se salvaron? Su respuesta se basa en esta lección: Al cuidar el *brit*, la persona merece el rostro majestuoso. Ese rostro corresponde a los Trece Principios de la *Braita* del rabí Ishmael. Cuando está junto a Iaacov/ el rostro radiante, genera la paz. Con paz, la gente puede conversar entre sí sobre la verdad, desechar la idolatría y servir a Dios de común acuerdo. El *Zohar* (II, 47a) enseña por lo tanto: "Los judíos se salvaron en mérito a Iaacov". Ahora podemos ver cómo el *brit*/Iosef, la *Braita* del rabí Ishmael y nuestro patriarca Iaacov contribuyeron a anular, entre todos, la acusación en contra de los judíos y así los salvaron en el Mar.

37. **rostro majestuoso...anciano....** Como se explica más arriba en la sección 3, incluyendo las notas 12 y 15.

{**"Dios es mi fuerza y mi canción / Él fue mi salvación / éste es mi Señor y yo Lo exaltaré"** (Éxodo 15:2).}

Éste es el significado de, <"Dios es mi fuerza y mi canción / Él fue mi salvación".> "Mi fuerza" alude al *brit*[32]; "mi canción" es el concepto de la voz[33]; "Él fue mi salvación" corresponde a "Él vio su aflicción…".[34]

Esto es lo que enseñaron nuestros Sabios: Cuando los judíos ascendieron del Mar, levantaron sus ojos para ofrecer canciones de alabanza (*Sotá* 30b).[35] Ello debido a que en el Mar se reveló el aspecto del *brit*. Como dijeron nuestros Sabios (*Bereshit Rabah* 87:8): "El Mar vio y huyó" (Salmos 114:3) – <vio> "y huyó y salió fuera" (Génesis 39:12).[36]

"Levantaron sus ojos". Esto corresponde al rostro majestuoso, el concepto de "un anciano es aquel que ha adquirido sabiduría".[37] Como

---

a *Maljut* produce plenitud y perfección, como se explicó (n. 22). Éste es el agrado y el deleite de la Matronita. De manera similar, el Ari explica que cuando se guarda el *brit*, *Maljut* queda protegida de las *klipot*, de todo daño. Esto trae agrado y deleite (*Pri Etz Jaim, Shaar HaZemirot* 1). Así vemos la conexión entre *brit/oz* y un rostro de "esplendor y majestad" – i.e., el rostro majestuoso.

32. fuerza…brit. Como se demostró más arriba, *bo az* indica el poder para mantener la pureza sexual. Este versículo de Éxodo es parte de la Canción del Mar, cantada por Moshé y el pueblo judío después de haber sido testigos de la poderosa salvación de manos de sus enemigos.

33. canción…voz. La canción, *zimra*, también es una forma de *rina* (n. 14, más arriba).

34. salvación…vio su aflicción. Como se explicó (ver §5), la canción/*rina* tiene el poder de liberar del enemigo.

Rashi no relaciona a *zimrat* con *zemer* (canción y cantar) sino con *zamar* (cortar y separar). El pueblo judío alabó a Dios por el poder que Él demostró al cortar y aniquilar a sus enemigos. Esto se une con nuestro texto en el hecho de que al cuidar el *brit*, uno merece el rostro majestuoso. Ello lleva a una voz refinada. Cuando la persona, que tiene una voz refinada, clama a Dios por salvación, Él la libera de sus opresores y le hace encontrar el bien; sus enemigos son cortados y aniquilados. Agrega el *Mei HaNajal*: El versículo que sigue en los Salmos a "Él vio sus aflicciones…" es "Él recordó Su pacto…" (106:45), porque el *brit*/pacto lo que lleva a la canción, la canción de salvación y de liberación.

35. los judíos…levantaron sus ojos para ofrecer canciones…. El Rebe Najmán demuestra a continuación cómo los conceptos tratados hasta ahora están aludidos en este pasaje del Talmud. Debido a que implica una serie de pruebas separadas provenientes de las Escrituras y del Midrash, el Rebe presenta los textos uno por uno. Las notas seguirán la estructura gradual de la lección y sólo unirá las partes al final. El Rebe Najmán comienza con lo que sucedió después de que el pueblo judío fue salvado y sus opresores, los egipcios, fueron ahogados en el Mar Rojo. "Ellos elevaron sus ojos…".

חָכְמָה', כְּמוֹ שֶׁפֵּרֵשׁ רַשִׁ"י (בראשית ג): "וַתִּפָּקַחְנָה עֵינֵי שְׁנֵיהֶם" עַל שֵׁם הַחָכְמָה נֶאֱמַר. 'לוֹמַר שִׁירָה' – זֶה בְּחִינַת קוֹל, שֶׁנִּתְגַּלָּה עַל-יְדֵי הַחָכְמָה.

וְזֶה שֶׁאָמְרוּ (סוטה שם): עוֹלְלִים וְיוֹנְקִים אָמְרוּ: "זֶה אֵלִי וְאַנְוֵהוּ", "זֶה" – בְּחִינַת בְּרִית, בְּחִינַת (שמות ג): "וְזֶה לְךָ הָאוֹת". "וְאַנְוֵהוּ" – זֶה בְּחִינַת הַדְרַת-פָּנִים:

וְזֶהוּ פֵּרוּשׁ (משלי כ"ט): "רֹעֶה זוֹנוֹת יְאַבֶּד הוֹן", 'הוֹן' זֶה בְּחִינַת קוֹל, כְּמוֹ שֶׁאָמְרוּ חֲכָמֵינוּ, זִכְרוֹנָם לִבְרָכָה: 'כַּבֵּד אֶת ה' מֵהוֹנֶךָ – אַל תִּקְרֵי מֵהוֹנֶךָ אֶלָּא מִגְּרוֹנֶךָ'. (כמובא בבאה"ט סימן נ"ג בשם הפסיקתא, וכן ברש"י משלי ג' בהג"ה שם. ולשון הפסיקתא אלא מחננך וכו' אם נתן לך קול ערב וכו'.) וּכְשֶׁפּוֹגֵם בַּבְּרִית, נִפְגָּם קוֹלוֹ.

וְיַעֲקֹב שֶׁשָּׁמַר בְּרִיתוֹ, כְּמוֹ (בראשית מ"ט): "רֵאשִׁית אוֹנִי", זָכָה לַקּוֹל, בִּבְחִינַת (שם כ"ז): "הַקֹּל קוֹל יַעֲקֹב".

de nuestra pureza. Por lo tanto, podemos cantar" (*Shmot Rabah* 23:12). En otras palabras, el pueblo judío exclamó: Debido a que cuidamos el *brit*, refinamos la voz. Tú oíste nuestras voces llamando y clamando a Ti y así nos liberase de nuestros enemigos. Por lo tanto podemos cantar la canción de la salvación.

43. cortesanas.... Luego de centrarse en los beneficios que surgen de cuidar el *brit*, en particular el refinamiento de la voz, el Rebe Najmán trae aquí pruebas para demostrar que, a la inversa, el daño en el *brit* tiene un efecto negativo en la voz.

44. honeja...groneja.... Enseñan nuestros sabios: "Honra a Dios con tu riqueza". Esto se aplica a cualquiera sea la "riqueza" que tenga la persona. Así, si uno es bendecido con una voz agradable, debe utilizarla para honrar a Dios (*Rashi*, Proverbios 3:9). Elaborando sobre el intercambio que hace la *Pesikta* entre *honeja* y *groneja*, riqueza y voz, el Rebe Najmán equipara el efecto que tiene el comportamiento inmoral sobre la voz y la pérdida de la riqueza que resulta de tal comportamiento. Es decir, si la persona daña el *brit*, daña y pierde su voz y se ve entonces incapaz de clamar o de cantarle a Dios. La salvación y la paz se encuentran por lo tanto lejos de ella.

Ésta es la primera mención del dinero que se hace en la lección. El Rebe Najmán retornará al tema de la riqueza en la sección 8.

45. Iaacov...hombría. Rubén, el primogénito de Iaacov, también fue su primera gota de simiente (*Rashi*, Génesis 49:3). Esto indica un asombroso nivel del cuidado del *brit*, pues Iaacov tenía entonces 84 años de edad y nunca había experimentado ni siquiera una emisión nocturna (ver *ibid*. 29:21).

46. ...La voz de Iaacov. Como opuesto a uno que daña el *brit* y pierde su voz, aquel que guarda

explica Rashi: "Entonces se abrieron los ojos de ambos" (Génesis 3:7) – eso fue dicho con respecto a la sabiduría.[38] "Para ofrecer canciones de alabanza" corresponde a la voz, que se revela mediante la sabiduría.[39]

Y esto es lo que enseñaron [los Sabios]: Los niños pequeños y los infantes de pecho dijeron, "*Ze* (éste) es mi Señor y yo Lo exaltaré" (Sotá 30b).[40] "*Ze*" alude al *brit*, como en (Éxodo 3:12), "y *ze* será tu señal".[41] "Y yo Lo exaltaré", esto corresponde al rostro majestuoso.[42]

Ésta es también la explicación de (Proverbios 29:3), "Aquel que se acompañe con las cortesanas malgastará su riqueza".[43] <Ésta es la pérdida de la voz.> Como enseñaron nuestros Sabios: "Honra a Dios con tu riqueza" (ibid. 3:9) – no leas "con *honeja* (tu riqueza)", sino "con *groneja* (tu voz)" (Pesikta Rabati #25). Así, al dañar el *brit*, se daña la voz.[44]

Pero Iaacov, que guardó el *brit* –como <está escrito> (Génesis 49:3), "el primero de mi hombría"[45]– mereció una voz. Como en (ibid.27:22), "La voz es la voz de Iaacov".[46]

38. ojos…sabiduría. Las Escrituras dicen que cuando Adán y Eva comieron del Árbol del Conocimiento sus ojos se abrieron – i.e., adquirieron sabiduría. Ello indica que los ojos se relacionan con la sabiduría.

39. canciones de alabanza…voz…. Por lo tanto, en el contexto de nuestra lección, el pasaje Talmúdico se lee de la siguiente manera: **Cuando los judíos ascendieron del Mar** – por el mérito de haber guardado el *brit*, **levantaron sus ojos** – alcanzaron la sabiduría, los Trece Principios, **para ofrecer canciones de alabanza** – refinado así y rectificando sus voces. El Rebe Najmán se vuelve ahora a la segunda parte del pasaje Talmúdico.

40. Ze…Lo exaltaré. Ésta es la conclusión del versículo citado anteriormente proveniente de la Canción del Mar: "Dios es mi fuerza…". El Talmud enseña que la primera parte del versículo fue recitada por los adultos y que "*ze* es mi Señor…" fue cantada por los infantes y los niños pequeños.

41. Ze…brit…señal. Este versículo de Éxodo revela una conexión entre las palabras *ze* y "señal". Más aún, el *brit* es llamado una señal, como en (Génesis 17:11), "Circuncidarás… la señal del *brit*". Así: *ze* hace referencia a una señal y la señal es el *brit*; por lo tanto, *ze* alude al *brit*.

42. Y Yo Lo exaltaré…. En hebreo, *veanvehu*, hace referencia a la belleza y a la gloria – i.e., al rostro majestuoso.

Así en el contexto de nuestra lección, el versículo se traduce como sigue: **Mi fuerza** – Cuidando el *brit*, **y mi canción** – y la voz refinada **es Dios… mi salvación** – hace que Dios tome nota de las aflicciones de la persona y la salve. Ello se debe a que los enemigos se aniquilan mediante *ze* – la rectificación del *brit* y mediante **…yo Lo exaltaré** – el rostro majestuoso, que refina la voz.

El *Parparaot LeJojmá* cita la siguiente enseñanza proveniente del Midrash: "Es apropiado que cantemos la Canción del Mar delante de Ti. Nosotros estamos puros; nuestro *brit* testifica

וּמִבְּחִינַת קוֹל זוֹכֶה לְשָׁלוֹם, בִּבְחִינַת (שיר השירים א): "שִׁיר הַשִּׁירִים אֲשֶׁר לִשְׁלֹמֹה" - לַמֶּלֶךְ שֶׁהַשָּׁלוֹם שֶׁלּוֹ.
וּבִשְׁבִיל זֶה, תֵּכֶף אַחַר קוֹל רִנָּה שֶׁל שִׁירַת הַיָּם זָכוּ לְשַׁבַּת שָׁלוֹם. כְּמוֹ שֶׁכָּתוּב (שמות ט"ו): "וַיָּבֹאוּ מָרָתָה", וְשַׁבָּת בְּמָרָה נִצְטַוָּה (כמו שאמרו רבותינו ז"ל סנהדרין נ"ו:).
וְזֶה (שמות שם): "וַתַּעַן לָהֶם מִרְיָם שִׁירוּ לַה'" רָאשֵׁי־תֵבוֹת שָׁלוֹם שֶׁעַל־יְדֵי שִׁירָה זָכוּ לְשָׁלוֹם:

sabiduría refinada. La palabra "doncellas" alude a los conversos al judaísmo, el concepto de todas las naciones juntándose para servir a Dios de común acuerdo. Aparte de esto queda claro que la persona cuya voz es refinada –que ha alcanzado el nivel de una canción exaltada/*rina*– tiene la capacidad de traer la paz y así motivar a los demás al servicio a Dios.

49. rina…Shabat de Paz…Mará. Tres días después de dejar el Mar Rojo el pueblo judío arribó a Mará (Éxodo 15:26). En ese lugar se le instruyó por primera vez sobre guardar el Shabat. El *Zohar* (III, 176b) enseña que el Shabat también es conocido como *Shalom* (paz). Después de la Canción del Mar, que fue un refinamiento de la voz, se les otorgó el Shabat – la paz. En la terminología de la Kabalá, el Shabat es un paralelo de *Maljut*. La paz, por otro lado, es un paralelo de *Iesod*, la *sefirá* a través de la cual *Zeir Anpin* le transfiere la *shefa* a *Maljut* (ver *Zohar, ibid.*). Anteriormente vimos que *Zeir Anpin* corresponde a la voz, mientras que *Maljut* corresponde al habla. Al refinar la voz/*Iesod*/*brit*, uno llega a merecer un habla rectificada/*Maljut*/Shabat, lo que lleva a que todos sirvan a Dios de manera unánime (ver notas 2, 22).

50. Vataan Lahem Miriam…. La palabra *ShaLOM* (שלום) es un acróstico de *Vataan Lahem Miriam Shiru leHashem* (ותען להם מרים שרו). El hecho de Miriam urgiendo a las mujeres a elevar sus voces en una canción a Dios, i.e., *rina*, está conectado así con la paz.

Más aún, a partir de la nota 40 ha quedado en claro que en el Mar Rojo los hombres y los niños le cantaron a Dios. Aquí vemos que bajo la guía de Miriam, también las mujeres entonaron canciones de alabanza. El hecho de que todos los judíos le cantasen a Dios en armonía corresponde al concepto de hacer que todos sirvan a Dios de manera unánime.

Resumen: El grado en el que prevalezca la paz en una generación determinará directamente la medida en que la gente pueda compartir la verdad dedicándose a un diálogo honesto. Tal diálogo es vital, pues lleva a que el mundo entero se una en el servicio a Dios (§1). Sin embargo, para alcanzar la paz es necesario el rostro radiante y majestuoso (§2). El rostro majestuoso corresponde a los Trece Principios mediante los cuales se explica la Torá (§3). En la medida en que la persona refine su estudio de Torá por medio de los Trece Principios, así mismo refinará su voz (§4). Mediante una voz refinada, incluso cuando se es incapaz de orar, es posible despertar la misericordia de Dios y traer *shefa* y salvación (§5). Además, alcanzar el rostro majestuoso y una voz refinada depende del cuidado del *brit* (§6).

Y mediante el concepto de la voz uno merece la paz, como en (Cantar de los Cantares 1:1), "El cantar de los cantares[47] de ShLoMo" – del Rey a quien le pertenece *ShaLoM* (paz) *(Shir HaShirim Rabah 12:11).*[48]

Debido a ello, inmediatamente después de la voz de *rina* asociada con la Canción del Mar, el [pueblo judío] mereció el Shabat de Paz. Como está escrito (Éxodo 15:23), "Entonces llegaron a Mará"; y el Shabat se instituyó en Mará *(Sanedrín 56b).*[49]

Esto es (Éxodo 15:21), *Vataan Lahem Miriam Shiru leHashem* ("Miriam las guió en la canción, 'Canten a Dios'"), cuyas iniciales forman la palabra *ShaLoM.* <En otras palabras,> mediante <la voz> merecieron la paz.[50]

---

el *brit* merece una voz que puede invocar la misericordia de Dios. Esto, tal como prueba el Rebe, estaba personificado en Iaacov.

Inicialmente, el Rebe Najmán desarrolló la conexión entre Iaacov y el rostro radiante (§2). Luego conectó el rostro con la voz (§4). Seguidamente, unió el *brit* con el rostro majestuoso y con la voz. Finalmente, aquí retorna a desarrollar la conexión entre Iaacov y el *brit*, y entre Iaacov y la voz. Éste es un procedimiento común, cuyos ejemplos pueden encontrarse en todas las lecciones del Rebe. El Rebe une un concepto a otro, el segundo con un tercer concepto y demás. Entonces vuelve atrás y trae varios textos de prueba y soportes para demostrar cómo el primer concepto está conectado con el tercero y con el cuarto.

"La voz es la voz de Iaacov, pero las manos son las manos de Esaú". El Midrash afirma que cuando la voz de los hijos de Iaacov se eleva con el estudio de la Torá y la plegaria, las manos de los hijos de Esaú no pueden dañarlos *(Bereshit Rabah 65:46).* En nuestro contexto: Cuando Iaacov refina su voz mediante el estudio de la Torá por medio de los Trece Principios, Dios oye su voz y lo salva de sus enemigos.

47. cantar de los cantares. La repetición sirve para enfatizar que éste es un nivel de canción más elevado que el de la mayoría, una canción superior *(Shir HaShirim Rabah 1:11).*

48. ShLoMo...ShaLoM. Cuando la persona alcanza un elevado nivel de canción, ello indica que ha rectificado su voz. Esto sucede como resultado del estudio de la Torá, de su rostro majestuoso (§§3,4) que, junto con el rostro radiante, genera la paz (§§1,2). Nuevamente podemos ver que la voz refinada –la canción– es también una forma de *rina* (ver notas 14, 33) y trae la paz. Con esto, el Rebe Najmán ha unido el concepto de voz con la afirmación del comienzo sobre la paz.

El Midrash *(loc. cit.)* enseña que cada vez que las palabras *"rey Shlomo"* aparecen en el Cantar de los Cantares, ello hace referencia a Dios – "El Rey a quien le pertenece la paz". En nuestro contexto, esto alude a la anterior afirmación del Rebe Najmán de que todo aquel que alcance la paz podrá servir a Dios e incluso hacer que otros Lo sirvan. Ésta es la unión entre *ShLoMo* (שלמה) y *ShaLoM* (שלום), porque mediante la paz el mundo entero puede reconocer a Dios y servirlo de común acuerdo. Agrega el *Mei HaNajal*: Los siguientes versículos también apuntan a esto. "Béseme con los besos... por ello las doncellas Te aman" (Cantar de los Cantares 1:2,3). Rashi explica el término "besar" como "recibir la Torá en el Sinaí", el concepto de la

ז. וְדַוְקָא בְּמָרָה קִבְּלוּ שַׁבַּת-שָׁלוֹם, כִּי כֵן דֶּרֶךְ הַשָּׁלוֹם לְהִתְלַבֵּשׁ בְּמָרָה, בִּבְחִינַת (ישעיה ל"ח): "הִנֵּה לְשָׁלוֹם מַר לִי מָר" - כְּמוֹ שֶׁכָּל הָרְפוּאוֹת הֵם בְּסַמִּים מָרִים, כֵּן הַשָּׁלוֹם שֶׁהוּא רְפוּאָה לְכָל הַדְּבָרִים, בִּבְחִינַת' (שם נ"ז): "שָׁלוֹם לָרָחוֹק וְלַקָּרוֹב אָמַר ה' וּרְפָאתִיו".

וְלִפְעָמִים הַחֻלְשָׁה גּוֹבֶרֶת כָּל כָּךְ, עַד שֶׁאֵין יְכֹלֶת בְּיַד הַחוֹלֶה לִסְבֹּל מְרִירוּת הָרְפוּאוֹת, וְאָז הָרוֹפְאִים מוֹשְׁכִין יְדֵיהֶם מִן הַחוֹלֶה וּמְיָאֲשִׁים אוֹתוֹ - כָּךְ כְּשֶׁהָעֲווֹנוֹת שֶׁהֵם חֳלִי הַנֶּפֶשׁ גּוֹבְרִים מְאֹד, אָז אֵין יָכוֹל לִסְבֹּל מְרִירוּת הָרְפוּאוֹת, וְאָז: "אֵין שָׁלוֹם אָמַר

totalmente destruido por un ángel de Dios. Esto también había sido parte de la profecía que Ishaiahu le llevó al rey Jizquia tres días antes de Pesaj. Le había informado sobre el milagro que se produciría y que Dios llevaría a cabo para el pueblo al mismo tiempo en que profetizaba la muerte del rey. Sin embargo, Jizquia se negó a perder la esperanza. Se arrepintió y pese a la naturaleza inequívoca del decreto, se le otorgaron quince años de vida adicionales. Después de recuperarse clamó, "He aquí en la paz tuve una gran amargura...". Debido a que la promesa de salvación y de paz para el pueblo le fue revelada a Jizquia junto con la revelación de su muerte prematura, él sólo podía describir la profecía de Ishaiahu como "agridulce". Para él, la amargura más grande era no poder vivir para ver la milagrosa salvación de su pueblo.

53. amargos...Paz...curaré. En la gran mayoría de los casos, los remedios son amargos y difíciles de tragar y aun así curan. Lo mismo puede decirse de la paz, que es la cura más grande de todas. De hecho, el grado de ocultamiento de la paz dentro de la amargura estará en relación directa con el grado de curación y de plenitud que se busque. Cuanto más grande sea el objetivo deseado, mayor será la amargura que se deba sobrellevar. Esto será explicado e ilustrado a la brevedad. Rashi explica que "Paz, tanto para el que está lejos como para el que está cerca" hace referencia a aquellos educados en la Torá y en la rectitud desde su nacimiento al igual que a los que se han arrepentido y retornado a su herencia. Ambos reciben de Dios la promesa de paz; ambos son curados de la enfermedad y limpiados del pecado.

Es digno de notar que este versículo de Isaías comienza con "Yo [Dios] crearé un habla nueva para su lengua...". En nuestro contexto, esto hace referencia a lograr un "lenguaje común" para poder hablarles a los demás y motivarlos al servicio a Dios. Como se explicó anteriormente en la lección, esto se produce después de haber alcanzado la paz.

54. pierden toda esperanza. Las palabras hebreas "*miashim oto*" se traducen aquí como se lo hace generalmente: los médicos abandonan toda esperanza con respecto a su paciente. Sin embargo, "*miashim oto*" puede también leerse: ellos hicieron que el paciente perdiese la esperanza. Hay veces en que el remedio que el médico prescribe es tan amargo que el paciente no puede tomarlo. Debido a que el médico es incapaz de "endulzar" la amargura, el paciente pierde toda esperanza de ser curado. En verdad, de no haber sido por la fuerza interior del rey Jizquia, la insistencia de Ishaiahu de que no había esperanza en la derogación del decreto habría sido fatal.

7. {"He aquí en la paz tuve una gran amargura. Y Tú, en amor hacia mi alma, la libraste del hoyo de destrucción; porque Tú has pasado por alto todos mis pecados" (Isaías 38:17).}

Fue precisamente en *MaRá* que recibieron el Shabat de Paz. Pues ésa es la naturaleza de la Paz, estar investida en *MeRirut* (amargura).[51] Esto corresponde a, "He aquí en la paz tuve una gran amargura".[52] Así como todos los remedios para curar son amargos, lo mismo sucede con la paz, que es una cura para todas las cosas; como en (*ibid.* 57:19), "'Paz, tanto para el que está lejos como para el que está cerca', dice Dios, 'y Yo lo curaré'".[53]

Pero a veces la enfermedad es tan grave que el paciente es incapaz de soportar la amargura de los remedios. Los médicos abandonan entonces al paciente y pierden toda esperanza.[54] Esto es lo mismo que sucede cuando los pecados, que son la enfermedad del alma, se hacen muy fuertes. Entonces le es imposible [a la persona] soportar la amargura de los remedios. Y así, "'no hay paz', dice <Dios>, 'para los

---

51. precisamente en MaRá...MeRirut, amargura. En esta sección el Rebe Najmán introduce el último tema de peso de la lección, el sufrimiento. Habiendo mencionado la paz y *MaRá* (מרה) al final de la sección previa, el Rebe los une aquí con *MeRirut* (מרירות, amargura) demostrando que la paz sólo puede alcanzarse a través de la amargura. Agrega el rabí Natán: Como se explicó, la paz es un símbolo de plenitud y de perfección (ver §2, n. 7). No es de sorprender por lo tanto que para lograr la paz uno deba enfrentar la prueba de la amargura, una prueba que puede hacerse presente de muchas y diferentes maneras. Existen numerosos obstáculos para llegar a la verdad, un elemento vital para la paz. Entonces nuevamente, la paz es algo que sólo se alcanza después de soportar la amargura de las discapacidades físicas, las dificultades en el hogar o con los hijos, los problemas financieros o, lo peor de todo, la amargura asociada con la confusión mental y espiritual. Sin embargo, la persona que busque a Dios, no importa cuán difícil sea su situación, finalmente encontrará la paz y la plenitud. Lo más importante es recordar que Dios nunca le presenta a una persona una prueba que esté más allá de su capacidad; la amargura nunca es más grande que la fuerza interior para sobrellevarla (*Torat Natán* #4).

Esta sección, que se centra en las palabras del rey Jizquia (Isaías 38:17), también es un comentario sobre los eventos que lo llevaron a hacer esa afirmación (Isaías 36-39). En resumen, habiendo previsto que su descendiente estaba destinado a ser un malvado ante Dios, el rey Jizquia intencionalmente evitó contraer matrimonio. Pero ésa no era la voluntad de Dios y el rey fue aquejado por una enfermedad fatal. Dios envió entonces al profeta Ishaiahu para informarle del decreto en contra de su vida, del cual, de acuerdo a la profecía de Ishaiahu, no había esperanza de indulto. Ello sucedió tres días antes de Pesaj, mientras la monarquía del rey Jizquia estaba siendo sitiada por las fuerzas de Sanjeriv, el rey de Asiria (ver *Rashi* sobre Isaías 38:1). El Rebe Najmán trata esta historia dentro del contexto de la lección.

52. gran amargura. Durante el sitio de Sanjeriv, los judíos le oraron a Dios y se les prometió una salvación milagrosa. En la noche de Pesaj, todo el ejército de Sanjeriv fue golpeado y

לָרְשָׁעִים" (ישעיה מ"ח נ"ז).

וְזֶה שֶׁשִּׁבַּח חִזְקִיָּה אֶת הַקָּדוֹשׁ-בָּרוּךְ-הוּא, שֶׁהִשְׁלִיךְ כָּל חַטֹּאתָיו אַחַר כְּתֵפוֹ, כְּדֵי שֶׁלֹּא יִצְטָרֵךְ לְהַלְבִּישׁ אֶת הַשָּׁלוֹם בִּמְרִירוּת הַרְבֵּה. וְזֶה, "הִנֵּה לְשָׁלוֹם מַר לִי מָר" (שם ל"ח), הַיְנוּ זֶה יָדוּעַ, כִּי לְשָׁלוֹם צָרִיךְ מְרִירוּת. "וְאַתָּה חָשַׁקְתָּ נַפְשִׁי מֶרֶדֶת שַׁחַת" (שם כתוב משחת בלי, ופרש רש"י: בלי רדת שחת) - כִּי יָדַעְתָּ שֶׁאֵין בִּי כֹּחַ לִסְבֹּל מְרִירוּת לְפִי חֲטָאַי. "וְהִשְׁלַכְתָּ אַחַר גֵּוְךָ כָּל חֲטָאָי" - כְּדֵי שֶׁיִּתְלַבֵּשׁ הַשָּׁלוֹם בִּמְרִירוּת כְּפִי יְכָלְתִּי.

58. pecados...amargura que yo pueda soportar. Debido a que Jizquia se arrepintió, Dios tuvo piedad de él y la amargura de su castigo se ajustó a lo que él podía sobrellevar. Después de esa amargura, mereció la paz; fue curado (ver n. 62) y con la aniquilación del ejército de Sanjeriv fue testigo del retorno de la paz a su país.

El rabí Natán explica esta sección de la siguiente manera: Cuando el pueblo judío, como un todo, está lejos de Dios, la paz se ve dañada. Los judíos deben entonces sobrellevar la amargura para alcanzar la paz. Esa amargura se manifiesta en la forma del exilio, tal cual sucedió en Egipto cuando el faraón amargó la vida de nuestros ancestros. El descenso a Egipto había sido decretado desde el momento del pecado de Adán en el Gan Edén, que fue un daño en el *brit*, en la paz. La amargura que los judíos tuvieron que sobrellevar tuvo la intención de rectificar ese daño y traer nuevamente la paz al mundo. Como aún no habían recibido la Torá ni entrado a la Tierra Santa ni llegado a *IeruShaLaiM*, la ciudad de *ShaLoM*, el único medio para restaurar aquello que Adán había dañado fue el descenso a la servidumbre del exilio. Sin embargo, Dios fue bueno para el pueblo judío también allí. Él oyó sus clamores en Egipto y los redimió, mucho antes de que se cumpliese el decreto de cuatrocientos años de trabajo forzado. Para ayudar a los judíos a liberarse de la amargura de su existencia Dios pasó por alto sus pecados e invistió la amargura en una corta esclavitud. Sin embargo, la nación de Amalek tenía otros planes. Ellos arguyeron que el pueblo judío era indigno de esa reducción de la amargura y de esa temprana redención. Amalek atacó por lo tanto a la naciente nación precisamente después de la salida de Egipto.

Continúa el rabí Natán: Lo mismo se aplica a cada individuo. La amargura es un remedio necesario para curar las enfermedades del alma al igual que las del cuerpo. Cuando la persona necesita curación, tanto física como espiritual, Dios la provee del remedio amargo apropiado en pequeñas dosis, para ayudarla a arrepentirse. Aun así, la persona se encuentra en ese momento en una situación de Juicio. Aunque Dios ha invertido la amargura en cantidades manejables, esto no la libera de su propia mala inclinación ("Amalek"), que la ataca y hace que se rebele en contra incluso de ese sufrimiento disminuido que debe sobrellevar. De llegar a sucumbir a esos sentimientos y mostrarse reacia a las dosis menores de amargura, ésta probablemente aumentará. Entonces, en verdad, "no hay paz para los malvados". Ello se debe a que el sufrimiento es necesario si la persona debe alcanzar finalmente la paz verdadera (*Torat Natán* #5). Como dijo cierta vez el Rebe Najmán, "¡Si no deseas sufrir un poco, sufrirás mucho!" (*Tradición Oral*).

Resumen: El grado en el que prevalezca la paz en una generación determinará directamente

malvados'" (ibid. 48:22).⁵⁵

Fue por eso que Jizquiá alabó al Santo, bendito sea, Quien pasó por alto todos sus pecados y no tuvo que investir la paz en una gran amargura. Éste es el significado de, "He aquí en la paz tuve una gran amargura". Es decir, es sabido que la paz requiere de la amargura.⁵⁶ "Y Tú, en amor hacia mi alma, la libraste de descender al hoyo de destrucción",⁵⁷ porque Tú sabes que no tengo la fuerza como para soportar la amargura correspondiente a mis pecados. "Porque Tú has pasado por alto todos mis pecados", para que la paz pueda investirse en una amargura que yo pueda soportar.⁵⁸

---

55. ...no hay paz para los malvados. Tanto el Rebe Najmán como el rabí Natán hacen la analogía entre tener hijos y cuidar el *brit* (ver *Likutey Halajot, Ibum* 1:4). Así, dentro del contexto de nuestra lección podemos comprender que al negarse a tener hijos, Jizquia carecía de la rectificación del *brit* necesaria para refinar su voz. Como resultado, parecía no haber posibilidad de clamar o cantar a Dios de la manera en que le hubiese ganado la liberación de su aflicción. El decreto de muerte parecía irreversible. Aun así, Jizquia, descendiente de la dinastía de David, tenía en sus manos una "reliquia familiar" – el poder de la plegaria. Se negó por lo tanto a perder la esperanza pese a la profecía de Ishaiahu. Al igual que el rey David antes que él, Jizquia *nunca* perdió la esperanza (*nunca* aceptó el fatalismo del diagnóstico del "doctor") sino que oró fervientemente en arrepentimiento.

56. la paz requiere de la amargura. Jizquia era un Tzadik y un erudito. A la luz de su avanzado nivel espiritual, el solo acto de negarse a tener hijos fue considerado extremadamente grave; más aún que cuando otras personas de menor nivel no llevan a cabo esa mitzvá. Siendo así, el rey Jizquia suponía que haría falta una cura muy dura y amarga para curarlo y limpiarlo de su pecado.

Agrega el *Biur HaLikutim*: Hay veces en que corresponde la aplicación de un decreto de terrible sufrimiento, pero Dios muestra misericordia y la amargura se atempera en parte. Esto tiene que ver con la intervención de los muy grandes Tzadikim, quienes aceptan sobre sí el sufrimiento en aras de Israel. Enseña el Talmud (*Bava Metzía* 85a): "Durante todos los años en que el rabí Elazar el hijo del rabí Shimón estuvo sufriendo, nadie falleció de manera prematura. Durante todos los días del sufrimiento de Rebi (el rabí Iehudá el Príncipe) la lluvia fue innecesaria [pues la tierra estaba bendecida y retenía la humedad]". El Midrash agrega que durante la enfermedad de Rebí ninguna mujer aborto espontáneamente (*Bereshit Rabah* 96:9). Sin embargo, hay veces en que incluso la aflicción que sufren los Tzadikim en este mundo no es suficiente. Así los Diez Mártires (el rabí Akiba, el rabí Ishmael, Raban Simón ben Gamliel, etc.) tuvieron que sacrificar su vidas para expiar por el pueblo judío; tuvieron que sufrir las formas más horribles de muerte para mitigar los decretos en contra de sus hermanos (*Liturgia de Musaf de Iom Kipur; Eija Rabah* 2:5).

57. ...libraste del hoyo.... Finalmente, Jizquia no sufrió un terrible castigo. Sólo penó por unos días y luego fue curado. Su plegaria de agradecimiento, citada en el texto, expresa esto. (En el texto, la palabras "descender al" están agregadas en base al comentario de Rashi y no son una cita directa del versículo).

וְזֶה (בראשית כ"ד): "וְאַבְרָהָם זָקֵן" - עַל-יְדֵי זָקֵן הַנַּ"ל, עַל-יְדֵי-זֶה: "וַה' בֵּרַךְ אֶת אַבְרָהָם בַּכֹּל" - זֶה שָׁלוֹם, כְּמוֹ שֶׁכָּתוּב: 'עוֹשֶׂה שָׁלוֹם וּבוֹרֵא אֶת הַכֹּל':

ח. וְשָׁלוֹם בְּגוּפוֹ (שבת ל"ג: דרשו על פסוק "ויבא יעקב שלם", שלום בגופו שלום בממונו וכו') - בְּאַרְבַּע מָרוֹת שֶׁלֹּא תִּתְגַּבֵּר אַחַת עַל חֲבֶרְתָּהּ. שָׁלוֹם בְּמָמוֹנוֹ - שֶׁלֹּא יִהְיֶה בָּא זֶה וְאָכַל אֶת זֶה, כְּמוֹ שֶׁאָמְרָה בַּת נַקְדִּימוֹן בֶּן גּוּרְיוֹן (כתבות ס"ו:). שָׁלוֹם בְּתוֹרָתוֹ - בְּלֹא

---

62. cuatro humores.... Esto hace referencia a una salud física completa, "paz en su cuerpo". El *Zohar* (III, 227b) enseña que los cuatro humores o fluidos biliosos (rojo, blanco, verde y negro) corresponden a los cuatro elementos (fuego, aire, agua y tierra). El cuerpo, que está compuesto por los cuatro elementos, es saludable cuando esos elementos y, por lo tanto los cuatro humores, se encuentran en un equilibrio adecuado. Si hay demasiado de uno de los elementos/humores o muy poco de otro, el cuerpo no tiene paz. Ver *Likutey Moharán* I, 4:8; *Likutey Moharán* I, 14:13, notas 55, 110-112. Aunque Iaacov pasó veinte años sin dormir y a campo abierto cuidando los rebaños de Labán, sufriendo del calor del día y del frío de la noche (Génesis 31:40), llegó a Shejem completo, saludable.

El *Mei HaNajal* agrega que la paz es la cura para todas las cosas porque la raíz de todas las enfermedades es la enfermedad del alma, el pecado. Mediante la paz y el diálogo en búsqueda de la verdad –i.e., el servicio a Dios– la persona se salva del pecado. Es posible por lo tanto que nunca deba sentir la amargura de la expiación y de la rectificación. Así, tal como la paz entre los cuatro humores produce el bienestar físico, la paz entre las personas produce el bienestar espiritual, permitiéndoles reconocer y servir a Dios.

63. la hija de Nakdimon ben Gurion. El Talmud (*loc. cit.*) relata que Nakdimon ben Gurion era extremadamente rico. Su hija, cuya dote había sido de millones de monedas de oro aparte de lo que su suegro le había dado, fue encontrada juntando granos de cebada en el campo para comer. Cuando se le preguntó qué había sucedido con la gran riqueza de su padre, ella respondió que él no había sido lo suficientemente caritativo y como resultado había perdido todo (cf. Lección #23:2, n. 45). Y cuando se le preguntó qué había sucedido con las riquezas de su suegro, ella respondió, "Uno vino y devoró al otro". Es decir, la riqueza insuficientemente diezmada de su padre se mezcló con la riqueza de su suegro y ambas desaparecieron. A partir de este pasaje el Rebe Najmán concluye que "completo/paz en su dinero" implica tener fe y servir a Dios. Tal persona da caridad de manera benevolente, confiando en que Dios la proveerá de aquello que necesite. El dinero insuficientemente diezmado no "devorará" su dinero diezmado. Por otra parte, la caridad que dé protegerá su riqueza. Más aún, el *hon* (riqueza; §6) de la persona está unido a su voz. Hemos visto que la voz, cuando es utilizada para orar, para clamar o para cantar a Dios puede traer la paz. De la misma manera, la riqueza, cuando es utilizada para dar caridad, trae paz (cf. *Mei HaNajal*).

{**"Y Abraham era anciano, entrado en días y Dios había bendecido a Abraham en todo"** (Génesis 24:1).}

Y éste es el significado de "Abraham era anciano" – como resultado del <aspecto del> anciano mencionado más arriba.⁵⁹ Debido a ello, "Dios había bendecido a Abraham en todo". <"En todo"> es la paz, como está escrito (*Liturgia Diaria*), "Quien hace la paz y crea todo".⁶⁰

8. <Así, cuando la persona alcanza el aspecto de un rostro radiante y majestuoso, merece una voz refinada, como se explicó más arriba.⁶¹ Y con una voz refinada, merece "paz> en su cuerpo", de modo que ninguno de los cuatro humores se sobrepone a los otros⁶²; "paz en su dinero" de modo que éste no tiene que venir y devorar al otro, como en las palabras de la hija de Nakdimon ben Gurion (*Ketuvot* 66b)⁶³; "paz en su

---

la medida en que la gente pueda compartir la verdad dedicándose a un diálogo honesto. Tal diálogo es vital, pues lleva a que el mundo entero se una en el servicio a Dios (§1). Sin embargo, para alcanzar la paz es necesario el rostro radiante y majestuoso (§2). El rostro majestuoso corresponde a los Trece Principios mediante los cuales se explica la Torá (§3). En la medida en que la persona refine su estudio de Torá por medio de los Trece Principios, así mismo refinará su voz (§4). Mediante una voz refinada, incluso cuando se es incapaz de orar, es posible despertar la misericordia de Dios y traer *shefa* y salvación (§5). Además, alcanzar el rostro majestuoso y una voz refinada depende del cuidado del *brit* (§6). Finalmente, para llegar a la paz/plenitud la persona debe soportar el sufrimiento, lo que la limpia de sus pecados. Para que pueda sobrellevar la amargura Dios le proporciona el castigo en pequeñas dosis. La persona por lo tanto no debe mostrarse reacia ante un pequeño sufrimiento (§7).

59. Abraham era anciano.... Las Escrituras nos dicen que Abraham fue la primera persona en realizar la circuncisión del *brit* (Génesis 17). A partir de nuestra lección aprendimos que, debido a que rectificó el *brit*, su voz se refinó (§4). Esa voz refinada también fue una indicación de que había refinado su intelecto/los Trece Principios (§3). Y con un intelecto refinado, Abraham mereció la verdad y la paz (§2). Por eso fue él quien reveló por primera vez la gloria de Dios en el mundo (ver más arriba, n. 7).

60. hace la paz y crea todo. Enseñan nuestros Sabios (*Uksin* 3:12): "La Paz fue el único recipiente que el Santo, bendito sea, encontró apto para contener las bendiciones de Israel" (*Mei HaNajal*). Al igual que la bendición de Abraham, la *shefa* con la cual será bendecido Israel está caracterizada como "todo". En la próxima sección, el Rebe Najmán explica la conexión entre la paz y todo – i.e., la plenitud.

61. más arriba. Como se explicó en la sección 4. Aquí el Rebe Najmán retorna para ampliar su explicación del versículo citado en la sección 2 de que Iaacov llegó completo a Shejem (§2). ¿Qué significa "completo"? Afirma el Talmud: "completo en su cuerpo, completo en su dinero, completo en su conocimiento de Torá" (*Shabat* 33b). El Rebe Najmán explica esto a continuación dentro del contexto de nuestra lección. Hay que recordar el hecho de que el Rebe intercambia "completo" (שלם) por "paz" (שלום), como se trató más arriba, nota 7.

קַשְׁיוּת. וְאָז: "וַיָּבֹא יַעֲקֹב שָׁלֵם עִיר שְׁכֶם" כַּנַּ"ל:

וְזֶה פֵּרוּשׁ:

רְצִיצָא - בְּחִינַת קָנֶה רָצוּץ. שֶׁהֵם הָעַכּוּ"ם, שֶׁהֵם רְחוֹקִים מִבְּחִינַת 'זָקֵן' - זֶה קָנָה חָכְמָה', מֵהַדְרַת-פָּנִים, וְהֵם דְּבֵקִים בְּקָנֶה רָצוּץ, כְּמוֹ שֶׁכָּתוּב (תהלים ס"ח): "גְּעַר חַיַּת קָנֶה".

דְּמִית בִּבְעוּתֵהּ - הַיְנוּ לְהָמִית וּלְבַטֵּל בָּעוּתָם וּצְלוֹתָם, מִלְּבַקֵּשׁ עוֹד מֵאֱלֹקִים אֲחֵרִים, אֶלָּא לִקְרֹא כֻּלָּם בְּשֵׁם ה'.

הֵיכָא נָפֵק רוּחָא - הַיְנוּ זֹאת הַבְּחִינָה אִי אֶפְשָׁר, אֶלָּא עַל-יְדֵי תִּקּוּן

---

66. la enseñanza de apertura. El Rebe Najmán retorna ahora al intercambio entre el rabí Ioshúa y los Sabios de Atenas y demuestra cómo puede ser explicado mediante los conceptos tratados en nuestra lección.

67. caña quebrada…naciones. En la época del rey Jizquia el pueblo judío intentó formar una alianza con los egipcios en la esperanza de que el ejército del faraón lo salvase de las poderosas fuerzas de Sanjeriv. El rey asirio se burló de los judíos y comparó a los egipcios, en los cuales se apoyaban los judíos, con un "caña quebrada" que no puede sostener nada. También desafió a Dios y Lo retó a salvar a los judíos de sus dioses [de los dioses de Sanjeriv]. El término "caña quebrada" ha llegado así a describir a la idolatría y a las naciones que se apoyan en los ídolos y los adoran.

68. distantes…. Incluso antes de ofrecerle la Torá al pueblo judío, Dios se la ofreció a todas las naciones. Sin embargo, viendo que aceptar la Torá requeriría dejar sus vicios, la naciones rechazaron la oferta (*Avodá Zará* 2b). Careciendo de Torá, la naciones no tienen "ancianos" – i.e., carecen de un rostro radiante y majestuoso. No se apoyan en Dios ni Lo sirven.

69. Reprende a la bestia salvaje del cañaveral. Este versículo de los Salmos hace referencia a Esaú/Edom –y por extensión a cada una de las naciones– asemejándolo a la bestia salvaje que habita en los cañaverales. Debemos reprender a las naciones que están unidas a la "caña quebrada", a los ídolos que no ayudan a nadie (ver n. 67). Así, el reTziTza (רציצא) al cual se referían los Sabios alude a las naciones, a una *kané RaTzuTz* (קנה רצוץ, "caña quebrada"). La cuestión presentada era: ¿Cómo es posible reprender a esas naciones por su idolatría para que puedan retornar al servicio a Dios?

70. BEiUTe…. Esta palabra en arameo para designar "su cáscara" (בעותיה) se asemeja a la palabra en arameo para "plegaria" (בעותא). Así, el Rebe Najmán interpreta esto de la siguiente manera: ¿Cómo pueden las plegarias que las naciones les elevan a sus ídolos ser detenidas (morir)? ¿Cómo es posible hacer que le oren a Dios?

71. rectificación del brit. Esto ha sido explicado más arriba, en la sección 6. Al cuidar el *brit*, la persona alcanza el rostro majestuoso y la verdadera explicación de la Torá. El estudio de la

Torá", libre de toda clase de interrogantes.⁶⁴ Como resultado, "Iaacov llegó completo a la ciudad de Shejem".⁶⁵

9. Ésta es la explicación [de la enseñanza de apertura]⁶⁶:

{"Un *Retzitza* (polluelo) que se muere dentro del cascarón, ¿Por dónde sale el espíritu vital?". Él les dijo, "Por donde entró".}

Un *Retzitza* – Esto corresponde al "*kané RaTzuTz* (una caña quebrada)" (Isaías 36:6), que son las naciones.⁶⁷ Ellas están distantes del aspecto de "un anciano es aquel que ha *kaná* sabiduría", del rostro majestuoso.⁶⁸ En cambio están unidas al "*kané ratzutz*", como en (Salmos 68:31), "Reprende a la bestia salvaje del *kané* (cañaveral)".⁶⁹

que se muere dentro del BEiUTe – En otras palabras, para aniquilar y eliminar sus *BAUTa* (plegarias) y ruegos a otros dioses. Más bien, todos deben llamar en el nombre de Dios.⁷⁰

Por dónde sale el espíritu vital – Es decir, éste concepto sólo es posible mediante la rectificación del *brit*.⁷¹ Esto corresponde a (Ioshúa 2:11), "no

---

64. de toda clase de interrogantes. Esto indica una clara comprensión y conocimiento de la Torá. Cuando la persona está libre de interrogantes y de dudas, hay "paz en su Torá". Es capaz entonces de exponer la Torá, correspondiente al rostro radiante y majestuoso (§§2,3). Esto lleva a la paz (*Mei HaNajal*). Aunque se vio sujeto a las argucias de Labán, Iaacov pudo mantener claridad en su sabiduría, i.e., los Trece Principios para el estudio de la Torá. En verdad, sabiendo lo que le esperaba en la persona del hermano de su madre y antes de dirigirse a la casa de Labán, Iaacov se recluyó en la ieshivá de Shem y de Ever y estudio Torá durante catorce años. Durante ese tiempo refinó su sabiduría, perfeccionando la "voz de Iaacov". Mereció por lo tanto el *Or HaPanim*, el rostro radiante y majestuoso. Ello, a su vez, hizo que llegase a Shejem completo y en paz.

65. Iaacov llegó completo.... Resumen: El grado en el que prevalezca la paz en una generación determinará directamente la medida en que la gente pueda compartir la verdad dedicándose a un diálogo honesto. Tal diálogo es vital, pues lleva a que el mundo entero se una en el servicio a Dios (§1). Sin embargo, para alcanzar la paz es necesario el rostro radiante y majestuoso (§2). El rostro majestuoso corresponde a los Trece Principios mediante los cuales se explica la Torá (§3). En la medida en que la persona refine su estudio de Torá por medio de los Trece Principios, así mismo refinará su voz (§4). Mediante una voz refinada, incluso cuando se es incapaz de orar, es posible despertar la misericordia de Dios y traer *shefa* y salvación (§5). Además, alcanzar el rostro majestuoso y una voz refinada depende del cuidado del *brit* (§6). Finalmente, para llegar a la paz/plenitud la persona debe soportar el sufrimiento, lo que la limpia de sus pecados. Para que pueda sobrellevar la amargura Dios le proporciona el castigo en pequeñas dosis. La persona por lo tanto no debe mostrarse reacia ante un pequeño sufrimiento (§7). Si sobrelleva la amargura con fe en Dios finalmente merecerá la paz/la plenitud. Estará completa física, financiera y espiritualmente (§8).

בְּרִית, שֶׁהוּא בְּחִינַת (יהושע ב'): "וְלֹא קָמָה עוֹד רוּחַ בְּאִישׁ".
וְאֵיךְ מַפִּיק וּמוֹצִיא נִיצוֹצֵי הַקְּדֻשָּׁה שֶׁנָּפְלוּ עַל-יְדֵי פְּגַם הַבְּרִית?
וְאָמַר לָהֶם:

בְּהַיְנוּ דְּעָאל - בָּזֶה שֶׁנִּכְנַס בּוֹ רוּחַ. הַיְנוּ בָּזֶה שֶׁנִּכְנַס בּוֹ רוּחַ שְׁטוּת, הַיְנוּ הִרְהוּרֵי זְנוּת, וְהוּא מְשַׁבֵּר תַּאֲוָתוֹ - בָּזֶה הוּא מַפִּיק וּמוֹצִיא נִיצוֹצֵי הַקְּדֻשָּׁה שֶׁל פְּגַם הַבְּרִית, כִּי זֶה הוּא בְּחִינַת תְּשׁוּבַת הַמִּשְׁקָל (איכה ה'):

buenas acciones liberan a las chispas caídas permitiéndoles ascender. Alternativamente, las chispas de santidad se liberan cuando la persona que se ve confrontada por la tentación ejerce el autocontrol; el hecho de pasar la prueba quiebra la garra de las *klipot* sobre la santidad. También ello permite que las chispas retornen a su lugar apropiado (ver Lección #26, notas 6, 7). Esto se manifestó en Rajav. Como cortesana, era el epítome de la impureza sexual, del daño al *brit*. Sin embargo, se arrepintió. Después de convertirse, Rajav se casó con Ioshúa y, como relata el Talmud, su progenie incluyó ocho profetas (*Meguilá* 14b). Éste es un ejemplo clásico de cómo una persona puede extraer las chispas de santidad que ha hecho descender hacia las *klipot*.

75. un arrepentimiento adecuado. Traducido literalmente, *teshuvat hamishkal* es "arrepentimiento de la balanza". Esto connota un equilibrio: su expiación y retorno a Dios debe contener un grado de sufrimiento y de dificultad igual al placer que derivó del pecado. En nuestro contexto, el Rebe Najmán afirma que superar una prueba moral en la que uno ha fallado anteriormente es una forma de "arrepentimiento adecuado". Anteriormente, la persona se había visto confrontada por ciertas circunstancias que la llevaron a sucumbir. Y eso hizo que las chispas de santidad descendieran a las *klipot*. Ahora bien, al encontrarse en la misma situación, la prueba vuelve a repetirse. Si esta vez la supera, elevará esas chispas. Éste es el equilibrio y el arrepentimiento adecuado. Sin embargo, como hemos visto (§7), la amargura que la persona tiene que sufrir para rectificar sus pecados puede ser demasiado grande. Por lo tanto Dios le presenta sufrimientos y pruebas mesuradas, en cada caso de acuerdo a la capacidad de soportarlo que tenga la persona (*Parparaot LeJojmá*).

Así, el intercambio entre el rabí Ioshúa y los Sabios de Atenas puede comprenderse como sigue:

Un retzitza – Cuando las naciones **mueren dentro del beiute** – les elevan plegarias a sus ídolos, ¿cómo es posible hacer que Le oren a Dios?

¿Por dónde sale el espíritu vital? – Mediante el cuidado del *brit*. Sin embargo, una vez que el *brit* está dañado, ¿cómo es posible rectificarlo [para alcanzar la voz de *rina*]?

Él les dijo, Por donde entró – La rectificación del *brit* se logra cuando uno supera las tentaciones. Entonces se merece el estudio de la Torá, la plegaria, la voz refinada de *rina* y se llega a la paz. Esto permitirá llevar a todas las naciones del mundo a servir a Dios de manera unánime.

se ha elevado espíritu vital en ningún hombre".[72]

<Aun así, ¿cómo es que uno> extrae y retira las chispas de santidad que han caído debido a un daño en el *brit*?[73] Y él les dijo:

Por donde entró – En aquél en quien ha entrado el espíritu vital. Es decir, en aquel en quien ha entrado el espíritu de locura – los pensamientos lujuriosos. Al quebrar su deseo, extrae y retira las chispas de santidad <que han caído debido a> un daño en el *brit*.[74] Pues éste es el concepto de un arrepentimiento adecuado.[75]

Torá, a su vez, lleva a una voz refinada – a la plegaria (notas 16, 23). Por lo tanto, mediante el *brit* la persona puede alcanzar el estudio apropiado de la Torá y la plegaria. Y eso trae la paz, pues la voz refinada de *rina* es paz (§6, n. 48). En última instancia hará que los demás, incluidas las naciones, sirvan a Dios. Tal como el Rebe Najmán comenzó esta lección: Será capaz "de llevar al mundo entero a Su servicio, para servirlo a Él de manera unánime, para que todos se deshagan de sus dioses de plata y de oro y sólo le oren a Dios" (*Mei HaNajal*). El resultado de todo esto es que incluso una sola persona que cuide el *brit* puede, por sí misma, llevar al mundo entero hacia una gran paz y a un mayor reconocimiento de Dios.

72. no se ha elevado espíritu vital.... Cuando Ioshúa y el pueblo judío se dispusieron a conquistar la Tierra Santa, enviaron dos espías que fueron a la casa de Rajav, una famosa cortesana de Canaán. Los espías esperaban que les revelase los secretos de la tierra, información que ella habría recolectado de los muchos clientes que acudían provenientes de todo el país. Rajav les dijo que "el espíritu vital" se había ido de los habitantes de la tierra, los hombres habían perdido su virilidad debido al temor por los invasores israelitas (ver las notas siguientes). En nuestro contexto, el Rebe Najmán une las palabras de Rajav con la pregunta, "¿Por dónde sale el espíritu vital?" – pues ambos indican un cese del comportamiento inmoral, un cuidado del *brit*.

73. retira las chispas de santidad.... Cuidar el *brit* permite que uno alcance el estudio de la Torá/los Trece Principios, la plegaria, la voz de *rina*, el rostro majestuoso y demás. La cuestión aquí es, ¿qué sucede si la persona falla en cuidar el *brit*? ¿Hay una manera de rectificar el daño? El Ari enseña que al dañar el *brit* se hacen descender chispas de santidad hacia el ámbito de las *klipot* y del Otro Lado. Esto es lo que sucedió cuando Adán se abstuvo de unirse a Eva durante 130 años (ver *Eruvin* 18b). La esclavitud en Egipto estuvo de esa manera predestinada, como una rectificación inicial para ese pecado (ver *La Hagadá de Breslov*, Apéndice A, p. 1 y sig.). Lo que queda de las chispas debe ser restaurado a la santidad de manera gradual, generación tras generación; por cada persona en la medida de su nivel espiritual (*Shaar HaPesukim, Shmot*). ¿Qué debe hacer uno para rectificar el daño?

74. quebrar su deseo...retira las chispas.... Hay veces en que un deseo ilícito abruma a la persona, incluso al punto de vencerla. Si, pese al gran impulso por sucumbir, se fortalece y quiebra sus malos deseos, redime las chispas de santidad de su exilio. Aunque están atrapadas por las fuerzas del mal, las chispas siempre están listas para ser rectificadas. Una tal oportunidad se presenta cuando la persona se dedica al estudio de la Torá, a la plegaria o a las mitzvot; sus

"זְקֵנִים מִשַּׁעַר שָׁבָתוּ, בַּחוּרִים מִנְּגִינָתָם":

(עַד כָּאן לְשׁוֹן רַבֵּנוּ, זִכְרוֹנוֹ לִבְרָכָה):

(שַׁיָּךְ לְעֵיל):

וַיַּרְא (ה') בַּצַּר לָהֶם בְּשָׁמְעוֹ אֶת רִנָּתָם – עַל-יְדֵי שְׁמִיעַת קוֹלוֹ, הַקָּדוֹשׁ-בָּרוּךְ-הוּא רוֹאֶה מִי שֶׁמֵּצֵר לוֹ, אֵיזֶה עַכּוּ"ם מֵצֵר לָנוּ וְכוּ'. וְאָמַר, שֶׁעַל-כֵּן כְּשֶׁיֵּשׁ, חַס וְשָׁלוֹם, אֵיזֶה גְּזֵרָה וְצָרָה לְיִשְׂרָאֵל מֵאֵיזֶה עַכּוּ"ם, אֲזַי טוֹב לְנַגֵּן הַנִּגּוּן שֶׁל אוֹתָהּ הָעַכּוּ"ם שֶׁמֵּצֵר לָהֶם, חַס וְשָׁלוֹם. וְזֶהוּ: "בְּשָׁמְעוֹ אֶת רִנָּתָם" – 'רִנָּתָם' דַּיְקָא, הַיְנוּ רִנָּה וְנִגּוּן שֶׁלָּהֶם, שֶׁל אוֹתָהּ הָעַכּוּ"ם שֶׁמְּצֵרָה לְיִשְׂרָאֵל, חַס וְשָׁלוֹם:

corresponden a los Diez Salmos –El Remedio General– que el Rebe Najmán nos aconseja recitar junto a su tumba (*Torat Natán* #6). Los Diez Salmos son un remedio para el daño del *brit* (ver *Likutey Moharán* I, 205; *Likutey Moharán* II, 92) e incluyen las Diez Clases de Canciones (*Pesajim* 107a; ver *El Tikún del Rabí Najmán*). Recitar salmos junto a la tumba del Tzadik es por lo tanto la manera ideal de promover la paz.

77. se relaciona con lo de más arriba. Esto aparece en la sección 5. La lección hasta este punto proviene del manuscrito original del Rebe Najmán. Esta sección final es un extracto que el rabí Natán incluyó más tarde.

78. Específicamente su rina.... Esto se debe a que cantar y ejecutar su música separa el bien del mal en sus canciones (como se explicó más arriba, n. 14). El mal no tiene existencia propia y sólo sobrevive en virtud del bien que se encuentra en su interior (ver Lección #24:2, n. 5). Retirar el bien deja al enemigo sin subsistencia alguna y de esa manera Dios nos salva de él.

En Jerusalén vivía un jasid de Breslov de nombre Reb Aryeh Leib Shapiro. Falleció al comienzo del mes de enero de 1991, dos semanas después del comienzo de la Guerra del Golfo. Poco antes de ello, cuando el tiránico líder iraquí amenazó a Israel con una guerra biológica y química, ¡le dio a un árabe algo de dinero para que le enseñase una canción iraquí!

"Los ancianos han abandonado el portal, los jóvenes sus instrumentos musicales" (Lamentaciones 5:14).[76]

10. Lo siguiente se relaciona con lo de más arriba[77]:

"Él vio su aflicción, cuando oyó su rina" – al hacer <oír> su voz el Santo, bendito sea, observa para ver quién lo está afligiendo; qué nación nos está afligiendo. [El Rebe Najmán] dijo que, por lo tanto, cuando los judíos sufren algún decreto y opresión por parte de una nación, Dios no lo permita, es bueno entonces ejecutar la música de esa nación que los está afligiendo. Éste es el significado de, "cuando oyó su *rina*". Específicamente "su *rina*" – i.e., los cantos y la música de esa nación que aflige al pueblo judío, Dios no lo permita.[78]

---

76. Los ancianos han abandonado...musicales. El Rebe Najmán concluye con este versículo proveniente de Lamentaciones que alude a los conceptos tratados en la lección. El profeta lamenta que al ser destruido el Santo Templo los "ancianos han abandonado...". La palabra "ancianos" connota conocimiento de la Torá y sabiduría, aquellos que han refinado sus voces y alcanzado el rostro majestuoso. Cuando falla la sabiduría, lo mismo sucede con "los jóvenes con sus instrumentos musicales" – se pierde *rina*. Ya no pueden orar, cantar ni clamar. El Templo fue destruido y los judíos fueron al exilio (*rabí Zvi Aryeh Rosenfeld*).

El rabí Natán escribe que cada generación tiene sus ancianos, los verdaderos Tzadikim que pueden guiar al pueblo judío hacia el arrepentimiento. Sin embargo, actualmente, esos Tzadikim están perdidos para nosotros debido a la preponderancia de la disputa y el conflicto. Si nuestro pueblo hubiese estado unido bajo la bandera de los verdaderos Tzadikim, hace largo tiempo que nos habrían llevado de retorno a Dios. Esto deja en claro que la perfección en el servicio a Dios depende en última instancia de la paz. Para ilustrar esto, el rabí Natán hace una analogía con el cuerpo y el alma. Si bien uno es físico y la otra espiritual, se juntan y se unen para servir a Dios. Cuando no hay paz entre ellos, no pueden tener éxito (*Torat Natán* #1). Éste es uno de los motivos por el cual visitamos las tumbas de los Tzadikim. Cuando oramos junto a sus tumbas, el alma del Tzadik es traída hacia su cuerpo. Los salmos que recitamos son el concepto de la canción, de la súplica y del clamor a Dios en arrepentimiento. También

ליקוטי מוהר"ן סימן כ"ח

(לְשׁוֹן רַבֵּנוּ, זִכְרוֹנוֹ לִבְרָכָה)

בְּנֵי לָן בֵּיתָא בַּאֲוִירָא דְעָלְמָא, אֲמַר שֵׁם, קָם וְתָלָא בֵּין שְׁמַיָּא לְאַרְעָא. אֲמַר לְהוּ, אַפִּיקוּ לִי לִבְנֵי וְטִינָא מֵהָתָם. אֲמָרוּ: וּמִי אִיכָּא דְמָצֵי לְאַסּוּקֵי הָתָם. אֲמַר: וּמִי אִיכָּא דְמָצֵי לְמִבְנֵי בֵּיתָא בֵּין שְׁמַיָּא לְאַרְעָא:

א. **הַמִּתְנַגְּדִים הַמְבַזִּים וְהַמְחָרְפִים יִרְאֵי הַשֵּׁם** - זֶה מֵחֲמַת שֶׁמְּקַבְּלִים תּוֹרָה מִתַּלְמִידֵי חֲכָמִים שֵׁדִין יְהוּדָאִין. כִּי תַּלְמִידֵי-חֲכָמִים שֵׁדִין יְהוּדָאִין הֵם מְקַבְּלִים תּוֹרָתָם מֵהַשֵּׁדִין, שֶׁיֵּשׁ לָהֶם

ley correcta. La regla aceptada finalmente se compara con una "fruta comestible" del Árbol, mientras que la rechazada se asemeja a una "cáscara", aquello que ha sido descartado. El *Zohar* continúa: Tres categorías de huéspedes asisten al banquete del Santo, bendito sea. Para cada una Él sirve una diferente clase de "pan de la Torá". Están aquellos como los *Tanaim*, los Sabios de la Mishná, cuyo conocimiento de Torá es absolutamente puro y está enraizado en el Árbol de la Vida. El "pan de la Torá" que se les sirve está hecho de una harina (*solet*) finamente molida. El segundo grupo consiste de aquellos que son sinceros, pero cuya Torá es una mezcla de bien y de mal. Su conocimiento de Torá, que está enraizado en el Árbol del Conocimiento del Bien y del Mal, se recibe a través de un ángel (*Metat*; ver *Likutey Moharán* I, 11:5). A esos huéspedes Él les sirve el "pan de la Torá" hecho con harina molida gruesa. Finalmente, están aquellos cuyo conocimiento de la Torá no es ni puro ni una mezcla, sino sólo paja y cascarilla. Su Torá, que está enraizada solamente en el mal del Árbol del Conocimiento, se recibe a través de demonios malignos. A esos huéspedes se les sirve "pan de la Torá" hecho de afrecho. Este afrecho es propiedad del Otro Lado, de modo que ese conocimiento inútil les es dado a los demonios que son puestos entonces a trabajar para esa tercera clase de estudiosos o eruditos del Talmud. Está demás decir que esos demonios se encuentran muy lejos de la verdadera Torá, pero aun así, en virtud de la Torá que poseen, son llamados demonios "judíos". El más famoso de éstos fue Ashmedai, el rey de los demonios, quien era especialmente conocido por su inteligencia. Nuestros Sabios relatan que cierta vez usurpó el trono del rey Shlomo, el más sabio de los hombres (*Guitin* 68a; *Ruth Rabah* 5:6). El Talmud (*Eruvin* 43a) menciona otro erudito-demonio que daba discursos cada Shabat, en dos ciudades diferentes al mismo tiempo (ver también *Matok Midbash* sobre el *Zohar* III, 253a). Tales eruditos-demonios, aunque toman el poder del mundo demoníaco, están totalmente subordinados a los verdaderos eruditos de Torá. Por otro lado, aquel que no es un verdadero erudito ni seguidor de un verdadero erudito puede encontrarse sirviendo a uno de esos eruditos-demonios judíos; o peor aún, transformarse en uno de ellos.

Para explicar esto un poco más: Aunque uno estudie Torá, puede caer en la trampa de

LIKUTEY MOHARÁN 28[1]

"Bni Lan Beita (Constrúyenos una casa) en el cielo". Él pronunció un Nombre Santo y quedó suspendido entre el cielo y la tierra. Él les dijo, "Tráiganme ladrillos y *tina* (cemento) de *hatam* (allí)". Ellos dijeron, "¿Acaso puede alguien subir hasta allí?". Él dijo, "¿Acaso hay alguien que pueda construir una casa entre el cielo y la tierra?".

(*Bejorot* 8b)

Hay *mitnagdim* (opositores) que avergüenzan y vilipendian <a los Tzadikim y a aquellos> temerosos de Dios.[2] Esto surge de haber recibido la Torá de eruditos-demonios judíos.[3] Pues los eruditos-

---

1. Likutey Moharán 28. Esta lección es *leshón Rabeinu* (ver Lección #23, n. 1). Aunque basada en el relato Talmúdico de los Sabios de Atenas, al igual que las cinco lecciones precedentes, no hay información precisa con respecto a cuándo fue dada (ver Lección #25, n. 1). Los temas principales de la lección son: los falsos líderes que se oponen a los verdaderos líderes y a los eruditos de Torá; la fe; la bondad; y la hospitalidad, en especial hacia los eruditos de Torá. El Rebe Najmán subraya también la importancia del recitado del Capítulo del *Korbán Tamid* (la ofrenda diaria; ver n. 30) durante la plegaria diaria. El comentario del rabí Natán conecta los conceptos de la lección con la construcción del Santo Templo por parte del rey Shlomo y su matrimonio con la hija del faraón.

2. mitnagdim, opositores.... El estudio de la Torá dirige a la persona por el sendero correcto y la ayuda a mejorar su comportamiento. ¿Por qué, entonces, algunos eruditos –incluso líderes de la comunidad judía– avergüenzan y vilipendian a los Tzadikim y a otros que dedican sus vidas a Dios? ¿Acaso su conocimiento de la Torá no debería salvarlos de tal osadía?

Al estudiar la explicación del Rebe Najmán de este enigma, se vuelve claro que lo que él dice también se relaciona con el hecho de porqué ha habido y continúa habiendo, tantas disputas entre los líderes del pueblo judío. La lección del Rebe puede tomarse como una fórmula para determinar qué guía uno debe aceptar y qué sendero elegir.

3. eruditos-demonios judíos. La traducción literal de la frase que aparece en el texto, *talmidei jajamim sheidin iehudain*, es "eruditos de Torá, demonios judíos". El *Zohar* (III, 253a) afirma que aquellos que sólo estudian la Torá revelada (i.e., el Talmud, la Ley Oral) comen del Árbol del Conocimiento. Existen tres grupos de categorías contrapuestas que se aplican a la investigación Talmúdica: lo permitido (מותר) y lo prohibido (אסור); lo kosher (כשר, apto) y lo no kosher (פסול, no apto); lo puro (טהור) y lo impuro (טמא). Al estudiar el Talmud, es necesario considerar numerosas posibilidades y soluciones antes de llegar a una clara comprensión de la

תּוֹרָה נְפוּלָה מֵאֲלָפִין נְפוּלִים.
וּבַאֲלָפִין אֵלּוּ כְּתִיב בִּשְׁלֹמֹה (מלכים-א' ה'): "וַיְדַבֵּר שְׁלֹשֶׁת אֲלָפִים מָשָׁל, וַיְהִי שִׁירוֹ חֲמִשָּׁה וָאָלֶף". כִּי שְׁלֹמֹה זָכָה לָהֶם בִּקְדֻשָּׁה.
אֲבָל תַּלְמִידֵי-חֲכָמִים שֵׁדִין יְהוּדָאִין מְקַבְּלִין מֵהֶם דֶּרֶךְ הַקְּלִפּוֹת.

componente de la Torá. Entonces, antes de iniciar la creación, Él comenzó (Génesis 1:1): בראשית ברא אלהים את "En el comienzo creó Dios el...". Cada una de estas cuatro palabras contiene la letra *alef* (א). La Kabalá habla de ellas como "las cuatro *alfin*" (ver *Zohar* I, 5a) más aún, en arameo, la combinación de las letras *ALF* como la raíz de la palabra denota acostumbrarse a algo, de modo que *alef* (אלף) significa "enseñar", *aleif* (אליף) significa "aprender" o "estudiar" y *aluf* (אלוף) significa "erudito" o "entrenado". El Midrash relata que Dios estudió la Torá cuatro veces antes de entregársela a Moshé (*Shmot Rabah* 40:1). De manera análoga, el Talmud afirma que la persona debe estudiar cuatro veces cada sección de la Torá (*Eruvin* 54b). Las "cuatro *alfin*" corresponden así a las cuatro veces que es necesario estudiar el material si uno quiere lograr claridad en la ley. El Maharsha explica que esas cuatro veces corresponden a las tres posibles maneras de estudiar "*no* por el estudio mismo" (estudiar para ganar el Mundo que Viene, estudiar para ser llamado "rabí" y estudiar para confrontar a los demás) y una adicional que es "*por* el estudio mismo" (*Eruvin, loc. cit., v.i. Venimtza; Nedarim* 62a, *v.i. Asé*; ver n. 3). Esto se basa en el principio de que "Dios hizo uno frente al otro" (Eclesiastés 7:14); cada nivel de santidad tiene un correspondiente nivel en el ámbito del Otro Lado. Para la Torá/cuatro *alfin*, su contraparte es la Torá caída/*alfin* caídas.

6. tres ALaFim...ALeF. Este versículo del libro de Reyes habla de los "proverbios y canciones", de las enseñanzas de Shlomo HaMelej (el rey Salomón). "Tres" indica las tres secciones del Libro de Proverbios, cada una de las cuales comienza con la palabra "Proverbios". "Cinco" es el total de sus obras: tres secciones de Proverbios, el Eclesiastés y el Cantar de los Cantares (ver *Rashi, loc. cit.*). Las cuatro *alef* mencionadas en el versículo aluden a las cuatro *alef* del estudio de la Torá. Esto encuadra perfectamente con Rashi (*ibid.*), quien explica la palabra *alef* (y *alafim*) no como "mil" sino, en base a su significado en arameo, como "estudio". Él dice que es importante estudiar cada una de las enseñanzas del rey Shlomo.

7. Shlomo...de santidad. La lectura Talmúdica del versículo de Reyes es algo diferente a la presentada en la nota anterior. Dicen nuestros Sabios: "El rey Shlomo compuso tres mil alegorías para cada palabra de la Torá y mil cinco razones para cada edicto rabínico" (*Eruvin* 21b). Tenía abundante santidad y fue capaz de originar ideas de Torá por medio de alegorías, de retórica y de una profunda lógica. La Torá del rey Shlomo provenía del Árbol de la Vida (ver más arriba, n. 3). Por lo tanto, incluso hoy en día, aquellos que estudian sus escritos se sienten inspirados con temor y amor a Dios. Éste es el tema principal de la lección: El estudio de la Torá debe llevar a la persona a niveles cada vez más elevados de perfección en el servicio a Dios. Aquel que alcanza las *alef* en santidad puede estar seguro de que su Torá también ayudará a los demás. Pero aquel que no lo hace así, puede esperar lo contrario. El Rebe Najmán trata a continuación sobre estas consecuencias negativas. Más adelante, en la sección 5, el Rebe lleva esto un paso más allá, explicando qué debe hacerse cuando la persona se encuentra en un dilema debido a que el conocimiento de Torá de su maestro surge de las cuatro *alef*.

demonios judíos reciben su Torá de los demonios, quienes tienen la Torá caída[4] de las *alfin* caídas.[5]

En conexión con esas *Alfin* está escrito sobre Shlomo (Reyes I, 5:12), "Y pronunció tres *ALaFim* (mil) proverbios y sus cantares fueron cinco y *ALeF*".[6] Pues Shlomo las mereció <debido a una abundancia> de santidad (*kedushá*).[7]

Pero los eruditos-demonios judíos las reciben por medio de las fuerzas del mal (*klipot*). Como resultado, todas sus palabras [son en la

---

transformarse en un "erudito de la Torá, demonio judío". Enseña el Talmud: Cuando alguien estudia Torá pero no lo hace por el estudio mismo, la Torá se le transforma en un veneno mortal (*Taanit* 7a). Y en otra instancia: Todo aquel que cumple con la Torá y con las mitzvot pero no lo hace por ellas mismas, habría sido mejor que no hubiera sido creado (*Berajot* 17a). Por otro lado, dicen nuestros Sabios: La persona debe siempre estudiar Torá, aunque no lo haga por el estudio mismo, pues de esa manera llegará a estudiar en aras de la Torá misma (*Sotá* 22b). Tosafot explica ésta aparente contradicción (*ibid., v.i. Leolam; Nazir* 23b, *v.i. Shemitoj*). El estudio que no es en aras de la Torá misma y que tiene como objetivo la recompensa, el honor o similares, está permitido (e incluso alentado). Sin embargo, cuando el estudio, que no es por el estudio mismo, tiene la intención de ser un medio para transgredir la voluntad de Dios o para oponerse y provocar a los demás, es despreciable y está prohibido. El conocimiento adquirido a través de tal estudio es destructivo y ese erudito de Torá es un erudito-demonio judío. Así, al comentar sobre esta lección, tanto en el *Likutey Halajot* (*Birkat HaMazón* 5:4) como en el *Likutey Tefilot*, el rabí Natán aconseja e incluso advierte, sobre lo importante que es para el estudiante y para el erudito de Torá orar fervientemente para que Dios lo salve del estudio espurio.

4. Torá caída. El Rebe Najmán revela la fuente de la cual reciben su Torá esos eruditos-demonios judíos, una Torá que tiene el poder de extraviar a la gente. Surge de la "Torá caída", la Torá que ha descendido de sus elevados niveles hacia el ámbito del Otro Lado.

El rabí Natán explica el concepto de la "Torá caída" como sigue: En su fuente, la Torá es pura Divinidad. Sin embargo, cuando un concepto o idea de Torá desciende a este mundo por medio de un ángel (n. 3), se vuelve susceptible de ser controlado por las *klipot* (fuerzas del mal). Las ideas y conceptos a los cuales esas fuerzas del mal logran unirse son designados "Torá caída". Una vez que se encuentra en el ámbito de las *klipot*, tal conocimiento de Torá puede manifestarse de diferentes maneras. Alguna parte de esta Torá caída está compuesta por conocimientos que han sido totalmente transformados en mentira; su cualidad original de absoluta verdad ha desaparecido totalmente. En otros casos, la verdad de la Torá aún existe pero ha sido distorsionada, a veces de manera drástica y otras veces de manera sutil. Y también hay veces en que la Torá cae como resultado de una muy pequeña modificación que es muy difícil de discernir (*Torat Natán* #3). Incluso la gente simple, escribe el rabí Natán, comete errores en sus decisiones diarias y así distorsiona la verdad en su vida. Esto también es un aspecto de Torá caída (*Torat Natán* #1).

5. de las alfin caídas. La Torá es el plano de la Creación. Como dicen las Escrituras (Job 28:27), "Él la vio y la dio a conocer; la estableció y también la escudriñó". Nuestros Sabios aprenden de este versículo que antes de la creación del mundo Dios repasó cuatro veces cada aspecto y

וּבִשְׁבִיל זֶה כָּל דִּבּוּרָם - דֶּרֶךְ מָשָׁל וּמְלִיצָה וּטְעָמִים נִפְלָאִים, כִּי שָׁרְשָׁהּ מֵאֵלּוּ אַלְפִין הַנַּ"ל.

וְאֵלּוּ הַתַּלְמִידֵי-חֲכָמִים, נֶאֱמַר עֲלֵיהֶם (ישעיה ז'): "הַמְעַט מִכֶּם הַלְאוֹת אֲנָשִׁים כִּי תַלְאוּ גַם אֱלֹקִים". כִּי מִיַּגְּעִים אֲנָשִׁים שֶׁבָּאִים לִשְׁמֹעַ דְּרוּשָׁם וְתוֹרָתָם, וַאֲנָשִׁים חוֹשְׁבִים שֶׁיָּבוֹאוּ לְאֵיזֶהוּ תּוֹעֶלֶת עַל יָדָם, הַיְנוּ שֶׁיָּבוֹאוּ לָדַעַת אֶת ה' אֵיךְ לַעֲבֹד. וְהֵם - הָאֲנָשִׁים - אֵין מַשִּׂיגִים שׁוּם תּוֹעֶלֶת, כִּי תּוֹרָתָם שֶׁל אֵלּוּ הַתַּלְמִידֵי-חֲכָמִים אֵין לָהּ כֹּחַ לְהַדְרִיךְ אֶת הָאָדָם בְּדֶרֶךְ הַטּוֹב, כִּי מִבִּישָׁא לָא הֲוֵי טָבָא. וְלֹא עוֹד, כִּי תַלְאוּ גַם אֱלֹקִים - כְּאִלּוּ לוֹאֶה הַקָּדוֹשׁ-בָּרוּךְ-הוּא מִלַּעֲזֹר לְעוֹבְדִים אוֹתוֹ.

encontramos en el Midrash (*Bereshit Rabah* 22:8) que cuando Caín y Abel se pelearon, Abel inicialmente venció a Caín. Caín rogó por misericordia y su hermano lo dejó ir. Sólo entonces Caín pudo abalanzarse sobre Abel y matarlo. El Midrash concluye: "Evita hacer el bien a una mala persona, para que el mal no caiga sobre ti". Todas estas fuentes indican que allí donde hay mal, uno no puede –no debe– esperar ningún bien. Incluso si la persona intenta hacer el bien y mostrar bondad, lo más probable es que finalmente sufra como resultado de una compasión mal ubicada. Este principio se aplica en casi todas las circunstancias y, como el Rebe Najmán explica aquí, es especialmente verdadero con respecto a los falsos líderes. Nada bueno puede salir de sus enseñanzas.

12. caen en una gran herejía…no honran…. Debido a que esas personas no recibieron de sus maestros ningún temor a Dios, no tienen ningún reparo en avergonzar a los temerosos de Dios. Incapaces de reconocer a Dios o a la Divinidad, no conocen la verdadera Torá ni las maneras de servir a Dios. Peor aún, no reconocen siquiera sus errores. Por el contrario, debido a que se sientan a los pies de sus maestros y siguen fielmente a sus líderes, están convencidas de que se encuentran en el sendero correcto. En verdad, todo aquello que vaya en contra de su visión del mundo estará sujeto a la burla y al ridículo. Éste es el motivo por el cual tantos de los que se han opuesto tradicionalmente a las enseñanzas de la Torá también se burlan de la gente religiosa y de su forma de vida. El rabí Natán explica esto en base a las palabras del *Sifrei* (13:17): "Siempre que haya idolatría, habrá *jarón af* (ira)". Debido a que esas personas han caído en la idolatría (a través de las *alef* caídas), están llenas de ira. Es esa ira la que las hace burlarse de los demás (cf. *Torat Natán* #1).

13. Ellos se consagraron a la vergüenza. Las Escrituras afirman que el pueblo judío "se consagró" a la adoración del ídolo denominado Peor. En el versículo, en lugar del nombre Peor, aparece la palabra *boshet* (vergüenza). Esto connota el hecho de que su herejía los llevó a la vergüenza. ¿Cómo es esto? Como explica Tosafot (*Sotá* 14a, *v.i. Mipnei*): "Ese ídolo era llamado Peor porque *poer* (abría) su boca" para condenar y avergonzar a los judíos. Éste es el vilipendio y el oprobio que surge de la herejía de aquellos que han recibido su Torá de las *alef* caídas.

forma] de alegorías, de retórica y de una profunda lógica. Ello se debe a que <su raíz> se encuentra en esas *alfin*.[8]

Y se dice de esos eruditos de Torá (Isaías 7:13), "¿Es tan poca cosa para ti cansar a los hombres que quieres cansar también a [mi] Dios?".[9] Pues ellos cansan a la gente que se acerca a oír sus exposiciones y enseñanzas.[10] La gente piensa que podrá mejorar gracias a ellos – que llegará a saber cómo servir a Dios. Pero ella, la gente, no logra ninguna mejora. Ello se debe a que las enseñanzas de esos eruditos de Torá carecen del poder de guiar a la persona por el sendero correcto, pues "no hay bien que provenga del mal".[11] Y lo que es más, "quieren cansar también a Dios" – como si <ellos cansaran> al Santo, bendito sea, de ayudar a aquellos que Lo sirven.

8. de alegorías, de retórica…alfin. Nuevamente tenemos un ejemplo del principio de que "Dios hizo uno frente al otro" (ver n. 5). Así como el rey Shlomo tomó de su fuente, las *alef* santas, y originó alegorías, etc., otros toman de su fuente, de las *alef* caídas y originan alegorías, etc. En otra instancia (*Likutey Moharán* II, 32), el Rebe Najmán enseña que Iarobam ben Nevat empleó un penetrante razonamiento filosófico y una profunda lógica para persuadir al pueblo judío de servir a los ídolos que había erigido. Como veremos más adelante en la lección, el suyo era un tipo de lógica y de razonamiento utilizado por aquellos cuya Torá está enraizada en las *alef* caídas.

9. Es tan poca cosa para ti…. Estas palabras fueron dichas por el profeta Ishaiahu a Ajaz, el rey de Iehudá. Ajaz era un idólatra. El Talmud relata que era tan malvado que clausuró por la fuerza todas las ieshivot, cerró con candados las puertas del Monte del Templo e introdujo la idolatría en el Santo Templo (*Sanedrín* 103b; *Talmud Ierushalmi, Sanedrín* 10:2). Cuando las Diez Tribus, apoyadas por Aram (Asiria), entablaron la guerra en contra de Iehudá, Ishaiahu le profetizó a Ajaz que sus enemigos no lo derrotarían y que finalmente las Diez Tribus serían exiliadas. Para darle fuerza a sus palabras, el profeta dijo (Isaías 7:2), "Pide una señal de Dios". Ajaz se negó. No haría nada que de alguna manera le diese honor a Dios. Ishaiahu le dijo finalmente, "¿Es tan poca cosa para ti cansar a los hombres que quieres cansar también a Dios?". Entonces le dio una señal a Ajaz, un milagro para probar que la palabra de Dios se haría realidad.

10. cansar a los hombres…. Cuando Ishaiahu confrontó a Ajaz, acusó al rey de haber "cansado" a la gente en su servicio a Dios. No sólo sus acciones y arrogancia lo alejaron de Dios, sino que hicieron que también otros se alejaran. Así: "tú cansaste [a los seguidores de] mi Dios". Las alegorías, la retórica y la lógica que surgen de las *alef* caídas debilitan y cansan a aquellos que las escuchan. Igualmente, enseña el Midrash (*Kohelet Rabah* 1:24): "El ateísmo debilita a la persona". El Rebe explica a continuación que este "cansar" aleja a la gente de Dios y la hace sentir como si Dios fuese incapaz de ayudarla, el Cielo no lo permita.

11. no hay bien que provenga del mal. Existen varias fuentes para el origen de este dicho. En el tratado *Shabat* (129a) nuestros Sabios lo aplican a bañarse bajo los fuertes rayos del sol. Otro lugar en donde aparece es en *Vaikrá Rabah* (19:6): No te quedes con la cría de un perro malo, aunque esté bien entrenado, pues no hay bien que provenga de tal animal. También

נִמְצָא שֶׁעַל-יְדֵי-זֶה אֵלּוּ בְּנֵי אָדָם נוֹפְלִים בִּכְפִירוֹת גְּדוֹלוֹת, וְחוֹשְׁבִים, חַס וְשָׁלוֹם, "לֹא יִרְאֶה וְלֹא יָבִין אֱלֹקִים בְּמַעֲשֵׂה בְּנֵי אָדָם". עַל-יְדֵי-זֶה "אֶת יְרֵאֵי ה' לֹא יְכַבֵּדוּ", וּמְחָרְפִים וּמְבַיְּשִׁים אוֹתָם. וּבִשְׁבִיל זֶה בּוּשָׁה נִקְרָא עֲבוֹדָה זָרָה, כְּמוֹ שֶׁכָּתוּב (הושע ט'): "וַיִּנָּזְרוּ לַבֹּשֶׁת", כִּי הַבּוּשָׁה וְהַחֵרוּף נַעֲשָׂה מֵהַכְּפִירוֹת:

ב. **וּכְשֶׁיֵּשׁ** לְיִרְאֵי הַשֵּׁם חֲרָפוֹת וּבוּשׁוֹת מֵהַכּוֹפְרִים הָאֵלּוּ, עֵצָה עַל-זֶה: "אָנֹכִי תוֹלַעַת וְלֹא אִישׁ חֶרְפַּת אָדָם" (תהלים כ"ב). לַחֲרָפוֹת וּבִזְיוֹנוֹת, הַסְּגֻלָּה לָזֶה בְּחִינַת תּוֹלָע. שֶׁעַל-יְדֵי בְּחִינָה הַזֹּאת, מְנַצֵּחַ אוֹיְבָיו. כִּי תוֹלָע הוּא בְּחִינַת אֱמוּנָה, כְּמוֹ שֶׁכָּתוּב (איכה ד'): "הָאֱמֻנִים עֲלֵי תוֹלָע".
וְהוּא בְּחִינַת אַבְרָהָם, שֶׁהוּא רֹאשׁ לַמַּאֲמִינִים, כְּמוֹ שֶׁכָּתוּב (בראשית ט"ו): "וְהֶאֱמִן בַּה'".

sólo ayuda a la persona a defenderse y a protegerse del oprobio y de la humillación, sino que también le permite vencer a sus enemigos – i.e., aquellos que la avergüenzan y la humillan. Como se explicará en la lección, los ingredientes principales de este remedio son la fe y la bondad, características que rectifican las cuatro *alef*, de las cuales se originan la humillación y el oprobio.

18. tola...EMUNá...EMUNim en tola. Luego de la destrucción de Jerusalén y del Santo Templo, Irmiahu lamentó la terrible situación de los niños judíos. Luego de haber estado *emunim* (אמונים, vestidos) en *tola* (תולע, escarlata) y en toda clase de ropas lujosas, ahora tenían que andar buscando algo para comer entre el estiércol, cubiertos de harapos. El Rebe Najmán conecta la palabra *emunim* con *emuná* (אמונה, fe) e intercambia los dos significados de *tola* – es decir, "escarlata" y "gusano" (la tintura escarlata era producida probablemente por el insecto *Coccus ilicis*). De esta manera *emuná* (fe) está conectada con el *tola* (gusano). El Midrash cita también las palabras de Irmiahu y enseña que *emunim* significa "ocultar" o "tapar" (*Bereshit Rabah* 1:1). Aplicando esto a nuestro contexto, podemos concluir que la fe le permite a la persona obtener una comprensión de la Torá oculta – i.e., los misterios y las alegorías (*emunim*) que se encuentran dentro de las cuatro *alef* del conocimiento de la Torá. Tales ideas le permitirán rectificar las *alef* en caso de que hubiesen caído.

19. Abraham. La fe corresponde a Abraham. El Rebe Najmán explica:

20. fe en Dios. Abraham fue el primero en revelar la fe en el Dios Único. Como tal, fue llamado "el primer prosélito" (*Suká* 49b). Más tarde, cuando Dios le prometió a Abraham que tendría descendencia, las Escrituras testifican que "él tuvo fe". Abraham es así sinónimo de fe.

Sucede entonces que debido a ello, esas personas caen en una gran herejía. Ellas piensan, el Cielo no lo permita, que Dios "no ve ni comprende" los actos del hombre (Salmos 94:7). Como resultado no honran a aquellos que temen a Dios, sino que los vilipendian y los avergüenzan.[12] Es por esto que la "vergüenza" es llamada idolatría, como en (Hoshea 9:10), "Ellos se consagraron a la vergüenza".[13] Pues la vergüenza y el oprobio surgen de la herejía.[14]

2. Ahora bien, cuando aquellos que temen a Dios son vilipendiados y avergonzados por esos heréticos, la solución para ello es (Salmos 22:7): "Pero yo soy un gusano y no un hombre; oprobio de los hombres <y despreciado del pueblo>".[15] Es decir,> el concepto de "gusano" es un remedio para el oprobio y la vergüenza.[16] En virtud de ese concepto uno vence a sus enemigos.[17] Ello se debe a que *tola* (gusano) corresponde a *EMUNá* (fe), como en (Lamentaciones 4:5), "aquellos que estaban *EMUNim* (vestidos) en *tola* (escarlata)".[18]

Éste es el aspecto de Abraham.[19] <Él fue> el primero de los fieles, como está escrito (Génesis 15:6), "Él tuvo fe en Dios".[20]

---

14. surgen de la herejía. Resumen: El conocimiento de la Torá puede tener su fuente en las *alef* santas, en cuyo caso lleva a la persona por el sendero correcto y la ayuda a mejorar su comportamiento; o puede provenir de las *alef* caídas, en cuyo caso es destructivo y lleva a la herejía. Aquellos cuyo conocimiento corresponde a esta última categoría de Torá caída, son quienes avergüenzan y vilipendian a las personas rectas y temerosas de Dios.

15. un gusano y no un hombre.... Éstas son las palabras del rey David, quien se describe aquí como un gusano, una criatura inferior que no tiene ningún poder ni fuerza excepto en la boca. También puede comprenderse como aludiendo al atributo del silencio – i.e., mantenerse en silencio frente al oprobio y a la humillación. Ésta es una de las enseñanzas cardinales del Rebe Najmán (ver *Likutey Moharán* I, 6). Mantenerse en silencio frente a la humillación requiere de una tremenda fe. Significa aceptar el insulto y la vergüenza como proviniendo de la voluntad de Dios. El rey David había alcanzado ese nivel de fe. Cuando Shimi el hijo de Guera lo maldijo mientras salía de Jerusalén, huyendo de la rebelión de Avshalom (ver Samuel II, 16:5-12), David dijo, "Déjalo que maldiga. Dios le ha dicho, 'Maldice a David'". El Rebe Najmán demuestra a continuación cómo "gusano" se aplica en nuestro contexto.

16. un remedio.... El versículo así se traduce en nuestro texto como sigue: **Yo soy un gusano...** – Necesito ser como un gusano, pues éste es mi remedio cuando el **oprobio de los hombres...** – cuando los heréticos me avergüenza y me humillan.

17. vence a sus enemigos. El remedio que el Rebe Najmán llama un "gusano" (*tola*, תולע) no

וּבִבְחִינַת אַבְרָהָם, שֶׁהוּא בְּחִינַת אֱמוּנָה, מְשַׁבֵּר וּמְבַטֵּל עֲבוֹדָה-זָרָה וְהַכְּפִירוֹת וְהַבִּזְיוֹנוֹת, וּמִתְגַּבֵּר עַל הַכּוֹפְרִים, בִּבְחִינַת (תהלים כ׳): "בִּגְבוּרוֹת יֵשַׁע יְמִינוֹ". כִּי אַבְרָהָם, שֶׁהוּא בְּחִינַת חֶסֶד, בְּחִינַת אֱמוּנָה, בְּחִינַת (שם פ״ט): "וְחַסְדִּי לֹא אָפִיר וְלֹא אֲשַׁקֵּר בֶּאֱמוּנָתִי", בַּיָּמִין הַזֹּאת הוּא מִתְגַּבֵּר עַל אוֹיְבָיו, כִּי נַעֲשָׂה בִּבְחִינַת (נחום ב׳): "אַנְשֵׁי חַיִל מְתֻלָּעִים". וּבָזֶה הַחֶסֶד הוּא מְתַקֵּן אֵלּוּ הָאַלְפִין הַנְּפוּלִים הַנַּ״ל, בִּבְחִינַת (שמות כ׳): "וְעוֹשֶׂה חֶסֶד לַאֲלָפִים":

ג. וְלָבוֹא לְחֶסֶד, אִי אֶפְשָׁר לָבוֹא אֶלָּא עַל-יְדֵי שֶׁיַּכְנִיס תַּלְמִידֵי-חֲכָמִים צַדִּיקִים לְתוֹךְ בֵּיתוֹ. כִּי 'הַמַּכְנִיס אוֹרְחִים תַּלְמִידֵי-חֲכָמִים אֲמִתִּיִּים לְתוֹךְ בֵּיתוֹ, כְּאִלּוּ הִקְרִיב תְּמִידִין', כְּמַאֲמַר חֲכָמֵינוּ, זִכְרוֹנָם לִבְרָכָה (ברכות י:): "אִישׁ קָדוֹשׁ עוֹבֵר עָלֵינוּ תָּמִיד" וְכוּ'.

mientras que la fe es la fortaleza que quiebra a los enemigos/herejía, la bondad rectifica las *alef* caídas y elimina así a la herejía en su fuente.

Resumen: El conocimiento de la Torá puede tener su fuente en las *alef* santas, en cuyo caso lleva a la persona por el sendero correcto y la ayuda a mejorar su comportamiento; o puede provenir de las *alef* caídas, en cuyo caso es destructivo y lleva a la herejía. Aquellos cuyo conocimiento corresponde a esta última categoría de Torá caída, son quienes avergüenzan y vilipendian a las personas rectas y temerosas de Dios (§1). El remedio para esto es la fe, que quiebra las herejías y el oprobio, y *jesed*, que rectifica las *alef* caídas (§2).

27. huéspedes rectos.... Abraham, el ejemplo de *jesed*, era reconocido por abrirles su hogar a los viajeros. La cualidad de *jesed* está así asociada generalmente con la hospitalidad (*Parparaot LeJojmá*). El Rebe Najmán explica a continuación cómo esta lección está conectada con el *korbán tamid* (la ofrenda diaria).

El Talmud, el Midrash y las enseñanzas de la Kabalá hablan de la gran importancia de la mitzvá de la hospitalidad. Por ejemplo, enseñan nuestros Sabios: "Uno debe siempre recibir a sus huéspedes como si estuviese recibiendo a la *Shejiná* (Presencia Divina). Así como uno reciba a sus huéspedes en este mundo, así será recibida su alma en el Mundo que Viene" (*Tikuney Zohar* #6, p. 23b). El *Mikdash Melej* (*loc. cit.*) agrega que, por lo tanto, es necesario llevar a cabo esta mitzvá con una gran alegría. Ver *Cruzando el Puente Angosto*, Capítulo 13, sobre la hospitalidad en la tradición y costumbres de Breslov.

28. TaMiDin...TaMID, regularmente. En sus viajes a través de la Tierra Santa, el profeta Elisha solía pasar por la región de Shunam. Allí se albergaba en el hogar de una mujer conocida por su hospitalidad. Queriéndole ofrecer una mejor acogida a ese hombre de Dios, la mujer shunamita le dijo a su marido, "Mira, yo sé que el hombre de Dios es santo. Él pasa por aquí *tamid* (תמיד). Hagámosle una habitación..." (Reyes II, 4:9,10); y allí colocó una cama, una mesa, una silla y

Con el aspecto de Abraham,²¹ que es el aspecto de la fe, se quiebra y se eliminan la idolatría, la herejía y el oprobio.²² Y se vence a los heréticos, correspondiente a (Salmos 20:7), "con fortaleza, la salvación de Su diestra".²³ Pues Abraham es la personificación de la bondad, el concepto de la fe, como en (ibid, 89:34), "No quitaré de él Mi bondad ni faltaré a Mi fidelidad".²⁴ Con esa mano derecha vence a sus enemigos, pues toma el aspecto de (Najum 12:4), "Los guerreros están *meTuLAim* (vestidos de escarlata)".²⁵

Y con esa bondad rectifica las *alfin* caídas mencionadas más arriba. Como en (Éxodo 20:6), "Y hace bondad para con los *alafim* (miles)."²⁶

3. Pero sólo es posible llegar a esta bondad recibiendo en nuestros hogares a <huéspedes> rectos.²⁷ Ello se debe a que aquél que hospeda visitantes <rectos> en su hogar es como si estuviese ofreciendo *TaMIDin* (ofrendas diarias); y como en la enseñanza de los Sabios (Berajot 10b): "Un hombre santo pasa por aquí *TaMID* (regularmente)" (Reyes II, 4:9).²⁸

---

21. Con el aspecto de Abraham. En las escrituras sagradas, Abraham es visto como la personificación de *jesed* (bondad), como explica el Rebe Najmán a continuación. Abraham corresponde así tanto a la fe como a la bondad.

22. se quiebra y se elimina…. El hombre de *jesed* utiliza su fe para contrarrestar la idolatría y la herejía. Una vez que la herejía, la fuente del oprobio, es quebrada, la vergüenza deja de existir (cf. n. 3).

23. Su diestra. La fuerza (*guevurá*) para quebrar la herejía surge de la "mano derecha". Esta mano derecha es *jesed* (ver Apéndice: Las Sefirot y el Hombre), que es Abraham. Así, mientras que *jesed* corresponde a la "derecha", la fe que quiebra la herejía corresponde a *guevurá*.

24. bondad…fidelidad. Anteriormente, el Rebe Najmán demostró que Abraham corresponde tanto a la fe como a la bondad. Con este versículo une las dos cualidades directamente entre sí. El Salmista habla de la promesa que Dios le hizo al rey David de que el trono nunca le sería retirado ni a él ni a sus descendientes. Ni siquiera el largo exilio, que es parte del destino del pueblo judío, cambiaría esto. Dios se mantendría fiel a Su palabra y devolvería el trono al descendiente del rey David, el Mashíaj. El *Radak* interpreta "Mi bondad", como Dios prometiéndole el reinado a la familia de David. En nuestro contexto, esto indica que *jesed* está unido al reinado (*Maljut*), que a su vez corresponde a la fe (ver *Likutey Moharán* I, 35:7).

25. los guerreros están meTuLaim. En el contexto de nuestra lección, el versículo se lee: **los guerreros** – la fortaleza que quiebra al enemigo/herejía, **meTuLaim** (מתולעים) – pertenece a aquellos investidos en la fe (*tola*; ver n. 18).

26. para con los alafim. Este versículo de Éxodo muestra la conexión entre la bondad y *alafim* (אלפים), que el Rebe Najmán intercambia a su vez con las *alef* (*alfin*, אלפין, en arameo). Así,

וּבְזֶה הַשִּׁמּוּשׁ שֶׁעוֹמֵד עֲלֵיהֶם וּמְשַׁמֵּשׁ אוֹתָם, זוֹכֶה לַחֶסֶד הַנַּ"ל,
כְּמַאֲמָר (כתבות צ"ו): 'כָּל הַמּוֹנֵעַ תַּלְמִידוֹ מִלְּשַׁמְּשׁוֹ כְּאִלּוּ מוֹנֵעַ
מִמֶּנּוּ חֶסֶד'.

וּבִשְׁבִיל זֶה הָיָה הַתָּמִיד כֶּבֶשׂ, כִּי מִמֶּנּוּ נִתְתַּקְּנוּ הָאַלְפִין, בִּבְחִינַת
(ירמיה י"א): "וַאֲנִי כְּכֶבֶשׂ אַלּוּף". וְזֶה בְּחִינַת כֶּבֶשׂ - שֶׁכָּבוּשׁ תַּחַת
יַד רַבּוֹ וּמְשַׁמֵּשׁ אוֹתָם. וְזֶה "תָּמִד" - גִּימַטְרִיָּא ד' אַלְפִין שֶׁהוּא
תִּקּוּן הָאַלְפִין כַּנַּ"ל.

וְזֶהוּ (משלי כ"ג): "לְמִי מְדָנִים לְמִי שִׂיחַ", הַיְנוּ עַל-יְדֵי **שִׂי"חַ**, עַל-
יְדֵי חָכָם שֵׁד יְהוּדַאי, עַל יָדוֹ מְדָנִים, עַל יָדוֹ בָּא הַתְנַגְדוּת:

30. ...una oveja. El Capítulo del *Korbán Tamid*, en el cual se detallan las leyes de la ofrenda diaria, se encuentra en Números 28:1-8. También conocida como el "sacrificio diario", la ofrenda diaria implicaba el sacrificio de dos ovejas cada día, una como el primer sacrificio de la mañana y la otra como último sacrificio del día, por la tarde.

31. KeVeS ALuF, una oveja domesticada. El *Metzudat David* interpreta "*keves aluf*" como una oveja que está "entrenada" para ir al matadero (ver n. 5 más arriba). Esto apunta a la unión entre la oveja y las *alef*. La ofrenda diaria (*jesed*) consistía por lo tanto específicamente de una oveja, pues su intención era rectificar las *alef*.

32. KaVuSh...lo sirve. Después de mostrar la conexión entre *keves* y las *alef*, el Rebe Najmán conecta *keves* con el acto de *jesed* – i.e., servir a un huésped. La palabra *kavush* (כבוש), que indica estar al servicio de otro, está implícita en la palabra *keves* (כבש). Así, está escrito sobre Abraham (Génesis 18:8), "Él quedó en pie junto a ellos [sirviendo a los ángeles] mientras ellos comían bajo el árbol". Abraham, la personificación de *jesed*, estaba de pie y servía a los huéspedes; el huésped, en un acto de bondad, está subordinado a aquél que lo sirve. Ese acto de *jesed* rectifica las *alef*. Como explica el *Parparaot LeJojmá*: La esencia de la ofrenda diaria es eliminar la herejía. Todo aquel que recibe a gente recta en su hogar es como si ofreciera el sacrificio diario. Puede por lo tanto eliminar la herejía y merecer la rectificación de las *alef* caídas.

33. Tamid...cuatro veces alef.... Ver Apéndice: Tabla de Guematria. Las tres letras de la palabra *TaMiD* (תמד) tienen el valor de 444. (El Ari hace notar que la palabra *tamid* debe ser escrita sin la letra *iud*; *Pri Etz Jaim, Shaar HaAsiá* #3). Las tres letras de la palabra *ALeF* (אלף) suman 111. Cuatro veces 111 es 444, *tamid*. Esto denota el poder de la ofrenda diaria para rectificar las cuatro *alef*. Una explicación más completa se presenta más adelante, en la sección 6, donde el rabí Natán pasa revista a la lección en base a la interpretación Kabalista del Ari sobre la ofrenda diaria. Agrega el *Mei HaNajal*: El Salmista ruega (Salmos 74:23), "No olvides la voz de Tus enemigos, el tumulto de Tus oponentes se eleva *tamid* (regularmente)". Mediante el *tamid/jesed* podemos anular a los heréticos que se levantan contra Dios, podemos eliminar sus idolatrías y su humillación.

34. SIaJ...Jajam Shed Iehudai.... La expresión "palabra sin sentido" hace referencia a las enseñanzas de los falsos líderes, aquellos que reciben sus palabras de las *alef* caídas. Esto

Y con ese servicio, cuando está de pie junto a ellos y los sirve, merece la bondad mencionada anteriormente. Como en la enseñanza: Todo aquel que impide que su discípulo lo sirva, es como si le estuviese negando la bondad (*Ketuvot* 96a).[29]

Éste es el motivo por el cual se ofrendaba diariamente una oveja (*keves*),[30] porque a partir de ello se rectificaban las *Alfin*; correspondiente a (Jeremías 11:19), "Yo soy como una *keves ALuF* (una oveja domesticada)".[31] Ésta es también la connotación de *KeVeS*: está *KaVuSh* (suprimida) bajo la mano de su amo y lo sirve.[32] Y así *TaMiD* es numéricamente equivalente a cuatro veces *alef*, que es la rectificación de las *alfin*.[33]

Y éste es el significado de (Proverbios 23:29), "Aquel que disputa, aquel que dice palabras sin sentido". Esto es, debido a la *SIaJ* (palabra sin sentido) –debido al *Jajam Shed Iehudai* (erudito-demonio judío)– se producen disputas, se genera la oposición.[34]

---

una lámpara. Nuestros Sabios relacionan la palabra *tamid* en el versículo con el sacrificio de la ofrenda diaria (ver más adelante, n. 30), el encendido del Candelabro durante la tarde, el pan de la proposición semanal y demás. Ello indica algo que sucede de manera constante en un tiempo determinado. Sin embargo, las visitas de Elisha, aunque pueden haber sido muy habituales, no podían denominarse *tamid* en el sentido de una continuidad consistente. La respuesta es que al asemejar la palabra *tamid* en el versículo específicamente con el sacrificio de la ofrenda diaria, nuestros Sabios quieren aludir a algo más. Así como el sacrificio es una ofrenda de "alimento celestial", hospedar a una persona recta es comparable a servir "alimentos celestiales". La mesa se asemeja a un altar y la comida es la ofrenda diaria, *tamidin* (תמידין) (*Berajot* 10b, *Maharsha, ibid., v.i. Keilu*). Hospedar a gente recta es así considerado como si uno llevase un sacrificio al Santo Templo. El Rebe Najmán explica a continuación por qué específicamente este tipo de *jesed* corresponde a la fe y así rectifica las *alef*.

29. ...impide que su discípulo...bondad. Nuestros Sabios enseñan que cuando alguien le niega a su discípulo el privilegio de servirlo (en nuestro contexto, como su huésped) ello demuestra una negación de *jesed* (*Ketuvot, loc. cit.*). Como se explicó, el acto de servir a un huésped recto es una expresión de *jesed*, que tiene el poder de eliminar la herejía. Los comentarios indican que el servicio al cual se hace referencia en el pasaje Talmúdico es la posibilidad de estudiar y de observar a un maestro recto cuando emite una regla o un edicto rabínico (*Etz Iosef*). Negarle al discípulo la oportunidad de hacerlo es equivalente a negarle la bondad. Esto se une más aún con nuestro texto en el hecho de que el gran valor de *jesed* es su potencial para rectificar las *alef* caídas, la Torá caída. ¿Cómo puede el discípulo rectificar esas *alef* si no puede aprender apropiadamente de su maestro? Por lo tanto, cada maestro, y en verdad cada persona recta, está obligada a guiar a su discípulo y a permitirle servirlo y observarlo, para que pueda aprender a discernir lo que es correcto (las *alef* santas) de lo que no lo es (las *alef* caídas). Aparte de esto podemos ver que servir a los rectos y los actos de *jesed* corresponden en general a la ofrenda diaria. El Rebe Najmán demuestra a continuación cómo se une esto con la rectificación de las *alef* caídas y la eliminación de la herejía.

וְזֶהוּ שֶׁאָמְרוּ סָבֵי דְּבֵי אַתּוּנָא:
בְּנִי לָן בֵּיתָא בַּאֲוִירָא דְעָלְמָא. כִּי אֵלּוּ בְּנֵי אָדָם הָרוֹצִים לַעֲרֹךְ עֲבוֹדָתָם עַל-יְדֵי הַתּוֹרָה שֶׁשּׁוֹמְעִים מִתַּלְמִידֵי-חֲכָמִים שֵׁדִין יְהוּדָאִין, וּבֶאֱמֶת אֵין לָהֶם עַל מַה שֶּׁיִּסְמְכוּ, וַהֲוֵי כְּאִלּוּ רוֹצִים לִבְנוֹת בַּיִת בַּאֲוִירָא. כִּי תַּלְמִידֵי-חֲכָמִים שֵׁדִין יְהוּדָאִין הֵם פּוֹרְחִין בָּאֲוִיר, וְאֵין לָהֶם עַל מַה שֶּׁיִּסְמְכוּ, כְּמוֹ הַשֵּׁדִין שֶׁפּוֹרְחִים בָּאֲוִיר.
וְאָמַר שֵׁם, וְקָם בֵּין שְׁמַיָּא לְאַרְעָא - הַיְנוּ הַתַּלְמִיד-חָכָם הָאֲמִתִּי הוּא בֵּין שְׁמַיָּא לְאַרְעָא, כְּתַרְגּוּמוֹ: "כִּי כֹל בַּשָּׁמַיִם וּבָאָרֶץ" [דַּאֲחִיד בִּשְׁמַיָּא וְאַרְעָא].

35. la explicación.... Aquí, el Rebe Najmán explica cómo los conceptos de la lección se aplican al intercambio entre el rabí Ioshúa y los Sabios de Atenas.

36. casa en el cielo...vuelan por el aire. El *Zohar* enseña que los demonios que pueblan el mundo fueron creados inmediatamente antes del comienzo del Shabat. Al ser creados no recibieron cuerpos (*Zohar* I, 47b). El rabí Natán explica esto en nuestro contexto. Escribe lo siguiente: La santidad requiere preparación. Debe tener alguna clase de receptáculo, algún lugar en donde descansar. Sin embargo, al igual que los demonios, los eruditos-demonios judíos no tienen "cuerpos", ningún receptáculo para la santidad. Sin un lugar para descansar, es como si volaran por el aire (*Torat Natán* #4). Los heréticos por tanto quieren construir "una casa" –un receptáculo y un lugar de descanso– para sus enseñanzas de Torá sin sentido y sus herejías. Pero aquellos que miran en sus enseñanzas se encuentran "en el cielo", sin base alguna ni fundamento sobre el cual apoyarse. No tienen medios para establecerse en los elevados y exaltados niveles que desean alcanzar.

Desafortunadamente, este fenómeno de la "casa en el cielo" que el Rebe Najmán describe aquí es una ilustración particularmente acertada de lo que sucede en el presente. Donde quiera que haya judíos, abunda el "judaísmo de púlpito". Aun así, muy seguido los discursos que surgen de esos púlpitos son *siaj*, palabras sin sentido. No están basadas en la Torá y menos aún en la Torá de las cuatro *alef* santas. Es por ello que existe tanta disputa y oposición en el seno del pueblo judío. El rabí Natán escribe que, por lo tanto, todo aquel interesado en su bienestar eterno debe saber y comprender que no hay otra escapatoria al conflicto de las enseñanzas sin sentido más que orar una y otra vez. Uno debe orar para que Dios lo salve de las *alef* caídas y de las enseñanzas de Torá caídas que surgen de allí (*Torat Natán* #7).

37. ...une el cielo y la tierra. En la terminología de la Kabalá, "cielo" denota a las *sefirot* incluidas en la persona Divina de *Zeir Anpin*, mientras que "tierra" denota a *Maljut*. El Tzadik, debido a que posee la cualidad abarcadora de *kol* (todo), corresponde a *Iesod*, la *sefirá* en la cual se engloban todas las cualidades de las *sefirot* que se encuentran por encima. Por lo tanto, así como se dice que *Iesod* está "entre el cielo y la tierra", pues une a *Zeir Anpin* con *Maljut*, el Tzadik es uno que se encuentra "entre el cielo y la tierra" (*Zohar* I, 31a). (La traducción al arameo del versículo de Crónicas que se presenta en el texto está tomada del *Zohar*. No aparece

4. Ésta es la explicación de lo que dijeron los Sabios de Atenas[35]:
Constrúyenos una casa en el cielo – Pues [esto hace referencia] a las personas que quieren estructurar su servicio a Dios en base a la Torá que oyen de los eruditos-demonios judíos, quienes en verdad no tienen nada sobre lo cual apoyarse. Es como si quisiesen construir una casa en el cielo. Pues los eruditos-demonios judíos vuelan por el aire. No tienen nada sobre lo cual apoyarse, como los demonios que vuelan por el aire.[36]

Él pronunció un Nombre Santo y quedó suspendido entre el cielo y la tierra – Es decir, el verdadero estudioso de Torá se encuentra entre el cielo y la tierra; como en la traducción al arameo de (Crónicas I, 29:11): "pues todo lo que hay en el cielo y en la tierra" – {él une el cielo y la tierra}.[37]

---

está aludido en las letras de la palabra *SIaJ* (שיח), que son un acróstico de *Jajam Shed Iehudai* (חכם שד יהודאי), el erudito-demonio judío que trae al mundo palabras sin sentido. Todo aquel que oye o recibe esas enseñanzas sucumbe a la disputa y a la controversia. Sin embargo, como se explicó, tal oposición es superada mediante el *jesed* de los rectos, que rectifica las *alef* caídas y elimina la herejía – i.e., las palabras sin sentido.

El Rebe Najmán enseña que allí adonde vaya un judío siempre puede rectificar algo, con tal que tenga cuidado y no peque. Mientras esté allí, indudablemente tendrá ocasión de orar, de recitar una bendición sobre la comida o de realizar alguna otra mitzvá. Cada buena acción rectifica las chispas de santidad caídas asociadas con ese lugar (*Sabiduría y Enseñanzas del Rabí Najmán de Breslov* #85). Escribe el rabí Natán: Los viajes de un judío, especialmente los de los Tzadikim, sirven para elevar las *alef* caídas de entre las *klipot*. Esto corresponde a los viajes de los Hijos de Israel por el desierto, llevando el Arca Sagrada y el Tabernáculo. Durante sus viajes recibieron la Torá y la estudiaron. Las Escrituras afirman así (Números 10:35,36), "Cuando el Arca partía, Moshé decía, '¡Levántate, Señor, y dispersa a Tus enemigos!'... Y cuando ella se asentaba, decía: '¡Vuélvete, Señor, a los millares de los miles de Israel!'". Con sus viajes –cuando "salían" y "se asentaban" – el pueblo judío rectificaba las *alef* caídas y las devolvía a su lugar en la santidad. Lo mismo sucede con los viajes del Tzadik. A donde fuera que vaya, la Torá y la Divina Presencia van con él. De este modo rectifica las *alef* caídas. Más aún, todo aquel que merezca que el Tzadik se hospede en su hogar, sirviéndolo y dándole un lugar para descansar (como al Arca), lleva a cabo el *jesed* que también rectifica las *alef* caídas. Afortunado aquel que cumple con esta mitzvá (*Torat Natán* #5; *Parparaot LeJojmá*).

Resumen: El conocimiento de la Torá puede tener su fuente en las *alef* santas, en cuyo caso lleva a la persona por el sendero correcto y la ayuda a mejorar su comportamiento; o puede provenir de las *alef* caídas, en cuyo caso es destructivo y lleva a la herejía. Aquellos cuyo conocimiento corresponde a esta última categoría de Torá caída, son quienes avergüenzan y vilipendian a las personas rectas y temerosas de Dios (§1). El remedio para esto es la fe, que quiebra las herejías y el oprobio, y *jesed*, que rectifica las *alef* caídas (§2). *Jesed* se expresa principalmente por medio de la hospitalidad, especialmente en la hospitalidad a los Tzadikim. Los Tzadikim tienen el poder de rectificar las *alef* caídas y ese acto de *jesed* hacia ellos permite que el dueño de casa también rectifique las *alef* caídas (§3).

וְאָמַר אַפִּיקוּ לִי לִבְנֵי וְטִינָא מֵהָתָם – כִּי טִינָא נִכְנָס בְּלִבָּם שֶׁל אֵלּוּ כַּנַּ"ל, וְנַעֲשֶׂה לִבָּם לֵב הָאֶבֶן.

וּכְשֶׁתַּלְמִיד-חָכָם הָאֲמִתִּי רוֹאֶה מַחֲשַׁבְתָּם הָרָעָה, אוֹמֵר לָהֶם שֶׁיּוֹצִיאוּ הַטִּינָא מִלִּבָּם, שֶׁיּוֹצִיאוּ הַטִּינָא שֶׁבְּלֵב הָאֶבֶן, וְאַל יִכְפְּרוּ בְּהַקָּדוֹשׁ-בָּרוּךְ-הוּא.

כִּי הַטִּינָא וְלֵב הָאֶבֶן מֵהָתָם, הַיְנוּ מִבְּחִינַת הָאַלְפִין הַנְּפוּלִים הַנַּ"ל, שֶׁהֵן גִּימַטְרִיָּא הָתָם, [כִּי אַרְבַּע פְּעָמִים אֶלֶף עִם הַכּוֹלֵל עוֹלֶה הָתָם].

אָמְרוּ: מִי אִיכָּא דְּמָצֵי לְאַסּוּקֵי הָתָם – שֶׁאָמְרוּ לוֹ: מִי יָכוֹל לַעֲלוֹת הָאַלְפִין הַנְּפוּלִים. וְהֵשִׁיב לָהֶם.

מִי אִיכָּא דְּמָצֵי לְמִבְנֵי בֵּיתָא בֵּין שְׁמַיָּא לְאַרְעָא – הַיְנוּ מִי שֶׁבּוֹנֶה בֵּיתוֹ עַל-יְדֵי תַּלְמִידֵי-חֲכָמִים הָאֲמִתִּיִּים. כִּי יֵשׁ לָהֶם עַל מַה שֶּׁיִּסְמֹכוּ, כִּי תַּלְמִידֵי-חֲכָמִים אֲמִתִּיִּים, הֵם יְסוֹד כָּל דָּבָר. וּמִי שֶׁבֵּיתוֹ בֵּית וַעַד לַחֲכָמִים, שֶׁבּוֹנֶה בֵּיתוֹ בִּבְחִינַת: "אִישׁ קָדוֹשׁ עוֹבֵר עָלֵינוּ תָּמִיד, נַעֲשֶׂה עֲלִיַּת קִיר" (מלכים-ב ד'), אֵלּוּ הָאֲנָשִׁים מַעֲלִין הָאַלְפִין כַּנַּ"ל:

---

arriba, n. 33), más una unidad por el principio mismo. Pues para que la persona pueda recibir del Tzadik, debe alejarse del *hatam* – i.e., de las *alef* caídas que llenan su corazón con agravios.

42. elevar las alfin caídas. ¿Acaso todos pueden hacer esto? Debido a que el conocimiento de la Torá de los opositores les es transmitido por un erudito-demonio judío y se basa en la herejía, ¿cómo pueden extraer las *alef* caídas de sus corazones y elevarlas?

43. los verdaderos eruditos de Torá son el fundamento.... Como está escrito (Proverbios 10:25), "El Tzadik es el cimiento del mundo".

44. como se explicó. Esto aparece más arriba, en la sección 3. La hospitalidad mostrada a los verdaderos Tzadikim, al servirlos y ofrecerles cobijo durante sus viajes, rectifica las *alef* caídas. Por lo tanto, ¿quién es aquel que puede construir una casa entre el cielo y la tierra? La persona que "construye" su casa sobre la premisa de que cada vez que se presente la oportunidad llevará a cabo actos de *jesed*, especialmente para los verdaderos estudiosos de Torá y los Tzadikim – aquellos que, al igual que el profeta Elisha, se encuentran "entre el cielo y la tierra". Agrega el rabí Natán: Más aún, debido a que al hacerlo rectifica las *alef* caídas, tendrá incluso la capacidad de originar discursos de Torá propios. Su conocimiento de Torá, que recibió de los verdaderos Tzadikim y eruditos de Torá, está enraizado en las *alef* verdaderas (*Likutey Tefilot*).

Él les dijo, "Tráiganme ladrillos y *tina* (cemento) de *hatam* (allí) – Pues *tina* (el encono) ha entrado en los corazones de esas [personas], como se explicó más arriba,[38] y su corazón se ha transformado en un corazón de piedra.

Ahora bien, cuando el verdadero erudito de Torá percibe sus malas intenciones,[39] les dice que retiren el encono de sus corazones – deben retirar el agravio que está en el corazón de piedra y no cometer una herejía en contra del Santo, bendito sea.[40]

Esto se debe a que el encono y el corazón de piedra <surgen del concepto de *hatam*> – i.e., del concepto de las *alfin* caídas mencionadas más arriba, que son numéricamente equivalentes a *HaTaM* {porque cuatro veces *ALeF* más una unidad por el principio mismo suman *HTM* (445)}.[41]

Ellos dijeron, ¿Acaso puede alguien subir hasta allí? – Ellos le dijeron, "¿Quién puede elevar las *alfin* caídas?".[42] Y él les respondió:

¿Acaso hay alguien que pueda construir una casa entre el cielo y la tierra? – En otras palabras, éste es alguien que construye su casa con la ayuda de los verdaderos eruditos de Torá. Él [y otros como él] tienen sobre qué apoyarse. Ello se debe a que los verdaderos eruditos de Torá son el fundamento de todas las cosas.[43] La persona cuya casa es un lugar de reunión de los <verdaderos> eruditos – que construye su hogar <"entre el cielo y la tierra",> correspondiente a, "Un hombre santo pasa por aquí *tamid*. Construyámosle una habitación" – [es una de] esas personas que elevan las *alfin* <caídas>, como se explicó.[44]

---

en la traducción de Crónicas de Rav Iosef). Así, como contraposición a los heréticos, el Tzadik, que es llamado "entre el cielo y la tierra", puede construir una casa. Puede hacer un receptáculo y un ámbito duradero para la Torá.

38. más arriba. Ver sección 1, que las *alef* caídas son la raíz de la herejía. Esas *alef* caídas son el *tina* (el encono) que endurece los corazones de los *mitnagdim* (opositores).

39. malas intenciones. Esto es algo evidente para el Tzadik que ve cómo lo humillan y lo vilipendian. Si no fuese por sus agravios y las herejías que surgen de las *alef* caídas, ellos actuarían con humildad y no con arrogancia e insolencia.

40. ...herejía en contra del Santo, bendito sea. Aunque los *mitnagdim* avergüenzan y humillan al Tzadik, ello es equivalente a oponerse a Dios Mismo (cf. *Sanedrín* 110a) – i.e., la herejía.

41. HaTaM...HTM, 445. Ver Apéndice: Tabla de Guematria. El término en arameo para "allí", *HaTaM* (התם), tiene el equivalente numérico de 445. Esto es cuatro veces *alef* (444; ver más

וְזֶה:

אָלֶף בֵּית גִּימֶל דָּלֶת. גִּימֶל דָּלֶת דָּא שְׁמַיָּא וְאַרְעָא. בֵּית - מִי שֶׁבּוֹנֶה בֵּיתוֹ בֵּין שְׁמַיָּא לְאַרְעָא, זֶה תִּקּוּן הָאַלְפִין.

זַיִן חִית - הַיְנוּ אֵלּוּ בְּנֵי אָדָם הַמְקַבְּלִים תּוֹרָתָם מִשֵּׁדִין יְהוּדָאִין, הַמְכֻנִּים בְּשֵׁם זַיִן, בִּבְחִינַת (ויקרא י"ז): "לַשְּׂעִירִים אֲשֶׁר הֵם זוֹנִים".

56b). Dentro del contexto de nuestra lección, el matrimonio del rey Shlomo con la hija del faraón fue un daño en las *alef* caídas, el concepto de la ofrenda diaria (*Torat Natán* #2).

Es bueno hacer notar la siguiente observación, que es parte de la tradición de Breslov: Los títulos de las cuatro primeras lecciones del *Likutey Moharán* comienzan con la letra *alef*. Éstas son: *Ashrei* (אשרי), *Emor* (אמור), *Akrukta* (אקרוקתא) y *Anoji* (אנכי). Ello indica que las enseñanzas del Rebe surgen de las cuatro *alef* verdaderas. Sus lecciones tienen el poder de inspirar a la persona hacia la fe y el servicio a Dios (*rabí Shmuel Shapiro*).

45. Esto es.... El tratado *Shabat* (104a) contiene un pasaje que demuestra cómo los nombres de las letras del alfabeto hebreo connotan algo más que las letras mismas. Construyendo sobre esa enseñanza Talmúdica, el Rebe Najmán detalla cómo los conceptos de esta lección están incluidos en las primeras diez letras del *alef-bet*.

¿Por qué esas diez? Una posible explicación gira alrededor del concepto de *jesed* presentado en la lección. Albergar huéspedes rectos y eruditos es equivalente a recibir la Presencia Divina en el hogar (cf. notas 27, 34, 44). El *Zohar* enseña que cuando las primeras diez letras del *alef-bet* – א, ב, ג, ד, ה, ו, ז, ח, ט, י – se duplican y luego se suman, el resultado es 385. La palabra *Shejiná* (שכינה) también tiene el valor de 385. Esta equivalencia sirve como recordatorio de que la Presencia Divina no desciende más abajo del concepto de diez ni se eleva más arriba. (Es decir, la *Shejiná* corresponde a *Maljut*, la décima *sefirá*; *Tikuney Zohar* #26, p. 71b). Así, las primeras diez letras del *alef-bet* aluden a la Presencia Divina; "hospedar" y revelar la *Shejiná* corresponde a recibir a los Tzadikim y a los eruditos.

46. Guimel dalet es el cielo y la tierra.... Comentaron nuestros Sabios (*Shabat* 104a): "Las letras *guimel dalet* sugieren *gomel dalim* ('mostrar bondad a los pobres')". Dar caridad o hacer favores indica la creencia de que existe un Benefactor y un beneficiario. Esto puede asemejarse al cielo y la tierra; uno da (lluvia, sol, calor, etc.) y el otro recibe. Así, *guimel dalet* es "el cielo y la tierra", que en nuestro contexto hace referencia al Tzadik (§4).

47. BeT...BaiT...alfin. Cuando se deletrea la letra ב (*bet*), בית, puede leerse también como *bait*. Esto hace referencia a la casa (*bait*) en la cual se reciben huéspedes que son verdaderos eruditos de Torá, *guimel dalet*. En virtud de ese acto de *jesed* la persona es capaz de rectificar las *alef* que han caído (§3). Así, las letras *alef, bet, guimel, dalet* hacen referencia a los Tzadikim y a aquellos que los hospedan y reciben su Torá. Su interacción rectifica las *alef* caídas. Seguidamente, el Rebe Najmán demuestra cómo las cuatro letras subsecuentes aluden a los males de aquellos que toman de las *alef* caídas, las herejías.

48. Zain...demonios...ZoNim. El versículo completo que el Rebe Najmán cita proveniente de Levítico dice: "Para que ellos no ofrezcan más sus sacrificios a los demonios tras los cuales

5. Esto es:

alef bet guimel dalet:[45] *Guimel dalet* es el cielo y la tierra, <como es sabido>.[46] *BeT* es uno que construye su *BaiT* (casa) entre el cielo y la tierra. Ésta es la rectificación de las *alfin* <caídas>.[47]

zain jet: Es decir, aquellas personas que reciben su Torá de los eruditos-demonios judíos son conocidas como *ZaiN*, como en (Levítico 17:7), "los demonios tras los cuales *ZoNim* (se extravían)".[48] <De ellas proviene>

En base a nuestra lección, el intercambio entre el rabí Ioshúa y los Sabios de Atenas puede comprenderse como sigue:

Construyenos una casa en el cielo – Los Sabios de Atenas, que eran herejes, querían "construir" discursos de Torá y enseñanzas para influenciar a la gente.

Él pronunció un Nombre Santo y quedó suspendido entre el cielo y la tierra – Ellos se acercaron al rabí Ioshúa, el Tzadik, cuyas enseñanzas estaban fundadas y sólidamente basadas en las cuatro *alef* santas. Sus enseñanzas eran por lo tanto beneficiosas para los demás, insuflando fe en sus corazones.

Él les dijo, Tráiganme ladrillos y cemento de allí – El rabí Ioshúa les dijo a los Sabios, "Para construir discursos verdaderos de Torá, tienen que sacar la herejía de sus corazones. Pues esa herejía surge de las cuatro *alef* caídas/Torá caída".

Ellos dijeron, ¿Acaso puede alguien subir hasta allí? – "Pero, ¿cómo podemos sacar la herejía y construir tales discursos?", preguntaron los Sabios.

Él dijo, ¿Acaso hay alguien que pueda construir una casa entre el cielo y la tierra? – El rabí Ioshúa respondió, "Sólo el Tzadik tiene la capacidad de construir discursos verdaderos de Torá. Sin embargo, aquellos que les muestran *jesed* y hospitalidad a los Tzadikim también pueden elevar y rectificar las *alef* caídas. Esto les permite originar discursos y enseñanzas verdaderos".

Escribe el rabí Natán: El Santo Templo ejemplifica la "casa" que se encuentra "entre el cielo y la tierra". (La Divina Presencia/el cielo estaba revelada en el Templo/tierra). El concepto de las cuatro *alef* estaba presente en el Templo en la forma del Sanedrín, la fuente de la enseñanza de la Torá para todo Israel. Así, fue el rey Shlomo quien construyó el Templo. Él mereció las cuatro *alef* en santidad (ver más arriba, §1). Sin embargo, el Malo no descansa. Hizo que Iarobam ben Nevat se rebelase contra el rey Shlomo. El conocimiento de Torá de Iarobam estaba enraizado en las *alef* caídas y finalmente llevó la herejía y la idolatría a las Diez Tribus. Como se mencionó más arriba (n. 4), una vez en el ámbito de las *klipot*, el conocimiento de la Torá puede manifestarse de diversas maneras. Así, aunque Iarobam era el líder del Sanedrín, su sabiduría lo extravió. Peor aún, la idolatría que introdujo en el pueblo judío finalmente llevó a la destrucción del Santo Templo.

Continúa el rabí Natán: También es posible que los grandes Tzadikim se vuelvan presa de las *alef* caídas. Prueba de ello es el mismo rey Shlomo. Seguro de su gran intelecto, confiaba en que podía sortear la prohibición de la Torá y casarse con la hija del faraón. Eso fue un error. Como resultado de ello, el rey Shlomo se levantó tarde por la mañana, después de su boda, en el momento de la inauguración del Santo Templo. Debido a ello, la ofrenda diaria sólo pudo ser sacrificada en la cuarta hora y no temprano como estaba prescrito. Más aún, la hija del faraón logró más tarde introducir la idolatría en Jerusalén (*Sanedrín* 21b; *Vaikrá Rabah* 12:5; *Shabat*

מֵהֶם הַחֵרוּף וְהַבִּזְיוֹנוֹת, בִּבְחִינַת (איוב ל"א) "וּבוּז מִשְׁפָּחוֹת יְחִתֵּנִי",
בְּחִינַת חֵית:

הֵא וָאו - הוֹי וַי. לְשׁוֹן צְעָקָה וּמְרִיבָה כַּנַּ"ל, 'לְמִי מַדְנִים לְמִי
שִׂיחַ', הַיְנוּ זַיִן חֵית.

טֵית יוּד - טוּבָא גָּנֵז בְּגַוֵּהּ. כִּי צָרִיךְ כְּשֶׁשּׁוֹמֵעַ תּוֹרָה מִתַּלְמִידֵי-
חֲכָמִים שֵׁדִין יְהוּדָאִין, שֶׁיֹּאכַל טוֹב שֶׁבְּגַוֵּהּ, כְּמוֹ (חגיגה ט"ו:) 'רַבִּי
מֵאִיר, רִמּוֹן מָצָא, תּוֹכוֹ אָכַל'. כְּמוֹ שֶׁכָּתוּב (משלי כ"ג): "בְּנִי
תְּנָה לִבְּךָ לִי", וּכְתִיב (שם כ"ב): "שְׁמַע דִּבְרֵי חֲכָמִים וְלִבְּךָ תָּשִׁית
לְדַעְתִּי". וּכְשֶׁעוֹשֶׂה כֵּן, מַעֲלֶה טוֹב הַגָּנוּז בְּגַוֵּהּ, הַיְנוּ הָאַלְפִין

52. Rabí Meir...granada...cáscara. Enseña el Talmud que el rabí Meir tenía un maestro cuyo nombre era Elisha (Ajer). Era llamado Ajer, "el Otro", porque aunque había sido un gran sabio, se volvió hereje (ver Lección #31, n. 149). Incluso después de que Ajer se alejase de Dios, el rabí Meir continuó aprendiendo de él. ¿Cómo pudo aprender de semejante persona? Nuestros Sabios presentan esta misma cuestión y responden diciendo que la situación del rabí Meir puede asemejarse a la de alguien que encuentra una granada. Sólo come el interior, la fruta, pero quita la cáscara y la desecha (cf. más arriba, n. 3). En nuestro contexto, el Rebe Najmán relaciona esto con la persona que oye Torá proveniente de los falsos líderes, de los eruditos-demonios judíos. Debe retirar y comer el interior, aquello que es valioso y verdadero, pero también debe asegurarse de descartar la paja, las *klipot* (las fuerzas del mal).

53. dame tu corazón. Dice el rey Salomón: Presta atención a mis palabras, prepara tu corazón para buscar el sendero correcto (*Metzudat David*). La persona debe preparar su corazón para buscar la verdad, para buscar a Dios. De esa manera, aunque llegue a oír Torá caída proveniente de las *alef* caídas, estará en consonancia con "el bien" de la enseñanza. Así, sea como fuere, podrá encontrar a Dios y no caer víctima de las palabras que llevan a la herejía.

"Hijo mío, dame tu corazón" también denota la plegaria, como dice el Salmista, "Dios, prepara su corazón, que Tus oídos estén atentos" (Salmos 10:17; ver *Metzudat David*). Esto se encuentra en concordancia con el consejo del rabí Natán: La persona debe orar una y otra vez para no ser influenciada por la falsa Torá enraizada en las falsas *alef* (ver notas 3, 36).

54. Escucha...aplica tu corazón...alfin caídas. Rashi explica este segundo versículo como sigue: "Escucha las palabras de los sabios" – aprende Torá de un erudito, no importa quién sea; "y aplica tu corazón a mi conocimiento" – pero ten cuidado; si aquel que te enseña es malvado, no aprendas de su comportamiento. La explicación del *Metzudat David* es similar a la que le dio a un versículo anterior: No es suficiente con escuchar palabras de Torá, también debes "aplicar tu corazón" a comprenderlas.

Estos dos versículos y las interpretaciones que los acompañan son precisamente lo que el Rebe Najmán enseña aquí en nuestra lección. La persona debe aprender de un Tzadik o de un erudito cuya Torá esté enraizada en las *alef* de santidad. Debe dedicar su corazón al estudio y

el oprobio y <la vergüenza>, como en (Job 31:34), "El oprobio de las familias *iJiTeni* (me amedrenta)" – correspondiente a la *JeT*.⁴⁹

hei vav: *¡Oi vai!* Esto denota gritos y disputa. Como se mencionó anteriormente, "Aquel que disputa, aquel que dice palabras sin sentido" – i.e., *zain, jet*.⁵⁰

tet iud: El bien que oculta dentro de él (*Zohar*, Introducción p.3a).⁵¹ Cuando alguien oye Torá de un erudito-demonio judío, debe "comer" el bien que hay en su interior. Esto es como [se relata del] rabí Meir: él encontró una granada, comió el interior <y arrojó la cáscara> (*Jaguigá* 15b).⁵² Como está escrito (Proverbios 23:26), "Hijo mío, dame tu corazón"⁵³; y también (*ibid.*, 22:17), "Escucha las palabras del sabio y aplica tu corazón a mi conocimiento". Y cuando uno hace esto, eleva el bien que está oculto en su interior – i.e., las *alfin* caídas.⁵⁴ Ésta es la *tet*: el bien oculto dentro de

---

zonim (זונים)", y hace referencia al servicio a la idolatría. La letra *zain* (זין) alude así a los eruditos-demonios judíos que difunden la herejía y la idolatría en el pueblo judío.

49. oprobio de las familias…JeT. El Rebe Najmán se centra en la conexión entre la palabra *ijiteni* (יחתני) y la letra *jet* (חית), asociando el oprobio del cual se habla en el versículo con esta letra. Como se explicó, las enseñanzas enraizadas en las *alef* caídas, la fuente de la herejía, llevan al oprobio y a la humillación.

Citar este versículo particular de Job hace más que unir la letra *jet* con el oprobio y el vilipendio. También se relaciona con lo que el Rebe Najmán enseña más arriba sobre los falsos líderes. La conclusión es que uno no debe dejarse impresionar demasiado por tales líderes – los eruditos-demonios judíos– no importa cuánta fama o posición tengan. Esos falsos líderes pueden parecer importantes y sus enseñanzas notables, pero las Escrituras enseñan que el temor que inducen en los demás mediante el avergonzar y el humillar indica que provienen de hecho de las familias más vergonzosas, lo más bajo de la humanidad (ver *Metzudat David, loc. cit.*).

50. Hei vav…. Este versículo de Proverbios (23:29) comienza diciendo: "¿Quién clama *Oi* (Ay)? ¿Quién clama *Vai* (Ay de mí)? Aquel que disputa, aquel que dice palabras sin sentido". La *hei* denota un clamor de angustia, ¡ay! (cf. Ezequiel 2:10). En cuanto a la letra *vav*, enseñan nuestros sabios que connota ¡vai! – los clamores de los malvados en el Gueinom (*Otiot deRabí Akiva, vav*). Estos son los clamores y los gritos de angustia que se elevan de las disputas y las palabras sin sentido –las enseñanzas de Torá caídas– de los falsos líderes (como se explicó más arriba, §3). Así, las disputas y los clamores (*hei vav*) son generados por los falsos líderes (*zain*) quienes precipitan la humillación y el oprobio (*jet*).

51. Tet…el bien que oculta…. La letra *tet* (ט) corresponde a *tov* (טוב), que significa "bien". La parte superior de la letra *tet* está curvada hacia adentro. Esto refleja "el bien que está oculto dentro" (*Matok Midbash, Zohar, loc. cit.*). Aplicando esto a nuestro contexto, comprendemos que debido a que la fuente de las *alef* caídas son las *alef* santas/la verdadera Torá, también hay bien oculto dentro de las enseñanzas de Torá caídas. Este bien debe ser extraído del mal y elevado (n. 4, más arriba).

הַנְּפוּלִים. וְזֶה: **טִית** – טוּבָא גָּנֵז בְּגַוַּהּ (הקדמת הזהר ג.). שֶׁתָּשִׂית לִבְּךָ לַטּוֹב הַגָּנוּז בִּדְבָרָיו.

וְעַל-יְדֵי-זֶה **יוּד** – הַיְנוּ תְּתַקֵּן עַל-יְדֵי-זֶה הָאַלְפִין, בְּחִינַת (ישעיה כ"ה): "אוֹדְךָ שִׁמְךָ כִּי עָשִׂיתָ פֶּלֶא" – דָּא **אָלֶף**. וְזֶה יוּד צוּרַת **אָלֶף**. וְזֶה יוּד, לְשׁוֹן אוֹדֶה. **יוּד**, בְּחִינַת (איכה ג'): "וַיַּדּוּ אֶבֶן" – לְשׁוֹן הַשְׁלָכָה, הַיְנוּ קְלִפָּתוֹ זָרַק:

(עַד כָּאן לְשׁוֹן רַבֵּנוּ, זִכְרוֹנוֹ לִבְרָכָה):

Éste es el mismo valor numérico de la letra *kaf* (כ), que, como enseña el *Zohar*, corresponde a *Keter* (*Zohar* III, 255b). La letra *iud*, al igual que la *alef*, está conectada con *Keter*.

60. iUD...ODe, alabanza. El parecido entre *iud* (יוד) y *ode* (אודה) (o *iode,*) indica que la letra *iud* connota alabanza. Como se explicó, Ishaiahu alabó a Dios por el *fele* que Él había hecho en conexión con Abraham/fe/hospitalidad (ver n. 57). Esto une a la *iud*, ya conectada con la *alef*, con *fele* – alabanza a Dios por Su maravilla.

61. Iud...vaIaDu.... Así, *iud* (יוד) sugiere *iadu* (ידו), arrojar o descartar la cáscara manteniendo el fruto.

La serie de pruebas presentadas por el Rebe Najmán une a la letra *iud* con: 1) *fele*, el bien oculto; 2) la forma de la *alef*; 3) la alabanza (fe y hospitalidad); 4) descartar la cáscara, i.e., las *alef* caídas. De acuerdo a ello, *tet iud* connota encontrar el bien en las *alef* caídas y rectificarlas – i.e., elevar las *alef* mediante la fe y la hospitalidad, para que retornen a su fuente, a *Keter*.

Para sintetizar, las primeras diez letras del alfabeto hebreo se aplican a nuestro texto como sigue:

alef bet: El conocimiento de Torá surge de las cuatro *alef* santas. Hay veces en que las *alef* caen en el ámbito del Otro Lado, en cuyo caso el conocimiento se vuelve una Torá caída. Sin embargo, es posible que la persona eleve las *alef* caídas llevando a cabo un acto de *jesed* en su hogar.

guimel dalet: Específicamente, esto implica mostrarle hospitalidad al Tzadik verdadero y al erudito de Torá; hospedar a aquellos cuyas enseñanzas de Torá están fundamentadas, pues se encuentran enraizadas en las cuatro *alef* santas.

hei vav: Pero están aquellos que disputan y claman en contra de esos Tzadikim.

zain jet: Esas disputas son generadas por los falsos líderes. Sus enseñanzas, que están enraizadas en las *alef* caídas, tienen el objetivo de avergonzar y vilipendiar a los Tzadikim. Tales enseñanzas no tienen fundamento y despiertan la herejía en aquellos que las oyen. Por lo tanto es vital que la persona sólo aprenda y escuche las enseñanzas de los verdaderos Tzadikim y eruditos de Torá.

tet iud: Sin embargo, si alguien se encuentra en una situación en la que la persona que le enseña Torá es de dudoso comportamiento, debe concentrarse en el bien oculto en esas enseñanzas separándolo de las ideas heréticas y de las malas acciones del maestro. De esa manera, elevará las *alef* caídas/la Torá caída del falso maestro y líder cuyas enseñanzas recibe (cf. *Parparaot LeJojmá*).

él. Debes "aplicar tu corazón <a mi conocimiento>" – al bien que está oculto en sus palabras.⁵⁵

Y como resultado, *iud*. En otras palabras, con esto uno rectifica las *alfin*.⁵⁶ Esto corresponde a (Isaías 25:1), "Alabaré Tu nombre, pues Tú has hecho *FeLE* (una maravilla)"⁵⁷ – ésta es la *ALeF* (Zohar III, 193b).⁵⁸ Esto es: *iud* forma una *alef* (ibid., II, 235b).⁵⁹ Y esto es *iUD*, similar a *ODe* (alabanza).⁶⁰ *IuD* corresponde a (Lamentaciones 3:53), "*valaDu* (y arrojaron) piedras" – similar a "descartar", es decir, "arrojó la cáscara".⁶¹

---

al trabajo para mejorar, para poder acercarse a Dios. Sin embargo, si el maestro es alguien que se comporta de una manera malvada y cuyas enseñanzas provienen de la Torá caída, aún podrá beneficiarse, siempre y cuando cumpla con ciertos requisitos. Si es capaz de extraer el bien de la lección, de elevar las *alef* caídas y de evitar copiar las malas acciones del maestro, podrá ser como el rabí Meir quien "comió el interior y arrojó la cáscara".

55. tet…al bien que está oculto…. En conclusión, la letra *tet* indica extraer el bien oculto en las palabras del falso líder.

56. iud…rectifica las alfin. Aquí, el Rebe Najmán trae una serie de pruebas que unen la última de las letras, la *iud* con la *alef*. Esto demuestra cómo, cuando la persona extrae el bien del falso líder, rectifica las *alef* caídas. Cada prueba se explica de manera separada en las notas que siguen y luego se unen con las demás al final, en la nota 61. (Algunas de estas pruebas se basan en complejos conceptos Kabalistas, tal cual se relacionan a los aspectos esotéricos del Santo Nombre de Dios y de la *sefirá* más elevada, *Keter*. Las notas proveen sólo aquello que es necesario para comprender nuestro texto).

57. hecho una maravilla. Ishaiahu recibió una visión de la salvación del pueblo judío en la época del Mashíaj y por eso aclamó a Dios. ¿Cuál fue esa maravilla que asombró tanto al profeta? Rashi responde: fue la promesa que Dios le había hecho a Abraham en el Pacto Entre las Mitades –una promesa de salvación para sus descendientes– mantenida sacrosanta y plena. Como se mencionó más arriba (§2, §3), Abraham es símbolo de fe y de *jesed*, las cualidades que elevan y rectifican las *alef* caídas.

58. FeLE…ALeF. Ishaiahu dijo, "Tú has hecho *fele*". La palabra *fele* denota algo elevado y oculto. El *Zohar* enseña que *FeLE* (פלא) corresponde a la letra *ALeF* (אלף). Ambas *alef* y *fele* se relacionan con *Keter*, la más elevada y oculta de las *sefirot* (*Matok Midbash, Zohar, loc. cit.*). En nuestro contexto, las *alef* son la fuente del conocimiento de la Torá. Hay veces en que esas *alef* son *fele*, cuando la verdadera Torá está oculta en la Torá caída. *FeLE* alude así al "bien que está oculto", el conocimiento de la Torá cuya fuente está en *Keter*.

59. iud forma una alef. Habiendo conectado a la letra *alef* con *fele*, el bien oculto, el Rebe Najmán une aquí a la *alef* con la letra *iud* (י). La letra י se deletrea como יוד (*i-u-d*). Cuando se coloca la *iud* (י) arriba hacia la derecha mirando hacia arriba, la *vav* (ו) en el medio en un ángulo diagonal y la *dalet* (ד) invertida en la pata inferior izquierda, esas tres letras crean la forma de una letra א (*alef*). Éste es el significado de la enseñanza del *Zohar* de que "*iud* (יוד) forma una *alef*". Más aún, cuando la letra י se deletrea como יוד, tiene el valor numérico equivalente a 20.

וְשָׁמַעְנוּ מִפִּיו הַקָּדוֹשׁ, שֶׁזֹּאת הַתּוֹרָה מְרַמֵּז בָּהּ כָּל הַכַּוָּנוֹת שֶׁל
פָּרָשַׁת הַתָּמִיד שֶׁאוֹמְרִים בַּבֹּקֶר. וּבֵאֵר לָנוּ קְצָת, וְעַיֵּן בַּכַּוָּנוֹת, וְתִרְאֶה
וְתָבִין, שֶׁכָּל הַכַּוָּנוֹת שֶׁל פָּרָשַׁת הַתָּמִיד מְבֹאָרִים בַּתּוֹרָה הַזֹּאת.
כִּי מְבֹאָר שָׁם בַּכַּוָּנוֹת, שֶׁתָּמִיד מַכְנִיעַ קְלִפּוֹת דַּעֲשִׂיָּה וְכוּ', שֶׁהֵם
בְּחִינַת עֲבוֹדָה זָרָה וְכוּ'.
וְ"עוֹלַת" גִּימַטְרִיָּא שֵׁם אֲבַ"ג יִתָּ"ץ וְכוּ', שֶׁהוּא בְּחֶסֶד, וְכוּ' בְּסוֹד:
"וַיַּשְׁכֵּם אַבְרָהָם בַּבֹּקֶר", וְהוּא סוֹד: "אַל תִּירְאִי תּוֹלַעַת" וְכוּ'.
וְיֵשׁ כְּנֶגְדּוֹ בַּקְּלִפָּה תּוֹלָע, אֲשֶׁר מְכַלֶּה וְאוֹכֵל הַכֹּל וְכוּ'. וְעַל כֵּן צִוָּה

Bet, el Santo Nombre de Cuarenta y Dos letras. El rabí Nejunia ben HaKana, quien compuso esta plegaria mística, lo hizo expandiendo cada una de las cuarenta y dos letras en la forma de una palabra. A éstas las dividió en siete líneas, con cada línea conteniendo seis palabras. La Kabalá explica que cada una de las siete líneas corresponde a una de las siete *sefirot* desde *Jesed* hasta *Maljut* (la primera correspondiente a *Jesed*, la segunda a *Guevurá*, etc.). Así, *ABG ITTz*, el acróstico de la primera línea *Ana Bekoaj Guedulat Iminja Tatir Tzrura*, es el Santo nombre en *Jesed*. (Más específicamente, debido a que el Nombre de Cuarenta y Dos tiene su raíz en las *guevurot*, en los juicios, esto es algo referido a *Jesed* que está en *Guevurá*; ver más adelante). En las *Kavanot* se hace notar que este Nombre *ABG ITTz* (אבג יתץ) es numéricamente equivalente a la palabra *olat* (506, עולת) (ver Apéndice: Tabla de Guematria), conectando así el *Olat Tamid* con la *sefirá* de *Jesed* y su correspondiente atributo de bondad.

66. Abraham…mañana. En el *Zohar* (I, 203a) encontramos que *jesed* es la cualidad del día, en contraste con *guevurá*, la cualidad de la noche. Así, cada mañana, cuando la noche se transforma en día, *jesed* está en ascenso. Esto corresponde a Abraham. Él es la bondad, la "mano derecha" de *jesed* que elimina la herejía y la idolatría (notas 21, 23). Las Escrituras aluden a esto con la frase "Abraham se levantó temprano en la mañana".

67. Tolaat Iaacov. Al igual que en el versículo previo, oculta en las palabras "No temas, *tolaat Iaacov*" se encuentra una alusión al hecho de eliminar la idolatría. La enseñanza proveniente de las *Kavanot* continúa explicando: La palabra *tolaat* (תולעת) tiene el mismo valor numérico que el Santo Nombre *ShKU TzIT* (906, שקו ציח). Este Nombre es un acróstico de la última línea de la plegaria del *Ana BeKoaj*: *Shavateinu Kabel Ushema Tzaakateinu Iodea Taalumot*. Como tal, es el Santo Nombre en *Maljut*. Anteriormente, el Rebe Najmán explicó que *tola* (gusano) está conectado con *emuná* (fe), la cualidad que corresponde a *Maljut* (ver n. 18; *Likutey Moharán* I, 35:7). También hemos visto que la cualidad de *jesed* está conectada a la cualidad de *maljut* (ver n. 24). "No temas, *tolaat* Iaacov" nos enseña que aunque Iaacov –i.e., el pueblo judío en el exilio– es tan débil como un *tola*, su fe y el *olat/jesed* lo protegen (cf. *Parparaot LeJojmá*). Esto coincide con la enseñanza en el *Zohar* de que el pueblo judío será redimido del exilio con el Santo Nombre de Cuarenta y Dos letras (*Tikuney Zohar* #21, p. 50b).

68. tola…. En contraste con el *tola* de Iaacov, la cualidad de la fe, se encuentra el *tola* de las

6. Oímos de sus santos labios que esta lección aludía a todas las intenciones kabalistas asociadas con el Capítulo de las Ofrendas *Tamid* que se recita por la mañana. Nos explicó un poco de esto. Estudia las *kavanot*, observa y comprende que todas las intenciones del Capítulo de las Ofrendas Diarias están aclaradas en esta lección.[62]

Pues se explica allí, en las *kavanot*: La ofrenda diaria anula a las *klipot* del Mundo de la Acción[63]… que corresponden a la idolatría[64]….

También, "*olat*" es numéricamente equivalente al Santo Nombre *ABG ITTz*… que está en la *sefirá* de *Jesed* (Bondad)[65]…. Éste es el significado oculto de (Génesis 19:27), "Abraham se levantó temprano por la mañana".[66] También es el significado oculto de (Isaías 41:14), "No temas, *tolaat* (gusano de) Iaacov".[67]

Frente a esto, [del lado de] las fuerzas del mal, se encuentra el *tola* que consume y devora todas las cosas[68]…. Por lo tanto, Dios, en Su

---

62. Oímos…. Hasta este punto la lección ha sido *leshón Rabeinu* (ver n. 1). Aquí el rabí Natán agrega lo que él oyó del Rebe Najmán concerniente a las intenciones kabalistas asociadas con la ofrenda diaria y cómo toda la lección está incluida dentro de esas meditaciones esotéricas. Como se explicó en el cuerpo de la lección (§2), la bondad y la fe son las dos cualidades que anulan a la herejía/idolatría. El rabí Natán trae una enseñanza proveniente de las *Kavanot* del Ari que cita dos versículos cuyos significados profundos unen esas cualidades con la ofrenda diaria. (Nuevamente, las notas están diseñadas para explicar sólo aquellos conceptos necesarios para comprender la lección del Rebe).

63. Mundo de la Acción. Ver Apéndice: Niveles de Existencia. Ver también Lección #24:2 y notas 5 y 17. *Asiá* (El Mundo de la Acción) es el mundo más bajo. Al igual que la *sefirá* de *Maljut* a la cual éste corresponde, *Asiá* es el ámbito más cercano al Otro Lado. Las *klipot* son por lo tanto mucho más fuertes y dominantes allí.

64. idolatría…. Las *klipot* se manifiestan en este mundo, el Mundo de la Acción, de diferentes maneras, siendo la más prominente el servicio a la idolatría. Las *Kavanot*, que en particular se relacionan con los aspectos internos de la Creación, subrayan el poder de la ofrenda diaria para contrarrestar y anular la idolatría. Las Escrituras aluden a esto en el mismo Capítulo del *Korbán Tamid*, donde está escrito (Números 28:2), "*Tzav* (Ordena) a los Hijos de Israel…". En otra instancia, nuestros Sabios enseñan que la palabra *tzav* indica idolatría (*Sanedrín* 56b). Cumplir con este mandamiento de la ofrenda diaria –o su equivalente actual de recitar el Capítulo del *Tamid*– anula así a la idolatría.

65. ABG ITTz…Jesed, Bondad. La palabra *olat* (elevación) a la cual hace referencia el texto aparece en el Capítulo del *Korbán Tamid*: "Es una ofrenda diaria-*olat*, como fue hecha en el monte Sinaí…" (Números 28:6). El Santo Nombre *ABG ITTz* aparece como un acróstico en la plegaria *Ana BeKoaj*. En el servicio diario, esta plegaria es recitada después del Capítulo del *Ketoret* (ofrenda de incienso). Sus cuarenta y dos palabras corresponden al *Shem Mem*

הַשֵּׁם יִתְבָּרַךְ בְּרַחֲמָיו לְהַקְרִיב עוֹלַת תָּמִיד, לְהִתְגַּבֵּר עוֹלַת תָּמִיד שֶׁבִּקְדֻשָּׁה, שֶׁהוּא בְּחִינַת תּוֹלַעַת יַעֲקֹב, עַל הַתּוֹלָע שֶׁבַּקְּלִפָּה וְכוּ'. וְדַע כִּי כָל קָרְבָּן עוֹלָה, הִיא בִּבְחִינַת לֵאָה וְכוּ'. וְלָכֵן בָּא עוֹלַת תָּמִיד כְּנֶגְדָּהּ, כְּדֵי לְמַתֵּק דִּינֶיהָ, כְּדֵי שֶׁלֹּא יִשְׁלֹט וְיִמְשֹׁל הַתּוֹלַעַת הַטָּמֵא, וְתוֹלָע יַחֲזֹר לְ"עוֹלַת". וְזֶה שֶׁכָּתוּב: עוֹלַת תָּמִד כִּי תָמִד בְּגִימַטְרִיָּא ד' אַלְפִין שֶׁלּוֹקַחַת לֵאָה וְכוּ'.

כָּל זֶה מְבֹאָר בַּ"פְּרִי-עֵץ-חַיִּים" שַׁעַר הַקָּרְבָּנוֹת, פֶּרֶק ד' עַיֵּן שָׁם הֵיטֵב.

וְתִדַקְדֵּק וְתִרְאֶה, שֶׁכָּל זֶה מְבֹאָר בְּהַתּוֹרָה הַנַּ"ל. כִּי מְבֹאָר שָׁם שֶׁהַמִּתְנַגְּדִים הַמְחָרְפִין יִרְאֵי הַשֵּׁם, זֶה נִמְשָׁךְ מֵהָאַלְפִין הַנְּפוּלִים, שֶׁאֵלּוּ הָאַלְפִין בִּקְדֻשָּׁה הֵם בְּחִינַת לֵאָה, וְאֶצְלָם נַעֲשָׂה מִזֶּה בְּחִינַת: "הַמְעַט מִכֶּם הַלְאוֹת אֲנָשִׁים, כִּי תַלְאוּ גַּם אֶלֹקִים" – כְּאִלּוּ לוֹאֶה הַקָּדוֹשׁ-בָּרוּךְ-הוּא מְלַעֲזֹר וְכוּ'. כִּי מִלֵּאָה נַעֲשֶׂה אֶצְלָם בְּחִינַת לוֹאֶה, כִּי הֵם יוֹנְקִים מֵהַדִּינִים הַקָּשִׁים שֶׁבְּלֵאָה,

el lugar de los juicios severos. Si el *TOLA* maligno pudiese tomar de esos juicios, su poder destructivo sería totalmente incontrolable. Es por lo tanto importante que los juicios sean mitigados mediante el *OLAT tamid*.

72. TMD…cuatro alfin que toma Lea. En la Kabalá se explica que Lea toma cuatro *alef* para endulzar los juicios. Estas cuatro *alef* son transferidas a Lea desde los cuatro *mojín* ("mentalidades") de la persona Divina complementaría en el lado derecho, *Zeir Anpin*. Esas mentalidades comprenden las cuatro expansiones del Santo Nombre *EHIéH* y están aludidas en la letra *dalet* (= 4) de la palabra *ejaD* del *Shemá* (ver *Shaar HaKavanot, Kriat Shemá* 6, p. 158; ver Apéndice: Expansión de EHIéH, la primera expansión está repetida en las *Kavanot* para un total de cuatro). Cada *EHIéH* (אהיה) comienza con una *alef* y ésas son las cuatro *alef* que toma Lea para endulzar los juicios severos. Como se mencionó más arriba (n. 33), cuatro *alef* (4 ;אלף veces 111) es 444, el mismo valor numérico equivalente a *TaMiD* (תמד).

73. aclarado en esta lección. El rabí Natán explica a continuación estas *Kavanot* en el contexto de nuestra lección.

74. se explica allí…. Esto aparece en la sección 1.

75. alfin corresponden al aspecto de Lea. Como se explicó (n. 72), la persona Divina de Lea se construye y se mitiga mediante las cuatro mentalidades de santidad.

76. LeA…LoA…. Las cuatro *alef* de santidad que mitigan los juicios severos en Lea se vuelven un conocimiento de Torá verdadero – i.e., enseñanzas con *mojín* que llevan a la persona más

Misericordia, ordenó la ofrenda elevada diaria (*olat tamid*); para que el *OLAT tamid* de santidad –correspondiente a "*TOLAat Iaacov*" – anule al *TOLA* de las fuerzas del mal[69]....

¡Y debes saber! Toda ofrenda elevada corresponde al aspecto de Lea[70].... Por lo tanto, el *olat tamid* viene en contraposición a ella, para mitigar sus juicios de modo que el *tolaat* no santo no pueda gobernar ni dominar. *TOLA* revierte en *OLAT*.[71] Es por ello que está escrito *olat TaMiD* (Números 28:6), porque *TMD* es el equivalente de las cuatro *alfin* que toma Lea[72]....

Todo esto está explicado en el *Pri Etz Jaim, El Portal de las Ofrendas*, Capítulo III (Shaar Olam HaAsiá, p. 115-116). Estudia bien allí. Estudia con atención y verás que todo esto está aclarado en esta lección.[73]

Pues se explica allí que la [existencia] de los opositores que vilipendian a aquellos que temen a Dios surge de las *alfin* caídas.[74] [Por otro lado,] en la santidad, esas *alfin* corresponden al aspecto de Lea.[75] Pero en ellos [en los opositores] esto se transforma en el aspecto de "¿Es tan poca cosa para ti cansar a los hombres que quieres cansar también a [mi] Dios?" – como si ellos cansaran al Santo, bendito sea, de ayudar a aquellos que Lo sirven. Esto es porque en ellos, *LeA* se transforma en el aspecto de *LoA* (cansar).[76] Pues ellos toman el sustento de los juicios

---

klipot, la herejía y la idolatría. Al igual que el erudito-demonio, el gusano de las *klipot* es una fuerza destructiva (cf. n. 3); consume todo lo que se encuentra a su paso.

69. OLAT...TOLAaT...TOLA.... Iaacov, el *tola* de santidad, se fortalece cada mañana por medio del *jesed* de Abraham. Al mismo tiempo, el *tola* de las *klipot* busca devorar al *tola* de la santidad, a Iaacov. Dios por lo tanto nos ordenó contrarrestar cada mañana el *tola* maligno (תולע) con el *olat* (עולת, la ofrenda elevada) de santidad. Así como cada mañana *jesed* se encuentra en ascenso, la ofrenda diaria elevada (*olat* corresponde a *jesed*, ver n. 65) se lleva a cabo cada mañana para anular las fuerzas del mal del Mundo de la Acción.

70. ofrenda elevada...Lea. La persona Divina de *Maljut*, la *Shejiná*, se manifiesta de dos maneras: el nivel inferior es conocido como Raquel y el nivel superior como Lea (cf. *Likutey Moharán* I, 12, n. 63; Lección #32, n. 17). Como opuesta a los sacrificios que en parte quedan "debajo" –i.e., en los cuales hay porciones que se les dan a los cohanim o a aquel que trae el sacrificio– la ofrenda elevada es una ofrenda quemada, con todas sus partes totalmente dedicadas al Cielo. Debido a que se encuentra en esa categoría superior, se dice que la ofrenda elevada corresponde a Lea.

71. mitigar sus juicios.... Como manifestación del lado izquierdo de las *sefirot* y de la *Shejiná* en particular, Lea corresponde a la cualidad de los *dinim* (juicios). Más aún, siendo la más elevada de las dos expresiones en las cuales se manifiesta la *Shejiná*, Lea es específicamente

שֶׁמְּשָׁם אֲחִיזַת הַקְּלִפּוֹת הַקָּשׁוֹת שֶׁהֵם בְּחִינַת עֲבוֹדָה זָרָה הַנַּ"ל. וְזֶה מַה שֶּׁמְּבֹאָר בְּהַתּוֹרָה הַנַּ"ל שֶׁנּוֹפְלִים בִּכְפִירוֹת בְּחִינַת עֲבוֹדָה זָרָה עַיֵּן שָׁם.

וְהַתִּקּוּן: "אָנֹכִי תוֹלַעַת וְלֹא אִישׁ" וְכוּ', הַיְנוּ בְּחִינַת תּוֹלָע דִּקְדֻשָּׁה, שֶׁמַּכְנִיעַ תּוֹלָע דִּקְלִפָּה. וְזֶה שֶׁמּוּבָא לְעֵיל בְּהַתּוֹרָה הַנַּ"ל, שֶׁהוּא בְּחִינַת אַבְרָהָם, כִּי כֵן מְבֹאָר שָׁם בַּכַּוָּנוֹת, שֶׁתּוֹלָע דִּקְדֻשָּׁה, בְּחִינַת עוֹלַת תָּמִיד, הוּא בְּחִינַת חֶסֶד, בְּחִינַת אַבְרָהָם, בְּחִינַת חֶסֶד שֶׁבִּגְבוּרָה. וְזֶה שֶׁמּוּבָא בְּהַתּוֹרָה הַנַּ"ל, שֶׁהוּא בְּחִינַת: "בִּגְבוּרוֹת יֵשַׁע יְמִינוֹ", הַיְנוּ בְּחִינַת חֶסֶד שֶׁבִּגְבוּרָה:

וְזֶה שֶׁמּוּבָא שָׁם שֶׁעִקַּר הַתִּקּוּן - עַל-יְדֵי שֶׁיַּכְנִיס אוֹרְחִים תַּלְמִידֵי-חֲכָמִים בְּתוֹךְ בֵּיתוֹ, שֶׁנֶּחֱשָׁב כְּאִלּוּ הִקְרִיב תְּמִידִין, כִּי תָּמִד בְּגִימַטְרִיָּא ד' אַלְפִין. כִּי עִקַּר הַתִּקּוּן - עַל-יְדֵי בְּחִינַת קָרְבַּן תָּמִד, שֶׁעוֹלֶה ד' אַלְפִין, שֶׁעַל-יְדֵי-זֶה נִתְתַּקְּנִין הָאַלְפִין הַנַּ"ל, וְזוֹכִין לִבְחִינַת תּוֹלָע דִּקְדֻשָּׁה, שֶׁהוּא בְּחִינַת עוֹלַת תָּמִיד, בְּחִינַת חֶסֶד לְאַבְרָהָם.

עַיֵּן בְּהַתּוֹרָה הַנַּ"ל וּבַכַּוָּנוֹת הַנַּ"ל הֵיטֵב, וְתָבִין אֵיךְ נִכְלְלוּ כָּל הַכַּוָּנוֹת שֶׁל פָּרָשַׁת הַתָּמִיד בְּהַתּוֹרָה הַנַּ"ל. עַיֵּן הֵיטֵב וְתָבִין פְּלָאוֹת:

juicios/fuerzas (ver Lección #32, n. 2:final, para una explicación de las *guevurot*). En nuestro contexto, esto es *jesed* –i.e., la fe y la hospitalidad– que está en *guevurá* – i.e., la fuerza que quiebra y elimina la herejía (ver n. 26). Se explica además en las *Kavanot* que Abraham/*jesed* anula a la sutil *klipá* de Ishmael, mientras que Itzjak, la personificación de *guevurá*, anula la poderosa *klipá* de Esaú. Como resultado, "No temas, *tolaat* Iaacov" – la familia de Iaacov puede sobrevivir y florecer (ver *Pri Etz Jaim, Shaar HaAsiá* 3, n. 2, p. 106).

81. Tamid…ALeF…Abraham. Todo esto aparece más arriba, en la sección 3.

82. comprenderás maravillas. En el *Iekara deShabata*, los discursos de Reb Najmán de Tcherin sobre el tema del Shabat, basados en las enseñanzas del Rebe Najmán, encontramos lo siguiente: Recibir el Shabat en el hogar es equivalente a recibir a un huésped erudito. Así, enseña el Ari que en Shabat uno debe tener en mente los Santos Nombres *ABG ITTz* y *ShKU ITTz* (*Pri Etz Jaim, Shaar HaShabat*, p. 382). Ello se debe a que el Shabat corresponde tanto a la fe como a *jesed*. Por lo tanto enseñan nuestros Sabios (*Shabat* 118b): "Todo aquel que guarda apropiadamente el Shabat, aunque cometa actos de idolatría, es perdonado". Ello se debe a que

severos en Lea, de donde se aferran las *klipot* severas – el concepto de la idolatría. Esto es lo que está explicado en la lección: ellos sucumben a la herejía, el aspecto de idolatría. Estudia allí.[77]

Ahora bien, la rectificación [para esto] es: "Pero yo soy un *tolaa* (gusano) y no un hombre; oprobio de los hombres y despreciado del pueblo". Éste es el aspecto del *tola* de la santidad que anula al *tola* de la *klipá*.[78] Esto es lo que ha sido explicado más arriba en la lección. Es el aspecto de Abraham. Pues también se explica allí, en las *kavanot*, que el *tola* de santidad, correspondiente al *olat tamid*, es el concepto de la bondad/Abraham, el concepto de *Jesed* que está en *Guevurá*.[79] Esto es lo que [se explica] en la lección, que éste es el concepto de "con fortaleza, la salvación de Su diestra" – es decir, el aspecto de *Jesed* que está en *Guevurá*.[80]

Y esto es lo que se trae en la lección, que la principal rectificación se logra recibiendo en el hogar a eruditos de Torá, que es como si se ofreciese la ofrenda diaria. Esto se debe a que *TaMiD* es numéricamente equivalente a cuatro *alef*. Pues la principal rectificación se produce mediante el concepto del sacrificio *tamid*, que es igual a cuatro veces *ALeF*. Mediante esto se rectifican las *alfin* y se merece el aspecto del *tola* de santidad/*olat tamid*/"bondad a Abraham" (Mija 7:20).[81]

Estudia bien la lección y las *kavanot*. Comprende cómo todas las intenciones kabalistas del Capítulo de las Ofrendas Diarias están incluidas en esta lección. Estudia bien y comprenderás maravillas.[82]

---

cerca de Dios. (Así proclama a Dios, el Dios Único - *ejaD*). Sin embargo, si los juicios en Lea no son mitigados, las *alef* se transforman en *alef* caídas – i.e., la Torá caída que induce a la herejía en aquellos que la oyen (como se explicó más arriba n. 10).

77. Estudia allí. Sección 1, notas 12 y 13.

78. tola de la santidad.... Es decir, las cualidades de la fe y de *jesed* que permiten superar el oprobio y la humillación, al igual que a la idolatría, a la herejía y a la vergüenza (ver más arriba, §2).

79. Jesed que está en Guevurá. Ver más arriba, notas 23, 25 y 65, que la *guevurá* (fuerza) para quebrar la idolatría se origina en un acto de *jesed* (bondad). En la terminología de las *sefirot*, esto es *Jesed shebeGuevurá* (la Bondad que está en la Fuerza).

80. fortaleza...diestra...Jesed...Guevurá. Como explicó anteriormente el *Parparaot LeJojmá*: El Santo Nombre *ABG ITTz*/*Jesed* está asociado con *tolaat Iaacov*, que corresponde al Santo Nombre *ShKU ITTz*/*Maljut* (ver notas 65, 67). Éste es el *Jesed* que está en *Guevurá*, la mano derecha de la fuerza, pues el Nombre de Cuarenta y Dos tiene su raíz en las *guevurot*, los

Tierra Santa, había cerca de 40.000 soldados al frente del ejército (provenientes de las tribus de Rubén, Gad y Menashé; Ioshúa 4:13). Y esto corresponde a (diez veces) cuatro *alef* (*elef* es "mil"). Durante la era de la profetiza Débora, las Escrituras vuelven a registrar el hecho de que se necesitaron 40.000 soldados para proteger a Eretz Israel de las naciones paganas (Jueces 5:8). En la época de Eli, el Sumo Sacerdote, los judíos dañaron las *alef* y cerca de 4.000 hombres murieron en batalla en contra de los filisteos (Samuel I, 4:2). Pero más tarde, bajo el rey David, el reino de la santidad prevaleció y destruyó cerca de 40.000 jinetes de Aram (Samuel II, 10:18). Todo esto apunta a la necesidad de rectificar las *alef* si uno quiere conquistar (*KoVeSh* se asemeja a *KeVeS*; ver más arriba §3, n. 32) la Tierra Santa.

Con esto, podemos comprender mejor lo que sucedió en la noche anterior a que Ioshúa comenzara su conquista de la Tierra Santa. Las Escrituras relatan que se vio confrontado por un ángel (Ioshúa 5:3). Ese ángel le informó al líder del pueblo judío que en el cielo había dos acusaciones en su contra: no les había ordenado a los cohanim traer la ofrenda regular antes del atardecer y no le había ordenado al pueblo estudiar Torá esa noche. "¿Cuál es la más grave? ¿Qué te hizo venir aquí?", preguntó Ioshúa. "*Ahora* he venido", respondió el ángel. "No vine durante la tarde, aunque no presentaste la ofrenda *tamid*". A partir de esto nuestros Sabios concluyen que el estudio de la Torá sobrepasa incluso a los *tamidin*, la ofrenda diaria (*Meguilá* 3a). Más aún, estos eventos indican que, en esencia, el estudio de la Torá es lo que le da fuerza a la conquista de la Tierra Santa. Ioshúa fue por lo tanto alentado por Dios para fortalecerse con el estudio de la Torá (ver también Ioshúa 1:7-8). Como se explicó en nuestra lección, el estudio de la Torá es *jesed* (n. 29). La cualidad de *jesed* que rectifica las *alef* caídas también conquista la Tierra.

También vemos que el Santo Templo, en la Tierra Santa, es el lugar elegido para llevar la ofrenda *tamid*. Las Escrituras aluden a esto en Deuteronomio (11:12): "Una tierra de la cual Dios tiene especial cuidado; los ojos del Señor, tu Dios, están sobre ella *tamid* (constantemente)…". Además, Iaacov es conocido como un *keves* (*Rashi*, Números 7:21), el animal sacrificado en la ofrenda diaria (n. 31, 32) y así la Tierra Santa le fue dada a Iaacov y a sus hijos para ser *kovesh* (conquistada) como una herencia.

Finalmente, en su profecía concerniente al Final de los Días, Daniel lamenta el diluvio de herejía que inundará al mundo desde el tiempo en que "sea abolida la ofrenda *tamid*…" (Daniel 12:11). Como se explicó en nuestra lección, la ofrenda diaria es necesaria para elevar las *alef* caídas/Torá caída. La rectificación de las *alef* mediante el *tamid/jesed* elimina la herejía. Que esto sea pronto y en nuestros días.

jesed y fe (Shabat) quiebran y eliminan a la herejía (§2). Esto está aludido en las letras de la palabra *ShaBaT* (שבת), que cuando se reordenan deletrean *BoSheT* (בשת; vergüenza); guardar el Shabat contrarresta la vergüenza de la idolatría (§1). Así las Escrituras afirman (Isaías 58:13), "Si te refrenas a causa del Shabat... y proclamas al Shabat, *'Oneg'* (deleite) y al santo de Dios, 'Honrado'". El Shabat tiene el poder de anular el oprobio y la humillación de los heréticos y traer honor a los rectos que lo observan. Más aún, vemos que en el Shabat uno no puede caminar más allá de *ALPaim* (dos mil) codos en ninguna de las cuatro direcciones fuera de su ciudad. Esto corresponde a guardar las cuatro *ALeF* dentro del ámbito de la santidad.

El Shabat también se equipara con el Tzadik (*Likutey Moharán* II, 45). Las Escrituras dicen (Éxodo 31:16), "Los hijos de Israel guardarán el Shabat, haciendo de él un día de descanso *LeDoRoTaM* (por todas las generaciones)". El *Zohar* (III, 243b) vocaliza esta palabra como "*LeDiRaTaM* (sus hogares)". Recibir el Shabat en el hogar corresponde a construir una casa "entre el cielo y la tierra". Su casa, i.e., las enseñanzas de Torá del Tzadik/Shabat, como opuesto a "una casa en el cielo", i.e., las enseñanzas que no tienen sustento en la Torá verdadera, tiene un fundamento y un cimiento sobre el cual apoyarse. Por ello es una mitzvá especial generar ideas novedosas de Torá en el Shabat (*ibid.*, 173a). La Torá que uno estudia proviene entonces del lado de la santidad, de las *alef* verdaderas. Como dijo el Rey Shlomo (Eclesiastés 2:8), "Yo adquirí... los deleites de los hijos del hombre... y de los demonios". Aunque la búsqueda de los deleites mundanos, que incluye ser arrastrado tras las enseñanzas de los eruditos-demonios judíos, es algo que debe ser evitado, hay veces, como en el Shabat, en que es una mitzvá experimentar el deleite y el placer. Ello se debe a que los deleites del Shabat, incluso los deleites físicos, son de naturaleza espiritual. Tales deleites pueden anular a los demonios que fueron creados en la víspera del Shabat, aquellos que no tienen cuerpo y cuya "casa está en el cielo" (ver más arriba §4, n. 36). El deleite del Shabat es llamado así "*ONeG* (ענג)" que, al reordenar las letras conforma la palabra *NeGA* (נגע, plaga). El deleite del Shabat salva a la persona del azote de los demonios. Y el placer más grande es oír Torá proveniente de los verdaderos Tzadikim, la Torá que surge de las *alef* verdaderas.

El Rav de Tcherin también compuso discursos sobre el tema de la Tierra Santa, Eretz Israel, vista desde la perspectiva de las enseñanzas del Rebe Najmán. En esta obra, conocida como *Zimrat HaAretz*, demuestra cómo la Tierra Santa está conectada con nuestra lección. Eretz Israel connota la fe (ver *Likutey Moharán* I, 7:1). Es también la Tierra que le fue prometida a Abraham, el paradigma de *jesed*. Como se explicó, el aspecto de Abraham (*jesed* y fe) rectifica las *alef* caídas. Las Escrituras también relatan que cuando el pueblo judío llegó a conquistar la

לִיקוּטֵי מוֹהֲרָ"ן סִימָן כ"ט

רַשִׁ"י:

דְּמַדְלְיָהּ מִנַּהּ – שֶׁמְּיַחֶסֶת מֵרִאשׁוֹנָה וְשׁוֹאֵל אוֹתוֹ הֲלֹא יֵשׁ לוֹ לִלְמֹד, הוֹאִיל וְלֹא נָתְנוּ לוֹ רִאשׁוֹנָה, כָּל שֶׁכֵּן זוֹ: סִכְּתָא – קַבִּילָא: דָּצָה – הִשְׁפִּיל יָדוֹ בְּמָקוֹם שֶׁאֵין חוֹר בַּכֹּתֶל, וְלֹא עָל: דָּלֵי דָּצָה – הִגְבִּיהַּ יָדוֹ וּנְעָצָהּ בִּמְקוֹם נֶקֶב, וְעָאל:

הַאי גַּבְרָא דְּאָזֵל בָּעֵי אִתְּתָא וְלָא קָיָהֲבִי לֵהּ, מַאי חָזֵי דְּאָזֵל לְהֵיכָא דְּמַדְלֵי מִנַּהּ. שָׁקַל סִכְּתָא דָּצָה לְתַתָּא לָא עָאל, דָּלֵי דָּצָה לְעֵלָּא עָאל. אָמַר: הַאי נַמִי מִתְרַמְיָא לֵהּ בַּת מַזָּלֵהּ:

הַאי גַּבְרָא דְּאָזֵל בָּעֵי אִתְּתָא וְלָא קָיָהֲבִי לֵהּ וְכוּ',

א. כִּי לֹא כָּל דִּבּוּר נִקְרָא דִּבּוּר, כִּי דִּבּוּר שֶׁאֵינוֹ נִשְׁמָע וְנִתְקַבֵּל אֵינוֹ נִקְרָא דִּבּוּר, בְּחִינַת (תהלים י"ט): "אֵין אֹמֶר וְאֵין דְּבָרִים בְּלִי נִשְׁמָע קוֹלָם".

luego introduce un segundo concepto, seguido por un tercero, un cuarto, etc. Entonces, en algún momento, se detiene para "reagruparlos". Esto lo hace reordenando los conceptos mencionados previamente y uniéndolos a través de textos de prueba adicionales (ver Lección #23, n. 56, para una explicación más completa). Así, cuando el lector se encuentre con lo que parece ser un material repetido, es aconsejable que busque la conexión con un concepto anterior. Las notas ocasionalmente apuntan a esto, pero en general se centran en el tema inmediato que está siendo tratado en la lección.

2. No todas las palabras…. El rabí Natán explica que la Lengua Sagrada es por excelencia un habla completa y perfecta. Las palabras que no son consideradas "habla" corresponden al concepto de "otras lenguas". Esto no quiere decir que sólo el hebreo es la Lengua Sagrada. Más bien, incluye a todas las palabras sagradas en cualquier idioma – por ejemplo, la plegaria, el estudio de la Torá, *hitbodedut*, palabras de bondad y de aliento a los otros y demás. El concepto de "otras lenguas" incluye la calumnia, la blasfemia, la mentira, etc. (*Torat Natán* #1; ver *Likutey Moharán* I, 19:3, n. 7).

3. ni es su voz oída. El Rebe Najmán interpreta el Salmo como diciendo: Cuando la voz del que habla no es oída, cuando sus palabras no son aceptadas, lo que dice no es apto para ser llamado "habla".

LIKUTEY MOHARÁN 29[1]

"Cierto hombre fue a buscar una esposa, pero no se la dieron. ¿Qué hizo que fuese a donde había una mejor?". Él tomó una estaca e intentó hundirla abajo. Ésta no entró. La levantó y probó hundirla más arriba. Allí entró. Él dijo, "Ésa también ha encontrado su *bat mazlé* (pareja destinada)"
(*Bejorot* 8b).

Rashi:
una mejor - con mejores ancestros que la primera. De modo que le preguntó, "¿No debería haber aprendido del hecho de que si no le dieron la primera ciertamente no le darían a esta otra?"; **una estaca** - una pica; **hundirla** - bajó la mano adonde no había ningún hueco en la pared y [la estaca] no entró; **La levantó y la intentó hundir** - levantó la mano y la introdujo en donde había un hueco y allí entró.

"*Hai Gavra Dazil* (Cierto hombre fue) a buscar una esposa, pero no se la dieron...".

No todas las palabras son consideradas habla (*dibur*).[2] Pues las palabras que no son oídas ni aceptadas no son denominadas "habla", como en (Salmos 19:4), "No hay habla, ni palabra, ni es su voz oída".[3]

---

1. Likutey Moharán 29. Esta lección fue dada en Shavuot, 5566 (23 de mayo de 1806) en Breslov. Fue la primera vez que el Rebe Najmán se vistió de blanco (ver §3). Uno de los seguidores del Rebe había llevado con él a su hija epiléptica (ver §7) y una botella de vino como regalo (ver §8). Otro de sus seguidores tenía un caso pendiente muy difícil con los oficiales del gobierno (ver §2, n. 14). Todos estos elementos fueron tejidos en la lección. El Rebe Najmán reveló también su concepto del *Tikún HaKlalí*, el Remedio General: cómo es posible, al rectificar el nivel superior, general y global, expíar y rectificar automáticamente los pecados de un nivel inferior. Los temas principales de la lección son: el habla rectificada; las vestimentas limpias; el Pacto; los negocios, el sustento; la caridad; la epilepsia; y el vino. También hay alusiones a Francia, que en ese momento estaba envuelta en las guerras napoleónicas (*Tzadik* #146; *Parparaot LeJojmá*).

Dentro de esta lección particularmente difícil, hay lo que parecen ser comparaciones y pruebas repetidas. Esto tiene que ver con uno de los métodos recurrentes del Rebe utilizados al construir una lección del *Likutey Moharán*. El Rebe comienza su discurso con un concepto,

וְעִקָּר מַה שֶּׁנִּתְקַבֵּל הַדִּבּוּר, הוּא מֵחֲמַת הַטּוֹב שֶׁיֵּשׁ בּוֹ, כִּי טוֹב הַכֹּל חֲפֵצִים. וְעַל כֵּן כְּשֶׁיֵּשׁ טוֹב בְּהַדִּבּוּר, אֲזַי הַדִּבּוּר נִשְׁמָע וְנִתְקַבֵּל, אֲבָל כְּשֶׁאֵין טוֹב בְּהַדִּבּוּר, אֵינוֹ נִתְקַבֵּל:

וְאֵיךְ עוֹשִׂין הַטּוֹב בְּהַדִּבּוּר? הוּא עַל-יְדֵי שֶׁלּוֹקְחִין הַדִּבּוּר מֵהַדַּעַת, אֲזַי יֵשׁ בּוֹ טוֹב. אֲבָל כְּשֶׁהַדִּבּוּר בְּלֹא דַעַת, אֲזַי אֵין בּוֹ טוֹב. בִּבְחִינַת (משלי י"ט): "גַּם בְּלֹא דַעַת נֶפֶשׁ לֹא טוֹב", "נֶפֶשׁ" הוּא הַדִּבּוּר, כְּמוֹ שֶׁכָּתוּב (בראשית ב'): "וַיְהִי הָאָדָם לְנֶפֶשׁ חַיָּה", וְתַרְגּוּמוֹ: 'לְרוּחַ מְמַלְּלָא':

ב. וּלְהָקִים וּלְרוֹמֵם אֶת הַדַּעַת, הוּא עַל-יְדֵי שֶׁבַח הַצַּדִּיקִים. כְּשֶׁמְּשַׁבְּחִין וּמְפָאֲרִין אֶת הַצַּדִּיקִים, עַל-יְדֵי-זֶה נִתְרוֹמֵם הַדַּעַת. בִּבְחִינַת (דברים ל"ב): "כְּנֶשֶׁר יָעִיר קִנּוֹ", "נִשְׁרָא" - דָּא רוּחָא (כמובא בתקון ג' מהי"א תקונים), דָּא בְּחִינַת צַדִּיק, בִּבְחִינַת (במדבר

el habla es su vida. Si aplicamos esto al versículo previo, éste se lee: **Tampoco es bueno** – no hay bien **para el alma** – cuando el *nefesh*/habla **esté sin conocimiento** – no está conectada a la Torá ni toma de ella. Tal habla no es "oída" y por lo tanto no puede ser considerada un "habla".

Resumen: Para que la palabra sea considerada "habla", debe contener la cualidad del bien. El bien proviene de *daat*/Torá.

8. alabanza...se eleva el daat. Al mencionar la alabanza y la gloria de los Tzadikim, la persona invoca su mérito y poder espiritual. De este modo se eleva su *daat*; su habla –ahora proveniente de un *daat* exaltado– contiene la cualidad del bien. Sus palabras son así oídas y aceptadas (*Parparaot LeJojmá*). El *BeIbey HaNajal* explica que el concepto de traer el habla de un *daat* exaltado implica acercarse a los Tzadikim. Estar cerca de ellos y ser testigo de su grandeza hace que la persona se vea llevada a alabar a los Tzadikim.

A partir de otras de las enseñanzas del Rebe Najmán se vuelve claro que la cualidad del bien en el habla sólo puede ser alcanzada encontrando el bien en los demás y elogiándolos. Como enfatiza el Rebe Najmán, todos los judíos son llamados Tzadikim (Lección #23:10). El Rebe enseña igualmente que uno debe siempre buscar y encontrar el bien en sus congéneres, pues ello los eleva hacia el lado del mérito. Encontrar ese bien significa juzgar al otro de manera favorable, aunque sea un pecador (*Likutey Moharán* I, 282). De esa manera, uno puede transformar a su congénere en un "Tzadik". Por lo tanto, aunque alabar a los verdaderos Tzadikim es el prototipo del concepto de la alabanza a los Tzadikim, elogiar a un simple judío, juzgándolo de manera favorable, también es un aspecto de alabar a los Tzadikim. También esto hace que se exalte y se eleve el *daat*.

9. nesher...Nishra...Tzadik. Aquí, el Rebe Najmán comienza su explicación de por qué alabar al Tzadik eleva el *daat*. Las Escrituras afirman (Job 10:11), "Me has revestido de piel

Ahora bien, el que las palabras sean aceptadas tiene que ver principalmente con el bien que contienen, pues todos desean el bien. Por lo tanto, cuando las palabras contienen bien, el habla es oída y aceptada.[4] Pero cuando las palabras no contienen ningún bien, no son aceptadas.

¿Y cómo se crea el bien en las palabras? Esto se hace tomando el habla desde el *daat* (conocimiento sagrado).[5] Entonces ésta contiene "bien". Pero cuando el habla carece de *daat*, no tiene ningún bien, como en (Proverbios 19:2), "Tampoco es bueno que el alma esté sin conocimiento".[6] El alma es el habla, como está escrito (Génesis 2:7), "El hombre se volvió un alma viviente", cuya traducción al arameo es "un espíritu hablante".[7]

2. Ahora bien, elevar y realzar el *daat* se logra mediante la alabanza a los Tzadikim. Al alabar y exaltar a los Tzadikim, se eleva el *daat*,[8] correspondiente a (Deuteronomio 32:11), "Como el *nesher* (águila) despierta a su *ken* (nido)". *Nishra* es el espíritu, el concepto del Tzadik,[9] como

---

4. oída y aceptada. El rabí Natán explica que el habla que es oída y aceptada hace referencia a las plegarias que la persona le eleva a Dios, a sus conversaciones con los amigos e incluso a su propio diálogo interior (como cuando se amonesta por sus malas acciones). En todas esas formas de habla, las palabras deben contener bien para que puedan ser aceptadas (*Likutey Tefilot*). El *Belbey HaNajal* agrega que ese bien es necesario para que las plegarias sean aceptadas ante Dios. Más adelante, demuestra cómo la lección se alinea con la plegaria de *Shajarit* que recitamos cada mañana (n. 43).

5. daat, conocimiento sagrado. Esto hace referencia a la Torá. Ver la nota siguiente.

6. ...el alma esté sin conocimiento. Rashi (*loc. cit.*) explica el concepto de *daat* como el conocimiento de la Torá. El *nefesh* (alma) sin Torá carece de bien. Tal persona es propensa a pecar, algo que no es bueno para el alma (*Metzudat David*). Esto se explica más adelante (§3).

Es un principio básico en todas las enseñanzas del Rebe Najmán que cada vez que hace referencia a la sabiduría, al intelecto o a cualquier otra descripción del conocimiento, tiene en mente la clase de *daat* que hace que la persona *conozca* y experimente la Divinidad. En contraste, todo tipo de saber que aleje a la persona de Dios no es considerado en absoluto *daat*. En verdad, debido a que ello separa a la persona del Santo, bendito sea, es el epítome de la locura. Así, en nuestro texto, también *daat* connota conocimiento de Torá – i.e., la conciencia de Dios que, en última instancia, lleva a la persona más cerca de Él (tratado más adelante, §4: final).

7. alma viviente...espíritu hablante. El habla es única y propia del hombre, la cualidad que lo distingue de todos los animales. Esto está indicado en la traducción del versículo al arameo que hace Onkelos: el *nefesh* (alma) viviente en el hombre es su espíritu hablante. En otras palabras,

כ"ז): "אִישׁ אֲשֶׁר רוּחַ בּוֹ". "יָעִיר קִנּוֹ" - שֶׁהוּא מְעוֹרֵר הַמֹּחִין מִתַּרְדֵּמוּתָן, מִבְּחִינַת מֹחִין דְּקַטְנוּת, מִבְּחִינַת שֵׁנָה. "קִנּוֹ" - דָּא "קְנֵה חָכְמָה קְנֵה בִינָה" (משלי ד'), שֶׁהֵם הַמֹּחִין.
וַאֲפִלּוּ מַלְאָכִים, כְּשֶׁרוֹצִים לַעֲשׂוֹת דִּבּוּר שֶׁיִּהְיֶה נִשְׁמָע וְנִתְקַבֵּל אֶצְלָם, בִּבְחִינַת: "עֹשֵׂי דְבָרוֹ לִשְׁמֹעַ בְּקוֹל דְּבָרוֹ", אֲזַי הֵם מְשַׁבְּחִין וּמְפָאֲרִין אֶת הַשֵּׁם יִתְבָּרַךְ תְּחִלָּה, שֶׁהוּא צַדִּיקוֹ שֶׁל עוֹלָם, בִּבְחִינַת (תהלים קמ"ה): "צַדִּיק ה' בְּכָל דְּרָכָיו", וְעַל-יְדֵי-זֶה נַעֲשֶׂה הַדִּבּוּר, בִּבְחִינַת: "לִשְׁמֹעַ" וְכוּ'.

queremos elevar nuestro nivel de *daat* (conocimiento sagrado) para que nuestras palabras – aquellas que provienen de un *daat* exaltado– adquieran la cualidad del bien y sean por tanto oídas y aceptadas. ¿Quién es el que puede elevar el *daat* – i.e., la combinación de las cualidades de *jojmá* y de *biná*? A partir del versículo en Deuteronomio (*loc. cit.*) aprendemos que el *ken/daat* se despierta por medio del *nesher*/espíritu/Tzadik. Así como el espíritu del Tzadik engloba al espíritu de todos los judíos y eso le permite liderarlos, sus *mojín* incluyen a los *mojín* de todos los judíos y ello le permite elevar el *daat* de cada persona.

Ahora que sabemos que los Tzadikim tienen el poder de elevar nuestro *daat*, ¿cómo hacemos para que lo lleven a cabo? El Rebe Najmán explica que el *daat* se eleva mediante la alabanza a los Tzadikim. Esto también se encuentra aludido en la palabra *KeN* (קן). En otra instancia (Lección #27:4), el Rebe Najmán enseña que el *KaNé* (קנה, caña), que por extensión también es el término para designar a la tráquea y a la laringe (la voz), corresponde a *jojmá* y al intelecto: "En la medida en que se refine la sabiduría, asimismo se refinará la voz". Esto se conecta con nuestro texto en el hecho de que es la voz de la persona –i.e., sus alabanzas de los Tzadikim– la que eleva y exalta a las mentalidades, incluyendo a *Daat*. El versículo de Deuteronomio se lee entonces así: **Como el nesher** – cuando el Tzadik **despierta a su ken** – es alabado, se eleva y trae el bien hacia las mentalidades.

12. Incluso los ángeles.... Aquí, el Rebe Najmán demuestra que incluso los ángeles, cuando quieren que sus palabras sean oídas y aceptadas –i.e., cuando quieren que descienda *shefa* (abundancia) hacia este mundo– primero alaban a Dios. Todo lo que existe en la creación emana del *dvar HaShem* (la palabra de Dios). La *shefa* creada por la palabra de Dios desciende a través de los diversos mundos y niveles, por medio de los diversos ángeles a cargo, hasta que alcanza este mundo (*Likutey Moharán* II, 1:9). Sin embargo, antes de que los ángeles puedan recibir esa abundancia, deben primero despertar el bien en su habla. De esta manera, sus palabras son oídas y aceptadas Arriba y esto hace que fluya la *shefa* (*Mabuei HaNajal*).

13. Dios es un Tzadik...Su palabra. De los ángeles aprendemos que alabar a Dios, el Tzadik del mundo, despierta el bien en nuestras palabras. Este despertar de los *mojín* permite que descienda la abundancia.

El concepto de *shefa* ha sido explicado numerosas veces (ver Lección #24, notas 25, 75; *Likutey Moharán* I, 12:3, n. 41). En resumen: Dios envía constantemente abundancia hacia este mundo canalizándola sistemáticamente a través de cada una de las *sefirot* individuales. Desde

en (Números 27:18), "Un hombre en quien está el espíritu <de Dios>".[10] "Despierta a su *ken*" – despierta a las "mentalidades" (*mojín*) de su sueño, del aspecto de la conciencia restringida, el aspecto de dormir. "*Ken*" alude a (Proverbios 4:5), "*KNé* (adquiere) sabiduría, *KNé* comprensión"; siendo éstas las mentalidades, <como es sabido>.[11]

{"**Bendigan al Señor, ustedes, Sus ángeles, poderosos guerreros que hacen Su palabra, para oír el sonido de Su palabra**" (Salmos 103:20).}

Incluso los ángeles, cuando tienen que emitir una palabra que sea escuchada y aceptada entre ellos –correspondiente a, "hacer Su palabra, para oír el sonido de Su palabra" – primero alaban y exaltan al Santo, bendito sea.[12] Pues Él es el Tzadik del mundo, como en (Salmos 145:17), "Dios es Tzadik en todos Sus caminos". Debido a esto, la palabra se encuentra en la categoría de "para oír el sonido de Su palabra".[13]

---

y de carne; me has tejido con huesos y *guidim* (venas y tendones)". El *Zohar* enseña que los cuatro componentes del cuerpo físico constituyen un paralelo de los cuatro elementos: tierra (piel); fuego (carne); agua (huesos); aire (*guidim*). La piel del hombre cubre y viste su aspecto interior, [su carne, huesos y *guidim*]. Si es digno, sus "vestimentas externas" estarán hechas de mitzvot, los mandamientos positivos que lleva a cabo. De lo contrario, si peca y transgrede los mandamientos negativos, su piel exterior corresponderá al cuero de la serpiente primordial. El *Zohar* dice también que los tres componentes internos representan las tres figuras de la Carroza (Ezequiel 1): toro (carne); león (huesos); águila (*guidim*) (*Tikuney Zohar*, Agregado #3, p. 139b). En base a esto, el Rebe Najmán equipara al águila (*nesher, nishra* en arameo), que corresponde al aire/*guidim*, con el espíritu. Al citar el siguiente versículo de Números, demuestra cómo el espíritu corresponde al Tzadik. Así, *nishra* corresponde al Tzadik. (En las secciones 3 y 4 más adelante, el Rebe aclara más aún la conexión entre *nishra* y *guidim*, la serpiente y otros conceptos mencionados en este pasaje proveniente del *Zohar*).

10. en quien está el espíritu de Dios. Antes de su fallecimiento, Moshé le pidió a Dios que nombrase como su sucesor a un hombre que fuese tanto digno como capaz de guiar al pueblo judío. Dios le respondió, "Toma a Ioshúa, un hombre en quien está el espíritu...". Rashi (*loc. cit.*) explica que el "espíritu" que debe tener un líder es la capacidad para tratar con el espíritu de cada judío individual. Para ser su líder, el espíritu del Tzadik debe incluir el espíritu de todos aquellos que se beneficiarán de su liderazgo.

11. despierta a las mentalidades...KeN...KNé. Las *sefirot* de *Jojmá* (Sabiduría) y *Biná* (Comprensión) son conocidas como los *mojín* (mentalidades o intelectos) del cerebro (Ver Apéndice: Las Sefirot y el Hombre). Enseña el Talmud (*Berajot* 56b): "Aquel que ve en sueños un *KaNé* (קנה, una caña) puede esperar sabiduría", como en (Proverbios 4:5), "*KNé* (קנה, adquiere) *jojmá*...". La palabra *kné* sugiere así las cualidades de *jojmá* y de *biná* (ver *Mabuei HaNajal*). Compartiendo la misma raíz que la palabra *KNé* (קנה) se encuentra la palabra *KeN* (קן, nido). Por lo tanto, "despierta a su *ken*" alude a despertar a los *kné*, las mentalidades de *Jojmá* y *Biná*. Cuando esto sucede, los dos *mojín* se combinan y forman una tercera mentalidad, *Daat*.

Aplicando esto al contexto de nuestra lección, el Rebe Najmán enseña: Nosotros

וְזֶה (תהלים ק"ג): "בָּרְכוּ ה' מַלְאָכָיו", הַיְנוּ הַשֶּׁבַח שֶׁמְּשַׁבְּחִין תְּחִלָּה אֶת הַשֵּׁם יִתְבָּרַךְ שֶׁהוּא צַדִּיקוֹ שֶׁל עוֹלָם. וְאַחַר-כָּךְ, עַל-יְדֵי-זֶה: "עוֹשֵׂי דְבָרוֹ לִשְׁמֹעַ בְּקוֹל דְּבָרוֹ", שֶׁעוֹשִׂין הַדִּבּוּר, שֶׁהוּא נִשְׁמָע וְנִתְקַבֵּל:

ג. וְזֶה בְּחִינַת בְּגָדִים לְבָנִים, הַיְנוּ תִּקּוּן הַדִּבּוּר, שֶׁהוּא בְּחִינַת מַלְכוּת פֶּה, הוּא בְּחִינַת בְּגָדִים לְבָנִים. כִּי צָרִיךְ לִשְׁמֹר מְאֹד אֶת הַבְּגָדִים, שֶׁלֹּא יְבַזֶּה אֶת הַבְּגָדִים, רַק לְשָׁמְרָן כָּרָאוּי שֶׁלֹּא יָבוֹא עֲלֵיהֶם שׁוּם כֶּתֶם וּרְבָב.

bien proviene de *daat*/Torá (§1). ¿Cómo puede la persona hacer que descienda el bien desde *daat* hacia el habla? Alabando a los Tzadikim. Esto despierta a los *mojín*, hace que se eleve el *daat* y así rectifica sus palabras (§2).

15. vestimentas blancas. Esto hace referencia a las vestimentas limpias, como explica el Rebe a continuación.

En el Shavuot en el que dio está lección, el Rebe se vistió por primera vez con ropas blancas (n. 1). Esta práctica, mencionada en el Talmud (*Shabat* 25b; *Kidushin* 72a), fue observada a lo largo de las épocas principalmente entre los kabalistas y más tarde en ciertos círculos jasídicos. Incluso hoy día, varios grupos jasídicos en la Tierra Santa aún usan el blanco en el Shabat y en ciertas festividades. En cuanto al Rebe Najmán, era sabido que no tomaba ninguna costumbre que no hubiera primero comprendido en su raíz (*Tzadik* #273). Se vistió de blanco luego de haber alcanzado los niveles superiores y los conceptos que trató en esta lección.

16. Maljut, la boca. *Maljut* (Reinado) corresponde a la boca. Esto se puede comprobar a partir del hecho de que la autoridad del líder se confirma mediante la palabra hablada; al proclamar un edicto real o gubernamental que es entonces llevado a cabo. Igualmente, al proclamar la soberanía de Dios, se reconoce Su Reinado. El *Zohar* (*loc. cit.*) enseña así que el habla rectificada corresponde a *Maljut*, la boca.

17. ...corresponde a las vestimentas blancas. En esta sección, el Rebe Najmán introduce la conexión entre las vestimentas blancas, el habla y cómo es que éstas corresponden a *Maljut*, la Presencia Divina.

El rabí Natán explica que el concepto de las vestimentas blancas es un paralelo de las vestimentas usadas por el Sumo Sacerdote cuando entraba al Santo de los Santos en Iom Kipur. Él usaba *cuatro* vestimentas blancas, correspondientes a los *mojín*: una para *Jojmá*, otra para *Biná* y dos para *Daat* (*Torat Natán* #2). *Daat*, debido a que comprende *jasadim* (benevolencias de *Jojmá*) y *guevurot* (juicios de *Biná*), se cuenta como dos *mojín* (ver *Likutey Moharán* I, 15:3, n. 16). El habla también contiene *jasadim* y *guevurot* (ver *Likutey Moharán* I, 9:3, n. 41). Así, cuando se despierta a los *mojín* para que el habla provenga de *daat*, las palabras contienen bien. Esto da como resultado un habla rectificada, palabras que son oídas y aceptadas. Todo esto está incluido en el concepto de las vestimentas blancas.

18. cuidarlas.... Varias enseñanzas del Rebe Najmán hablan sobre la necesidad de cuidar las

Y esto es, "Bendigan al Señor, ustedes, Sus ángeles" – i.e., la alabanza <y el esplendor> con los que primero alaban <y exaltan> al Santo, bendito sea, que es el Tzadik del mundo. Y luego, mediante esto ellos "hacen Su palabra, para oír el sonido de Su palabra". Ellos crean la palabra que es oída y aceptada.[14]

3. Éste es el concepto de las vestimentas blancas.[15] En otras palabras, el habla –que es el concepto de "*Maljut*, la boca" (*Tikuney Zohar*, Introducción)[16]– corresponde a las vestimentas blancas.[17] Pues es necesario tener mucho cuidado con las propias vestimentas; y no maltratar las ropas, sino cuidarlas de la manera apropiada para que no tengan ninguna marca ni mancha.[18]

---

la palabra de Dios, la *shefa* desciende a *Keter* y de allí a las mentalidades (*Jojmá* y *Biná* y a la *sefirá* compuesta de *Daat*). Luego es canalizada a través de las seis *sefirot* de la persona Divina *Zeir Anpin*, desde donde pasa hacia *Maljut*, que es la persona Divina/*sefirá* representativa de este mundo. Así, para que la abundancia descienda debe primero pasar a través de los *mojín* (*Jojmá, Biná, Daat*). Y para que nosotros podamos recibir esa *shefa*, primero debemos despertar a las mentalidades alabando al Tzadik del mundo. Despertar el *daat* trae por lo tanto el bien/*shefa*. Lo mismo ocurre cuando, al alabar a los Tzadikim, la persona despierta sus méritos. Esto hace que se despierten sus propias mentalidades, lo que su vez trae el bien hacia su habla.

14. Bendigan Al Señor.... En el contexto de nuestra lección, el versículo se lee: **Bendigan al Señor** – alaben al Tzadik del mundo **...hacen Su palabra** – pues alabar a Dios pone el bien en las palabras de la persona, de modo que **para oír el sonido** – sus palabras serán oídas y aceptadas.

Agrega el *Mabuei HaNajal*: Es por esto que leemos el Libro de Ruth en Shavuot, la festividad en la cual el Rebe Najmán dio está lección. Enseña el Talmud que ella fue llamada Ruth (רות) debido a que alguien destinado a descender de ella, David, saturaría (רוה) a Dios con canciones y alabanzas (*Berajot* 7b). La descendencia de Ruth ejemplifica la alabanza a Dios, Quien es el Tzadik del mundo. La festividad de Shavuot corresponde a la Torá, pues fue entonces cuando tuvo lugar la Revelación en el Sinaí. Así, Ruth/alabanza del Tzadik eleva a la Torá/*daat* (n. 5), siendo ésta la fuente del bien en el habla.

Este tema de la rectificación del habla está directamente conectado con los eventos que tuvieron lugar en la época en que fue dada esta lección. Uno de los seguidores del Rebe Najmán tenía un contrato para suplir de harina al ejército del zar. Poco antes de ese Shavuot, el gobierno reclamó arguyendo que la harina entregada no era satisfactoria. El seguidor del Rebe estaba amenazado tanto financiera como físicamente. No importa cuánto tratase, no podía hacer que los oficiales del gobierno oyesen su lado de la historia. El juicio estaba dispuesto para después de la festividad. En Shavuot, el seguidor del Rebe lo oyó dar esta lección y se sintió profundamente impresionado por el pasaje que explicaba cómo la alabanza a los Tzadikim hace que lo que uno diga sea oído y aceptado. Luego de la festividad salió para el juicio y allí adonde iba contaba historias sobre el Rebe y lo alababa una y otra vez. Cuando finalmente presentó su caso ante los oficiales del gobierno, estos aceptaron su postura y lo liberaron de todos los cargos (*Tzadik* #146).

Resumen: Para que la palabra sea considerada "habla", debe contener la cualidad del bien. El

וְכָל מִי שֶׁהוּא גָּדוֹל יוֹתֵר, צָרִיךְ לִשְׁמֹר אֶת הַבְּגָדִים יוֹתֵר. כִּי כָל מִי שֶׁגָּדוֹל יוֹתֵר, מְדַקְדְּקִין עִמּוֹ יוֹתֵר. וְעַל כֵּן תַּלְמִיד-חָכָם שֶׁנִּמְצָא רְבָב עַל בְּגָדָיו, חַיָּב מִיתָה (שבת קי"ג), כִּי עִמּוֹ מְדַקְדְּקִין יוֹתֵר. כִּי הַבְּגָדִים בְּעַצְמָם הֵם דָּנִין אוֹתוֹ, בִּבְחִינַת דִּינָא דְמַלְכוּתָא. כִּי הַבְּגָדִים הֵם בְּחִינַת מַלְכוּת, כִּי רַבִּי יוֹחָנָן קָרָא לְמָאנֵהּ מְכַבְּדוּתָא (שבת קי"ג.), שֶׁזֶּהוּ בְּחִינַת מַלְכוּת, בְּחִינַת (תהלים כ"ד): "מֶלֶךְ הַכָּבוֹד". וְהֵם בְּחִינַת 'צֶדֶק מַלְכוּתָא קַדִּישָׁא', שֶׁזֶּה בְּחִינַת הַבְּגָדִים, בְּחִינַת (איוב כ"ט): "צֶדֶק לָבַשְׁתִּי". וְהַמְבַזֶּה אוֹתָם, נִמְצָא שֶׁהוּא כְּמוֹרֵד בְּמַלְכוּת, וְאָז דִּינָא דְמַלְכוּתָא דָן אוֹתוֹ.

para demostrar que la vestimenta, como un aspecto de *Maljut*, está asociada con un principio cardinal de *Maljut* – es decir, el juicio y la justicia. Comienza con la afirmación Talmúdica: "La ley del *maljut* (reino o gobierno) es ley". Esto enseña que cuando las comunidades judías en la diáspora no tienen autonomía otorgada por las autoridades civiles, están obligadas a atenerse a la ley civil del gobierno bajo el cual se encuentran (*Nedarim, loc. cit., Ran, v.i. Bemujas haomed*). La *sefirá* de *Maljut* significa por lo tanto el poder de ejecutar la justicia, de juzgar y castigar a aquellos que transgreden.

22. quienes me honran...Maljut...Rey de honor. El pasaje proveniente del tratado *Shabat* y el versículo de los Salmos demuestran que tanto la vestimenta como el reinado están relacionados con el honor. Este denominador común indica que la vestimenta/"los que honran" corresponde a *Maljut*/gobierno. Siendo así, el Rebe Najmán continúa un paso más adelante y demuestra que *Maljut*/vestimenta juzga, de hecho, a aquellos que dañan sus ropas.

23. justicia es el sagrado Maljut...Me vestí.... El *Zohar* (*loc. cit.*) enseña que el atributo de la justicia se encuentra en *Maljut*. Más aún, a partir del Libro de Job (*loc. cit.*) podemos ver que la justicia está conectada a una vestimenta. *Maljut*/vestimenta es por lo tanto un "gobierno" que dispensa justicia.

El versículo que cita el Rebe Najmán es parte de la parábola de Iov en la cual lamenta la pérdida de la posición que solía tener. Había llevado a cabo tanto *tzedek* (justicia y caridad) que esa cualidad lo investía como una vestimenta externa que todos podían ver. En nuestro contexto, Iov expresaba la convicción de que su caso era justo; que su vestimenta debía juzgarlo de manera favorable. Esto se unirá nuevamente más adelante (§9), donde el Rebe introduce el concepto de la caridad.

24. maltrata...rebela.... Habiendo demostrado que, al igual que el reinado, la vestimenta corresponde a las cualidades del honor y de la justicia, el Rebe Najmán concluye que el degradar las ropas es equivalente a rebelarse contra el rey. Como se explicó (n. 18), debido a la falta de respeto por las vestimentas, tanto físicas como espirituales, éstas ya no son más "quienes honran". En su lugar, someten a la persona a la "ley del *maljut*" y sólo le traen vergüenza y deshonra.

Y cuanto más grande sea la persona, más tendrá que proteger sus vestimentas. Pues cuanto más grande es la persona, más estrictamente es tratada.[19] Así, un erudito de Torá que tiene una mancha en su vestimenta merece morir (Shabat 114a), porque es tratado más estrictamente.[20]

Pues las mismas vestimentas lo juzgan, correspondiente a "la ley del *maljut* (el reino)" (Nedarim 28a).[21] Esto se debe a que las vestimentas son un aspecto de *Maljut*. Así, el rabí Iojanan llamaba a sus vestimentas, "quienes me honran" (Shabat 113a); siendo éste el concepto de *Maljut* (Reinado), el concepto de (Salmos 24:8) "El Rey de honor".[22] Y estos corresponden a "justicia es el sagrado *Maljut*" (Tikuney Zohar, Introducción), pues éste es el concepto de las vestimentas, el concepto de (Job 29:14) "Me vestí en justicia".[23] Así, aquel que las maltrata es como el que se rebela en contra del reino y entonces "la ley del *maljut*" lo juzga.[24]

---

vestimentas. De hecho, el Rebe Najmán enseñó que "Todo aquel que no muestre respeto por sus ropas, finalmente no recibirá ningún placer proveniente de ellas" (*El Libro de los Atributos*, Vestimentas A:11). Al mismo tiempo, su advertencia con respecto al cuidado de las vestimentas *también* debe ser vista en su aplicación espiritual – i.e, la limpieza del espíritu. Agrega el rabí Natán: Siendo la cobertura externa del hombre, las vestimentas corresponden a un nivel más externo e inferior que el nivel del cuerpo. Como tal, están mucho más cerca del ámbito del Otro Lado que la persona misma. Es por ello que las *klipot* (fuerzas del mal) se sienten particularmente atraídas por la ropa (cf. *Berajot* 6a). El Rebe Najmán continúa así equiparando las vestimentas sucias con la iniquidad y el pecado, la "especialidad" de las *klipot*. Por otro lado, las mitzvot también corresponden a las vestimentas. Ellas invisten y protegen a aquel que las lleva a cabo. La persona debe por lo tanto cuidar sus vestimentas (*Torat Natán* #3).

19. más estrictamente es tratada. Enseña el Talmud: Dios trata más estrictamente a aquellos que se encuentran en Su círculo interno – i.e., aquellos que están más cerca de Él (Iebamot 121b). Ello se debe a que cuanto más cerca está uno de Dios, mayor es su obligación para santificar el Nombre de Dios y más grande su responsabilidad para mantenerse lejos del pecado. De acuerdo a ello, sus pecados son analizados más estrictamente (*Iun Iaacov, ibid., v.i. SheHakodesh; Mabuei HaNajal*).

20. erudito de Torá...mancha en su vestimenta.... Hay una diferencia de opiniones en el Talmud con respecto a si la palabra traducida como "mancha" es *revav*, en cuyo caso la mancha proviene de alguna sustancia grasosa o aceitosa (*Rashi, v.i., Revav*) o *revad*, en cuyo caso la mancha proviene del esperma (*Rashi, v.i., Revad*). Ambas se aplican a nuestro texto. Aquí, el Rebe Najmán se ha centrado en la necesidad de mantener las vestimentas sin mancha alguna, libres de *revav*. Más adelante, particularmente en la siguiente sección, se centra en el hecho de ensuciar las vestimentas con el pecado del daño al *brit* (la señal del Pacto), *revad*. Es interesante notar que, *ReVaD* (רבד) tiene las mismas letras que *DiBuR* (דבר, habla). Sólo se logra un *dibur* rectificado cuando se está libre de todo *revad*, de todo daño espiritual al Pacto.

21. las mismas vestimentas lo juzgan...maljut.... El Rebe Najmán trae una serie de pruebas

וְעַל-יְדֵי-זֶה עוֹשֶׂה פֵּרוּד בֵּין קֻדְשָׁא בְּרִיךְ הוּא וּשְׁכִינְתֵּהּ, בִּבְחִינַת
'נָחָשׁ מַשִּׁיךְ לָהּ לְגַבֵּהּ וְאַטִּיל בַּהּ זֻהֲמָא', בִּבְחִינַת דַּם נִדָּה, בִּבְחִינַת
(ישעיה ס"ג): "מַדּוּעַ אָדֹם לִלְבוּשֶׁךָ".
וְזֶהוּ בְּחִינַת הַכֶּתֶם וְהָרְבָב שֶׁנִּמְצָא עַל בִּגְדוֹ, שֶׁעַל-יְדֵי-זֶה נִפְרֶדֶת
בְּחִינַת הַמַּלְכוּת הַנַּ"ל, שֶׁהִיא שְׁכִינַת עֻזּוֹ מִקֻּדְשָׁא בְּרִיךְ הוּא. וְאָז
(ירמיה כ"ה): "שָׁאֹג יִשְׁאַג עַל נָוֵהוּ" - עַל נָוֶה דִּילֵהּ.

Pregunta el *Parparaot LeJojmá*: "¿Por qué el Rebe Najmán elige este versículo como texto de prueba para las vestimentas sucias cuando ello hace referencia a la salvación futura (cuando la Presencia Divina estará unida con *Zeir Anpin*)? Sin embargo, cuando el pueblo judío peca, los atributos que Dios emplea para castigarlo son los mismos que Él utilizará para castigar a sus enemigos en el momento de la salvación". Aplicando esto a la metáfora anterior –con el Santo, bendito sea, denotando Dios y la *Shejiná* denotando a *Kneset Israel* (la Congregación de Israel; ver *Pardes Rimonim* 23:11) – podemos decir que la *DaM* que separa al pueblo judío de Dios, si así pudiera decirse, se vuelve el *aDoM* para vengar su sufrimiento y acercarlo nuevamente.

El versículo entero de Isaías dice lo siguiente (*loc. cit.*): "¿Por qué tu vestimenta está roja y *begadeja* (Tus ropas) como uno que prensa el vino?". El Rebe Najmán introducirá a la brevedad la conexión entre *begadim* (vestimenta) y la sangre de la menstruación. Más adelante, en la sección 8, demostrará cómo el vino corresponde a estos conceptos.

28. a la mancha y a la marca...Maljut. Como se explicó al comienzo de esta sección, el concepto de vestimentas blancas corresponde tanto a *Maljut* como al habla. Una mancha en la ropa es una indicación de un daño no sólo físico sino también espiritual. Esto impide que la persona rectifique su habla, por lo que sus palabras no son oídas ni atendidas. El hecho de manchar la vestimenta/habla/*Maljut* produce la separación entre el Santo, bendito sea y la *Shejiná* (*Parparaot LeJojmá*).

29. Shejiná de Su fuerza. La *Shejiná*, cuando está unida con *Zeir Anpin*, es conocida como "la *Shejiná* de Su fuerza". Esto corresponde a *Maljut* y es un símbolo del gobierno que aplica la ley y que, en última instancia, vengará el sufrimiento del pueblo judío. Sin embargo, cuando las vestimentas están manchadas por el pecado y la *Shejiná*, por así decirlo, se encuentra en un estado de menstruación, entonces se debilitan, si así pudiera decirse, la fuerza y el poder del Santo, bendito sea, para proteger y ejecutar la venganza por el pueblo judío.

30. ...Su morada. Dios instruyó a Jeremías para que le transmitiese Sus palabras al pueblo: "Diles a ellos, 'Dios rugirá desde lo alto... Él rugirá poderosamente sobre Su morada'". Como explica Rashi, "Su morada" hace referencia al Santo Templo, cuya destrucción Dios lamenta. Aunque Él Mismo determinó su destrucción, Dios lamenta el destino del Templo porque es como si Su Presencia, la *Shejiná*, no tuviese ya dónde residir en este mundo. El *Zohar* (*loc.cit.*) enfatiza por lo tanto que Dios rugirá especialmente sobre *Su* morada – i.e., sobre la Presencia Divina, con quien el Santo, bendito sea, si así pudiera decirse, debería cohabitar. Éste es el concepto de la *Shejiná* en el exilio.

En virtud de esto, [la persona] crea una separación entre el Santo, bendito sea y Su *Shejiná* (Presencia Divina), en el aspecto de "la serpiente la acerca y la envenena" (Zohar III, 79a).²⁵ Éste es el aspecto de la *DaM* (sangre) de una mujer menstruante,²⁶ como en (Isaías 63:2), "¿Por qué tu vestimenta está *aDoM* (roja)?".²⁷

<Y debido a> la mancha y a la marca que hay en su vestimenta, el aspecto de *Maljut* mencionado más arriba²⁸ –la *Shejiná* de Su fuerza²⁹– es separado del Santo, bendito sea. Y entonces, "Él rugirá poderosamente sobre Su morada" (Jeremías 25:30) – sobre *Su* morada (Zohar III, 74b).³⁰

El Rebe Najmán vuelve ahora al punto focal de esta lección: la relación entre un daño a la vestimenta/*Maljut* y el pecado. Debe hacerse notar que en lo que queda de esta sección (§3), el Rebe se refiere a los daños causados por todos los pecados, aparte de aquellos del comportamiento sexual inmoral. Éstos estarán tratados en la sección 4 (cf. n. 44, *Belbey HaNajal*).

25. crea una separación...serpiente.... En la terminología de la Kabalá, la serpiente es la personificación del Malo, la representación del Otro Lado; el Santo, bendito sea, corresponde a *Zeir Anpin*, el principio masculino; y la Presencia Divina es *Maljut*, el principio femenino. Afirma el *Zohar*: Cuando la iniquidad aumenta al punto en que la serpiente puede juzgar a la humanidad por sus pecados, ésta toma a la *Shejiná* y la envenena. Esa impureza hace que el Santo, bendito sea, se separe de la Presencia Divina. La *Shejiná* se asemeja entonces a una mujer menstruante (*Zohar, loc. cit.*). Esto se debe a que los juicios en la *Shejiná/Maljut* son muy poderosos y sólo son mitigados mediante su unión con *Zeir Anpin*. Sin embargo, una vez que ella se impurifica, la separación entre el Santo, bendito sea y la Presencia Divina se produce de por sí. Pues si los dos se mantuviesen unidos, la serpiente podría nutrirse incluso de *Zeir Anpin*. Esto traería como resultado una terrible destrucción en el mundo. Por lo tanto, dejando a *Maljut/Shejiná* en su lugar, *Zeir Anpin* asciende y así limita la capacidad del Malo para nutrirse. Esto es lo que se quiere decir con, "la serpiente la acerca y la envenena" (*Matok Midbash, Zohar, loc. cit.*).

26. DaM de una mujer menstruante. La serpiente acercando a la Presencia Divina y envenenándola es un paralelo del relato bíblico de la serpiente primordial seduciendo a Eva. Como resultado de ese pecado y su culminación en Adán comiendo del Árbol del Conocimiento, los tres participantes (la serpiente, el hombre y la mujer) fueron maldecidos. Relatan las Escrituras: "A la mujer Él le dijo, 'Aumentaré mucho tu angustia...'" (Génesis 3:16). El Talmud enseña que una de las cosas que "aumentó mucho" fue la sangre de la menstruación (*Eruvin* 100b). Ésta es la sangre (דם) que separa al marido de su esposa, al Santo, bendito sea y a la Presencia Divina.

27. está aDoM, roja. El profeta habla del futuro, cuando Dios vengará el sufrimiento de los judíos a manos de los edomitas. La vestimenta de Dios, por así decir, estará *adom* (אדם), empapada en la *dam* (דם, sangre) de los enemigos de los judíos. En nuestro contexto, esto corresponde a las vestimentas manchadas por el pecado, que las vuelve rojas.

וְאָז שׁוֹלֶטֶת שִׁפְחָה בִּישָׁא, שֶׁהוּא מַלְכוּת דְּסִטְרָא אָחֳרָא. בִּבְחִינַת
(משלי ל): "שִׁפְחָה כִּי תִירַשׁ גְּבִרְתָּהּ", שֶׁהִיא אִשָּׁה רָעָה, שֶׁהִיא
בְּחִינַת עֵת רָעָה. כִּי יֵשׁ כ"ח [עשרים ושמונה] עִתִּים: עִתִּים לְטוֹבָה,
עִתִּים לְרָעָה.

וְצָרִיךְ לְהַכְנִיעַ שִׁפְחָה בִּישָׁא, שֶׁהִיא עֵת רָעָה. בִּבְחִינַת (קהלת ט):
"בְּכָל עֵת יִהְיוּ בְגָדֶיךָ לְבָנִים", "בְּכָל עֵת" דַּיְקָא. "בְּגָדֶיךָ לְבָנִים",
הַיְנוּ בְּלֹא רְבָב, הַיְנוּ בְּחִינַת טָהֳרַת הַשְּׁכִינָה מִנִּדָּתָהּ, בִּבְחִינַת 'דָּם
נֶעְכָּר וְנַעֲשֶׂה חָלָב' (בכורות ו: נדה ט).

וְהָרְשָׁעִים בַּעֲווֹנוֹתֵיהֶם גּוֹרְמִין אַפְרָשׁוּתָא בֵּין קֻדְשָׁא בְּרִיךְ הוּא
וּשְׁכִינְתֵּיהּ, כִּי גּוֹרְמִין לָהּ דַּם נִדָּה, וְאָז הִיא נִקְרֵאת עִיר הַדָּמִים,

33. veintiocho tiempos.... "Para todo hay una estación; y un tiempo para cada asunto debajo del cielo: tiempo de nacer, tiempo de morir…". Las Escrituras registran veintiocho de esos tiempos en el Eclesiastés 3:2-8. Éstos se dividen en catorce pares: un tiempo bueno y constructivo, contrastado por un tiempo de mal y de destrucción; catorce tiempos en los que prevalece el Lado de la Santidad y abunda la *shefa*, contrastados por catorce tiempos en los que prevalece el Otro Lado y aumenta la privación.

34. tu vestimenta sea blanca.... La persona debe mantener sus vestimentas blancas, limpias de toda mancha y marca – i.e, nunca corromperse con el pecado. Esto implica no darle nunca un "tiempo" para gobernar a la mala sierva y llegar a ser heredera de su señora. Así, se anula la vestimenta roja mencionada anteriormente (ver n. 27; *Parparaot LeJojmá*).

35. sangre...en leche. Enseña el Talmud que desde el momento en que una mujer concibe un hijo hasta el momento en que deja de darle el pecho, su sangre menstrual se transforma y se convierte en leche. En base a esto el *Shuljan Aruj* (*Iore Dea* 189:33) reglamenta que una vez que se ha establecido el embarazo puede asumirse que la mujer ya no va a menstruar más. No hay necesidad incluso de verificar la existencia de sangre menstrual. En el contexto de nuestra lección, mantener las vestimentas blancas/leche corresponde a encontrarse en un estado de pureza, pues la vestimenta roja/sangre ha sido purificada (*Parparaot LeJojmá*). En otras palabras, la *Shejiná* es pura y está unida con *Zeir Anpin*.

Como se mencionó, esta enseñanza fue dada en Shavuot (n. 1). El *Mabuei HaNajal* comenta que aunque el Rebe Najmán no hace una referencia directa a la festividad, varios momentos de la lección aluden a algunas de sus facetas y costumbres (ver más adelante, §5). Es costumbre, durante el *kidush* de la mañana de Shavuot, consumir productos lácteos. Explica el Talmud que ello se debe a que en Shavuot celebramos la entrega de la Torá y la Torá se asemeja a la leche (ver *Jaguigá* 13a).

36. malvados...sangre menstrual. Con sus pecados, los malvados envenenan a la Presencia Divina, como se explicó.

Entonces gobierna la mala sierva, que es el *Maljut* del Otro Lado; como en (Proverbios 30:23), "…y una criada cuando hereda a su señora".[31] Ella es una mala esposa, aspecto de "un mal tiempo".[32] Pues hay veintiocho "tiempos": <catorce> para bien y <catorce> para mal (cf. Eclesiastés 3).[33]

Y es necesario subyugar a la mala criada, que es "un mal tiempo", como en (*ibid.* 9:8), "Que en todo tiempo tu vestimenta sea blanca". Específicamente "en todo tiempo". "Vestimenta blanca", es decir, sin una mancha.[34] Éste es el concepto de purificar a la *Shejiná* de su impureza, correspondiente a (*Bejorot* 6b), "La sangre se transforma y se convierte en leche".[35]

Pero los malvados, mediante sus pecados, producen una separación entre el Santo, bendito sea y Su *Shejiná*. Ello se debe a que generan en ella sangre menstrual,[36] por lo que ella es llamada "ciudad sanguinaria"

El mismo pasaje del *Zohar* explica el motivo por el cual "Dios rugiendo" aparece dos veces en el versículo. Esto hace referencia al aspecto específico de Dios como el Santo, bendito sea/*Zeir Anpin*. Primero rugirá sobre la pérdida de *Jojmá* y *Biná* (los *mojín*) y luego rugirá otra vez más por la pérdida de *Maljut*/la Presencia Divina (*Zohar, loc. cit.*). En nuestro contexto, esto se relaciona con la persona que peca y, por lo tanto, daña sus vestimentas. Sufre la pérdida de los *mojín* y, como resultado, pierde el habla rectificada/*Maljut*.

31. mala sierva…hereda a su señora. Dice el rey Shlomo: "Debido a tres cosas la tierra tiembla, y se estremece por una cuarta: debido a… una criada cuando hereda a su señora" (Proverbios 31:21-23). Cuando la *Shejiná* es separada del Santo, bendito sea, la mala sierva de la *Shejiná* viene a tomar el lugar de su señora. Toda la *shefa* que desciende a través de *Zeir Anpin*, en lugar de ser transferida a la *Shejiná/Maljut*, va al Otro Lado, el lado del mal. En nuestro contexto, esto indica que cuando el habla, que es *Maljut* (ver n. 17), carece de rectificación –i.e., hay un daño debido al pecado– gobierna entonces la mala sierva, que es el *Maljut* del Otro Lado.

Es digna de hacer notar la historia que relata el Talmud sobre el aprendiz de carpintero que engañó a su patrón transformándolo en su siervo. Esto finalmente produjo la destrucción del Segundo Templo (*Guitin* 27a). Éste es el concepto de la mala sierva que se transforma en la señora, debido a lo cual Dios lamenta la destrucción del Templo y el exilio de la Presencia Divina.

32. mala esposa…un mal tiempo. El *Zohar* (II, 155b) habla del "tiempo de actuar para Dios" (Salmos 119:126) como de "un buen tiempo", cuando los judíos estudian y cumplen con la Torá. Ellos, por lo tanto, le dan poder al Lado de la Santidad, creando un *et ratzón* ("un tiempo favorable") durante el cual gobierna la santidad. Por otro lado, cuando los judíos son poco estrictos con el estudio de la Torá y las mitzvot, ello es "un mal tiempo" y gobierna el Otro Lado. La mala sierva, que es la "esposa" del Otro lado (Lilit; cf. Lección #23, n. 123), se transforma entonces en heredera de su señora (la Presencia Divina) y expropia toda la *shefa*. El Rebe Najmán asemeja así a la mala sierva con "un mal tiempo".

(נחום ג'), וְעַל־שֵׁם זֶה רְשָׁעִים נִקְרָאִים אַנְשֵׁי דָמִים.
כִּי שָׁסָ"ה לֹא תַעֲשֶׂה תְּלוּיִים בְּשָׁסָ"ה גִידִים, שֶׁשָּׁם תַּהֲלוּכַת הַדָּמִים. וּלְפִי בְּחִינַת לֹא תַעֲשֶׂה שֶׁעוֹבְרִים, כֵּן מְעוֹרְרִים דַּם נִדָּה לְהַשְּׁכִינָה,

כִּי כַמָּה מִינֵי דָמִים יֵשׁ. בְּכֵן צָרִיךְ לְהַמְתִּיק אֶת הַדָּמִים הָאֵלּוּ, הַיְנוּ לְתַקֵּן הַלָאוִין, שֶׁהֵם הַגִּידִין, וּלְהַמְשִׁיךְ לָהֶם לַבְנוּנִית, בִּבְחִינַת: 'דָּם נֶעְכָּר וְנַעֲשֶׂה חָלָב'.

וְזֶהוּ: בְּכָל עֵת יִהְיוּ "בְגָדֶיךָ לְבָנִים" – בְּגִידֶיךָ דַּיְקָא, לְהַמְשִׁיךְ לָהֶם לַבְנוּנִית:

son puros y están asociados con los cinco *jasadim* que se encuentran en *Daat* y cinco que son impuros y están asociados con las cinco *guevurot* que se encuentran en *Daat*. Los cinco tipos puros de sangre, correspondientes a los *jasadim*, pueden, por un lado, ser totalmente rectificados y convertidos en leche (blanco/vestimentas limpias; ver n. 35) o no ser completamente rectificados y mantenerse como sangre. Aun así, éstos son puros y no producen una separación entre el esposo y la esposa. Incluso los cinco tipos de sangre impura, correspondientes a las *guevurot*, no son impuros de por sí. Más bien, son sus desechos los que se mantienen impuros incluso después de que la sangre misma ha sido rectificada (*Shaar HaKavanot, Inian Pesaj* 1, p. 140). En nuestro contexto, esto se relaciona con despertar a los *mojín*. Mediante las vestimentas limpias, la persona puede traer *daat* –*jasadim* y *guevurot*, i.e., los diez tipos de sangre– hacia sus palabras. Como se explicó (n. 17), la combinación de esas benevolencias y juicios produce un habla rectificada. Sin embargo, cuando falta el bien en las palabras, entonces predominan los desechos, el elemento impuro de las *guevurot* – i.e., la mala sierva. Ver la nota siguiente.

42. rectificar las prohibiciones...llevarles blancura.... Hasta aquí, el Rebe Najmán ha hablado sobre mantener la blancura de las vestimentas – i.e., no transgredir un precepto negativo, pues ello daña y mancha a la *Shejiná*. Pero, ¿qué sucede luego de que alguien ha transgredido? ¿Cómo es posible rectificar ese pecado? Después de todo, las vestimentas ya han sido manchadas y la sangre impura fluye por los *guidim*. El Rebe por lo tanto introduce aquí el concepto del cumplimiento de los mandamientos positivos. Las mitzvot que uno lleva a cabo rectifican a la Presencia Divina, preparando a la *Shejiná* para su unión con *Zeir Anpin* (como opuesto a la transgresión de los preceptos negativos, que separa a la *Shejiná* de *Zeir Anpin*). Cuantas más mitzvot se lleven a cabo, más blancura se traerá hacia los *guidim* y las vestimentas, convirtiendo la sangre en leche – i.e., reuniendo a la *Shejiná* con *Zeir Anpin* y trayendo *shefa* al mundo. Como se demostrará en la sección siguiente, rectificar las transgresiones es en sí mismo un precepto positivo, la mitzvá de la *teshuvá* (arrepentimiento). (El término *lavnunit* ha sido traducido aquí como "blancura" para subrayar su conexión con los conceptos de las vestimentas blancas, de la leche, etc. Conceptualmente, connota limpieza, en especial, la limpieza de los *guidim* que han sido dañados por el pecado).

43. BeGaDeja...BeGuiDeja.... Esto implica cuidar las vestimentas (בגדיך) en *todo momento*

(Ezequiel 22:2).³⁷ Y en virtud de ello, los malvados son llamados "hombres sanguinarios" (Salmos 55:24).³⁸

Ahora bien, los trescientos sesenta y cinco preceptos negativos son complementarios de los trescientos sesenta y cinco *guidim* a través de los cuales fluye la sangre.³⁹ Y de acuerdo al aspecto del precepto restrictivo que hayan transgredido, despiertan <la sangre correspondiente> en la *Shejiná*.⁴⁰

Pues existen diversos tipos de sangre (Nidá 19a).⁴¹ Es por lo tanto necesario <blanquear> esas *sangres* – i.e., rectificar las prohibiciones/ *guidim* y llevarles blancura, como en, "La sangre se transforma y se convierte en leche".⁴²

Y esto es, "Que en todo tiempo tu *BeGaDeja* (vestimenta) sea blanca". Específicamente, *BeGuiDeja* (en tus venas y nervios) – para llevarles blancura.⁴³

---

37. ciudad sanguinaria. Continuando el capítulo precedente, donde Dios le dice al profeta: "Pon tu rostro hacia Jerusalén y predica contra los lugares sagrados…" (Ezequiel 21:7), Dios llama a Jerusalén "ciudad sanguinaria". En la Kabalá vemos que Jerusalén es otro nombre para la *Shejiná* (*Pardes Rimonim* 23:10). Así, "ciudad sanguinaria" corresponde a la *Shejiná*/ vestimenta, en el momento en que está separada de *Zeir Anpin* debido al pecado, cuando la vestimenta es roja (*Mabuei HaNajal*). La palabra *ir* (עיר), en la frase *ir hadamim* ("ciudad sanguinaria") también lleva la connotación de *er* (ער), que significa "despierto". *Ir Hadamim* puede por lo tanto ser traducido como "despertar la sangre menstrual" mediante el pecado.

38. hombres sanguinarios. Debido a que evocan en la *Shejiná* la sangre menstrual, por así decirlo, los malvados son llamados "sedientos de sangre".

39. trescientos sesenta y cinco…guidim…. El *Mabuei HaNajal* cita el pasaje en el *Zohar* (I, 170b) que demuestra que la estructura del cuerpo humano es un paralelo de la estructura de la Torá con sus 613 mitzvot. Existen 248 miembros correspondientes a los 248 preceptos positivos y 365 *guidim* (venas y tendones) correspondientes a los 365 preceptos negativos. Los preceptos negativos también corresponden a los 365 días del año solar.

40. trasgredido…en la Shejiná. El rabí Natán explica que todos los pecados son, en última instancia, resultado de la sangre caliente (de la pasión y del deseo) que fluye a través de los *guidim*. Esto es especialmente así en lo que hace al daño al Pacto (ver sección siguiente), que incluye a todos los otros pecados (*Torat Natán* #6). Dependiendo de la naturaleza y del grado del pecado cometido por la persona, así será el daño que se produzca en el correspondiente recipiente en *Maljut*. Como se explicó, la sangre hace que *Zeir Anpin* se separe de la Presencia Divina.

41. diversos tipos de sangre. El Talmud (*loc. cit.*) enseña que hay cinco tonos de sangre que indican impureza. El Ari agrega que hay en verdad diez tipos de sangre. Cinco de los cuales

ד. וּלְתַקֵּן כָּל הָעֲבֵרוֹת בִּפְרָטִיּוּת הֵם רַבִּים מְאֹד, וְכָבֵד עַל הָאָדָם, וְאִי אֶפְשָׁר לְתַקֵּן אוֹתָם, כִּי יֵשׁ דִּקְדּוּקִים וּפְרָטִים רַבִּים בְּכָל לָאו וְלָאו.

(rectificación o restauración). Más aún, a partir del Ari aprendemos que cada mitzvá corresponde a tres esferas separadas: pensamiento, palabra y acción (*Shaar HaGuilgulim*, 16). Cada una de éstas es una estructura completa con numerosas divisiones y subdivisiones. El punto es que cuando la persona quiere arrepentirse por los pecados que ha cometido, inevitablemente se encuentra frente a una tarea formidable. ¿Cómo podrá rectificar cada pecado y ni hablar de cada parte minúscula de cada pecado? Más aún, si, como decimos en la plegaria confesional de Iom Kipur, no podemos recordarlos a todos y ni siquiera ser conscientes de todos ellos. Frente a este problema, el Rebe Najmán introduce lo que es conocido como el Remedio General – *Tikún HaKlalí*– cuyo principio básico es que un remedio global efectuado en un nivel espiritual superior tiene el poder de rectificar a todos los niveles por debajo. Esto se explica como sigue:

Las Escrituras relatan que Dios hizo un *brit* (Pacto) con Abraham y sus descendientes y lo selló con la circuncisión (Génesis 17). Como tal, el pacto del pueblo judío con Dios se centra en la pureza sexual. Cuidar el *brit* implica un alto grado de comportamiento moral en pensamiento, palabra y acción. Más aún, el precepto de cuidar el *brit* es una mitzvá global que incluye a todas las otras mitzvot. Como enseñan nuestros Sabios: Hay 613 (תרי״ג) mitzvot en la Torá. La palabra *brit* (ברית) tiene el valor numérico equivalente a 612. Cuidar el Pacto –i.e., cuidar el *brit* de todo daño– es equivalente a guardar el resto de la Torá. Así, aunque los Sabios Talmúdicos hablan del Tzadik pero nunca definen lo que es un Tzadik, sabemos a partir del *Zohar* que un Tzadik es aquel que cuida el *brit* (*Zohar* I, 59b). En esencia, él cuida toda la Torá.

Existen tres estados en relación al *brit*: 1) cuidar el *brit* de todo daño, evitando toda forma de transgresión sexual; 2) dañar el *brit* mediante una cohabitación ilícita, matrimonio prohibido, onanismo y demás (ver Lección #23, n. 36); 3) rectificar el *brit* luego de un daño, mediante el arrepentimiento. En contraste con todos los otros pecados que, como se explicó en la sección previa (ver n. 24), producen un daño en *Maljut*, el daño en el Pacto constituye un daño en un nivel superior, en *Zeir Anpin* (*BeIbey HaNajal*). Con respecto a esto, al Rebe Najmán enseña que la rectificación del daño al *brit* implica un *tikún* en un nivel más elevado. La restauración del Pacto se logra mediante el arrepentimiento, una "reparación", que es de una magnitud mayor y más efectiva. Esto es lo que el Rebe llama "un remedio general", como veremos.

Poco después de Shavuot, 5565 (junio de 1805), cerca de un año antes de que fuera dada esta lección, el Rebe Najmán comenzó a hablar sobre el Remedio General. En la enseñanza que llegó a ser publicada como la Lección #205, explica que ésta es una rectificación para los pecados sexuales, específicamente el onanismo. Indicó entonces que la emisión en vano de simiente es un deterioro de la mente, de los *mojín* – el peor tipo de daño. El Rebe dijo que muchos Tzadikim, desde Adán hasta su propia época, habían intentado encontrar un remedio para este grave pecado, pero sin éxito. Pero Dios lo había ayudado a revelar la rectificación precisa. En la época en que comenzó a hablar sobre el Remedio General, el Rebe Najmán no reveló lo que ello implicaba, pero sí que consistía en el recitado de diez salmos. Sólo especificó cuáles salmos debían ser recitados años más tarde, antes de Pesaj 5570 (*Sabiduría y Enseñanzas del Rabí Najmán de Breslov* #141, n. 468). Esto también fue incorporado en la Lección #205.

4. Ahora bien, si se quiere corregir todos los pecados de manera individual… ellos son muchos y la tarea será muy onerosa. Es imposible rectificarlos a todos, porque en cada una de las prohibiciones hay muchos detalles y puntos finos.[44]

(ver notas 32-34), pues al llevar a cabo las mitzvot y no pecar uno trae blancura hacia los *guidim* (בגידך). Esto corresponde a lograr un habla rectificada/*Maljut*.

    La siguiente es la lectura que hace el *BeIbey HaNajal* de los conceptos de la lección en el contexto de la plegaria diaria de *Shajarit*: Nuestro primer acto de la plegaria es colocarnos el talit, que corresponde a las vestimentas blancas. Esto significa que nuestras vestimentas están limpias. Luego recitamos los *Pesukey deZimra*, los salmos y alabanzas a Dios, quien es el Tzadik del mundo. Éste es el concepto de alabar a los Tzadikim (§2). Después del *Pesukey deZimra* recitamos el *Shemá*, que corresponde a despertar a las mentalidades/*daat* (*Shaar HaKavanot, Kavanot Kriat Shemá*). En este punto y habiendo alabado al Tzadik y despertado a las mentalidades, hay bien en nuestras palabras – i.e., el habla rectificada/*Maljut*. Así, estamos listos para recitar la *Amidá*, las Dieciocho Bendiciones que incluyen súplicas, pedidos y ruegos. La *Amidá* debe ser dicha inmediatamente después de la última de las bendiciones asociadas con el *Shemá*, la plegaria por la redención (*Goal Israel; Berajot* 9b). Esta unión entre los *mojín/Shemá* y las palabras de la plegaria/*Amidá* sugiere una unión paralela entre *Zeir Anpin* y *Maljut*. En otras palabras, la yuxtaposición de una parte de la plegaria de *Shajarit* con la otra es indicativa de una transferencia de *shefa* de un nivel al siguiente y en particular un descenso de abundancia hacia el mundo. Por el contrario, separar el *Shemá* de la *Amidá* sugiere la separación entre *Zeir Anpin* y *Maljut*, algo que generan los malvados a través de sus pecados. Enseñan nuestros Sabios: "El hombre no peca a no ser que le haya entrado un espíritu de locura" (*Sotá* 3a). Así, las súplicas, pedidos y ruegos incluidos en la plegaria de la *Amidá* quedan sin ser oídos ni respondidos debido a que, como resultado de su locura –i.e., las mentalidades dañadas– no puede traer a sus palabras el bien que proviene de *daat*. Puede conjeturarse también, a partir de esto, que el primer paso hacia el arrepentimiento es acercarse a los Tzadikim. Esto le permite a la persona contemplar su grandeza, lo que a su vez la lleva a alabar a los Tzadikim (ver más arriba, §2, n. 8). Finalmente, al avanzar a través del proceso aludido por la plegaria de *Shajarit*, llega a rectificar todos sus pecados y las palabras rectificadas de su plegaria son aceptadas.

Resumen: Para que la palabra sea considerada "habla", debe contener la cualidad del bien. El bien proviene de *daat*/Torá (§1). ¿Cómo puede la persona hacer que descienda el bien desde *daat* hacia el habla? Alabando a los Tzadikim. Esto despierta a los *mojín*, hace que se eleve el *daat* y así rectifica sus palabras (§2). El habla rectificada corresponde a las vestimentas blancas, mientras que las vestimentas manchadas son una indicación del pecado. El pecado, transgredir los preceptos negativos, produce un daño en la *Shejiná* y la separa de *Zeir Anpin*. Por el contrario, cuidarse del pecado y llevar a cabo las mitzvot rectifica los daños que se puedan haber cometido (§3).

44. …muchos detalles y puntos finos. Cada mitzvá, tanto positiva como negativa, tiene su propio conjunto de leyes. Cada ley tiene sus propios componentes, los que a su vez tienen sus divisiones y subdivisiones, sus puntos finos y minucias. Incluso una pequeña infracción de la más pequeña subdivisión o detalle es considerada una transgresión que requiere un *tikún*

בְּכֵן צָרִיךְ לְתַקֵּן כְּלָלִיּוּת הַגִּידִים, שֶׁהוּא בְּחִינַת (דברים ד'): "וַיַּגֵּד לָכֶם אֶת בְּרִיתוֹ", וְאָז, עַל-יְדֵי תִּקּוּן הַבְּרִית, שֶׁהוּא כְּלָלִיּוּת הַגִּידִין, נִתְתַּקֵּן מִמֵּילָא כָּל הַלָּאוִין שֶׁעָבַר, וְנִמְשָׁךְ לָהֶם לַבְנוּנִית. וְעַל שֵׁם זֶה נִקְרָא כְּלָלִיּוּת הַגִּידִין שֶׁהוּא הַבְּרִית-קֹדֶשׁ, 'שַׁדַּי', עַל-שֵׁם שֶׁשָּׁדַי וְיוֹרֶה כְּחֵץ   לַבְנוּנִית וְתִקּוּנִים לְכָל פְּרָט וּפְרָט כְּפִי צָרְכּוֹ, וַאֲפִלּוּ לַמְּקוֹמוֹת הַצָּרִים וְהַדַּקִּים. כִּי יֵשׁ מְקוֹמוֹת צָרִים וְדַקִּים שֶׁאִי אֶפְשָׁר לָבוֹא לְשָׁם שׁוּם תִּקּוּן כִּי אִם עַל-יְדֵי תִּקּוּן הַכְּלָלִי, שֶׁהוּא זוֹרֵק לַבְנוּנִית וְתִקּוּנִים גַּם לַמְּקוֹמוֹת הַצָּרִים

de "vena" y "tendón" nuestros Sabios también utilizan la palabra *guid* para denotar el órgano sexual masculino. Como explica el Rebe Najmán a continuación, es por ello que es tan importante traer blancura hacia todos los *guidim*, especialmente hacia la generalidad de todos los *guidim* – el *brit*.

46. guidim...se rectifican.... Ya hemos visto (n. 39) que el cuerpo humano es un paralelo de la estructura de la Torá con sus 613 mitzvot. Debido a que el *brit* es la única mitzvá que engloba a todas las otras (n. 44), corresponde a la generalidad de los *guidim*, i.e., a todos los preceptos negativos. Como se explicó (§3), transgredir las mitzvot prohibitivas hace que la sangre en los *guidim* se vuelva impura. Sin embargo, al cuidar la mitzvá global del *brit*, que es la generalidad de los *guidim*, es posible rectificar de una sola vez a todos lo *guidim*, todos los preceptos negativos.

47. blancura.... El Rebe Najmán explica a continuación cómo al rectificar el Pacto por medio del Remedio General se lleva blancura/limpieza hacia los *guidim*/los preceptos negativos. Comienza aclarando la capacidad única y propia que tiene el Remedio General para llegar a los puntos más inaccesibles de la transgresión.

48. ShaDaI. Cuando Dios bendijo a Iaacov con hijos, Le dijo, "Yo soy Dios *Shadai* (Todopoderoso,); sé fecundo y multiplícate" (Génesis 35:11). El único otro momento en el cual aparece la frase "Yo soy Dios *Shadai*" en las Escrituras es cuando Dios bendice a Abraham para que pueda ser "el padre de una multitud de naciones". Dios hizo entonces el pacto eterno con Abraham: "Éste es Mi *brit*... que sea circuncidado cada varón entre ustedes. Circuncidarán la carne de su prepucio; lo que será por señal del *brit* entre Yo y ustedes" (*ibid.*, 17:1-11). Ambos casos apuntan a la conexión entre el Santo Nombre *Shadai* y el *brit*; el *brit* como un Pacto y el *brit* como el órgano de la reproducción (*guid*). Más aún, en la terminología de la Kabalá, el Santo Nombre *Shadai* es un paralelo de la *sefirá* de *Iesod*, el *brit* (ver Apéndice: Las Sefirot y los Nombres de Dios).

49. ShaDaI...ShaDeI...lugares estrechos y pequeños. Enseña el Talmud que a no ser que el esperma (simiente) sea expelido del cuerpo con fuerza, como una flecha arrojada con un arco, no puede fertilizar (*Nidá* 43a). En nuestro contexto, esto se relaciona con la generalidad de los *guidim*, el *brit*, arrojando la simiente, que es blanca (*Rashi*, Levítico 15:2), para generar el *tikún*.

Por lo tanto es necesario rectificar la generalidad de los *GuiDim*, correspondiente a (Deuteronomio 4:13), "Y *iaGueD* (Él les anunció) Su *brit* (pacto)".[45] Entonces, al rectificar el *brit*, que es la generalidad de los *guidim*, todas las prohibiciones que ha transgredido se rectifican de por sí[46] y se les lleva blancura.[47]

Debido a ello, la generalidad de los *guidim*, que es el santo *brit*, es llamada *ShaDaI*;[48] porque éste *ShaDeI* (lanza) y arroja blancura y rectificaciones a cada uno de los detalles de acuerdo a sus necesidades, incluso hacia los lugares estrechos y pequeños. Porque hay lugares que son tan estrechos y pequeños que ninguna rectificación puede llegar allí excepto el Remedio General (*Tikún HaKlalí*) que lanza blancura y rectificaciones incluso hacia los lugares estrechos y pequeños[49]; como

---

Enseñó el Rebe Najmán (*Likutey Moharán* I, 205): El Remedio General consiste en recitar Diez Salmos (16; 32; 41; 42; 59; 77; 90; 105; 137; 150). Estos Diez Salmos corresponden a los diez aspectos de "simiente" (cinco *jasadim* y cinco *guevurot*; ver más arriba, n. 17) que descienden desde *daat*. También corresponden a los diez tipos de canciones y alabanzas (*Pesajim* 117a). En la Lección #205, el Rebe no explica el mecanismo mediante el cual un remedio global rectifica todos los pecados, incluidos aquellos de naturaleza sexual. Esto se explica en nuestra lección, donde el Rebe especifica el cuidado y el rectificado del *brit*. Pero aquí no especifica el recitado de los Diez Salmos. Por lo tanto estamos obligados a aplicar el adagio de "Lo que uno oculta, el otro revela", para crear una imagen completa de lo que el Rebe Najmán tenía en mente. Esto ha sido hecho en *El Tikún del Rabí Najmán*, especialmente en los Capítulos 2 y 3, donde estos conceptos se explican en detalle.

En síntesis, en esta sección el Rebe Najmán demuestra cómo el cuidado del pacto, que corresponde a todas las otras mitzvot y las incluye, puede efectuar el *tikún* para cada pecado, incluso para cada subdivisión y detalle (*Belbey HaNajal*). Esto igualmente se relaciona con la enseñanza del Ari mencionada anteriormente en esta nota, con respecto al hecho de que cada mitzvá pertenece al pensamiento, al habla y a la acción. La rectificación debe también ser efectuada en cada uno de esos tres dominios separados. Así, como regla general, el *tikún* del *brit* rectifica la sangre, que rectifica a su vez el *daat* – el pensamiento. El *tikún* del *brit* también está conectado con el habla rectificada (ver §6 más adelante), que, como se explicó (§2), se alcanza mediante el elogio, los diez tipos de alabanza. Finalmente, el cuidado del *brit*, al vivir de acuerdo con los preceptos de la Torá correspondientes a la moralidad sexual, rectifica el dominio de la acción. Esto será aclarado más adelante en el curso de la lección.

45. la generalidad...iaGueD...Su pacto. El término "generalidad" se define como el concepto o principio que incluye o se aplica al todo. Debido al hecho de que corregir todos los puntos y minucias de todos los pecados es algo casi imposible, la única manera de alcanzar un *tikún* completo es efectuando la rectificación en la generalidad – i.e., un remedio global. El pacto mencionado en el versículo hace referencia a la Torá como un todo y, en nuestro contexto, al *brit*, que engloba a todas las mitzvot, a toda la Torá. A partir del mismo versículo podemos aprender que *brit* –que Dios *iaGueD* (יגד) – está asociado con *GuiD* (גיד). Por lo tanto, aparte

וְהַדַּקִּים. בִּבְחִינַת (איוב כ"ב): "וְהָיָה שַׁדַּי בְּצָרֶיךָ" – שָׁדַי וְיוֹרֶה תִּקּוּנִין לְכָל מְקוֹמוֹת הַצָּרִים.

וְעַל שֵׁם זֶה נִקְרָא בְּרִית: 'זֹהַר הָרָקִיעַ'. כִּי קֹדֶם הַתִּקּוּן, אֲזַי הָרָקִיעַ הוּא בִּבְחִינַת (איוב כ): "יְגַלּוּ שָׁמַיִם עֲוֹנוֹ". וְאַחַר הַתִּקּוּן, אֲזַי מַזְהִיר וּמְטַהֵר אֶת הָרָקִיעַ, בִּבְחִינַת לָשׁוֹן שֶׁל זְהוֹרִית, שֶׁהוּא מַלְבִּין עֲוֹנוֹתֵיהֶן שֶׁל שְׂשָ"ה לָאוִין, וּמַשְׁפִּיעַ לַבְּנוּנִית בְּשְׂסָ"ה גִידִין, בִּבְחִינַת: "בְּכָל עֵת יִהְיוּ בְגָדֶיךָ לְבָנִים".

Zeir Anpin mientras que *eretz* (tierra) denota a *Maljut*/Presencia Divina (*Pardes Rimonim* 23:1, 21). Cuando uno daña el *brit*, el daño se manifiesta en *Zeir Anpin* (n. 44). Esto está aludido en, "Los cielos (*Zeir Anpin*) revelarán su transgresión". Como resultado del daño, toda la *shefa* desciende hacia la mala sierva. Así, cuando gobierna el mal, ello es una señal, una "revelación", de que *Zeir Anpin* ha sido dañado.

53. ilumina y purifica el firmamento. Cuando se cuida el *brit*, hay pureza. Esa pureza hace que la *shefa* descienda directamente hacia *Maljut* y no vaya hacia la mala sierva. Debido a que es capaz de transferir la abundancia hacia su destino legítimo, hacia *Maljut*, el firmamento/*Zeir Anpin* está por lo tanto iluminado y purificado.

54. el paño de color rojo.... En Iom Kipur, se elegían dos carneros para el servicio en el Templo. Luego de que el primero era sacrificado en el altar, el Sumo Sacerdote confesaba los pecados de los judíos sobre el segundo. Ese carnero era enviado entonces al desierto y arrojado por un despeñadero, simbolizando el llevarse los pecados y la anulación de la iniquidad del pueblo judío. La verificación de la expiación se realizaba cuando, en el mismo momento en que el carnero era destruido, un paño de color rojo, que colgaba en el Salón del Santo Templo, se volvía blanco. Como en las palabras del profeta (Isaías 1:18), "Aunque sus pecados sean rojos como el carmesí, se volverán blancos como la nieve; aunque sean rojos como el carmín, serán blancos como la lana" (cf. Levítico 16; *Ioma* 66a).

Es interesante notar que la palabra hebrea para "paño", *lashon*, también indica "lengua", idioma. En nuestro contexto, esto alude también a rectificar la lengua o el habla. Como se explicó más arriba, la rectificación del *brit* lleva a la elevación de los *mojín* y esto, a su vez, produce un habla rectificada.

55. ...tu vestimenta sea blanca. Aquí, el Rebe Najmán une el color rojo de la transgresión con el daño de *Maljut*, específicamente la vestimenta roja y la sangre menstrual que han despertado debido al pecado. El "remedio general" (la expiación global) en la época del Templo implicaba enviar el segundo carnero al desierto y empujarlo por el despeñadero. El cumplimiento de esa mitzvá era suficiente para efectuar una rectificación general y llevarles blancura a todos los judíos, allí en donde estuviesen, en el lugar que fuese del planeta. Cuando el paño de color rojo se volvía blanco, la blancura/pureza era llevada hacia todos los rincones. De manera similar, hoy en día, el Remedio General trae blancura y pureza a todos los *guidim*, de modo que los *begadim* están siempre blancos. El Rebe explica a continuación cómo trabaja este proceso.

en (Job 22:25), "Y *Shadai* (El Todopoderoso) estará *beTzaReja*". <Es decir, el concepto de rectificar el *brit/Shadai*> lanza y arroja rectificaciones <como una flecha> hacia todos los lugares *TzaR* (estrechos) <y pequeños, como se explicó>.⁵⁰

Y debido a esto, el *brit* es llamado "el brillo del firmamento".⁵¹ Pues antes de la rectificación, se encuentra en la categoría de (Job 20:27), "Los cielos revelarán su transgresión".⁵² Pero después de la rectificación, ilumina y purifica el firmamento⁵³ –correspondiente al paño de color rojo que emblanquece las transgresiones de los trescientos sesenta y cinco <*guidim*, las trescientas sesenta y cinco> prohibiciones (*Ioma* 67a)⁵⁴– y hace que el blanco fluya hacia los trescientos sesenta y cinco guidim, correspondiente a, "Que en todo momento tu vestimenta sea blanca".⁵⁵

Cuando es descargada en santidad –i.e., en una unión sancionada halájicamente– esa blancura produce rectificación incluso en los lugares más pequeños y estrechos, lugares que de otra manera sería imposible alcanzar. Esto está ilustrado por Abraham y Sara. Aunque eran estériles, como su unión se llevaba a cabo en santidad, pudieron "concebir" almas, que más tarde les fueron dadas a los prosélitos que se volvieron judíos (*Zohar* III, 168a). La simiente de Abraham llevó así la limpieza, la rectificación y la santidad a los lugares de idolatría, promoviendo el reconocimiento del único Dios verdadero. Por medio del *brit*, el Remedio General, tuvo el poder de inducir el *tikún* en lugares demasiado estrechos y pequeños como para llegar por medio de los canales normales.

50. beTzaReja…estrechos…como se explicó. Nuevamente, la simiente de un *brit* cuidado es la blancura –el Remedio General– que es lanzada hacia los lugares estrechos para promover allí la rectificación. Así, el versículo enseña que "*Shadai* estará en tu *tzar*", i.e., tus espacios estrechos y tus dificultades serán aliviados. Pues la mala sierva será entonces anulada y estarás a salvo de toda desgracia (*Parparaot LeJojmá*).

El versículo completo se lee: "*Shadai* estará *betzareja* (en tu tesoro) y la plata volará hacia ti". Esto se relaciona con lo que el Rebe Najmán enseña más adelante (§5), que cuidar el Pacto permite que la persona se gane el sustento sin esfuerzo. Al rectificar el *brit*, instilando blancura/limpieza incluso en los puntos más pequeños y en los detalles más precisos de los pecados graves o desconocidos, se rectifica todo y se obtiene el sustento de manera fácil.

51. brit…firmamento. Enseña la Kabalá que el término *rakia* (firmamento) denota tanto a *Zeir Anpin* como a *Iesod*. Esto se debe a que toda la *shefa* que desciende a través de las seis *sefirot* de *Zeir Anpin* se une en *Iesod* antes de ser traspasada a *Maljut*. Siendo *Maljut* la representación de este mundo, *Iesod* es el firmamento que se encuentra por encima (*Pardes Rimonim* 23:2, 20). Así, el *brit*, que es sinónimo de *Iesod* (ver Apéndice: Las Sefirot y el Hombre), corresponde también al firmamento. Más aún, debido a que *Iesod/brit* juega un papel clave en la revelación de la *shefa*, el *brit* es específicamente "el brillo del firmamento".

52. los cielos revelarán su transgresión. En la terminología Kabalista, *shamaim* (cielos) denota

כִּי כָּל הַלַּבְנוּנִית נִמְשָׁךְ מִן הַמֹּחַ, בְּחִינַת: "וְנוֹזְלִים מִן לְבָנוֹן" - 'מִן לְבוּנָא דְמֹחָא' (זהר פינחס רל"ה:). וְעַל-יְדֵי תִּקּוּן כְּלָלִיּוּת הַגִּידִין נִתְרוֹמֵם הַמֹּחִין, בִּבְחִינַת: "כַּנֶּשֶׁר יָעִיר קִנּוֹ". נִשְׁרָא דָא רוּחָא, שֶׁהוּא כְּלָלִיּוּת הַגִּידִין, בְּחִינַת (יהושע ב): "וְלֹא קָמָה עוֹד רוּחַ בְּאִישׁ". "יָעִיר קִנּוֹ" - שֶׁהוּא מְעוֹרֵר "קָנֵה חָכְמָה קָנֵה בִינָה", מִבְּחִינַת שֵׁנָה.

"עַל גּוֹזָלָיו יְרַחֵף" - שֶׁהוּא מְרַחֵף וּמֵגֵן עַל הַמֹּחִין שֶׁהָיוּ מִתְּחִלָּה נִגְזָלִין, בִּבְחִינַת (משלי כ"ח): "גּוֹזֵל אָבִיו וְאִמּוֹ", הֵם הַמֹּחִין, שֶׁהֵם אָב בְּחָכְמָה וְאֵם לַבִּינָה.

וְזֶה בְּחִינַת (ברכות ג): 'תִּינוֹק יוֹנֵק מִשָּׁדֵי אִמּוֹ'. 'תִּינוֹק' הַיְנוּ הַמֹּחִין דְּקַטְנוּת, שֶׁהוּא יוֹנֵק וְנִגְדָּל מִקַּטְנוּתוֹ, עַל-יְדֵי תִּקּוּן הַכְּלָלִי, שֶׁהוּא שָׁדַי וְיוֹרֶה כְּחֵץ.

60. ken...kné...comprensión. Ver más arriba, nota 11, para la conexión entre *ken* y *kné*, y su conexión con los *mojín*. El objetivo del Tzadik al cuidar el Pacto es despertar los *mojín* hacia la conciencia. Por contraste, el sueño connota mentalidades restringidas, un aspecto de tontería y locura. Cuando la persona peca, desciende al nivel del sueño, a un nivel de intelecto restringido.

61. gozal.... El término *gozal* (גוזל, polluelo) indica una mentalidad inmadura y restringida; la misma restricción que cuando uno peca. Pues cuando se dañan los *mojín*, las mentalidades se vuelven *nigzalin* (נגזלין).

62. padre en Jojmá...madre a Biná. Ver Apéndice: Las Personas Divinas; *Jojmá* corresponde a la persona Divina *Aba* (Padre) y *Biná* a la persona Divina *Ima* (Madre).

En el contexto de nuestra lección el versículo se lee entonces así: **Como el nesher** – aquel que cuida el Pacto, el Tzadik, **despierta a su ken** – despierta a las mentalidades; **revoloteando sobre sus polluelos** – él entonces protege a esas mentalidades que estaban restringidas debido al pecado.

63. infante...mentalidades restringidas. Enseña el Talmud: La noche se divide en tres guardias.... La tercera guardia comienza en el momento en que el infante se despierta para tomar del pecho de su madre (*Berajot* 3a). El infante corresponde al *gozel*, a la mentalidad restringida. Así como el infante crece cuando se nutre, la conciencia restringida también crece cuando toma alimento de un intelecto mayor. En nuestro contexto, esto hace referencia a la persona que cae en la conciencia restringida debido al pecado. Para "crecer" y salir de esa restricción, es necesario "amamantarse" y traer alimento de los *mojín* rectificados. El *Zohar* (III, 258a) enseña que *ShDeI* (los pechos) corresponden al Santo Nombre *ShaDaI*. El infante alimentándose del *shdei* de su madre alude a la elevación de los *mojín* restringidos al traer el intelecto rectificado/*Shadai*/el Pacto cuidado.

64. como se explicó. Ver más arriba la nota 49. En la lección, el Rebe Najmán ha presentado

{"Como el *nesher* (águila) despierta a su *ken* (nido), revoloteando sobre sus *gozel* (polluelos)" (Deuteronomio 32:11).}

<Ahora bien, esta> blancura es traída desde la mente, como en (Cantar de los Cantares 4:15), "fluyendo desde el *LeBaNon*"[56] – desde la *LiBuNa* (blancura) de la mente.[57] <Proviene> de la rectificación de la generalidad de los *guidim*, como en, "Como el *nesher* despierta a su *ken*". *Nishra* es el espíritu, <el concepto del *brit*,>[58] como en (Ioshúa 2:11), "Ni ha quedado más espíritu de vida en hombre alguno" – <i.e., el santo Pacto>.[59] "Despierta a su *ken*" – él despierta <las mentalidades> del aspecto de sueño, correspondiente a "*Kné* sabiduría, *kné* comprensión".[60]

"Revoloteando sobre sus *GoZaL* (polluelos)". Él se cierne y protege las mentalidades que estaban al comienzo *niGZaLin*, como en (Proverbios 28:24), "Él *gozel* (roba) de su padre y de su madre".[61] Éstas son las mentalidades – es decir, "padre en *Jojmá* (Sabiduría)" y "madre a *Biná* (Comprensión)".[62]

Éste es el significado de (Berajot 3a): "El infante se nutre de los *ShDeI* (pechos) de su madre". "El infante" alude a las mentalidades restringidas.[63] Él es nutrido y criado desde su pequeñez por medio del *Tikún HaKlalí*, que lanza y arroja <rectificaciones como una flecha, como se explicó>.[64]

56. LeBaNon. Rashi explica "desde el Lebanon (לבנון)" como "tomando de una fuente de aguas claras". La palabra *labán* (לבן) significa "blanco" y, en nuestro contexto, hace referencia a la simiente traída desde la mente (ver n. 44).

57. LiBuNa de la mente. La blancura de la mente connota una mente clara y pura. El *Zohar* (III, 235b) habla del descenso de la blancura, la simiente, desde *Jojmá* (los *mojín*) hacia los niveles inferiores. Como explica el Rebe Najmán, es en los *mojín* en donde se lleva a cabo de hecho la rectificación, porque "el hombre no peca a no ser que le haya entrado un espíritu de locura" (ver más arriba, n. 43). Si la persona peca sexualmente, malgastando la simiente y dañando así lo 365 *guidim*, ello se debe a que su intelecto está dañado. Realizar el Remedio General requiere por lo tanto la rectificación de los *mojín*, que es una rectificación en la fuente.

58. Nishra…espíritu…brit. Ver más arriba, nota 9, que el *nesher* (águila) corresponde a los *guidim* (venas y tendones) del cuerpo y al Tzadik. Ello se debe a que aquel que cuida el *brit*, el *guid* que engloba a los 365 *guidim*, es un Tzadik (ver más arriba, n. 44).

59. espíritu de vida en hombre alguno…Pacto. Cuando Ioshúa y el pueblo judío estaban por entrar a conquistar la Tierra Santa, enviaron dos espías que fueron a la casa de Rajav, una famosa cortesana de Canaán. Los espías esperaban enterarse por ella de los secretos de la tierra, información que ella habría recolectado de los muchos clientes de todo el país. Rajav les dijo que el espíritu de vida se había ido de los habitantes de la tierra, los hombres habían perdido su virilidad debido al temor de los invasores judíos. Así, el espíritu de vida alude al *brit*; el hecho de no ser despertado indica el cuidado del Pacto – i.e., el Tzadik, que es el aspecto del espíritu.

וְזֶה: אִמּוֹ, דָּא כְּנֵסִיָּה, כְּמוֹ שֶׁכָּתוּב (משלי כ"ג): "אַל תָּבוּז כִּי זָקְנָה אִמֶּךָ". פֵּרֵשׁ רַשִׁ"י: כְּנֵסִיָּתְךָ. שֶׁשָּׁם נִתְכַּנְּסִין וְנִכְלָלִין כָּל הַתִּקּוּנִים: וְזֶה עִקַּר הִתְקָרְבוּת יִשְׂרָאֵל לַאֲבִיהֶם שֶׁבַּשָּׁמַיִם, הַיְנוּ עַל יְדֵי תִּקּוּן הַבְּרִית, עַל-יְדֵי-זֶה עִקַּר הַהִתְקָרְבוּת שֶׁל יִשְׂרָאֵל לַאֲבִיהֶם שֶׁבַּשָּׁמַיִם, בִּבְחִינַת (שמות י"ט): "וָאֶשָּׂא אֶתְכֶם עַל כַּנְפֵי נְשָׁרִים וָאָבִא אֶתְכֶם אֵלָי". "נִשְׁרָא" זֶה תִּקּוּן הַכְּלָלִי, שֶׁהוּא בְּחִינַת: "וַיַּגֵּד לָכֶם אֶת בְּרִיתוֹ" כַּנַּ"ל, הַיְנוּ תִּקּוּן הַבְּרִית. עַל-יְדֵי-זֶה דַּיְקָא, "וָאָבִא אֶתְכֶם אֵלָי" – שֶׁנִּתְקָרְבוּ אֵלָיו יִתְבָּרַךְ. כִּי עִקַּר הַהִתְקָרְבוּת לְהַשֵּׁם יִתְבָּרַךְ, הוּא עַל-יְדֵי תִּקּוּן הַבְּרִית כַּנַּ"ל:

receptiva. Todos los atributos y rectificaciones que fueron originalmente reunidos en *Biná/ madre/*los *mojín* son recibidos y reunidos en última instancia en la Presencia Divina/*Maljut*.

El versículo se traduce así en nuestro texto como sigue: **No desprecies** – uno evita la vergüenza y el deshonor de las vestimentas manchadas mediante **tu madre cuando envejeciere** – cuando un *mojín* consciente y maduro rectifica la conciencia inmadura y restringida.

67. kanfei nesharim...como se explicó. Esto aparece al comienzo de esta sección en la nota 45. Más aún, *nesher* también hace referencia a los *guidim*, como se mencionó más arriba (n. 9). Agrega el *Mabuei HaNajal*: La palabra *nesharim* es plural y es por ello quizás por lo que el Rebe Najmán le ha dado dos interpretaciones diferentes. Anteriormente explicó que *nesher* es la alabanza a los Tzadikim (§2, n. 11) y aquí dice que *nesher* corresponde a la generalidad de los *guidim* (ver también n. 58).

El versículo de Éxodo citado por el Rebe Najmán fue dicho antes de la Revelación en el Sinaí, en Shavuot. El pueblo judío recibió la instrucción de abstenerse de relaciones maritales antes de recibir la Torá. En nuestro contexto, la Torá representa el *daat* necesario para acercarse a Dios (n. 6). Esto se logra cuidando el Pacto, el *nesher*. Por lo tanto el versículo que sigue afirma (Éxodo 19:5,6): "Si guardan Mi pacto.... Éstas son las palabras que les dirás a los Hijos de Israel". Al cuidar el Pacto, sus palabras tendrán bien en ellas y así serán oídas y aceptadas.

68. acercarse al Santo, bendito sea.... Como se explicó, el *brit* incluye a toda la Torá. Aunque la persona no sea un Tzadik completo, ni siquiera un Tzadik "parcial", en la medida en que se cuide del pecado, particularmente del pecado sexual, merecerá acercarse a Dios. Cuanto más rectificado esté el *brit*, mayor será su capacidad de alcanzar *daat*, de reconocer y servir a Dios (ver n. 6). El *Parparaot LeJojmá* agrega que encontramos una enseñanza similar en el *Zohar* (II, 61a): Dios no le quiso dar la Torá al pueblo judío hasta que éste se acercó a Él. ¿Cómo pudo acercarse? Mediante el Pacto; al unirse al nivel del Tzadik (*Iesod/brit*).

Resumen: Para que la palabra sea considerada "habla", debe contener la cualidad del bien. El bien proviene de *daat*/Torá (§1). ¿Cómo puede la persona hacer que descienda el bien desde *daat* hacia el habla? Alabando a los Tzadikim. Esto despierta a los *mojín*, hace que se eleve el *daat* y así rectifica sus palabras (§2). El habla rectificada corresponde a las vestimentas

Y éste es el significado de "su madre" – ésta es <la Congregación de Israel>. Como está escrito (Proverbios 23:22), "No desprecies a tu madre cuando envejeciere". ["Tu madre",] explica Rashi, es "tus congregaciones",[65] <pues> todos los <atributos y> rectificaciones se congregan y se incluyen allí.[66]

Ésta es la esencia del acercamiento de Israel a su Padre en el cielo, i.e., mediante la rectificación del *brit*. Éste es el principal medio a través del cual Israel puede acercarse a su Padre en el cielo, como en (Éxodo 19:4), "Yo te llevé sobre *kanfei nesharim* (alas de águilas) y te traje a Mí". "*Nishra*" es el *Tikún HaKlalí*, como en, "Y Él les anunció Su pacto" – es decir, la rectificación del *brit*, como se explicó.[67] Específicamente, a través de esto "Te traje a Mí". Ellos se acercaron al Santo, bendito sea, pues la rectificación del *brit* es el medio adecuado para acercarse al Santo, bendito sea.[68]

---

tres aspectos separados del intelecto restringido: el dormir, el *gozel* (robado) y el infante. El dormir hace referencia al hecho de haber caído en el sueño y olvidado lo lejos que se está de Dios; el *gozel* connota a uno que peca intencionalmente; el infante implica aquel que es espiritualmente débil y que se siente incapaz de servir a Dios (ver *Likutey Moharán* I, 56:3). El Remedio General tiene el poder de despertar a los que están en cada una de esas categorías y llevarlos hacia el arrepentimiento.

Es digno de señalar que cuando Iaacov bendijo a Iosef le dijo (Génesis 49:25), "…y *Shadai* te bendecirá… con las bendiciones de los *shadaim* (pechos) y de la *rajem* (matriz)". Rashi explica "*shadaim verajem*": las bendiciones del padre y de la madre; ambos deben ser bendecidos, tanto aquel que produce la simiente como aquella que la lleva y da nacimiento al niño (*loc. cit.*). ¿Cómo es que "pechos" hace referencia al padre? Sin embargo, *ShaDaIm* corresponde a la simiente que se arroja, *ShaDI* (*ibid.*; cf. *Siftei Jajamim*). En nuestro contexto, Iosef es la personificación de *Iesod/brit*. Cuando "padre y madre" (*Jojmá* y *Biná*, los *mojín*) son bendecidos, Iosef/Iesod/brit es bendecido y cuidado. La inversa también se produce. Cuidar el *brit* guarda y eleva los *mojín*.

65. su madre…tus congregaciones. Aunque hemos hecho notar anteriormente que la Congregación de Israel (*Kneset Israel*) se comprende generalmente como otro nombre para la Presencia Divina/*Maljut* (n. 27; cf. *Likutey Moharán* I, 12, n. 56), aquí, el Rebe Najmán cita a Rashi que lo relaciona con la "madre", la designación reservada usualmente para *Biná* (*Ima*). (La explicación de Rashi de "tu madre" como *Kneset Israel* no aparece en el versículo citado del texto sino en Proverbios 1:8). Sin embargo, la lección misma trae la solución. Ver la nota siguiente.

66. …se congregan y se incluyen allí. Esto hace referencia a las rectificaciones que emanan de los *mojín* y descienden a través del *brit/Shadai* para rectificar a *Maljut* de la sangre menstrual y de las vestimentas manchadas. Queda así claro por qué el nombre Congregación de Israel puede aplicarse a cualquiera de las dos *sefirot* en las cuales predomina la cualidad femenina/

ה. וּבָזֶה תָּלוּי פַּרְנָסָה בְּלִי טֹרַח, שֶׁהוּא בְּחִינַת (שם ט"ז): "לֶחֶם מִן הַשָּׁמָיִם". הַיְנוּ עַל-יְדֵי תִּקּוּן הַכְּלָלִי, שֶׁהוּא תִּקּוּן הַבְּרִית, שֶׁהוּא בְּחִינַת (משלי ל): "דֶּרֶךְ הַנֶּשֶׁר בַּשָּׁמַיִם".

וְזֶה (במדבר י"א): "וְהָמָן כִּזְרַע גַּד הוּא" – 'זֶרַע גַּד', דָּא טִפָּה חִוַּרְתָּא (תקונים תקון כ"א נ"ב:), הַיְנוּ בְּחִינַת: "וְנוֹזְלִים מִן לְבָנוֹן" שֶׁזֶּה בְּחִינַת תִּקּוּן הַבְּרִית, שֶׁבָּזֶה תָּלוּי פַּרְנָסָה בְּלִי טֹרַח, שֶׁהוּא בְּחִינַת מָן, בְּחִינַת: 'לֶחֶם מִן הַשָּׁמַיִם' כַּנַּ"ל.

כִּי פַּרְנָסָה שֶׁהוּא בְּטִרְחָא וּבִכְבֵדוּת, הוּא מֵחֲמַת שֶׁלֹּא תִּקֵּן תִּקּוּן הַכְּלָלִי, שֶׁהוּא תִּקּוּן הַבְּרִית. כִּי מָאן דְּזָרַק פֵּרוּרִין, דְּנַהֲמָא עֲנִיּוּת רָדֵף אֲבַתְרֵהּ, כָּל שֶׁכֵּן מָאן דְּזָרַק פֵּרוּרִין דְּמֹחָא (זהר פינחס רמ"ד.):

valor numérico equivalente a 17. Cuando uno alcanza guid/el brit cuidado, obtiene el bien necesario para rectificar el habla. Esto también explica la conexión anterior que hizo el Rebe Najmán entre begadeja y beguideja (ver §3, n. 43). Al traer blancura –la iud, la gota de simiente desde el Pacto cuidado– *beGaDeja* (בגדיך, vestimenta) se transforma en *beGuiDeja* (בגידיך, venas y tendones). Éste es el significado de, "Que en todo tiempo tu *begadeja/beguideja* sea blanca".

72. Levanon…brit. Esto ha sido explicado más arriba, en la sección 4 (notas 56, 57). La simiente, que emana de los *mojín*, es blanca/limpia, correspondiente a las vestimentas blancas, a un Pacto cuidado.

73. …sustento sin esfuerzo…maná…cielo. En nuestro contexto, *GaD* (*Gomel Dalim*) denota *Zeir Anpin* (el benefactor/cielo) entregando la gota de simiente a *Maljut* (el receptor/tierra). También denota la persona que cuida el Pacto, protegiendo el *brit* de la simiente emitida en vano. Al igual que *Zeir Anpin*, sustenta a *Maljut*, proveyendo el sustento sólo adonde éste pertenece. La mala sierva por lo tanto no tiene poder ni jurisdicción sobre la *shefa* que desciende del cielo. Y, donde no hay simiente emitida en vano, hay maná del cielo – i.e., suficiente sustento sin esfuerzo.

74. migas de pan, pobreza…migas de su mente. El Rebe Najmán ha demostrado que el maná, el "pan del cielo", corresponde a la simiente del *brit* (*gad/guid*). Esas gotas de simiente emanan de la mente (*libuna* de la mente; notas 44, 57). Esto apunta a la conexión entre malgastar las migas de pan y malgastar las migas –gotas– de la mente. El *Zohar* (*loc. cit.*) explica que malgastar las migas de pan demuestra desprecio por la bendición de Dios y aquel que lo hace es castigado por lo tanto con la ausencia de bendiciones, i.e., pobreza. De manera similar, malgastar las migas de la mente trae pobreza. En nuestro contexto, esto hace referencia a ganarse el sustento con dificultad. Además, el *Zohar* agrega que esto también se refiere a aquel que "arroja" las enseñanzas ocultas de la Torá haciéndoselas conocer a los indignos. Esto se une más adelante, en la sección 6, donde el Rebe menciona el hecho de cuidar la lengua al no revelar secretos (*Mabuei HaNajal*; ver *Likutey Moharán* 11:4, notas 41, 42).

5. Ganarse el sustento sin esforzarse, el aspecto del <maná>, del "pan del cielo" (Éxodo 16:4), también depende de esto – del *Tikún HaKlalí*, de la rectificación del *brit*.⁶⁹ Ello corresponde a (Proverbios 30:19), "el camino del águila en el cielo".⁷⁰

Éste es el significado de (Números 11:7), "El maná era como una semilla de *GaD* (coriandro)" – la semilla del <*GuiD*> es una gota blanca,⁷¹ el aspecto de "fluyendo desde el Lebanon". Pues éste es el concepto de la rectificación del *brit*,⁷² sobre el cual depende el sustento sin esfuerzo – el aspecto del maná, el "pan del cielo".⁷³

[Pero] el sustento que se obtiene con esfuerzo y dificultad es resultado de no haber efectuado el *Tikún HaKlalí*, que es la rectificación del *brit*. Ello se debe a que: A quien arroja migas de pan, la pobreza lo persigue. Más aún aquel que arroja las "migas" de su mente (Zohar III, 244a).⁷⁴

---

blancas, mientras que las vestimentas manchadas son una indicación del pecado. El pecado, transgredir los preceptos negativos, produce un daño en la *Shejiná* y la separa de *Zeir Anpin*. Por el contrario, cuidarse del pecado y llevar a cabo las mitzvot rectifica los daños que se puedan haber cometido (§3). Más esencial es la mitzvá de cuidar el *brit* (Pacto), que incluye a toda la Torá. La rectificación del Pacto es por lo tanto el Remedio General. Al cuidar el *brit* la persona despierta a los *mojín* (lo que le permite traer el bien hacia el habla) y acercarse a Dios (§4).

69. maná, pan del cielo...brit. Aquí, el Rebe Najmán introduce el concepto del sustento, específicamente el sustento que es satisfactorio y que se obtiene con facilidad. Éste es equivalente al maná que los Hijos de Israel recibieron mientras vagaban por el desierto. El maná descendía del cielo diariamente, de modo que cada uno de los judíos recibía el sustento de acuerdo a sus necesidades sin tener que trabajar para ello. También tenía el sabor del alimento que la persona deseaba y así era siempre satisfactorio. Aquel que cuida el Pacto recibe una forma similar de sustento.

70. ...del águila en el cielo. Aquel que logra la rectificación del *brit* –el *nesher* (n. 58), cuyo camino está en el cielo/*Zeir Anpin* (n. 52)– obtiene el "pan del cielo", el maná. El sustento obtenido sin dificultades depende por lo tanto del cuidado del *brit*, como el Rebe continúa explicando.

71. GaD...GuiD es una gota blanca. Encontramos en el *Tikuney Zohar* (#21, p. 54 a): *GaD* (גד) alude a *Gomel Dalim*, "hacer caridad con los pobres". El *gomel/guimel* (ג) hace referencia al benefactor; él le da al *dalim/dalet* (ד), el receptor pobre. La moneda que el benefactor le da al receptor es un símbolo de la letra *iud*, una gota blanca de simiente. Así, la *iud* de la caridad transforma *GaD* (גד, maná) en *GuiD* (גיד, vena) (cf. *Parparaot LeJojmá*). Esto vuelve a demostrar que el sustento/*gad* depende del *brit/guid*. La conexión con la caridad se desarrolla más adelante en la sección 9 y en la nota 125.

Agrega el *Mabuei HaNajal*: Tanto *GuiD* (גיד) como la palabra *tov* (טוב, bien) tienen el

וְזֶה (ויקרא י"ט) "לֹא תֹאכְלוּ עַל הַדָּם" – הַיְנוּ עַל יְדֵי הַדָּמִים, שֶׁהֵם גּוֹרְמִים לַשְּׁכִינָה בְּחִינַת דַּם נִדָּה, בִּבְחִינַת עִיר הַדָּמִים, בִּבְחִינַת: "מַדּוּעַ אָדֹם לִלְבוּשֶׁךָ", בִּבְחִינַת 'שֶׁנִּמְצָא רְבָב עַל בְּגָדָיו', הַיְנוּ עַל־יְדֵי פְּגַם הַבְּרִית, שֶׁהוּא בְּחִינַת פְּגַם כְּלָלִיּוּת הַגִּידִין, שֶׁזֶּהוּ בְּחִינַת פְּגַם הַבְּגָדִים כַּנַּ"ל, עַל־יְדֵי־זֶה: **לֹא תֹאכְלוּ** – הַיְנוּ פַּרְנָסָה בְּטֹרַח.

וְזֶה: **לֹא תְנַחֲשׁוּ וְלֹא תְעוֹנֵנוּ** – שֶׁהֵם גּוֹרְמִים בְּחִינַת נָחָשׁ מַשִּׁיךְ לָהּ לְגַבָּהּ, וְגוֹרְמִים שְׁלִיטַת הַשִּׁפְחָה בִּישָׁא, שֶׁהִיא עֵת רָעָה.

וְזֶה: **לֹא תְנַחֲשׁוּ**, שֶׁלֹּא לִגְרֹם, חַס וְשָׁלוֹם, נָחָשׁ מַשִּׁיךְ לָהּ לְגַבָּהּ וְכוּ' כַּנַּ"ל. **וְלֹא תְעוֹנֵנוּ** – שֶׁהוּא לְשׁוֹן עֵת וְעוֹנָה, הַיְנוּ שֶׁלֹּא לִגְרֹם, חַס וְשָׁלוֹם, שְׁלִיטַת הָעֵת רָעָה שֶׁל הַכ"ח עִתִּים, וְכַנַּ"ל: וְזֶה שֶׁבִּקֵּשׁ יַעֲקֹב (בראשית כ"ח): "וְנָתַן לִי לֶחֶם לֶאֱכֹל וּבֶגֶד לִלְבֹּשׁ", כִּי זֶה תָּלוּי בָּזֶה, כִּי פַּרְנָסָה תָּלוּי בִּבְחִינַת בְּגָדִים לְבָנִים. וְזֶה

---

77. NaJaShu...más arriba. Ver la sección 3 y la nota 25 con respecto al hecho de que el pecado hace que la serpiente (*najash*, נחש) interfiera con la Divina Presencia, con el objetivo de que la *shefa* vaya hacia la mala sierva, la "esposa" del Otro Lado (Lilit). Las Escrituras prohíben por tanto tomar decisiones en base a augurios, *tenajashu* (תנחשו).

78. ONenu...más arriba. Ver la sección 3 y las notas 32-34. Durante los catorce "malos tiempos" de los veintiocho *oná* (עונה), la mala sierva reemplaza a la Divina Presencia, Dios no lo permita. Esto hace que la *shefa* descienda hacia el Otro Lado, lo que hace que la gente necesite esforzarse para ganarse el sustento. Las Escrituras prohíben por lo tanto actuar en base a tiempos auspiciosos, *teonenu* (תעוננו).

Por lo tanto, en el contexto de nuestra lección, el versículo se lee: **No comerás nada con sangre** – Al pecar, la persona produce sangre menstrual en la *Shejiná* y debe trabajar muy duro para ganarse el sustento. Ello se debe a que al dañar a la Presencia Divina, **najashu... onenu** – hace que la serpiente atraiga a la Presencia Divina y permite el gobierno de los "malos tiempos", para que la mala sierva expropie toda la abundancia.

79. el pedido de Iaacov.... Las Escrituras (Génesis 28:10 y sig.) relatan que al huir de Esaú, en camino hacia la casa de Labán, Iaacov llegó a un lugar en donde se durmió. Allí tuvo una visión en la cual vio una escalera que llegaba hasta el cielo. Dios le dijo, "Te daré a ti y a tus descendientes la tierra sobre la cual estás acostado... Te protegeré dondequiera que anduvieres y te haré retornar a esta tierra". Iaacov hizo entonces un voto. "Si Dios estuviere conmigo... y me diere pan para comer y ropa para vestir... entonces el Señor será mi Dios.... De todo lo que Tú me des, Te daré la décima parte". De aquí vemos que el pan/sustento está relacionado con –y, tal cual explica el Rebe Najmán, depende de– el concepto de la ropa/vestimentas blancas/cuidado del *brit*.

{"**No comerán nada con sangre; no *najashu* (actuarán en base a los agüeros); no *onenu* (actuarán en base a tiempos auspiciosos)**" (Levítico 19:26).}

Y éste es el significado de, "No comerán nada con sangre" – es decir, debido a las sangres[75] que generan un aspecto de menstruación en la *Shejiná*, correspondiente a "la ciudad sanguinaria"/"¿por qué tu vestimenta está roja?"/una mancha que se encuentra en sus ropas. En otras palabras, debido a un daño en el *brit*, que es un daño en la generalidad de los *guidim* –siendo éste el daño en las vestimentas, como se explicó– "no comerás", i.e., tu sustento será con esfuerzo.[76]

"No actuarán en base a los agüeros; no actuarán en base a tiempos auspiciosos". Pues esto trae el aspecto de "la serpiente la acercó", que hizo que gobierne la criada malvada, quien es "un mal tiempo".

Éste es el significado de "No *NaJaShu*" – no hagas, Dios no lo permita, que "la *NaJaSh* (serpiente) la acerque y la envenene", como se explicó más arriba.[77] Y "no *ONenu*" – esto tiene la connotación de tiempo y de *ONá* (estación). En otras palabras, no traigas, Dios no lo permita, el gobierno del "mal tiempo" de los veintiocho tiempos, como se explicó más arriba.[78]

Y éste fue el pedido de Iaacov (Génesis 28:20), "…y si Él me diese pan para comer y ropa para vestir". Pues uno depende del otro; el sustento depende del concepto de las vestimentas blancas.[79] Y esto es (Isaías 23:18),

---

75. debido a las sangres. Esto hace referencia a los malvados, quienes son llamados "hombres sanguinarios" (§3, n. 38). Como el Rebe Najmán continuará explicando, debido a que causan impureza en la *Shejiná* y un daño en el *brit*, "no comerán" sino con esfuerzo y dificultad.

76. …como se explicó…con esfuerzo. Estos conceptos han sido explicados más arriba, en las secciones 3 y 4 (notas 20, 26-28, 37). Como se mencionó, el pecado, en especial el daño al Pacto, permite que gobierne la mala sierva. Ella expropia la *shefa* por lo que la gente debe sufrir para ganarse el sustento, en lugar de recibirlo de manera fácil. En lugar de que el sustento sea un aspecto de la sangre convertida en leche, el pueblo judío "come con sangre" – debe trabajar arduamente para ganarse el pan. Esto se debe a que la unión entre el Santo, bendito sea/*Zeir Anpin* y la *Shejiná/Maljut*, que debería dar como resultado el que los judíos reciban la abundancia de manera directa y con facilidad, ha sido suspendida debido a la sangre de la menstruación, etc. (cf. *Parparaot LeJojmá*).

A partir de este versículo, "No comerás nada con sangre", nuestros Sabios aprenden que está prohibido comer a la mañana antes de orar (*Berajot* 10b). En nuestra lección hemos visto que la persona no puede comer maná –es decir, ganarse el sustento sin esfuerzo– a no ser que rectifique la sangre con la cual impurificó a la *Shejiná*. Para ello deberá primero rectificar el Pacto. Esto le dará los *mojín* rectificados desde los cuales podrá traer el bien hacia el habla. Entonces podrá orar y luego comer.

(ישעיה כ"ג): "לֶאֱכֹל לְשָׂבְעָה וְלִמְכַסֶּה עָתִיק".
וְיַעֲקֹב שֶׁהִמְשִׁיךְ לַבְּנוּנִית, בִּבְחִינַת (בראשית ל): "מַחְשֹׂף הַלָּבָן",
עַל-יְדֵי תִּקּוּן הַכְּלָלִי, כְּמוֹ שֶׁכָּתוּב (שם מ"ט): "רֵאשִׁית אוֹנִי",
נֶאֱמַר בּוֹ (שם כ"ה): "יוֹשֵׁב אֹהָלִים", הַיְנוּ בְּחִינַת שָׁמַיִם, כְּמוֹ
שֶׁכָּתוּב (ישעיה מ): "וַיִּמְתָּחֵם כָּאֹהֶל לָשָׁבֶת", הַיְנוּ בְּחִינַת: "דֶּרֶךְ
הַנֶּשֶׁר בַּשָּׁמַיִם", בְּחִינַת 'זֹהַר הָרָקִיעַ', בְּחִינַת 'לָשׁוֹן שֶׁל זְהוֹרִית',
שֶׁמַּלְבִּין עֲווֹנוֹתֵיהֶן, וְהַדָּמִים שֶׁל שָׁסָ"ה גִּידִין, בִּבְחִינַת (שם א):
"אִם יַאְדִּימוּ כַתּוֹלָע כַּצֶּמֶר יִהְיוּ":

vez más a los Tzadikim, uno logra niveles siempre mayores de santidad y de pureza; ver más arriba, n. 8). Consecuentemente y aunque el Rebe Najmán afirma que "uno depende del otro", limitando este concepto al hecho de que la obtención del sustento sin esfuerzo depende del aspecto de las vestimentas blancas (cuidado el Pacto), también es posible invertir la ecuación: las vestimentas blancas dependen del sustento/pan – i.e., de traer Torá/*daat*.

81. la parte blanca. En las Escrituras se relata que Iaacov cuidó los rebaños de Labán durante catorce años, como pago por haber recibido en matrimonio a las hijas de éste último. Iaacov, cuya necesidad de sustento había crecido junto con su familia, hizo un trato con su suegro. Después de retirar todas las ovejas anilladas, manchadas y rayadas de bajo el cuidado de Iaacov, acordaron que todas las ovejas similares que se encontrasen más tarde en manos de Iaacov le serían dadas como pago. Labán supuso que los animales concebirían según su color, de modo que ninguna oveja manchada o rayada nacería de los rebaños a cargo de Iaacov. Ello habría sido así de no mediar el hecho de que Iaacov descortezó franjas en unas ramas, revelando la parte blanca de la madera y colocándolas frente a los animales cuando copulaban. Esto hizo que concibiesen abundante descendencia anillada, manchada y rayada. El Rebe Najmán enseña aquí que el hecho de que Iaacov descubriera esa "parte blanca" corresponde a traer la blancura desde un Pacto cuidado. Por lo tanto pudo alcanzar el "pan del cielo" pues, como enseñan nuestros Sabios: los rebaños de Iaacov crecieron a un ritmo sobrenatural (*Bereshit Rabah* 73:8).

82. primero de mi hombría. Rashi (*loc. cit.*) explica que Rubén, el primogénito de Iaacov, nació de la primera emisión seminal que Iaacov había experimentado. Iaacov nunca había emitido en vano su simiente, ni siquiera de manera no intencional, de modo que su *brit* estaba totalmente puro. Fue así capaz de revelar la blancura – i.e., pudo inyectar blancura incluso en los lugares más estrechos y restringidos, trayendo su rectificación.

83. habita en tiendas. Rashi (*loc. cit.*) afirma que esto hace referencia a Iaacov cuando habitó en la tienda de Shem y de Ever en donde estudió Torá. En nuestro contexto, esto se refiere a traer el habla desde *daat*/Torá. Iaacov pudo hacerlo pues su *brit* estaba cuidado.

84. cielos...tienda para habitar. La tienda de Iaacov corresponde al cielo. El Rebe Najmán nos hace recordar a continuación qué es el cielo conceptualmente.

85. águila...firmamento...paño...lana. Todos estos son aspectos del cielo, del cuidado del *brit*, "y para que coman hasta la saciedad y para vestido lujoso".[80]

Ahora bien, Iaacov trajo la blancura –el aspecto de "la parte blanca" (Génesis 30:37)[81]– mediante el *Tikún HaKlalí*; como está escrito (*ibid.* 49:3), "El primero de mi hombría".[82] Él está descrito como alguien que "habita en tiendas"[83] (*ibid.* 25:27) – i.e., el aspecto del cielo; como está escrito (Isaías 40:22), "Él extiende [los cielos] como una tienda para habitar".[84] Esto corresponde a "el camino del águila en el cielo"/"el brillo del firmamento"/el paño rojo que emblanquece sus transgresiones y los trescientos sesenta y cinco *guidim*, como en (*ibid.* 1:18), "Aunque sean rojos como el carmín, serán blancos como la lana".[85]

Relata el Midrash: Akilas (Onkelos) el prosélito le preguntó al rabí Eliezer, "Está escrito, 'Dios ama al prosélito; Él le dará pan y vestimentas' (Deuteronomio 10:18). ¿Eso es todo? ¿La única recompensa del prosélito será pan y vestimentas?". El rabí Eliezer le respondió diciendo que esas cosas no deben ser consideradas insignificantes. "¿Acaso Iaacov no le pidió a Dios pan y vestimentas? Más aún, el patriarca judío tuvo que pedir esas cosas, mientras que el prosélito las recibe sin tener que solicitarlas". Aun así, Aquilas no estuvo tranquilo hasta que el rabí Ioshúa le explicó que "pan" alude a la Torá y "vestimentas" al talit; o a las vestimentas utilizadas por los sacerdotes en el Templo, una posición que los descendientes de los prosélitos pueden merecer en el caso de que su madre se hubiese casado con un *cohen* (*Bereshit Rabah* 70:5). Como hemos visto en nuestro texto, el pan y la ropa corresponden a las vestimentas blancas/guardar el Pacto. Esto lleva a un sustento sin esfuerzo y es indicativo de ello. El amor de Dios por el prosélito surge del hecho de que el prosélito, al aceptar los preceptos del judaísmo, purifica a la Presencia Divina de la sangre/daños que sus pecados le causaron. El prosélito indica así el *tikún* que llega incluso a los lugares más pequeños, más restringidos y estrechos (ver n. 49). Dios, por lo tanto, ama al prosélito, porque éste representa la rectificación alcanzada debido al cuidado del Pacto. Esto, a su vez, purifica a la *Shejiná* (representada por las vestimentas blancas), lo que permite un flujo constante de *shefa*, el "pan del cielo". Ésta fue la intención subyacente a la respuesta del rabí Eliezer a Aquilas: Recibiría el sustento sin tener que pedirlo. Ésa fue también la intención detrás de la respuesta del rabí Ioshúa. "Pan" es la Torá – i.e., el habla rectificada traída desde *daat*/Torá. Esto sólo puede alcanzarse mediante las vestimentas blancas, el concepto de las vestimentas del Sumo Sacerdote (ver más arriba, n. 17), que también corresponden a cuidar el Pacto.

80. coman hasta la saciedad...lujoso. El profeta dice que "Habrá recompensa para aquellos que se sientan delante de Dios; para que coman hasta la saciedad y para vestido lujoso". "Para que coman hasta la saciedad" connota un sustento fácil y suficiente (n. 69); "vestido lujoso" sugiere las vestimentas blancas/cuidar el *brit*.

El Talmud interpreta *velimjase atik* ("vestido lujoso") de manera literal, como "aquello que *Atik*, el Anciano de Días, mantiene cubierto" – i.e., los misterios ocultos de la Torá (*Pesajim* 119a). En nuestro contexto, esto se relaciona con un aumento del *daat*/conocimiento de la Torá. Como se explicó, al alabar a los Tzadikim, la persona eleva su *daat*, de modo que el habla –tomada de un *daat* elevado– contiene la cualidad del bien. Sus palabras son así oídas y aceptadas. Cuanto mayor sea el nivel de *daat* del cual tome, más grande será el nivel de las vestimentas blancas/cuidado del Pacto que alcance. (Esto se debe a que al acercarse cada

ו. וְכָל זְמַן שֶׁלֹּא תִקֵּן תִּקּוּן הַכְּלָלִי, וְהַשְּׁכִינָה הִיא בִּבְחִינַת: "מַדּוּעַ אָדָם לִלְבוּשֶׁךָ", בְּחִינַת דַּם נִדָּה, אֲזַי הַדִּבּוּר אָסוּר. בִּבְחִינַת (תהלים ל"ט): "נֶאֱלַמְתִּי דוּמִיָּה", שֶׁמֵּאֵלּוּ הַדָּמִים נַעֲשֶׂה בִּבְחִינַת "דוּמִיָּה". כִּי עִקַּר הַדִּבּוּר תָּלוּי בַּתִּקּוּן הַכְּלָלִי, שֶׁהוּא בְּחִינַת: "וַיַּגֵּד לָכֶם אֶת בְּרִיתוֹ" כַּנַּ"ל.

    Este concepto del habla prohibida está conectado con lo que el Rebe Najmán dijo al comienzo de la lección: "No todas las palabras son consideradas habla". El Rebe explicó que para que las palabras sean consideradas "habla" es necesario llevar el bien hacia ellas alabando a los Tzadikim. Como se citó más arriba del *BeIbey HaNajal* (n. 8), alabar a los Tzadikim es parte integral del hecho de estar unidos a ellos. Los Tzadikim mismos han cuidado el Pacto y alcanzado así un habla rectificada. Sus palabras –sus revelaciones de Torá, sus enseñanzas y dichos e incluso sus conversaciones cotidianas– todas contienen bien. De revelarse al mundo, ese bien sería muy beneficioso. La gente podría percibir el gran valor de la Torá y la importancia de los Tzadikim y finalmente llegaría a servir a Dios. Así, alabar a los Tzadikim, cuidar el Pacto y revelar la Divinidad están asociados con un habla rectificada.

    Sin embargo, "Dios hizo uno frente al otro" (Eclesiastés 7:14). En contraste con el habla rectificada se encuentra el habla que está prohibida. Hay gente que no cuida el Pacto y cuyo *brit* está dañado. Cuando una persona así alaba a los Tzadikim o quiere revelar las enseñanzas de Torá, sus palabras, que están dañadas y carecen de bien, ocultan de hecho la Divinidad. En esta categoría se encuentran todos los falsos líderes y rabinos que, careciendo de un habla rectificada, distorsionan la Torá y las palabras de los verdaderos Tzadikim. Algunos incluso dan clases de Kabalá, de la cual se encuentran totalmente alejados. La suya es un habla absolutamente prohibida.

    Existe una tercera categoría: el habla que no está rectificada pero que tampoco está prohibida. Hay gente que verdaderamente desea servir a Dios, cuya intención es pura, como se evidencia en su acercamiento y alabanza a los Tzadikim. Aunque todavía debe alcanzar un Pacto rectificado, su habla no está prohibida. *Parparaot LeJojmá* se explaya sobre esto. Explica que cuando la persona acepta sus limitaciones –i.e., reconoce estar lejos de un Pacto cuidado y de las enseñanzas de los verdaderos Tzadikim y, en su lugar, percibe las faltas como propias y está deseosa de enmendarlas– se le permite e incluso se la alienta a hablar, a enseñar y a alabar a los Tzadikim (ver *Parparaot LeJojmá* 36:6; *Cruzando el Puente Angosto*, Capítulo 17).

88. DaMim…DuMiá…Tikún HaKlalí…. Como se explicó, el Remedio General rectifica los *mojín*, lo que a su vez rectifica el habla (ver §4). El habla rectificada es *Maljut* (notas 17, 31). Sin embargo, cuando hay un daño, las *damim* (דמים, sangres) hacen que *Maljut* sea reemplazada por la mala sierva. En ese momento, el habla es reemplazada por *dumiá* (דומיה, silencio).

    Agrega el *Mabuei HaNajal*: También podemos comprender la continuación del versículo de los Salmos en el contexto de nuestra lección. El versículo dice: "Quedé mudo en silencio, me callé aun acerca de lo bueno…". En otras palabras, debido a que no alabó a los Tzadikim y no llevó el bien a sus palabras –i.e., no trajo la blancura de los *mojín* para blanquear lo rojo de la sangre– el habla le estaba prohibida y quedó mudo.

6. Pero mientras no haya llevado a cabo el *Tikún HaKlalí*[86] y la *Shejiná* se encuentre en la categoría de "¿por qué tu vestimenta está roja?"/ menstruación, el habla estará prohibida.[87] Todo esto como en (Salmos 39:3), "Quedé mudo en *dumiá* (silencio)". A partir de esas *DaMim* (sangres) se hace el aspecto de *DuMiá*. Pues la esencia del habla depende del *Tikún HaKlalí*, correspondiente a, "Él les anunció Su pacto".[88]

como se explicó más arriba. Aquel que cuida el *brit* recibe el sustento con facilidad, el concepto de "el *nesher* está en el cielo" (ver n. 70). Esto lo logra rectificando los lugares estrechos e inaccesibles, que necesitan ser alcanzados por la blancura de los *mojín* (§4, notas 51-55).

Resumen: Para que la palabra sea considerada "habla", debe contener la cualidad del bien. El bien proviene de *daat*/Torá (§1). ¿Cómo puede la persona hacer que descienda el bien desde *daat* hacia el habla? Alabando a los Tzadikim. Esto despierta a los *mojín*, hace que se eleve el *daat* y así rectifica sus palabras (§2). El habla rectificada corresponde a las vestimentas blancas, mientras que las vestimentas manchadas son una indicación del pecado. El pecado, transgredir los preceptos negativos, produce un daño en la *Shejiná* y la separa de *Zeir Anpin*. Por el contrario, cuidarse del pecado y llevar a cabo las mitzvot rectifica los daños que se puedan haber cometido (§3). Más esencial es la mitzvá de cuidar el *brit* (Pacto), que incluye a toda la Torá. La rectificación del Pacto es por lo tanto el Remedio General. Al cuidar el *brit* la persona despierta a los *mojín* (lo que le permite traer el bien hacia el habla) y acercarse a Dios (§4). Cuanto más se alcanza un *brit* rectificado, más fácil se obtiene el sustento (§5).

86. no haya llevado a cabo el Tikún HaKlalí. El Rebe Najmán comenzó la lección con el concepto del habla rectificada, palabras que poseen bien. Ese bien debe provenir del *daat*. Como tal, el habla rectificada corresponde al concepto de las vestimentas blancas – i.e., cuidar el Pacto, que depende de las mentalidades, incluido *daat*. Como se explicó, el valor del habla rectificada es que pone el bien en las palabras que decimos para que puedan ser oídas y aceptadas. Pero, ¿qué sucede cuando la persona no cuida el Pacto –cuando aún no ha efectuado el Remedio General– y su habla no está rectificada?

87. el habla estará prohibida. La siguiente introducción ayudará a comprender este punto. El rabí Natán explica que "el habla está prohibida" hace referencia a revelar *sodot* (secretos); tanto personales como de la Torá. A quien puede guardar secretos se le confían secretos [por los hombres y por Dios], porque cuida tanto su lengua como el Pacto (ver *Likutey Halajot, Maajalei Akum* 1:3). En el caso de la Torá, aunque sus preceptos y enseñanzas tienen como objetivo el ser revelados, hay ciertas enseñanzas esotéricas que al presente deben mantenerse ocultas (cf. *Likutey Tefilot*). Con respecto a esto, el Rebe Najmán cita el pasaje en el *Zohar* sobre el rabí Shimón bar Iojai que fue el primer Tzadik que recibió el permiso para revelar los misterios secretos de la Torá. Esos *sodot*, que forman la base del Santo *Zohar*, fueron guardados celosamente y sólo transmitidos dentro del círculo de los seguidores del rabí Shimón. Incluso luego de que el texto del *Zohar* salió a la luz (circa 1290 e. c.), se mantuvo esencialmente como un libro cerrado para todos, excepto para los eruditos más avanzados en la Kabalá. Todo esto apunta al hecho de que el rabí Shimón bar Iojai había logrado un habla rectificada. Fue capaz de revelar y de hablar sobre los secretos de la Torá, aunque éstos continúan siendo misterios incluso hoy en día.

וְזֶה בְּחִינַת: 'בָּתַר דִּשְׁכִיב רַבִּי שִׁמְעוֹן, הֲוָה אָמַר חַד לְחַבְרֵהּ: "אַל תִּתֵּן אֶת פִּיךָ לַחֲטִיא אֶת בְּשָׂרֶךָ" (זהר ויקרא ע"ט. ודף ק"ה:), כִּי רַבִּי שִׁמְעוֹן הָיָה קֶשֶׁת הַבְּרִית. בְּחִינַת: "וַיַּגֵּד לָכֶם אֶת בְּרִיתוֹ", הַיְנוּ כְּלָלִיּוּת הַגִּידִין.

וּכְשֶׁאֵין תִּקּוּן הַכְּלָלִי, אֲזַי הַדִּבּוּר אָסוּר, בִּבְחִינַת: "נֶאֱלַמְתִּי דוּמִיָּה", בְּחִינַת: "אַל תִּתֵּן אֶת פִּיךָ" כַּנַּ"ל. וּמִי שֶׁהוּא מְדַבֵּר אָז, כְּשֶׁאֵין תִּקּוּן הַכְּלָלִי, הוּא עוֹבֵר עַל: "לֹא תֵלֵךְ רָכִיל בְּעַמֶּךָ" (ויקרא י"ט), וְהוּא "הוֹלֵךְ רָכִיל מְגַלֶּה סוֹד" (משלי י"א).

אֲבָל בְּיוֹמוֹי דְרַבִּי שִׁמְעוֹן, הֲוָה אָמַר חַד לְחַבְרֵהּ: 'פְּתַח פִּיךָ'. כִּי כְּשֶׁיֵּשׁ תִּקּוּן הַכְּלָלִי, שֶׁהוּא קֶשֶׁת הַבְּרִית, אֲזַי הַדִּבּוּר מֻתָּר. כִּי הַדָּמִים כְּבָר נִתְתַּקְּנוּ, בִּבְחִינַת: 'דָּם נֶעְכָּר וְנַעֲשֶׂה חָלָב', בִּבְחִינַת: "בְּכָל עֵת יִהְיוּ בְגָדֶיךָ לְבָנִים":

וְזֶה (תהלים ל): "לְמַעַן יְזַמֶּרְךָ כָבוֹד וְלֹא יִדֹּם", "כָּבוֹד", זֶה בְּחִינַת

Jizquia, rey de Iehudá y la generación del rabí Shimón bar Iojai (*Bereshit Rabah* 35:2). Vemos entonces que el rabí Shimón bar Iojai corresponde al "arco del Pacto" (*Parparaot LeJojmá*).

91. …la generalidad de los guidim. Al volver a la conexión entre "Y (Él les) *iaGueD* (el aspecto del habla) Su pacto" y la rectificación de la generalidad de los *GuiDim*, nuestra lección demuestra cómo es que el rabí Shimón, el símbolo de un Pacto rectificado, es también símbolo del habla rectificada.

92. chismes…revelando secretos. Este versículo de Levítico prohíbe la calumnia. El versículo de Proverbios hace referencia a aquellos que revelan los secretos de otro. Esencialmente, ambos son lo mismo. Incluso si uno no dice a quién pertenece el secreto, ello llegará a saberse finalmente. Revelar secretos es así una forma de calumnia. En nuestro contexto, el chisme y la calumnia reflejan a aquellos a quienes les está prohibida el habla debido a que han dañado el Pacto. Si hablan, sus palabras ocultan la santidad e impiden que la gente reconozca y sirva a Dios (ver n. 87). El *Mabuei HaNajal* agrega que esos "chismes" también connotan los secretos de la Torá que no deben ser revelados. Si la persona, que conoce sus secretos y misterios, se los revela a aquellos que no son dignos de oírlos (aquellos que no han cuidado el Pacto), ello es como si estuviese transgrediendo la prohibición: "No andarás con habladurías entre tu pueblo".

93. los días del rabí Simón…Abre tu boca…. Mientras la gente estuvo unida al rabí Shimón y buscó su sabiduría y enseñanzas, se le permitió hablar de Torá, incluso de los misterios de la Torá. Como guardián del Pacto, el rabí Shimón rectificó los *guidim* y el habla; la sangre se convirtió en leche y las vestimentas eran blancas. Así, todo aquel que estuviese unido a él podía beneficiarse de sus rectificaciones. Sus palabras se encontraban en la categoría de un habla rectificada, pues su única intención era servir a Dios (ver n. 87).

{**"En los días del rabí Shimón, cada uno solía decirle a su compañero, 'Abre tu boca y tus palabras brillarán'. Después del fallecimiento del rabí Shimón, solían decir, 'No permitas que tu boca haga que tu carne peque'"** (*Zohar* III, 79a).}

Éste es el concepto de: "Después del fallecimiento del rabí Shimón, solían decir, 'No permitas que tu boca haga que tu carne peque'".[89] Ello se debe a que el rabí Shimón es <el aspecto del> "arco del Pacto",[90] correspondiente a, "Él les anunció Su pacto" – i.e., la generalidad de los *guidim*.[91]

Y cuando falta el *Tikún HaKlalí*, el habla está prohibida. Esto es como en, "Estuve mudo en silencio" y "No permitas que tu boca", como se explicó. Y aquel que habla cuando falta el *Tikún HaKlalí*, viola [el mandamiento], "No andarás con habladurías entre tu pueblo" (Levítico 19:16). Él "anda con chismes, revelando secretos" (Proverbios 11:13).[92]

Sin embargo, "en los días del rabí Shimón, cada uno solía decirle a su compañero, 'Abre tu boca [y tus palabras brillarán]'". Ello se debe a que cuando el *Tikún HaKlalí*/"el arco de Pacto", está presente, el habla está permitida. Pues la sangre ya ha sido rectificada, como en, "La sangre se transforma y se convierte en leche", y como en, "que en todo tiempo tu vestimenta sea blanca".[93]

Éste es el significado de (Salmos 30:13), "Para que canten en Tu honor y

---

89. rabí Simón.... Mientras el rabí Shimón bar Iojai estuvo con vida, todas las preguntas relacionadas con los *sodot* de la Torá eran respondidas con claridad y de manera definitiva. Aquellos pertenecientes al círculo de sus seguidores se alentaban entre sí a hablar abiertamente. No fue así luego del fallecimiento del rabí Shimón. Sus discípulos entonces se advertían mutuamente que debían tener mucho cuidado al debatir los misterios de la Kabalá. "No permitas que tu boca haga que tu carne peque", solían decir. Pues un error en su comprensión podía llevar a la transgresión.

90. el arco del Pacto. Refiriéndose al *brit* como una "señal", Dios instruyó a Abraham: "Circuncidarás la carne de tu prepucio. Ésta será la señal del pacto entre Yo y tú" (Génesis 17:11). Anteriormente, cuando Dios prometió que nunca más destruiría la tierra mediante el diluvio, también denominó al arco iris "señal". Dijo, "Ésta es la señal que estoy poniendo por pacto... para las *dorot* (generaciones). He puesto Mi *keshet* (arco iris) en las nubes y ello será como señal del pacto entre Yo y la tierra" (*ibid.*, 9:12, 13). Aparte de ser el arco iris, la palabra *keshet* es también el término hebreo para designar un "arco" del cual se arrojan flechas. Esto conecta con lo que el Rebe Najmán dijo anteriormente, al afirmar que el "*brit* arroja rectificaciones como una flecha" (ver §4 y n. 49). Tanto el Pacto como el arco iris y el arco corresponden así a un mismo concepto. El Midrash hace notar que la palabra *dorot* (דורות), que se escribe normalmente con dos *vav*, aquí se deletrea *DoRoT* (דרת) sin ninguna *vav*. Esto, enseña el Midrash, alude a las dos generaciones futuras en las que todos serán Tzadikim (cuidarán el Pacto) y por lo tanto no habrá necesidad del pacto del arco iris: la generación de

בְּגָדִים כַּנַּ"ל. שֶׁנִּתְלַבְּנִין מִבְּחִינַת: "מַדּוּעַ אָדֹם לִלְבוּשֶׁךָ", מִבְּחִינַת 'דָּם נִדָּה'. וְאָז: "וְלֹא יָדֹם" – כִּי נִמְשָׁךְ לַבְנוּנִית בְּהַדָּמִים, מִבְּחִינַת: "וְנוֹזְלִים מִן לְבָנוֹן" כַּנַּ"ל. וְאָז הַדִּבּוּר מֻתָּר, בִּבְחִינַת: 'פְּתַח פִּיךָ':

ז. וְזֶה בְּחִינַת חֳלִי נוֹפֵל, רַחֲמָנָא לִצְלָן, הַיְנוּ כְּשֶׁהַדָּמִים מִתְגַּבְּרִין וְהֵם מַתִּיזִין לְהַמֹּחַ, וְעַל-יְדֵי-זֶה נִלְחָץ הַמֹּחִין. וְעַל-יְדֵי לְחִיצַת הַמֹּחִין, רוֹעֲשִׁין הָאֵיבָרִים. כִּי הַמֹּחַ הוּא שַׂר צָבָא, וּכְשֶׁהַשּׂוֹנֵא בָּא עַל הַשַּׂר צָבָא, אֲזַי רוֹעֲשִׁים כָּל צְבָאָיו, כִּי כֻּלָּם תְּלוּיִים בּוֹ. וַאֲזַי הַשְּׁכִינָה נוֹפֶלֶת, חַס וְשָׁלוֹם, בִּבְחִינַת (עמוס ט): "סֻכַּת דָּוִד הַנּוֹפָלֶת".

esta lección uno de los seguidores del Rebe Najmán había llevado a su hija epiléptica para que el Rebe la bendijera. El rabí Natán escribe que al construir sus enseñanzas, el Rebe invariablemente hacía referencia a diversos eventos o temas, locales al igual que globales. Esto consistía en comentarios directos o alusiones a temas que entonces lo estaban afectando a él, a sus seguidores o al pueblo judío en general (ver *Tzadik* #127, #132, #138, #390; *A Través del Fuego y del Agua*, Capítulo 32). El propósito del Rebe Najmán con esto era muy amplio, lo menos era el tema en sí mismo. De hecho, mientras el Rebe estaba dando esta lección, la niña se curó de pronto de su enfermedad (*Until The Mashiach*, p. 120).

98. los miembros tiemblan. La epilepsia es una enfermedad del sistema nervioso central, que produce un oscurecimiento de la conciencia y convulsiones. En nuestro contexto, la conciencia corresponde a los *mojín*. La sacudida de los miembros está conectada con la emisión en vano de simiente, con el *brit*, como enseña el Talmud (*Nidá* 43a): "Todo el cuerpo tiembla cuando se emite el esperma". La epilepsia es así indicativa de un *daat* dañado y de un Pacto dañado.

99. comandante...Presencia Divina NoFeLet. Como se explicó, cuando se dañan los *guidim* debido a las transgresiones, la *Shejiná/Maljut* sufre una caída (*nofelet*, נופלת) y la mala sierva usurpa su posición. El Rebe Najmán trae una analogía con la manera en que reaccionan las tropas cuando son avasalladas por un ejército atacante. Los *guidim* y los miembros son los soldados rasos bajo el comando del cerebro. Cuando los "soldados" se encuentran bajo fuego enemigo –i.e., afectados por el pecado– se dirigen a su "comandante" para saber qué hacer. Si éste también está asediado, comienzan a temblar de temor. Lo mismo sucede con un ataque epiléptico: la sangre surge para atacar al comandante del cuerpo, a los *mojín*, y los miembros comienzan a temblar y a estremecerse. Conceptualmente, esto es similar a la caída de los *mojín* debido a la locura, como resultado de lo cual el daño a los *guidim* se manifiesta en el pecado (y esto lleva a más locura, la que a su vez lleva a más pecado; ver n. 43). Esto explica por qué *Maljut*, que está construida por los *mojín*/cerebro (ver *Likutey Moharán* I, 49:4 y *Mevo Shaarim* 2:7), se ve afectada por el "ataque epiléptico" de los *guidim* dañados.

100. La cabaña de David NoFaLet. Esto hace referencia al reinado del rey David, que será restaurado de su estado caído cuando llegue el Mashíaj. Como el último de los Siete Pastores,

no sean silenciados". "Honor" corresponde a las vestimentas,[94] que han sido blanqueadas del aspecto de "¿por qué tu vestimenta está roja?"/la *DaM* de la mujer menstruante. Y así, "no sean *iDoM* (silenciados)". Pues la blancura es traída hacia la sangre desde el aspecto de "fluyendo desde el Lebanon", como se explicó.[95] Y entonces el habla está permitida, correspondiente a, "Abre tu boca".[96]

7. Conceptualmente, ésta es la enfermedad [conocida como] *nofel* (epilepsia),[97] que Dios nos libre, cuando la sangre surge y se lanza hacia el cerebro y presiona en la mente. Debido a la presión en la mente, los miembros tiemblan.[98] Esto se debe a que el cerebro es el comandante del ejército y cuando el enemigo ataca al comandante, todos los soldados se conmocionan debido a que dependen de él. Y entonces la Divina Presencia *NoFeLet* (cae),[99] Dios no lo permita, como en (Amos 9:11), "La cabaña de David *NoFalet* (caída)".[100]

---

94. honor…vestimentas. Ver más arriba, sección 3 y nota 22, para la conexión.

95. …como se explicó. "Fluyendo desde el Levanon" y su conexión con la blancura ha sido explicado más arriba, secciones 4 y notas 56, 57.

Así: Si las vestimentas de la persona, "quienes la honran", son blancas, ello es una indicación de que ha cuidado el Pacto. Al traer blancura hacia la *DaM* (דם, sangre), rectifica los *guidim* y el habla se vuelve permitida. Como agrega el *Mabuei HaNajal*, puede cantar y alabar al Tzadik del mundo –puede hablar con un habla rectificada– y no tiene que permanecer *DoM* (דם, en silencio).

El versículo así se traduce en nuestro texto como: **Para que canten** – para alabar a los Tzadikim y lograr un habla rectificada, **en Tu honor** – es necesario alcanzar el concepto de las vestimentas blancas. Ello se logra mediante: **y no sean idom** – blanqueando los *guidim* de la *dam* menstrual de los pecados.

96. Abre tu boca. Resumen: Para que la palabra sea considerada "habla", debe contener la cualidad del bien. El bien proviene de *daat*/Torá (§1). ¿Cómo puede la persona hacer que descienda el bien desde *daat* hacia el habla? Alabando a los Tzadikim. Esto despierta a los *mojín*, hace que se eleve el *daat* y así rectifica sus palabras (§2). El habla rectificada corresponde a las vestimentas blancas, mientras que las vestimentas manchadas son una indicación del pecado. El pecado, transgredir los preceptos negativos, produce un daño en la *Shejiná* y la separa de *Zeir Anpin*. Por el contrario, cuidarse del pecado y llevar a cabo las mitzvot rectifica los daños que se puedan haber cometido (§3). Más esencial es la mitzvá de cuidar el *brit* (Pacto), que incluye a toda la Torá. La rectificación del Pacto es por lo tanto el Remedio General. Al cuidar el *brit* la persona despierta a los *mojín* (lo que le permite traer el bien hacia el habla) y acercarse a Dios (§4). Cuanto más se alcanza un *brit* rectificado, más fácil se obtiene el sustento (§5). También puede hablar y revelar los misterios de la Torá; pero la persona cuyo *brit* está dañado debe evitar hacerlo (§6).

97. nofel, epilepsia. Como se mencionó más arriba (n.1), en el Shavuot en el que fue dada

וְעַל-יְדֵי תִּקּוּן הַכְּלָלִי, שֶׁמְּעוֹרֵר הַמֹּחִין כַּנַּ"ל, וּמַמְשִׁיךְ לַבְּנוּנִית לְהַגִּידִין, בִּבְחִינַת: "בְּכָל עֵת יִהְיוּ בְגָדֶיךָ לְבָנִים", אֲזַי נִתְרַפֵּאת מְחוֹלָאַת הַנְּפִילָה. וְאָז: "נָפְלָה וְלֹא תוֹסִיף, קוּם בְּתוּלַת יִשְׂרָאֵל" (שם ה). וְאָז הַדִּבּוּר מֻתָּר, בִּבְחִינַת: 'פְּתַח פִּיךָ':

וְזֶהוּ: "לֹא תֵלֵךְ רָכִיל, וְלֹא תַעֲמֹד עַל דַּם רֵעֶךָ" - "רֵעֶךָ", הַיְנוּ הַמֹּחִין, שֶׁהֵם 'תְּרֵין רֵעִין דְּלָא מִתְפָּרְשִׁין' - כְּשֶׁהֵם אֵינָם עוֹמְדִים וְנִתְבַּטְלִין מִלַּעֲשׂוֹת פְּעֻלָּתָם עַל-יְדֵי תִּגְבֹּרֶת הַדָּמִים הַלּוֹחֲצִים אֶת הַמֹּחִין, עַל-יְדֵי-זֶה לֹא תַעֲבֹר עַל: "לֹא תֵלֵךְ רָכִיל". כִּי אָז הַדִּבּוּר מֻתָּר, בְּחִינַת 'פְּתַח פִּיךָ, בְּיוֹמוֹי דְּרַבִּי שִׁמְעוֹן' וְכוּ':

permanente. Más bien, el Creador hizo que su unión dependa del servicio a Dios de los hombres mediante el cumplimiento de las mitzvot (ver *Etz Jaim, Shaar Aba veIma* 7). Dedicarse al servicio a Dios hace que se unan *Zeir Anpin* y *Maljut*, como resultado de lo cual el hombre recibe la *shefa* personal, su cuota particular de "pan del cielo" (ver más arriba, §5). Por el contrario, transgredir los preceptos de Dios interrumpe directamente el flujo de la *shefa*. Peor aún, al pecar hace que la *shefa* vaya hacia otra parte – hacia la mala sierva (ver más arriba, §3).

106. no son silenciados...no serás culpable...habladurías. Cuando los *mojín*, Jojmá y Biná, se encuentran en su lugar y no están corrompidos (debido a un Pacto dañado), cuando no están obstruidos por un surgimiento de sangre que presiona a la mente, el habla se rectifica. No hay ni chismes ni calumnias, ni la revelación impropia de secretos de la Torá.

Por lo tanto, en el contexto de nuestra lección, el versículo se lee: **No andarás con habladurías** – no serás culpable de habladurías si **no desatiendes la sangre de tu compañero** – si no obstruyes el funcionamiento de la rectificación de los *mojín*. Al no producir un daño (**sangre**) a los *mojín*.

107. Abre tu boca...rabí Shimón, etc. Como se explicó en la sección 6, si los *mojín* están rectificados, el habla está permitida. Así ocurría mientras el rabí Shimón bar Iojai estaba con vida.

Resumen: Para que la palabra sea considerada "habla", debe contener la cualidad del bien. El bien proviene de *daat*/Torá (§1). ¿Cómo puede la persona hacer que descienda el bien desde *daat* hacia el habla? Alabando a los Tzadikim. Esto despierta a los *mojín*, hace que se eleve el *daat* y así rectifica sus palabras (§2). El habla rectificada corresponde a las vestimentas blancas, mientras que las vestimentas manchadas son una indicación del pecado. El pecado, transgredir los preceptos negativos, produce un daño en la *Shejiná* y la separa de *Zeir Anpin*. Por el contrario, cuidarse del pecado y llevar a cabo las mitzvot rectifica los daños que se puedan haber cometido (§3). Más esencial es la mitzvá de cuidar el *brit* (Pacto), que incluye a toda la Torá. La rectificación del Pacto es por lo tanto el Remedio General. Al cuidar el *brit* la persona despierta a los *mojín* (lo que le permite traer el bien hacia el habla) y acercarse a Dios (§4). Cuanto más se alcanza un *brit* rectificado, más fácil se obtiene el sustento (§5). También puede hablar y revelar los misterios de la Torá; pero la persona cuyo *brit* está dañado debe

Pero mediante el *Tikún HaKlalí* – que despierta a la mente[101] y lleva la blancura hacia los *guidim*, como en, "Que en todo tiempo tu vestimenta sea blanca" – ella se cura de la enfermedad del *NoFeL*. Entonces, "ella *NaFlá* (cayó), pero no más; levántate, virgen de Israel" (*ibid.* 5:2).[102] Entonces el habla se vuelve permitida, correspondiente a, "Abre tu boca".[103]

Éste es el significado de: "No andarás con habladurías… No desatiendas la sangre de tu compañero".[104] "Tu compañero" alude a las mentalidades, que son "dos compañeros que nunca se separan" (*Zohar* III, 4b).[105] Si no son silenciados ni se les impide hacer su tarea debido a un surgimiento de la presión de la sangre en la mente, no serás culpable entonces de "No andarás con habladurías".[106] Esto se debe a que el habla estará permitida; el aspecto de, "Abre tu boca" en los días del rabí Shimón, etc.[107]

---

cada uno de los cuales corresponde a una de las siete *sefirot*, David corresponde a *Maljut* (ver *Likutey Moharán* I, 22:3, n. 35; ver Apéndice: Los Siete Pastores). Al presente, *Maljut*, al igual que el reinado de David, se encuentra en un estado de *nofel* (נופל), habiendo sucumbido a los ataque del enemigo – i.e., los efectos del pecado.

101. Tikún HaKlalí que despierta a la mente. Esto ha sido explicado más arriba, en la sección 4, donde se indica que la rectificación del Pacto repara a la mente.

102. NaFLá…Israel. El versículo: "Ella cayó y no se levantará más, Oh virgen de Israel" hace referencia al exilio de las Diez Tribus. Habiendo sido expulsadas de la Tierra Santa, nunca más volverán a su reino, a su *maljut*. La lectura de este versículo tal cual aparece en nuestra lección sigue la interpretación Talmúdica (*Berajot* 4b): "Ella cayó, pero no más; levántate, virgen de Israel". La virgen es *Maljut*, la Presencia Divina. En nuestro contexto, cuando se elevan y se despiertan los *mojín*, *Maljut* no cae sino que retiene el control sobre la mala sierva.

103. el habla se vuelve permitida…. Pues *Maljut* es el habla (ver más arriba, n. 16).

104. …habladurías…sangre de tu compañero. El versículo de Levítico (19:16) citado más arriba (§6) continúa: "No desatiendas…". Ésta es una prohibición en contra de abstenerse de hacer algo para salvar la vida de un judío que esté en peligro. Habiendo introducido el concepto de epilepsia, el Rebe Najmán interpreta todo el versículo dentro del contexto de nuestra lección.

105. compañero…mentalidades…nunca se separan. El *Zohar* enseña que las personas Divinas de *Aba/Jojmá* y de *Ima/Biná* son como dos compañeros que nunca se separan. Esto en contraste con *Zeir Anpin* y *Maljut*, que, aunque son una pareja, a veces están separados. Como se mencionó, *Jojmá* y *Biná* corresponden a los *mojín* (ver más arriba, n. 11).

El Ari enseña que el hecho de que *Jojmá* y *Biná* nunca se separen implica que siempre están interactuando para traer *shefa* al mundo. De separarse, aunque sea momentáneamente, el resultado sería devastador. Su permanente unión es así una expresión del deseo de Dios de que la *shefa* descienda siempre. *Zeir Anpin* y *Maljut*, por otro lado, no interactúan de manera

ח. **וְזֶה בְּחִינַת** (חבקוק ב): "וְאַף כִּי הַיַּיִן בּוֹגֵד" - "בּוֹגֵד", הַיְנוּ בְּחִינַת גִּידִין הַנַּ"ל, שֶׁעַל יָדוֹ "הוֹלֵךְ רָכִיל מְגַלֶּה סוֹד", בִּבְחִינַת: 'נִכְנַס יַיִן – יָצָא סוֹד' (סנהדרין ל"ח). כִּי הַיַּיִן הוּא בְּחִינַת גִּידִין, הִתְגַּבְּרוּת הַדָּמִים. בִּבְחִינַת (משלי כ"ג): "אַל תֵּרֶא יַיִן כִּי יִתְאַדָּם", שֶׁאַחֲרִיתוֹ דָּם (סנהדרין ע).

וְעַל-שֵׁם-זֶה נִקְרָא "תִּירוֹשׁ", וְלָמְדוּ רַבּוֹתֵינוּ, זִכְרוֹנָם לִבְרָכָה, מִזֶּה (יומא ע"ו): 'זָכָה – נַעֲשָׂה רֹאשׁ, לֹא זָכָה – נַעֲשָׂה רָשׁ'. הַיְנוּ כְּשֶׁלֹּא זָכָה, שֶׁאֵינוֹ מְזַכֵּךְ אֶת הַדָּמִים, עַל-יְדֵי-זֶה נַעֲשָׂה רָשׁ – שֶׁאֵין לוֹ לֶחֶם מִן הַשָּׁמַיִם כַּנַּ"ל. אֲבָל זָכָה – נַעֲשָׂה רֹאשׁ, בִּבְחִינַת מֹחִין. הַיְנוּ בְּחִינַת הַמְשָׁכַת הַלַּבְנוּנִית מִן הַמֹּחִין, בִּבְחִינַת: "וְנוֹזְלִים מִן לְבָנוֹן" כַּנַּ"ל:

112. tiRoSh...RoSh. *Tirosh* (תירוש) es el término bíblico para designar al vino (cf. Números 18:12, Deuteronomio 11:14). Cuando la persona merece beber vino en santidad, "se va a su cabeza" – i.e., se vuelve un *rosh* (ראש), un líder y un mentor espiritual.

Reb Abraham Sternhartz (1862-1955), un prominente jasid de Breslov de la generación anterior, fue *rav* y escriba en Ucrania antes de los veinte años. Incluso después de haber cumplido noventa años, solía recitar de memoria las lecciones del Rebe Najmán, durante horas. Se dice que cuando se trataba de beber en Purim, Reb Abraham lo hacía como el mejor. ¡Pero nunca se emborrachaba! En esto ejemplificaba a la persona que bebe vino en santidad y merece volverse un *rosh*.

113. RaSh...no ZaJá...ZaJej.... Si la persona no es digna (no זכה) y sin embargo bebe vino, en lugar de purificar (מזכך) la sangre, daña los *guidim*/Pacto. Así, realmente será pobre y luchará constantemente para ganarse la vida o, incluso peor, nunca estará satisfecha con lo que tenga. Siempre se sentirá pobre y, por lo tanto, se esforzará y trabajará para obtener más dinero (ver la sección siguiente).

114. zajá...blancura...más arriba. Sin embargo, si la persona es digna y purifica el Pacto, entonces, si bebe vino, merecerá *rosh*, las mentalidades de la cabeza. Es decir, despertará y elevará los *mojín* (§2), trayendo blancura desde los *mojín* para rectificar los daños (§3, §4). Y esto, a su vez, le dará "pan del cielo" (§5) y un habla rectificada (§2). Tendrá bien en sus palabras (§1) y podrá hablar y revelar los misterios de la Torá (§6).

En base a lo que el Rebe Najmán enseña en esta sección y en el *Likutey Moharán* I, 19, el rabí Natán explica la prohibición de la Torá en contra de beber vino preparado o tocado por un no judío y la prohibición en contra de comer alimentos preparados y/o cocinados por no judíos (ver *Iore Dea* 112-134). Escribe: El daño al Pacto es el mal global de las setenta naciones (ver *Likutey Moharán* I, 19:3, donde esto se explica en detalle). *Iain* (vino) es

8. Y esto es (Habakuk 2:5), "Más aún, el vino es *bogued* (un traidor)".[108] La palabra "*boGueD*" alude a *GuiDim*.[109] Debido al [vino], uno "anda con chismes, revelando secretos", como en: Cuando entra el vino, salen los secretos (*Sanedrín* 38a).[110] Pues el vino corresponde a los *guidim*, al surgimiento de la sangre, como en: "No mires al vino, pues *itaDaM* (enrojece)" (Proverbios 23:31) – su final es *DaM* (*Sanedrín* 71a).[111]

Éste es también el motivo por el cual [el vino] es llamado *tiRoSh*. A partir de lo cual aprenden nuestros Sabios (*Ioma* 76b): Si es digno, se vuelve *RoSh* (cabeza)[112]; si no es digno, se vuelve *RaSh* (pobre). En otras palabras, cuando no es *ZaJá* (digno) –i.e., no *ZaJej* (purifica) la sangre– se vuelve pobre, porque no recibe "pan del cielo".[113] Pero si es *zajá* –<i.e., él ha *zajej* la sangre>– se vuelve *rosh*, correspondiente a las mentalidades. Esto alude a traer la blancura desde el cerebro, como en, "fluyendo desde el Lebanon" – <desde la blancura de la mente,> como se explicó más arriba.[114]

---

evitar hacerlo (§6). La epilepsia se produce cuando los *mojín* están presionados debido a que los *guidim* están siendo atacados (por el pecado, un Pacto dañado). La rectificación del Pacto, que rectifica los *mojín*, es por lo tanto una cura para la epilepsia (§7).

108. el vino es bogued. El hombre cuya hija era epiléptica le había llevado vino al Rebe Najmán para Shavuot (ver notas 1, 97). En esta sección, al Rebe conecta el vino con los conceptos de nuestra lección. Comienza con las palabras del profeta Habakuk, quien previó la destrucción de Babilonia (Irak de hoy en día) debido a sus excesivos hábitos en el beber (*Rashi, loc. cit.*).

109. boGueD...GuiDim. El vino, que entra en todos los *guidim* (גידים, venas) a través del flujo sanguíneo, tiene el poder de hacer que la persona sea un *bogued* (בוגד, traidor). Explica el Rebe Najmán:

110. Cuando entra el vino, salen los secretos. Al tratar sobre la conexión entre el vino y los secretos, el Talmud hace notar que la palabra *iain* (יין, vino) y la palabra *sod* (סוד, secreto) tienen el mismo valor numérico de 70. Cuando la persona bebe suficiente vino como para emborracharse, es incapaz de cuidar su lengua y de guardar secretos. En las palabras de nuestros Sabios: "Cuando entra el vino, salen los secretos". Aquí, el Rebe Najmán enseña que el vino que no se bebe en santidad daña el "torrente sanguíneo"/los *guidim*/el Pacto. Entonces está prohibido hablar, pues seguro que se revelarán secretos (como se explicó más arriba, §6). En lugar de tener un habla rectificada, todas las palabras se encuentran en el aspecto de habladurías – de calumnias y de revelar secretos.

111. surgimiento de la sangre...itaDaM...DaM. Cuando el vino no se bebe en santidad, produce un surgimiento de la sangre que lleva a pecar con esa "sangre caliente" (ver n. 40). Éste es el significado de, "No mires al vino, pues *itadam* (יתאדם)". Como enseñaron nuestros Sabios: "No desees el vino, pues su final es *dam* (דם)" – i.e., una "vestimenta *adom* (אדם, roja)", un daño de los *guidim*/Pacto.

ט. וְזֶה בְּחִינַת מַשָּׂא וּמַתָּן בֶּאֱמוּנָה, כִּי מִי שֶׁאֵינוֹ עוֹשֶׂה מַשָּׂא וּמַתָּן בֶּאֱמוּנָה, וְהוּא מְשֻׁקָּע בְּתַאֲוַת מָמוֹן, וְגוֹזֵל אֶת חֲבֵרוֹ – אֲזַי הוּא מְעוֹרֵר דָּמִים הַנַּ"ל, בִּבְחִינַת: מַדּוּעַ אָדֹם לִלְבוּשֶׁךָ הַנַּ"ל, וְגוֹרֵם דַּם נִדָּה לַשְּׁכִינָה, בִּבְחִינַת (יחזקאל ז): "וּזְהָבָם לְנִדָּה". וְזֶהוּ: 'דָּמִים תַּרְתֵּי מַשְׁמַע' (מגלה י"ד:, ועין חדושי אגדות שבת קל"ט ד"ה כי כפיכם), הַיְנוּ דַם נִדָּה עַל-יְדֵי הַמָּמוֹן.

בִּשְׁבִיל זֶה נִקְרָא 'גְּזֵלָה' בְּחִינַת 'בֶּגֶד', כְּמוֹ שֶׁכָּתוּב (ישעיה כ"ד): "וּבֶגֶד בּוֹגְדִים בָּגָדוּ". הַיְנוּ פְּגַם הַבְּגָדִים הַנַּ"ל, בְּחִינַת 'שֶׁנִּמְצָא

con él, David se volvió hacia su compañero de tribu, el rico Nabal. David y sus hombres habían protegido a los pastores y a los rebaños de Nabal en el campo y ahora, en su momento de necesidad, esperaban ser recompensados por sus esfuerzos. Pero Nabal se negó e incluso injurió el linaje de David. A ojos de David, el haber sido ungido por Shmuel lo había investido con la autoridad de un rey de modo que la actitud de Nabal constituía una rebelión en contra de esa autoridad – una transgresión cuyo castigo era la muerte y la confiscación de los bienes. David y sus hombres estaban en camino para llevar a cabo la sentencia cuando se encontraron con Avigail, la esposa de Nabal. Ella ya le había enviado subrepticiamente a David los víveres que él había pedido y más aún, y ahora esperaba que al hablar con él personalmente lo convencería de evitar el derramamiento de sangre. Nuestros Sabios agregan que Avigail, cuya inteligencia sólo era equiparable a su belleza, sedujo a David. Él se sintió tentado a llevársela; viendo que nada malo había en ello de acuerdo a la ley judía, pues Nabal, al igual que todo culpable de rebelión en contra de la autoridad real, ya era considerado como un muerto. Avigail comprendió las intenciones de David, con respecto a su esposo y a ella misma. Aunque no negó la maldad de Nabal, ella arguyó (de acuerdo al Midrash) que mientras Shaul estuviese con vida la autoridad del rey la tenía *él*. De acuerdo a ello, Nabal no podía ser culpable de rebelión; derramar su sangre sería por lo tanto asesinato. Tal como continúan relatando las Escrituras, David aceptó la verdad del razonamiento de Avigail y se contuvo. Entonces se sintió obligado a expresar su aprecio por lo que ella había hecho. "Bendito sea Dios, el Dios de Israel, que te envió este día para encontrarme", le dijo David a Avigail. "Y bendito es tu consejo y bendita eres tú, que me impediste en este día derramar *damim* (literalmente, sangres) y tomar la venganza en mis propias manos". Enseña el Talmud (*loc. cit.*): *Damim* implica dos: derramar sangre y la sangre de la menstruación. El consejo inteligente de Avigail salvó a David de ambos, de derramar la sangre de Nabal, tomando también ilegalmente sus posesiones, y de la sangre de la menstruación – i.e., las relaciones con una mujer casada.

120. dam... y dinero. El Rebe Najmán aplica esta enseñanza, "*Damim* implica dos", a nuestro contexto. El "dos" es la sangre menstrual que daña a la *Shejiná* y es el dinero (*damim* en arameo). Cuando la persona obtiene el sustento de manera deshonesta, su *damim* (dinero) produce *damim* (sangre) en la *Shejiná*. También es verdad que tomar el dinero de otro es comparable a tomar su alma (derramamiento de sangre; ver *Maharsha, Shabat* 139a, *v.i. Ki japeijem; Mabuei HaNajal*).

9. Éste es el concepto de ganarse el sustento con fe.[115] Aquel que no se gana la vida con fe y que tiene ansias de dinero, de modo que le roba a su compañero[116] – despierta la sangre mencionada más arriba, correspondiente a, "¿por qué está tu vestimenta roja?".[117] Genera en la *Shejiná* la sangre de *nidá* (menstruación), como en (Ezequiel 7:19), "su oro será *nidá* (impuro)".[118] Éste es el significado de: *Damim* implica dos (*Meguilá* 14b)[119] – es decir, la *dam* de la menstruación es resultado del dinero.[120]

Es por ello que robar es llamado *begued*, como en (Isaías 24:16), "Y *begued bogdim bagadu* (con traición los traidores traicionan)" – i.e., el daño de las vestimentas, como en, "se encontró una mancha en su

---

numéricamente equivalente a setenta (n. 110). El vino puede anular el mal global de las setenta naciones (cuando es bebido en santidad) o perpetuarlo. Al beber vino preparado por un no judío la persona se vuelve *rash* (pobre). Daña su mente, sus mentalidades. Éste es el significado de, "No comerás la carne con sangre..." (ver más arriba, §5). El judío debe comer en santidad, con la intención y el deseo de servir a Dios. Pero cuando la persona daña su comer con alimentos que no son kosher, la mancha de *sangre* que esto deja en su alma hace que tenga que luchar para ganarse el sustento. Su habla se daña y no se le pueden confiar secretos. En contraste con esto, hay hombres rectos como Daniel. Él se negó a impurificarse con el alimento y el vino que le ofrecieron, provenientes de la mesa de Nevujadnetzar (Daniel 1:8). En recompensa por ello, "ningún secreto se le retuvo" (*ibid.*, 4:6). Pudo revelar el sueño de Nevujadnetzar, un sueño que el mismo Nevujadnetzar había olvidado (*Likutey Halajot, Maajalei Akum* 1:3).

115. ganarse el sustento con fe. El Rebe Najmán comenzó la lección con una explicación sobre el habla rectificada, que sólo puede alcanzarse si primero se rectifican los *mojín* (§2). Para rectificar los *mojín* se requiere del Remedio General – i.e., cuidar el Pacto (§3). Entonces se obtiene el sustento sin esfuerzo (§5). En este punto, el Rebe Najmán introduce el tópico de ser fidedigno en la tarea de ganarse el sustento, el "pan del cielo". Demuestra que la caridad constituye la rectificación para todas las prácticas comerciales y los temas pertenecientes a ganarse el sustento y que, como tal, corresponde al Remedio General.

116. roba.... Esto hace referencia no sólo al robo propiamente dicho sino también al llamado robo casual; cobrar de más, *moré heter* (justificarse) para tomar algo que no es claramente de uno, no ofrecer el servicio por el cual se nos ha pagado y demás.

117. tu vestimenta roja. "Tu vestimenta" alude aquí al dinero y a los bienes de la persona. Ellos son "rojos" porque no son propios, sino robados.

118. oro...nidá. El oro del cual habla el profeta hace referencia a las ganancias deshonestas y es por lo tanto impuro. El Rebe Najmán lo equipara con la sangre menstrual generada por los pecados. Como se explicó al final de la sección 3, esto daña a la *Shejiná*.

119. Damim implica dos. Lo siguiente se encuentra en el Libro I de Samuel (25): Aunque ya había sido ungido por Shmuel como el próximo rey de Israel, David aún seguía siendo perseguido. El rey Shaul intentaba matarlo. Careciendo de víveres para él y para los que estaban

רְבָב עַל בִּגְדָיו'. וְזֶה שֶׁתִּרְגֵּם יוֹנָתָן (על פסוק ובגד בוגדים בגדו הנ"ל ובסנהדרין צ"ד): 'בָּזוּזֵי וּבָזוּזֵי דְּבָזוּזֵי', הַיְנוּ בְּחִינַת תַּאֲוַת מָמוֹן, שֶׁכָּל מַה שֶּׁיֵּשׁ לוֹ יוֹתֵר הוּא חוֹמֵד יוֹתֵר.

וְזֶה עִקַּר תִּקּוּנוֹ שֶׁל הַמַּשָּׂא וּמַתָּן - שֶׁיְּכַוֵּן בְּכָל הִלּוּךְ וְהִלּוּךְ, וּבְכָל דִּבּוּר וְדִבּוּר, שֶׁהוּא הוֹלֵךְ וּמְדַבֵּר בִּשְׁעַת הַמַּשָּׂא וּמַתָּן, שֶׁכַּוָּנָתוֹ כְּדֵי שֶׁיַּרְוִיחַ כְּדֵי שֶׁיִּתֵּן צְדָקָה. וְזֶה הוּא בְּחִינַת תִּקּוּן הַכְּלָלִי שֶׁל הַדָּמִים,

כִּי הַצְּדָקָה הוּא בְּחִינַת כְּלָלִיּוּת הַגִּידִין, בִּבְחִינַת (הושע י): "זִרְעוּ לָכֶם לִצְדָקָה". בִּבְחִינַת "זֶרַע גַּד", הוּא טִפָּה חִוַּרְתָּא, שֶׁעַל-יְדֵי הַתִּקּוּן הַזֶּה נִתְרוֹמֵם הַמֹּחִין, בִּבְחִינַת: 'מֹחָא חִוָּרָא כְּכַסְפָּא'. וְעַל-שֵׁם-זֶה נִקְרָא מַשָּׂא וּמַתָּן, לְהוֹרוֹת שֶׁיֵּשׁ בּוֹ תִּקּוּן לִבְחִינַת בְּגָדִים הַנַּ"ל, לִבְחִינַת דָּמִים הַנַּ"ל.

125. caridad…ZiRu…ZeRa…gota blanca. Dar caridad se asemeja a sembrar. Nuestra lección extiende esta analogía conectando el *zriá* (sembrar, זריעה) de la caridad con *zera* (simiente, זרע) del *brit*. Tal cual se mencionó, la caridad, como el *zera gad*, corresponde a la generalidad de los *guidim* (*Parparaot LeJojmá*; ver §5, notas 71, 72; §4, notas 56, 57). La caridad es así la blancura que rectifica los *guidim* dañados.

126. una mente blanca como la plata. El pasaje citado del *Tikuney Zohar* dice: Del lado derecho, una mente blanca como la plata; como está escrito (Isaías 41:8), "La simiente de Abraham, Mi amado". En la misma enseñanza encontramos lo siguiente: Como el engaño de aquél a cargo del tesoro real que al acuñar una moneda de plata le mezcla algo de plomo, tal fue el pecado de Eva. La serpiente la atrajo y la envenenó; mezclando plomo en la simiente que era plata pura. Ese veneno quedó en la simiente del hombre hasta Abraham. Él entró en el horno ardiente y allí fue refinado. [En verdad, ese fue sólo el comienzo del proceso]. Debido al veneno que quedó, "un profundo sueño descendió sobre Abraham" (Génesis 15:2). Aun así, finalmente, todo el plomo emergió, en la persona de Ishmael. Él fue el primer producto de la simiente de Abraham. Y, con el retiro del plomo (el daño, las *klipot*), Abraham fue blanco como la plata, [y así fue concebido Itzjak] (*Tikuney Zohar* #70, p. 128b). Abraham, que en la terminología Kabalista es la personificación de *jesed* (bondad, caridad), está asociado por lo tanto con la plata (ver *Likutey Moharán* I, 25, §4, n. 48).

En nuestro contexto, mezclar la plata con las impurezas del plomo connota robar. Al igual que la transgresión, el robar daña a *Maljut*/la Divina Presencia, con impurezas. Esto lleva a los *mojín* hacia un estado de conciencia restringida, de sueño (ver n. 60). La rectificación para ello es la caridad, la "plata" que uno le da al pobre. Esto elimina el daño. Así, al dar caridad, la mente se vuelve blanca como la plata – i.e., se rectifican los *mojín*.

127. masá umatán…. El Rebe Najmán explica ahora por qué este término significa "asuntos *begued* (vestimenta)".[121] Así Ionatán ben Uziel lo traduce *(ibid.)*: "*bazuzei ubazuzei debazuzei*"[122] – i.e., el aspecto del ansia de dinero. Pues cuanto más tiene, más desea.[123]

Pues ésta es la principal rectificación de la tarea de ganarse el sustento: recordar que el único propósito de cada paso que se da y de cada palabra que se dice al ganarse el sustento es para dar caridad con las ganancias obtenidas.[124] Éste es el concepto del *Tikún HaKlalí* tal cual se relaciona con el dinero y con los <*guidim*>.

Ello se debe a que la caridad corresponde a la generalidad de los *guidim*, como en (Hoshea 10:12), "*ZiRu* (Siembren) para ustedes, para dar caridad" – *ZeRa gad* (la semilla de coriandro) es una gota blanca.[125] Mediante este remedio la mente se eleva en el aspecto de "una mente blanca como la plata" *(Tikuney Zohar #70, p. 129a)*.[126]

Es por esto que es llamado *masá umatán* (el "toma y daca") para indicar que contiene una rectificación para el aspecto de las vestimentas/sangre, como se mencionó.[127]

---

121. robar...begued.... Las palabras del profeta hacen referencia al saqueo de Jerusalén durante y después de su destrucción. Los *bogdim* son los traidores que saquean los despojos – i.e., que roban. La frase *begued bogdim* alude así a las vestimentas manchadas (*begued*) como resultado del robo – i.e., el pecado y particularmente el daño al *brit* (ver más arriba, §3, §4).

122. bazuzei ubazuzei debazuzei. Al comentar sobre este versículo, el Talmud (*Sanedrín* 94a) enseña que los *bogdim* no estarán satisfechos con su botín de guerra. Más bien, volverán a saquear una y otra vez. No importa cuán pequeño o despreciable sea el despojo dejado detrás, volverán hasta llevarse todo. Esto está indicado por la traducción al arameo de *begued bogdim bagadu*: "los saqueadores y los saqueadores de los saqueadores" (*bazuzei ubazuzei debazuzei*); los saqueadores seguirán viniendo, una y otra vez.

123. ...más desea. Con esto, el Rebe Najmán relaciona el deseo de dinero con la falta de fe. No importa cuánto haya logrado obtener la persona mediante sus esfuerzos, debido a su deshonestidad y al hecho de que se gana la vida sin fe, nunca estará satisfecha. Como enseñan nuestros Sabios (*Kohelet Rabah* 1:34): "Aquel que tiene cien, desea doscientos". El deseo y el anhelo de tener más nunca la dejan en paz. Su sustento no es el "pan del cielo".

124. recordar...ganancias obtenidas. El Rebe Najmán afirma que uno debe "recordar...". Concentrar la mente en los actos de caridad corresponde a la rectificación de los *mojín*, que se produce mediante el cuidado del *brit*. Al igual que el cuidado del Pacto, la caridad es un Remedio General; esto rectifica todas las transgresiones asociadas con el anhelo de dinero, como continúa explicando el Rebe. Debe comprenderse que las rectificaciones generadas por el Remedio General se aplican a la persona que ya ha pecado y quiere arrepentirse. (Como en el caso de la persona que no está segura de cuánto ni a quién le robó, y que al dar caridad rectifica ese pecado). Sin embargo no se puede utilizar esto como una licencia para robar o pecar y luego efectuar el Remedio General para rectificar la mala acción.

'מַשָּׂא', זֶה בְּחִינַת (תהלים ל״ח): "כִּי עֲוֹנֹתַי עָבְרוּ רֹאשִׁי, כְּמַשָּׂא כָבֵד יִכְבְּדוּ מִמֶּנִּי". שֶׁהֵם הַשֵּׁשָ"ה לָאוִין הַנַ"ל, שֶׁמִּתְגַּבְּרִין עַל הָרֹאשׁ שֶׁהוּא הַמֹּחִין, בִּבְחִינַת: "לֹא תַעֲמֹד עַל דַּם רֵעֶךָ" כַּנַ"ל, וְהוּא בְּחִינַת פְּגַם הַבְּגָדִים הַנַ"ל כַּנַ"ל.

וְזֶה: "כָּבֵד יִכְבְּדוּ", הַיְנוּ בְּחִינַת מֶלֶךְ הַכָּבוֹד הַנַ"ל. "כָּבֵד", הַיְנוּ בְּחִינַת הַדָּמִים, שֶׁהַכָּבֵד מָלֵא דָם, שֶׁהוּא בְּחִינַת דַּם נִדָּה הַנַ"ל.

'וּמַתָּן', הוּא בְּחִינַת תִּקּוּן הַכְּלָלִי, שֶׁהוּא הַצְּדָקָה, בְּחִינַת (משלי י״ח): "מַתָּן אָדָם יַרְחִיב לוֹ". בְּחִינַת קֶשֶׁת הַבְּרִית, שֶׁהוּא הַצַּדִּיק, בְּחִינַת (תהלים ל״ז): "צַדִּיק חוֹנֵן וְנוֹתֵן". וְזֶה שֶׁאָמְרוּ חֲכָמֵינוּ,

---

corresponde a la transgresión, a las vestimentas manchadas, a los *guidim* dañados, a la sangre menstrual y al Pacto dañado.

Agrega el rabí Natán: El "tomar", el comprar mercaderías para venderlas y obtener una ganancia, es llamado *masá*. Ello se debe a que, mientras estén en su posesión, serán un peso y una carga sobre su cabeza. Ha invertido tiempo y dinero y ahora debe sobrellevar el peso de esa inversión hasta ver la ganancia. Esto es equivalente a los *guidim* dañados, en el hecho de que aún no ha visto la bendición en su trabajo, su "pan del cielo" (*Torat Natán* #8).

135. matán...Tikún HaKlalí. El Rebe Najmán explica a continuación que *matán* es la rectificación, el remedio General del dinero/el Pacto.

136. matán...camino. La caridad, lo que uno le da a otro, corresponde al "dar" en el ganarse el sustento. Ganarse el sustento es denominado por lo tanto *masá*/tomar/transgresión y *matán*/dar/rectificación.

137. arco...caridad...el Tzadik se apiada y da. En la versión manuscrita, el arco se equipara con la *TzeDaKa* (צדקה, caridad). En el texto regular se lo asemeja al *TzaDiK* (צדיק). El versículo proveniente de Salmos que el Rebe Najmán trae como prueba es igualmente apropiado para ambas nociones. Si el arco debe ser equiparado con la caridad, entonces el versículo lo demuestra así, debido a que el arco es el Tzadik (n. 90); y "da", por lo tanto, hace referencia a la *tzedaka*. Si, por otro lado, el arco es el Tzadik, que ya ha sido explicado más arriba, entonces el versículo prueba que ambos, el arco y el Tzadik, corresponden a "dar"/*tzedaka*. En todo caso, la persona que practica la caridad se compara con el Tzadik que cuida el Pacto, como se explicó más arriba (n. 44). Y ha efectuado el Remedio General.

Agrega el *Mabuei HaNajal*: Hemos visto que *nesher* corresponde al Remedio General del habla (§2) y al Remedio General del *brit* (§4). Aunque el Rebe Najmán no lo menciona aquí en relación al Remedio General del sustento, enseña en otra instancia que *nesher* es la bondad, la caridad (*Likutey Moharán* I, 31:1). *Nesher* corresponde así a las tres formas del Remedio General.

Masá (tomar) está aludido en (Salmos 38:5), "Pues mis transgresiones han pasado por sobre mi cabeza, como una *masá* (carga) pesada, son demasiado pesadas para mí". Éstas son las trescientas sesenta y cinco prohibiciones[128] que avasallan la cabeza, las mentalidades, como en, "No desatiendas la sangre de tu compañero".[129] También corresponde al daño de las vestimentas, como se explicó.[130]

Y éste es el significado de "*KaVeD iKVeDu* (pesadas, son demasiado pesadas)"[131] – un aspecto de "El Rey de *KaVoD* (honor)".[132] <Más aún,> "*KaVeD*" corresponde a la sangre, porque el *KaVeD* (el hígado) está lleno de sangre.[133] Éste es un aspecto de la sangre de la menstruación, como se mencionó más arriba.[134]

Y *matán* (dar) es un aspecto del *Tikún HaKlalí*,[135] que es caridad, como en (Proverbios 18:16), "El *matán* (regalo) de un hombre le abre el camino".[136] Esto corresponde a "el arco del Pacto", que es <la *TzeDaKa* (caridad)>, como en (Salmos 37:21), "El *TzaDiK* se apiada y da".[137] Y es esto

---

comerciales". Demuestra cómo estas palabras corresponden a los términos de sangre y vestimenta, al igual que a su rectificación.

128. prohibiciones. Cuando se transgreden las prohibiciones, se dañan los *guidim* (§3, notas 39, 40).

129. avasallan la cabeza…compañero. Esto hace referencia a los *mojín*, como se explicó más arriba (§7, notas 104, 105). Estos se ven afectados negativamente cuando los *guidim*/Pacto están dañados. Por el contrario, mediante un Pacto cuidado, se elevan los *mojín* (§4).

130. como se explicó. Ver más arriba, sección 3, que las vestimentas manchadas son los *guidim* dañados.

131. KaVeD…demasiado pesada. Esto hace referencia al *masá* de las transgresiones. Es una carga demasiado pesada de llevar.

132. KaVeD…KaVoD. Hay *kavod* (כבוד) cuando las vestimentas, "aquellas que honran", son blancas y están libres de transgresiones. Pero si el *masá* de la transgresión se vuelve demasiado *kaved* (כבד) para llevar, se produce lo contrario del honor.

133. KaVeD, el hígado…sangre. El hígado es el asiento de la sangre (*Bejorot* 55a). El *Zohar* enseña que el hígado corresponde a Esaú, el mal, y por lo tanto está lleno de sangre (*Zohar* III, 234a). El Rebe Najmán une el *kaved* (pesadez) de la transgresión con el *kaved* (el hígado) que contiene la sangre caliente y/o dañada (ver n. 40). Cuando predominan esas cualidades, el *kavod*/vestimentas blancas queda manchado.

134. como se mencionó más arriba. Ésta es la sangre menstrual que el peso de la transgresión genera en la *Shejiná* (§3). De acuerdo a ello, *masá* –el "tomar" del ganarse el sustento–

זִכְרוֹנָם לִבְרָכָה (ראש-השנה ו): "בְּפִיךָ" - זוֹ צְדָקָה, שֶׁאָז הַדִּבּוּר מֻתָּר:

י. **וְהִנֵּה הַכְּלָל** - שֶׁצָּרִיךְ לְתַקֵּן תְּחִלָּה 'תִּקּוּן הַכְּלָלִי', וְעַל יְדֵי זֶה מִמֵּילָא יְתֻקַּן הַכֹּל בִּפְרָט. וְאַף שֶׁתִּקּוּן הַכְּלָלִי הוּא גָּבוֹהַּ וּמְרוֹמָם יוֹתֵר מִתִּקּוּן כָּל דָּבָר בִּפְרָט, עִם כָּל זֶה, מֵחֲמַת שֶׁתִּקּוּן כָּל דָּבָר, תָּלוּי בַּמֹּחַ, דְּהַיְנוּ לְהַמְשִׁיךְ לַבְּנוֹנִית מִן הַמֹּחַ, בִּבְחִינַת: "וְנוֹזְלִים מִן לְבָנוֹן". וּלְרוֹמֵם הַמֹּחַ אִי אֶפְשָׁר כִּי-אִם עַל-יְדֵי תִּקּוּן הַכְּלָלִי, בִּבְחִינַת: "כְּנֶשֶׁר יָעִיר קִנּוֹ" כַּנַּ"ל. עַל כֵּן צָרִיךְ לֵילֵךְ מִתְּחִלָּה אֶל הַמַּדְרֵגָה הַיּוֹתֵר עֶלְיוֹנָה מִזֶּה, דְּהַיְנוּ תִּקּוּן הַכְּלָלִי, כְּדֵי לְתַקֵּן וּלְרוֹמֵם הַמֹּחַ, וְעַל יְדֵי זֶה נִתַּקֵּן הַכֹּל מִמֵּילָא כַּנַּ"ל:

וְזֶה פֵּרוּשׁ:

הַאי גַּבְרָא דְּאָזֵל בָּעֵי אִתְּתָא, וְלָא קָיְהֲבוּ לֵהּ. הַיְנוּ בְּחִינַת "אִשָּׁה

Resumen: Para que la palabra sea considerada "habla", debe contener la cualidad del bien. El bien proviene de *daat*/Torá (§1). ¿Cómo puede la persona hacer que descienda el bien desde *daat* hacia el habla? Alabando a los Tzadikim. Esto despierta a los *mojín*, hace que se eleve el *daat* y así rectifica sus palabras (§2). El habla rectificada corresponde a las vestimentas blancas, mientras que las vestimentas manchadas son una indicación del pecado. El pecado, transgredir los preceptos negativos, produce un daño en la *Shejiná* y la separa de *Zeir Anpin*. Por el contrario, cuidarse del pecado y llevar a cabo las mitzvot rectifica los daños que se puedan haber cometido (§3). Más esencial es la mitzvá de cuidar el *brit* (Pacto), que incluye a toda la Torá. La rectificación del Pacto es por lo tanto el Remedio General. Al cuidar el *brit* la persona despierta a los *mojín* (lo que le permite traer el bien hacia el habla) y acercarse a Dios (§4). Cuanto más se alcanza un *brit* rectificado, más fácil se obtiene el sustento (§5). También puede hablar y revelar los misterios de la Torá; pero la persona cuyo *brit* está dañado debe evitar hacerlo (§6). La epilepsia se produce cuando los *mojín* están presionados debido a que los *guidim* están siendo atacados (por el pecado, un Pacto dañado). La rectificación del Pacto, que rectifica los *mojín*, es por lo tanto una cura para la epilepsia (§7). El vino bebido en santidad rectifica los *mojín*; el vino bebido sin santidad daña a los *guidim* (§8). Ganarse el sustento tiene su propio Remedio General – i.e., dar caridad (§9). Efectuar cualquiera de los tres Remedios Generales depende de la rectificación de la mente.

144. explicación.... Aquí, el Rebe Najmán explica cómo se aplican los conceptos de la lección al intercambio entre el rabí Ioshúa y los Sabios de Atenas.

145. Cierto hombre. El pasaje Talmúdico comienza diciendo: "Cierto *GaVRa* (hombre, גברא)". Esto alude a *Zeir Anpin*, que a veces es denominado *GuiBoR* (גבור), alguien que tiene fuerza y

lo que dijeron nuestros Sabios: "Con tu boca" (Deuteronomio 23:24) – ésta es la caridad (Rosh HaShaná 6a),[138] pues entonces el habla está permitida.[139]

10. Ésta es la regla general: Primero se debe efectuar el *Tikún HaKlalí* y mediante ello todos los temas individuales serán rectificados de por sí.[140] Y aunque el *Tikún HaKlalí* es más elevado y más exaltado que el remedio individual para cada cosa,[141] sin embargo, debido a que la rectificación de cada cosa depende de la mente –i.e., de traer blancura desde la mente, como en, "fluyendo desde el Lebanon" – y sólo es posible elevar la mente mediante el *Tikún HaKlalí* –como en, "Como el *nesher* despierta su *ken*"[142]– por lo tanto, es necesario, primero, ir al nivel más elevado, el *Tikún HaKlalí*, para rectificar y elevar la mente. Entonces, todas las cosas se rectificarán de por sí, como se explicó.[143]

11. Ésta es la explicación [de lo que preguntaron los Sabios de Atenas][144]: **Cierto hombre**[145] **fue a buscar una esposa, pero no se la dieron –**

---

138. Con tu boca...caridad. Las Escrituras están haciendo referencia al hecho de mantener las promesas. El voto de llevar un sacrificio al Templo es una forma de caridad. Esto se une con lo que el Rebe Najmán explicó anteriormente (en esta sección), que cada palabra que la persona diga al ganarse el sustento deberá ser en aras de la caridad. Así, "tu boca" alude a la caridad.

139. el habla está permitida. Cuando uno efectúa el Remedio General del Pacto, trae blancura para rectificar todo lo que ha dañado (§4). Esto despierta y rectifica a los *mojín* (§2, §3), lo que a su vez le trae bien al habla (§1). Entonces "el habla está permitida" (§6). La caridad es el Remedio General para el sustento y corresponde al *zera gad*, la simiente blanca que rectifica los daños producidos en los negocios, con el pensamiento, con la palabra o con la acción (§9). Por lo tanto, también cuando se da caridad, "el habla está permitida".

140. Tikún HaKlalí...de por sí. El Rebe Najmán ha hablado sobre tres formas distintas de Remedio General. La primera rectifica el habla (§2); la segunda rectifica todos los pecados (§4); la tercera rectifica todas las clases de prácticas comerciales relacionadas con el ganarse el sustento (§9). En cada caso, como lo ha explicado aquí, para generar esas rectificaciones del Remedio General es necesario despertar y elevar a los *mojín*. Como resultado, en el proceso se rectifican todos los asuntos relacionados con el habla, con la iniquidad general y con el sustento.

141. más elevado y más exaltado que...cada cosa. El Rebe Najmán presenta la pregunta obvia: Si, debido a la transgresión o al daño, la persona ha descendido a los niveles más bajos, ¿cómo puede efectuar el nivel más elevado del Remedio General?

142. blancura...Levanon...nesher...ken. Todo esto ha sido explicado más arriba en la sección 4.

143. como se explicó. Ver más arriba, secciones 2 y 4.

יִרְאַת ה'", הַיְנוּ מִי שֶׁפָּגַם בַּעֲווֹנוֹת, וְגָרַם דַּם נִדָּה לַשְּׁכִינָה כַּנַּ"ל, שֶׁעַל־יְדֵי־זֶה נָחָשׁ מַשִּׁיךְ לָהּ לְגַבַּהּ וְכוּ', וְנַעֲשָׂה פֵּרוּד בֵּין קֻדְשָׁא בְּרִיךְ הוּא וּשְׁכִינְתֵּהּ. וְזֶהוּ:

וְלָא קָיְהֲבִי לֵהּ - בְּחִינַת "שָׁאֹג יִשְׁאַג עַל נָוֵהוּ" כַּנַּ"ל.

מַאי חֲזָא דְּאָזֵל לְהֵיכָא דְּמַדְלֵי מִנַּהּ - הַיְנוּ כְּשֶׁרוֹצֶה לְטַהֵר אֶת הַמַּלְכוּת מֵהַדָּמִים, הוּא הוֹלֵךְ אֶל הַמַּדְרֵגָה הַיּוֹתֵר עֶלְיוֹנָה, הַיְנוּ תִּקּוּן הַכְּלָלִי, שֶׁהוּא לְמַעְלָה מֵ"אִשָּׁה יִרְאַת ה'". בְּחִינַת (שמואל־ב כ"ג): "צַדִּיק מוֹשֵׁל בְּיִרְאַת אֱלֹקִים", כִּי הַצַּדִּיק שֶׁהוּא בְּחִינוֹת תִּקּוּן הַכְּלָלִי, הוּא לְמַעְלָה, וְהוּא מוֹשֵׁל בְּיִרְאַת אֱלֹקִים, שֶׁהוּא בְּחִינַת מַלְכוּת, כְּמוֹ שֶׁכָּתוּב (אבות פרק ג): 'אִלְמָלֵא מוֹרָאָהּ שֶׁל מַלְכוּת'. וְזֶהוּ:

שָׁקַל סִכְּתָא דְּצָה לְתַתָּא וְכוּ' - סִכְּתָא הֵם יְתֵדוֹת וּמַסְמְרוֹת, כְּמוֹ שֶׁפֵּרֵשׁ רַשִׁ"י. הַיְנוּ בְּחִינַת דִּבְרֵי תוֹרָה, כְּמוֹ שֶׁכָּתוּב (קהלת י"ב): "דִּבְרֵי חֲכָמִים כַּדָּרְבֹנוֹת וּכְמַסְמְרוֹת".

150. temor al maljut…. "El rabí Janina, el Sumo Sacerdote suplente, dijo: Ora por el bienestar del *maljut* (gobierno). Si no fuese por el temor al *maljut*, las personas se tragarían vivas unas a las otras". El temor y *Maljut* son sinónimos. Así: **el Tzadik gobierna** – *Zeir Anpin*/el penitente se eleva a un nivel superior y más grande **con el temor a Dios** – para rectificar a *Maljut*.

Comentando sobre "El Tzadik gobierna con el temor a Dios", nuestros Sabios enseñan que incluso cuando Dios emite un juicio o decreto, el Tzadik tiene el poder de revertirlo o de mitigarlo (*Moed Katán* 16b). En nuestro contexto, cuando *Maljut* está separada de *Zeir Anpin*, prevalece el juicio. Por contraste, cuando *Zeir Anpin* y *Maljut* están unidos, el Tzadik/*Zeir Anpin* puede revertir todos los juicios que se encuentran en *Maljut* y mitigar todos los decretos. Tal es el poder del arrepentimiento, como enseñan nuestros Sabios (*Ioma* 86b): "Grande es el arrepentimiento. Pues cuando incluso una sola persona se arrepiente, tanto ella como el mundo entero son perdonados". Ello se debe a que al arrepentirse produce una unión entre *Zeir Anpin* y *Maljut*, mitigando así todos los decretos.

151. …como aguijones y clavos. "Las palabras del sabio" –sus enseñanzas y edictos– "son como aguijones y clavos", dirigiendo y llevando a la gente por el sendero correcto (ver *Rashi, loc. cit.*). En nuestro contexto, las "palabras del sabio" hacen referencia a las palabras que tienen bien en ellas porque provienen del sabio – i.e., de *daat* (§2). Ellas han sido dichas por aquellos que tienen el permiso de decirlas (§6). Tales palabras dirigen a la persona por el sendero recto, alejándola del pecado (ver *Parparaot LeJojmá*).

<"Una esposa"> alude a "la mujer temerosa de Dios" (Proverbios 31:30).[146] En otras palabras, aquel que daña al pecar genera un aspecto de menstruación en la *Shejiná*. Debido a ello, "la serpiente la atrae" y se produce una separación entre el Santo, bendito sea y Su *Shejiná*. Así:

pero no se la dieron – Esto corresponde a, "Él ruge poderosamente sobre Su morada", como se explicó más arriba.[147]

¿Qué hizo que fuese a donde había una mejor? – Es decir, cuando quiere purificar <a la *Shejiná* de su impureza> va al nivel más elevado – i.e., el *Tikún HaKlalí*, que es más elevado aún que "la mujer temerosa de Dios".[148] Esto está aludido en (Samuel II, 23:3), "El Tzadik gobierna con el temor a Dios".[149] Pues el Tzadik, que corresponde al *Tikún HaKlalí*, está por encima. Él "gobierna con el temor a Dios", que corresponde a *Maljut*, como está escrito (Avot 3:2): "Si no fuese por el temor al *maljut*…".[150] Y esto es:

Él tomó una estaca e intentó hundirla abajo – "Una estaca", como explica Rashi, es una pica o un clavo. Alude a las palabras de la Torá, como está escrito (Eclesiastés 12:11), "Las palabras del sabio son como aguijones y clavos hincados".[151]

---

poder (*Mabuei HaNajal*; cf. §3, n. 29). En el contexto de la lección *gavra* es también la persona que quiere arrepentirse y llevar a cabo el Remedio General.

146. la mujer temerosa de Dios. El *Zohar* (III, 229b) enseña que esto hace referencia a la *Shejiná* (*Mabuei HaNajal*). Así: *Zeir Anpin*/el Santo, bendito sea, fue a tomar a *Maljut*/la Presencia Divina, para traer *shefa* al mundo. O bien, el penitente fue a rectificar el daño que produjo en *Maljut*.

El *Mabuei HaNajal* hace notar que la unión entre Dios y la Congregación de Israel, los judíos, es conocida como un matrimonio. Enseña el Talmud: "En el día de Sus esponsales…" (Cantar de los Cantares 3:11) connota la Revelación en el Sinaí (*Taanit* 26b). Cuando Dios entregó la Torá en el Sinaí, fue como si Él hubiese tomando a Su pareja. Esto fue después de que los judíos rectificaran el Pacto (ver más arriba, §4).

147. pero no se la dieron…más arriba. Ver la sección 3, notas 27-31. *Zeir Anpin* no puede tomar a *Maljut* porque, como resultado del pecado, la mala sierva ha usurpado su lugar.

148. Tikún HaKlalí…. Como se explicó, el Remedio General corresponde a *Zeir Anpin*, mientras que el pecado está encarnado en *Maljut* (ver n. 44).

149. el Tzadik gobierna con el temor a Dios. Por extensión, "el gobierno del Tzadik con el temor a Dios" sugiere que *Zeir Anpin* gobierna sobre *Maljut*/la mujer temerosa de Dios – i.e., él se encuentra en un nivel superior. En nuestro contexto, esto hace referencia al Remedio General, que está por sobre los daños y transgresiones y puede rectificarlos a todos.

דְּצָה לְתַתָּא - הַיְנוּ בְּחִינַת מַדְרֵגוֹת הַתַּחְתּוֹנוֹת, כְּשֶׁאֵין תִּקּוּן הַכְּלָלִי, בְּחִינַת: בָּתַר דְּאִסְתַּלֵּק רַבִּי שִׁמְעוֹן, שֶׁאָז הַדִּבּוּר אָסוּר. וְזֶהוּ:

וְלָא עָאל - הַיְנוּ שֶׁלֹּא הָיָה אֶפְשָׁר אָז לְדַבֵּר דִּבְרֵי תוֹרָה כַּנַּ"ל.

דְּצָה לְעֵלָּא וְעָאל - הַיְנוּ בְּחִינוֹת בְּיוֹמוֹי דְּרַבִּי שִׁמְעוֹן, שֶׁהוּא קֶשֶׁת הַבְּרִית, שֶׁהוּא תִּקּוּן הַכְּלָלִי, שֶׁאָז הַדִּבּוּר מֻתָּר.

הַיְנוּ שֶׁהֶרְאָה לָהֶם, שֶׁאִי אֶפְשָׁר לְתַקֵּן הַדִּבּוּר כִּי אִם עַל-יְדֵי שֶׁבַח הַצַּדִּיקִים, שֶׁהוּא תִּקּוּן הַכְּלָלִי לְהַדִּבּוּר. וְהוּא הַדִּין כָּל הַדְּבָרִים אִי אֶפְשָׁר לְתַקֵּן, כִּי אִם עַל יְדֵי תִּקּוּן הַכְּלָלִי, כְּדֵי לְהָרִים אֶת הַמֹּחַ, שֶׁמִּשָּׁם נִמְשָׁךְ כָּל הַלַּבְנוּנִית כַּנַּ"ל. וְזֶה:

הַאי נַמִי אִתְרַמְיָא לֵהּ בַּת מַזָּלֵהּ - הַיְנוּ בְּחִינַת הַמּוֹחִין, בְּחִינַת "וְנוֹזְלִים מִן לְבָנוֹן".

הַיְנוּ שֶׁתָּפַס לָהֶם לְדֻגְמָא אֶת הַדִּבּוּר, וְהֶרְאָה לָהֶם, שֶׁאִי אֶפְשָׁר לְתַקֵּן כִּי אִם עַל-יְדֵי תִּקּוּן הַכְּלָלִי. וְהָרְאָיָה, כִּי בִּימֵי רַבִּי שִׁמְעוֹן הָיָה הַדִּבּוּר עַל תִּקּוּנוֹ, וּבָתַר דְּאִסְתַּלֵּק נֶאֱמַר: "אַל תִּתֵּן אֶת פִּיךָ" וְגוֹ', וְזֶהוּ: 'דְּצָה לְתַתָּא' וְכוּ' כַּנַּ"ל.

General, él dice, "en los días del rabí Simón". Esto, para enfatizar y reiterar la grandeza y la santidad del rabí Simón.

155. pareja destinada…mentalidades…fluyendo desde el Levanon. En el texto, el término en arameo para "pareja destinada" es *bat maZLé* (בת מזלה). Esto corresponde a "*noZLim* (נוזלים, fluyendo) desde el Levanon", la *libun* (blancura) de la mente (§4, notas 56, 57). Así, "su pareja destinada" corresponde a las mentalidades (*Parparaot LeJojmá*). Agrega el *Mabuei HaNajal*: Mientras que *mazlé* hace referencia a los *mojín*, la palabra *bat* (literalmente "hija") alude a *Maljut*. Ella es la "hija" de las personas Divinas *Aba* e *Ima*, los *mojín* (ver notas 11, 62). Esa *bat* –la mujer temerosa de Dios y la "virgen de Israel" – se rectifica cuando los *mojín* están elevados. Además, el Rebe Najmán se refirió anteriormente a la mala sierva como "tiempo" (§3; notas 32, 33). El tiempo, como se nos enseña, es una función de los *mazalot*, de los cuerpos astronómicos (el sol, la luna, las constelaciones, etc.). Cuando la persona se arrepiente se sobrepone a los daños y eleva a *Maljut/bat mazlé* por sobre el nivel del *mazal* (tiempo) – i.e., subyuga a la mala sierva/"malos tiempos".

156. Como se explicó…. Esto aparece más arriba en esta sección y en la sección 6.

hundirla abajo – Esto hace referencia a los niveles inferiores, donde no hay un *Tikún HaKlalí*. Esto es, "después del fallecimiento del rabí Shimón", pues entonces el habla está prohibida. Por lo tanto:

Ésta no entró – Era imposible entonces decir palabras de Torá, como se explicó más arriba.[152]

La levantó y probó hundirla más arriba. Allí entró – Esto alude a "en los días del rabí Shimón" – "el arco del Pacto", el *Tikún HaKlalí*– cuando el habla está permitida.[153]

En otras palabras, [el rabí Ioshúa] les demostró que es imposible rectificar el habla si no es mediante la alabanza a los Tzadikim, pues éste es el *Tikún HaKlalí* para el habla.[154] Y lo mismo se aplica a todas las cosas. La única manera de rectificarlas es mediante el *Tikún HaKlalí*; para elevar la mente desde la cual se toma toda la blancura, como se explicó. Y esto es:

Él dijo, Ésa también ha encontrado su pareja destinada – Esto alude a las mentalidades, correspondiente a, "fluyendo desde el Lebanon".[155]

En otras palabras, él eligió para ellos el ejemplo del habla y les demostró que la rectificación es imposible sin el *Tikún HaKlalí*. <Él les hizo ver> que mientras el rabí Shimón estaba con vida el habla se encontraba perfeccionada, pero luego del fallecimiento <del rabí Simón, ellos dijeron,> "Que tu boca no haga que tu carne peque". Como se explicó, éste es el significado de: **Intentó hundirla abajo....**[156]

---

152. ...más arriba. Ver la sección 6. Pues el habla que no está rectificada es un habla sin *daat*/Torá (§2). Tales palabras no son oídas ni aceptadas pues provienen de *mojín* que están dormidos (*Parparaot LeJojmá*). Los niveles inferiores también hacen referencia a las muchas subdivisiones y detalles que deben ser rectificados pero que no se sabe cómo hacerlo (ver n. 44).

153. levantó...rabí Simón.... El rabí Shimón es un ejemplo del Tzadik, de la rectificación de todos los *guidim* mediante el Remedio General. Como se mencionó, durante su vida representó el "arco del Pacto" y pudo por lo tanto revelarle al mundo los secretos de la Torá (*Parparaot LeJojmá*).

154. alabanza a los Tzadikim...habla. A lo largo del *Zohar* se relata que los discípulos del rabí Simón lo alababan después de que él revelaba misterios de Torá. Y, al hacerlo, el rabí Shimón inmediatamente les revelaba más misterios (ver *Likutey Moharán* I, 126). Ello se debía a que su alabanza del rabí Shimón era la alabanza al Tzadik. Con ello, rectificaban más aún el habla, trayendo *daat* adicional a sus palabras. Ese *daat* se manifestaba en los secretos que el rabí Simón continuaba revelando. Es de notar que en la lección el Rebe Najmán mismo se dedica a la alabanza de los Tzadikim. Más de una vez, en lugar de referirse simplemente al Remedio

וּכְמוֹ כֵן כָּל הַדְּבָרִים, צָרִיךְ לְתַקֵּן עַל-יְדֵי תִּקּוּן הַכְּלָלִי הַשַּׁיָּךְ לוֹ. כְּגוֹן מַשָּׂא וּמַתָּן - עַל-יְדֵי צְדָקָה.

וְכֵן כֻּלָּם צָרִיךְ לְתַקֵּן כָּל דָּבָר עַל-יְדֵי תִּקּוּן הַכְּלָלִי הַשַּׁיָּךְ לוֹ. וְזֶה מֵחֲמַת שֶׁצָּרִיךְ לְהָרִים אֶת הַמֹּחִין, לְהַמְשִׁיךְ מִשָּׁם לַבְּנוּנִית, לְתַקֵּן וּלְלַבֵּן כָּל הַפְּגָמִים, וְזֶה אִי אֶפְשָׁר כִּי-אִם עַל-יְדֵי תִּקּוּן הַכְּלָלִי כַּנַּ"ל.

וְזֶה בְּחִינַת: **הַאי נַמִי אִתְרַמֵּי לֵהּ בַּת מַזָּלֵהּ**, בְּחִינַת: "וְנוֹזְלִים מִן לְבָנוֹן", מִן לְבוּנָא דְמֹחָא כַּנַּ"ל (משלי י):

כֶּסֶ"ף נִבְחָ"ר לְשׁוֹ"ן צַדִּי"ק: (באור זה הענין, ומה שיכות יש לפסוק זה להתורה הנ"ל, יתבאר במקום אחר):

---

desde la mente hacia los niveles inferiores. Esta elevación de las mentalidades, explicó el rabí Ioshúa, sólo puede lograrse efectuando el Remedio General – tanto para el habla, como para la iniquidad en general o el sustento. Y ello rectifica todos los lugares que necesitan ser rectificados, incluso aquellos que bajo circunstancias normales sería imposible alcanzar.

160. ...FRaNK...en otro lugar. El "otro lugar" al cual hace referencia el rabí Natán es *Tzadik* #146, que también provee de alguna información sobre esta lección. El *BeIbey HaNajal* explica: "Plata escogida" alude a la "mente blanca como la plata" (ver más arriba §9, n. 126), i.e., una mente rectificada que permite que "la lengua" produzca un habla rectificada (§2). Esto se logra alabando "al Tzadik" (aquel que cuida el Pacto; §3, §4). Por lo tanto, en el contexto de nuestra lección el versículo se lee: **Plata escogida** – una mente rectificada **es la lengua del Tzadik** – se logra alabando al Tzadik, pues ello despierta y eleva a la mente. Más aún, en las palabras del versículo se encuentra una alusión a las tres formas del Remedio General. "Plata escogida" alude a la rectificación de ganarse el sustento, al dar caridad; "es la lengua" alude a la rectificación del habla; "del Tzadik" alude a la rectificación del Pacto (ver n. 44). También, "Plata escogida es la lengua..." hace referencia a la conexión entre ganarse el sustento y el habla: tener en mente que todas las conversaciones relacionadas con los negocios tienen como objetivo obtener dinero para dar caridad (§9).

El *BeIbey HaNajal* explica también cómo los conceptos de la lección se relacionan con Francia y el idioma francés. *FRaNK* (פרנק; o *Frankraij*) es el término en idish para designar a Francia y se forma con las últimas letras de las palabras citadas por el Rebe: *keseF nivjaR leshoN tzadiK* (כסף נבחר לשון צדיק). El Rebe Najmán tenía razones para sentirse preocupado por Francia, pues los franceses, bajo Napoleón, estaban intentando conquistar Europa y más allá. Entonces, al igual que hoy, Francia era conocida por su promiscuidad sexual y su falta de caridad. (Los revolucionarios franceses consideraban el pedir limosna como un acto que perpetuaba la división entre las clases sociales e intentaron poner a la caridad fuera de la ley). En su cuento, *El Señor de la Plegaria* (*Los Cuentos del Rabí Najmán*, #12, p. 174), el Rebe Najmán habla de un grupo de personas que llegó a la conclusión de que el dominio del arte

Esto es lo que sucede igualmente con todas las cosas; cada una debe ser rectificada mediante el *Tikún HaKlalí* que le corresponde. Ganarse el sustento, por ejemplo, se [rectifica] mediante la caridad.[157]

Lo mismo sucede con todas las cosas; cada una debe ser rectificada mediante su *Tikún HaKlalí* particular. Ello se debe a que es necesario elevar las mentalidades y tomar de allí la blancura, para rectificar y emblanquecer todos los daños. Y esto sólo es posible mediante el *Tikún HaKlalí*, como se explicó.[158]

Y esto es: **Ésa también ha encontrado su bat maZLé** – Esto corresponde a "*noZLim* desde el *LeBaNon*", de la *LiBuNa* (blancura) de la mente, como se explicó más arriba.[159]

[Todo esto está aludido en las palabras (Proverbios 10:20),] "*keseF nivjaR leshoN tzadiK* – plata escogida es la lengua del Tzadik", [las últimas letras deletrean la palabra *FRaNK*]. {La explicación de esto último y de la conexión del versículo con la lección será aclarada en otro lugar.}[160]

---

157. mediante la caridad. El papel de la caridad como Remedio General para rectificar los actos de la persona al ganarse el sustento ha sido explicado en la sección 9.

158. como se explicó. La necesidad de una rectificación global y de un remedio general ha sido aclarada más arriba, en la sección 4.

159. más arriba. Estas conexiones y conceptos han sido explicados anteriormente en esta sección y en la sección 4.

En base a nuestra lección, el intercambio entre el rabí Ioshúa y los Sabios de Atenas puede comprenderse como sigue:

Cierto hombre fue a buscar una esposa – Los Sabios de Atenas preguntaron: La persona que desea rectificar sus pecados – i.e., que quiere rectificar los daños que le causó a *Maljut*;

pero no se la dieron – no tuvo éxito, porque no pudo efectuar la rectificación en todos los lugares necesarios; pues hay muchos lugares inaccesibles;

¿Qué hizo que fuese a donde había una mejor? – Si no pudo rectificar los niveles inferiores, ¿qué sentido tiene el que busque un nivel superior? ¿Cómo puede traer una rectificación desde allí?

Él tomó una estaca – El rabí Ioshúa les mostró enseñanzas de Torá, el habla....

e intentó hundirla abajo. Ésta no entró – pero, debido a que su habla se encontraba en un nivel inferior, i.e., el Pacto no estaba rectificado y las palabras carecían de bien, era imposible hablar.

La levantó y probó hundirla más arriba. Allí entró – Para remediar esto, el rabí Ioshúa alabó a los Tzadikim. Esto despertó a los *mojín*, que a su vez le trajeron bien al habla, rectificándola.

Él dijo, Ésa también ha encontrado su pareja destinada – Al igual que todo lo que necesita rectificación, este caso también requiere de un despertar de los *mojín*, para traer la blancura

(שַׁיָּךְ לְאוֹת ח):

וְעַל כֵּן אִשָּׁה שֶׁדָּמֶיהָ מְרֻבִּים וְאֵין לָהּ וֶסֶת, אַף שֶׁיֵּין מַזִּיק לָהּ כַּנַּ"ל, בְּחִינַת: "יַיִן כִּי יִתְאַדָּם", שֶׁאַחֲרִיתוֹ דָם, בְּחִינַת: 'נִכְנַס יַיִן - יָצָא סוֹד' כַּנַּ"ל. עִם כָּל זֶה רְפוּאָתָהּ עַל-יְדֵי יַיִן שֶׁהִסְתַּכֵּל בּוֹ צַדִּיק אֲמִתִּי.

כִּי הָעֵינַיִם הֵם בְּחִינַת שְׂעָרוֹת. כִּי 'שִׁבְעָה גַּלְדֵי עֵינָא' (בהקדמת התקונים י"ב ובתקון ע'), הֵם בְּחִינַת (שופטים ט"ז): "שֶׁבַע מַחְלְפוֹת רֹאשׁוֹ", וְהֵם בְּחִינַת הַמֹּחִין. כִּי הַשְּׂעָרוֹת הֵם מוֹתְרֵי מֹחִין. וְעַל כֵּן הֵם בְּחִינַת שֶׁבַע מַחְלְפוֹת וְכוּ', בְּחִינַת שֶׁבַע מִדּוֹת, שֶׁחוֹלְפִין

164. los ojos corresponden al cabello. Enseña el Talmud (*Bava Batra* 16a): "Dios creó muchos cabellos en la cabeza. Cada cabello tiene su propia raíz, separada de las demás, de la cual toma el sustento. Si dos cabellos surgiesen de la misma raíz, ello volvería ciega a la persona". Esto indica una conexión entre los ojos y el cabello (*Parparaot LeJojmá*).

165. siete capas de los ojos. El *Sefer HaBrit* (17:3) dice que el globo ocular está rodeado por siete capas de membranas. Éstas son las "siete capas de los ojos" (*Benaiahu, Tikuney Zohar* #70, p. 128a, *v.i. Elein inun*). Esto puede también comprenderse como correspondiente a las luces de las siete *sefirot* inferiores.

166. siete trenzas…. El versículo de Jueces hace referencia a Shimshon quien, como *nazir*, tenía prohibido afeitarse la cabeza. Después de sucumbir a la presión de Dalila y de revelarle que ése era el secreto de su increíble fuerza, ella hizo que le cortasen las "siete trenzas de su cabeza". Con la desaparición de su fuerza, Shimshon fue capturado por los filisteos quienes lo cegaron.

167. el cabello es una materia externa…. El término Kabalista *motrei mojín* (materia externa de las mentalidades) indica las extensiones de los *mojín* como opuesto a los *mojín* propiamente dichos. El Ari explica que las grandes luces de *Arij Anpin*, la persona Divina que se encuentra por sobre *Aba* e *Ima* (ver Apéndice: Las Personas Divinas), están contenidas dentro del Cráneo. Esas luces se materializan en la forma de "cabellos" en la parte externa del Cráneo y son extensiones que sirven como *tzinorot* (conductos) extremadamente estrechos para canalizar las grandes luces hacia abajo, hacia los niveles inferiores (*Etz Jaim* 13:5; ver también *Shaar HaKavanot, Inian Valaavor*). En línea con esto, el Rebe Najmán enseña que la condición del cabello de la persona refleja la condición de su mente. Si ha pecado, su cabello (שער, *sear*) será una expresión de su viento tormentoso (סער, *saar*) interior y de su locura (un daño de la mente, como en la nota 43). Por el contrario, si es una persona recta y sabia, su cabello se transformará en un portal (שער, *shaar*) a través del cual podrá pasar la sabiduría (*Likutey Moharán* I, 69).

168. atributos…pensamientos. En la terminología de la Kabalá, el Cráneo de *Arij Anpin* y sus mentalidades corresponden a *Keter* (*Daat*), *Jojmá* y *Biná*. Las luces que emanan de allí y que pasan a través de los cabellos son las luces de las siete *sefirot* inferiores, correspondientes a las

12. Lo siguiente se relaciona con la sección 8:

Así, aunque el vino es dañino para una mujer cuyo flujo menstrual es denso y su período irregular –correspondiente a, "'el vino cuando enrojece', pues su final es sangre",[161] y "Cuando entra el vino, salen los secretos"[162]– sin embargo, su cura es <beber> vino al cual ha mirado un Tzadik verdadero.[163]

Esto se debe a que los ojos corresponden al cabello,[164] pues las "siete capas de los ojos" (*Tikuney Zohar* #70, p. 128a)[165] son un aspecto de las "siete trenzas de su cabeza" (Jueces 16:19),[166] que son las mentalidades. Ello se debe a que el cabello es una materia externa de las mentalidades.[167] Corresponde por lo tanto a las "siete trenzas", que son los siete atributos que pasan y atraviesan la mente como pensamientos.[168] Pues los

---

del habla y del lenguaje (la oratoria y la retórica) era el propósito final de la vida. Ese grupo encontró a un francés demente que hablaba muchos idiomas y lo hizo su rey (ver toda la historia para comprenderla más claramente). En nuestra lección se reúnen todos estos "rasgos franceses" esenciales: *Frank* es la antítesis misma de cada una de las rectificaciones, de las tres formas del Remedio General, de las que habló el Rebe Najmán.

En *El Señor de la Plegaria*, el Rebe Najmán relata que más tarde, ese grupo ungió como rey a un maestro orador. De hecho éste era el Bardo del Rey, que siempre le cantaba alabanzas al Rey y que finalmente rectificó al grupo. A partir de nuestra lección podemos comprender que su alabanza al Rey era la alabanza al Tzadik del mundo. Eso elevó los *mojín/daat* y reemplazó el habla dañada con un habla que contenía el bien y que se hizo digna de ser oída. También en la historia, el Rebe relata cómo el Poderoso Guerrero del Rey rectificó al grupo que consideraba a la riqueza como el objetivo final y que robaba y asesinaba por dinero. Esto lo logró mediante comidas especiales (p. 197), que en nuestra lección corresponden al "pan del cielo" y a "si Él me diese pan para comer y ropa para vestir". Como se explicó (§5), estas últimas palabras indican la rectificación del sustento y fueron dichas por Iaacov – i.e., el "poderoso guerrero" que luchó con un ángel y prevaleció (Génesis 32:25-30).

161. el vino es dañino...su final es sangre. Esto se explicó en la sección 8, nota 111. Lo rojo del vino corresponde a la sangre menstrual de los *guidim* dañados. Si el flujo y el período fuesen regulares, indicarían que todo está en orden. Pero, debido a que hay una irregularidad, el desorden se exacerba mediante el vino.

162. salen los secretos. Ver la nota 110. El vino hace que "se revele" el desorden en la mujer. Beber vino le es por lo tanto dañino.

163. vino al cual ha mirado un Tzadik verdadero. Anteriormente, el Rebe Najmán citó el versículo, "No mires al vino cuando enrojece". Esto hace referencia a la persona que quiere vino. Su mirar aumenta el deseo y despierta su rojez, el concepto de la mancha de *sangre* que daña el alma. El Tzadik, por otro lado, ha anulado totalmente su deseo físico por el vino (y otros placeres terrenales). Su mirar el vino tiene un efecto totalmente diferente sobre él y por lo tanto sobre aquellos que lo beben. El Rebe explica a continuación por qué esto es así.

וְעוֹבְרִין בַּמַּחֲשָׁבָה שֶׁבַּמֹּחַ. כִּי הַמַּחֲשָׁבָה שֶׁבַּמֹּחַ הוּא כְּפִי הַמִּדּוֹת שֶׁבָּאָדָם, וּכְפִי הַמִּדָּה שֶׁהָאָדָם אוֹחֵז בָּהּ, כֵּן חוֹלְפִין וְעוֹבְרִין עָלָיו הַמַּחֲשָׁבוֹת שֶׁבַּמֹּחַ. וְזֶה: "שֶׁבַע מַחְלְפוֹת רֹאשׁוֹ" – לְשׁוֹן חָלַף וְעָבַר כַּנַּ"ל.

וּכְשֶׁפּוֹגְמִין בְּהַשְּׂעָרוֹת, נִפְגָּם הָרְאִיָּה, שֶׁהִיא 'שֶׁבַע גִּלְדֵי עֵינָא'. וְעַל כֵּן שִׁמְשׁוֹן שֶׁפָּגַם בְּשֶׁבַע מַחְלְפוֹת רֹאשׁוֹ, נֶאֱמַר בּוֹ (שם): "וַיְנַקְּרוּ פְלִשְׁתִּים אֶת עֵינָיו".

וְעַל-כֵּן עַל-יְדֵי 'שִׁבְעָה גִלְדֵי עֵינָא', מְתַקְּנִין בְּחִינַת שֶׁבַע מַחְלְפוֹת רֹאשׁוֹ, שֶׁהֵם הַשְּׂעָרוֹת, בִּבְחִינַת (דניאל ז): "וּשְׂעַר רֵאשֵׁהּ כַּעֲמַר נְקֵא". בִּבְחִינַת 'לָשׁוֹן שֶׁל זְהוֹרִית', שֶׁהוּא מַלְבִּין הָאַדְמִימוּת שֶׁל הַשַּׁסָּ"ה גִידִין, בִּבְחִינַת: "אִם יַאְדִּימוּ כַתּוֹלָע כַּצֶּמֶר יִהְיוּ". נִמְצָא שֶׁנִּתְתַּקֵּן עַל יְדֵי זֶה הָאַדְמִימוּת, שֶׁהוּא בְּחִינַת דַּם נִדָּה כַּנַּ"ל.

וְזֶה בְּחִינַת (תהלים קי"ח): "מִן הַמֵּצַ"ר קָרָאתִי יָהּ", אוֹתִיּוֹת צֶמֶ"ר.

---

172. siete trenzas...le sacaron los ojos. El hecho de sacarle los ojos a Shimshon después de que él dañara el concepto del cabello indica que también su vista estaba dañada. Las Escrituras indican esto: "Shimshon *vio* a la mujer... de las hijas de los filisteos" (Jueces 14:1) y "Shimshon *vio* a una cortesana..." (*ibid.*, 16:1). Más tarde fue seducido por Dalila. Enseñan nuestros Sabios (*Sotá* 9b): "Shimshon siguió tras sus ojos, por lo tanto los filisteos se los sacaron". Fue castigado medida por medida y así expió por su daño.

173. siete capas...los cabellos. Habiendo demostrado que la conexión entre los cabellos y los ojos indica que el daño en unos es el daño en los otros, el Rebe Najmán afirma que lo contrario también sucede: la rectificación de unos es la rectificación de los otros. Cuando la persona rectifica la vista –i.e., *mira* y desea lo espiritual– rectifica el cabello, la extensión de los *mojín*.

174. lana blanca. La lana lavada es blanca y alude a la blancura de los *mojín*.

175. emblanquece lo rojo...se rectifican.... El concepto del paño rojo que emblanquece lo rojo/sangre menstrual de las prohibiciones/*guidim* está explicado más arriba en la sección 4 y en las notas 54-57

Ahora podemos comprender por qué el vino al cual ha mirado un Tzadik verdadero tiene el poder de curar un exceso en la sangre menstrual. Debido a que el Tzadik es capaz de traer blancura desde sus *mojín* rectificados para purificar todo aquello que mire, su mirar el vino lo libera de la cualidad de rojo/sangre y lo transforma totalmente, haciendo de éste una cura para la menstruación irregular.

176. MeiTzaR...TzeMeR lana. Declaró el Salmista: "Clamé a *IaH* (Dios) desde *meitzar*; *IaH*

pensamientos están de acuerdo con los atributos de la persona; el atributo al cual la persona se adhiere al presente determina los pensamientos que pasan y cruzan por su mente.[169] Así "Siete *maJLeFot* (trenzas) de su cabeza" tiene la connotación de *JaLaF* (atravesar) y cruzar.[170]

Por lo tanto, cuando uno estropea el cabello, se daña la vista – las "siete capas de los ojos".[171] Así, se dice de Shimshon, quien dañó las "siete trenzas de su cabeza", que "los filisteos le sacaron los ojos" (ibid. 16:21).[172]

Y así, por medio de las "siete capas de los ojos" rectificamos las "siete trenzas de su cabeza" – siendo esto equivalente a los cabellos,[173] en el aspecto de, "El cabello de su cabeza era como lana blanca" (Daniel 7:9).[174] Esto corresponde al paño rojo que emblanquece lo rojo de los trescientos sesenta y cinco *guidim*, como en, "Aunque sean rojos como el carmín, serán blancos como la lana". Así, con ello, se rectifica lo rojo, que es un aspecto de la sangre menstrual.[175]

Y esto es (Salmos 118:5), "Clamé a Dios desde *MeiTzaR* (lo estrecho)" – las mismas letras que *TzeMeR* (lana).[176] Esto está explicado en las

---

seis *sefirot* de *Zeir Anpin* y a la *sefirá* de *Maljut*. Diferentes a los *mojín*, que son las facultades intelectuales del alma, esas siete *sefirot* inferiores son conocidas como las *midot* (atributos), las siete facultades emocionales del alma.

169. atributo...determina los pensamientos.... Los pensamientos están directamente asociados a los atributos y a los actos que lleva a cabo la persona. Si peca, sus pensamientos tienden a volver atrás y centrarse en sus acciones, lo que da como resultado una corrupción de la mente. En contraste, si lleva a cabo mitzvot y buenas acciones, la mente se centra en esos actos positivos, lo que da como resultado su rectificación. Así, las luces que pasan a través de los cabellos pueden ser *mojín* rectificados con los cuales servir a Dios –i.e., despiertos como para traer *daat*– o pueden ser *mojín* dañados que producen una conciencia restringida – i.e., dormidos y sin *daat*.

170. maJLeFot...JaLaF.... Los pensamientos que pasan a través (*jalaf*, חלף) de la mente emergen como trenzas (*majlefot*, מחלפות) de cabellos, que corresponden a su vez a las capas de los ojos.

171. estropea el cabello.... Para demostrar que el hecho de mirar el vino puede afectar su naturaleza, el Rebe Najmán ha conectado la vista/ojos con el cabello. Al igual que los cabellos, los ojos actúan como *tzinorot* (conductos) entre los *mojín*/pensamientos y la siete *midot*, las siete *sefirot* correspondientes a las personas de *Zeir Anpin* y *Maljut*. Como se mencionó anteriormente en la lección, al dañar los *mojín* con malas acciones, la persona genera sangre menstrual/"vino cuando enrojece" que separa a *Maljut* de *Zeir Anpin*. Esto corresponde a, "No mires el vino...", pues ese mirar corrompido denota un daño en las mentalidades.

כַּמּוּבָא בַּכַּוָּנוֹת, עַיֵּן שָׁם וְהָבֵן:

Así, en el contexto de nuestra lección, el versículo se lee: **Clamé a IaH desde meitzar** – clamé para despertar los *mojín* y traer blancura a través de los lugares estrechos, **IaH me respondió con amplitud** – y los *mojín* descendieron y se difundieron en los niveles inferiores.

177. Kavanot…comprende. La explicación Kabalista de las palabras del Salmista se encuentra en *Shaar HaKavanot, Inian VaIaavor* 6, 7 (p. 292-294). Ver también *Etz Jaim* 13:9.

El tema principal de esta lección es el Remedio General. Esto implica el hecho de que la persona debe hacer todo lo posible para santificarse en pensamiento, palabra y acción. *Todo* lo que pueda hacer para vivir una vida en santidad la acercará mucho más a Dios (ver §4, §5). Se ha explicado igualmente (n. 44) que el Remedio General también consiste en recitar los Diez Salmos. Esto es algo que llevan a cabo los jasidim de Breslov del mundo entero, recitando los Diez Salmos todos los días. En Shabat, en la mayoría de las sinagogas de Breslov, los salmos se recitan con un quórum después de las plegarias de Musaf. Quiera Dios otorgarnos el mérito de cuidar siempre el Pacto y de rectificar todos los daños, acercándonos cada vez más a Él y a la completa redención de todo Israel.

Kavanot. Estudia allí y comprende.[177]

me respondió con amplitud". El Santo Nombre *IaH* (יה) corresponde a los *mojín*, *Jojmá* y *Biná*. Además, la explicación Kabalista de este versículo conecta a *meitzar* (lo estrecho) con el primero de los Trece Atributos de Misericordia en la Barba de la persona Divina *Arij Anpin*. Los cabellos de esa Barba son blancos, indicando la cualidad de la bondad (§9, n. 126). El primer Atributo, *meitzar*, es así un conducto muy angosto a través del cual fluye la bondad y la misericordia desde la blancura de *Arij Anpin*. Este estrecho conducto se difunde y expande (al igual que la barba) en su descenso, trayendo misericordia "con amplitud" hacia los niveles inferiores. Allí, mitiga los decretos y los juicios severos. Así, no sólo *meitzar* (מצר) y *tzemer* (צמר) tienen las mismas letras, sino que también denotan el mismo concepto: cabellos que transportan la blancura de los *mojín* para rectificar los niveles inferiores. En nuestra lección hemos visto que esta blancura llega a todas partes, incluso a aquellas que están *meitzar* (estrechas e inaccesibles) de modo que "Aunque [las transgresiones] sean rojas como el carmín, serán blancas como *tzemer*". (Cf. §4 y n. 49, 50 donde el Rebe Najmán explica el versículo, "Y el Todopoderoso estará *betzareja*" – i.e., en todos los lugares estrechos y pequeños).

ליקוטי מוהר"ן סימן ל'

מֵישְׁרָא דְּסַכִּינָא בְּמַאי קַטְלֵי לֵהּ?
בְּקַרְנָא דְּחַמְרָא.
וּמִי אִיכָּא קַרְנָא לְחַמְרָא?
וּמֵישְׁרָא דְּסַכִּינָא מִי הֲוֵי?
אַיְתוּ לֵהּ תְּרֵי בֵּיעֵי, אָמְרוּ לֵהּ, הֵי זוּגְתָּא חִוַּרְתָּא, וְהֵי זוּגְתָּא אֻכַּמְתָּא. אַיְתִי אִיהוּ תְּרֵי גְּבִינֵי, אֲמַר לְהוּ, הֵי דְעִזָּא חִוַּרְתָּא וְהֵי דְעִזָּא אֻכַּמְתָּא:

רַשִׁ"י:
בְּמַאי קַטְלֵי לֵהּ – עֲרוּגַת סַכִּינִין בְּמַאי גּוֹזְזִין וְקוֹצְצִין אוֹתָהּ:

מֵישְׁרָא דְּסַכִּינָא בְּמַאי קַטְלֵי לֵהּ וְכוּ'.

א. הַשָּׂגוֹת אֱלֹקוּת, אִי אֶפְשָׁר לְהַשִּׂיג, כִּי אִם עַל-יְדֵי צִמְצוּמִים

sabiduría de Dios, hasta contraerse lo suficiente como para que el hombre pueda recibirla y beneficiarse – para que pueda llegar a una percepción de Divinidad.

Explica el rabí Natán: En su estado original, la luz de Dios se encuentra más allá de la aprehensión de la mente humana finita. Sólo los muy grandes Tzadikim pueden alcanzar un atisbo de ella. Sin embargo, cuanto más desciende la luz hacia este mundo, a través de una serie de conductos y filtros, mayor es la capacidad de aquéllos que no son Tzadikim para percibirla. Ello se debe a que, a medida que desciende, hay más y más *tzimtzumim*, más y más "vestimentas y velos" colocados a su alrededor, para permitirle brillar en los niveles inferiores. [Esto puede asemejarse a mirar directamente a la luz brillante del sol, algo que sólo puede ser hecho a través de filtros que atenúen su intensidad.] La percepción de esa luz –cada persona de acuerdo a su nivel– es la percepción de la Divinidad (*Torat Natán* #2, 3). El rabí Natán explica también el concepto de la luz de Dios como la *shefa* (abundancia) para este mundo. Debido a que, con cada descenso adicional esa luz se oculta y se cubre cada vez más, esas "vestimentas" actúan como un ocultamiento de la *shefa*, reteniendo del mundo la abundancia de Dios, Su bondad (*jesed*). Como tal, las "vestimentas" simbolizan juicios (*dinim*) y constricciones. De esas constricciones se forman las *klipot*, las fuerzas del Otro Lado. Esas fuerzas ocultan más aún la gran luz de Dios. De acuerdo a ello, explica el rabí Natán, en cada nivel de percepción Divina se encuentra una *klipá* cuya "misión" es distraer a la persona de su búsqueda de la Divinidad y llevarla hacia el mal. De esta situación paradójica surge la posibilidad de la libertad de elección del hombre, la elección que enfrenta una y otra vez, en cada nivel que alcanza. Esos *tzimtzumim* son así la clave necesaria para promover la libertad de elección (*ibid.*, #4).

Además, escribe el rabí Natán, el hecho de saber que esa gran luz está constreñida y que

LIKUTEY MOHARÁN 30[1]

"¿Cómo se cosecha un *meishra desakina* (Jardín de cuchillos)?".
"Con un *karna* de *jamra* (un cuerno de burro)".
"¿Acaso el burro tiene un cuerno?".
"¿Acaso existe un jardín de cuchillos?".
Ellos trajeron dos *beiei* (huevos) y le dijeron, "¿Cuál proviene del par blanco y cual del par negro?". Él trajo dos quesos y les dijo, "¿Cual proviene de la *iza* (cabra) blanca y cual de la *iza* (cabra) negra?" (*Bejorot* 8b).

Rashi:
cómo se cosecha – una huerta de cuchillos; ¿con qué se los corta y se los poda?

"*Meishra desakina* (un jardín de cuchillos), ¿cómo se lo cosecha?...".

Las percepciones de Divinidad[2] sólo pueden ser aprehendidas a través de muchas contracciones (*tzimtzumim*)[3]: desde la Primera

---

1. Likutey Moharán 30. Esta lección fue dada durante la Tercera Comida del Shabat Jánuca 5567 (13 de diciembre de 1806), en Breslov (*Parparaot LeJojmá; Until The Mashiach* p. 129). El Shabat Jánuca era uno de los momentos en que los seguidores del Rebe solían visitarlo, lo que en general daba pie para sus discursos más largos e intrincados.

Los temas principales de la lección son: el intelecto superior y el intelecto inferior; un maestro apropiado; el desprecio por el dinero; las Tres Festividades; los actos de *jesed* (bondad); aceptar la amonestación de los Tzadikim; y la audacia versus la osadía.

2. Las percepciones de Divinidad. La esencia de estas percepciones es el conocimiento y la comprensión de que Dios, quien es *Ein Sof* (el Infinito), gobierna toda la creación. La percepción Divina implica así estar *constantemente* conscientes de que Él es omnipresente y omnipotente. Al mismo tiempo, independientemente de cuán grande sea el nivel de la comprensión que alcance la persona, la percepción Divina incluye entender que en verdad uno ni siquiera ha comenzado a rozar la grandeza de Dios. Pues, en última instancia, Dios es Infinito, mientras que todas las percepciones humanas son finitas. Como veremos, alcanzar una percepción de Divinidad está directamente asociado a la Torá (§2, §3 y n. 22). Cuanta más Torá se estudie, más consciente uno será de Dios.

3. muchas contracciones. La Kabalá se refiere a estas contracciones como *tzimtzumim*, el término hebreo para designar "constricciones". Específicamente, esto hace referencia a los muchos así llamados conductos y filtros a través de los cuales debe pasar la luz de la tremenda

רַבִּים. מֵעָלָה לְעָלוּל, מֻשְׂכָּל עֶלְיוֹן לְשֵׂכֶל תַּחְתּוֹן. כְּמוֹ שֶׁאָנוּ רוֹאִים בְּחוּשׁ, שֶׁאִי אֶפְשָׁר לְהַשִּׂיג שֵׂכֶל גָּדוֹל, כִּי אִם עַל-יְדֵי הִתְלַבְּשׁוּת בַּשֵּׂכֶל הַתַּחְתּוֹן.

כְּמוֹ הַמְלַמֵּד כְּשֶׁרוֹצֶה לְהַסְבִּיר שֵׂכֶל גָּדוֹל לְהַתַּלְמִיד, הוּא צָרִיךְ לְהַלְבִּישׁ אוֹתוֹ בְּשֵׂכֶל תַּחְתּוֹן וְקָטָן, כְּדֵי שֶׁיּוּכַל הַתַּלְמִיד לַהֲבִינוֹ. דְּהַיְנוּ שֶׁהוּא מַצִּיעַ לוֹ מִתְּחִלָּה הַהַקְדָּמוֹת וְשִׂכְלִיּוֹת קְטַנִּים שֶׁמְּסַבֵּב לוֹ תְּחִלָּה, כְּדֵי לַהֲבִינוֹ עַל יְדֵי זֶה הַמְכֻוָּן, שֶׁהוּא שֵׂכֶל עֶלְיוֹן וְגָדוֹל:

ב. **וְצָרִיךְ** כָּל אֶחָד לְבַקֵּשׁ מְאֹד מְלַמֵּד הָגוּן כָּזֶה, שֶׁיּוּכַל לְהַסְבִּיר וּלְהָבִין אוֹתוֹ שֵׂכֶל עֶלְיוֹן וְגָדוֹל כָּזֶה, דְּהַיְנוּ הַשָּׂגוֹת אֱלֹקוּת. כִּי צָרִיךְ לָזֶה רַבִּי גָּדוֹל מְאֹד מְאֹד, שֶׁיּוּכַל לְהַסְבִּיר שֵׂכֶל גָּדוֹל כָּזֶה, עַל יְדֵי הַשֵּׂכֶל הַתַּחְתּוֹן כַּנַּ"ל, כְּדֵי שֶׁיּוּכְלוּ הַקְּטַנִּים לַהֲבִינוֹ.

enajenado de la Divinidad y confundido por el Otro Lado (ver n. 3); la misma búsqueda de las percepciones de Divinidad puede llevarlo a una corrupción del intelecto, debido a su apego a lo físico. Por tanto, también deberá apoyarse en la fe. Y esto no es todo. La fe es vital incluso para los Tzadikim que se han purificado de todo apego a lo corpóreo y se han perfeccionado; incluso luego de haber alcanzado un nivel de intelecto superior. Esto se debe a que la fe es el "portal" a través del cual se filtran todas las percepciones de Divinidad. Sin ella, incluso los grandes Tzadikim no pueden avanzar en la santidad ni alcanzar grandes percepciones (*Torat Natán* #10). Así, las palabras de Dios al profeta, "Yo soy el primero… Yo soy el último", hacen referencia a la fe tanto en el nivel de *Jojmá* como en el nivel de *Maljut* (*ibid.*, #15).

8. elevado y grande. Resumen: Para que las percepciones de Divinidad, que son el intelecto superior, puedan ser aprehendidas, deben ser contraídas en el intelecto inferior.

9. maestro adecuado…. En esta sección, el Rebe Najmán explica quién está calificado para explicar las percepciones de Divinidad y por qué es necesario buscar esas percepciones. En la sección 3, aclara qué son esas percepciones y cómo pueden lograrse.

10. un rav muy grande…pueda comprenderlo. Este rav debe tener varias cualidades. Tiene que ser un Tzadik muy grande, uno que sepa qué es la santidad y la percepción de Divinidad. Debe ser también extremadamente erudito, pues (*Eruvin* 92a): "Si Rebí (el rabí Iehudá el Príncipe) no lo enseñó, ¿de dónde pudo saberlo el rabí Jia?". Es decir, si el rav no es un erudito, aunque pueda ser un Tzadik, ¿cómo podrá enseñarles a otros la percepción Divina? Más aún, aunque el rav sea muy erudito y haya alcanzado percepciones Divinas, también debe ser lo suficientemente grande como para comunicarles esas percepciones a aquellos que carecen de la capacidad espiritual para recibirla. Debe ser capaz de trasmitir esa percepción a cada

Causa[4] hasta lo causado,[5] desde el intelecto superior[6] hasta el intelecto inferior.[7] Esto es algo que se puede ver empíricamente: es imposible aprehender un concepto superior si no se encuentra investido en un concepto inferior.

Al igual que el maestro que, para explicarle a su discípulo un concepto profundo, lo inviste en un concepto menor para que éste pueda comprenderlo. Es decir, comienza presentándole introducciones y conceptos menores que lo llevan primero alrededor [del material] y con ello lo conduce a comprender el tema – que es, en sí mismo, un concepto muy elevado y grande.[8]

2. Cada persona debe buscar un maestro adecuado como ése; alguien que pueda explicarle y llevarla a comprender un concepto tan grande y elevado, es decir, las percepciones de Divinidad.[9] Pues ello es algo que requiere de un rav muy, muy grande; uno que pueda explicar un gran concepto como ése, utilizando <un concepto menor e inferior>, como se mencionó, para que la gente que carezca [de percepciones espirituales] pueda comprenderlo.[10]

---

existen niveles cada vez más elevados, lleva a la persona a buscar constantemente percepciones mayores de Divinidad. Tan pronto como alcanza el próximo nivel, debe comenzar a buscar el nivel que le sigue (*ibid.*, #8). Estos conceptos serán aclarados más adelante, dentro de nuestra lección.

4. desde la Primera Causa. Ésta es una referencia a Dios, como en (Isaías 44:6), "Yo soy el primero...". Dios creó todo – i.e., Él es la *causa* de todo lo que existe.

5. lo causado. Ésta es una referencia a toda la creación y al hombre en particular.

6. intelecto superior. En la terminología de la Kabalá ésta es la *sefirá* de *Jojmá* (Sabiduría), el concepto de una sabiduría exaltada.

7. intelecto inferior. Ésta es la *sefirá* de *Maljut* (Reinado), que corresponde a la fe (*Torat Natán* #15). Las Escrituras aluden también a esto en el versículo de Isaías (44:6), citado previamente, "...y Yo soy el último".

En su explicación sobre el intelecto superior y el intelecto inferior, el rabí Natán agrega que incluso el intelecto superior/*Jojmá* depende de la fe. Se entiende que una persona en los niveles inferiores, con un intelecto inferior, carece de percepciones Divinas. Todo servicio a Dios que lleve a cabo o toda percepción de Divinidad que obtenga sólo tendrá lugar a través de la fe. Pero esto también es verdad con respecto a aquel que es extremadamente erudito, aunque sea brillante e incisivo y tenga un profundo conocimiento del Talmud, de la Halajá y de la Kabalá. Mientras no se haya limpiado de los deseos físicos, no habrá alcanzado el intelecto superior, i.e., la verdadera percepción de Divinidad. Como tal, aún estará en peligro de ser

וְכָל מַה שֶּׁהוּא קָטָן בְּיוֹתֵר, וּמְרֻחָק בְּיוֹתֵר מֵהַשֵּׁם יִתְבָּרַךְ, הוּא צָרִיךְ רַבִּי גָּדוֹל בְּיוֹתֵר. כְּמוֹ שֶׁמָּצִינוּ בְּעֵת שֶׁהָיוּ יִשְׂרָאֵל בְּמַדְרֵגָה קְטַנָּה מְאֹד, דְּהַיְנוּ בְּמִצְרַיִם, שֶׁהָיוּ מְשֻׁקָּעִים בְּמ"ט שַׁעֲרֵי טֻמְאָה, הָיוּ צְרִיכִים רַבִּי גָּדוֹל וּמְלַמֵּד גָּדוֹל וְנוֹרָא מְאֹד, דְּהַיְנוּ מֹשֶׁה רַבֵּנוּ, עָלָיו הַשָּׁלוֹם.

כִּי כָל מַה שֶּׁהוּא קָטָן וּמְרֻחָק בְּיוֹתֵר, צָרִיךְ מְלַמֵּד גָּדוֹל בְּיוֹתֵר. שֶׁיִּהְיֶה אֻמָּן כָּזֶה, שֶׁיּוּכַל לְהַלְבִּישׁ שֵׂכֶל עֶלְיוֹן כָּזֶה, דְּהַיְנוּ הַשָּׂגָתוֹ יִתְבָּרַךְ שְׁמוֹ, לְקָטָן וּמְרֻחָק כְּמוֹתוֹ. כִּי כָל מַה שֶּׁהַחוֹלֶה נֶחֱלֶה בְּיוֹתֵר, צָרִיךְ רוֹפֵא גָּדוֹל בְּיוֹתֵר.

עַל כֵּן אֵין לְהָאָדָם לוֹמַר: דַּי לִי אִם אֶהְיֶה מְקֹרָב אֵצֶל אִישׁ נִכְבָּד וִירֵא ה', אַף, שֶׁאֵינוֹ מֻפְלָג בְּמַעֲלָה, כִּי הַלְוַאי שֶׁאֶהְיֶה מְקֹדָם כָּמֹהוּ. אַל יֹאמַר כֵּן, כִּי אַדְּרַבָּא, כְּפִי מַה שֶׁיֵּדַע אֱנָשׁ בְּנַפְשֵׁהּ גֹּדֶל פְּחִיתוּתוֹ וְגֹדֶל רִחוּקוֹ שֶׁנִּרְחַק מְאֹד מֵהַשֵּׁם יִתְבָּרַךְ, כָּל אֶחָד וְאֶחָד כְּפִי מַה שֶּׁיּוֹדֵעַ בְּנַפְשׁוֹ. וּכְמוֹ כֵן כָּל מַה שֶּׁיּוֹדֵעַ בְּעַצְמוֹ שֶׁהוּא מְרֻחָק בְּיוֹתֵר, צָרִיךְ לְבַקֵּשׁ לְנַפְשׁוֹ רוֹפֵא גָּדוֹל מְאֹד, הַגָּדוֹל בְּמַעֲלָה בְּיוֹתֵר, דְּהַיְנוּ שֶׁיַּחֲזִיר וִיבַקֵּשׁ תָּמִיד לִזְכּוֹת לְהִתְקָרֵב לְהָרַבִּי הַגָּדוֹל מְאֹד

elevados de la santidad – es decir, las percepciones de Divinidad (*Zohar Jadash* 31a). Esto sugiere que cuanto más bajo esté uno espiritualmente, más grande será la ayuda que tendrá que recibir para poder elevarse. En Egipto, los judíos habían descendido al nivel más bajo del cual aún era posible ascender. Sólo Moshé Rabeinu, el Tzadik más grande, pudo llevar percepciones de Divinidad a un pueblo tan hundido. Más aún, también fue capaz de irradiarles una conciencia de Dios tan grande, que esa misma generación llegó a ser más tarde la que recibió la Torá. Incluso llegó a ser conocida como *Dor Dea*, la generación que tuvo el conocimiento sagrado de Dios (ver *Vaikrá Rabah* 9:1). Este pasaje proveniente del *Zohar* también se conecta con lo que se tratará más adelante, donde el Rebe Najmán habla de Abraham (§3), el dinero (§4) y la bondad (§6). También está relacionado con el rey Shlomo (§4).

12. ...muy grande. Encontrar el médico-maestro requiere un acercamiento dual: la plegaria y el estudio de la Torá. El buscador debe derramar su corazón delante de Dios, pidiéndole y rogándole ser digno de ser guiado hacia un maestro adecuado. También debe orar para ser salvado de lo contrario, de un maestro no capacitado (*Likutey Tefilot*). Esto requiere de un gran esfuerzo. En palabras del rabí Natán: La persona debe "sacudir el sueño de sus ojos" para pedir, rogar y suplicarle a Dios ser digna de encontrar un maestro así (*Torat Natán* #14). El segundo acercamiento al buscar semejante maestro implica el estudio de la Torá – i.e., oír los discursos

Además, cuanto más pequeño sea, [cuanto más carezca de percepciones espirituales] y más lejos esté del Santo, bendito sea, más grande deberá ser el rav que requiera. Vemos así que cuando el pueblo judío estuvo [sumido] en el nivel más bajo, atrapado en Egipto, en las Cuarenta y Nueve Puertas de la Impureza, necesitó de un gran rav, de un maestro grande y tremendo – es decir, Moshé Rabeinu.[11]

Pues cuanto más pequeña y alejada esté [la persona], más necesitará de un gran maestro. Éste deberá ser de una calidad tal como para ser capaz <de imbuir, de explicar y> de investir un concepto tan elevado como ése –i.e., una percepción del Santo, bendito sea– [y transmitírselo a] alguien tan pequeño y alejado como ella. Pues cuanto más enfermo esté el paciente, más grande <y más experto> deberá ser el médico que requiera.

Por lo tanto, uno no debe decir: "Es suficiente para mí con ser un seguidor de un individuo distinguido y temeroso de Dios, aunque no sea tan grande y elevado. ¡Si pudiese al menos llegar a ser como él!". No se debe decir esto. Por el contrario, en el grado en que la persona sepa de su gran falta de mérito y de su lejanía del Santo, bendito sea –en la medida de lo que cada persona sabe en su alma, al igual que de su gran lejanía, que ella misma reconoce– deberá buscar un médico para su alma, [alguien] muy, muy grande en verdad, el más grande de todos. Es decir, deberá pedir con persistencia y constantemente, llegar a ser digna de acercarse a un maestro muy, muy grande.[12] Pues cuanto más pequeña

---

persona, en el nivel de la persona. Así, el Tzadik que se dedique a transmitir percepciones de Divinidad, intelecto superior, deberá también poseer el intelecto inferior – i.e., la capacidad de vestir el intelecto superior en el intelecto inferior, para que los otros puedan compartirlo (*BeIbey HaNajal*). No cualquier maestro ni Rebe cumple con estos requisitos.

11. Cuarenta y Nueve Puertas de Impureza…Moshé Rabeinu. Pregunta el *Zohar*: ¿Por qué se menciona cincuenta veces el Éxodo en la Torá? Después de que Dios cumpliera Su promesa con Abraham y liberara de Egipto a sus descendientes, ¿por qué recordarlo *cincuenta* veces? El *Zohar* responde que aunque Dios prometió liberar a los judíos de Egipto, Él no dijo nada sobre liberarlos de su "esclavitud" a la idolatría, de las Cincuenta Puertas de Impureza. Mientras estuvieron en Egipto, los judíos descendieron al nivel cuarenta y nueve de la impureza y se sumieron en la idolatría. Aunque no estaba incluido en Su promesa a Abraham, cuando Dios los redimió de ser esclavos de los egipcios, igualmente los redimió de su esclavitud a la idolatría. Más aún, los llevó a grandes alturas espirituales, hacia las Cuarenta y Nueve Puertas de Pureza y de Comprensión, correspondientes a los cuarenta y nueve días del periodo del Omer. Así, Dios les hizo recordar *cincuenta* veces a los judíos que Él no sólo los elevó de los niveles más bajos sino que también les mostró una extrema bondad al hacerles accesibles los niveles más

מְאֹד כַּנַּ"ל. כִּי כָל מַה שֶּׁהוּא קָטָן בְּיוֹתֵר, צָרִיךְ מְלַמֵּד גָּדוֹל בְּיוֹתֵר כַּנַּ"ל:

ג. וְזֶה בְּחִינַת שְׂעָרוֹת, שֶׁהֶהָאָרוֹת הַמֹּחִין יוֹצְאִין בְּהַשְּׂעָרוֹת. כֵּן הַשֵּׂכֶל הָעֶלְיוֹן, שֶׁהוּא הַשָּׂגוֹת אֱלֹקוּת, הוּא מִתְלַבֵּשׁ בְּהַשֵּׂכֶל הַתַּחְתּוֹן. וְזֶה בְּחִינַת (תקון ע' קי"ג.) שַׂעֲרָא בְּעִגּוּלָא, בְּחִינַת סְבוּבִים,

Anpin [que es el intelecto inferior] (*Zohar* III, 129a; ver Lección #29:12, notas 167, 168 para una explicación similar).

15. cabellos en un círculo. El *Zohar* (II, 70-78) enseña que las cualidades y características de la persona pueden ser detectadas a partir de su cabello, de su frente, de sus ojos, de sus oídos, de su rostro y de las líneas de sus dedos y manos. Esta percepción es el arte de *jojmat hapartzuf* (fisonomía). Se dice del Ari que cuando miraba a alguien, percibía cada una de sus características, además de todas sus mitzvot y transgresiones (*Tikuney Zohar* #70, p. 123b, en *Kisei Melej*).

La expresión "cabellos en un círculo" que aparece en nuestra lección es la traducción literal de *saará bigulá*, del *Tikuney Zohar* (#70, p. 123b) y puede ser traducida coloquialmente como "cabello ensortijado". Esto se encuentra en una parte de un extenso pasaje que comienza en la página 121a con la siguiente advertencia: Tú, hijo del hombre, antes de comenzar a profundizar en estos misterios de la persona Divina, debes estar advertido y basar tu estudio y comprensión sólo en la fe verdadera. No te equivoques pensando que Arriba existe algo corpóreo. Estos términos [antropomórficos] están usados sólo para hacer inteligible el tema. En verdad, ¡no existe forma ni sustancia alguna en los mundos superiores!

Habiendo dicho esto, el *Tikuney Zohar* enseña (aquí sólo se han traducido las partes pertinentes a nuestro texto): Cuando Itro le aconsejó a Moshé elegir hombres para dispensar la ley entre el pueblo, le indicó que debía elegir aquellos que fueran "hombres capaces, temerosos de Dios, hombres de verdad que aborrezcan la ganancia (monetaria)…" (Éxodo 18:21). ¿Cómo podía llegar a percibir esas cualidades? Las Escrituras aluden a esto en el comienzo del versículo: "*Verás* entre ellos…". Simplemente al mirar a la persona, Moshé, que dominaba el *jojmat hapartzuf*, podía saber si tenía las cualidades para el liderazgo.

El *Tikuney Zohar* (#70, p. 121b) continúa demostrando cómo el consejo que Itro le dio a Moshé alude a la constelación de *sefirot* y a las cuatro letras correspondientes del Tetragrámaton (*IHVH*, יהוה). Además, cada una de las cuatro clases que menciona Itro tiene un concepto correspondiente que el Rebe Najmán ya ha incorporado o que incorporará en la lección. Así, "hombres capaces" alude a *iud*/*Jojmá*/bondad; "temerosos de Dios" alude a la *hei*/*Biná*/riqueza; "hombres de verdad" alude a la *vav*/*Zeir Anpin*/Torá; y "que aborrezcan la ganancia monetaria" alude a la *hei*/*Maljut*/fe. Las cuatro letras *IHVH*, que conforman el *Shem HaEtzem* (el Nombre Esencial), connotan la "vista". Estas cuatro letras están incluidas dentro de las cuatro letras de otro de los Nombres Sagrados de Dios, *ADoNaI* (אדני). Este Nombre, el *Shem HaKinui* (el Nombre Descriptivo), connota el "habla" y así corresponde a *Maljut*.

A todo lo anterior, el *Tikuney Zohar* también le hace corresponder cuatro colores básicos de cabello: cabello blanco, que connota *Jojmá*/hombres capaces; cabello rojizo, que connota

sea, [cuanto más carezca de percepción espiritual], más grande deberá ser el maestro que requiera, como se explicó más arriba.[13]

3. Ahora bien, éste es el concepto de los cabellos: la luz de las mentalidades emerge en los cabellos. De la misma manera, el intelecto superior, que consiste de percepciones de Divinidad, está investido en el intelecto inferior.[14] Esto corresponde a "cabellos en un círculo",[15] el

---

de Torá de otros y estudiar Torá uno mismo, buscando constantemente la Divinidad en esos estudios. Cuanto más grande sea la percepción de Divinidad a la cual se acceda como resultado de ese maestro y de sus enseñanzas, más grande habrá sido el "maestro".

El rabí Natán explica de la siguiente manera la importancia de tener un maestro muy grande: El Rebe Najmán enseñó que si uno daña su mente o el Pacto (*brit*), no podrá comprender las enseñanzas del Tzadik (*Likutey Moharán* I, 36:5). Si es así, pregunta al rabí Natán, ¿qué posibilidades tiene alguien de comprender alguna vez las lecciones del Tzadik? ¿Cómo será posible recibir esas enseñanzas para arrepentirse y alcanzar una percepción de Divinidad? Aquí subyace, entonces, la necesidad de tener un maestro muy grande. Pues el gran maestro/Tzadik aprecia la importancia de que sus seguidores aprehendan percepciones de Divinidad y dará sus discursos como para permitirle a cada seguidor, sea cual fuere su nivel, llegar a tales percepciones. Gradualmente y mediante muchos *tzimtzumim*, el Tzadik podrá revelarle la Divinidad – siempre y cuando, por supuesto, el seguidor tenga fe en su maestro (*Torat Natán* #16). Más aún, así como cuanto más le falte a la persona, más importante será tener un gran maestro, de la misma manera, cuanto más consumado sea el maestro, más dedicado estará a compartir sus percepciones de Divinidad con aquellos que se encuentran en los niveles inferiores (*ibid.*, #18). Por el contrario, aquellos maestros que no son tzadikim –aunque sean más grandes, más sabios y más rectos que aquellos que los siguen– necesitan ellos mismos de un gran maestro. Careciendo de percepciones de Divinidad, ¿qué pueden impartirles a sus seguidores? No sólo no ayudan a los otros, sino que sus enseñanzas pueden producir un grave daño espiritual en aquellos que los siguen. Esto es especialmente así si el maestro es uno de los que se oponen a los verdaderos Tzadikim. Pues la persona se inclina por naturaleza hacia el mal. Al seguir a alguien que no ha anulado su mal, el estudiante deberá superar no sólo su propio mal sino también el de su mentor. Por lo tanto, es necesario buscar constantemente a los verdaderos Tzadikim – aquellos que pueden impartir percepciones de Divinidad (*ibid.* #24, 25).

13. más arriba. Resumen: Para que las percepciones de Divinidad, que son el intelecto superior, puedan ser aprehendidas, deben ser contraídas en el intelecto inferior (§1). Esto implica buscar a un maestro muy grande, capaz de explicarles y de transmitirles las percepciones de Divinidad a aquellos que tienen fe en él (§2).

14. luz de las mentalidades…cabellos…. El *Zohar* habla sobre las grandes luces y la exaltada sabiduría que desciende a través de los diversos "cabellos" de la persona Divina *Arij Anpin* hacia la segunda persona Divina *Zeir Anpin*. Esos cabellos son los *tzimtzumim*, los conductos y filtros a través de los cuales las mentalidades (*mojín*; ver Lección #29, n. 11) de *Jojmá* de *Arij Anpin*, [que es el intelecto superior,] descienden para rectificar las mentalidades de *Zeir*

LIKUTEY MOHARAN #30:3 274

דְּהַיְנוּ הַהַקְדָּמוֹת הַמְסַבְּבִין עַד שֶׁבָּאִים אֶל הַמְכֻוָּן כַּנַּ"ל.
וְהָעִקָּר הוּא הַמְכֻוָּן, כְּמוֹ שֶׁמָּצִינוּ בְּדִבְרֵי רַבּוֹתֵינוּ, זִכְרוֹנָם לִבְרָכָה
(יבמות ט"ז): שֶׁסִּבְּבוּהוּ בַּהֲלָכוֹת עַד שֶׁהִגִּיעוּ לְצָרַת הַבַּת. נִמְצָא
שֶׁכָּל הַהֲלָכוֹת שֶׁדִּבְּרוּ מִקֹּדֶם, לֹא הָיוּ עִקַּר הַמְכֻוָּן, רַק הָיוּ סְבוּבִים

lo desease. Por ejemplo: Rubén y Shimón son hermanos. Rubén falleció dejando dos esposas, Raquel y Lea, quienes no están relacionadas con Shimón (más que como cuñadas). Shimón se casa con Raquel y Lea tiene permiso de casarse con quien lo desee.

¿Pero qué sucede en el siguiente caso? Rubén se casó con Raquel y con su sobrina, Lea, la hija de Shimón. Rubén fallece sin hijos. Shimón tiene prohibido casarse con su hija, Lea, ni siquiera para realizar la mitzvá del matrimonio de levirato. Lea por lo tanto es tratada como una viuda común y libre de casarse con quien quiera. Pero, ¿puede Shimón casarse con la *tzorot habat* (la rival de su hija), Raquel? La respuesta es no. Una vez que las dos mujeres se han vuelto rivales, la misma ley se aplica a ambas y así como Shimón no puede casarse con su hija tampoco puede casarse con su rival (*Iebamot* 2a).

El Talmud lleva esto entonces un paso más adelante: Rubén, Shimón y Leví son hermanos. Rubén se casó con Raquel y también con la hija de Shimón, Lea. Rubén falleció sin hijos. Shimón tiene prohibido casarse con Lea, su hija y también con Raquel, su rival. Pero, ¿qué sucede con Leví? ¿Se le permite casarse con Lea? O, dado el caso, ¿puede casarse con su rival, Raquel? Sí, puede. Pero ¿qué sucede si Leví se casa con Raquel y con otra mujer, Miriam y entonces, al igual que su hermano Rubén, fallece sin hijos? ¿Puede Shimón realizar la mitzvá del matrimonio de levirato y casarse con Miriam? La respuesta es no, porque su rival, Raquel, está prohibida para Shimón en virtud de haberse vuelto antes la *tzorot habat*, la rival de su hija Lea. Una vez que una mujer se ha vuelto la rival de la hija, queda exceptuada –y exceptúa a otras– del matrimonio de levirato, para siempre (ver *Iad HaJazaká, Leyes del Ibum*, Capítulo 6:15).

El Rebe Najmán cita ahora del siguiente pasaje: Una diferencia de opiniones surgió entre las escuelas de Shamai y de Hilel sobre el último caso. Hilel determinó que la rival de la hija está siempre prohibida. El punto de vista de Shamai era que ella (Miriam) está permitida (luego del fallecimiento de Leví). La ley, como se indicó más arriba, sigue la regla de Hilel. Sin embargo, se enseñó que el rabí Dosa el hijo de Harkinas había permitido a la rival de la hija, al igual que Shamai, violando así el principio aceptado de que son las reglas de la escuela de Hilel las que se deben seguir. Dado que era un sabio anciano y no podía ir a la casa de estudio, tres rabíes fueron seleccionados para visitarlo y averiguar cuál era su opinión. Cuando el rabí Ioshúa, el rabí Elazar ben Azaria y el rabí Akiba llegaron a donde estaba el rabí Dosa, comenzaron a tratar diferentes leyes, dando vueltas alrededor del tema buscado. Finalmente, llegaron a la cuestión de la rival de la hija. El Maharsha explica que no querían que el rabí Dosa pensara que sólo habían ido por ese tema. Por lo tanto, ellos "lo rodearon con *halajot*" hasta que eventualmente llegaron al temas buscado (*v.i. Vehitjilu*). El rabí Dosa preguntó, "¿Ustedes oyeron 'El rabí Dosa permitió a la rival de la hija'? O ¿quizás oyeron que era 'el hijo de Harkinas' quien lo permitió?". Ellos respondieron, "El hijo de Harkinas". El rabí Dosa les dijo, "Mi hermano menor, Ionatán, permite a la rival de la hija. Yo, sin embargo, oí del profeta Jagai que la rival de la hija está prohibida" (*Iebamot* 16a).

aspecto de "rodear" – es decir, las introducciones que rondan hasta que se llega al punto [principal], como se explicó.[16]

Pero lo más importante es el punto [mismo].[17] Como vemos en las palabras de los Sabios: Ellos lo rodearon con halajot, hasta que llegaron a la "rival de la hija" (*Iebamot* 16a).[18] Todas las halajot que discutieron previamente no constituían el punto principal, eran simplemente

---

Biná/temerosos de Dios; cabello rubio, que connota a *Zeir Anpin*/hombres de verdad; y cabello negro que connota *Maljut*/que aborrezcan la ganancia monetaria, y es un aspecto de (Cantar de los Cantares 1:5), "Soy negra pero bella". En general, el cabello es un símbolo de la medida y del parámetro que las letras escritas le dan a la Torá (*Tikuney Zohar* #70, p. 121b). En otras palabras, la grande y tremenda luz del Tetragrámaton, que es la esencia interna de la Torá, se inviste dentro de las leyes y enseñanzas de la Torá manifiesta. Al igual que los cabellos, que actúan como conductos y filtros para las mentalidades (ver n. 14), las letras que le dan expresión a las leyes y enseñanzas de la Torá canalizan el intelecto superior hacia los niveles inferiores. Además de los diferentes colores, el cabello también se presenta de diferente largos y texturas: largo y suave; corto y rígido; de largo y textura medias; y ensortijado (correspondiente a aquellos "que aborrezcan la ganancia"). Quien sea digno encontrará que su cabello negro corresponde a *Maljut*, la Presencia Divina (ver Apéndice: Las Personas Divinas, Nombres Alternativos); de otra manera, ello corresponderá a "Saturno, un recipiente negro" (*Tikuney Zohar* #70, p. 123a).

Todos estos conceptos aparecen más adelante en nuestro texto y serán explicados en las notas. Aquí, el Rebe Najmán explica los conceptos correspondientes a "cabellos en un círculo" (ensortijados), "cabellos negros" y *Maljut*.

16. como se explicó. El Rebe Najmán mencionó el concepto de rodear/introducciones, más arriba, en la sección 1 (ver n. 3), donde está asociado con los *tzimtzumim* que constriñen la luz de Dios. "Cabellos en un círculo" hace referencia así al intelecto después de descender en espiral, a través de los filtros y conductos, donde es transformado de intelecto superior en su forma presente de intelecto inferior. El Rebe trae ahora un ejemplo del Talmud para aclarar este concepto.

17. lo más importante es el punto mismo. Después de todas las introducciones, el punto es llegar a la esencia – aquello que fue la intención desde un comienzo. Con respecto al intelecto, la intención es el intelecto inferior. Pues aunque el intelecto inferior está muy lejos del exaltado y tremendo intelecto superior, e incluso de los niveles intermedios, aun así, el intelecto inferior es la esencia. Ello se debe a que Dios creó el mundo para revelar Su *Maljut* – i.e., para ser conocido por toda la creación, incluso y especialmente, por aquellos más bajos y distantes de Él (*Torat Natán* #26).

18. la rival de la hija. Cuando un hombre fallece y deja descendientes viables, así sean legítimos o ilegítimos, su viuda está libre para casarse cuando lo desee. Sin embargo, cuando alguien fallece sin dejar descendientes, su viuda debe casarse con uno de los hermanos del difunto. Esto es conocido como *ibum*, el matrimonio de levirato (Deuteronomio 25:5-10), cuyas leyes son el tema central del tratado *Iebamot*. En épocas Talmúdicas, los hombres tenían permitido casarse con más de una mujer. Tales esposas eran llamadas *tzorot* (rivales). Si el fallecido tenía dos esposas, el hermano se casaba con una y la otra, la rival, estaba libre para casarse cuando

וְהַקְדָּמוֹת כְּדֵי לְהַגִּיעַ לְצָרַת הַבַּת, שֶׁהוּא הַמְכֻוָּן:
וְזֶה בְּחִינַת (שם בתקון ע' קי"א:) 'שַׂעֲרָא אֻכָּמָא', בְּחִינַת (שיר השירים
א'): "שְׁחוֹרָה אֲנִי וְנָאוָה". כִּי הַשַּׁחֲרוּת הוּא מְקַבֵּץ אֶת הָרְאוּת
וּמְצַמְצְמָם אוֹתוֹ כְּדֵי לִרְאוֹת הֵיטֵב, כֵּן הַשֵּׂכֶל הַתַּחְתּוֹן הוּא בְּחִינַת
שַׁחֲרוּת, שֶׁמְּצַמְצֵם בּוֹ נָאוָה וְיֹפִי שֶׁבַּשֵּׂכֶל הָעֶלְיוֹן:
וְאֵלּוּ הַשְּׂעָרוֹת הֵן בְּחִינַת 'שִׁעוּרָא דְאַתְוָן דְּאוֹרַיְתָא' (תקון ע'), כִּי
הַמִּצְווֹת הֵם חָכְמוֹת הַבּוֹרֵא יִתְבָּרַךְ שְׁמוֹ. כִּי כָּל מִצְוָה וּמִצְוָה
יֵשׁ לָהּ שִׁעוּרִים אֲחֵרִים וּגְבוּלִים, כְּגוֹן מִפְּנֵי מָה הַמִּצְוָה הַזֹּאת
מִצְוָתָהּ בְּכָךְ, מִפְּנֵי שֶׁכֵּן חִיְּבָה חָכְמָתוֹ יִתְבָּרַךְ שְׁמוֹ. וְכֵן מִצְוָה
אַחֶרֶת מִצְוָתָהּ בְּכָךְ, לְפִי חָכְמָתוֹ יִתְבָּרַךְ שְׁמוֹ.
וְכָל מִצְוָה וּמִצְוָה יֵשׁ לָהּ אוֹתִיּוֹת וְתֵבוֹת וְעִנְיָנִים, שֶׁהֵם שִׁעוּרִים
וּגְבוּלִים, שֶׁמְּצַמְצְמָם בָּהֶן חָכְמָתוֹ יִתְבָּרַךְ שְׁמוֹ, שֶׁזֶּה בְּחִינַת

estrechos, esos conductos requieren de un cuidado especial. El Tzadik, el maestro muy grande, debe constreñir esos conductos lo suficiente como para que sólo una cantidad adecuada de luz del intelecto superior descienda por ellos. Una abundancia de intelecto superior produciría lo que en la Kabalá se denomina la "rotura de los recipientes" – i.e., el intelecto inferior sería incapaz de contener esa luz tan intensa y la persona podría llegar al pecado. Por el mismo motivo, el gran maestro no debe constreñir demasiado esos conductos, no sea que la luz del intelecto superior no pueda llegar a los niveles inferiores para revelar percepciones de Divinidad. El Tzadik, por lo tanto, debe ser especialmente cuidadoso. Sin embargo, agrega el rabí Natán, siendo un Tzadik, el gran maestro siempre lleva a cabo su tarea de la manera apropiada y precisa. Si, como a veces sucede, se produce una "rotura de los recipientes" o, por el contrario, una falta de percepción Divina, ello se debe al seguidor/discípulo que ha utilizado mal su libertad de elección (ver n. 3) yendo más allá de su potencial o cayendo más debajo de él. De acuerdo a esto, toda persona debe saber que cada mínimo movimiento que haga (así sea del espesor de un cabello) para estar más cerca del Tzadik –aceptando las enseñanzas del Tzadik y llevando a cabo sus consejos– la acercará más aún al intelecto superior. Por el contrario, alejarse un mínimo del Tzadik (así sea en el espesor de un cabello), dañará su intelecto inferior y la alejará más aún de la percepción de Divinidad. Debe decirse por lo tanto que cada paso en la vida "pende de un *cabello*" (*Torat Natán* #26).

23. una mitzvá en particular.... Una mitzvá como la celebración de las festividades, que el Rebe tratará más adelante (§5).

24. otra mitzvá. Una mitzvá como la plegaria, que el Rebe Najmán tratará más adelante (§6).

La mitzvá de celebrar las festividades y la mitzvá de la plegaria son maneras muy diferentes de servir a Dios. Cada una refleja la percepción Divina/intelecto superior de una manera única. Lo mismo se aplica a todas las otras mitzvot.

circunvoluciones e introducciones para arribar a la "rival de la hija", que era lo buscado.[19]

Y éste es el concepto de "cabellos negros", correspondiente a (Cantar de los Cantares 1:5), "Soy negra pero bella".[20] Ello se debe a que lo negro (*shajarut*) concentra la visión y la restringe, para que se pueda ver bien. De la misma manera, el intelecto inferior es un aspecto de "negro". Contrae en sí la belleza del intelecto superior.[21]

Más aún, esos *SAaRot* (cabellos) corresponden a "la *ShIuRa* (medida) de las letras de la Torá". Las mitzvot expresan la sabiduría del Santo, bendito sea, <y cada> precepto tiene diferentes medidas y especificaciones.[22] Por ejemplo: ¿Por qué la prescripción de una mitzvá en particular es como es?[23] Pues así es como lo requirió la sabiduría del Santo, bendito sea. Lo mismo se aplica a la prescripción de otra mitzvá[24]; todo de acuerdo a la sabiduría del Santo, bendito sea.

Ahora bien, cada mitzvá tiene letras, palabras y temas que son las medidas de las especificaciones en las que se encuentra contraída la sabiduría del Santo, bendito sea. Ello corresponde al intelecto

---

19. ...lo buscado. En nuestro texto, el que los tres sabios "rodearan" al rabí Dosa con preguntas y *halajot* es una indicación del "rodeo" que se debe tomar para revelar percepciones de Divinidad. Más adelante, el Rebe Najmán demuestra que el concepto de la hija alude al intelecto inferior. Así, lo que estos sabios hicieron fue rodear su "intelecto superior y sabiduría" y cubrirlo, hasta que finalmente llegaron a la "rival de la hija"/intelecto inferior/el objetivo buscado.

20. cabellos negros...bella. Este concepto también aparece en el pasaje del *Tikuney Zohar* citado más arriba por el Rebe Najmán (n. 15).

21. lo negro concentra...intelecto superior. "Cabello Negro" alude al *shajor* (שחור, lo negro) de la pupila del ojo. La pupila/negro focaliza, concentra y refleja dentro de sí lo que ve el ojo. En esto, corresponde al intelecto inferior, que es un focalizar, una contracción y un reflejo del intelecto superior, el cual es filtrado hacia abajo, hacia el nivel inferior. El versículo se lee entonces así: **Yo soy negra** – el intelecto inferior, **pero bella** – reflejando la belleza del intelecto superior.

22. SAarot...ShIuRa...especificaciones. Nuevamente, tomando del pasaje en el *Tikuney Zohar*, el Rebe Najmán explica que los *saarot* (שערות, cabellos), los conductos de la contracción, aluden a la *shiura* (שעורא, medida) de la Torá. Cada mitzvá de la Torá es, en esencia, el intelecto superior de Dios expresado dentro de medidas y parámetros –i.e., cabellos/intelecto inferior– para beneficio de aquellos que se encuentran en los niveles inferiores. Por lo tanto, al igual que el cabello, las mitzvot son conductos para la contracción y el reflejo de la gran belleza del intelecto superior/percepción Divina.

Explica el rabí Natán: El Rebe Najmán ha demostrado que los cabellos son conductos y filtros a través de los cuales es posible recibir el intelecto superior. Dado que son extremadamente

הִתְלַבְּשׁוּת הַשֵּׂכֶל הָעֶלְיוֹן בַּשֵּׂכֶל הַתַּחְתּוֹן, שֶׁעַל־יְדֵי־זֶה זוֹכִין לְהַשָּׂגוֹת אֱלֹקוּת כַּנַּ"ל:

וְזֶה בְּחִינַת (בבא בתרא ט"ז:) 'בַּת הָיְתָה לוֹ לְאַבְרָהָם אָבִינוּ וּבַכֹּל שְׁמָהּ', 'בַּת', זֶה בְּחִינַת בַּת עַיִן. דְּהַיְנוּ הַשָּׁחֹר שֶׁבָּעַיִן, שֶׁהוּא בְּחִינַת הַשַּׁחֲרוּת הַנַּ"ל, שֶׁהוּא מְצַמְצֵם וּמַגְבִּיל וְכוֹלֵל בְּעַצְמוֹ כָּל הַדְּבָרִים הַגְּדוֹלִים הָעוֹמְדִים לְנֶגְדּוֹ.

כְּגוֹן הַר גָּדוֹל כְּשֶׁעוֹמֵד לִפְנֵי הַבַּת עַיִן, שֶׁהוּא הַשָּׁחֹר שֶׁבָּעַיִן, אֲזַי נִגְבָּל כָּל הָהָר בְּתוֹךְ הַבַּת עַיִן שֶׁרוֹאָה אוֹתוֹ. כִּי הַשַּׁחֲרוּת שֶׁבָּעַיִן הוּא מְצַמְצֵם כָּל הַדְּבָרִים הַגְּדוֹלִים, וְנִכְלָלִין וְנִרְאִין בְּתוֹכוֹ, וְעַל־יְדֵי־זֶה רוֹאִין וּמַשִּׂיגִין הַדָּבָר שֶׁרוֹאִין.

כְּמוֹ כֵן זֶה הַשֵּׂכֶל הַתַּחְתּוֹן מְצַמְצֵם וּמַגְבִּיל הַשֵּׂכֶל הַגָּדוֹל הָעֶלְיוֹן וְנִכְלָל בְּתוֹכוֹ, וְעַל־יְדֵי־זֶה רוֹאִין וּמְבִינִים וּמַשִּׂיגִים אֶת הַשֵּׂכֶל הָעֶלְיוֹן הַגָּדוֹל כַּנַּ"ל:

el significado de la respuesta del Talmud: "Abraham fue bendecido con una hija" – intelecto inferior – "llamada Bakol" – que refleja el intelecto superior (*Mahuei HaNajal*). Agrega el *Beibey HaNajal*: Esto explica lo que dijeron nuestros Sabios: "Abraham conocía toda la Torá antes de que fuese dada" (*Kidushin* 82a). Él había alcanzado el intelecto superior. Más aún, debido al hecho de que fue bendecido con la capacidad de contraer el intelecto superior en el intelecto inferior, Abraham fue capaz de hacer muchos prosélitos (*Rashi*, Génesis 12:5). Abraham ejemplificó al maestro muy grande, aquel capaz de transmitir el intelecto superior para que sus seguidores puedan lograr percepciones de Divinidad (ver más arriba, §2).

29. ...como se explicó. El *Beibey HaNajal* explica de la siguiente manera los conceptos del intelecto superior y el intelecto inferior, los cabellos y los *tzimtzumim*: Todo en este mundo es, de hecho, una representación y una señal de un concepto correspondiente en el mundo que se encuentra por encima. Como enseñan nuestros Sabios: El reinado terrestre se asemeja al Reinado Celeste (*Berajot* 58a). De acuerdo a ello, todo el Mundo de *Asiá* y todo lo que vemos en él no es más que una representación de lo que existe en *Ietzirá*. Sin embargo, debido a que esos conceptos están encubiertos en los temas más mundanos de este mundo inferior, es muy difícil percibirlos. El gran Tzadik, por otro lado, es capaz de percibir la esencia interna de las cosas. Él puede descifrar esas alusiones pues puede discernir el intelecto superior oculto dentro del intelecto inferior. Más aún, debido a que el gran Tzadik es capaz de comprender cómo el intelecto inferior está encubierto en este mundo, puede también investir sus propias percepciones de Divinidad/intelecto superior en enseñanzas de este mundo. Esas enseñanzas son revelaciones de Divinidad. Ellas inspiran a los penitentes y a los prosélitos, llevando a la gente a ser más consciente de Dios.

superior investido en el intelecto inferior, mediante el cual se merecen percepciones de Divinidad, como se explicó más arriba.[25]

Éste es el significado de: Abraham tuvo una *bat* (hija) y Bakol era su nombre *(Bava Batra* 16b).[26] "Bat" alude al *bat ain* (la pupila del ojo), lo negro del ojo. Esto corresponde a lo negro mencionado más arriba, que contrae, define e incluye en sí a todas las cosas grandes que se encuentran frente a él.[27]

Tomemos por ejemplo una gran montaña. Cuando está frente a la pupila, lo negro del ojo, toda la montaña se confina dentro de la pupila que la ve. Ello se debe a que lo negro del ojo contrae todas las cosas grandes que quedan incluidas y son vistas allí. Con esto, uno puede ver y aprehender aquello que está mirando.[28]

De manera similar, el intelecto inferior contrae y confina el intelecto superior, más grande, que queda incluido en él. Con esto, es posible ver, comprender y aprehender el intelecto superior, más grande, como se explicó.[29]

---

25. más arriba. Las mitzvot son *tzimtzumim* del intelecto superior a través de los cuales se logran las percepciones de Divinidad (ver más arriba, §1).

Hasta este punto el Rebe Najmán ha explicado "cabellos en un círculo", "cabellos negros" y cómo las *saarot* corresponden a la *shiura* de la Torá, es decir, las mitzvot que visten al intelecto superior. Más adelante en la lección se incorporarán conceptos adicionales provenientes de este pasaje del *Tikuney Zohar*, que serán aclarados a medida que se presenten. Pero antes, el Rebe continúa con su explicación del intelecto inferior, demostrando que corresponde a la "negrura" y a *Maljut*.

26. Abraham...bat...Bakol.... Las Escrituras dicen "Dios bendijo a Abraham *bakol* (en todo)" (Génesis 24:1). Pregunta el Talmud: ¿Qué es "*bakol*"? Se sugieren varias respuestas: Abraham fue bendecido con una *bat* (hija) llamada Bakol; Abraham fue bendecido con el hecho de que su hijo Ishmael se arrepintió; Abraham fue bendecido pues mientras estuvo con vida su nieto Esaú no cometió ningún crimen *(Bava Batra, loc. cit.)*. Aquí, el Rebe Najmán explica cómo "todo" alude a una *bat*. Más adelante demuestra cómo se aplica también a las otras respuestas (§6, n. 100).

27. Bat...pupila.... En hebreo, *bat ain* es la "pupila del ojo". La *bat* con la que fue bendecido Abraham fue la *bat ain* del intelecto inferior, correspondiente a lo negro. Aunque pequeño, refleja todas las grandes cosas que se encuentran frente a él y por encima de él, tales como el intelecto superior.

28. gran montaña...cosas grandes.... El Rebe Najmán enfatiza el hecho de que la *bat* del ojo recibe en sí "*toda* la montaña" y "*todas* las cosas grandes". La palabra hebrea para ambos es *kol* (כל, todo). Esto se une con *bakol* (בכל, "en todo"). El "todo" con el cual fue bendecido Abraham fue el intelecto superior, reflejado y contraído dentro de su *bat*, su intelecto inferior. Éste es

וְזֶה בְּחִינַת (שמות ג): "וַיֵּרָא אֵלָיו ה' בְּלַבַּת אֵשׁ", שֶׁהַשֵּׁם יִתְבָּרַךְ רָצָה לְהַלְבִּישׁ לוֹ הַשָּׂגוֹת אֱלֹקוּת, וְהִלְבִּישׁ לוֹ בִּבְחִינַת בַּת עַיִן הַנַּ"ל.

וְזֶה בְּחִינַת (בבא בתרא קמ"א): 'בַּת תְּחִלָּה - סִימָן יָפֶה לְבָנִים'. 'בַּת תְּחִלָּה', זֶה בְּחִינַת הַשֵּׂכֶל הַתַּחְתּוֹן, שֶׁהוּא תְּחִלָּה וְהַקְדָּמָה לַשֵּׂכֶל הָעֶלְיוֹן.

וְזֶה בְּחִינַת: 'סִימָן יָפֶה לְבָנִים', 'בָּנִים', זֶה בְּחִינַת הַשֵּׂכֶל הָעֶלְיוֹן. כְּמַאֲמַר חֲכָמֵינוּ, זִכְרוֹנָם לִבְרָכָה (מנחות ק"י): "הָבִיאִי בָנַי מֵרָחוֹק וּבְנוֹתַי מִקְצֵה הָאָרֶץ", "הָבִיאִי בָנַי" - אֵלּוּ גָּלֻיּוֹת שֶׁבְּבָבֶל שֶׁדַּעְתָּן מְיֻשֶּׁבֶת כְּבָנִים'. "בְּנוֹתַי" - אֵלּוּ גָּלֻיּוֹת שֶׁבִּשְׁאָר אֲרָצוֹת שֶׁדַּעְתָּן אֵינָן מְיֻשֶּׁבֶת כְּבָנוֹת'. נִמְצָא, שֶׁבָּנִים הֵם בְּחִינַת דַּעַת מְיֻשֶּׁבֶת, בְּחִינַת שֵׂכֶל עֶלְיוֹן וְגָדוֹל הַנַּ"ל, שֶׁמַּשִּׂיגִין עַל יְדֵי הַהַקְדָּמוֹת, בְּחִינַת שֵׂכֶל הַתַּחְתּוֹן כַּנַּ"ל.

32. Una hija que nace primero.... Enseñan nuestros Sabios (*loc. cit.*): ¿Qué es mejor tener primero, un hijo o una hija? Una hija, porque la hija ayudará a criar a sus hermanos más pequeños. O también, para que no haya mal de ojo. (El segundo motivo está explicado por el Maharsha, *v.i. Bat*: El primogénito varón hereda una doble porción; no así la hija primogénita. Una hija que nace primero le evita a la familia el mal de ojo de los celos y de las disputas internas cuando llega el momento de dividir la herencia).

33. bat primero...introducción.... El Rebe Najmán explica cómo la primera respuesta: "la hija ayudará a criar a sus hermanos más pequeños" se aplica a nuestra lección. La hija/*bat* alude al intelecto inferior. El intelecto inferior ayuda a "criar" la mente y a elevarla hacia el intelecto superior. Siendo "primogénito", el intelecto inferior, al igual que la hija, es una buena introducción para lo que sigue. El Rebe Najmán trae ahora un texto de prueba para demostrar que los hijos corresponden al intelecto superior.

34. Mis hijos...Mis hijas.... "Mis hijos", explica el Maharsha (*loc. cit., v.i. Amar*), hace referencia a los sabios y a los maestros del pueblo judío que estaban exilados en Babilonia. En nuestro contexto, esto alude a los maestros que han alcanzado percepciones de Divinidad y que pueden explicárselas a aquéllos de los niveles más bajos. Así, "hijos (*banim*)" corresponde a la mente asentada de los sabios, el intelecto superior. Rashi explica que en Babilonia los judíos no estaban tan sujetos a la opresión como en las otras tierras y la estabilidad de la vida permitía que sus mentes estuviesen más tranquilas y asentadas (*v.i., Bnei*). "Mis hijas", por otro lado, hace referencia a los exilados en otras tierras. Sus mentes estaban inestables – i.e., el intelecto inferior. El Rebe Najmán continúa ahora la explicación de "Una *bat* primero...".

Y éste es el significado de: "Dios se le apareció *belaBaT* (en la llama de) fuego" (Éxodo 3:2).³⁰ El Santo, bendito sea, quiso investir para él las percepciones de Divinidad y las vistió en el aspecto de *BaT ain* (pupila), como se explicó.³¹

Esto corresponde a: Una hija [que nace] primero es una buena señal para hijos varones (*Bava Batra* 141a).³² "Una *bat* primero" es el intelecto inferior, que está primero y es una introducción al intelecto superior.³³

Y éste es el significado de "una buena señal para hijos varones". "Hijos" corresponde al intelecto superior, como en la enseñanza de nuestros Sabios <sobre el versículo> (Isaías 43:6), "Trae a Mis hijos de lejos y a Mis hijas desde los confines de la tierra". "Trae a Mis hijos" alude a los exilados en Babilonia, cuyas mentes estaban asentadas, como las de los hijos; "Mis hijas" alude a los exilados en las otras tierras, cuyas mentes no están asentadas, como las de las hijas (*Menajot* 110a). Así, "hijos" es el aspecto de una mente asentada, correspondiente al intelecto superior, más grande, que es aprehendido a través de introducciones, correspondientes al intelecto inferior.³⁴

Sin embargo, sólo los grandes Tzadikim/maestros son capaces de hacerlo. Hay muchos Tzadikim que alcanzan el intelecto inferior pero nunca llegan a discernir cómo está unido con el intelecto superior. Y a la inversa, están aquellos que alcanzan el intelecto superior pero que no logran el intelecto inferior; son incapaces de comprender cómo las representaciones de las señales de ese intelecto superior se manifiestan en este mundo. Esto es análogo al científico brillante que es incapaz de lidiar con las situaciones mundanas de la vida. Es posible que pueda comprender las teorías científicas más abstractas pero será incapaz de transferir esa capacidad a la comprensión de la realidad cotidiana y ni hablar de enseñarle esas teorías a gente cuya destreza intelectual no se acerca a la suya. En su caso, las dos formas de sabiduría se encuentran divorciadas entre sí. Lo mismo sucede con el intelecto superior y el intelecto inferior. Incluso entre los Tzadikim, sólo los muy grandes, tales como Abraham y Moshé Rabeinu, que de hecho alcanzaron verdaderas percepciones Divinas, pueden transmitirlas a aquellos que se encuentran en niveles inferiores.

30. en la llama de fuego. Cuando Dios se le apareció a Moshé en la zarza ardiente, otorgándole una percepción Divina, se le presentó *belabat esh*.

31. laBaT...bat ain.... Esto también proviene del *Tikuney Zohar* (#11): El *labat esh* (לבת אש) corresponde a la *bat ain* (בת עין). En otra instancia, el *Tikuney Zohar* enseña (#4): BeREShiT (בראשית) es *RAShei* (ראשי) y *BaT* (בת). En nuestro contexto, *rashei* (cabeza) corresponde a *Jojmá*/intelecto superior, mientras que *bat* es *Maljut*/intelecto inferior. Cuando Dios le otorgó a Moshé su percepción Divina inicial, contrajo esa percepción Divina en la *bat*, el intelecto inferior.

וְזֶהוּ 'בַּת תְּחִלָּה', שֶׁהוּא הַשֵּׂכֶל הַתַּחְתּוֹן, 'סִימָן יָפֶה לְבָנִים', שֶׁעַל יָדוֹ מַשִּׂיגִין הַשֵּׂכֶל הָעֶלְיוֹן, שֶׁהוּא בְּחִינַת בָּנִים כַּנַּ"ל. וְזֶהוּ 'סִימָן יָפֶה', שֶׁבּוֹ מְסֻמָּן וּמֻגְבָּל הַשֵּׂכֶל הָעֶלְיוֹן, בִּבְחִינַת 'שִׁיעוּרָא דְּאַתְוָן דְּאוֹרַיְתָא', בְּחִינוֹת "שְׁחוֹרָה אֲנִי וְנָאוָה" כַּנַּ"ל:

ד. **וְלָבוֹא** לְהַשֵּׂכֶל הַתַּחְתּוֹן הַזֶּה, אִי אֶפְשָׁר כִּי אִם עַל-יְדֵי שׂוֹנֵא בֶּצַע, שֶׁיִּשְׂנָא הַמָּמוֹן בְּתַכְלִית הַשִּׂנְאָה. כִּי שַׂעֲרָא אֻכָּמָא, שֶׁהוּא בְּחִינַת הַשֵּׂכֶל הַתַּחְתּוֹן, הוּא מִסִּטְרָא דְּמַלְכוּת. וְכֵן שׂוֹנֵא בֶּצַע, הוּא מִסִּטְרָא דְּמַלְכוּת. כִּי הַשֵּׂכֶל הַתַּחְתּוֹן הוּא בְּחִינוֹת מַלְכוּת,

totalmente el dinero", no quiere decir que no hay que tener dinero ni que hay que deshacerse de lo que uno tiene. Pues de hacerlo, ¿cómo podría alcanzar las elevadas percepciones de Divinidad que requieren de la riqueza? Más bien, tal como dice el rabí Natán, uno debe despreciar totalmente *el deseo* de materialidad que despierta el dinero (*Torat Natán* #28).

38. cabello negro...despreciar la ganancia monetaria...Maljut. El Rebe Najmán vuelve a referirse al pasaje del *Tikuney Zohar* (ver más arriba, n. 15). "Cabello negro (ensortijado)" denota el intelecto que ha descendido en espiral hacia los niveles inferiores, hacia el intelecto inferior. Aquellos "que desprecian el dinero" también corresponden a la *hei* final del Tetragrámaton, que es *Maljut*. Esto puede comprenderse mejor en conjunción con la siguiente elucidación del *Tikuney Zohar*.

"Hombres capaces" alude a la *iud/Jojmá/Jesed*; "temerosos de Dios" alude a la *hei/Biná*/riqueza; "hombres de verdad" alude a la *vav/Zeir Anpin*/Torá; y "que aborrezcan la ganancia" alude a la *hei/Maljut*/fe. El proceso de revelar las percepciones de Divinidad está incluido e indicado en las cuatro letras del Tetragrámaton. La letra *iud* es la *sefirá* de *Jojmá*, la fuente de toda sabiduría (percepción de Divinidad). Esto es un paralelo de "hombres capaces", cuya sabiduría los lleva a realizar actos de *jesed* (bondad). La primera *hei* es la *sefirá* de *BiNá*, el asiento de la comprensión. Esto refleja los grandes niveles de *hitBoNenut* (contemplación) de la Torá –las percepciones de Divinidad– que sólo pueden ser alcanzados por los hombres "temerosos de Dios" de gran riqueza (n. 37). La letra *vav* (= 6) es una indicación de *Zeir Anpin*, las seis *sefirot* centrales desde *Jesed* hasta *Iesod*. Así como esas *sefirot* canalizan la luz hacia abajo, hacia los niveles inferiores, la forma de la letra *vav* es similar a un tubo a través del cual se canalizan las percepciones de Divinidad. Esto es un paralelo de los "hombres de verdad", pues a lo largo de las enseñanzas Kabalistas la verdad está asociada con *Zeir Anpin* y la letra *vav*. Así, después de que la percepción de Divinidad (*Jojmá*) se hace manifiesta en el intelecto superior de la Torá (*Biná*), desciende a través de la *vav* (*Zeir Anpin* y la Torá misma), para ser revelada en la *hei* final, *Maljut*. Esa *hei* final corresponde a "que aborrezcan la ganancia". Ello se debe a que *maljut* (reinado, gobierno) debe fundamentarse en la verdad y en la honestidad. Si el gobernante tiene un mínimo deseo de dinero, la codicia lo llevará a abusar de su autoridad, el atributo que es un paralelo de la *sefirá* de *Maljut*. Lo mismo sucede con la persona que logra una percepción de Divinidad. Si tiene un mínimo de apego al dinero, su percepción de Divinidad se

Esto es: "Una *bat* primero" – el intelecto inferior; "es una buena señal para hijos" – con ello uno aprehende el intelecto superior, los hijos. Y, "una buena señal" alude al hecho de que en [el intelecto inferior] hay señales y especificaciones del intelecto superior.[35] Esto como en, "la medida de las letras de la Torá", al aspecto de "Soy negra pero bella", como se explicó.[36]

4. Ahora bien, la única manera de alcanzar ese intelecto inferior es "despreciando la ganancia monetaria". Uno debe detestar totalmente el dinero.[37] Ello se debe a que el "cabello negro", que es el intelecto inferior, proviene del lado de *Maljut* (Reinado) y "despreciar la ganancia monetaria" también proviene del lado de *Maljut*.[38] Pues el intelecto

---

35. bat primero...hijos...señales y especificaciones.... El pasaje así se traduce en nuestro texto como sigue: **Una bat primero** – el intelecto inferior debe venir primero pues **es una buena señal** – contiene las señales y las especificaciones de los hermosos **hijos varones** – el intelecto superior.

36. como se explicó. Ver más arriba, en esta sección, notas 21 y 22.

El Rebe Najmán ha conectado la palabra *BaT* con el intelecto inferior de cuatro maneras diferentes: 1) *tzorot haBaT*, la rival de la hija; 2) La *BaT ain* de Abraham, la pupila del ojo; 3) *laBaT esh*, la llama de la zarza ardiente; 4) una *BaT*, hija, que nace primero. Cada *bat* sugiere el intelecto inferior/*Maljut*. Como veremos (más adelante, §6), *Maljut* corresponde al concepto de la *dalet* (= 4), de aquí las cuatro conexiones de *bat* con el intelecto inferior.

Resumen: Para que las percepciones de Divinidad, que son el intelecto superior, puedan ser aprehendidas, deben ser contraídas en el intelecto inferior (§1). Esto implica buscar a un maestro muy grande, capaz de explicarles y de transmitirles las percepciones de Divinidad a aquellos que tienen fe en él (§2). Esto lo hace trayendo el intelecto superior a través de los conductos, la Torá/mitzvot, para investirlo en el intelecto inferior. Así, primero es necesario alcanzar el intelecto inferior para lograr un verdadero intelecto superior/percepción de Divinidad (§3).

37. detestar totalmente el dinero. En otra instancia, el Rebe Najmán enseña que existen niveles muy elevados de comprensión y de contemplación de la Torá que no pueden ser alcanzados a no ser que uno sea excepcionalmente rico y temeroso de Dios. Históricamente, todos aquellos que jugaron un papel relevante en la transmisión de la Torá fueron extremadamente ricos: Moshé Rabeinu, el rabí Iehudá el Príncipe que compiló la Mishná y Rav Ashi que compiló el Talmud (ver *Likutey Moharán* I, 60:1). El Rebe Najmán también habló cierta vez sobre el tremendo nivel del Baal Shem Tov. Su *bitajón* (confianza) en la providencia Divina era tan sólida que nunca se iba a dormir por la noche sin haber entregado primero todo el dinero que tenía; el sustento del Baal Shem Tov era literalmente de día en día. El Rebe dijo que, si bien es bueno que la persona desarrolle tal *bitajón*, debe ser muy cuidadosa y no equivocarse en ello; pues el daño puede superar a la ganancia. De hecho, el Rebe Najmán enseñó que existe un nivel mayor de confianza ejemplificado en el hecho de retener el dinero, tal cual hicieron los Patriarcas (ver *Tzadik* #501). A partir de esas enseñanzas está claro que cuando el Rebe habla de la necesidad de "despreciar

שֶׁהוּא בְּחִינוֹת חָכְמָה תַּתָּאָה שֶׁבְּכָל עוֹלָם וְעוֹלָם, שֶׁהוּא מַנְהִיג אוֹתוֹ הָעוֹלָם. שֶׁזֶּה הַשֵּׂכֶל שֶׁל הַהַנְהָגָה וְהַמַּלְכוּת, הוּא בְּחִינַת חָכְמָה וְשֵׂכֶל תַּחְתּוֹן, כְּנֶגֶד הַשֵּׂכֶל שֶׁל הַשָּׂגוֹת אֱלֹקוּת.

וְעַל כֵּן בִּיוֹמוֹי דִּשְׁמוּאֵל, שֶׁנָּפְלוּ רָאשֵׁי הַדּוֹר אֶל הַמָּמוֹן, כְּמוֹ שֶׁכָּתוּב (שמואל-א ח'): "וַיִּטּוּ אַחֲרֵי הַבָּצַע", עַל כֵּן תֵּכֶף פָּגְמוּ בְּמַלְכוּת דִּקְדֻשָּׁה. כְּמוֹ שֶׁכָּתוּב (שם) "כִּי אֹתִי מָאֲסוּ מִמְּלֹךְ עֲלֵיהֶם, וְשָׁאֲלוּ לָהֶם מֶלֶךְ כְּכָל הָעַכּוּ"ם".

וּבִיוֹמוֹי דִּשְׁלֹמֹה, שֶׁאֵין כֶּסֶף נֶחְשָׁב. הָיָה מַלְכוּת דִּקְדֻשָּׁה עַל תִּקּוּנָהּ וּמְכוֹנָהּ. כְּמוֹ שֶׁכָּתוּב (דברי-הימים-א כ"ט): "וַיֵּשֶׁב שְׁלֹמֹה

"...tomando soborno y pervirtiendo el derecho". Visto en nuestro contexto, los viajes de Shmuel corresponden a rodear y cubrir el intelecto superior cuando desciende hacia los niveles inferiores. Esto lo pudo hacer debido a que despreciaba totalmente el dinero, como se evidencia en sus viajes alrededor del país sin tomar siquiera un centavo de la gente. Sus hijos, por otro lado, aunque eran Tzadikim, buscaban la ganancia financiera para su "propia gente". Y aunque ellos mismos no se beneficiaban personalmente, hacían un mal uso de su *autoridad* en aras de la ganancia monetaria. Esto, como acaba de explicar el Rebe, se debe a que aquél que no desprecia totalmente el dinero daña a *Maljut* (*Mabuei HaNajal*).

41. MeLeJ al igual que todas las naciones. Relatan las Escrituras: "Los ancianos de Israel le dijeron a Shmuel, 'He aquí que tú has envejecido y tus hijos no andan en tu camino. Ahora, pues, pon sobre nosotros un rey, que nos gobierne como es usanza de todas las naciones'. Pero le disgustó a Shmuel... y oró Shmuel al Señor. Y Dios le dijo a Shmuel '...no te han desechado a ti, es a Mí que han desechado para que no reine sobre ellos'" (Samuel I, 8:4-7). Al pedir un *melej*, el pueblo no había rechazado a Shmuel sino al *Maljut* del Cielo. Como resultado, dañaron a *Maljut*/intelecto inferior y ya no pudieron recibir el intelecto superior. Éste es el significado de, "Es a Mí que han desechado" – ellos rechazaron las percepciones de Divinidad. Por lo tanto pidieron "un rey... como todas las naciones". En lugar de percepciones Divinas querían las percepciones de las naciones – i.e., la idolatría. Su pedido a Shmuel fue por lo tanto un rechazo del Reinado del Cielo.

42. la plata no era valorada en absoluto. La riqueza era tan grande durante el reinado del rey Shlomo que la plata no tenía valor alguno. En un sentido más profundo, ello se debía a que toda la riqueza provenía del lado de la santidad. No existía deseo alguno de dinero (ver notas 37, 38). El *Mabuei HaNajal* hace notar que en nuestro contexto, esto hace referencia a "quien desprecia el dinero". Shlomo alcanzó el intelecto superior y, siendo un maestro muy grande, pudo investir el intelecto superior en el intelecto inferior. Por lo tanto, enseñan nuestros Sabios (*Eruvin* 21b): El rey Shlomo enseñó versos, prosa y parábolas, permitiendo que la gente accediese a la Torá. Hasta esa época la Torá era inaccesible, como un canasto sin asa. Shlomo vino y la hizo accesible a todos.

43. Maljut...establecido. El rey Shlomo era la 15ª generación desde Abraham, progenitor de

inferior es un aspecto de *Maljut*, correspondiente a la sabiduría inferior de cada uno de los mundos y que guía a esos mundos. El intelecto que guía y *Maljut* son sinónimos de la sabiduría y del intelecto inferior, como contrapuesto al intelecto de las percepciones de Dios.[39]

Por lo tanto, en los días de Shmuel, cuando los líderes de la generación sucumbieron a la codicia −como en (Samuel I, 8:3), "Ellos se inclinaron a la ganancia monetaria"− dañaron inmediatamente al *MaLJut* de Santidad.[40] Como está escrito (ibid., :7), "Es a Mí que han desechado, para que no reine sobre ellos", y pidieron un *MeLeJ* (rey) al igual que todas las naciones.[41]

"Pero en los días de Shlomo, cuando la plata no era valorada en absoluto" (cf. Reyes I, 10:21),[42] el *Maljut* de Santidad estaba perfeccionado y establecido.[43] Como está escrito (Crónicas I, 29:23), "Shlomo se sentó en

---

manifestará de una manera distorsionada. Así, todo aquel que busque lograr el *Maljut*/intelecto inferior que surge del intelecto superior, deberá despreciar totalmente el dinero. Esto se une con lo que dice el *BeIbey HaNajal* con respecto a que es posible alcanzar el intelecto superior/*Jojmá* aunque uno no sea capaz de alcanzar el intelecto inferior/*Maljut* (ver más arriba, n. 29).

Agrega el *Mabuei HaNajal*: El Rebe Najmán equipara el intelecto inferior con el rechazo del deseo de dinero. Cuando el Tzadik quiebra ese deseo, puede descender – i.e., transmitir su intelecto superior para ayudar a aquellos que se encuentran en los niveles inferiores. Pero cuando el Tzadik no quiebra ese deseo, queda en manos del seguidor la posibilidad de ascender a un nivel superior si desea recibir del Tzadik. Sin embargo, para la mayoría de la gente, esto es algo extremadamente difícil. Nuevamente se vuelve clara la necesidad de tener un maestro muy grande.

39. cada uno de los mundos...Maljut.... El aspecto de *Maljut* se manifiesta en cada uno de los Cuatro Mundos: *Atzilut, Beriá, Ietzirá* y *Asiá*. En cada mundo, *Maljut* es el punto en el cual se revela el intelecto superior de ese mundo. Lo mismo se aplica a nuestro contexto. En cada nivel al que llega la persona encuentra a *Maljut*/el intelecto inferior, a través del cual se le revelan las percepciones de Divinidad (ver notas 3, 7). Concomitantemente, a cada nuevo nivel encuentra las *klipot* del deseo de dinero. La única manera de superarlas es despreciando totalmente el dinero. Entonces, será digna de alcanzar el intelecto inferior/*Maljut* de ese nivel.

40. sucumbieron.... Las Escrituras hacen referencias a los hijos del profeta Shmuel. Como líder y juez del pueblo judío, Shmuel ejemplificó al gran maestro capaz de instilar percepciones de Divinidad en los demás. Para evitarle a la gente gastos innecesarios en sus litigios, Shmuel solía viajar por toda la Tierra de Israel administrando la ley en cada ciudad. Esto lo hacía a costa de su propio dinero e incluso solía llevar consigo sus bienes personales, para no beneficiarse de la hospitalidad de los demás (*Berajot* 10b). Pero los hijos de Shmuel no siguieron los pasos de su padre. Ellos se quedaban en su ciudad y la gente debía ir a verlos cuando les hacía falta un juez para decidir en alguna disputa. Las Escrituras dicen por lo tanto de ellos, "se inclinaron a la ganancia monetaria". Rashi explica: Al quedarse en su ciudad les facilitaban los ingresos a los escribas locales (*loc. cit.; Shabat* 56a). El versículo continúa por lo tanto,

עַל כִּסֵּא ה'", שֶׁמָּלַךְ עַל עֶלְיוֹנִים וְתַחְתּוֹנִים (מגלה י"א:). וְעַל כֵּן זָכָה שְׁלֹמֹה לָזֶה הַשֵּׂכֶל הַתַּחְתּוֹן הַנַּ"ל, כְּמוֹ שֶׁכָּתוּב (מלכים-א ה'): "וַיֶּחְכַּם מִכָּל הָאָדָם", וּכְמוֹ שֶׁכָּתוּב (שם): "וַתֵּרֶב חָכְמַת שְׁלֹמֹה מִכָּל בְּנֵי קֶדֶם", כִּי זֶה הַשֵּׂכֶל הוּא בְּחִינַת מַלְכוּת כַּנַּ"ל. אֲבָל עַל-יְדֵי אַהֲבַת מָמוֹן, הוּא נוֹפֵל לְאָכְמָא דְסִטְרָא אָחֳרָא, בְּחִינוֹת: 'שַׁבְּתַאי פָּתְיָא אָכָּמָא' (תקון ע'), מָרָה שְׁחוֹרָה, בְּחִינוֹת (בראשית ג') "בְּעִצָּבוֹן תֹּאכְלֶנָּה". וְנוֹפֵל לְעִגּוּלָא וְסִבּוּבִים מִסִּטְרָא אָחֳרָא, בְּחִינוֹת (תהלים י"ב): "סָבִיב רְשָׁעִים יִתְהַלָּכוּן". שֶׁהוּא

totalmente inmerso en el estudio de la Torá. Luego, fue llevado tras los placeres físicos. En otra instancia (*Likutey Moharán* I, 35:1), el Rebe Najmán enseña que "*bat Faró*" es un símbolo de las filosofías ajenas. Así, en la terminología de nuestra lección, antes de su casamiento, el rey Shlomo había alcanzado percepciones de Divinidad, transmitiéndolas a través de su *bat*, su intelecto inferior. Sin embargo, después de dañar el intelecto inferior –al casarse con la *bat* del faraón, las filosofías ajenas– sucumbió al deseo de riquezas y de placeres físicos. Por lo tanto, la plata era como las piedras, no totalmente despreciable. *Maljut*, el *maljut* de Shlomo, ya no se encontraba en estado perfecto. En palabras de nuestros Sabios, perdió su gobierno sobre los mundos superiores (*Sanedrín, ibid.*).

Agrega el *Iekara deShabata*: Observar el Shabat corresponde a quebrar el deseo de dinero. Esto se debe a que en el Shabat, no sólo no se trabaja para ganar dinero sino que incluso el hecho de manejar dinero está prohibido. Por el contrario, uno muestra abiertamente que se encuentra libre del deseo de dinero gastándolo generosamente en vinos finos y manjares en honor del Shabat. También es una mitzvá especialmente grande proveerles a los pobres para que también ellos tengan alimentos para disfrutar en Shabat. Por lo tanto, las iniciales de las palabras de apertura del salmo recitado al comienzo del Shabat (Salmos 92:1): "*Mizmor Shir Leiom Hashabat* – Una canción para el día del Shabat" conforman la palabra *ShLoMoH*; aludiendo al hecho de quebrar el deseo de dinero, mediante lo cual se alcanza el intelecto inferior y un *Maljut* perfeccionado.

48. Saturno, un recipiente negro, la melancolía. Esto hace referencia a lo explicado más arriba, en la nota 15. En las enseñanzas judías sobre la cosmología, el planeta Saturno se relaciona con lo negro, la enfermedad, la pobreza y la melancolía (*Baraita de Shmuel HaKatan*; ver también Lección #23:5 notas 121, 132).

49. con tristeza comerás. Este versículo de Génesis es parte de la maldición que recibió Adán por no cumplir con la palabra de Dios: debía trabajar para ganarse el sustento. En nuestra lección, el Rebe Najmán relaciona esto con alguien que no desprecia totalmente el dinero. Inevitablemente sucumbirá al deseo de dinero. En lugar de dirigir su energía y deseos para alcanzar el intelecto superior a través del intelecto inferior, utilizará su intelecto para la búsqueda de riquezas y placeres (ver más arriba, n. 47). "Oscurece su rostro" con esfuerzo, sudor y preocupación por el sustento (*Parparaot LeJojmá*; ver también Lección #23:1).

50. círculos y circunvoluciones del Otro Lado...alrededor. Así como el maestro muy grande el trono de Dios" – él gobernó sobre los superiores y sobre los inferiores (*Meguilá* 11b).⁴⁴ Debido a ello, Shlomo mereció el intelecto inferior mencionado más arriba, como en (Reyes I, 5:11), "Él fue el más sabio de todos los hombres",⁴⁵ y (*ibid*., :10), "La sabiduría de Shlomo sobrepasaba a la de todos los pueblos de oriente".⁴⁶ Pues ese intelecto es un aspecto de *Maljut*.⁴⁷

Sin embargo, debido al amor por el dinero, la persona sucumbe a lo negro del Otro Lado – el aspecto de "Saturno, un recipiente negro", la melancolía,⁴⁸ como en (Génesis 3:17), "con tristeza comerás".⁴⁹ Uno cae en los <círculos> y circunvoluciones del Otro Lado, como en (Salmos 12:9), "Los malvados rodean".⁵⁰ La persona desea y anhela el dinero, como en

---

los judíos: Abraham, Itzjak, Iaacov, Iehudá, Péretz, Jetzrón, Ram, Aminadav, Najshón, Salmá, Boaz, Oved, Ishai, David, Shlomo. Los judíos son equiparados a la luna, de modo que Shlomo es un paralelo del día 15 del mes, la luna llena. Así, en su época *Maljut*, que corresponde a la luna, estaba perfeccionado y establecido (*Rashi*, Crónicas I, 29:23).

44. ...y sobre los inferiores. Rashi (*loc. cit.*) explica que Shlomo gobernó sobre todos los demonios, tanto de los mundos celestiales como terrestres. En nuestro contexto, esto alude al hecho de gobernar sobre el intelecto superior y el intelecto inferior. Es decir, alcanzó las percepciones Divinas y la capacidad de transmitirlas a los niveles inferiores.

45. el más sabio de todos los hombres. Este versículo alude al hecho de que Shlomo había alcanzado el intelecto superior. Su sabiduría sobrepasaba la sabiduría de "todos los hombres", de todo el conocimiento terrestre, pues había alcanzado percepciones de Divinidad.

46. los pueblos de oriente. Esto hace referencia a las naciones que poseían el conocimiento de las diferentes sabidurías de este mundo – i.e., las vestimentas externas del intelecto inferior. Sin embargo, pese a toda su sabiduría, no lograron ninguna percepción de Divinidad. En contraste, la sabiduría de Shlomo sobrepasaba al conocimiento terrestre. En virtud de su conocimiento de la Torá pudo dominar el intelecto inferior, incluyendo su aspecto interno, que refleja la Divinidad.

47. aspecto de Maljut. Como se explicó en esta sección, el intelecto inferior corresponde a *Maljut* (Reinado). Así como el rey Shlomo tenía un dominio perfecto del intelecto inferior, su reinado (*maljut*) era perfecto – el dinero era despreciado.

El Rebe Najmán parafrasea las Escrituras que afirman que "todos los recipientes para beber del rey Shlomo eran de oro y todos los recipientes de la casa... eran de oro puro; ninguno era de plata, que no era valorada en absoluto en los días de Shlomo". La palabra hebrea para "en absoluto" en el versículo es *meumá* (מאומה). Esto también puede leerse como connotando "un daño", *mum* (מום). Tener plata era considerado un daño debido a que era indeseable. Un poco más adelante, las Escrituras dicen que Shlomo hizo que la plata valiese como las piedras (Reyes I, 10:27). Enseñan nuestros Sabios (*Sanedrín* 21b): "Antes que Shlomo contrajese matrimonio con la hija del faraón, la plata era un daño – no tenía valor en absoluto. Después de casarse con ella, tuvo un valor mínimo, como el de una piedra". El Maharsha (*v.i. Lo kashia*) explica que antes de que Shlomo contrajese matrimonio con la hija del faraón, estaba

מִתְאַוֶּה וּמִשְׁתּוֹקֵק אַחַר הַמָּמוֹן, בְּחִינוֹת (במדבר י"א): "שָׁטוּ הָעָם וְלָקְטוּ" – 'בִּשְׁטוּתָא' (זהר בשלח ס"ב: ס"ג.), הֵפֶךְ הַחָכְמָה:

ה. וּמִי שֶׁיֵּשׁ לוֹ אוֹתוֹ הַחָכְמָה, צָרִיךְ לִרְאוֹת לְהַמְשִׁיךְ לְתוֹכָהּ חִיּוּת, לְהַחֲיוֹת הַחָכְמָה תַּתָּאָה. כָּל אֶחָד לְפִי בְּחִינוֹת הַחָכְמָה תַּתָּאָה שֶׁיֵּשׁ לוֹ, כְּפִי בְּחִינוֹת הַחָכְמָה תַּתָּאָה שֶׁבְּכָל עוֹלָם וְעוֹלָם.

וְעִקַּר הַחִיּוּת הוּא מְאוֹר הַפָּנִים, בְּחִינוֹת (משלי ט"ז): "בְּאוֹר פְּנֵי מֶלֶךְ חַיִּים": וְעַל כֵּן צְרִיכִין לְהַעֲלוֹת אֶת הַמַּלְכוּת, בְּחִינוֹת חָכְמָה תַּתָּאָה, אֶל אוֹר הַפָּנִים הַמֵּאִיר בְּשָׁלֹשׁ רְגָלִים.

– i.e., los cabellos/conductos del intelecto superior, a través de la Torá y no a través de la locura/"*bat Faró*" (filosofías ajenas).

Resumen: Para que las percepciones de Divinidad, que son el intelecto superior, puedan ser aprehendidas, deben ser contraídas en el intelecto inferior (§1). Esto implica buscar a un maestro muy grande, capaz de explicarles y de transmitirles las percepciones de Divinidad a aquellos que tienen fe en él (§2). Esto lo hace trayendo el intelecto superior a través de los conductos, la Torá/mitzvot, para investirlo en el intelecto inferior. Así, primero es necesario alcanzar el intelecto inferior para lograr un verdadero intelecto superior/percepción de Divinidad (§3). No es posible alcanzar el intelecto inferior a no ser que se desprecie la ganancia monetaria (§4).

53. esa sabiduría. Esto hace referencia al intelecto inferior.

54. ...en cada mundo. Como se explicó más arriba (n.39), cada persona tiene su propio nivel de *Maljut*. De acuerdo a ello, debe hacerle llegar fuerza de vida y vitalidad no sólo al intelecto inferior de cada mundo sino también a su nivel particular de ese intelecto inferior.

55. Luz del Rostro...del Rey Vivo. A través de la Luz del Rostro se le trae fuerza de vida a *Maljut* (Reinado). En la Kabalá, la Luz del Rostro –*Or HaPanim*– denota la luz que proviene del rostro o "cara" de *Arij Anpin*. La persona Divina *Arij Anpin* es un paralelo de la *sefirá* de *Keter*, por lo tanto se relaciona con un nivel mayor y más profundo aún que las percepciones de Divinidad, que corresponden a *Jojmá* (cf. Lección #24 y n. 44). Como tal, la vitalidad que le llega a *Maljut* proviene de una fuente extremadamente elevada (ver también Lección #23:1, notas 2-4, para una explicación detallada de la conexión entre *Or HaPanim*, vida y alegría).

56. elevar a Maljut...las Tres Festividades. Debido a que el *Or HaPanim* surge de un nivel tan exaltado, para poder traer de allí la luz y la fuerza de vida es necesario elevar a *Maljut* hacia el *Or HaPanim*. Y esto, explica el Rebe Najmán, puede lograrse mediante la alegría de las Tres Festividades: Pesaj, Shavuot y Sukot. El Rebe trae una prueba en seis partes para demostrar cómo la alegría corresponde a las Tres Festividades y cómo mediante la alegría es posible traer fuerza de vida desde la Luz del Rostro.

(Números 11:8), "El pueblo *ShaTu* (caminó alrededor) y lo recolectó"[51] – con *ShTuta* (locura) *(Zohar* II, 62b), lo opuesto de la sabiduría.[52]

5. Aquel que tenga esa sabiduría[53] deberá encargarse de hacerle llegar fuerza vital. Deberá darle vitalidad a la sabiduría inferior, cada persona en la medida de la sabiduría inferior que posea y de acuerdo a la sabiduría inferior que hay en cada mundo.[54]

Y la principal fuerza de vida proviene de la Luz del Rostro, como en (Proverbios 16:15), "A la luz del rostro del Rey Vivo".[55] Es necesario por lo tanto elevar a *Maljut*, la sabiduría inferior, hacia la Luz del Rostro, que irradia en las Tres Festividades.[56]

---

utiliza un "rodeo" para hacer descender percepciones de Divinidad a los niveles inferiores (ver más arriba §2, §3), el Otro Lado utiliza circunvoluciones (*tzimtzumim*) y "rodeos" para llevar a la persona hacia el deseo de dinero. Como se explicó, despreciar el dinero es aspecto de un *Maljut* perfeccionado y del "cabello negro". Pero cuando el Otro Lado toma el control hace que la persona se concentre en el "otro lado" de *Maljut* – i.e., el deseo de dinero. Esto es como enseña el *Tikuney Zohar* (ver n. 15): Si uno no es digno, su *Maljut* corresponde a Saturno, un recipiente negro (el deseo de dinero).

51. lo recolectó. En el desierto, el pueblo judío recolectaba el maná, el alimento celestial correspondiente al intelecto superior. Esto sugiere un sustento sin trabajo, un *Maljut* perfeccionado. Ver la nota siguiente.

52. Shatu...ShTuta...lo opuesto de la sabiduría. En lugar de esperar a que el maná cayese cerca de ellos, algunos judíos *shatu* (שטו, anduvieron por los alrededores) buscándolo. Éstas eran personas que "corrían alrededor" buscando afanosamente el sustento (*Parparaot LeJojmá*). El *Zohar* (*loc. cit.*) enseña que eso era *shtuta* (שטותא), una locura de su parte e indicaba una falta de fe. Citando al rabí Natán (ver más arriba, n. 7), hemos visto que el intelecto superior y el intelecto inferior corresponden a la fe. Cuando la fe es absoluta, es posible alcanzar esos intelectos. Sin embargo, si la persona daña la fe, como aquellos que salieron a buscar el maná, daña los intelectos. En nuestro contexto, *shtuta* connota una falta de ambos intelectos. En lugar de buscar percepciones de Divinidad y de disfrutar de un sustento por el cual no tenían que trabajar, algunos judíos eligieron concentrar sus energías y deseos en el "dinero", buscando por sí mismos el sustento. En esto, dañaron su aspecto de *Maljut*, su intelecto inferior y se vieron obligados a andar alrededor buscando el maná. Así, aunque comieron el alimento celestial/intelecto superior, éste les llegó "en un rodeo", rodeado e investido por el Otro Lado. Como resultado, sus intelectos se dañaron y no pudieron alcanzar percepciones de Divinidad. Los comentarios sobre este pasaje en el *Zohar* citan a la *Mejilta* (*Beshalaj* 17) que afirma que "La Torá sólo les fue dada a aquellos que comieron el maná". Esto hace referencia a aquellos que aceptaron el maná tal cual les llegaba, sin salir a buscarlo ni esperar placer físico alguno en él (*Nitzutzei Orot, loc. cit.*, 2; ver n. 47). En nuestro contexto, esto hace referencia a aquellos que buscan las percepciones Divinas. A ellos se les da la Torá

כִּי עִקַּר אוֹר הַפָּנִים הוּא שִׂמְחָה, כְּמוֹ שֶׁכָּתוּב (שם ט"ו): "לֵב שָׂמֵחַ יֵיטִב פָּנִים". וְעִקַּר הַשִּׂמְחָה הוּא מִן הַמִּצְווֹת, כְּמוֹ שֶׁכָּתוּב (תהלים י"ט): "פִּקּוּדֵי ה' יְשָׁרִים מְשַׂמְּחֵי-לֵב". וְעִקַּר הַשִּׂמְחָה הוּא בַּלֵּב, כְּמוֹ שֶׁכָּתוּב (שם ד'): "נָתַתָּ שִׂמְחָה בְלִבִּי". וְהַלֵּב שֶׁל כָּל הַשָּׁנָה הֵם הַשָּׁלֹשׁ רְגָלִים, בְּחִינוֹת (ויקרא כ"ג): "אֵלֶּה מוֹעֲדֵי ה'" רָאשֵׁי-תֵבוֹת אִמִּ"י כַּמּוּבָא. שֶׁהִיא אֵם לַבִּינָה. וּבִינָה לִבָּא.

וְהַשִּׂמְחָה שֶׁל כָּל הַמִּצְווֹת שֶׁעוֹשִׂין בְּכָל הַשָּׁנָה, הוּא מִתְקַבֵּץ אֶל הַלֵּב, שֶׁהֵם הַשָּׁלֹשׁ רְגָלִים. וְעַל-כֵּן הֵם יְמֵי שִׂמְחָה, כְּמוֹ שֶׁכָּתוּב (דברים ט"ז): "וְשָׂמַחְתָּ בְּחַגֶּךָ". וְאָז מֵאִיר הַפָּנִים עַל יְדֵי הַשִּׂמְחָה, בִּבְחִינוֹת: "לֵב שָׂמֵחַ יֵיטִב פָּנִים". בִּשְׁבִיל זֶה נִצְטַוִּינוּ (שם) "שָׁלֹשׁ פְּעָמִים בַּשָּׁנָה יֵרָאֶה כָל זְכוּרְךָ אֶת פְּנֵי ה' אֱלֹקֶיךָ". בִּשְׁבִיל לְקַבֵּל

las festividades poseen un nivel inferior –es decir, *Biná*– "llamando" a un nivel superior – es decir, *Jojmá*. (Ver la nota siguiente en donde se explica que las festividades se relacionan con *Biná*). En hebreo, las iniciales de אלה מועדי יהוה ("Éstas son las festividades de Dios") forman la palabra אמי (mi madre). Esto alude a que las Tres Festividades corresponden a la persona Divina *Ima* (*Pri Etz Jaim, Shaar Mikraei Kodesh* 3, p. 485).

62. IM (Si) a biná. Prueba 5: *Im* (madre) –i.e., la persona Divina *Ima* (Madre)– corresponde a la *sefirá* de *Biná* (ver Apéndice: Las Personas Divinas).

63. la comprensión está en el corazón. Prueba 6: El *Tikuney Zohar* (*loc. cit.*) explica que *Jojmá* corresponde al intelecto de la persona y *Biná* al corazón.

    Las seis pruebas son como sigue: 1) la Luz del Rostro brilla debido a la alegría; 2) la alegría surge de las mitzvot; 3) el asiento de la alegría está en el corazón; 4) el corazón (el asiento de la alegría generada por el cumplimiento de las mitzvot) corresponde a las Tres Festividades/*imi*; 5) *imi/Ima* es *Biná* (Comprensión); 6) la comprensión corresponde al corazón. Así, para que la Luz del Rostro le otorgue fuerza vital a *Maljut*, debe ser hecha descender a través de las Tres Festividades – la alegría en el corazón/comprensión.

64. alegría...se juntan.... Las percepciones de Divinidad se revelan a través de las mitzvot (§3). Las mitzvot traen alegría. El asiento de la alegría está en el corazón. Las Tres Festividades corresponden al corazón. Por lo tanto, la alegría de todas las mitzvot del año entero se junta en el "corazón" del año, las Tres Festividades (*Parparaot LeJojmá*).

65. regocijarán en sus festividades...el rostro irradia.... Debido a que la alegría colectiva del año se junta en las festividades, esos son momentos de gran regocijo. Esto, además de la mitzvá especial de estar alegres en las festividades. Así, **Un corazón alegre** – la abundancia de alegría en las festividades **produce un buen rostro** – ilumina el *Or HaPanim*, trayendo fuerza de vida a *Maljut*.

66. Tres veces cada año.... Es un precepto para todos los varones judíos que en cada una de las

Esto se debe a que lo esencial de la Luz del Rostro es la alegría, como está escrito (Proverbios 15:13), "Un corazón alegre produce un buen rostro"[57]; y la esencia de la alegría proviene de las mitzvot, como en (Salmos 19:9), "Los preceptos de Dios son rectos, alegran el corazón".[58] Y lo principal de la alegría se encuentra en el corazón, como está escrito (*ibid.*, 4:8), "Tú has puesto alegría en mi corazón",[59] siendo las Tres Festividades el corazón del año.[60] Esto es como en (Levítico 23:4), "*Ele Moadei IHVH* – Éstas son las festividades de Dios". Cuyas iniciales conforman [la palabra] *IMI* (mi madre),[61] que es "*IM* (Si) a *biná* (comprensión)" (Proverbios 2:3).[62] Y la comprensión está en el corazón (*Tikuney Zohar*, Introducción).[63]

Ahora bien, la alegría de todas las mitzvot que llevamos a cabo durante el año se junta en el corazón, en las Tres Festividades.[64] Es por ello que son días de alegría, como en (Deuteronomio 16:14), "Se regocijarán en sus festividades". Entonces el rostro irradia debido a la alegría, como en, "Un corazón alegre produce un buen rostro".[65] Es por ello que se nos ordena (*ibid.*, 16:16), "Tres veces al año, todos tus varones se presentarán delante del rostro de Dios, tu Señor"[66] – para recibir <de la Luz> del

---

57. corazón alegre…buen rostro. Prueba 1: Comentando sobre este versículo de Proverbios, el *Metzudat David* explica que el corazón revela su alegría a través de un rostro brillante. Éste es el significado de lo que dice el Rebe Najmán: La alegría es la esencia de la Luz del Rostro. Rashi explica que si la persona alegra el corazón de Dios al cumplir con las mitzvot, el rostro de Dios brillará sobre ella y le otorgará éxito en sus emprendimientos.

En la sección anterior hemos visto que cuando la persona cae en el deseo de dinero se vuelve melancólica. Por el contrario, si ha alcanzado el intelecto inferior, ello se debe al hecho de haber superado la melancolía. Más aún, como explica el Rebe Najmán aquí, la persona debe buscar continuamente la alegría pues de otra manera su intelecto se estanca y no tiene "fuerza vital". Incluso si se alcanza un cierto nivel de intelecto superior/percepciones de Divinidad, aun existen muchos niveles por alcanzar, pues Dios es Infinito (ver notas 2, 3). Lograr un nivel de percepción y detenerse allí, dejando de traer una nueva vitalidad, indica un crecimiento espiritual embotado – una percepción de Divinidad "limitada" (ver también *Torat Natán* #24).

58. preceptos de Dios…alegran el corazón. Prueba 2: Los preceptos rectos –las mitzvot– producen alegría.

59. alegría en mi corazón. Prueba 3: El asiento de la alegría (de las mitzvot) está en el corazón.

60. Tres Festividades…corazón…año. Prueba 4: El corazón, donde se encuentra la alegría, corresponde a las Tres Festividades, el "corazón" del año. El Rebe Najmán explica primero por qué las Tres Festividades son el "corazón" del año y luego concluye sus pruebas.

61. Ele Moadei IHVH…IMI. Las Escrituras hacen referencia al Shabat como *kodesh* (santo) mientras que las festividades son conocidas como *mikraei kodesh* (*llamado* a la santidad). El Ari explica que algo es denominado "santo" debido a que se relaciona con *Jojmá*. Sin embargo

אוֹר הַפָּנִים:

וְזֶה בְּחִינַת (סכה כ"ז:): 'חַיָּב אָדָם לְהַקְבִּיל פְּנֵי רַבּוֹ בָּרֶגֶל', כְּדֵי לְקַבֵּל אוֹר הַפָּנִים, וּלְהַחֲיוֹת אֶת בְּחִינוֹת הַמַּלְכוּת:

וְזֶה (תהלים פ"ה): "צֶדֶק לְפָנָיו יְהַלֵּךְ" - 'צֶדֶק מַלְכוּתָא קַדִּישָׁא'. כְּשֶׁמּוֹלִיכִין אוֹתָהּ אֶל אוֹר הַפָּנִים. הָעִקָּר עַל יְדֵי בְּחִינוֹת - "וְיָשֵׂם לְדֶרֶךְ פְּעָמָיו", הַיְנוּ שָׁלֹשׁ פְּעָמִים בַּשָּׁנָה וְכוּ', שֶׁעַל יְדֵיהֶם מְקַבְּלִין מְאוֹר הַפָּנִים כַּנַּ"ל.

Natán #30). Es interesante notar que muchos de los héroes de los cuentos del rabí Najmán caminan grandes distancias para lograr sus objetivos (*rabí Zvi Aryeh Rosenfeld*).

Después de que el Rebe Najmán reveló su intención de viajar a la Tierra Santa, uno de sus seguidores, una persona adinerada, quiso viajar con él. "Si tienes un deseo tan grande de visitar la Tierra Santa, ¿por qué no vas directamente?" le preguntó el Rebe a su seguidor. "Si me llevas contigo, iré", respondió. El Rebe les dijo con vehemencia a los que estaban alrededor, "¡¿Es ésta la manera de ir a la Tierra Santa: 'Si me llevas contigo, iré'?! ¡Para ir a la Tierra Santa uno debe estar dispuesto a hacerlo a *pie*!" (*Imei Moharnat* II, #49). El Rebe Najmán explicó que uno de los motivos por el cual quería ir a la Tierra Santa era que ya había alcanzado el intelecto inferior y ahora deseaba alcanzar el intelecto superior. Más tarde dijo que tan pronto como caminó los cuatro codos en la Tierra Santa, alcanzó lo que había ido a buscar (*Tzadik* #31). La relevancia del *cuatro*, que corresponde a *Maljut*, será aclarada en la siguiente sección de la lección.

Hasta aquí el Rebe Najmán ha demostrado que la alegría y las festividades están relacionadas con el *Or HaPanim*. Desde aquí hasta el final de la sección unirá otros puntos de la lección: *Maljut* con el *Or HaPanim*; *Maljut* con las Tres Festividades; las mitzvot con el *Or HaPanim*, etc. (Éste es uno de los principios generales utilizados por el Rebe Najmán al construir una lección del *Likutey Moharán* (ver "Las Dieciocho Reglas", por Reb Abraham Jazán, en el volumen I). El Rebe introduce los puntos A y B y los une entre sí. Luego introduce los puntos C y D y los une entre sí; después procede a conectar el segundo grupo con el primero. Más tarde introduce otros conceptos y los une con los anteriores. Ver también Lección #23, n. 56).

70. rectitud...Su rostro. El Rebe Najmán demuestra cómo este versículo de los Salmos alude a los tres conceptos mencionados en esta sección: *Maljut*, la Luz del Rostro y las Tres Festividades. El término hebreo *lefanav* se traduce generalmente como "delante de él" o "en su presencia". También puede traducirse literalmente como "a su rostro", a partir de la palabra *panav* (su rostro).

71. rectitud...Maljut de Santidad. El atributo de *tzedek* (rectitud) está en *Maljut* (*Tikuney Zohar*, Introducción). La rectitud es así *Maljut* de Santidad.

72. llevado hacia.... Como se explicó, *Maljut* necesita tomar la fuerza de vida y la vitalidad del *Or HaPanim*.

73. PaAMav...PaAMim...más arriba. La palabra *paamav* (פעמיו) hace referencia a los pasos que se dan para llevar a *Maljut* hacia el *Or HaPanim*. Esto se logra mediante la alegría, las Tres

Rostro.⁶⁷

Éste es el significado de: El hombre está obligado a recibir el rostro de su maestro en las festividades *(Suká* 27b).⁶⁸ <Es decir,> para recibir <de la Luz> del Rostro, para darle vitalidad al aspecto de *Maljut*.⁶⁹

{"La rectitud irá hacia Su rostro y pondrá sus *paamav* (pasos) en el camino" (Salmos 85:14).}

Y éste es el significado de: "La rectitud irá hacia Su rostro".⁷⁰ "La rectitud" <es el> *Maljut* de Santidad⁷¹ cuando es llevado hacia la Luz del Rostro.⁷² Esto sucede principalmente en el aspecto de "pondrá sus *PaAMav* en el camino" – i.e., tres *PaAMim* (veces) cada año, mediante lo cual uno recibe de la Luz del Rostro, como se explicó.⁷³

Tres Festividades –"en la festividad de las Matzot, en la festividad de Shavuot y en la festividad de Sukot" (Deuteronomio 16:16)– deben hacer un peregrinaje a Jerusalén, para presentarse en el Santo Templo. El Talmud hace referencia a esta mitzvá como *reiá*, para *ver* el rostro de Dios *(Jaguigá* 2a). También son conocidas como *aliá lareguel* (ascenso a pie), pues la principal mitzvá era subir caminando al Santo Templo.

67. varones se presentarán delante del rostro…. Afirma el Talmud: "Así como él viene para ver, de la misma manera viene para ser visto" *(ibid.* 7a). "Para ser visto", dice el Rebe Najmán, implica recibir de la Luz del Rostro. El *Or HaPanim* brilla sobre *Maljut*, dándole fuerza vital. Mediante el intelecto superior/los varones ("hijos", §3), *Jojmá* provee percepciones de Divinidad para *Maljut*/hija. Esto se logra mediante la alegría colectiva de las mitzvot, que se juntan en el corazón, en las Tres Festividades.

Agrega el rabí Natán: Las Tres Festividades son conocidas como los Tres *ReGaLIM* (שלש רגלים). *Maljut*, siendo la *sefirá* más baja, corresponde a los *RaGLaIM* (רגלים, pies). Las Tres Festividades son así una rectificación para los pies/*Maljut*. Es por ello que el peregrinaje a Jerusalén es también conocido como *aliá laReGueL* (עליה לרגל), *caminando* hacia el Santo Templo, rectificando así los pies *(Torat Natán* #30).

68. el rostro de su maestro en las festividades. La frase "recibir el rostro de" es la traducción literal de *kabalat pnei*. Coloquialmente, significa recibir a alguien, usualmente una persona respetada como por ejemplo un rav. En otra instancia, el Talmud enseña que "el rav de la persona se asemeja a la Presencia Divina" (cf. *Sanedrín* 110a). Por lo tanto, se requiere que uno vea –"reciba el rostro de"– su maestro en las festividades *(Iun Iaacov, Suká* 27b, *v.i. Jaiav*; cf. *Likutey Moharán* I, 135:12 y 153).

69. vitalidad…Maljut. Como se explicó, el gran maestro es aquel que revela percepciones de Divinidad/intelecto superior (§2). Recibir el rostro del maestro corresponde al intelecto superior siendo recibido en el intelecto inferior (§2, §3). Uno está obligado a recibir ese rostro para traerle vitalidad a *Maljut*. Ello puede lograrse en las Festividades, mediante una abundancia de alegría en el corazón. Agrega el rabí Natán: De aquí podemos ver la increíble recompensa que les espera a aquellos que hacen el esfuerzo de caminar para ver a su rav. Con cada paso elevan literalmente a *Maljut*/intelecto inferior y reciben el *Or HaPanim*/el intelecto superior *(Torat*

וְזֶה בְּחִינוֹת (שם ק"ם): "יֵשְׁבוּ יְשָׁרִים אֶת פָּנֶיךָ", "יְשָׁרִים", הֵם "פִּקּוּדֵי ה' יְשָׁרִים מְשַׂמְּחֵי לֵב", הֵם מְיַשְּׁבִין וּמְאִירִין וּמְסַדְּרִין אוֹר הַפָּנִים כַּנַּ"ל:

ו. וְלִפְעָמִים שֶׁנּוֹפֵל, חַס וְשָׁלוֹם, בְּחִינוֹת הַמַּלְכוּת דִּקְדֻשָּׁה, בְּחִינוֹת חָכְמָה תַּתָּאָה, לַגָּלוּת שֶׁל אַרְבַּע מַלְכִיּוֹת. כִּי הַמַּלְכוּת הוּא בְּחִינוֹת דָּלֶ"ת, בְּגִין דְּלֵית לָהּ מִגַּרְמַהּ כְּלוּם. כִּי אִם עַל יְדֵי עַנְפֵי הַשֵּׂכֶל הָעֶלְיוֹן הַמִּתְפַּשְּׁטִין לְשָׁם. וְגַם הִיא כְּלוּלָה מֵאַרְבָּעָה עוֹלָמוֹת, כִּי בְּכָל עוֹלָם וְעוֹלָם יֵשׁ בְּחִינוֹת הַמַּלְכוּת, בְּחִינוֹת חָכְמָה תַּתָּאָה, שֶׁהִיא בְּחִינוֹת הַחָכְמָה הַמַּנְהֶגֶת אֶת הָעוֹלָם כַּנַּ"ל.

superiores, en la forma de *shefa* que desciende hacia este mundo (ver más arriba, n. 3; ver *Zohar* I, 249b). Esto también puede decirse del reinado. Si no hay un pueblo para gobernar, ¿de qué vale? Ahora bien, cuando se deletrea la letra hebrea ד *DaLeT* (דלת), ésta puede ser pronunciada como la palabra *DaLaT*, que denota pobreza, y también está asociada con la palabra aramea *DeLiT*, como en, "*Delit* (no tiene) nada propio". Ésta es la conexión entre *Maljut* y la *dalet*, la cuarta letra, con su equivalente numérico de cuatro (ver Apéndice: Tabla de Guematria). Los *Maljuiot* son por lo tanto cuatro.

77. ramas del intelecto...hasta allí. A partir del *Tikuney Zohar* (ver más arriba, n. 15) podemos entender que esto hace referencia al *IHVH*, el Santo Nombre de Dios que se inviste en el Santo Nombre *Adonai*. Éste último Santo Nombre corresponde a *Maljut* (Reinado), como está sugerido por su raíz, *adon* (gobernante). Este incluir lo superior dentro de lo inferior es una indicación del intelecto superior brillando en el intelecto inferior. Las percepciones de Divinidad se revelan así a través de las cuatro letras que se encuentran en *Maljut* (*Adonai*, אדני). Es por eso también que el *IHVH*, el *Shem HaEtzem* es un paralelo de la vista, correspondiente a la percepción directa de la Divinidad, mientras que *Adonai*, el Nombre Descriptivo, corresponde a una similitud de esa Divinidad. Ello se debe a que cuando la percepción de Divinidad/intelecto superior se inviste en el intelecto inferior, el intelecto inferior sólo refleja la grandeza de ese intelecto superior; su reflejo no es más que una similitud. De la misma manera, ya hemos visto que en el nivel del intelecto inferior/*Maljut*, la fe es la clave para alcanzar percepciones de Dios (ver n. 7). Sin embargo, las percepciones adquiridas a través de la fe son sólo similitudes, y no la percepción en sí o la comprensión. Sólo mediante un aumento en el mérito se hace posible la percepción superior.

78. ...sabiduría que guía...más arriba. Ver la sección 4 y la nota 39. Ésta es también la razón por la cual *Maljut* es cuatro. Estos son los Cuatro *Maljuiot* de Santidad de los Cuatro Mundos. Cada uno "guía y gobierna" en su mundo.

Y esto es, "Los rectos morarán ante Tu rostro" (Salmos 140:14). "Los rectos" alude a "Los preceptos de Dios son rectos, alegran el corazón". Ellos asientan, hacen que irradie y organizan la Luz del Rostro, como se explicó más arriba.[74]

6. Y hay veces en que el aspecto de *Maljut* de Santidad cae en el exilio de los Cuatro *Maljuiot*, Dios no lo permita.[75] Pues *Maljut* es sinónimo de la [letra] *dalet* – "*delit* ('no tiene') nada propio",[76] más que las ramas del intelecto superior que se diseminan hasta allí.[77] También está compuesto de cuatro mundos, pues en cada mundo existe el aspecto de *Maljut*, de la sabiduría inferior – el aspecto de sabiduría que guía a ese mundo, como se explicó más arriba.[78]

Festividades, como en, "Tres *paamim* (פעמים)...". El versículo se traduce así en nuestro texto como sigue: **La rectitud** – *Maljut* **irá hacia Su rostro** – se elevará al *Or HaPanim* para recibir vitalidad **y pondrá sus paamav** – específicamente a través del aspecto de las Tres Festividades.

74. ...más arriba. Como se explicó más arriba (ver n. 70), "Tu rostro" sigue la traducción literal. El término "rectos" connota a las mitzvot, a la alegría (n. 58). El Rebe Najmán explica que las mitzvot: "asientan" – al igual que los cabellos, ellas contienen el intelecto superior (§3); "hacen que irradie" – al igual que la alegría, ellas producen "un buen rostro" (n. 57); "y organizan la Luz del Rostro" – trayendo fuerza de vida y vitalidad desde la Luz del Rostro hacia *Maljut*.

Resumen: Para que las percepciones de Divinidad, que son el intelecto superior, puedan ser aprehendidas, deben ser contraídas en el intelecto inferior (§1). Esto implica buscar a un maestro muy grande, capaz de explicarles y de transmitirles las percepciones de Divinidad a aquellos que tienen fe en él (§2). Esto lo hace trayendo el intelecto superior a través de los conductos, la Torá/mitzvot, para investirlo en el intelecto inferior. Así, primero es necesario alcanzar el intelecto inferior para lograr un verdadero intelecto superior/percepción de Divinidad (§3). No es posible alcanzar el intelecto inferior a no ser que se desprecie la ganancia monetaria (§4). Habiendo obtenido el intelecto inferior, es necesario traerle vitalidad. Esto se logra mediante la alegría de las mitzvot, las Tres Festividades (§5).

75. cae en el exilio de los Cuatro Maljuiot, Dios no lo permita. Los Cuatro *Maljuiot* están encarnados en los cuatro grandes imperios: Babilonia, Media/Persia, Grecia y Roma (Edom). Estos cuatro engloban a todos los exilios que ha debido sufrir el pueblo judío, desde el primer exilio de la Tierra Santa a manos del malvado Nevujadnetzar, el rey babilonio, hasta el día de hoy. En el próximo párrafo el Rebe Najmán explica qué es la caída de *Maljut*. Primero explica por qué hay cuatro *Maljuiot*.

76. dalet – delit.... *Maljut* corresponde a la luna (ver más arriba, n. 43). Como es sabido, la luna no tiene luz propia. La luz que percibimos es un reflejo de la luz del sol. De manera similar, "*Maljut* no tiene nada propio". Sólo refleja y filtra las luces supernas que le transmiten las *sefirot*

וְכָל הַחָכְמוֹת שֶׁל הָעַכּוּ"ם כֻּלָּם הֵם תַּחַת הַחָכְמָה תַּתָּאָה הַנַּ"ל, וּמִשָּׁם יוֹנֵק חָכְמָתָם. וּכְשֶׁיּוֹנְקִים, חַס וְשָׁלוֹם, יוֹתֵר מֵהָרָאוּי לָהֶם, אֲזַי מִתְגַּבְּרִים, חַס וְשָׁלוֹם, וְנַעֲשֶׂה מֶמְשֶׁלֶת הָאַרְבַּע מַלְכֻיּוֹת, שֶׁהֵם אַרְבַּע גָּלֻיּוֹת.

וּמִי יָכוֹל לִסְבֹּל אֶת קוֹל הַצְּעָקָה וְהַזְּעָקָה הַגְּדוֹלָה, כְּשֶׁנּוֹפֵל בְּחִינוֹת הַמַּלְכוּת, בְּחִינוֹת הַחָכְמָה תַּתָּאָה, בֵּינֵיהֶם, חַס וְשָׁלוֹם. בִּבְחִינוֹת (קהלת ט): "זַעֲקַת מוֹשֵׁל בִּכְסִילִים", דְּהַיְנוּ הַזְּעָקָה כְּשֶׁנּוֹפֵל הַמֶּמְשָׁלָה, בְּחִינוֹת הַמַּלְכוּת, בְּחִינוֹת חָכְמָה תַּתָּאָה, בֵּין הַכְּסִילִים. שֶׁהַכְּסִיל רוֹצֶה לְהִתְחַכֵּם, שֶׁרוֹצִים לִינֹק וּלְהַמְשִׁיךְ לְתוֹךְ הַחָכְמוֹת שֶׁלָּהֶם, שֶׁהֵם כְּסִילוּת בֶּאֱמֶת, אֶת בְּחִינוֹת הַחָכְמָה הָאֲמִתִּיּוֹת, בְּחִינוֹת חָכְמָה תַּתָּאָה הַנַּ"ל.

para liberar a *Maljut* del exilio al cual ha sido enviado debido al pecado? Esto es lo que el Rebe Najmán continúa explicando. Después de demostrar que *Maljut* atrapado en el exilio les produce dolor, si así pudiera decirse, tanto a Dios como al hombre, explica que con *jesed* –i.e., actos de bondad– es posible redimir a *Maljut*. En un sentido general, los actos de *jesed* son las interacciones aparentemente mundanas entre el hombre y sus congéneres, incluyendo hablar y actuar de manera bondadosa con los demás, ayudar a los otros, la hospitalidad, prestar dinero sin cobrar interés, dar caridad, etc. Esas actividades cotidianas tienen el poder de elevar a *Maljut* y acallar el clamor que genera su esclavitud.

(El tratamiento de *Maljut* elevándose del exilio por medio de *jesed* y cómo se llega a *jesed*, ocupa la mayor parte de esta sección y de la siguiente. El Rebe Najmán introduce el concepto de elevar a *Maljut*, lo conecta con los conceptos mencionados anteriormente en la lección y luego vuelve a introducir otros puntos para terminar uniendo todo. Para seguir el flujo del razonamiento del Rebe, se le aconseja al lector prestar particular atención a las referencias en las notas respecto de las secciones anteriores y, de ser necesario, repasar esas secciones).

80. gran clamor. *Maljut* clama debido al dolor y a la persecución que sufre en el exilio y clama también por los judíos que han sido arrastrados hacia las filosofías ajenas y se han alejado de la fe. Como si no fuese suficiente el hecho de que durante dos mil años el pueblo judío haya debido soportar el exilio físico y la opresión bajo el yugo de las naciones, física y financieramente, también ha debido sufrir el exilio espiritual, sucumbiendo a todos los atractivos de las ideologías gentiles; al punto incluso de evaluar y de explicar nuestra santa Torá, el único medio de revelación de las percepciones de Divinidad, de acuerdo con esas culturas e ideologías ajenas (*Likutey Tefilot*). Ver la nota siguiente.

81. Maljut...cae entre los tontos.... Más arriba (§3), hemos visto que las percepciones de Divinidad son la esencia interna de toda la Torá y las mitzvot, siendo esto el investirse del intelecto superior en el intelecto inferior. Sin embargo, cuando la gente cae de la fe y aumenta su apego a las ideologías ajenas, intenta aplicar su "conocimiento" a las mitzvot y así distorsiona

Todas las sabidurías de las naciones se encuentran por debajo de la sabiduría inferior y se alimentan de allí. Pero cuando, Dios no lo permita, toman más de lo que deben, ganan poder <sobre *Maljut*>. Ello crea el gobierno de los Cuatro *Maljuiot*, los cuatro exilios.[79]

Y, ¿quién puede soportar el gran clamor[80] cuando el aspecto de *Maljut*, la sabiduría inferior, cae entre ellas, Dios no lo permita? Ello corresponde a (Eclesiastés 9:17), "los clamores de aquel que reina entre los tontos", es decir, los clamores suscitados cuando el reinado –el aspecto de *Maljut*, de la sabiduría inferior– cae entre los tontos. Pues los tontos quieren volverse sabios. Quieren llevar hacia su sabiduría, que es de hecho locura, el aspecto de la verdadera sabiduría, i.e., la sabiduría inferior.[81]

---

79. se alimentan...más de lo que deben.... En el proceso de la Creación, la Rotura de los Recipientes/*sefirot* produjo el descenso de numerosas chispas de santidad al ámbito fuera del dominio de la santidad. Ese ámbito es conocido como los mundos inferiores, la morada de las *klipot* del Otro Lado. Esas fuerzas del mal son necesarias para permitirle al hombre la libertad de elección (ver notas 3, 22). Pero para que éstas existan, las *klipot*, al igual que todo lo demás en la creación, deben contener alguna chispa de santidad. La misión del hombre en la vida consiste en extraer del Otro Lado la mayor cantidad posible de chispas de santidad. Esto se logra mediante el cumplimiento de las mitzvot (Lección #24:1, notas 5, 6). A diferencia de la santidad, que toma el sustento de los mundos superiores/intelecto superior, las *klipot* toman el sustento de *Maljut*, los niveles más bajos. La cantidad de alimento que puedan tomar depende de las acciones del hombre. Si lleva a cabo las mitzvot y es digno, *Maljut* está seguro y las *klipot* sólo pueden tomar el mínimo necesario, lo suficiente para garantizar su supervivencia. Sin embargo, cuando la gente peca (por ejemplo, cuando abandona la fe a favor de ideologías ajenas), daña el intelecto inferior y *Maljut* "cae" en el ámbito de las *klipot*. En ese caso, las *klipot* toman de *Maljut* más de lo que necesitan para su mínimo sustento. A veces, si los pecados son muchos, Dios no lo permita, *Maljut* de Santidad llega a ser "reemplazado" por *Maljut* del Otro Lado. Las *klipot* toman entonces todo el sustento, dejando sólo un mínimo para asegurar la supervivencia de *Maljut* de Santidad (cf. Lección #29:3, n. 25). Esto es lo que quiere decir que *Maljut* "cae" bajo su gobierno: *Maljut*, que es "cuatro", cae bajo el yugo de los Cuatro *Maljuiot*. Así, en nuestro contexto, los pecados le hacen difícil a *Maljut*/intelecto inferior elevarse hacia el *Or HaPanim*. Las sabidurías seculares y las ideologías ajenas se hacen fuertes y la gente cae de su fe (ver *Torat Natán* #34; *Parparaot LeJojmá*).

En la lección, el Rebe Najmán explica que el intelecto inferior necesita recibir fuerza de vida y vitalidad para continuar alcanzando percepciones de Divinidad. Esto es posible mediante la recepción de la Luz del Rostro. El *Or HaPanim*, a su vez, sólo transmite su luz gracias a la alegría que llena el corazón, producto de las mitzvot que se llevan a cabo, particularmente durante las Tres Festividades (§5). Ahora bien, la capacidad del intelecto inferior/*Maljut* para recibir esa fuerza de vida y vitalidad está relacionada con su situación. Si *Maljut* ha sido dañado, se dice que está atrapado en el exilio. En lugar de elevarse hacia el *Or HaPanim* para recibir la vitalidad, se estanca o, peor aún, cae más profundamente en el ámbito del Otro Lado. En tal situación, no es posible lograr percepciones de Divinidad. ¿Qué puede hacer uno

וְגַם יֵשׁ עוֹד צְעָקָה גְדוֹלָה מִזֶּה, דְּהַיְנוּ שֶׁהַשֵּׁם יִתְבָּרַךְ כִּבְיָכוֹל בְּעַצְמוֹ שׁוֹאֵג, בִּבְחִינוֹת (ירמיה כ״ה): "שָׁאֹג יִשְׁאַג עַל נָוֵהוּ" - 'עַל נָוֶה דִּילֵהּ'. שֶׁהוּא בְּחִינוֹת הַמַּלְכוּת, שֶׁנּוֹפֵל בַּגָּלֻיּוֹת שֶׁל אַרְבַּע מַלְכֻיּוֹת:

וְצָרִיךְ לִרְאוֹת לַחְתֹּךְ וּלְהַבְדִּיל אֶת בְּחִינוֹת הַמַּלְכוּת הַנַּ"ל מִבֵּין הָאַרְבַּע גָּלֻיּוֹת, וּלְהַעֲלוֹתָהּ מִשָּׁם. וְעִקַּר עֲלִיָּתָהּ עַל יְדֵי בְּחִינוֹת הַחֶסֶד, בִּבְחִינַת (ישעיה ט״ז): "וְהוּכַן בַּחֶסֶד כִּסֵּא". בְּחִינַת (הושע י): "קִצְרוּ לְפִי חָסֶד", שֶׁעַל-יְדֵי הַחֶסֶד קוֹצְרִין וְחוֹתְכִין אֶת הַדָּלֶת, בְּחִינַת הַמַּלְכוּת, וּמַבְדִּילִין אוֹתָהּ מֵהֶם, וּמַעֲלִין אוֹתָהּ אֶל אוֹר הַפָּנִים:

Como se explicó (n. 79), al llevar a cabo las mitzvot se elevan las chispas de santidad que descendieron hacia las *klipot*. El rabí Natán hace notar: El poder de las mitzvot radica en que contienen percepciones de Divinidad y que pueden revelarle esas percepciones a la persona que las lleva a cabo. Sin embargo, no toda mitzvá se realiza con una intensidad e integridad tal como para otorgarle el poder de elevarse y recibir la gran luz del *Or HaPanim*. Por lo tanto, se hace necesario tener un maestro muy grande capaz de enseñar la manera de llevar a cabo las mitzvot, para beneficiarse de las percepciones de Divinidad latentes en ellas (*Torat Natán* #29). Esto, entonces, es lo que significa liberar a *Maljut* del exilio: separarlo del propio intelecto caído y realizar las mitzvot de la manera apropiada.

84. jesed. Esto hace referencia tanto al atributo de *jesed* (bondad) como a la *sefirá* de *Jesed* (Bóndad). El Rebe Najmán utiliza los términos de manera intercambiable. En la estructura de las *sefirot*, *Jesed* se encuentra en el lado derecho, el lado en el cual predominan los atributos de la bondad y la misericordia. *Jesed* surge de *Jojmá*, la *sefirá* que se encuentra directamente por encima (ver Apéndice: La Estructura de las Sefirot; ver n. 119). En nuestro contexto, hemos visto que las percepciones de Divinidad corresponden a *Jojmá*. Sin embargo, *Jojmá* y *Biná* son componentes de los *mojín* y como tal se mantienen ocultos. La revelación inicial de esas mentalidades sólo se lleva a cabo en el siguiente nivel, después de haber descendido a *Zeir Anpin*. *Jesed* es la primera *sefirá* de las seis que comprenden a *Zeir Anpin*. *Jesed* es por lo tanto el primer nivel que tiene un lazo directo con *Maljut*. De modo que *Jesed/jesed* es el medio a través del cual *Maljut* se eleva y se redime de su exilio.

85. El trono se establece con bondad. El versículo habla del rey Jizquia cuyo *maljut* (reinado) se estableció, como explica Rashi, debido a que hizo muchos actos de bondad. Esto alude a *jesed* que tiene el poder de "establecer" a *Maljut*.

86. Corta...bondad. Radak explica "corta" como llevar a cabo actos de bondad, las mitzvot entre el hombre y sus congéneres. Uno libera a *Maljut* del exilio mediante la práctica de *jesed*.

87. separamos la dalet.... Como explicó el Rebe Najmán, las mitzvot son percepciones de Divinidad reveladas en *Maljut*/intelecto inferior (§3) y *Maljut* corresponde a la *dalet* (n. 36). También hemos visto que la revelación inicial de esas percepciones se produce en *Zeir Anpin*,

Existe también un clamor más grande que éste. El Santo, bendito sea, si así pudiera decirse, ruge, como en (Jeremías 25:30), "Él rugirá poderosamente sobre Su morada" – sobre *Su* morada (*Zohar* III, 74b). Ello hace referencia a *Maljut*, que ha caído en el exilio de los Cuatro *Maljuiot*.[82]

Y debemos ocuparnos de cortar y liberar el aspecto de *Maljut* de entre los cuatro exilios y elevarlo desde allí.[83] Su elevación se produce principalmente a través del aspecto de *jesed* (bondad),[84] como en (Isaías 16:5), "El trono se establece con bondad",[85] y (Hoshea 10:14), "Corta [la cosecha] con bondad".[86] Mediante la bondad cortamos y separamos la *dalet*, *Maljut*, y la liberamos de allí, para elevarla hacia la Luz del Rostro.[87]

---

la verdad eterna de Dios, la Torá. Apoyándose en su erróneo razonamiento y lógica, ofrece explicaciones para las mitzvot y difunde comentarios a la Torá carentes de toda verdadera percepción de Divinidad. En su caso, el intelecto superior no brilla en el intelecto inferior. Más bien, su sabiduría es en verdad locura. Son tontos que ocultan el sagrado *Maljut* y le impiden revelar Divinidad. Más adelante, el Rebe Najmán enseña que Amalek (el nieto de Esaú), el archienemigo de los judíos, incluye conceptualmente a los Cuatro *Maljuiot*. En otra instancia (*Likutey Moharán* II, 19), demuestra que Amalek representa a las filosofías ajenas utilizadas para interpretar la Torá de acuerdo con el propio intelecto. Así, la caída de *Maljut* bajo el gobierno de los Cuatro *Maljuiot* es la caída del intelecto inferior bajo el dominio de la locura/filosofías ajenas (*Parparaot LeJojmá*).

82. un clamor más grande…sobre Su morada…. Esto también es resultado de que *Maljut*/Presencia Divina está en el exilio. Dios instruyó a Jeremías para que le transmitiese Sus palabras al pueblo: "Diles a ellos, 'Dios rugirá desde lo alto… Él rugirá poderosamente sobre Su morada'". Como explica Rashi, "Su morada" hace referencia al Santo Templo, cuya destrucción lamenta Dios. Aunque Él Mismo sancionó su destrucción, Dios lamenta el destino del Templo porque es como si Su Presencia Divina ya no tuviese un lugar de residencia en este mundo. El *Zohar* (*loc. cit.*) enfatiza por lo tanto el hecho de que Dios rugirá especialmente sobre *Su* morada – i.e., sobre la Presencia Divina, con la cual el Santo, bendito sea, debería, por así decirlo, cohabitar.

El mismo pasaje del *Zohar* explica la repetición de la palabra "rugir" que aparece en el versículo. El aspecto específico de Dios al cual esto hace referencia es el Santo, bendito sea/*Zeir Anpin*. Primero rugirá por la pérdida de *Jojmá* y *Biná* (los *mojín*, mentalidades) y luego rugirá otra vez por la pérdida de *Maljut*/la Presencia Divina (*Zohar, loc. cit.*). En nuestro contexto, esto está relacionado al hecho de que cuando la persona peca y daña el intelecto inferior/*Maljut* produce la pérdida de los *mojín*/intelecto superior. Como resultado, *Maljut* de Santidad cae en el exilio bajo el gobierno de los Cuatro *Maljuiot*. (Para una explicación similar ver Lección #29:3, n. 30).

83. liberar…elevarlo desde allí. Esto es lo que el Rebe Najmán enseñó anteriormente (§5), al indicar que la persona debe elevar a *Maljut* para que éste pueda recibir la Luz del Rostro.

וְעַל כֵּן אַבְרָהָם הָיָה אִישׁ הַחֶסֶד, וְהָיָה מִשְׁתַּדֵּל תָּמִיד לַעֲשׂוֹת חֶסֶד, כְּדֵי לְהַעֲלוֹת בְּחִינַת הַמַּלְכוּת מֵהֶם. וְעַל כֵּן רָדַף אַבְרָהָם אַחַר הָאַרְבָּעָה מְלָכִים כְּדֵי לְהַכְנִיעָם, שֶׁהֵן בְּחִינַת הָאַרְבַּע מַלְכִיּוֹת דְּסִטְרָא־אָחֳרָא. כִּי אַבְרָהָם הָיָה שׂוֹנֵא מָמוֹן, כִּי מָאַס מָמוֹן סְדוֹם. כְּמוֹ שֶׁכָּתוּב (בראשית י״ד): "אִם מִחוּט וְעַד שְׂרוֹךְ וְכוּ׳ וְלֹא תֹאמַר אֲנִי הֶעֱשַׁרְתִּי אֶת אַבְרָם".

כִּי אַבְרָהָם תִּקֵּן שַׁחֲרִית (ברכות כ״ו:), בְּחִינַת שַׁחֲרוּת הַנַּ״ל. שֶׁהוּא בְּחִינַת הַשֵּׂכֶל הַתַּחְתּוֹן הַנַּ״ל, בְּחִינַת חָכְמָה תַּתָּאָה, שֶׁהוּא בְּחִינַת שַׁחֲרוּת כַּנַּ״ל, שֶׁזּוֹכִין לְתַקֵּן בְּחִינַת זֹאת עַל־יְדֵי שׂוֹנֵא בֶּצַע כַּנַּ״ל:

וְעַל כֵּן יָצָא מֵאַבְרָהָם יִצְחָק וְיִשְׁמָעֵאל, יַעֲקֹב וְעֵשָׂו, שֶׁהֵם בְּחִינַת כְּנֶגֶד אַרְבָּעָה בָנִים דִּבְּרָה תוֹרָה, אֶחָד חָכָם וְאֶחָד רָשָׁע וְאֶחָד תָּם

91. Abraham despreciaba el dinero.... Después de vencer a los Cuatro Reyes, Abraham volvió con el botín que ellos habían tomado luego de su victoria sobre los Cinco Reyes. Uno de los cinco, el rey de Sodoma, le ofreció a Abraham ese botín, en remuneración por sus esfuerzos heroicos. Abraham se negó. No tomaría siquiera un cordón de zapato. En particular, no quería la riqueza de los habitantes de Sodoma, pues era posible que un residuo de su maldad y de su codicia contenido en sus posesiones lo extraviara, llevándolo lejos del intelecto inferior. Él dijo, "No podrás decir...", pues Abraham tenía fe (intelecto inferior; n. 7) en la promesa de Dios de que *Él* lo haría rico (Génesis 12:1; cf. notas 37, 42).

92. Shajarit. Nuestros Sabios enseñan que cada uno de los patriarcas instituyó una de las plegarias diarias. Abraham instituyó la Plegaria de la Mañana, Itzjak la Plegaria de la Tarde y Iaacov la Plegaria de la Noche. El Rebe Najmán muestra aquí el significado del hecho de que Abraham instituyera *Shajarit* (שחרית). El *Parparaot LeJojmá* agrega que en un sentido general la plegaria misma corresponde a *Maljut* (*Likutey Moharán* II, 84). Abraham, debido a que había rectificado a *Maljut*, fue el primero en instituir la plegaria.

93. shajarut. Ver más arriba, sección 3 y nota 21. El Maharsha (*Berajot* 26b, *v.i. Abraham*) explica que cada uno de los patriarcas instituyó una plegaria correspondiente al atributo que personificaba. Como se mencionó (n. 88), Abraham es *jesed*. Por lo tanto, el versículo (Génesis 22:3) "Abraham se levantó temprano en la mañana" alude al hecho de que *jesed* se revela al comienzo del día. De acuerdo a ello, el instituir *Shajarit* es una indicación de que Abraham había rectificado "*shajarut* (negro) del ojo"/*Maljut*/intelecto inferior. Esto, como se explicó, debido a que *jesed* rectifica y establece a *Maljut*.

94. ser digno de rectificar.... Como se explicó más arriba, sección 4 y nota 38.

95. de Abraham...cuatro hijos.... Estos son los cuatro hijos mencionados en La Hagadá de Pesaj. Ver también *Ierushalmi, Pesajim* 10:4. Las Tres Festividades corresponden a los Tres

Así, Abraham era un hombre de *jesed*.⁸⁸ Siempre buscaba hacer el bien, para elevar <el aspecto de la *dalet*,> *Maljut*, <de entre ellos>.⁸⁹ Es por eso que Abraham corrió detrás de los Cuatro Reyes para vencerlos. Pues ellos eran el aspecto de los Cuatro *Maljuiot*, <los cuatro exilios>.⁹⁰ Pues Abraham despreciaba el dinero. Rechazó el dinero de Sodoma, como en (Génesis 14:23), "Ni un hilo ni la correa de un zapato... para que no digas 'Yo enriquecí a Abraham'".⁹¹

<Como dijeron nuestros Sabios:> Abraham instituyó *Shajarit* (la Plegaria de la Mañana) (*Berajot* 36b).⁹² Éste es el ya mencionado aspecto de *shajarut* (negrura), el intelecto inferior.⁹³ Como se explicó, esto corresponde a la sabiduría inferior, lo negro, que uno llega a ser digno de rectificar al "despreciar la ganancia monetaria".⁹⁴

Así, de Abraham descendieron Itzjak e Ishmael, Iaacov y Esaú. Ellos son el aspecto de "La Torá habla de cuatro hijos: uno sabio, uno malvado, uno simple y uno que no sabe cómo preguntar",⁹⁵ y [ellos] son

---

la *vav* que canaliza las percepciones de Divinidad hacia *Maljut*, y particularmente en *Jesed*, el primero de los conductos que se encuentra en *Zeir Anpin* (ver notas 38, 84). De modo que los actos de *jesed* tienen el poder de separar y liberar de su exilio a *Maljut*, como en, "El trono (*Maljut*) se establece con *jesed*". Y cuando *Maljut* se eleva del exilio, puede recibir luz del *Or HaPanim* – i.e., percepciones de Divinidad (§5).

88. Abraham era un hombre de jesed. Como en (Mija 7:20), "Da verdad a Iaacov, *jesed* a Abraham". Abraham está siempre identificado con la *sefirá* de *Jesed* y su atributo paralelo (ver Apéndice: Los Siete Pastores Superiores).

89. hacer el bien...Maljut de entre ellos. Abraham hablaba de Dios con todos los que se encontraba. Como el primer maestro del monoteísmo, fue el primero en revelarle a este mundo el *Maljut*, el Reinado de Dios. Esto, pues Abraham era un hombre de *jesed*. Él separó a *Maljut* del exilio y lo elevó hacia el nivel en el cual la gente podía llegar a tener una percepción de Divinidad. El *Parparaot LeJojmá* dice que es por ello que las Escrituras enfatizan que Abraham tuvo una *bat*, correspondiente a *Maljut* (§3). El Rebe Najmán elabora ahora sobre esto.

90. Cuatro Reyes...cuatro exilios. En las Escrituras (Génesis 14) se relata que Abraham persiguió a los Cuatro Reyes que habían secuestrado a su sobrino, Lot. El Midrash los equipara con los cuatro exilios (*Bereshit Rabah* 42:2). En nuestro contexto, esto se relaciona con Abraham habiendo redimido del exilio/los Cuatro Reyes al *Maljut* de Dios. Siendo la persona que le reveló al mundo el Dios Único, Abraham ejemplificó al maestro muy grande que inviste las percepciones de Divinidad en el intelecto inferior. Fue capaz por lo tanto de perseguir a los Cuatro Reyes y derrotarlos – i.e., elevar a *Maljut* desde el exilio. Agrega el *Parparaot LeJojmá*: Abraham corrió detrás de los reyes para salvar a su sobrino, sabiendo que Lot estaba destinado a ser el progenitor del Mashíaj, a través del cual *Maljut* de Santidad alcanzará su rectificación final.

וְאֶחָד שֶׁאֵינוֹ יוֹדֵעַ לִשְׁאֹל, שֶׁהֵם כְּנֶגֶד אַרְבַּע מַלְכִיּוֹת שֶׁבִּקְדֻשָּׁה כַּיָּדוּעַ:

יִצְחָק, זֶה בְּחִינַת בֵּן חָכָם. כִּי יִצְחָק עַל שֵׁם הַצְּחוֹק וְהַשִּׂמְחָה, בְּחִינַת (משלי י'): "בֵּן חָכָם. יְשַׂמַּח אָב": עֵשָׂו, הוּא בֵּן רָשָׁע: יַעֲקֹב, הוּא בֵּן תָּם, כְּמוֹ שֶׁכָּתוּב (בראשית כ"ה): "וְיַעֲקֹב אִישׁ תָּם": יִשְׁמָעֵאל, הוּא בְּחִינַת בֵּן שֶׁאֵינוֹ יוֹדֵעַ לִשְׁאֹל. כִּי יִשְׁמָעֵאל עָשָׂה תְּשׁוּבָה כְּמוֹ שֶׁאָמְרוּ רַבּוֹתֵינוּ, זִכְרוֹנָם לִבְרָכָה (בבא בתרא ט"ז:). וְעִקַּר הַתְּשׁוּבָה הִיא בִּבְחִינַת שֶׁאֵינוֹ יוֹדֵעַ לִשְׁאֹל. הַיְנוּ לַעֲשׂוֹת תְּשׁוּבָה וְלִשְׁאֹל כַּפָּרָה מֵהַשֵּׁם יִתְבָּרַךְ עַל שֶׁאֵינָם יְדוּעִים, שֶׁזֶּה עִקַּר הַתְּשׁוּבָה,

97. tzjok...alegra. Rashi explica que *iTzJaK* (יצחק) fue llamado así debido a la *TzJoK* (צחוק) y alegría que les trajo a sus padres con su nacimiento (Génesis 17:19). Afirman las Escrituras: "El hijo sabio regocija a su padre". Abraham se regocijó debido a Itzjak, el hijo sabio.

98. Esaú es el hijo malvado. A lo largo de las escrituras sagradas el nieto de Abraham es conocido como *Eisav harashá* (Esaú el malvado). Ver más arriba (§4:final y n. 50), donde el Rebe Najmán cita el versículo "Los malvados andan alrededor". Conectando así "malvados" con el Otro Lado.

El Rebe Najmán trae en general pruebas para apoyar todo lo que dice en sus lecciones, aunque más no sea una prueba empírica. Raramente se encuentra una afirmación sin un sustento proveniente de alguna de las ramas de la Torá. Aquí, sin embargo, debido a que el nombre de Esaú está tan unido con el mal, su afirmación no necesita de soporte alguno.

99. Iaacov...simple. Él era honesto y franco, aceptando las leyes de la Torá con una fe simple. En contraste, su hermano Esaú utilizaba su intelecto para torcer las leyes y la lógica de la Torá haciendo preguntas con la intención de engañar a la gente (*Rashi, loc. cit.*).

100. Ismael...esencia del arrepentimiento. Explica el *Parparaot LeJojmá*: La persona que sabe que ha pecado, sabe que debe arrepentirse. El mayor impedimento para el arrepentimiento es no saber que uno ha pecado, o saberlo pero no saber cómo arrepentirse. Ello se debe a que cuando la persona peca, hace que se aleje el intelecto superior que brilla en el intelecto inferior (ver §6, n. 77), dejando a *Maljut*/intelecto inferior carente de claridad. Así, el arrepentimiento esencial es aquel que se realiza por los pecados desconocidos. Ishmael, quien se arrepintió, ejemplifica por lo tanto el hijo *que no sabe* cómo preguntar. Ishmael también corresponde a *Ietzirá* (n. 96). El Mundo de *Ietzirá* es el ámbito "del bien y del mal", correspondiente al concepto de pecar y de necesitar arrepentirse. "No saber" puede indicar por lo tanto que la persona está confundida, insegura de cómo preguntar. ¿Es acaso como el hijo sabio o el hijo simple o quizás como el malvado? No sabiendo, se mantiene en silencio; sin preguntar. Por lo tanto, Ishmael representa el arrepentimiento.

En base a esta enseñanza sobre los cuatro hijos, el *Parparaot LeJojmá* explica el pasaje Talmúdico mencionado anteriormente sobre Abraham bendecido *bakol* ("con todo"). Allí se

un paralelo de los Cuatro *Maljuiot* de Santidad, como es sabido.⁹⁶

Itzjak es el hijo sabio, pues el nombre "Itzjak" deriva de *tzjok* (jovialidad) y alegría y "El hijo sabio alegra a su padre" (Proverbios 10:1).⁹⁷ Esaú es el hijo malvado.⁹⁸ Iaacov es el hijo simple, como está escrito (Génesis 25:27), "Iaacov era un hombre simple".⁹⁹ Ishmael es el hijo que no sabe cómo preguntar, pues, como dijeron nuestros Sabios: Ishmael se arrepintió (Bava Batra 16b). Y la esencia del arrepentimiento es el aspecto de no saber cómo preguntar – i.e., arrepentirse y pedirle al Santo, bendito sea, el perdón por los [pecados] desconocidos. Ésta es la esencia del arrepentimiento,¹⁰⁰ como en (Salmos 69:5), "Aquello que no

---

Patriarcas: Pesaj a Abraham, Shavuot a Itzjak, Sukot a Iaacov (cf. *Zohar* III, 257b). Los cuatro hijos, descendientes de Abraham, son por lo tanto mencionados en el Seder de Pesaj.

96. como es sabido. La Kabalá enseña que hay cuatro expansiones del Tetragrámaton. La última, aquella que corresponde a *Maljut*, la más baja de las *sefirot*, tiene el valor numérico de 52. Esta expansión es conocida generalmente como *BaN* (52 = בן). Por lo tanto, cada uno de los cuatro *BaNim* (בנים, hijos) corresponde a uno de los Cuatro *Maljuiot* que se encuentran en los Cuatro Mundos (ver Apéndice: Expansión del Tetragrámaton; ver §4 y n.39).

Agrega el *Parparaot LeJojmá*: El hijo sabio corresponde a *Maljut* de *Atzilut*; el hijo malvado a *Maljut* de *Asiá*; el hijo simple a *Maljut* de *Beriá*; aquél que no sabe cómo preguntar a *Maljut* de *Ietzirá*. El motivo por el cual el hijo malvado es mencionado inmediatamente después del hijo sabio (y así los Cuatro Mundos se presentan fuera de orden) es que *Asiá*, el mundo más cercano al ámbito de las *klipot*, necesita específicamente de la gran luz de *Atzilut* (*Pri Etz Jaim, Shaar HaMatzot* 7, p. 512). En nuestro contexto, el sabio (*Atzilut/Jojmá*) sugiere percepciones de Divinidad. Específicamente, es esa luz la que tiene que descender hacia los malvados (*Asiá/Maljut*). Esto se alinea con lo que el Rebe Najmán afirmó anteriormente (§2): Cuanto más pequeño se es, más grande deberá ser el maestro al que deba recurrir.

Escribe el rabí Natán: El Rebe Najmán enseña aquí que los cuatro hijos de La Hagadá significan la rectificación de *Maljut*. ¿Cómo es entonces que el hijo malvado se encuentra entre ellos? ¿Qué revelación o rectificación de *Maljut* genera? Responde el rabí Natán: De hecho, el malvado rectifica a *Maljut* recurriendo a sus ideas e interpretaciones ajenas a la Torá (ver n. 81). Una vez que sus "ideas" son reveladas en este mundo, quedan sujetas a la revisión. Eventualmente los Tzadikim demostrarán que esas ideas tortuosas son falsas. Como resultado, desaparecerán. Esto ha venido sucediendo durante milenios. Nuestra santa Torá ha sido atacada, tanto desde dentro como desde fuera, por los idólatras, los saduceos, los karaitas, los adeptos al Iluminismo, etc. Pero la Torá aún se mantiene. La palabra de Dios es eterna. Todos los supuestos reemplazos han terminado en el desván de la historia, al igual que sus descendientes. Así, al sacar a luz las afirmaciones falsas y maliciosas en contra de la Torá, los malvados, de cierto modo, permiten la revelación de la Torá por parte de los verdaderos Tzadikim, pues esos Tzadikim deben contrarrestar sus herejías con enseñanzas verdaderas de Torá. Por lo tanto, incluso el hijo malvado tiene un papel que jugar en la revelación y rectificación de *Maljut* (*Torat Natán* #36).

בִּבְחִינַת (תהלים ס״ט): "אֲשֶׁר לֹא גָזַלְתִּי אָז אָשִׁיב":

וְזֶה בְּחִינַת אַבְרָהָם תִּקֵּן שַׁחֲרִית, נוֹטְרִיקוֹן חָכָם רָשָׁע תָּם שֶׁאֵינוֹ יוֹדֵעַ. שֶׁהֵם בְּחִינַת הָאַרְבַּע מַלְכִיוֹת כַּנַּ״ל:

וְזֶה (שמואל-א ט״ו): "וַיְשַׁסֵּף שְׁמוּאֵל אֶת אֲגָג", כִּי אֲגָג הוּא כְּלָלוּת הָאַרְבַּע מַלְכִיוֹת דְּסִטְרָא-אָחֳרָא, כְּמוֹ שֶׁכָּתוּב (במדבר כ״ד): "רֵאשִׁית גּוֹיִם עֲמָלֵק". וְזֶה שֶׁפֵּרֵשׁ רַשִׁ״י: 'וַיְשַׁסֵּף – חֲתָכוֹ לְאַרְבָּעָה'. הַיְנוּ שֶׁחֲתַךְ וְהִבְדִּיל אֶת הַדָּלֶ״ת, שֶׁהִיא בְּחִינַת מַלְכוּת דִּקְדֻשָּׁה, דְּלֵית לָהּ מִגַּרְמָהּ כְּלוּם וְכוּ' כַּנַּ״ל. מֵאֲגָג, שֶׁהוּא כְּלָלִיּוּת אַרְבַּע מַלְכִיוֹת

103. Shmuel cortó a Agag en pedazos. Luego de combatir con Amalek, el rey Shaul tomó prisionero al rey amalequita y se lo llevó al profeta Shmuel. Agag fue sentenciado a muerte; Shmuel tomó una espada y lo cortó en cuatro (*Rashi*). El Rebe Najmán explica aquí por qué el profeta de Dios castigó a Agag precisamente de esa manera. El *Mabuei HaNajal* agrega que Shmuel pudo hacerlo debido a que despreciaba totalmente el dinero (ver §4, n. 40).

104. Primero...es Amalek. Amalek no sólo fue la primera nación que atacó al pueblo judío después de su partida triunfal de Egipto sino que también siguió siendo el enemigo número uno de Israel incluso después. En nuestro contexto, Amalek corresponde a los tontos, aquellos que tratan de abrumar a *Maljut* de Santidad con ideas ajenas (ver n. 81). Agag, como "rey" (el primero de su nación), corresponde al líder de los cuatro *Maljuiot* malvados.

105. dalet.... La conexión entre *Maljut*, *dalet* y "*delit* nada propio" ha sido explicada más arriba en la nota 76.

106. Cuatro Maljuiot, los cuatro exilios. Es por ello que Shmuel tuvo que cortar a Agag específicamente en cuatro. Como acabamos de ver en conexión con Abraham, el intelecto inferior es la rectificación de la *dalet/Maljut* de Santidad. Sin embargo, "Dios hizo uno frente al otro" (Eclesiastés 7:14). Él hizo a *Maljut* de Santidad y lo contrastó con Amalek, los Cuatro *Maljuiot* del Otro Lado. Por lo tanto, Shmuel tuvo que cortar a Agag en cuatro, para liberar y elevar a *Maljut* desde el exilio en el ámbito de las *klipot* (*Parparaot LeJojmá*).

El rey Shaul había ido a destruir a Amalek (Samuel I, 15). Por orden de Dios, debía eliminar a todo el remanente del archienemigo de Israel. Pero Agag, el rey de Amalek, fue dejado con vida y llevado cautivo. Ello sucedió debido a que Shaul aplicó su propia lógica y no siguió estrictamente las órdenes. Como resultado, las Escrituras relatan que el reinado (*maljut*) le fue retirado al primer rey de Israel. En nuestro contexto, esto hace referencia a Shaul habiendo sucumbido a la locura, a la sabiduría de las naciones. Como se explicó (n. 81), Amalek es la representación de las ideologías ajenas utilizadas para interpretar la Torá de acuerdo al propio intelecto. Al hacer que Shaul se equivocase y perdiese su *maljut*, Amalek hizo que *Maljut* de Santidad cayera en las *klipot* del Otro Lado. Shmuel se vio por lo tanto obligado a "cortar y liberar" a *Maljut* de Amalek, de Agag. Más aún, cuando Shmuel le informó a Shaul que Dios lo había rechazado como rey, las Escrituras relatan: "Shmuel se volvió para irse y él aferró la esquina de su prenda y la rasgó" (Samuel I, 15:27). El versículo es ambiguo: ¿Quién rasgo la

robé, debo entonces retornarlo".[101]

Éste es el concepto de "Abraham instituyó *ShaJaRIT*": que es un acróstico de *Jajam* (sabio), *Rashá* (malvado), *Tam* (simple) y *Sheeino Iodea* <*lishol*> (que no sabe cómo preguntar). Estos [cuatro] corresponden a los Cuatro *Maljuiot*, como se explicó.[102]

Y esto es (Samuel I, 15:33), "Shmuel cortó a Agag en pedazos".[103] Agag era la encarnación de los Cuatro *Maljuiot* del Otro Lado, como está escrito (Números 24:20), "Primero entre las naciones es Amalek".[104] Así es como también explica Rashi [la frase] "lo cortó en pedazos": lo partió en cuatro. En otras palabras, él cortó y separó la *dalet* –el aspecto de *Maljut* de Santidad, que no tiene nada propio[105]– de Agag, la encarnación de los Cuatro *Maljuiot*, <los cuatro exilios>,[106] y elevó a *Maljut* de Santidad en

---

encuentran citadas (§3, n. 26) tres de las respuestas del Talmud. La primera, que fue bendecido con una *bat*, fue explicada como haciendo referencia al *bat ain*/*Maljut*/intelecto inferior. Aquí vemos que la segunda respuesta, que Abraham fue bendecido con ver a Ishmael arrepentirse, hace referencia a la rectificación de *Maljut*. Igualmente, la tercera respuesta, que fue bendecido no teniendo que ver a Esaú cometiendo crímenes, indica que el mal de Esaú no dañó a *Maljut* durante la vida de Abraham.

101. aquello que no robé...retornarlo. El rey David se quejó por el hecho de que estaba obligado a pagarles a sus enemigos para que no le hiciesen daño. "Más numerosos que los cabellos de mi cabeza son aquellos que me desprecian sin causa alguna; poderosos son los que desean destruirme y sin causa, son enemigos míos; aquello que no robé, debo entonces retornarlo". En nuestro contexto, esto connota la persona que debe arrepentirse sin saber siquiera *si debe* arrepentirse.

Es interesante notar que la mención de "cabellos" en el primer versículo puede comprenderse como aludiendo a los cabellos/conductos a través de los cuales el rey David, la personificación de *Maljut* (ver Apéndice: Los Siete Pastores), recibía el intelecto inferior a partir del intelecto superior. Sus enemigos trataban de destruirlo –i.e., nutrirse del intelecto inferior de *Maljut*– y así lo perseguían injustamente. David clamó al igual que *Maljut* que clama cuando cae en las manos de los tontos. Así rectificó a *Maljut* "retornando" (arrepintiéndose) incluso por aquellos pecados que le eran desconocidos.

102. Abraham...ShaJaRIT...Cuatro Maljuiot.... Las letras de *ShaJaRIT* (שחרית) corresponden a los cuatro hijos: *Jajam* (חכם), *Rashá* (רשע), *Tam* (תם), *Sheeino Iodea* (שאינו יודע). El hecho de que Abraham instituyera *shajarit* indica que había rectificado esos cuatro aspectos, la *dalet* (= 4) de *Maljut*. Cada uno de sus cuatro "hijos" personifica un concepto diferente mencionado por el Rebe Najmán en la lección. Itzjak es la alegría (§5 y n. 97); el malvado Esaú es la sabiduría tonta del Otro Lado (cf. notas 81, 98); Iaacov es la verdad (n. 88), que es el *Or HaPanim* (ver Lección #23:1); Ishmael corresponde a las Tres Festividades (explicado a la brevedad como correspondiente al retorno a Dios en arrepentimiento). Así Abraham rectificó los "cuatro" de *Maljut*.

דְּסִטְרָא-אָחֳרָא, וְהֶעֱלָה אֶת הַמַּלְכוּת דִּקְדֻשָּׁה בִּשָׁלֹשׁ רְגָלִים. וְזֶה **וַיִּסֹּף**, רָאשֵׁי-תֵּבוֹת שָׁבוּעוֹת סֻכּוֹת פֶּסַח, כִּי עִקַּר חִיּוּתָהּ מֵאוֹר הַפָּנִים שֶׁבְּשָׁלֹשׁ רְגָלִים כַּנַּ"ל.

בִּבְחִינַת (שמואל-ב י"א): "וַיְהִי לִתְשׁוּבַת הַשָּׁנָה לְעֵת צֵאת הַמְּלָכִים", "תְּשׁוּבַת הַשָּׁנָה" – זֶה בְּחִינַת שָׁלֹשׁ רְגָלִים, שֶׁהֵם יְמֵי דִין, יְמֵי תְּשׁוּבָה, כְּמַאֲמַר חֲכָמֵינוּ, זִכְרוֹנָם לִבְרָכָה (ראש-השנה ט"ז): 'בְּפֶסַח נִדּוֹנִין עַל הַתְּבוּאָה, בַּעֲצֶרֶת' וְכוּ'. וְאָז עֵת צֵאת הַמְּלָכִים כַּנַּ"ל, שֶׁמּוֹצִיאִין אֶת בְּחִינַת הַמַּלְכוּת דִּקְדֻשָּׁה מִגָּלִיּוֹת שֶׁל הָאַרְבַּע מַלְכִיּוֹת, וּמַעֲלִין אוֹתָהּ אֶל אוֹר הַפָּנִים, הַמֵּאִיר בִּשָׁלֹשׁ רְגָלִים כַּנַּ"ל:

וְעַל כֵּן יֵשׁ אַרְבַּע בְּחִינוֹת בְּכָל רֶגֶל, בְּפֶסַח הֵם אַרְבַּע כּוֹסוֹת. בְּשָׁבוּעוֹת הוּא סֵדֶר הַמִּשְׁנָה, שֶׁהוּא אַרְבַּע פְּעָמִים בְּיַד כָּל אֶחָד, כְּמוֹ שֶׁאָמְרוּ רַבּוֹתֵינוּ, זִכְרוֹנָם לִבְרָכָה (עירובין נ"ד:): 'כֵּיצַד סֵדֶר

---

que las Tres Festividades son épocas de cosecha-juicio/arrepentimiento, son momentos propicios para que salgan los reyes – i.e., para que *Maljut* el (Reinado) sea rectificado y salga del exilio. El *Parparaot LeJojmá* explica por lo tanto: Las Tres Festividades no sólo son días de juicio sino también días de alegría, como en (Salmos 2:11), "Regocíjate con temblor". Como resultado, *Maljut*, que es sacado del exilio mediante el arrepentimiento, es elevado hacia el *Or HaPanim* para recibir su fuerza de vida y vitalidad. Ello se debe a que la alegría del corazón se manifiesta en el rostro como el *Or HaPanim*, particularmente en las Tres Festividades (ver §5 y n. 56).

112. cuatro en cada Festividad. El Rebe Najmán demuestra que así como *Maljut* es la *dalet* (= 4), cada Festividad posee un aspecto de cuatro. Ello indica que las Festividades tienen el objetivo de rectificar a *Maljut*.

113. cuatro copas de vino. En el Seder bebemos cuatro copas de vino correspondientes a las cuatro expresiones de salvación del exilio en Egipto (Éxodo 6:6,7; ver *Shmot Rabah* 6:4). En nuestro contexto, esto corresponde a la salvación y a la redención de *Maljut* de su exilio.

114. orden de la Mishná...cuatro veces. Moshé (el maestro muy grande) enseñó cada lección cuatro veces: una vez a Aarón, otra vez más a los hijos de Aarón, luego a los Ancianos y después al resto del pueblo judío. Mientras Moshé les enseñaba a los hijos de Aarón y a los demás, Aarón se quedaba en la habitación, de modo que en total Aarón oía la lección cuatro veces. Moshé dejaba entonces la Casa de Estudio y Aarón daba entonces la lección. De esta manera, sus hijos oían la lección cuatro veces. Entonces, Aarón salía. Sus hijos daban la lección y partían, dejando a los Ancianos para que la repasaran una vez más con el resto de los judíos. Así, cada porción de la Torá era estudiada y repasada un total de cuatro veces. Esto corresponde a Shavuot, la festividad en que el pueblo judío recibió la Torá. En nuestro contexto, la Torá es el conducto a través del cual se reciben percepciones de Divinidad.

las Tres Festividades. Así, "*ShaSeF* (cortó en pedazos)" corresponde a Shavuot, Sukot y Pesaj, pues la fuerza vital esencial de *Maljut* proviene de la Luz del Rostro de las Tres Festividades, como se explicó.[107]

Esto corresponde a (Samuel II, 11:1), "Sucedió a la vuelta del año, en el tiempo en que salen los reyes".[108] "La vuelta del año" alude a las Tres Festividades que son días de juicio, días de volver a Dios[109]; como en la enseñanza de nuestros Sabios: En Pesaj se juzga la cosecha de cereales, en Shavuot… (*Rosh HaShaná* 16a).[110] Es entonces "el tiempo en que salen los reyes" – *Maljut* de Santidad es sacado del exilio de los Cuatro *Maljuiot* y elevado a la Luz del Rostro que brilla en las Tres Festividades.[111]

Es así que existe el aspecto de "cuatro" en cada Festividad.[102] En Pesaj hay cuatro copas de vino.[113] En Shavuot está el orden de la Mishná, que cada uno estudió cuatro veces, como enseñaron nuestros Sabios: ¿Cuál era el orden de la Mishná?… (*Eruvin* 54b).[114] En Sukot están

---

prenda de quién? Rashi cita puntos de vista opuestos de los Sabios. Algunos sugieren que Shaul rasgó la prenda de Shmuel, por lo que el profeta dijo que el reino de Shaul sería rasgado. Otros mantienen que Shmuel cortó la prenda de Shaul y le predijo que la persona que hiciese lo mismo en el futuro sería quien lo sucedería como rey. (Así, cuando David más tarde cortó la esquina de la prenda de Shaul, el rey le dijo, "Y ahora sé que tú de seguro reinarás"; Samuel I, 24:20). El cortar la prenda corresponde a cortar y liberar a *Maljut* de su exilio (ver n. 177).

107. la fuerza vital esencial de Maljut…Tres Festividades…. Esto ha sido explicado más arriba, en la sección 5. Fue la alegría colectiva que se concentra en las Tres Festividades lo que le permitió a Shmuel cortar y liberar a *Maljut* de Agag. El Rebe Najmán demuestra cómo esto está aludido en el versículo de Samuel (*loc. cit.*), en que la palabra *ShaSeF* (שסף, cortado) es un acrónimo para las Tres Festividades: Shavuot (שבועות), Sukot (סכות), Pesaj (פסח).

108. la vuelta del año…. Rashi explica que hay determinadas épocas del año que son preferidas por los reyes y sus ejércitos para salir a la guerra, como cuando los campos están cargados de productos [para alimentar a sus fuerzas]. Ver más adelante, nota 111.

109. la vuelta del año…volver a Dios. El Rebe Najmán explica "*teshuvat* (la vuelta) del año", aludiendo a *teshuvá* (arrepentimiento), la rectificación de *Maljut*, el aspecto de Ishmael, como se explicó más arriba.

110. Pesaj…en Shavuot…. Enseñan nuestros Sabios (*loc. cit.*): Hay cuatro momentos de juicio durante el año. En Rosh HaShaná, se juzga a la humanidad; en Pesaj, se juzga la cosecha de cereales del año; en Shavuot, se juzga la cosecha de frutas del año; y en Sukot, se juzga el abastecimiento de agua del año. Debido a que las Tres Festividades son días de juicio, al igual que Rosh HaShaná, también son días de arrepentimiento.

111. salen los reyes, Maljut de Santidad…. Las Tres Festividades corresponden a las épocas del año en que "salen los reyes" porque hay cosecha en los campos (n. 108). Es decir, debido a

מִשְׁנָה וְכוּ'. בְּסֻכּוֹת הִיא אַרְבָּעָה מִינִים, הַכֹּל כְּנֶגֶד בְּחִינַת הַדּ'
הַנַּ"ל, בְּחִינַת מַלְכוּת הַנַּ"ל, שֶׁצָּרִיךְ לְהַעֲלוֹתָהּ אֶל הָאוֹר הַפָּנִים,
עַל-יְדֵי שִׂמְחוֹת הַמִּצְווֹת שֶׁמִּתְקַבְּצִין לְתוֹךְ הָרַגְלַיִם כַּנַּ"ל:

ז. **וְעִקַּר** הִתְגַּלּוּת הַחֶסֶד הַנַּ"ל, שֶׁעַל יָדוֹ קוֹצְרִין וְחוֹתְכִין
וּמַבְדִּילִין אֶת הַדָּלֶ"ת הַנַּ"ל מֵאַרְבַּע גָּלִיּוֹת שֶׁל הָעַכּוּ"ם, הוּא עַל-
יְדֵי תּוֹכָחָה. כִּי עַל-יְדֵי פְּתִיחַת פֶּה שֶׁל הַמּוֹכִיחַ, נִתְגַּלֶּה חָכְמָה.
וְעַל-יְדֵי זֹאת הַחָכְמָה, נִתְגַּלֶּה הַחֶסֶד. כִּי עִקַּר הִתְגַּלּוּת הַחֶסֶד,
עַל-יְדֵי הַחָכְמָה, כִּי 'אֵל נְהִירוּ דְּחָכְמְתָא' (זהר לך-לך צ"ד). כְּמוֹ
שֶׁכָּתוּב (משלי ל"א): "פִּיהָ פָּתְחָה בְחָכְמָה וְתוֹרַת חֶסֶד עַל לְשׁוֹנָהּ".

persona de una manera positiva, para experimentar a Dios y no para deprimirla y alejarla más aún de Él. Aunque mucha gente está dispuesta a amonestar, la mayoría no es apta para ello. Esto era verdad incluso en épocas Talmúdicas (ver *Erjin* 16b), ¡¿cuánto más aún en nuestros días?!" (*Likutey Moharán* II, 8:1). Por lo tanto, cuando la persona que es digna de amonestar "abre su boca", la amonestación que *revela* es sabiduría – percepciones de Divinidad y no su ocultamiento.

119. El es la luz de sabiduría. Enseña el *Zohar* que el Santo Nombre *El* (אל) corresponde a *Jesed*, como en (Salmos 52:3), "La bondad de *El* subsiste de continuo" (ver Apéndice: Las Sefirot y los Nombres de Dios). *Jesed* es la primera ramificación de *Jojmá* sobre el lado derecho de la estructura de las *sefirot* y es por lo tanto el medio para revelar la luz de *Jojmá* (Sabiduría) (*Zohar* III, 65a, *Nitzutzei Orot* #2; ver más arriba, n. 15, 84). Ver la nota siguiente.

120. abre…con sabiduría…Torá de bondad…. El Rebe Najmán encuentra en este versículo una revisión de las afirmaciones del comienzo de esta sección. Cuando el sabio que quiere amonestar abre su boca, esa "apertura" es una revelación de sabiduría. Ello se debe a que hasta ese momento aún no se le habían revelado al mundo esas enseñanzas de Torá. Eran percepciones de Divinidad inalcanzables para el hombre común. Ahora, sin embargo, esas percepciones han comenzado a ser reveladas en la forma de enseñanzas de Torá. Las Escrituras hacen referencia a esta revelación como la "Torá de bondad…". En otras palabras, la revelación de percepciones de Divinidad es llamada *jesed*. Cuando aquel que es digno de amonestar lo hace, su amonestación es una revelación de *jesed*. Ese *jesed* brilla sobre *Maljut*, estableciéndolo y separándolo de los cuatro exilios (§6, notas 84-87). *Maljut* puede entonces elevarse hacia el *Or HaPanim* y recibir fuerza de vida y vitalidad.

Afirma el Talmud que la "Torá de bondad" es la Torá que uno estudia con la intención de enseñársela a los demás (*Suká* 49b). En nuestro contexto, esto se relaciona con la Torá del maestro muy grande (§2). Debido a que su Torá proviene de los niveles más elevados de la percepción de Divinidad, su obligación de revelar esa Torá es muy grande (n. 12). Toda su intención al alcanzar esas percepciones debe ser revelárselas a aquellos que se encuentran en los niveles inferiores. Como tal, su Torá es llamada "Torá de bondad", la Torá que revela *jesed*.

las cuatro especies.[115] Todos estos son un paralelo de los aspectos ya mencionados de la *dalet*, *Maljut*, que deben ser elevados hacia la Luz del Rostro a través de las alegrías de las mitzvot acumuladas en las Festividades, que son el corazón del año, como se explicó más arriba.[116]

7. Ahora bien, la principal revelación de la bondad, por medio de la cual se corta y se separa a la *dalet* de los cuatro exilios, se produce mediante la amonestación.[117] Y como resultado de aquel que abre la boca y amonesta, se revela la sabiduría.[118] Mediante esa sabiduría, se revela la bondad. Esto se debe a que la principal revelación de la bondad se produce a través de la sabiduría, pues "*El* es la luz de sabiduría",[119] como está escrito (Proverbios 31:26), "Ella abre su boca con sabiduría y la Torá de bondad está en su lengua".[120]

---

115. cuatro especies. El *lulav* (rama de palmera), el *etrog* (la cidra), los *hadasim* (ramas de mirto) y las *aravot* (ramas de sauce). En nuestro contexto esto corresponde a las mitzvot, a la alegría que permite que *Maljut* tome su fuerza de vida y vitalidad del *Or HaPanim*.

116. Más arriba. Esto aparece más arriba, en la sección 5.

Resumen: Para que las percepciones de Divinidad, que son el intelecto superior, puedan ser aprehendidas, deben ser contraídas en el intelecto inferior (§1). Esto implica buscar a un maestro muy grande, capaz de explicarles y de transmitirles las percepciones de Divinidad a aquellos que tienen fe en él (§2). Esto lo hace trayendo el intelecto superior a través de los conductos, la Torá/mitzvot, para investirlo en el intelecto inferior. Así, primero es necesario alcanzar el intelecto inferior para lograr un verdadero intelecto superior/percepción de Divinidad (§3). No es posible alcanzar el intelecto inferior a no ser que se desprecie la ganancia monetaria (§4). Habiendo obtenido el intelecto inferior, es necesario traerle vitalidad. Esto se logra mediante la alegría de las mitzvot, las Tres Festividades (§5). Si el intelecto inferior/*Maljut* cae en el exilio de los Cuatro *Maljuiot* del Otro Lado, es necesario *jesed* para separarlo y liberarlo de allí (§6).

117. la principal revelación de la bondad...amonestación. Tal como se ha citado del *Tikuney Zohar*, la frase "hombres capaces" corresponde a la letra *iud*/*Jojmá*/*jesed* (ver más arriba, notas 15, 38). Ese *jesed* (bondad), que surge de *Jojmá*/intelecto superior, es necesario para liberar a *Maljut* de los Cuatro *Maljuiot*, como se explicó en la sección anterior. Aquí, el Rebe Najmán explica la conexión entre *jesed* y la amonestación y muestra cómo la amonestación revela a *jesed* para rectificar a *Maljut*. Agrega el rabí Natán: El principal objetivo de la amonestación debe ser siempre el fortalecer la fe de la persona y no, como es muy común, el deseo de degradarla. Pues debido a esto último, es posible que caiga víctima de las ideologías ajenas (*Torat Natán* #38).

118. se revela la sabiduría. Ello se debe a que la amonestación se realiza en la forma de enseñanzas de Torá. La Torá contiene la sabiduría de Dios – i.e., percepciones de Divinidad. Cuando el sabio amonesta, inviste en ello nuevas enseñanzas de Torá, nuevas revelaciones de Divinidad. En otra instancia, enseña el Rebe Najmán: "La amonestación debe despertar a la

וְזֶה (תהלים קמ"א): "יֶהֶלְמֵנִי צַדִּיק חֶסֶד וְיוֹכִיחֵנִי", הַיְנוּ שֶׁעַל יְדֵי תוֹכָחָה נִתְגַּלֶּה חֶסֶד: וּצְרִיכִין אָנוּ לְקַבֵּל תּוֹכַחְתָּם, אַף-עַל-פִּי שֶׁתּוֹכָחָה שֶׁלָּהֶם הִיא לִפְעָמִים דֶּרֶךְ בִּזָּיוֹן שֶׁמְּבַזִּים אוֹתָנוּ, אַף-עַל-פִּי-כֵן צְרִיכִין אָנוּ לְקַבֵּל תּוֹכַחְתָּם, כְּדֵי לְקַבֵּל עַל יָדוֹ אֶת הַחֶסֶד, כַּנַּ"ל.

כִּי מַה שֶׁתּוֹכַחְתָּם הוֹלֶכֶת לִפְעָמִים בְּדֶרֶךְ בִּזּוּי, צָרִיךְ לָדוּן אוֹתָם לְכַף זְכוּת. כִּי אֵין אָדָם נִתְפָּס עַל צַעֲרוֹ, כִּי סוֹבְלִים צַעַר גָּדוֹל מֵאִתָּנוּ. כִּי אֲפִלּוּ מַה שֶׁהוּא טוֹב אֶצְלֵנוּ, הוּא רָעָה אֵצֶל הַצַּדִּיקִים, וּכְעֵין מַה שֶׁאָמְרוּ רַבּוֹתֵינוּ, זִכְרוֹנָם לִבְרָכָה (יבמות ק"ג): 'כָּל טוֹבָתָן שֶׁל רְשָׁעִים רָעָה הִיא אֵצֶל הַצַּדִּיקִים'. הַיְנוּ כִּי עֲסָקִים וְשִׂיחַת חֻלִּין שֶׁלָּנוּ הוּא בְּוַדַּאי רָעָה אֶצְלָם, אֶלָּא אֲפִלּוּ טוֹבוֹתֵינוּ, הַיְנוּ הַתְּפִלָּה שֶׁהִיא בְּעֶרְכֵּנוּ רַק טוֹב, הוּא רָעָה אֵצֶל הַצַּדִּיקִים, בִּבְחִינַת (שם): "וּתְפִלָּתִי בְּרָעוֹתֵיהֶם", כִּי תְּפִלָּתֵנוּ מְבַלְבֶּלֶת אוֹתָם.

כִּי כָּל הָעִרְבּוּב הַדַּעַת וְכָל הַבִּלְבּוּלִים וְכָל הַשְּׁטוּתִים שֶׁיֵּשׁ לָנוּ לִפְעָמִים, הַכֹּל נִמְשָׁךְ בִּתְפִלָּתֵנוּ. כִּי כָּל הַבִּלְבּוּלִים וְכוּ' וְכָל

93b). Esto se unirá más adelante, donde el Rebe equipara a todos los Tzadikim con el concepto del Mashíaj (n. 131). Su sufrimiento es un "sufrimiento general", físico, para expiar por los pecados del pueblo judío. Es por ello que los Tzadikim suelen amonestar con discreción (ver *Likutey Moharán* I, 22:1). El Rebe Najmán explica aquí cuál es el sufrimiento que los judíos les producen directamente a los Tzadikim y que los hace amonestarlos de manera humillante.

124. el bien de los malvados es malo…. Cuando Labán corrió detrás de Iaacov, Dios le dijo (Génesis 31:24), "No hables con Iaacov ni bien ni mal". Pregunta el Talmud: Podemos entender que Labán no debía hablar mal, ¿pero por qué no hablar buenas cosas con Iaacov? La respuesta que dan nuestros Sabios es que incluso el bien de los malvados es malo para los Tzadikim (*Iebamot, loc. cit.*).

El *Parparaot LeJojmá* agrega que cuando el Rebe Najmán dio está lección, su intención fue que estas mismas palabras fueran una "amonestación humillante" para sus seguidores.

125. plegaria en su mal. En otras palabras, "mis plegarias son malas para los Tzadikim".

El versículo se traduce así en nuestro texto: **Que el Tzadik me hiera con bondad y que me amoneste, como el aceite** – cuando el Tzadik abre su boca y me amonesta, revela *jesed* que surge de *Jojmá*, percepciones de Divinidad. Yo debo aceptarla, aunque la encuentre humillante, porque **mi plegaria será en su mal** – incluso mis plegarias, las buenas acciones que hago, hacen que los Tzadikim sufran. Por lo tanto, su amonestación es ocasionalmente humillante.

{"**Que el Tzadik me hiera con bondad y que me amoneste, como el aceite... mi plegaria será en su mal**" (Salmos 141:5).}

Y éste es el significado de: "Que el Tzadik me hiera con bondad y que me amoneste, <como el aceite>".[121] Es decir, mediante la amonestación se revela la bondad. Y debemos aceptar la amonestación, aunque su corrección ocasionalmente implique humillación. Aunque se nos rebaje, debemos aceptar la amonestación, para recibir mediante ella la bondad.

Pues aunque ellos ocasionalmente amonestan por medio de la humillación, es necesario juzgarlos de manera favorable, pues uno no es responsable por las palabras que dice cuando está sufriendo (*Bava Batra* 16b).[122] Pues ellos sufren mucho debido a nosotros.[123] Pues incluso aquello que para nosotros es bueno, es algo malo en términos de los Tzadikim. Esto es como lo que dijeron nuestros Sabios: Todo el bien de los malvados es malo para los Tzadikim (*Iebamot* 103a).[124] Ciertamente que nuestras vanaglorias y palabras vacías son consideradas malas por ellos. Pero incluso nuestras buenas acciones, como la plegaria que con respecto a nuestras capacidades es totalmente buena, son malas en relación a los Tzadikim. Esto como en, "mi plegaria será en su mal".[125] Pues nuestras plegarias los perturban.

Ello se debe a que todas las confusiones de la mente, todas las perturbaciones y las locuras que a veces experimentamos, se incluyen en nuestras plegarias. Pues todas las perturbaciones, etc., y todos los pensamientos que la persona suele tener, llegan a la mente precisamente

---

121. me amoneste como el aceite. "Aceite" corresponde a *Jojmá* (*Zohar* III, 39a; ver *Likutey Moharán* I, 21:11, n. 112). Así, el Tzadik amonesta con *jesed*, pues su amonestación es como el "aceite" – i.e., revela *Jojmá*. Rashi (*loc. cit.*) indica que el "aceite" era utilizado para ungir a los *melajim* (reyes). En nuestro contexto, esto hace referencia a la sabiduría revelando *jesed* para permitir la rectificación de *Maljut*.

122. palabras que dice cuando está sufriendo. Afirma el Talmud que Job reaccionó a su terrible sufrimiento con palabras muy duras. Incluso así, no fue considerado responsable pues éstas fueron dichas debido al sufrimiento. El Rebe Najmán relaciona esto con el sufrimiento que los Tzadikim deben soportar debido a nuestras acciones. Ocasionalmente, esto hace que amonesten de una manera dura y humillante.

123. sufren mucho debido a nosotros. En otra instancia (*Likutey Moharán* II, 8:6), el Rebe Najmán enseña: Los Tzadikim asumen sobre sí el sufrimiento por todo Israel. Éste es el motivo por el cual solemos encontrar Tzadikim afligidos de pobreza y enfermedad. De la misma manera, el Talmud enseña que el Mashíaj sufre por todo Israel (*Sanedrín* 98a; *ibid.*

הַמַּחֲשָׁבוֹת שֶׁחוֹשֵׁב הָאָדָם לִפְעָמִים, הַכֹּל בָּאִים עַל דַּעְתּוֹ בִּשְׁעַת הַתְּפִלָּה דַּיְקָא, וְהַכֹּל נִשְׁמָע אֵלָיו אָז דַּיְקָא, בְּשָׁעָה שֶׁעוֹמֵד לְהִתְפַּלֵּל. בִּבְחִינַת (שם ק״ו): "מִי יְמַלֵּל גְּבוּרוֹת ה', יַשְׁמִיעַ כָּל תְּהִלָּתוֹ". "תְּהִלָּתוֹ" - לְשׁוֹן (איוב ד): "וּבְמַלְאָכָיו יָשִׂים תָּהֳלָה", הַיְנוּ עִרְבּוּב וּבִלְבּוּלִים, שֶׁאָז מַשְׁמִיעִין אֶת עַצְמָן דַּיְקָא בְּשָׁעָה שֶׁעוֹמֵד לְהִתְפַּלֵּל וּלְמַלֵּל גְּבוּרוֹת ה'.

וְהוּא בִּשְׁתֵּי בְחִינוֹת: אוֹ שֶׁבָּאִים לְהִתְתַּקֵּן מֵחֲמַת שֶׁרוֹאִים שֶׁמִּתְפַּלֵּל בְּכַוָּנָה כָּרָאוּי, עַל כֵּן בָּאִים לְהִתְתַּקֵּן. כִּי עַכְשָׁו הוּא הַזְּמַן שֶׁיְּכוֹלִין לְהִתְתַּקֵּן, כִּי יֵשׁ בָּהֶם נִיצוֹצוֹת קְדוֹשִׁים שֶׁצְּרִיכִין תִּקּוּן. אוֹ בִּבְחִינָה אַחֶרֶת, מֵחֲמַת שֶׁאֵינוֹ רָאוּי לְהִתְפַּלֵּל, וּבָאִין לְבַלְבֵּל אוֹתוֹ מִתְּפִלָּתוֹ.

עַל כָּל פָּנִים בֵּין כָּךְ וּבֵין כָּךְ, בִּשְׁעַת הַתְּפִלָּה דַּיְקָא בָּאִין כָּל הָעִרְבּוּבִים וְכָל הַבִּלְבּוּלִים שֶׁל הָאָדָם, וְנִשְׁמָעִין אֶצְלוֹ אָז, וּבִשְׁבִיל זֶה נִקְרָאִין הַבִּלְבּוּלִים וְהָעִרְבּוּבִים תְּהִלָּה כַּנַּ״ל, מֵחֲמַת שֶׁהֵן בָּאִים דַּיְקָא בְּעֵת הַתְּפִלָּה וְהַתְּהִלָּה כַּנַּ״ל.

וְכָל הַתְּפִלּוֹת הָאֵלּוּ עִם כָּל הָעִרְבּוּבִים בָּאִין אֶל הַצַּדִּיקִים, כִּי הַצַּדִּיקִים הֵם בְּחִינַת מָשִׁיחַ, שֶׁאֵלָיו בָּאִין כָּל הַתְּפִלּוֹת לְהַעֲלוֹתָן.

128. es posible tal corrección...chispas de santidad.... Ver más arriba, nota 126. Esto hace referencia especialmente a los Tzadikim, pues con su apropiada concentración pueden elevar incluso aquellas chispas que han caído a los niveles más bajos.

129. no sea apta...perturbarla en sus oraciones. Enseñó el Rebe Najmán (*Likutey Moharán* I, 115): Cuando la persona peca y luego desea arrepentirse, el Atributo del Juicio la denuncia como no apta y le pone obstáculos en el camino. Dios entonces debe ocultarse, si así pudiera decirse, dentro de los obstáculos, extendiéndole así una mano oculta a la persona para ayudarla a arrepentirse. En nuestro contexto, si la persona "no es apta" –i.e., ha errado o pecado– el juicio la condena y crea obstáculos que no la dejan orar. (Pero Dios también está oculto dentro de esos obstáculos. Después de todo, es una mitzvá; Dios quiere que la persona Le ore incluso aunque no sea apta. Así, incluso la persona que es indigna puede arrepentirse y rectificar las chispas durante sus plegarias).

130. como se explicó. Ver más arriba, nota 127.

131. Tzadikim...aspecto del Mashíaj. El Rebe Najmán retorna a un tema anterior (§2): Cuanto más espiritualmente deficiente sea la persona, más grande deberá ser su mentor espiritual. Todo

en el momento de la plegaria.[126] Es precisamente entonces, cuando la persona se pone de pie para orar, que las oye a todas; como en (Salmos 106:2), "¿Quién puede expresar los poderosos actos de Dios? ¿Quién puede hacer oír toda Su *tehilá* (alabanza)?". "Su *TeHiLá*" es lingüísticamente similar a (Job 4:18) "En Sus ángeles Él encuentra *TaHaLá* (locura)" – i.e., confusión y perturbación. Ellas se hacen oír precisamente cuando uno se pone de pie para orar y "expresar los poderosos actos de Dios".[127]

Esto sucede por dos motivos. Una posibilidad es que vengan para ser rectificadas. Dado que han visto que la persona está orando con la concentración apropiada, vienen por lo tanto para ser rectificadas, pues éste es el momento en que es posible tal corrección. Pues ellas tienen chispas de santidad que necesitan la rectificación.[128] Otra posibilidad es que la persona no sea apta para orar y vengan para perturbarla en sus oraciones.[129]

Sea cual fuere el motivo, es precisamente entonces, en el momento de la oración, cuando todas las confusiones y las perturbaciones de la persona llegan y se hacen oír. Es por ello que las perturbaciones y las confusiones son llamadas *tehilá*, porque llegan precisamente en el momento de la plegaria y de la alabanza, como se explicó.[130]

Y todas esas plegarias, junto con todas las confusiones, llegan al Tzadik. Ello se debe a que los Tzadikim son un aspecto del Mashíaj,[131] a

---

126. llegan a la mente…en el momento de la plegaria. Cuenta la historia que cierta vez, después de que la congregación terminara de orar, Reb Leví Itzjak de Berdichov se acercó a uno de los presentes y le dijo, "¡*Shalom Aleijem*!". "¿Por qué este saludo especial?", preguntó el hombre. "He estado aquí, en la ciudad, durante algún tiempo". El Berdichover le respondió, "Sí. ¡Pero durante la plegaria, estabas en Varsovia haciendo negocios!". Esto, como enseña el Rebe Najmán aquí, se debe a que todas las confusiones, los problemas y las experiencias de la persona le llegan en el momento de sus plegarias. Esto se debe a lo siguiente: En el momento del pecado de Adán, muchas chispas de santidad descendieron hacia los ámbitos inferiores de las *klipot*. Cada persona, al llevar a cabo las mitzvot, eleva esas chispas de acuerdo a su nivel (cf. *Shaar HaMitzvot, Reaj* p. 112; *Likutey Halajot, Birkat HaReaj* 4:45). La plegaria es, en particular, un momento propicio para elevar esas chispas, como enseñará el Rebe a la brevedad. Sin embargo, es éste precisamente el motivo por el cual la gente encuentra difícil concentrarse en la oración. Las chispas que buscan ser rectificadas llegan entonces a la mente, en la forma de pensamientos extraños. No habiendo podido rectificarlas enteramente mediante la realización de sus actos tan perfectamente como su nivel espiritual hubiera requerido, se presentan como pensamientos confusos y perturbadores durante la plegaria (ver también Lección #26, notas 6, 7).

127. TeHiLá…TaHaLá…. El versículo se lee entonces así: **Quién puede expresar los poderosos actos de Dios** – Aquel que se pone de pie para orar y alabar (תהילה) a Dios, será quien **pueda hacer oír toda Su THL** – quien oiga toda su *tahalá* (תהלה), sus confusiones y perturbaciones.

בִּבְחִינַת (ישעיה מ"ח): "וּתְהִלָּתִי אֶחֱטָם לָךְ", שֶׁכָּל הַתְּהִלּוֹת בָּאִין לִבְחִינַת מָשִׁיחַ, שֶׁהוּא בְּחִינַת חֹטֶם, בְּחִינַת (איכה ד'): "רוּחַ אַפֵּינוּ מְשִׁיחַ ה'".

כִּי מָשִׁיחַ הוּא מוֹרַח וְדָאִין (כמו שאמרו רז"ל, סנהדרין צ"ג:), בִּבְחִינַת (ישעיה י"א): "וַהֲרִיחוֹ בְּיִרְאַת ה'". הַיְנוּ בִּתְפִלּוֹת, שֶׁהֵן בְּחִינַת (משלי ל"א): "יִרְאַת ה' הִיא תִתְהַלָּל". כִּי הוּא מוֹרַח וּמַרְגִּישׁ בְּהַתְּפִלּוֹת שֶׁמְּקַבֵּל מֵהֶם, אֶת כָּל אֶחָד וְאֶחָד כְּפִי מַה שֶּׁהוּא, כִּי כָּל הָעֵרְבּוּבִים שֶׁל כָּל אֶחָד הֵם בְּתוֹךְ הַתְּפִלָּה כַּנַּ"ל.

נִמְצָא שֶׁהַצַּדִּיקִים הֵם סוֹבְלִים צַעַר עַל יְדֵי הַתְּפִלּוֹת שֶׁלָּנוּ שֶׁמְּבַלְבְּלִין אוֹתָן כַּנַּ"ל, וּבִשְׁבִיל זֶה צָרִיךְ לְקַבֵּל תּוֹכַחְתָּם אַף שֶׁמְּבַזִּין אוֹתָנוּ כַּנַּ"ל:

lado, corresponden al habla, *Maljut*. El verdadero Tzadik, que puede revelar percepciones de Divinidad, es aquel a quien le es llevada el habla/*Maljut*, para ser rectificada

Moshé Rabeinu, que tenía esa vista/percepción de Divinidad, era capaz de mirar a la gente y de juzgar inmediatamente sus características. Shlomo, cuyo trono tenía leones que rugían cuando alguien mentía, juzgaba mediante el sentido del oído (*Kisei Melej* sobre el *Tikuney Zohar* #70, p. 123b). Tanto Moshé como Shlomo eran maestros muy grandes, capaces de investir las percepciones de Divinidad en el intelecto inferior. Sin embargo, el nivel del Mashíaj será mucho más grande, trascendiendo incluso a *Jojmá*. El nivel del Mashíaj surge de lo que es conocido en la terminología de la Kabalá como *Nukva dePardaska*, la "nariz" de la persona Divina más exaltada, *Atik Iomin*. Como resultado, Mashíaj será capaz de juzgar mediante el sentido del olfato. (Aquí parece haber una contradicción. La nota 131 demuestra que Moshé es Mashíaj, pero aquí vemos que el nivel de Mashíaj es superior. Sin embargo, el Talmud enseña en *Julín* 7b que, después de su muerte, los Tzadikim avanzan hacia niveles cada vez más elevados, niveles que no podían alcanzar en vida. Así, aunque mientras estuvo unido a una existencia corpórea Moshé no pudo elevarse espiritualmente tanto como podría haberlo hecho, ciertamente ha estado avanzando constantemente desde su fallecimiento. Por lo tanto, el *Zohar* I, 25b afirma claramente que Moshé, quien redimió a los judíos en el pasado e instiló en ellos percepciones de Divinidad, es Mashíaj).

136. olfatear y sentir…sus plegarias. Como se explicó, cuando la persona ora, su mente está llena de pensamientos confusos y de distracciones. Esas plegarias, que corresponden a *Maljut*, llegan por lo tanto a los Tzadikim/Mashíaj para ser elevadas. El Tzadik percibe –i.e., "huele"– la plegaria que está confusa y amonesta a la persona, revelando así el *jesed* que rectifica a *Maljut* (que es en sí mismo la plegaria). Mashíaj es un aspecto del rey (*Melej HaMashíaj*) y así corresponde a *Maljut*/plegaria. Él puede "olfatear" cada plegaria y comprender a partir de ella cuál es la amonestación que necesita la persona (*Parparaot LeJojmá*).

137. los Tzadikim sufren…aceptar su amonestación…. Resumen: Para que las percepciones

quien le llegan todas las plegarias para ser elevadas, como en (Isaías 48:9), "Por Mi alabanza, *eJToM* (restringiré Mi ira) de ustedes".[132] Todas las alabanzas van hacia el aspecto del Mashíaj, que corresponde al *JoTeM* (nariz), como en, "El aliento de nuestras narices, el *meshiaj* (ungido) de Dios" (Lamentaciones 4:20).[133]

Pues el Mashíaj juzgará mediante el sentido del olfato (*Sanedrín* 93b).[134] Esto es como en (Isaías 11:3), "Y respirará del temor a Dios" – es decir las plegarias, como en (Proverbios 31:30), "el temor a Dios, ello debe ser alabado".[135] En las plegarias que reciba de ellos, podrá olfatear y sentir a cada uno de los individuos tal cual es. Pues, como se explicó, todas las confusiones de la persona se encuentran en sus plegarias.[136]

Es así que los Tzadikim sufren debido a nuestras plegarias, que los perturban. Como resultado, debemos aceptar su amonestación – aunque nos humillen.[137]

Tzadik es un aspecto de Moshé Rabeinu, como está implícito en la enseñanza Talmúdica donde se relata que un sabio elogiaba a otro diciendo, "Moshé, lo has dicho bien" (*Shabat* 101b; cf. *Likutey Moharán* I, 9:4, n.50). De hecho, en los líderes de cada generación se encuentra un aspecto de Moshé (*Zohar* III, 273a). Concerniente al versículo (Eclesiastés 1:9) "*Má Shehaiá, Hu Sheihié* – Lo que fue, será...", el *Tikuney Zohar* (#69, p. 111b) hace notar que las primeras letras conforman el nombre *MoShéH* (משה). Moshé, el primer redentor, también será el redentor final, Mashíaj. Porque sólo alguien del calibre de Moshé podrá redimir a los judíos del exilio. Al mismo tiempo y tal como indica el *Zohar* más arriba, el tremendo nivel de Moshé-Mashíaj puede encontrarse, hasta cierto punto, en los Tzadikim de la generación, aquellos maestros muy grandes que le revelan percepciones de Divinidad al pueblo. El Rebe continúa explicando por qué las plegarias deben ir a los Tzadikim/Mashíaj.

132. Mi alabanza, eJToM de ustedes. Es decir, la alabanza a Dios –i.e., la plegaria– debe ir primero al *jotem* (חוטם), Mashíaj. El Rebe Najmán trae ahora una serie de pruebas conectando a Mashíaj, la nariz y la plegaria.

133. nuestras narices el meshíaj.... Este versículo de Lamentaciones demuestra que Mashíaj corresponde a la nariz. Esto se debe a que....

134. Mashíaj juzgará...olfato. Afirman las Escrituras (Isaías 11:3): "Él respirará del temor a Dios; no juzgará según la vista de sus ojos ni fallará según el oír de sus oídos". Enseña el Talmud que Dios "insuflará" en el Mashíaj el temor a Dios. ¿Qué es ese insuflar? Es un sentido del olfato tan puro que con él será capaz de olfatear la verdad y adjudicar los temas a través de la pureza de su "nariz". Es por ello que el Mashíaj se equipara con el *jotem*.

135. temor a Dios...alabado. Vemos que el temor a Dios corresponde a las plegarias y al Mashíaj. Ambos son un solo concepto, de modo que la plegaria debe ir primero al Mashíaj –i.e., los Tzadikim– para ser elevada.

A partir del *Tikuney Zohar* citado más arriba (n. 15), se comprende que las percepciones de Divinidad están en *Jojmá*, correspondiente al poder de la vista. Las plegarias, por otro

ח. אָמְנָם לְכְאוֹרָה אֵיךְ אֶפְשָׁר לוֹ, לְהוֹכִיחַ אֶת כָּל אֶחָד וְאֶחָד. הֲלֹא כָּל הַתְּפִלּוֹת בָּאִין אֶצְלוֹ בְּיַחַד, שֶׁל הַכְּשֵׁרִים וְשֶׁל אוֹתָם שֶׁאֵינָן כְּשֵׁרִים, וְאֵיךְ יוֹדֵעַ אֵיזֶה תְּפִלָּה בָּאָה מִזֶּה אוֹ מִזֶּה, כְּדֵי לְהוֹכִיחַ אוֹתוֹ.

אַךְ הוּא יוֹדֵעַ זֹאת, עַל יְדֵי הָעַזּוּת וְהַתּוֹרָה שֶׁל כָּל אֶחָד וְאֶחָד, אִם תְּפִלָּתוֹ הָיְתָה כַּהוֹגֶן אִם לָאו. כִּי יֵשׁ שְׁנֵי מִינֵי עַזּוּת, כִּי יֵשׁ עַזּוּת דִּקְדֻשָּׁה, שֶׁאִי אֶפְשָׁר לְקַבֵּל אֶת הַתּוֹרָה כִּי אִם עַל-יְדֵי זֶה הָעַזּוּת דִּקְדֻשָּׁה. כְּמוֹ שֶׁאָמְרוּ רַבּוֹתֵינוּ, זִכְרוֹנָם לִבְרָכָה (אבות פרק ב'): 'לֹא

Hay veces en que la persona desea llevar a cabo una mitzvá pero desiste debido al temor de que alguien se burle o la rechace. Siente vergüenza de realizar la mitzvá frente a otras personas. Por lo tanto, la Mishná (*Avot* 5:20) nos advierte que debemos ser muy audaces frente a los que se burlan y no sentirnos avergonzados (*Tur, Oraj Jaim* 1:1). Explican los comentarios: Dado que es sabido que la osadía es un rasgo muy negativo, uno puede pensar que es necesario mantenerse totalmente alejado del rasgo de *azut*. Nuestros Sabios enfatizan por lo tanto lo absolutamente esencial que es para el servicio a Dios. La audacia es necesaria para superar a aquellos que se burlan de nuestras acciones e incluso para vencer la humildad y la vergüenza que se siente a veces ante la realización de una mitzvá en presencia de otros (ver *Bet Iosef* y *Prisha* sobre *Oraj Jaim* 1). Así, el rasgo de *azut*, así sea para contrarrestar a aquellos que tratan de impedirnos realizar las mitzvot o para superar la propia modestia mal entendida, es absolutamente vital para servir a Dios. Por otro lado, al emplear *azut*, la persona nunca debe permitir que degenere en osadía. Tal *azut* utilizado para disputar con los otros o para alguna otra cosa que no sea el desarrollo espiritual, es totalmente indeseable (*Maguen Abraham, Oraj Jaim* 1:2). Ver *Likutey Moharán* I, 22:4 y las notas correspondientes, donde se trata en profundidad el tema de *azut*.

Aunque el Rebe Najmán trata sobre la naturaleza y la importancia de *azut* de santidad, no hay una regla clara sobre cómo, dónde y cuándo utilizarla exactamente. En verdad, debido a los casi infinitos factores que pueden entrar en juego, es casi imposible proveer algo más que principios generales para la aplicación de este rasgo. Por este mismo motivo, las cuestiones correspondientes a la aplicación práctica de *azut*, al igual que al uso apropiado de la humildad, sólo pueden ser resueltas mediante la plegaria. Por lo tanto, en su *Likutey Tefilot*, el rabí Natán ruega una y otra vez recibir el conocimiento apropiado para saber cómo, dónde y cuándo utilizar cada uno de ellos.

El Rebe Najmán introduce a continuación cuatro pruebas conectando la audacia, la Torá y el pueblo judío.

141. El vergonzoso no puede aprender. Rashi explica que aquel que es vergonzoso y no hace preguntas, nunca podrá comprender. Rabeinu Iona agrega que la humildad y el sentir vergüenza son rasgos muy valiosos que la persona debe cultivar en todo momento y en todos los aspectos de la vida – excepto en los estudios. La persona no debe pensar que si no es capaz, no debe hacer preguntas. No preguntar hace que uno se mantenga en la ignorancia.

8. Sin embargo parece imposible que [el Tzadik] pueda amonestar a todos y a cada uno de los individuos.[138] ¿Acaso no le llegan todas las plegarias juntas – aquellas de los dignos y las de los que no lo son? ¿Cómo puede saber si la plegaria proviene de ésta o de aquella persona, para poder amonestarla?

Sin embargo, él lo sabe –es decir si la plegaria es apropiada o no– por medio de la audacia[139] y de la Torá de cada persona. Pues hay dos clases de audacia.[140] Está la audacia sagrada, sin la cual es imposible recibir la Torá. Como dicen nuestros Sabios: El vergonzoso no puede aprender (*Avot* 2:5).[141] Ellos también enseñaron: ¿Por qué le fue dada la

---

de Divinidad, que son el intelecto superior, puedan ser aprehendidas, deben ser contraídas en el intelecto inferior (§1). Esto implica buscar a un maestro muy grande, capaz de explicarles y de transmitirles las percepciones de Divinidad a aquellos que tienen fe en él (§2). Esto lo hace trayendo el intelecto superior a través de los conductos, la Torá/mitzvot, para investirlo en el intelecto inferior. Así, primero es necesario alcanzar el intelecto inferior para lograr un verdadero intelecto superior/percepción de Divinidad (§3). No es posible alcanzar el intelecto inferior a no ser que se desprecie la ganancia monetaria (§4). Habiendo obtenido el intelecto inferior, es necesario traerle vitalidad. Esto se logra mediante la alegría de las mitzvot, las Tres Festividades (§5). Si el intelecto inferior/*Maljut* cae en el exilio de los Cuatro *Maljuiot* del Otro Lado, es necesario *jesed* para separarlo y liberarlo de allí (§6). *Jesed* se manifiesta cuando el Tzadik verdadero amonesta, revelando así enseñanzas de Torá, percepciones de Divinidad. Esa amonestación debe ser aceptada, aunque genere humillación (§7).

138. parece imposible...cada uno de los individuos. Explica el *Parparaot LeJojmá*: En la sección previa, el Rebe Najmán enseñó que todas las plegarias deben ir al Tzadik. En base a las plegarias de la persona, el Tzadik conoce sus faltas y puede amonestarla en concordancia. Ello se debe a que, en la medida del daño producido en *Maljut*/intelecto inferior, así mismo será el grado en que se haya permitido que *Maljut* del Otro Lado gane poder. El gobierno del Otro Lado corresponde a las distracciones y confusiones que se experimentan al orar. Éstas no permiten decir la plegaria de la manera apropiada – i.e., o bien vienen para ser rectificadas o bien para perturbar. Sin embargo, y aquí el Rebe hace la pregunta obvia: Si todas las plegarias llegan juntas, ¿cómo puede el Tzadik conocer la plegaria de cada persona y amonestarla en concordancia?

139. por medio de la audacia. La palabra hebrea que aparece en el texto es *azut* (עזות). Como sucede con muchas otras palabras hebreas en general y en particular con el uso generalmente novedoso que hace el Rebe Najmán de ellas, no hay una traducción exacta que incorpore todas las connotaciones que conlleva la palabra original, *azut*. El lector encontrará por lo tanto alternativamente tanto "audacia" como "osadía". Lo primero se utiliza cuando el texto indica la cualidad positiva y deseable de *azut*, mientras que lo último es utilizado para indicar su aspecto negativo (ver la nota siguiente para una explicación de la naturaleza dual de este rasgo).

140. dos clases de audacia. Ser audaz es un requerimiento básico y vital en el servicio a Dios.

הַבַּיְשָׁן לָמֵד', וּכְמוֹ שֶׁאָמְרוּ רַבּוֹתֵינוּ, זִכְרוֹנָם לִבְרָכָה (ביצה כ"ה:) 'מִפְּנֵי מָה נִתְּנָה תּוֹרָה לְיִשְׂרָאֵל - מִפְּנֵי שֶׁעַזִּין הֵן', וּכְמוֹ שֶׁאָמְרוּ (אבות פרק ה') 'הֱוֵי עַז כַּנָּמֵר'. וּבִשְׁבִיל זֶה הַתּוֹרָה נִקְרֵאת עֹז, כְּמוֹ שֶׁכָּתוּב (תהלים כ"ט): "ה' עֹז לְעַמּוֹ יִתֵּן", (וכמו שפרש רש"י, וכן בזבחים קט"ז). כִּי אִי אֶפְשָׁר לָבוֹא אֶל הַתּוֹרָה, כִּי אִם עַל יְדֵי עַזּוּת דִּקְדֻשָּׁה.

וּכְנֶגֶד זֶה, יֵשׁ לְהִפּוּךְ, עַזּוּת מִן הַסִּטְרָא אָחֳרָא, שֶׁמִּשָּׁם בָּאִין תּוֹרוֹת אֲחֵרוֹת, שֶׁהֵן תּוֹרוֹת שֶׁלָּהֶן, שֶׁהֵם בְּחִינַת פְּסִילִים. כִּי 'כָּל מִי שֶׁיֵּשׁ בּוֹ עַזּוּת, בְּיָדוּעַ שֶׁלֹּא עָמְדוּ רַגְלֵי אֲבוֹתָיו עַל הַר סִינַי' (נדרים כ').

וְיֵשׁ לוֹ תּוֹרָה מִסִּטְרָא אָחֳרָא, הַנִּקְרָאִין פְּסִילִים, שֶׁהוּא הֶפֶךְ מִן הַתּוֹרָה הַקְּדוֹשָׁה שֶׁלָּנוּ, שֶׁהוּא בְּחִינוֹת: "פְּסָל לָךְ", כִּי הִיא נִקְרֵאת פְּסֹלֶת, עַל שֵׁם הֶעָתִיד, כְּמַאֲמַר חֲכָמֵינוּ, זִכְרוֹנָם לִבְרָכָה (פסחים נ') 'אוֹר שֶׁהוּא יָקָר בָּעוֹלָם הַזֶּה, יִהְיֶה קָפוּי וְקַל לָעוֹלָם הַבָּא. שֶׁהִיא בְּחִינוֹת פְּסֹלֶת, שֶׁהוּא קָפוּי וְקַל וְצָף לְמַעְלָה.

אֲבָל תּוֹרָתוֹ הִיא פְּסֹלֶת אֲפִלּוּ בָּעוֹלָם הַזֶּה, וְעַל שֵׁם זֶה נִקְרָאִין פְּסִילִים, כְּמוֹ שֶׁכָּתוּב (שמות כ'): "לֹא תַעֲשֶׂה לְךָ פֶסֶל". וּמִי שֶׁיֵּשׁ

seguro…". Los comentaristas explican que en el monte Sinaí estuvieron [las almas de] aquellos destinados a recibir la Torá, en ese momento o en el futuro. Allí recibieron las cualidades de la humildad y la modestia. Los osados, aquellos que carecen de humildad, no pudieron por lo tanto haber estado en el Sinaí (*Ran, v.i. Lo*). De acuerdo a ello, la Torá de los osados no es la Torá del Sinaí sino "otra Torá", idolatría, como continúa explicando el Rebe.

147. PSoL para ti. Cuando Moshé ascendió al cielo para recibir la Torá por segunda vez, Dios le dijo, "*Psol* para ti dos tablas de piedra". La Torá recibida en el Sinaí es así un aspecto de *psol* (פסל).

148. PSoLet…luz que es sustancial…. La Torá/*psol* se equipara también con *psolet* (פסולת, paja). Esto no se aplica en este mundo, donde la luz de la Torá es ciertamente sustancial y preciosa. Pero en el futuro la luz de la Torá será como la paja –liviana e insignificante– en comparación con la luz más grande del Mundo que Viene. Rashi hace notar (*loc. cit., v.i. Or*) que todo lo liviano (como la paja) se eleva y flota en la superficie del agua. El Maharsha explica que esto hace referencia a la luz de la Torá que, aunque hoy en día no es fácilmente accesible para todos, en el futuro se la encontrará "flotando en la superficie" y será accesible para todos (*v.i. Ze or*). En ese sentido, la Torá tendrá en el futuro un aspecto de *psolet* en el hecho de que "flotará en la superficie".

149. su Torá…. Pero la Torá de la persona osada es incluso hoy *psolet*, verdadero *psolet*, que es descartado.

Torá a Israel? Porque [los judíos] son audaces (Beitzá 25b).[142] Y: Sé audaz como un leopardo (Avot 5:20).[143] Éste es el motivo por el cual la Torá es llamada "audaz", como está escrito (Salmos 29:11), "Dios le dio audacia a Su pueblo". Pues es imposible acercarse a la Torá como no sea mediante la audacia sagrada.[144]

En contraste con esto, existe el reverso, la osadía del Otro Lado. De allí proviene la otra Torá, la Torá de ellos. Pues ellos son el aspecto de la idolatría,[145] porque, [como enseñaron nuestros Sabios:] Todo aquel que es descarado, de seguro que los pies de sus ancestros no estuvieron en el Monte Sinaí (Nedarim 20a).[146]

Y tienen [enseñanzas] de Torá provenientes del Otro Lado, que son llamadas "idolatría". Éste es el reverso de nuestra sagrada Torá, que es un aspecto de "*PSoL* (talla) para ti" (Éxodo 34:1)[147]; pues es llamada *PSoLet* (paja) en virtud de lo que sucederá en el futuro. Como enseñaron nuestros Sabios: La luz que es sustancial en este mundo será insignificante y pequeña en el Mundo que Viene (Pesajim 50a). En esto se asemeja a la paja, que es insignificante y liviana y flota en la superficie.[148]

Pero su Torá es <absoluto> *PSoLet*, incluso en este mundo.[149] Debido a ello, son llamados *PSiLim* (idolatría), como está escrito (Éxodo 20:4), "No se hagan un *PeSeL* (ídolo)". Así, todo aquel que tenga la

---

142. Porque son audaces. Enseña el Talmud que la cualidad de *azut* se encuentra arraigada en el pueblo judío. Rashi explica (v.i. *Shehein*) que, de hecho, los judíos son muy osados. Sin embargo, la Torá mina su osadía y los lleva hacia el rasgo de la humildad. Su osadía se mantiene pero se convierte en audacia. Esto les da la fortaleza para hacer preguntas.

143. audaz como un leopardo. Aunque el leopardo es poderoso, no es tan fuerte como audaz (*Barternura*, Avot 5:20). Es capaz de enfrentar a criaturas mucho más fuertes que él. Esto se aplica en nuestro contexto a aquél que siente vergüenza de hacer preguntas. Debe ser "audaz como un leopardo" incluso aunque piense que no tiene la fuerza.

144. Dios le dio audacia.... El Talmud relata que cuando Dios emitió los Diez Mandamientos, lo hizo con una voz muy fuerte. Las naciones se volvieron a Bilaam buscando una explicación. "Dios le dio audacia...", respondió Bilaam – i.e., Él les está dando en este momento la Torá a los judíos (*Zevajim* 116a). De este pasaje aprendemos la conexión entre la Torá, los judíos y la audacia: El judío debe usar la cualidad de la Torá, la audacia, para alcanzar la Torá.

145. otra Torá...idolatría. Esto hace referencia a las filosofías ajenas introducidas en las enseñanzas de Torá, como se explicó más arriba (§6, n. 81). Esas enseñanzas son "otra Torá" y no verdadera Torá, y como tal son equivalentes a la idolatría.

146. descarado.... El texto en el Talmud (*loc. cit.*) dice: "Todo aquel que carece de humildad, de

לוֹ עַזּוּת שֶׁלָּהֶם מִן הַסִּטְרָא-אָחֳרָא, הוּא מְקַבֵּל תּוֹרָה שֶׁלָּהֶם בְּחִינַת פְּסִילִים כַּנַּ"ל:

וְעַל-יְדֵי הָעַזּוּת שֶׁהַצַּדִּיק רוֹאֶה בְּכָל אֶחָד וְאֶחָד כְּפִי מַה שֶׁהוּא, אִם יֵשׁ לוֹ עַזּוּת דִּקְדֻשָּׁה אוֹ לְהִפּוּךְ, עַל יְדֵי זֶה הוּא יוֹדֵעַ אִם תְּפִלָּתוֹ הָיְתָה תְּפִלָּה הַכְּשֵׁרָה אוֹ לְהִפּוּךְ. כִּי גַּם הַתְּפִלָּה הִיא עַל-יְדֵי עַזּוּת, כִּי אִי אֶפְשָׁר לַעֲמֹד לְהִתְפַּלֵּל לִפְנֵי הַשֵּׁם יִתְבָּרַךְ כִּי אִם עַל-יְדֵי עַזּוּת. כִּי כָּל אֶחָד לְפוּם מָה דִמְשַׁעֵר בְּלִבֵּהּ אֶת גְּדֻלַּת הַבּוֹרֵא יִתְבָּרַךְ שְׁמוֹ, כְּמוֹ שֶׁכָּתוּב (משלי ל"א): "נוֹדָע בַּשְּׁעָרִים בַּעְלָהּ" – כָּל חַד לְפוּם מָה דִמְשַׁעֵר בְּלִבֵּהּ (זהר וירא ק"ג:).

וְכָל אֶחָד לְפִי עֶרְכּוֹ שֶׁמְּשַׁעֵר בְּלִבּוֹ אֶת גְּדֻלַּת הַבּוֹרֵא יִתְבָּרַךְ שְׁמוֹ, אֵיךְ אֶפְשָׁר לוֹ לַעֲמֹד וּלְהִתְפַּלֵּל לְפָנָיו. וּבִפְרָט הַתְּפִלָּה שֶׁהִיא פְּלָאוֹת, דְּהַיְנוּ שִׁדּוּד הַמַּעֲרָכוֹת. שֶׁהַמַּעֲרָכוֹת מְחֻיָּבִין כָּךְ, וְכָל כּוֹכָב וּמַזָּל קָבוּעַ עַל מִשְׁמַרְתּוֹ וּמַעֲרָכָה שֶׁלּוֹ, כְּפִי מַה שֶּׁסִּדְּרָם הַבּוֹרֵא יִתְבָּרַךְ שְׁמוֹ, שֶׁיִּהְיוּ קְבוּעִים וּמְסֻדָּרִים כָּךְ וְכָךְ, וְהוּא בָא בִּתְפִלָּתוֹ וְרוֹצֶה לְשַׁדֵּד הַמַּעֲרָכוֹת וְלַעֲשׂוֹת פְּלָאוֹת.

es a través del estudio de Torá de la persona que el Tzadik reconoce la naturaleza de su *azut*; cuando ese estudio es el apropiado, corresponde a la audacia. Aquí, el Rebe hace referencia a la pregunta presentada al comienzo de esta sección, "¿Cómo puede saber si la plegaria proviene de…?". Si bien la Torá es algo tratado y debatido de manera abierta, la plegaria está oculta dentro de la mente y del corazón de la persona. ¿Qué conexión hay entre la "audacia de la Torá", que es manifiesta y las "plegarias perturbadoras", que están encubiertas? Sin embargo, debido a que la plegaria también es producto del *azut*, como el Rebe Najmán explicará a continuación, la audacia de la Torá expuesta se muestra en las plegarias.

153. ShARim…ShAeR. Al hablar sobre el reconocimiento de la grandeza de Dios, el *Zohar* afirma que todos tienen alguna percepción de Dios, cada uno de acuerdo al nivel en que su corazón pueda *shaer* (estimar) y profundizar. Sin embargo, nadie posee una imagen completa de Dios, porque Él es Infinito (*Zohar, loc. cit.*). En nuestro contexto, esto denota que todas las percepciones de Divinidad están investidas en los *sharim*, los conductos, a través de los cuales se filtra la tremenda luz del intelecto superior. Cada persona, en la medida de su cumplimiento de la Torá y de las mitzvot (los *sharim*), puede alcanzar percepciones de Divinidad. El versículo se traduce en nuestro texto como sigue: **Su señor** – las percepciones del Señor, Dios, **es conocido en los sharim** – están en la medida del *shaer* del corazón.

154. sus plegarias…cambiar la naturaleza…. Aunque Dios creó el mundo y lo puso en movimiento, aunque Él estableció los cuerpos celestes y asignó las fuerza de la naturaleza

osadía de ellos, del Otro Lado, recibirá la Torá de ellos, el aspecto de idolatría.[150]

Ahora bien, en virtud de la audacia que el Tzadik percibe en cada individuo tal cual es –así sea que tenga audacia sagrada o lo contrario– él [el Tzadik] sabe si su plegaria es una plegaria apropiada o lo contrario.[151] Esto se debe a que la plegaria también proviene de la audacia.[152] Pues es imposible ponerse de pie para orar delante del Santo, bendito sea, si no es mediante la audacia – cada individuo en la medida de la estimación en su corazón de la grandeza del Santo, bendito sea. Como está escrito (Proverbios 31:23), "Su señor es conocido en los *ShARim* (portales)" – cada individuo en la medida de la *ShAeR* (estimación) de su corazón (Zohar I, 103b).[153]

Pero, ¿cómo es posible que la persona –cada una en la medida del nivel en el cual estima en su corazón la grandeza del Santo, bendito sea– se ponga de pie y ore delante de Él? Especialmente la plegaria, que es un milagro – i.e., un reordenamiento del orden [celeste]. El orden dicta que las cosas deban ser de determinada manera, y cada estrella y constelación es puesta en su guardia individual y orden, precisamente como el Santo, bendito sea, determinó que debía ser colocada y ordenada. Pero aun así, la persona viene con sus plegarias y quiere reorganizar ese orden, <cambiar la naturaleza> y hacer milagros.[154]

150. No se hagan un PeSeL...idolatría. Este versículo de Éxodo es el segundo mandamiento, la prohibición de tallar una estatua o hacer algo para representar a Dios.

En suma: Todos los que estuvieron en el Sinaí y que por lo tanto poseen humildad, tienen "*psol* para ti" – i.e., la santa Torá/audacia. Aquellos que no estuvieron en el Sinaí y que por lo tanto son osados, hacen un *pesel* (פסל) – i.e., una Torá no santa/osadía del Otro Lado.

151. el Tzadik percibe...una plegaria apropiada o lo contrario. Hemos visto que las percepciones de Divinidad corresponden a *Jojmá*, la vista (n. 15). Moshé Rabeinu podía conocer las características de la persona con el solo hecho de mirarla (n. 135). El Tzadik, la personificación de Moshé en cada generación, también puede ver dónde está la persona y percibir si es descarada. En base al *azut* que demuestre al acercarse al Tzadik, como por ejemplo de acuerdo a las preguntas que haga, el Tzadik podrá decir si el seguidor verdaderamente desea acercarse a Dios o no. ¿Desea tomarse el trabajo de estudiar Torá? ¿Es capaz de soportar la vergüenza, incluso en la forma de amonestaciones provenientes del mismo Tzadik? Si es así, la persona tendrá una audacia santa y el Tzadik sabrá qué percepciones de Divinidad revelarle: la clase que revela *jesed* para separar a *Maljut* del exilio. De lo contrario, esa persona, pese a toda su erudición de Torá, seguirá siendo osada. El Tzadik no le revelará entonces percepciones de Divinidad y sus propias enseñanzas de Torá sólo ocultarán el *jesed* y no harán nada para redimir a *Maljut* del exilio.

152. la plegaria también proviene de la audacia. Inicialmente, el Rebe Najmán explicó que

עַל כֵּן בִּשְׁעַת הַתְּפִלָּה צָרִיךְ לְסַלֵּק אֶת הַבּוּשָׁה, כְּמוֹ שֶׁכָּתוּב (תהלים כ"ב): "בְּךָ בָּטְחוּ אֲבוֹתֵינוּ וְכוּ' בָּטְחוּ וְלֹא בוֹשׁוּ". כִּי עַל-יְדֵי הַבּוּשָׁה שֶׁמִּתְבַּיֵּשׁ מֵאִתּוֹ יִתְבָּרַךְ, אִי אֶפְשָׁר לְהִתְפַּלֵּל, כִּי אִם עַל-יְדֵי עַזּוּת כַּנַּ"ל.

וְזֶה בְּחִינַת (שם ע"ז): "אַתָּה הָאֵל עוֹשֵׂה פֶלֶא הוֹדַעְתָּ בָעַמִּים עֻזֶּךָ" - שֶׁהַשֵּׁם יִתְבָּרַךְ עוֹשֶׂה פְלָאוֹת עַל-יְדֵי תְפִלּוֹת יִשְׂרָאֵל, שֶׁהֵם עַל-יְדֵי בְּחִינוֹת עַזּוּת כַּנַּ"ל, שֶׁעַל-יְדֵי-זֶה מוֹדִיעַ לְהָעַכּוּ"ם אֶת הָעַזּוּת דִּקְדֻשָּׁה שֶׁל יִשְׂרָאֵל, שֶׁעַל-יְדֵי שֶׁרוֹאִין הָעַכּוּ"ם אֶת הַפְּלָאוֹת הַנַּעֲשִׂין בָּעוֹלָם עַל-יְדֵי תְפִלּוֹת יִשְׂרָאֵל, עַל-יְדֵי-זֶה יוֹדְעִין כַּמָּה גָּדוֹל הָעַזּוּת דִּקְדֻשָּׁה שֶׁל יִשְׂרָאֵל, שֶׁיֵּשׁ לָהֶם עַזּוּת כָּזֶה, לְהִתְפַּלֵּל וְלַעֲשׂוֹת פְּלָאוֹת כַּנַּ"ל.

וְעַל כֵּן הַצַּדִּיק, עַל-יְדֵי שֶׁרוֹאֶה הָעַזּוּת וְהַתּוֹרָה שֶׁל כָּל אֶחָד וְאֶחָד, עַל-יְדֵי-זֶה יוֹדֵעַ אֶת הַתְּפִלָּה שֶׁבַּלְבָלָה אוֹתוֹ, מֵאֵיזֶה מֵהֶם בָּאָה, וְעַל-יְדֵי-זֶה יוֹדֵעַ לְהוֹכִיחַ אוֹתוֹ:

156. OZ…AZut…hacer milagros. En otra instancia, el Rebe Najmán enseña que cuando uno utiliza *azut* (עזות), también agrega, por así decirlo, *oz* (עז, fuerza) Arriba (*Likutey Moharán* I, 147). Este *oz* se manifiesta en la forma de milagros, los milagros de Dios. Vemos, entonces, que la audacia santa hace que Dios, Quien recibe más audacia y fuerza, altere los dictados de la naturaleza. Dios entonces devuelve esa audacia con abundancia, haciendo que los judíos tengan más audacia santa – i.e., Torá y plegaria (*Parparaot LeJojmá*). Y nuevamente, su abundancia de audacia santa produce la propagación de más maravillas y milagros.

157. el Tzadik…sabe cómo amonestar. Debido a que la audacia santa se manifiesta en la plegaria, el Tzadik, al prestarle atención a la audacia de sus seguidores, sabe cuáles plegarias lo perturbaron y podrá, de acuerdo a ello, amonestar a las personas correspondientes. El Tzadik primero sentirá que algo no está bien al "olfatear" (n. 136) una plegaria perturbadora. Entonces analizará la Torá y la audacia de sus seguidores, para determinar cuál de ellos se comporta con audacia y cuál con osadía. Entonces, podrá amonestar de la manera apropiada, amonestación que será una revelación de *Jojmá*. Esa revelación genera *jesed* que, a su vez, promueve la rectificación de *Maljut*. Una vez que esto sucede, la persona es capaz de recibir el intelecto inferior, un aspecto de *Maljut* rectificado. Ese intelecto inferior le llega a través de un maestro muy grande y, como se explicó, es la encarnación del intelecto superior/percepciones de Divinidad.

Resumen: Para que las percepciones de Divinidad, que son el intelecto superior, puedan ser aprehendidas, deben ser contraídas en el intelecto inferior (§1). Esto implica buscar a un maestro muy grande, capaz de explicarles y de transmitirles las percepciones de Divinidad a aquellos

Por lo tanto, en el momento de la plegaria, uno debe eliminar la vergüenza <y darle fuerza a la audacia sagrada>, como está escrito (Salmos 22:5,6), "En Ti confiaron nuestros padres... ellos confiaron y no fueron avergonzados". Debido a la vergüenza que uno siente delante de Dios, sería imposible orar – a no ser mediante la audacia <sagrada>, como se explicó.[155]

Éste es el significado de: "Tú eres el Todopoderoso que haces milagros. Tú has permitido que Tu *OZ* (fuerza) sea conocida entre las naciones" (Salmos 77:15). El Santo, bendito sea, hace milagros mediante las plegarias de Israel, que son el resultado de la *AZut* (audacia), como se explicó más arriba. Con esto, <el Santo, bendito sea> les hace conocer a las naciones la audacia sagrada de Israel. Cuando las naciones ven los milagros que se llevan a cabo en el mundo debido a la plegaria de Israel, saben entonces cuán grande es la audacia de Israel; que es tan audaz como para orar y hacer milagros.[156]

Así, el Tzadik, debido a que percibe la audacia y la Torá de cada una de las personas, sabe cuál plegaria lo perturba y de quién proviene. Como resultado, sabe cómo amonestar.[157]

---

para trabajar de acuerdo a un cierto sistema, el Talmud enseña que la plegaria tiene el poder de cambiar el orden dictado por Dios (*Shabat* 156a; *Rashi, v.i. Ein mazal*). La persona puede, de hecho, alterar la naturaleza con sus plegarias. Puede orar por salud cuando está fatalmente enferma. Puede pedir ser temerosa de Dios aunque esté atrapada en el materialismo y, por naturaleza, no se sienta atraída por lo espiritual. El "coraje" que tiene para pensar siquiera en rogarle a Dios para que cambie la naturaleza en su beneficio no es otra cosa que la cualidad de la audacia. Cada persona, en la medida de su apreciación de la grandeza de Dios, comprende cuán pequeña es frente a esa grandeza y que es sólo su propio *azut* el que le permite rogarle a Dios.

155. confiaron nuestros padres...como se explicó. Las Escrituras hablan de la confianza en Dios que tuvieron nuestros antepasados. Ellos pusieron su confianza en Él –le rogaron a Él– y nunca tuvieron motivos para sentirse avergonzados. Dios siempre los libró de sus dificultades incluso cuando ello significaba cambiar los dictados de la naturaleza (ver *Metzudat David*, Salmos 22:4). En nuestro contexto, el Rebe Najmán explica que ellos confiaron y Le oraron a Dios *debido a* que no estaban avergonzados. Más bien, apelaron al rasgo de la audacia santa y así tuvieron el "coraje" de volverse a Dios. Esto hizo que Él les respondiese.

Es interesante notar que el Salmo del cual cita el Rebe comienza con "Para el Conductor, sobre *aielet hashajar*". Entre otras posibilidades, Rashi explica *aielet hashajar* como la reina Esther o la audacia. En nuestro contexto, la reina Esther corresponde a *Maljut*. Esto surge de la palabra *hashajar*, que es "negrura" (ver más arriba, §3). La audacia, como se explicó, es aquello que se necesita para acercarse al Tzadik, para ser capaz de recibir el intelecto inferior. (Más adelante, en la sección 9, el Rebe Najmán conecta *hashajar* con el aspecto de *Maljut*).

וְזֶהוּ:

מֵישְׁרָא דְסַכִּינָא – הַיְנוּ בְּחִינַת חָכְמָה תַּתָּאָה הַנַּ"ל, בְּחִינַת מַלְכוּת הַנַּ"ל. שֶׁהוּא לְמוּד הַנַּ"ל, בְּחִינַת (במדבר כ"ב): "הַהַסְכֵּן הִסְכַּנְתִּי" – לְשׁוֹן לְמוּד, (כתרגומו המילף, אליפנא), בְּחִינַת (ויקרא כ"ו): "חֶרֶב נוֹקֶמֶת", שֶׁהִיא בְּחִינַת מַלְכוּת הַנַּ"ל:

מֵישְׁרָא – פֵּרֵשׁ רַשִׁ"י: 'עֲרוּגָה'. הַיְנוּ בְּחִינַת: זַעֲקַת מוֹשֵׁל וְכוּ', כְּמוֹ שֶׁכָּתוּב (תהלים מ"ב): "כְּאַיָּל תַּעֲרֹג".

בְּמַאי קַטְלֵי לַהּ – פֵּרֵשׁ רַשִׁ"י: 'בְּמַאי חוֹתְכִין אוֹתָהּ'. הַיְנוּ בַּמֶּה חוֹתְכִין וּמַבְדִּילִין אֶת הַמַּלְכוּת הַנַּ"ל, כְּדֵי לְהַצִּילָהּ מִזְּעָקָה הַנַּ"ל, בִּבְחִינַת: חֲתָכוּ לְאַרְבָּעָה כַּנַּ"ל. וְהֵשִׁיב לָהֶם,

בְּקַרְנָא דְחַמְרָא – הַיְנוּ עַל יְדֵי תּוֹכָחָה, שֶׁעַל-יְדֵי-זֶה נִתְגַּלֶּה הַחֶסֶד, וּבָזֶה קוֹצְרִין וְחוֹתְכִין אֶת הַד', בִּבְחִינוֹת: "קִצְרוּ לְפִי חָסֶד" כַּנַּ"ל.

קַרְנָא – זֶה בְּחִינַת קוֹל הַמּוֹכִיחַ. בְּחִינַת קֶרֶן הַשּׁוֹפָר, בִּבְחִינַת (ישעיה נ"ח): "הָרֵם כַּשּׁוֹפָר קוֹלֶךָ וְהַגֵּד לְעַמִּי פִּשְׁעָם", הַיְנוּ תּוֹכָחָה הַנַּ"ל:

a una "espada vengadora" usada para ejecutar el castigo (cf. Lección #29:3, n. 21). *Maljut*/espada es así el cuchillo del "jardín de cuchillos".

161. ARuGa...la cierva taARoG. La "cierva" corresponde a *Maljut* (ver *Zohar* III, 249b). *Taarog* es el clamor que emite *Maljut* cuando desciende hacia la falsa Torá y sabiduría de los Cuatro *Maljuiot* (ver más arriba, §6, n. 80). Así, *meishra desakina* es el clamor de *Maljut*.

162. explicado más arriba. Esto aparece en la sección 6. El *Biur HaLikutim* (p.172, #34) comenta que aunque *Maljut* es la "espada vengadora", cuando queda atrapado por los Cuatro *Maljuiot*, no puede separarse y librarse a sí mismo de la trampa. *Maljut* requiere de otro "tipo de corte", más elevado, para separarse y liberarse del exilio.

Los Sabios de Atenas, que representan a las filosofías ajenas, desafiaron al rabí Ioshúa: Una vez que *Maljut* ha caído en nuestras manos y ha quedado atrapado. "¿Qué propones para separarlo y liberarlo?".

163. ...amonestación...bondad. Esto también ha sido explicado más arriba en la sección 6 (notas 86, 87). *Maljut* es liberado por el Tzadik al amonestar y revelar así *Jesed*. El Rebe Najmán explica ahora esto en el contexto de las palabras del rabí Ioshúa.

164. Karna...shofar.... Enseña el Talmud que el shofar es un cuerno (ver *Rosh HaShaná*

9. Ésta es la explicación [de lo que preguntaron los Sabios de Atenas][158]:

Meishra desakina (un jardín de cuchillos) – Esto alude a la sabiduría inferior/*Maljut*. [Pues *meishra deSaKiNa*] es "estudiar", como en (Números 22:30), "*hahaSKeN hiSKaNti*", que connota estudio {como lo traduce Onkelos: "he estudiado repetidamente"}. Esto corresponde a "una espada vengadora" (Levítico 26:25), que es el aspecto de *Maljut*.[160]

Meishra – Rashi traduce esto como *ARuGa* (una huerta). Ello corresponde a "los clamores de aquel que reina…", como está escrito, "Como la cierva *TaARoG* (clama con anhelo)" (Salmos 42:2).[161]

cómo se cosecha – Rashi explica: ¿Con qué se los corta? Es decir, ¿con qué cortamos y liberamos a *Maljut* para salvarla del clamor? Esto corresponde a "lo cortó en cuatro", explicado más arriba.[162] [El rabí Ioshúa] les respondió:

Con un karna de jamra (un cuerno de burro) – En otras palabras, con la amonestación, por medio de la cual se revela la bondad. Con esto cortamos y separamos la *dalet*, como en, "Corta la cosecha con bondad".[163]

Karna – (cuerno) corresponde a la voz que amonesta. Éste es un aspecto del shofar, como en (Isaías 58:1), "Levanta la voz como el shofar y declara a Mi pueblo su transgresión" – es decir, la amonestación.[164]

---

que tienen fe en él (§2). Esto lo hace trayendo el intelecto superior a través de los conductos, la Torá/mitzvot, para investirlo en el intelecto inferior. Así, primero es necesario alcanzar el intelecto inferior para lograr un verdadero intelecto superior/percepción de Divinidad (§3). No es posible alcanzar el intelecto inferior a no ser que se desprecie la ganancia monetaria (§4). Habiendo obtenido el intelecto inferior, es necesario traerle vitalidad. Esto se logra mediante la alegría de las mitzvot, las Tres Festividades (§5). Si el intelecto inferior/*Maljut* cae en el exilio de los Cuatro *Maljuiot* del Otro Lado, es necesario *jesed* para separarlo y liberarlo de allí (§6). *Jesed* se manifiesta cuando el Tzadik verdadero amonesta, revelando así enseñanzas de Torá, percepciones de Divinidad. Esa amonestación debe ser aceptada, aunque genere humillación (§7). ¿Cómo puede el Tzadik saber qué persona necesita amonestación? Mediante la audacia santa. Esa audacia es Torá y se manifiesta en la plegaria (§8).

158. explicación…. El Rebe Najmán explica ahora el intercambio entre el rabí Ioshúa y los Sabios de Atenas dentro del contexto de nuestra lección.

159. deSaKiNa es estudiar. Esto hace referencia al conocimiento de Torá que el maestro muy grande inviste y transmite como intelecto inferior. El término *sakina* (סכינא, cuchillo) sugiere un estudio serio y filoso, como en la lectura de Onkelos de *hahasken hiskanti* (ההסכן הסכנתי). La Torá es el conducto del intelecto superior (ver más arriba, n. 22). El estudio de la Torá está así relacionado con *Maljut*/intelecto inferior, a través del cual es posible percibir el intelecto superior.

160. espada vengadora…Maljut. *Maljut* corresponde al juicio estricto. Por lo tanto se asemeja

חֲמָרָא – זֶה בְּחִינַת (בראשית מ"ט): "יִשָּׂשכָר חֲמֹר גָּרֶם", בְּחִינוֹת (דברי-הימים-א י"ב): "וּמִבְּנֵי יִשָּׂשכָר יוֹדְעֵי בִינָה לָעִתִּים". כִּי עַל יְדֵי הַתּוֹכָחָה מַעֲלִין אוֹתָהּ לָרַגְלִים, שֶׁהוּא בְּחִינוֹת בִּינָה לָעִתִּים כַּנַּ"ל:

אַיְתוּ לֵהּ תְּרֵי בֵּיעֵי – לְשׁוֹן צְלוֹתָא וּבָעוּתָא, בְּחִינוֹת תְּפִלּוֹת.

אָמְרִי, הֵי דְחִוַּרְתָּא וְהֵי דְאָכְמְתָא – הַיְנוּ שֶׁאַתָּה אוֹמֵר שֶׁעַל יְדֵי תּוֹכָחָה מַעֲלִין אֶת הַמַּלְכוּת כַּנַּ"ל, הֲלֹא אֵיךְ אֶפְשָׁר לְהוֹכִיחַ, כִּי הֲלֹא הַתְּפִלּוֹת בָּאִין בְּיַחַד, וְאֵיךְ יוֹדֵעַ לְהוֹכִיחַ לְפִי הַתְּפִלָּה, כִּי אֵינוֹ יוֹדֵעַ אֵיזֶה תְּפִלָּה שֶׁל הַכָּשֵׁר אוֹ לְהֵפֶךְ. וְזֶהוּ: **הֵי דְחִוַּרְתָּא וְהֵי דְאָכְמְתָא**, הַיְנוּ אֵיזֶה תְּפִלָּה מֵאִישׁ כָּשֵׁר אוֹ לְהִפּוּךְ.

inferior hacia *Biná*/corazón/Festividades y luego elevándolo más aún para recibir la luz del *Or HaPanim*. Siendo un aspecto del sabio que amonesta (*karna dejamra*), Isajar pudo liberar a *Maljut* del exilio mediante *jesed*/amonestación.

En el texto, el Rebe Najmán no expone la siguiente pregunta de los Sabios al rabí Ioshúa ni su respuesta. Sin embargo, el *Parparaot LeJojmá* demuestra cómo también esto se une con nuestra lección. Los Sabios de Atenas preguntaron:

¿Acaso el burro tiene un cuerno? – ¿Quién quiere ser amonestado? La amonestación puede producir el *jesed* para redimir a *Maljut*, pero ¿quién está dispuesto a recibir el reproche, y en especial, cuando se presenta de una manera humillante (§7)? El rabí Ioshúa respondió:

¿Acaso existe un jardín de cuchillos? – ¿Quién puede soportar el clamor cuando *Maljut* cae en manos de los tontos? La persona que peca hace que *Maljut* caiga bajo el control de ellos. Por lo tanto, si realmente desea arrepentirse, deberá estar dispuesta a aceptar esa amonestación, aunque se presente de una manera humillante (§7). El hecho de que a veces sea humillante y vergonzante se debe a que el *Maljut* caído corresponde a las plegarias perturbadoras que les llegan a los Tzadikim. Dado que ellos sufren debido a nosotros, los Tzadikim deben a veces ser duros y humillantes al amonestar.

168. BAuta.... El Rebe Najmán vuelve ahora a exponer el intercambio. *Beiei* (ביעי, huevos) se asemeja a la palabra en arameo para súplica y plegaria, *bauta* (בעותא).

169. del blanco...del negro.... El rabí Ioshúa les explicó a los Sabios de Atenas que la amonestación revela *jesed* y así rectifica a *Maljut*. Sin embargo, ellos no estaban convencidos. Preguntaron, ¿Cómo puede el Tzadik amonestar si no tiene manera de determinar qué plegaria emana de qué persona ni cuál es la plegaria que lo está perturbando?

Jamra – Corresponde a (Génesis 49:14), "Isajar es un *jamor* (burro) de fuerte osamenta".¹⁶⁵ Esto es como en (Crónicas I, 12:33), "De los descendientes de Isajar, hombres que comprendían los tiempos".¹⁶⁶ Mediante la amonestación, ésta [la *dalet*] se eleva hacia las Festividades que son un aspecto de "comprensión de los tiempos", como se explicó más arriba.¹⁶⁷

Ellos trajeron dos BEiei (huevos) – Esto connota ruegos y *BAuta* (súplicas), aspectos de la plegaria.¹⁶⁸

y le dijeron, ¿Cuál proviene del blanco y cual del negro? – En otras palabras: Tú dices que con la amonestación elevamos a *Maljut*, pero ¿cómo es posible amonestar? Todas las plegarias vienen juntas, de modo que ¿cómo es posible saber [a quién] amonestar en base a la plegaria? Uno no sabe cuál es la plegaria de [la persona] digna y cual es lo contrario. Así: **¿Cuál proviene del blanco y cual del negro?** – ¿Cuál plegaria proviene de la persona digna y cuál de lo opuesto?¹⁶⁹

26a). Así, *karna* es la voz de la amonestación. Esa amonestación, "declarando a Mi pueblo su transgresión", revela el *jesed* que libera a *Maljut* de su exilio.

165. Isajar…jamor, burro. Rashi explica que la tribu de Isajar aceptó voluntariamente el yugo de la Torá y lo llevó como un burro lleva una pesada carga. Isajar/estudio de la Torá corresponde al *jamor*. Esto se relaciona además con nuestra lección en el hecho de que Isajar rechazó la búsqueda de la riqueza para dedicarse al estudio de la Torá. En otras palabras, ellos despreciaban el dinero (§4), lo que les permitió alcanzar el intelecto inferior. Ver las dos notas siguientes.

166. comprendían los tiempos. La ley de la Torá estipula que las fechas de las festividades deben ser calculadas de acuerdo al calendario lunar. El Talmud (*Shabat* 75a) enseña que "comprendían los tiempos" implica que eran capaces de calcular las revoluciones planetarias para determinar cuándo caerían las festividades. Dios le advirtió a Israel que debía "guardar y cuidar [el conocimiento de esos cálculos], dado que es la sabiduría de ustedes y *BiNatjem* (su comprensión)" (Deuteronomio 4:6). El Midrash dice que Isajar tenía *BiNá*, la comprensión de las constelaciones (*Ialkut Shimoni* #1079). Más aún, enseñan nuestros Sabios que la tribu de Isajar generó una cantidad notable de eruditos (maestros muy grandes; §2). Así, el *jamor* al cual hace referencia el rabí Ioshúa sugiere a Isajar/*Biná*.

167. Festividades…. Las Tres Festividades, el corazón del año, también son *Biná* (ver más arriba, §5). Vemos entonces que Isajar corresponde al intelecto superior. Él es el sabio y maestro muy grande quien, mediante sus enseñanzas de Torá, canaliza percepciones de Divinidad hacia los niveles inferiores. Debido a que los hombres de Isajar despreciaban el dinero, alcanzaron el intelecto inferior. Además, fueron capaces de darle fuerza de vida y vitalidad al intelecto inferior/*Maljut*. Esto lo lograban calculando las Festividades – i.e., llevando el intelecto

אַיְתִי לְהוּ תְּרֵי גְבִינֵי – הַיְנוּ בְּחִינוֹת (איוב י׳): "וְכַגְּבִינָה תַּקְפִּיאֵנִי". הַיְנוּ בְּחִינוֹת תְּרֵי תוֹרוֹת הַנַּ"ל, שֶׁהֵן בְּחִינוֹת קָפוּי וְקַל, בְּחִינוֹת פְּסֹלֶת, בִּבְחִינוֹת: "פְּסָל לְךָ", וּבְחִינוֹת: "לֹא תַעֲשֶׂה לְךָ פֶסֶל" כַּנַּ"ל.

וְאָמַר לְהוּ, הֵי דְעִזֵּי חִוַּרְתָּא וְהֵי דְעִזֵּי אֻכְמְתָא – הַיְנוּ תְּרֵי עַזּוּת הַנַּ"ל, שֶׁהֵן עַזּוּת דִּקְדֻשָּׁה, וְעַזּוּת דְּסִטְרָא אָחֳרָא, שֶׁמֵּהֶן תְּרֵי תוֹרוֹת הַנַּ"ל. וּלְפִי הָעַזּוּת יְכוֹלִין לֵידַע אֶת הַתְּפִלּוֹת כַּנַּ"ל, שֶׁעַל-יְדֵי-זֶה יָכֹל לְהוֹכִיחַ אוֹתָם כַּנַּ"ל. שֶׁעַל-יְדֵי-זֶה חוֹתְכִין וּמַבְדִּילִין אֶת בְּחִינוֹת הַמַּלְכוּת, וּמַצִּילִין אוֹתָהּ מִזַּעֲקַת מוֹשֵׁל, וּמַעֲלִין אוֹתָהּ לִבְחִינוֹת אוֹר הַפָּנִים הַמֵּאִיר בָּרַגְלַיִם כַּנַּ"ל:

זֹאת הַתּוֹרָה הִתְחִיל לוֹמַר עַל פָּסוּק: "וַיְהִי מִקֵּץ" וְכוּ', אַךְ לֹא סִיֵּם לְבָאֵר זֶה הַפָּסוּק עַל-פִּי הַתּוֹרָה הַזֹּאת. וְאָמַר אַחַר-כָּךְ, שֶׁאִם הָיָה רוֹצֶה לְסַיֵּם פֵּרוּשׁ הַפָּסוּק, הָיָה צָרִיךְ לוֹמַר עוֹד תּוֹרָה כָּזֹאת כְּדֵי לְבָאֵר הַפָּסוּק:

Rabí Ioshúa: **¿Acaso existe un jardín de cuchillos?** – ¿Y quién puede soportar el clamor de *Maljut* en el exilio? Todo aquel que peque deberá estar dispuesto a soportar esa amonestación para rectificar el daño que le causó a *Maljut*.

Ellos trajeron dos huevos y le dijeron, ¿Cuál proviene del par blanco y cual del par negro? – Los sabios de Atenas le preguntaron: Las plegarias llegan todas juntas al Tzadik. ¿Cómo puede discernir cuáles son las plegarias que provienen de una persona digna y cuáles son las perturbaciones de las indignas? Es imposible, de modo que ¿cómo puede el Tzadik saber cuál es la persona que necesita la amonestación?

Él [el rabí Ioshúa] trajo dos quesos y les dijo, ¿Cual proviene de la cabra blanca y cual de la cabra negra? – La cabra (*iza*) representa la audacia (*azut*), la Torá. A partir de la Torá de la persona, el Tzadik sabe si posee el rasgo de la audacia santa o el de la osadía. Como resultado, sabe quién es la persona digna y quién necesita la amonestación.

174. más tarde dijo…. La lección misma fue dada durante la Tercera Comida del Shabat. Esto fue dicho más tarde, después de la *havdalá*. Poco después, el Rebe dijo, "Soy como alguien condenado a ser golpeado en las cuatro esquinas de la ciudad". El rabí Natán escribe que nadie comprendió lo que el Rebe quiso decir. Parece ser, dice, que el Rebe estaba aludiendo a *Maljut* debiendo ser separado de los Cuatro *Maljuiot* (§6). Para liberar a *Maljut*, uno tiene que sufrir "cuatro veces" (*Tzadik* #147).

Él trajo dos quesos – Esto es como en (Job 10:10), "Como un queso *taKPIeni* (Tú me cuajaste)". Esto alude a las dos clases de Torá mencionadas más arriba. Ellas son *KaFuI* (espumosas) y pequeñas, correspondientes a *psolet*, como en, "*psol* para ti" y "No se hagan un *peseL*".[170]

y les dijo, "¿Cual proviene de la IZa (cabra) blanca y cual de la IZa (cabra) negra? – Esto hace referencia a las dos clases de *AZut*, la audacia sagrada y la osadía del Otro Lado, de las cuales provienen las dos clases de Torá.[171] Y, como se explicó, en la medida de la audacia es posible conocer las plegarias y así amonestar.[172] Con esto cortamos y liberamos el aspecto de *Maljut*. La rescatamos de los "clamores de aquel que reina" y la elevamos hacia la Luz del Rostro que brilla en las Festividades, <el corazón del año, como en, "Un corazón alegre produce un buen rostro">.[173]

{El Rebe Najmán comenzó esta lección citando el versículo (Génesis 41:1), "Y fue al final de [dos años]", pero no lo explicó en base a los conceptos enseñados aquí. Más tarde dijo que, de haber querido terminar la explicación del versículo, le habría sido necesario dar otra lección igual a ésta.[174]}

---

170. quesos...Torá...psol...pesel. Esto está explicado más arriba, en la sección 8 y notas 147-150. Aquí el Rebe Najmán apunta al parecido entre *takpiani* (תקפיאני) y *kafui* (קפוי) para demostrar la conexión entre los dos quesos y las dos clases de Torá.

171. Iza...AZut...dos clases de Torá. Ver más arriba, sección 8 y notas 148 y 150. Aquí, al Rebe Najmán apunta al parecido entre *iza* (עז) y *azut* (עזות) para demostrar la conexión entre las dos cabras y los dos tipos de audacia/Torá.

172. audacia...plegaria...amonestar. Esto está explicado en la sección 8 y notas 152 y 157.

173. rescatarlo...Festividades.... Todos estos conceptos aparecen más arriba, en las secciones 5 y 6.

La historia se traduce en nuestro texto como sigue:

Sabios: **un jardín de cuchillos** – ¿Qué se puede hacer cuando *Maljut* está atrapado en manos de los tontos?

¿Cómo se cosecha? – ¿Cómo se puede separar y liberar a *Maljut* del exilio?

Rabí Ioshúa: **Con un cuerno de burro** – Con la amonestación del Tzadik/sabio/Isajar. Esto revela *jesed* mediante lo cual se redime a *Maljut*.

Sabios: **¿Acaso el burro tiene un cuerno?** – Sí, pero ¿quién está dispuesto a recibir la amonestación, en especial de una manera humillante?

מִקּוֹלוֹ שֶׁל אָדָם יְכוֹלִין לֵידַע אֶת בְּחִינוֹת הַמַּלְכוּת שֶׁלּוֹ, כִּי יֵשׁ בְּכָל אֶחָד וְאֶחָד בְּחִינוֹת מַלְכוּת. וְהוּא נִכָּר בְּקוֹלוֹ, כִּי אֵין שְׁנֵי קוֹלוֹת שָׁוִין, כִּי קוֹל שֶׁל כָּל אֶחָד וְאֶחָד מְשֻׁנֶּה מֵחֲבֵרוֹ. וְעַל כֵּן יְכוֹלִין לְהַכִּיר אֶת הָאָדָם בְּקוֹלוֹ, כְּמוֹ שֶׁנִּרְאָה בַּחוּשׁ, כִּי כְּפִי בְּחִינוֹת הָאָדָם כֵּן הוּא קוֹלוֹ. וְעַל יְדֵי הַקּוֹל, יְכוֹלִין לְהַכִּיר אֶת בְּחִינוֹת הַמַּלְכוּת שֶׁלּוֹ.

כִּי יֵשׁ "קוֹל עֲנוֹת גְּבוּרָה, וְקוֹל עֲנוֹת חֲלוּשָׁה" (שמות ל"ב), כְּפִי בְּחִינַת הַמַּלְכוּת שֶׁל כָּל אֶחָד. וְעַל כֵּן שָׁאוּל שֶׁהָיָה רוֹדֵף אֶת דָּוִד עַל שֶׁרָאָה בּוֹ שֶׁיִּמְלֹךְ, מָצִינוּ שָׁם בַּמִּקְרָא כְּשֶׁנִּזְדַּמְּנוּ יַחַד שָׁאוּל וְדָוִד, אָמַר לוֹ שָׁאוּל לְדָוִד (שמואל-א כ"ד): "הֲקֹלְךָ זֶה בְּנִי דָוִד".

שֶׁהֵבִין שָׁאוּל בְּהַקּוֹל, שֶׁהוּא חָזָק בִּבְחִינוֹת הַמַּלְכוּת. וְשָׁאַל אֶת דָּוִד "הֲקֹלְךָ זֶה בְּנִי דָוִד", שֶׁתָּמַהּ שָׁאוּל עַל קוֹלוֹ שֶׁל דָּוִד, כִּי הֵבִין שֶׁהוּא קוֹל שֶׁל מֶלֶךְ מַמָּשׁ. וְעַל כֵּן רָצָה שָׁאוּל לְשֵׂאת אֶת קוֹלוֹ, דְּהַיְנוּ לְהַגְבִּיהַּ אֶת קוֹלוֹ לְמַעְלָה מִקּוֹלוֹ שֶׁל דָּוִד, אֲבָל לֹא הָיָה יָכוֹל. וְזֶהוּ (שם): "וַיִּשָּׂא שָׁאוּל אֶת קוֹלוֹ וַיֵּבְךְּ", דְּהַיְנוּ שֶׁרָצָה לְשֵׂאת וּלְהַגְבִּיהַּ קוֹלוֹ כַּנַּ"ל, אֲבָל הָיָה הַקּוֹל נִבְכֶּה. וְזֶה בְּחִינוֹת: "וַיֵּבְךְּ", שֶׁהָיָה הַקּוֹל נִבְכֶּה, קוֹל נָמוּךְ שֶׁל בְּכִיָּה. עַל כֵּן אָמַר

---

177. Shaul...David...voz.... Después de que David matara a Goliat, el rey Shaul comenzó a ver a David como su rival y comprendió que David llegaría a asumir el trono. Durante todo el año siguiente, el rey Shaul intentó una y otra vez quitarle la vida a David. En una ocasión, mientras perseguía a David, Shaul, sin saberlo, entró a una cueva en donde David estaba escondido junto con sus hombres. Los hombres de David le pidieron permiso para matar al indefenso Shaul. David se negó y en su lugar cortó secretamente una esquina de la ropa del rey. Después de que Shaul saliera de la cueva y se alejara, David lo llamó. Amonestó a Shaul por perseguir a una persona inocente, pues él, David no tenía intención alguna de usurpar el trono. Para probarlo, levantó la esquina de la prenda e insistió en que, de haberlo querido, podría haberlo matado fácilmente y tomado el reino. Escuchando la voz de David, Shaul reconoció en ella las cualidades del liderazgo, cualidades que él no podía igualar al hablar. Ahora veremos esto en el contexto de nuestra lección.

10. A partir de la voz de la persona es posible conocer el aspecto de *Maljut* que posee.[175] Pues en cada persona existe el aspecto de *Maljut*, que puede ser detectado en su voz. No hay dos voces que sean iguales, siendo la voz de una persona diferente a la de otra. Por lo tanto, es posible reconocer a alguien por su voz, tal como puede comprobarse. El nivel de la persona y su voz están relacionados y a partir de la voz es posible conocer su aspecto de *Maljut*.

Pues existe la "voz del grito de victoria" y "la voz del grito de derrota" (Éxodo 32:18), de acuerdo al aspecto de *Maljut* de cada persona.[176] Así, en la época en que Shaul perseguía a David, pues había percibido que él sería rey, el versículo registra que Shaul y David estaban juntos y Shaul le dijo a David (Samuel I, 24:16), "¿Es ésa tu voz, hijo mío David?". Shaul comprendió, a partir de su voz, que tenía la fuerza del reinado. De modo que le preguntó a David, "¿Es ésa tu voz, hijo mío David?".[177]

Shaul se asombró de la voz de David, porque comprendió que tenía la voz de un verdadero rey. Por lo tanto Shaul quiso levantar la voz, elevarla por sobre la voz de David, pero no pudo. Éste es el significado de (ibid.), "Shaul levantó la voz y lloró". Es decir, él quiso levantar la voz, como se explicó, pero el sonido [que surgió] fue un gemido. Éste es el significado de "lloró", su voz fue un gemido, un sonido apagado de

---

175. la voz de la persona...Maljut que posee. Aquí no se indica si esto es un extracto (aplicable a la sección 7) o un nuevo concepto relacionado con la voz y *Maljut*. Escribe el rabí Natán al explicar esta sección: En esencia, el *maljut* de la persona, el gobierno que ejerce sobre sus asuntos personales (el hogar, los negocios, etc.) y también en sus asuntos públicos, está totalmente conectado con su voz y habla. Mediante el habla expresa lo que quiere y dicta aquello que desea como "gobernante" de esas esferas. El habla, a su vez, es un aspecto de *Maljut* y toma su fuerza de la voz. Si la persona gobierna realmente, sus dichos y órdenes serán expresados en una voz fuerte y audaz. Por contraste, si no gobierna totalmente, su voz será insegura y débil. Así, el *Maljut* de la persona se revela en su voz (*Torat Natán* #41).

Podemos comprender otra conexión con la sección 7. Hay Tzadikim que revelan percepciones de Divinidad mediante el intelecto inferior/*Maljut*. En ese sentido, ellos tienen el poder de gobernar – i.e., controlan. Poseen *maljut*. Por ese motivo, esos Tzadikim pueden amonestar. Ello se debe a que su amonestación, su habla, es en sí misma una rectificación de *Maljut*. Su poder de *maljut* se revela así mediante la "voz como un shofar"/amonestación.

176. grito de victoria...grito de derrota.... Como hemos visto en la nota previa, están aquellos que "gobiernan" y controlan, y están aquellos que no. El grado de *maljut* de cada persona puede reconocerse en su voz.

שָׁאוּל אָז אֶל דָּוִד: "יָדַעְתִּי כִּי מָלֹךְ תִּמְלֹךְ", כִּי יָדַע זֶה עַל יְדֵי הַקּוֹל כַּנַּ"ל:

que tiene ambos extremos en punta, no proviene de un pájaro kosher. Un huevo kosher debe ser ovalado, un extremo redondo y el otro extremo en punta. Aun así, no es suficiente con basarse en esos rasgos. También debe haber al menos una persona que sepa que el pájaro que puso el huevo es de una especie kosher. Sólo entonces puede comerse el huevo (*Iore Dea* 86:1). Como indica el Rebe Najmán en la lección, los huevos aluden a la plegaria. En ese caso, "redondo" (כד, *kad*) y "en punta" (חד, *jad*) pueden comprenderse como correspondientes a la Torá y a la audacia. La Torá es *kad* (24 = כד), los veinticuatro libros de la Biblia. La audacia es *jad*, la agudeza necesaria para comprender las profundas enseñanzas de la Torá. Con esos dos rasgos, uno puede orar (§8).

Además, "redondo" y "en punta" corresponden a la fe y a la sabiduría. Uno debe tener el equilibrio apropiado entre ambas. Si los dos extremos son redondos ello indica que tiene fe, pero que puede ser la fe de los tontos. Ambos extremos en punta indica mucha sabiduría, pero en el mejor de los casos puede ser sabiduría de Torá mezclada con ideas ajenas. Así, ni la fe sola ni la sabiduría sola son suficientes. Para que un huevo/plegaria sea kosher, la persona debe tener el equilibrio apropiado entre fe y sabiduría. También se necesita de una persona conocedora que pueda asegurar que el pájaro del cual proviene, su fuente, es kosher. Esa persona conocedora corresponde a los Tzadikim; ellos reconocen la verdadera fe y saben cuáles sabidurías son percepciones de Divinidad y cuáles no lo son (*Likutey Halajot, Beitzim* 3).

En un segundo discurso, el rabí Natán explica "ambos extremos redondos o en punta" como correspondiente a un exceso de audacia o de humildad. Ambos extremos en punta connotan un *azut* que cruza la fina línea que separa la audacia sagrada de la osadía. Por el contrario, el huevo que es completamente redondo connota ser tan humilde que uno se avergüenza de arrepentirse y de llevar a cabo las mitzvot. Es necesario un equilibrio apropiado de audacia y de humildad. Pero, la pregunta se mantiene, ¿cuál es audacia y cuál es osadía? ¿Cuál es humildad y cuál es vergüenza? ¿Quién dice que el equilibrio de un extremo en punta y del otro redondo indica que la persona es audaz y humilde? ¿Quizás, el equilibrio de un extremo en punta y del otro redondo indica que es osada y también que se avergüenza de llevar a cabo las mitzvot? Por lo tanto, la persona necesita de alguien que identifique la fuente del "huevo". Estos son los Tzadikim. Ellos pueden explicar cuál es la audacia santa, etc. (*Likutey Halajot, Beitzim* 4).

llanto. Así, Shaul le dijo entonces a David (*ibid.*, :20), "Yo sé con certeza que reinarás" – él lo supo a través de la voz, como se explicó.[178]

178. como se explicó. Shaul lo sabía debido a que, como se explicó, la voz de cada persona indica su *maljut/Maljut*. Anteriormente se indicó que Shaul perdió el reinado debido a que se apoyó en su propio intelecto y lógica al aplicar los preceptos de Dios, la ley de la Torá (ver más arriba, n. 106). Aquí, hemos visto que el rey David "cortó" la prenda de Shaul, el concepto de separar y liberar el *Maljut* caído (§6). Al no tomar la vida del rey, David demostró (reveló) *jesed* hacia Shaul y luego lo amonestó (§7). David era particularmente apto para amonestar porque poseía los dos elementos que el Rebe Najmán enseña que son vitales para ello: la plegaria y la audacia. Siendo el "dulce cantor de Israel", autor del Libro de los Salmos, David personifica a la plegaria – "Yo soy plegaria" (Salmos 109:4). También poseía la audacia santa. Enfrentó al osado guerrero filisteo, Goliat el gigante, con sólo una honda. El mismo Goliat no podía creer el *azut* de David (cf. Samuel I, 17:43). Por ello, el rey David era digno del *Maljut*. Poseía todas las cualidades, algo que Shaul reconoció cuando oyó la voz de David.

En nuestra lección, el Rebe Najmán hace un paralelo entre el concepto de los huevos y la plegaria (§9). Lo que sigue es el discurso del rabí Natán en el *Likutey Halajot* sobre varias *halajot* asociadas con los huevos, en donde demuestra cómo están relacionados con otros conceptos de la lección. Hablando sobre la mitzvá de *shiluaj haken* (alejar al pájaro madre antes de tomar a los *banim*, hijos), dicen las Escrituras (Deuteronomio 22:6): "Cuando haya algún nido de pájaro delante de ti en el camino, en cualquier árbol sobre la tierra con polluelos o huevos...". El *Tikuney Zohar* (Introducción, p. 2) enseña que "polluelos" alude a los maestros de la Mishná (Torá Oral), mientras que "huevos" alude a los maestros de la Torá (Torá Escrita). En nuestro contexto, los huevos corresponden al intelecto inferior. Es por ello que los huevos son una de las medidas básicas usadas en la ley de la Torá: por ejemplo, la cantidad que uno debe comer para recitar el *Birkat HaMazón*; la cantidad de vino para el *kidush*; el tamaño mínimo de un *etrog*, etc. El huevo corresponde así a los *shiurin* (*shiura*, medida) de la Torá, el intelecto inferior (§3). Más aún, agrega el rabí Natán, la mitzvá de "alejar al pájaro madre..." alude a alejar los pensamientos extraños, las filosofías ajenas, para poder adquirir los *banim*, el intelecto superior/percepciones de Divinidad (§3, §6 y n. 34).

Una segunda ley con respecto a los huevos: Un huevo que es completamente redondo o

ליקוטי מוהר"ן סימן ל"א

(לְשׁוֹן רַבֵּנוּ, זִכְרוֹנוֹ לִבְרָכָה):

אָמְרוּ לֵהּ, אִית לָן בֵּירָא בְּדַבְרָא, עַיְלֵי לְמָתָא. אַיְתֵי פָּארֵי, שָׁדָא לְהוּ. אָמַר לְהוּ, אַפְשְׁלֵי לִי חַבְלֵי דְפָארֵי, וַאֲעַיְלֵהּ. אָמְרוּ לֵהּ, וּמִי אִיכָּא דִּמְפַשַּׁל חַבְלֵי מִפָּארֵי. אָמַר לְהוּ, וּמִי אִיכָּא דְּמַיְתֵי בֵּירָא מִדַּבְרָא לְמָתָא:

רַשִׁ"י:
דְּפָארֵי – סָבִין. עֲשׂוּ לִי חֶבֶל מִסָּבִין, וְאִם אֵין אַתֶּם עוֹשִׂים שְׁאֵלָתִי, אַף אֲנִי לֹא אֶעֱשֶׂה שְׁאֵלַתְכֶם:

א. צְדָקָה הִיא בְּחִינוֹת הַגַּלְגַּלִּים, כְּמַאֲמַר חֲכָמֵינוּ, זִכְרוֹנָם לִבְרָכָה (שבת קנא:): כִּי בִּגְלַל הַדָּבָר הַזֶּה, גַּלְגַּל הוּא הַחוֹזֵר בָּעוֹלָם.

de lo que se encuentra por encima de ellas, de los ángeles. Ellos, a su vez, reciben de Dios, de Su bondad y misericordia. Todo el mundo se sustenta así debido a la caridad de Arriba. Por lo tanto, le corresponde al hombre ser caritativo. Nuestros actos de bondad producen un aumento de la bondad de Dios – nuestras buenas acciones hacen que el sistema estelar provea más bien a la Tierra. De aquí la afirmación del Rebe Najmán: "La caridad guía las bandas celestes". (Estos conceptos se explican con más detalle en §4).

3. biGLaL...rueda de la fortuna.... Aconseja el Talmud (*loc. cit.*): Que la persona ore siempre pidiendo misericordia, para que tanto ella como sus descendientes no caigan en la pobreza. Pues existe una rueda de la fortuna que gira y retorna en el mundo. Al igual que las *mazalot* (constelaciones) que giran constantemente en los cielos, la banda de la fortuna gira igualmente, trayendo prosperidad a unos e infortunio a otros. Es por ello que la persona rica, que súbitamente pierde su riqueza, puede igualmente recuperarla, cuando la rueda de la fortuna vuelve a girar. El Talmud continúa relatando: Rav Jiá (que era rico) le dijo a su esposa, "Cuando veas a un pobre que se acerca pidiendo algo de caridad, corre a llevarle su porción, para que otros hagan lo mismo por tus hijos". Ella se asombró y le preguntó, "¡¿Acaso los estás maldiciendo?!". Rav Jiá le respondió, "Hay un versículo: 'pues *biglal* (בגלל, debido a) esta cosa...'". Existe una fuerza que mueve y hace girar a los *galgalim* (גלגלים), la rueda de la fortuna, de modo que aunque los hijos de Rav Jiá hereden su riqueza, ellos o sus descendientes pueden caer más tarde en tiempos difíciles y necesitar de la caridad. El Maharsha (*v.i. Leolam*) explica que la plegaria tiene el poder de alterar el *mazal* (destino) de la persona, de modo que al orar evitará caer en la pobreza. En nuestro contexto, el Rebe Najmán interpreta esto como que la caridad tiene el poder de mover y hacer girar a los *mazalot*. Guía los ciclos de la fortuna y los vuelve en beneficio de la persona, salvándola así de la pobreza. Esto, al igual que el próximo tema de la lección, las bendiciones, está aludido en el versículo citado de Deuteronomio: "Ciertamente le darás y no debe dolerte el corazón cuando le des, porque debido a esta cosa [la caridad] Dios te bendecirá en toda tu obra y en todo aquello en que pongas tu mano".

LIKUTEY MOHARÁN 31[1]

Ellos le dijeron, "*It Lan Beira* (Tenemos un pozo) en el desierto. Tráelo a la ciudad". Él trajo *parei* (afrecho) y *shadei* (se lo arrojó) a ellos. Él les dijo, "Háganme cuerdas con este afrecho y yo se los traeré". Ellos le dijeron, "¿Hay alguien capaz de hacer cuerdas a partir del afrecho?". "¿Acaso hay alguien que pueda traer un pozo desde el desierto hasta la ciudad?" (*Bejorot* 8b)**.**

Rashi:
afrecho - Háganme una cuerda con el afrecho y si ustedes no hacen lo que yo les pido, yo no haré lo que ustedes me piden.

La caridad corresponde a los *GaLgaLim* (ruedas, bandas).[2] Como en la enseñanza de nuestros Sabios: "Pues *biGLaL* (debido a) esta cosa..." (Deuteronomio 15:10) – la rueda de la fortuna es lo que gira y retorna en mundo (*Shabat* 151b).[3]

1. Likutey Moharán 31. Esta lección fue compuesta palabra por palabra por el Rebe Najmán, de ahí la designación *leshón Rabeinu* (ver Lección #23, n. 1). Aunque no tenemos información que nos permita darle una fecha, es muy probable que haya sido dada antes de 1806, fecha luego de la cual la mayor parte de las lecciones fueron compuestas por el rabí Natán en base a los discursos orales del Rebe (y por lo tanto, no *leshón Rabeinu*). Estructuralmente, el texto de la lección difiere de la mayor parte de los otros textos del *Likutey Moharán*. Inicialmente, el Rebe Najmán solía detallarle al rabí Natán los conceptos de la lección. Luego, el Rebe daba la lección en público, explicando el mismo concepto de una manera algo diferente (cf. *Likutey Moharán* I, ##21,22). Al organizar las lecciones del Rebe Najmán para su publicación, el rabí Natán incluía ambas versiones de la enseñanza: la que el Rebe había dado públicamente seguida por aquella que él, el rabí Natán, había recibido anteriormente. Los principales temas de la lección son: la caridad; la fe; el Shabat; el Pacto; viajar; la bondad; el anhelo de santidad y la creación de almas; y el sustento.

2. Caridad...GaLgaLim. El Rebe Najmán comienza esta lección conectando la caridad con el concepto de los *galgalim* que, en nuestro texto, hace referencia alternativamente a las bandas celestes, a los planetas y constelaciones contenidos en esas bandas o a las órbitas en las cuales se mueven (más adelante se presenta una breve explicación del concepto de las bandas y de sus órbitas, n. 25). El *Parparaot LeJojmá* ofrece la siguiente introducción: Enseñan nuestros Sabios (*Bereshit Rabah* 10:6): No hay hoja de hierba que no tenga una estrella y un ángel Arriba, que la golpee y le diga, "¡Crece!" (ver §17). De esto aprendemos que la *shefa*, la abundancia que llega al mundo en la forma de copiosa producción (hierbas), recibe y es gobernada por las estrellas y constelaciones. Cuando éstas giran en el orden apropiado y las estaciones tienen su correspondiente lluvia, etcétera, hay *shefa*. Las estrellas y las constelaciones también reciben

וּבִשְׁבִיל זֶה יֵשׁ בָּהּ שֵׁשׁ בְּרָכוֹת וְאַחַת-עֶשְׂרֵה בְּרָכוֹת, (כמו שאמרו רז"ל, בבא בתרא ט:, 'הנותן פרוטה לעני מתברך בשש ברכות, והמפיסו בדברים מתברך באחת-עשרה ברכות'), כְּנֶגֶד שִׁבְעָה כּוֹכְבֵי לֶכֶת, וּכְנֶגֶד שְׁנֵים-עָשָׂר מַזָּלוֹת.

כִּי הַצְּדָקָה מַנְהֶגֶת כָּל גַּלְגַּלֵּי הָרָקִיעַ, בִּבְחִינוֹת (משלי ל): "דֶּרֶךְ הַנֶּשֶׁר בַּשָּׁמָיִם". נֶשֶׁר דָּא רַחֲמֵי (זהר יתרו פ:), הַיְנוּ צְדָקָה (בבא-בתרא י, זהר נשא קמ"ח).

וְזֶה שֶׁאָמַר שְׁמוּאֵל (ברכות נ"ח:) נְהִירִין לִי שְׁבִילִין דִּרְקִיעַ כִּשְׁבִילִין דִּנְהַרְדָּעֵי, הַיְנוּ כִּשְׁבִילִין דִּנְהוֹרֵי דֵעָה, בִּבְחִינוֹת צְדָקָה רַחֲמֵי, וְעִקַּר הָרַחֲמִים עַל-יְדֵי הַדַּעַת:

El *Zohar* enseña que el "águila" sugiere compasión. Así como el águila es muy compasiva y protege a sus crías, Dios tiene compasión de Sus hijos, Israel (*Zohar* II, 80b). La compasión es así un águila cuyo sendero está "en los cielos" – i.e., guía los cielos. 3) La caridad es compasión (*Zohar* III, 148a). Así, la caridad, que es compasión, guía los cielos/las bandas celestes.

La última cita del *Zohar* es parte de un intercambio entre Dios y Abraham. El primer patriarca de Israel estaba destinado a ser estéril. Cuando Dios le prometió hijos, lo elevó por sobre las *mazalot* y le mostró que su descendencia estaría enraizada en *TzeDeK* (justicia). Abraham comprendió que mediante actos de caridad podría traer para él *TzeDaKah* (bondad, caridad) – una *hei* adicional. Su *tzedaka* atemperaría la justicia con compasión (*ibid.*). En nuestro contexto, aunque la predicción astrológica de Abraham indicaba que no tendría hijos, él realizaba constantemente actos de caridad y de bondad. Dios lo recompensó agregando la letra *hei* a su nombre, cambiándolo de "Abram" a "Abra*h*am". Esto le permitió a nuestro patriarca elevarse por sobre su predestinada esterilidad, por sobre los cielos y las influencias estelares. De esta manera cambió su destino mediante la caridad y la compasión (la esterilidad de Sara también se revirtió cuando su nombre, Sarai, fue cambiado). Tanto el *Zohar* como Rashi (Génesis 15:5) enseñan que Dios literalmente elevó y levantó a Abraham por sobre los cielos, tan grande era el poder de la caridad de Abraham.

9. Shmuel…NeHaRDEA. Shmuel, un Amorá de la primera generación (un sabio del Talmud posterior a la compilación de la Mishná), vivía en Nehardea (נהרדעא, ver *Shabat* 116b). Era extremadamente sabio y muy versado en astronomía, en astrología y en otras ciencias naturales (*Bava Metzía* 85b y sig., *Rashi*), cuyos senderos eran tan claros para él como las calles de su ciudad.

10. NeHaRDEA…NeHoRei DEA. El Rebe Najmán conecta Nehardea (נהרדעא), la claridad de los senderos celestes que poseía Shmuel, con *nehorei dea* (נהורי דעה), las luces de *daat* (conocimiento sagrado).

11. Caridad/compasión. Como resultado de su claro conocimiento, Shmuel tenía compasión. En nuestro contexto, esto hace referencia a dar caridad. A la inversa, debido a que Shmuel era caritativo y tenía compasión, poseía un claro conocimiento –i.e., la guía– de los senderos de los cielos.

12. compasión…conocimiento. En otra instancia, el Rebe Najmán enseña que sólo la persona

Es por ello que [la caridad] contiene seis bendiciones y once bendiciones. {Enseñan nuestros Sabios *(Bava Batra* 9b): Aquel que le da un centavo a un pobre es bendecido con seis bendiciones,[4] y aquel que lo consuela con palabras es bendecido con once bendiciones[5].} Esto es un paralelo de los siete planetas[6] y de las doce constelaciones.[7]

Pues la caridad guía las bandas celestes, como en (Proverbios 30:19), "el sendero del águila en los cielos". El águila connota compasión, es decir caridad.[8]

Y esto es lo que dijo Shmuel: Los senderos de los cielos me son tan claros como las calles de *NeHaRDEA* *(Berajot* 58b)[9] – i.e., como los senderos de *NeHoRei DEA* (conocimiento iluminado).[10] Esto corresponde a la caridad/compasión,[11] pues la compasión es primariamente un resultado del conocimiento.[12]

4. seis bendiciones. Estas bendiciones se encuentran en Isaías 58:8,9 y se aplican a la persona que les da caridad a los pobres.

5. once bendiciones. Once bendiciones, presentadas en Isaías 58:10-12, les llegan a aquellos que consuelan a los pobres (*Bava Batra* 9b, *Rashi*). El Maharsha agrega que esas once bendiciones le son dadas a la persona que, aunque incapaz de dar caridad, consuela al pobre y alegra su corazón con palabras amables (*v.i. Mitbarej*; ver allí que no es aceptable sólo ofrecer consuelo cuando uno puede dar caridad).

6. siete planetas. Los siete cuerpos celestes, no todos planetas en sí, están presentados en *Sefer Ietzirá*, Capítulo 4:5-11 y en *Shabat* 156a. Estos son: *Jamá* (Sol); *Levaná* (Luna); *Kojav* (Mercurio); *Noga* (Venus); *Madim* (Marte); *Tzedek* (Júpiter); *Shabtai* (Saturno).

7. doce constelaciones. Estos son los doce signos del zodíaco. El Talmud (*Shabat, ibid.*) enseña que el destino y las características de la persona están influenciados por un conjunto de factores astrológicos, incluyendo la posición de los planetas y de las constelaciones en el momento del nacimiento. Debe hacerse notar, sin embargo, que pese a ello, la vida no está predeterminada. Como afirma allí el Talmud: los judíos se encuentran por encima de las *mazalot*. Es decir, aunque el judío nace bajo un cierto grupo de influencias, puede cambiar todo mediante la plegaria. Como se mencionó (n. 3), el Rebe Najmán enseña que la caridad también tiene este poder.

Dios creó el mundo y puso en movimiento un patrón de fuerzas naturales bajo el cual opera la creación. Aunque las cosas parecen estar bajo los dictados de la naturaleza, la persona debe saber que, en verdad, todo y a cada momento está totalmente gobernado por Dios. Cada evento natural, tal como la continua rotación del sistema solar, está controlado por la providencia Divina. Cuando la providencia Divina se revela en el mundo, todos reconocen a Dios. Sin embargo, hoy en día, esto está oculto. Como veremos, dar caridad y tener fe revelan la providencia Divina. Niegan el poder "natural" de las *mazalot* y le permiten a la persona tomar directamente de la providencia Divina, por medio de lo cual puede cambiar su destino.

8. sendero del águila...compasión...caridad. El Rebe Najmán presenta aquí una prueba en tres partes para demostrar que la caridad se extiende hacia los cielos, para controlar y guiar el sistema solar. 1) Como enseña el rey Shlomo en Proverbios: "El sendero del águila en los cielos". 2)

ב. **וּמַה** שֶּׁחָסֵר מֵהַבְּרָכוֹת, הֲלֹא הָיָה צָרִיךְ לִהְיוֹת שִׁבְעָה בְּרָכוֹת, וּשְׁתֵּים-עֶשְׂרֵה בְּרָכוֹת. וּלְפִי הַגְּמָרָא, מֵהֲנוֹתֵן וְהַמְפַיֵּס אֵין כָּאן רַק שְׁבַע-עֶשְׂרֵה בְּרָכוֹת.

דַּע שֶׁעִקַּר שְׁלֵמוּת הַגַּלְגַּלִּים, שְׁלֵמוּת הַצְּדָקָה, אֵינוֹ אֶלָּא בְּשַׁבָּת. וְזֶה (תענית ח:): 'שֶׁמֶשׁ בְּשַׁבָּת צְדָקָה לָעֲנִיִּים', הַיְנוּ הַצְּדָקָה אֵין לָהּ שְׁלֵמוּת אוֹר אֶלָּא עַל יְדֵי שַׁבָּת. עַל יְדֵי שַׁבָּת מְאִירָה כַּשֶּׁמֶשׁ, בִּבְחִינוֹת (מלאכי ג): "שֶׁמֶשׁ צְדָקָה".

וְזֶה שֶׁמַּסְמִיךְ הַתַּנָּא. 'יְצִיאוֹת הַשַּׁבָּת שְׁתַּיִם שֶׁהֵן אַרְבַּע', וְסָמִיךְ לֵהּ 'פָּשַׁט הֶעָנִי'. כִּי עִקַּר הִתְנוֹצְצוּת אוֹר הַצְּדָקָה וּשְׁלֵמוּתָהּ, אֵינָהּ אֶלָּא בְּשַׁבָּת. כִּי עִקַּר הַחֲשִׁיבוּת הַצְּדָקָה הִיא הָאֱמוּנָה, בִּבְחִינוֹת

---

abrigos raídos. El sol en Shabat es así una bondad/caridad para ellos (*rabí Zvi Aryeh Rosenfeld*).

16. ...sol de caridad. Habiendo demostrado la conexión entre el Shabat, el sol y la caridad, el Rebe Najmán sugiere que la luz (sol) de la caridad sólo puede perfeccionarse observando el Shabat. Es decir, cuando la persona guarda el Shabat (i.e., demuestra su fe), su caridad brilla tanto como el sol. La caridad está completa y por lo tanto las bendiciones, que eran deficientes, se completan (ver más adelante, §17).

El sol es uno de los siete cuerpos celestes enumerados por el Talmud. Los otros seis corresponden a las seis bendiciones y deben recibir de este "astro", del Shabat (fe), la fuente de las bendiciones (*Mabuei HaNajal*). Sin embargo, hace notar el rabí Natán, incluso con el Shabat (fe), aún hay sólo dieciocho bendiciones. Todavía falta la bendición número diecinueve. Más adelante (§3, §18) veremos que hay otro aspecto del sol – i.e., el Pacto. Ésta es la segunda bendición "faltante". Los dos, el Shabat y el Pacto, completan las seis y once bendiciones, para un total de diecinueve; la plenitud de la *shefa* (*Torat Natán* #1).

17. el Taná yuxtapone.... La primera Mishná del tratado *Shabat* comienza con una discusión sobre diferentes dominios en los cuales la persona puede o no puede transferir objetos durante el Shabat. Por ejemplo, uno puede llevar un objeto desde una habitación a otra en su propio hogar, un dominio privado, pero no puede llevarlo desde su dominio privado hacia la calle, que es un dominio público. Para ilustrar esta ley, el Taná (un sabio de la Mishná) afirma: Si un pobre [que está *afuera*, en la calle, en la entrada de nuestro hogar] extiende su mano *dentro* de la casa para recibir caridad, [tal como una hogaza de pan], no puede retirar el pan del dominio privado hacia la calle (*Shabat* 2a). En nuestro texto, el Rebe Najmán hace notar que la primera discusión del Talmud sobre las leyes del Shabat revela la relación entre el Shabat y la caridad. No importa cuán grande sea la mitzvá de la caridad, está incompleta sin el Shabat. El *Ikara deShabata* explica que aquí podemos ver la importancia de dar caridad antes del Shabat, proveyendo así a los pobres con aquello que necesiten para que, durante el Shabat, puedan recibir el beneficio pleno de la luz de esa caridad. El rabí Natán agrega que la caridad del Shabat incluye la hospitalidad, recibiendo huéspedes en nuestro hogar (*Likutey Tefilot*).

2. Ahora bien, [es necesario explicar] qué es lo que falta de las bendiciones. Pues debería haber siete bendiciones y doce bendiciones, pero de acuerdo al pasaje Talmúdico, entre aquel que da y aquel que consuela sólo hay diecisiete bendiciones.[13]

¡Debes saber! Lo esencial de la perfección de los *galgalim*, la perfección de la caridad, sólo tiene lugar en el Shabat.[14] Éste es el significado de: El sol en Shabat es caridad para los pobres (*Taanit* 8b).[15] En otras palabras, la caridad sólo obtiene una luz perfecta mediante el Shabat; como resultado del Shabat, ilumina igual que el sol, como en (Malaji 3:20), "sol de caridad".[16]

Así, el Taná yuxtapone "las [leyes de] llevar un objeto en Shabat son dos que son cuatro" con [el ejemplo de] "el pobre extiende su mano" (*Shabat* 2a). Esto se debe a que el brillo más grande de la luz de la caridad y su perfección sólo tienen lugar en el Shabat.[17] Pues la esencia

---

que tiene un conocimiento claro puede realmente ser compasiva (*Likutey Moharán* I, 119). Pues de otra manera, pese a las mejores intenciones, su misericordia puede muy bien ser un acto de crueldad: en lugar de darle a un niño que llora la leche que requiere, puede tratar de alimentarlo con comidas que son aptas para un adulto (ver *Likutey Moharán* II, 7:1). De manera similar, aunque la disciplina parece ser el reverso de la compasión, es mucho más misericordioso restringir momentáneamente a un niño que permitirle crecer de manera indisciplinada. Así, sólo aquel que tiene la cualidad de *daat*, posee compasión. Sabe cuándo, dónde y cómo utilizarla de manera apropiada. En particular, este conocimiento hace referencia a la Torá. Como el Rebe explicará en la sección siguiente.

Resumen: La caridad tiene el poder de guiar las bandas celestes. Debido a que es un acto de compasión, la caridad corresponde a un conocimiento claro.

13. falta de las bendiciones. Como se explicó, la *shefa* que desciende a este mundo está determinada por las bandas celestes de los siete planetas y las doce constelaciones. En total, hay diecinueve de tales "influencias". Es lógico pensar que debiera haber también diecinueve bendiciones correspondientes. Aun así, a partir del pasaje Talmúdico (*Bava Batra* 9b) citado por el Rebe Najmán vemos que sólo hay diecisiete bendiciones. ¿Qué es lo que brinda las dos que faltan?

14. la perfección de la caridad...Shabat. El Shabat y la fe son sinónimos, como demostrará el Rebe Najmán a la brevedad. Esto es lo que falta en las bendiciones. El Rebe Najmán explica cómo.

15. el sol en Shabat.... Afirma el Talmud (*loc. cit.*): El sol en Shabat es caridad..., como está escrito (Malaji 3:20), "Un sol de caridad brillará para aquellos que Me temen, con curación en sus alas". La apelación "que Me temen" hace referencia a los que observan el Shabat. Un sol brillante en Shabat es caridad para los pobres, quienes entran en calor con sus rayos (*Rashi, loc. cit.*). Más aún, cuando el sol brilla en Shabat, los pobres no tienen que presentarse en público con

(בראשית ט"ו): "וְהֶאֱמִן בַּה'" וְכוּ'. וְשַׁבָּת הִיא אֱמוּנָה, שֶׁמַּאֲמִין בְּחִדּוּשׁ הָעוֹלָם וּבְיִחוּדוֹ.

וֶאֱמוּנָה הִיא מְקוֹר הַבְּרָכוֹת, בִּבְחִינוֹת (משלי כ"ח): "אִישׁ אֱמוּנוֹת רַב בְּרָכוֹת", בִּבְחִינוֹת (בראשית ב): "וַיְבָרֶךְ אֱלֹקִים אֶת יוֹם הַשְּׁבִיעִי". וְאֵין שְׁלֵמוּת לְהַבְּרָכוֹת, אֶלָּא עַד שֶׁיְּקַבְּלוּ מִמְּקוֹר הַבְּרָכוֹת, בִּשְׁבִיל זֶה כְּתִיב בָּהֶם שֵׁשׁ בְּרָכוֹת וְאַחַד-עָשָׂר, לְהוֹרוֹת שֶׁאֵין לָהֶם שְׁלֵמוּת:

וְזֶה שֶׁאָמְרוּ חֲכָמֵינוּ, זִכְרוֹנָם לִבְרָכָה (מכות כ"ד) 'בָּא דָוִד וְהֶעֱמִידָן עַל אַחַד-עָשָׂר, בָּא יְשַׁעְיָה וְהֶעֱמִידָן עַל שֵׁשׁ, בָּא חֲבַקּוּק וְהֶעֱמִידָן עַל אֱמוּנָה'. לְהוֹרוֹת שֶׁאֵין שְׁלֵמוּת לְהַדַּעַת, שֶׁהוּא הַתּוֹרָה, וְאֵין שְׁלֵמוּת לַגַּלְגַּלִים, אֶלָּא עַל יְדֵי אֱמוּנָה:

22. Dios bendijo el séptimo día. El Midrash hace una lista de bendiciones que llegan debido al Shabat, incluyendo la bendición de prosperidad (*Bereshit Rabah* 11). En nuestro contexto, esto hace referencia a un influjo de *shefa* que llega debido al Shabat/fe. La fuente de la bendición.

23. el rey David...Ishaiahu...Habakuk.... El rey David comprendió que los 613 preceptos de la Torá eran un cuerpo muy amplio de leyes difíciles de observar en su totalidad. Por lo tanto habló de once principios básicos que engloban toda la Torá. Estas son leyes y atributos cercanos al corazón de la persona que, al guardarlos, la motivarán y le permitirán observar los preceptos restantes. Ishaiahu redujo esos principios a seis. Habakuk demostró que en esencia los 613 preceptos dependen de uno: la fe (*Maharsha, loc. cit., v.i. Bo*). En nuestro contexto, estos "once y seis principios" corresponden a la Torá/conocimiento/caridad (ver más arriba, §1), pues ellos engloban las leyes y principios de todos los preceptos positivos y negativos. Aun así, esos principios estaban incompletos y su fundamento era débil, hasta que Habakuk demostró que su perfección sólo puede ser alcanzada mediante un factor adicional y necesario – la fe.

24. conocimiento...Torá...galgalim...mediante la fe. El *Parparaot LeJojmá* explica cómo se conecta todo esto. "Si no fuese por Mi pacto con el día y la noche, no habría establecido las leyes de los cielos y de la tierra" (Jeremías 33:25). Enseña el Talmud (*Nedarim* 32a): El pacto al cual hacen referencia las Escrituras es la Torá. La Torá es la perfección de la cualidad de *daat* (ver Proverbios 19:2, *Rashi*), que es conocimiento/caridad/compasión (§1). Más aún, la Torá se equipara a la caridad (ver *Zohar* I, 76b). Así, tal como las bandas celestes están guiadas por la caridad y, por extensión, por cada uno de los otros conceptos introducidos hasta aquí en la lección, también están guiadas y dependen de la Torá, que corresponde a todos los conceptos mencionados anteriormente. Y, como se explicó, la Torá –los 613 preceptos incluidos en los "seis" y "once"– depende de la fe.

Pregunta el *Mabuei HaNajal*: ¿Cómo es que hay siquiera seis y once bendiciones? Si falta la fe, la fuente de las bendiciones, ¿cómo es que hay alguna bendición en esa caridad? Su respuesta se basa en una analogía con el Shabat. Aunque su porción de maná descendía el

de la caridad es la fe,[18] como en (Génesis 15:6), "Él tuvo fe en Dios [y Él se lo consideró como caridad]".[19] El Shabat es fe – él tiene fe en la renovación del mundo y en Su unidad.[20]

Y la fe es la fuente de las bendiciones. Esto es como en (Proverbios 28:20), "Un hombre de fe, muchas son [sus] bendiciones",[21] y como en (Génesis 2:3), "Dios bendijo el séptimo día".[22] Pero las bendiciones sólo están completas cuando él las recibe de la fuente de las bendiciones. Debido a ello, está escrito que hay sólo seis bendiciones y once bendiciones: para demostrar que carecen de perfección.

Esto es como enseñaron nuestros Sabios: Vino el rey David y lo sustentó en once, Ishaiahu vino y lo sustentó en seis, Habakuk vino y lo sustentó en la fe (Makot 24a).[23] Esto es para demostrar que la perfección del conocimiento, que es la Torá, y la perfección de los *galgalim*, sólo tienen lugar mediante la fe.[24]

---

18. la caridad es la fe. El Rebe Najmán comienza su explicación de por qué el Shabat es el factor que perfecciona la caridad.

19. fe en Dios...caridad. Esto hace referencia a Abraham, cuya fe en Dios generó *tzedaka* (caridad; ver n. 8). De no haber sido por la fe, no habría sido considerado caridad. La fe suplementa a la caridad. Explica el rabí Natán: Nuestros Sabios enseñan que todo en el mundo fue creado "con carencias". Es decir, para que algo pueda ser utilizado por el hombre, necesita alguna clase de rectificación – por ejemplo, las vestimentas deben ser elaboradas, el alimento cocinado... (*Bereshit Rabah* 11:6; ver *Likutey Moharán* I, 19:extractos, n. 151). Por lo tanto, cuando las Escrituras afirman (Salmos 104:24): "Tú has hecho todo con sabiduría", significa que Dios, en Su sabiduría, dejó a propósito todo incompleto, para que pudiera ser completado por la fe. Cuando la persona tiene fe en que Dios creó todo y elige por propia voluntad buscar a Dios, demuestra fe. Esto completa aquello que necesita el hombre; y así tiene todo (*Torat Natán* #3). De este modo, la plenitud y la perfección de todas las cosas, en especial la caridad, se producen mediante la fe.

20. Shabat es fe.... Observar el Shabat demuestra que uno tiene fe en Dios. Demuestra que uno cree que Dios creó el mundo *iesh miain* (creatio ex-nihilo). Ello se debe a que al descansar durante el Shabat afirmamos que no hay necesidad de rectificar ni de reparar cosa alguna. Demostramos nuestra fe en que, incluso al no hacer nada, Dios nos provee, así como Él creó el mundo entero a partir de la nada y lo provee. Más aún, observar el Shabat indica nuestra fe en que Dios es Uno; que no hay otro. Él ordena y nosotros aceptamos Su soberanía, guardamos la santidad del día que Él llama sagrado. De esa manera, guardar las leyes del Shabat es una expresión de fe. El *Ikara deShabata* agrega que cuando la persona gasta dinero libremente en honor al Shabat, también demuestra fe. El rabí Natán agrega una lista de confirmaciones adicionales de la fe, que serán tratadas más adelante en la sección 3, nota 31.

21. fe, muchas son sus bendiciones. Donde hay fe uno encuentra abundantes bendiciones, pues la fe es la fuente de todas las bendiciones.

גַּם שֶׁמַּה שֶּׁמָּצִינוּ גַּבֵּי גַּלְגַּלִּים שֶׁעִקַּר הֲלִיכָתָם מִמַּעֲרָב לְמִזְרָח, וְגַלְגַּל הַיּוֹמִי מַכְרִיחַ אוֹתָם מִמִּזְרָח לְמַעֲרָב, זֶה הַדָּבָר מָצִינוּ גַּבֵּי צְדָקָה. מִזְרָח, זֶה בְּחִינוֹת הַנּוֹתֵן צְדָקָה. בִּבְחִינוֹת (ישעיה מ״ג): "מִמִּזְרָח אָבִיא זַרְעֶךָ", בִּבְחִינוֹת (הושע י): "זִרְעוּ לָכֶם לִצְדָקָה". וּמַעֲרָב, זֶה הַמְקַבֵּץ הַצְּדָקָה, הַיְנוּ הֶעָנִי, בִּבְחִינוֹת: "וּמִמַּעֲרָב אֲקַבְּצֶךָּ".

וְזֶה: 'יוֹתֵר מִמַּה שֶּׁבַּעַל הַבַּיִת עוֹשֶׂה עִם הֶעָנִי, הֶעָנִי עוֹשֶׂה עִם בַּעַל הַבַּיִת' (מדרש רות פרשה ד׳). כִּי עִקַּר הַתְּנוּעָה מִמַּעֲרָב לְמִזְרָח, הַיְנוּ עִקַּר הָעֲשִׂיָּה הֶעָנִי עוֹשֶׂה עִם בַּעַל הַבַּיִת:

paralelo de la banda externa del día y de la noche, el recibir caridad –el movimiento desde el oeste hacia el este– es un paralelo de la banda interna de los planetas y las constelaciones.

28. el dueño de casa.... Cuando Ruth y Naomi, su suegra, llegaron a la Tierra Santa, no tenían nada para comer. Para sustentarse, Ruth fue a recoger *leket* y *shijejá*, los restos de la cosecha, de los campos que pertenecían a Boaz. Ella retornó con una considerable cantidad y Naomi le preguntó dónde había encontrado tanto grano. Ruth le respondió, "El nombre del hombre para quien yo hice hoy es Boaz" (Ruth 2:19). De aquí deducen nuestros Sabios que el pobre hace más por el rico, el "dueño de casa", que el rico por el pobre. Los comentarios del Midrash explican: Al darle limosna al pobre, el hombre rico le da el sustento; algo realmente encomiable. Sin embargo, el pobre le ha dado al rico algo más, una mitzvá; cuya recompensa se recibe en el Mundo que Viene y es más grande que todo lo imaginable en este mundo. Más aún, incluso en este mundo, al recibir caridad el pobre ayuda al dador a "protegerse" a sí mismo y a su riqueza. Así, de esta manera, sostiene al rico también en este mundo.

Agrega el *Ikara deShabata*: Nuestros Sabios enseñan que la gente se vuelve rica debido a que honra el Shabat (*Bereshit Rabah* 11:4). Incluso aunque la gente trabaje durante la semana para ganar dinero, el Shabat es la fuente de su sustento. Éste es el significado interno de, "... hace el pobre por el dueño de casa". El Shabat, el día de la semana en que no se trabaja, es el "pobre", pero la bendición, el fruto del trabajo de la semana, emana de él.

29. movimiento principal.... El acto del pobre recibiendo la limosna es el movimiento principal de la caridad, un movimiento desde el oeste hacia el este. Es esto lo que mueve y guía a la banda celeste, con sus planetas y constelaciones, que también se mueve desde el oeste hacia el este. Esto también es prueba de lo que el Rebe Najmán ha dicho anteriormente: "La caridad guía las bandas celestes" (ver §1:final).

30. de la casa. Resumen: La caridad tiene el poder de guiar las bandas celestes. Debido a que es un acto de compasión, la caridad corresponde a un conocimiento claro (§1). La caridad es también un aspecto del Shabat, que corresponde a la fe. La fe/Shabat es la fuente de todas las bendiciones (§2). (Estas dos secciones son repasadas de manera general en la sección 17, donde se conectan con otros conceptos de la lección).

Además, aquello que vemos de que la dirección en la cual se mueven los *galgalim* es primariamente desde el oeste hacia el este pero que la banda diurna los restringe del este al oeste,²⁵ esto también está en conexión con la caridad. El este corresponde a aquél que da caridad, como en (Isaías 43:5), "Desde el este traeré tu simiente", y (Hoshea 10:12), "Siembren para ustedes para caridad".²⁶ Y el oeste es aquel que recoge la caridad, el pobre, como en (Isaías, *ibid.*), "y desde el oeste Yo los recogeré".²⁷

Y éste es el significado de: Más de lo que hace el dueño de casa por el pobre, hace el pobre por el dueño de casa (*Ruth Rabah* 5:9).²⁸ Esto se debe a que el movimiento principal va desde el oeste hacia el este.²⁹ Es decir, la esencia del "hacer" es aquello que el pobre hace por el dueño de casa.³⁰

viernes y nada caía en el Día de Descanso mismo, en verdad, era el Shabat el que proveía la *shefa* para toda la semana (*Zohar* II, 88a; notas 16, 28). En nuestro caso, aunque la fe corresponde a lo que falta, aquel que da caridad tiene algo de fe. Sin embargo, falta la integración completa de la fe, y la caridad es sólo un atisbo de la fe potencial que existe. Al igual que el Shabat, la fe está separada de las otras bendiciones y es su fuente. Cuando la persona tiene fe, trae *shefa* al mundo; sin fe, no hay bendiciones adicionales que desciendan para traer más *shefa*. (También el sol, aunque se encuentra entre los siete cuerpos celestes, está separado de los otros seis y brilla sobre ellos).

25. oeste hacia el este...banda diurna...este al oeste. Esto se explica como sigue: De acuerdo al punto de vista geocéntrico del universo, hay dos bandas principales que rodean la tierra. Una banda contiene las esferas celestes, los planetas y las constelaciones. Ésta se mueve del oeste hacia el este. La segunda banda, más externa, es la banda diurna. Su movimiento, del este hacia el oeste fuerza a la banda interna a girar en un ciclo de veinticuatro horas. Esto puede compararse con un hombre que camina en un barco desde la proa hacia la popa (del oeste hacia el este) mientras el barco viaja hacia el oeste. Aunque el movimiento general del hombre es hacia el oeste, su caminar hacia el este cambia su posición relativa con el movimiento del barco. Esto da cuenta del hecho de que el sol se levanta en el este y se pone en oeste, al igual que de las variaciones diarias de la salida y de la puesta del sol (cf. *Iad HaJazaká, Iesodei HaTorá* 3:1,6-7; *Sefer HaTejuna* 3; *Et Sofer*, p. 82b).

Aunque la banda diurna es la "fuerza motora" detrás de las esferas celestes y las mantiene en movimiento en sus órbitas diarias, son las esferas celestes las que proveen la *raison d'être* de la banda externa que las controla. El Rebe Najmán explica esto a continuación dentro del concepto de dar y recibir caridad.

26. este...da...caridad. A partir de los dos versículos citados por el Rebe Najmán podemos ver que la "simiente" de la caridad emana del este. El "este" es así sinónimo del que da caridad.

27. desde el oeste.... La conclusión del versículo de Isaías indica que "recoger", como en el recoger o recibir la caridad, está asociado con el "oeste".

Así, mientras que el dar caridad –el movimiento desde el este hacia el oeste– es un

ג. וְדַע שֶׁאֵין קִיּוּם אֱמוּנָה אֶלָּא עַל יְדֵי בְּחִינוֹת בְּרִית, בִּבְחִינוֹת (תהלים פ"ט): "וּבְרִיתִי נֶאֱמֶנֶת לוֹ".

וְזֶהוּ שֶׁנֶּאֱמַר בְּרִית בְּשַׁבָּת, כְּמוֹ שֶׁכָּתוּב (שמות ל"א): "בְּרִית עוֹלָם בֵּינִי וּבֵין בְּנֵי יִשְׂרָאֵל" וְכוּ'. וְזֶה (ירמיה ל"ג): "אִם לֹא בְרִיתִי יוֹמָם וָלַיְלָה חֻקּוֹת שָׁמַיִם וָאָרֶץ לֹא שָׂמְתִּי", כִּי "חֻקּוֹת שָׁמַיִם וָאָרֶץ", הַיְנוּ הַגַּלְגַּלִּים, תְּלוּיִים בַּבְּרִית:

ד. וְדַע שֶׁהַיִּסּוּרִים שֶׁיֵּשׁ לָאָדָם בַּדְּרָכִים, הִיא בְּסִבַּת גַּלְגְּלֵי הָרָקִיעַ. כִּי אֵין לְךָ דָּבָר מִלְּמַטָּה, שֶׁאֵין לוֹ כּוֹכָב מִלְמַעְלָה. יֵשׁ כּוֹכָבִים שֶׁהֵם מְגַדְּלִים מִינֵי עֲשָׂבִים בְּאֵיזֶהוּ מְקוֹמוֹת שֶׁהֵם מְאִירִים, וְיֵשׁ שֶׁהֵם מְחַיְּבִים שֶׁיְּהֵא דֶרֶךְ בְּנֵי אָדָם בַּמְּקוֹמוֹת שֶׁהֵם מְאִירִים, וְיֵשׁ שֶׁהֵם מְחַיְּבִים שֶׁיְּהֵא מִדְבָּר, וְיֵשׁ שֶׁהֵם מְחַיְּבִים שֶׁיְּהֵא יִשּׁוּב בַּמְּקוֹמוֹת שֶׁהֵם מְאִירִים. וּלְפִי הַהִתְנוֹצְצוּת הַכּוֹכָבִים עַל הַמָּקוֹם, כֵּן הַמָּקוֹם מִתְנַהֵג:

concernía a la Torá, específicamente a la Ley Oral, como está escrito (Éxodo 34:27), "pues *al pi* (a través) de estas palabras he hecho un pacto contigo y con Israel". La frase *al pi* también sugiere algo conocido y recitado de memoria, como por ejemplo, la Ley Oral (ver n. 56).

34. los galgalim dependen del Pacto. Ya hemos visto que la caridad, por la cual hay diecisiete bendiciones, guía a los *galgalim* (las bandas celestes). Cuando están apropiadamente alineadas, en todos sus diecinueve planetas y constelaciones, las bendiciones y la *shefa* llegan al mundo. También hemos visto que, debido a que a la caridad le faltan los elementos para equipararse con los diecinueve, es necesaria la fe. Sin embargo, incluso si la caridad está suplementada por la fe, aún falta uno para tener las bendiciones completas. El elemento que falta es el Pacto. El "pacto se mantendrá fiel" es el segundo elemento que suplementa y perfecciona a la caridad (*Torat Natán* #1, ver n. 16). El Rebe Najmán dice por lo tanto, "Los *galgalim* dependen del Pacto".

Resumen: La caridad tiene el poder de guiar las bandas celestes. Debido a que es un acto de compasión, la caridad corresponde a un conocimiento claro (§1). La caridad es también un aspecto del Shabat, que corresponde a la fe. La fe/Shabat es la fuente de todas las bendiciones (§2). Sin embargo, la fe sola no es suficiente. También se necesita el Pacto (§3).

35. dificultades...brillen las estrellas.... Habiendo hablado de las bandas celestes y de lo que las gobierna, el Rebe Najmán se centra en esta sección en la influencia de los planetas y las constelaciones sobre las cosas aquí, en la tierra. En particular, el Rebe trata sobre los efectos de las estrellas en los viajes de la gente, en los caminos y sendas por los que anda. Como prueba, hace una paráfrasis del Midrash citado anteriormente en las notas (n. 2; ver también §17, donde esto está explicado).

3. ¡Y debes saber! La fe sólo se mantiene debido al concepto del *brit* (el Pacto) como en (Salmos 89:29), "Mi pacto se mantendrá fiel a él".³¹

Y este Pacto está asociado con el Shabat, como está escrito (Éxodo 31:26,27), "un pacto eterno entre Yo y los hijos de Israel [que… en el Shabat Él cesó de trabajar y descansó]".³² Y esto es (Jeremías 33:25), "Si no fuese por Mi pacto con el día y la noche, no hubiese establecido las leyes de los cielos y de la tierra".³³ Pues las leyes del cielo y de la tierra –i.e., los *galgalim*– dependen del Pacto.³⁴

4. ¡Y debes saber! Las dificultades que la persona encuentra al viajar se deben a las bandas celestiales. Pues no hay nada debajo que no tenga una estrella correspondiente Arriba (*Bereshit Rabah* 10:6). Hay estrellas que hacen que crezcan ciertas hierbas en los lugares sobre los que brillan; otras que obligan [la existencia de] caminos en los lugares en los cuales brillan; otras que hacen necesario el que haya un desierto; y otras que determinan que haya asentamientos en los lugares sobre los que brillan. Y de acuerdo a la manera en que brillen las estrellas en un determinado lugar, así será la naturaleza de ese lugar.³⁵

---

31. fe…brit, el Pacto…. Aquí, el Rebe Najmán introduce en la lección el concepto de cuidar el Pacto, sin lo cual es imposible alcanzar una fe verdadera. En su plegaria basada en esta lección, el rabí Natán aclara esta relación, haciendo una lista de los temas en los cuales uno debe tener fe. Estos incluyen: la unidad de Dios; la renovación del mundo; los verdaderos Tzadikim; toda la Torá, tanto la Ley Escrita como la Ley Oral; todos los escritos de los verdaderos Tzadikim; y, en general, la grandeza del pueblo judío (*Likutey Tefilot*). Todos estos aspectos de la fe están conectados con el concepto del Pacto.

En general y como se hará evidente más adelante en la sección 4, cuidar el Pacto implica la pureza sexual. El pacto que Dios hizo con Abraham y con sus descendientes está sellado mediante la circuncisión, el *Brit Milá* (Génesis 17; ver n. 68). Como tal, el pacto del pueblo judío con Dios, cuidar el *brit*, implica un alto grado de comportamiento moral en pensamiento, palabra y acción. En general, esto implica estar casado y evitar los pecados de naturaleza sexual. Por el contrario, no cuidar el *brit* –dañando el Pacto– incluye la cohabitación ilícita, el matrimonio ilegal, el onanismo y demás (ver *Likutey Moharán* I, 11:4, n. 42; *ibid.* 29:4, n. 44).

32. pacto eterno…Shabat…descansó. El Pacto está así asociado con el Shabat. Como se mencionó más arriba (§2, n. 20), el Shabat mismo hace referencia a la unidad de Dios y a Su creación del mundo ex-nihilo – i.e., a la fe.

33. Mi pacto con el día y la noche…. Enseña el Talmud que esto hace referencia al Pacto de Abraham (*Nedarim* 32a). También hace referencia a la Torá (ver más arriba, n. 24). Comprobamos a partir de esto la conexión entre el Pacto y el pueblo judío y entre el Pacto y la Torá. Enseñan también nuestros Sabios (*Guitin* 60b): El pacto esencial entre Dios y los judíos

וְזֶהוּ בְּחִינוֹת (איכה א'): "דַּרְכֵי צִיּוֹן אֲבֵלוֹת מִבְּלִי בָּאֵי מוֹעֵד", "מוֹעֵד", זֶה בְּחִינוֹת גַּלְגַּלֵּי הָרָקִיעַ שֶׁעַל יָדָם נֶחְשָׁב הַזְּמַן:

וְזֶהוּ (משלי ד'): "דֶּרֶךְ רְשָׁעִים כָּאֲפֵלָה", שֶׁאֵין כּוֹכָבִים וּמַזָּלוֹת מְאִירִין לָהֶם, וְעַל-יְדֵי-זֶה נִכְשָׁלִים. וְהַכֹּל תָּלוּי בַּבְּרִית, בִּבְחִינוֹת: "אִם לֹא בְרִיתִי" וְכוּ':

וְזֶהוּ 'כָּל הַדְּרָכִים בְּחֶזְקַת סַכָּנָה' (ירושלמי ברכות פ"ד, מדרש רבה קהלת), בְּחִינוֹת (במדבר כ"ב): "הַהַסְכֵּן הִסְכַּנְתִּי". הַיְנוּ שֶׁהַדֶּרֶךְ תָּלוּי בִּשְׁמִירַת הַבְּרִית. וּבִשְׁבִיל זֶה חַיָּב אָדָם לִפְקֹד אֶת אִשְׁתּוֹ קֹדֶם שֶׁיֵּצֵא לַדֶּרֶךְ (יבמות ס"ב:), כְּדֵי שֶׁלֹּא יִהְיֶה בִּבְחִינוֹת (בראשית ו'):

---

la caridad/compasión. Hemos visto también (§2, §3) que la caridad sólo está completa con la fe y el Pacto. Dado que los malvados no han cuidado el Pacto, carecen de compasión y de un conocimiento claro. Sus senderos son por lo tanto tortuosos; vayan a donde vayan y hagan lo que hagan, siempre estarán en la oscuridad.

38. son considerados peligrosos. Esto aparece como parte de una discusión Talmúdica sobre el recitado de una versión abreviada de la *Amidá* (*Shmone Esere*) al viajar. Debido a que los caminos son peligrosos, no es posible concentrarse durante el tiempo requerido que toma el recitado de la *Amidá* completa. Por lo tanto, se instituyó una versión abreviada (ver *Oraj Jaim* 110:1; *Mishná Brurá* 110:2).

39. ...te puse en peligro. La palabra hebrea para peligro es *SaKaNá* (סכנה). "Te puse en peligro", *hiSKaNti*, se asemeja lingüísticamente al término *SoJeNeT* (סוכנת), como en, "Que se busque para mi señor el rey una joven virgen y que ella... sea su *sojenet* (asistente)" (Reyes I, 1:2). El Talmud interpreta el versículo "Acaso alguna vez te puse en peligro" como una indicación de que Bilaam era culpable de bestialismo con su mula (*Sanedrín* 105b). El Rebe Najmán considera esto como una prueba de que el camino es peligroso cuando no se cuida el Pacto – i.e., cuando no se mantiene un alto estándar de comportamiento moral en pensamiento, palabra y acción.

40. ...requiere del cuidado del brit. Hasta este punto de la lección las referencias del Rebe Najmán al Pacto han incluido varios aspectos de los diferentes pactos que hizo Dios con los judíos: por ejemplo, el Shabat, la Torá (n. 24), el pacto del día y de la noche, el Pacto de Abraham (notas 33, 68). Aquí especifica el cuidado del Pacto como el cuidado del *brit* (el órgano masculino) de todo daño, guardándose de la inmoralidad (ver n. 31).

41. estar con su esposa.... Esto hace referencia a la obligación que le impone la Torá a un hombre que está por salir de viaje: siempre y cuando su esposa esté ritualmente pura, debe cohabitar con ella antes de partir (*Oraj Jaim* 240:1 y *Iore Dea* 184:10). En nuestro contexto, el viajero debe hacerlo para preceder el viaje con el cuidado del *brit*. Los *galgalim* brillarán entonces para él. Ver la nota siguiente.

42. toda carne pervirtió su camino. Este versículo de Génesis hace referencia a la Generación

Éste es el significado de, "Los caminos de Sión están de luto, pues no hay nadie que venga en el tiempo apropiado" (Lamentaciones 1:4). "Tiempo apropiado" corresponde a las bandas celestiales mediante las cuales se calcula el tiempo.³⁶

Y esto es, "Los caminos de los malvados son como la oscuridad" (Proverbios 4:19). Las estrellas y las constelaciones no brillan para ellos, de modo que tropiezan. Todo depende del Pacto, como en, "Si no fuese por Mi pacto con el día y la noche…".³⁷

Y éste es el significado de, Todos los caminos son considerados peligrosos (*Talmud Ierushalmi, Berajot* 4:4).³⁸ Esto corresponde a, "¿Acaso alguna vez te puse en peligro?" (Números 22:30).³⁹ Es decir, viajar requiere del cuidado del *brit*.⁴⁰ Debido a ello, el hombre está obligado a estar con su esposa antes de salir al camino (*Iebamot* 62b)⁴¹; para que no se encuentre en la categoría de "toda carne pervirtió su camino" (Génesis 6:12).⁴² En

---

36. caminos de Sión…bandas…. Luego de afirmar que las estrellas influencian el cobijo, la vegetación, los caminos, etcétera, el Rebe Najmán vuelve a la línea de apertura de esta sección, "¡Y debes saber! Las dificultades…". Si las influencias celestiales están alineadas positivamente, no debería haber ningún problema en el camino. Por el contrario, si los *galgalim* se encuentran en una alineación negativa –i.e, incorrectamente guiados desde abajo– la persona puede tener dificultades. El versículo así se traduce en nuestro texto como sigue: **Los caminos…están de luto** – uno encuentra dificultades al viajar, **nadie que venga en el tiempo apropiado** – pues las bandas celestes están incorrectamente guiadas y no pueden por lo tanto guiar a la persona en su viaje. Una solución, como el Rebe continúa explicando, es cuidar el Pacto, que guía las esferas celestes. Igualmente, como el Rebe enseña más adelante (§17), la persona debe dar caridad antes de salir de viaje. Esto se debe a que "la caridad guía las bandas celestes" y ayuda a tener un viaje tranquilo.

El Ari enseña que el nombre Sión connota la *sefirá* de Iesod, que es el *brit* (*Likutey Torá*, Isaías, p. 301). El versículo de Lamentaciones citado por el Rebe Najmán, "Los caminos de Sión…", indica por lo tanto que cuando Sión/Iesod/*brit* está de luto (dañado), los "caminos" sufren. Más literalmente, el versículo habla de los "caminos de Sión" que se lamentan porque los judíos no podían hacer la peregrinación a Jerusalén en las Tres Festividades (*Rashi*, Lamentaciones 1:4). El Rebe Najmán trata esto más adelante, en la sección 9.

37. los caminos de los malvados…Pacto…. El versículo completo dice: "Los caminos de los malvados son como la oscuridad, no saben con qué tropiezan". En nuestro contexto, "los malvados" hace referencia a aquellos que no cuidan el Pacto. Las esferas celestes no brillan, por lo tanto, para ellos y tropiezan en la oscuridad, sin saber siquiera por qué están encontrando dificultades al viajar. Al comentar sobre este versículo el *Metzudat David* agrega otro punto que demuestra una conexión más con nuestro texto. Explica "oscuridad" como el hecho de no tener un conocimiento claro, por lo que todos sus "caminos" y senderos son equivocados. Anteriormente (§1), el Rebe Najmán explicó que el conocimiento claro es el equivalente de

"כִּי הִשְׁחִית כָּל בָּשָׂר אֶת דַּרְכּוֹ", הַיְנוּ שֶׁעַל-יְדֵי שְׁמִירַת הַבְּרִית לֹא יִהְיֶה לוֹ צַעַר בַּדֶּרֶךְ:

ה. וְיֵשׁ שְׁנֵי בְּחִינוֹת בְּרִית, בְּחִינוֹת אַבְרָהָם, וּבְחִינוֹת אֱלִיעֶזֶר. אַבְרָהָם, הוּא בְּרִית עִלָּאָה, שֶׁהוּא רָקִיעַ הַמַּבְדִּיל בֵּין מַיִין עִלָּאִין לְמַיִּין תַּתָּאִין. וְהוּא בְּחִינוֹת בֶּן חוֹרִין, בִּבְחִינוֹת (קהלת י'): "אַשְׁרֵיךְ אֶרֶץ שֶׁמַּלְכֵּךְ בֶּן חוֹרִין". וְהוּא עָבַד תּוֹלָדִין, בִּבְחִינוֹת (בראשית י"ב): "וְאֶת הַנֶּפֶשׁ אֲשֶׁר עָשׂוּ בְחָרָן". כִּי הַחֵרוּת תְּלוּיָה בַּבְּרִית, בִּבְחִינוֹת (זכריה ט): "בְּדַם בְּרִיתֵךְ שִׁלַּחְתִּי אֲסִירַיִךְ מִבּוֹר": וֶאֱלִיעֶזֶר, הוּא בְּרִית תַּתָּאָה. בִּבְחִינוֹת (שמות כ"ג): "כִּי שְׁמִי בְּקִרְבּוֹ"

superiores/*Zeir Anpin* de las aguas inferiores/*Maljut*. El Rebe Najmán explica con más detalle la conexión entre *jesed* y el *brit* en la sección 6.

46. tu rey es un hombre libre. "Feliz de ti, oh tierra, cuando tu rey es un hombre libre y tus príncipes comen en el momento apropiado, para reponer sus fuerzas". La Mishná en *Avot* (4:1) afirma: "¿Quién es fuerte? Aquel que controla su mala inclinación" – i.e., que cuida el *brit*. Así, ¿cuándo se es un "hombre libre"? Cuando se demuestra "fuerza" cuidando el *brit*. Entonces se está libre de mal.

47. ben JoRiN...descendencia...JaRaN. Habiendo demostrado la conexión entre la libertad y el cuidado del *brit*, el Rebe Najmán muestra a continuación que el "hombre libre" produce almas, descendencia. El *Zohar* (I, 46a) enseña que cuando *Zeir Anpin* le provee *shefa* (abundancia) a *Maljut*, se producen almas. Esta transferencia de *shefa* sólo puede tener lugar cuando el puente entre ambos, que es *Iesod/brit*, está en su lugar – i.e., está cuidado. El "hombre libre", la persona que cuida el Pacto, produce así descendencia. Esto está ejemplificado en Abraham. Su autocontrol era completo; él era un *ben JoRiN* (בן חורין; ver *Nedarim* 32b). Por ello produjo "descendencia" mientras estuvo en *JaRaN* (חרן). Pues aunque en ese momento era estéril (ver más arriba, n. 8), sus descendientes fueron las almas de los prosélitos que él trajo hacia la fe en el Dios único (*Rashi*, Génesis 12:5).

48. libertad...brit.... El profeta Zacarías hace referencia a la promesa que Dios le hizo al pueblo judío de redimirlo de sus exilios en mérito a la mitzvá de la circuncisión. Esto indica que la libertad depende del *brit*. Aquel que cuida el Pacto es un hombre libre. Y, como hombre libre, puede tener descendencia.

De este modo, siendo la primera persona a quien se le dio la mitzvá de la circuncisión, Abraham simboliza el Pacto, el cuidado del *brit*. Él era un "hombre libre" con el poder de producir almas. Abraham corresponde por lo tanto a *Iesod* – i.e., el *rakia* que separa entre las aguas superiores/*Zeir Anpin* y las aguas inferiores/*Maljut*.

49. Eliezer...el mismo que el de su Amo. Antes de explicar el concepto del Pacto inferior, el Rebe Najmán demuestra que el nivel inferior, el sirviente, está incluido en el nivel superior, el

otras palabras, al cuidar el *brit* no experimentará ninguna dificultad en el camino.[43]

5. Ahora bien, existen dos niveles del Pacto: el aspecto de Abraham y el aspecto de Eliezer.[44]

Abraham es el Pacto superior, el cielo que separa entre las aguas superiores y las aguas inferiores.[45] Él es el aspecto de un *ben JoRiN* (un hombre libre), como en (Eclesiastés 10:17), "Feliz de ti, oh tierra, cuando tu rey es un hombre libre".[46] Y él produce descendencia, como en (Génesis 12:5), "las almas que hicieron en *JaRaN*".[47] Esto se debe a que la libertad depende del Pacto, como en (Zacarías 9:11), "Debido a la sangre de tu *brit* Yo libero del pozo a tus prisioneros".[48]

Y Eliezer es el Pacto inferior. Esto como en (Éxodo 23:21), "pues Mi nombre está en él" – su nombre es el mismo que el de su Amo.[49] Él

---

del Diluvio. Estaba tan hundida en la inmoralidad que incluso se pervirtieron las tendencias naturales de los animales (*Rashi*). En nuestro contexto, el Rebe Najmán demuestra que si la persona cuida el *brit* (ver la nota previa), todos los "caminos" y senderos brillarán para ella – i.e., no encontrará ninguna dificultad. Sin embargo, si no cuida el Pacto, todos los "caminos" se pervertirán y se volverán difíciles, tropezando en la oscuridad.

43. ...en el camino. Resumen: La caridad tiene el poder de guiar las bandas celestes. Debido a que es un acto de compasión, la caridad corresponde a un conocimiento claro (§1). La caridad es también un aspecto del Shabat, que corresponde a la fe. La fe/Shabat es la fuente de todas las bendiciones (§2). Sin embargo, la fe sola no es suficiente. También se necesita el Pacto (§3). La caridad, cuando está suplementada por la fe y el Pacto, le permite a la persona influenciar las bandas celestes que afectan su fortuna. Cuidar el Pacto la ayuda a protegerse de la desgracia al viajar (§4).

44. dos niveles del Pacto.... Ambos niveles del Pacto, tal como el Rebe Najmán continúa explicando, son necesarios para la fe. El nivel inferior está personificado por Eliezer, el sirviente, mientras que el nivel superior está personificado por Abraham, su amo.

45. cielo...las aguas superiores y las aguas inferiores. Rashi explica que los cielos, que Dios creó en el primer día de la Creación, eran fluidos (Génesis 1:6). En el segundo día, Dios dijo, "Haya un *rakia* (firmamento, cielo) en medio de las aguas y dividida entre agua y agua". El propósito de este *rakia* es "sujetar y sustentar" las aguas superiores, manteniéndolas separadas de las aguas inferiores (que más tarde se transformaron en las aguas de este mundo). En la Kabalá, la división, el *rakia*, corresponde al *brit*, que es *Iesod* (*Zohar* I, 46a). Siendo la más baja de las seis *sefirot* en *Zeir Anpin*, *Iesod* actúa como el *rakia* separando a *Zeir Anpin* de *Maljut* (Ver Apéndice: Las Personas Divinas). De hecho, *Iesod/rakia* engloba las luces de las otras cinco *sefirot* en *Zeir Anpin*, desde *Jesed* hasta *Hod*. Así, en nuestro contexto, Abraham, que es la personificación de la cualidad de *jesed* (bondad), corresponde al cielo que divide las aguas

'שְׁמוֹ כְּשֵׁם רַבּוֹ', שֶׁהוּא חֲנוֹךְ, מַטַּ"ט. בְּחִינוֹת (בראשית י"ד): "וַיָּרֶק אֶת חֲנִיכָיו". בְּחִינוֹת (משלי כ"ב): "חֲנֹךְ לַנַּעַר". בְּחִינוֹת (קהלת שם): "אִי לָךְ אֶרֶץ שֶׁמַּלְכֵּךְ נָעַר". וְהוּא תַּחַת בְּרִית עֶלְאָה, בִּבְחִינוֹת (בראשית כ"ד): "שִׂים נָא יָדְךָ תַּחַת יְרֵכִי": וְהוּא דָּקִיעַ הַמַּבְדִּיל בֵּין מַיִם דָּכְיָן לְמַיִּין מְסָאֲבִין, בֵּין אִסּוּר וְהֶתֵּר, וּבֵין כָּשֵׁר וּפָסוּל, וּבֵין טָמֵא וְטָהוֹר. וְזֶהוּ בְּחִינוֹת: "חֲנֹךְ לַנַּעַר עַל פִּי דַרְכּוֹ", "עַל פִּי" דַּיְקָא, הַיְנוּ תּוֹרָה שֶׁבְּעַל-פֶּה:

nivel del Pacto superior, el "hombre libre", debe gobernar; pues entonces, "Feliz de ti, oh tierra" (ver n. 46). En verdad, ambos niveles –amo y sirviente– son necesarios. Sin embargo, debido a que el nivel inferior está incluido en el nivel superior, la posesión del Pacto superior implica la posesión del Pacto inferior. Por el contrario, de haber un solo nivel del Pacto, sólo puede ser el nivel inferior. Por lo tanto, "¡Ay…!".

54. tu mano bajo mi muslo. Rashi explica: Cuando Eliezer juró encontrar una esposa para Itzjak, el hijo de su amo, puso la mano sobre el *brit* de Abraham. De acuerdo a la tradición Talmúdica, el sirviente puso su mano sobre o cerca de la santa señal del Pacto, tal como en tiempos posteriores un juramento debía ser hecho sobre un rollo de la Torá (ver *Shevuot* 38b). La mano del sirviente, aunque es un miembro del cuerpo humano ubicado más arriba que el *brit*, aun así está "bajo el muslo [de su amo]". Esto se debe a que el nivel inferior siempre debe estar bajo el dominio del nivel superior.

55. cielo que separa…. Como se mencionó, hay un cielo entre las aguas superiores y las aguas inferiores, entre *Zeir Anpin* y *Maljut* (n. 45). Éste es Abraham, el Pacto superior, que separa entre los dos niveles de santidad. El *Zohar* enseña que hay un firmamento adicional cuyo propósito es separar entre el bien y el mal. El bien corresponde a lo permitido/kosher/ puro, mientras que el mal corresponde a lo prohibido/no kosher/impuro. Esta separación es el ángel Metat (*Tikuney Zohar* #30). Los comentarios explican que Metat personifica el Árbol del Conocimiento del Bien y del Mal; "bien" del lado de la santidad y "mal" del lado de las *klipot*. Metat obstruye el mal e impide que entre en la santidad (*Kisei Melej, ibid.*). A lo largo del *Zohar*, la Torá es equiparada tanto con el Árbol de la Vida como con el Árbol del Conocimiento. Más específicamente, el Árbol de la Vida corresponde a la Kabalá, a las enseñanzas esotéricas de la Torá. El Árbol del Conocimiento corresponde a la Mishná/Talmud, las leyes que tratan de lo permitido y lo prohibido, lo puro y lo impuro, etcétera. Metat/Janoj/Eliezer representa así la Ley Oral. (En cuanto a por qué la Torá debe contener tanto "bien como mal", ver sección 13 más adelante).

56. Educa al joven al pi…. Las palabras "*al pi*" (על פי) aluden a la Ley Oral, la Torá que se transmite *beal pé* (בעל פה, de manera oral) y que es también considerada un pacto (ver n. 33). En nuestro contexto, el versículo se lee: **Educa al joven** – El Pacto inferior, que es Janoj/ Metat/Eliezer, **de acuerdo a su camino** – es la Ley Oral. Como hemos visto (n. 36), "camino" corresponde a los *galgalim*, que están guiados por el Pacto.

es *JaNoJ*, Metat,⁵⁰ correspondiente a: "él llamó a sus *JaNiJav* (siervos entrenados)" (Génesis 14:14)⁵¹; "*JaNoJ* (educa) al joven" (Proverbios 22:6)⁵²; "¡Hay de ti, tierra, cuando tu rey es un joven!" (Eclesiastés 10:16).⁵³ Él se encuentra bajo el Pacto superior, como en (Génesis 24:2), "Por favor pon tu mano bajo mi muslo".⁵⁴ Y él es el cielo que separa entre las aguas claras y las aguas turbias, entre lo prohibido y lo permitido, entre lo kosher y lo no kosher y entre lo impuro y lo puro.⁵⁵ Éste es el significado de, "Educa al joven *al pi* (de acuerdo a) su camino". Específicamente "*AL Pi*" – i.e., la Torá *shebeAl Pé* (la Torá Oral).⁵⁶

amo. El versículo citado por el Rebe Najmán, "Mi Nombre está en él", hace referencia al ángel Metatrón (Metat). Aunque es el más grande de todos los ángeles, Metat es obviamente un siervo de Dios; un siervo incluido en su Amo. Rashi indica esto haciendo notar que Metatrón (מטטרון) tiene el mismo valor numérico que el del Santo Nombre *Shadai* (שדי), 314 (ver Apéndice: Tabla de Guematria). El Rebe extiende este concepto para enseñar que las cualidades del sirviente están incluidas en las cualidades de su amo. Por lo tanto, implícito en toda mención del nivel superior, el amo, se encuentra el nivel inferior, el siervo. Además, el Santo Nombre *Shadai* corresponde a *Iesod* (ver Apéndice: Las Sefirot y los Nombres de Dios). De acuerdo a ello, en virtud de su conexión con *Shadai*, Metat está conectado con *Iesod/brit/*Pacto.

50. Janoj, Metat. Al hacer el recuento de las primeras generaciones, las Escrituras relatan que Janoj (Enoj) falleció a una edad temprana (relativa a su generación): "Janoj *sirvió* a Dios y no fue más, pues Dios lo tomó". (Génesis 5:24). Relata el Midrash que él ascendió al cielo donde se transformó en el ángel sirviente Metat (cf. *Ialkut Shimoni*, Isaías #452).

51. JaNoJ…JaNiJav, siervos entrenados. Los *janijav* (חניכיו) de Abraham eran los trescientos dieciocho siervos entrenados que se unieron a él en su batalla en contra de los Cuatro Reyes (ver Génesis 14). Enseña el Talmud que esos "318" eran en realidad un solo siervo, Eliezer (אליעזר), cuyo nombre es numéricamente equivalente a 318. Como hemos visto, el concepto del sirviente es Janoj/Metat (חנוך). De aquí la conexión entre Metat/Janoj y Eliezer. Metat es el ángel sirviente de Dios, Janoj sirvió a Dios y Eliezer era el sirviente de su amo, Abraham.

Es digno de notar lo que sucedió inmediatamente después de que Abraham y Eliezer vencieran a los Cuatro Reyes: Las Escrituras relatan que Dios se le apareció a Abraham en el Pacto Entre las Mitades y lo elevó por sobre las constelaciones (n. 8). Esto apoya la enseñanza del Rebe Najmán de que la persona que cuida el Pacto controla y guía las esferas celestes.

52. Janoj al joven. El término hebreo *lejanej* significa "educar" o "entrenar". En el versículo de Proverbios citado por el Rebe Najmán ello aparece en la forma de una orden: "*Janoj* al joven de acuerdo a su camino". Esto, dice el Rebe, alude a Janoj. Como enseña el *Zohar*: Janoj ciertamente tenía enseñanzas muy elevadas que registró en un libro. Fue llamado al cielo para servir delante de Dios. Y él es un joven, como en, "Janoj al joven" (*Zohar* I, 37b). Así, Janoj corresponde a Metat, Eliezer, enseñanzas (de Torá), un sirviente y un "joven".

53. tu rey es un joven. Cuando el reino está en manos de un joven, ¡ay de los gobernados! Cuando el reino está en manos de un sirviente, en lugar del amo, ¡ay de los gobernados! Sólo el

וּבְרִית עֶלָאָה, הוּא שְׁמִירַת הַבְּרִית קֹדֶשׁ. וּבְרִית תַּתָּאָה, הוּא שְׁמִירַת אִסּוּר וְהֶתֵּר וְכוּ' וְצָרִיךְ לָאָדָם לִהְיוֹת לוֹ אֵלּוּ שְׁנֵי בְּחִינוֹת בְּרִית, הַיְנוּ שֶׁיְּהֵא צַדִּיק וְלַמְדָן. כִּי 'לֹא עַם הָאָרֶץ חָסִיד' (אבות פרק ב'). צַדִּיק, נִקְרָא עַל יְדֵי שְׁמִירַת הַבְּרִית קֹדֶשׁ. וְלַמְדָן, עַל-יְדֵי אִסּוּר וְהֶתֵּר:

וְזֶהוּ (מועד קטן י"ז): 'אִם הָרַב דּוֹמֶה לְמַלְאַךְ ה' צְבָאוֹת' וְכוּ', צָרִיךְ שֶׁיְּהֵא צַדִּיק וְלַמְדָן. מַלְאָךְ, זֶה בְּחִינוֹת לַמְדָן, בְּחִינוֹת מַטַ"ט כַּנַ"ל. צְבָאוֹת, אוֹת הוּא בַּצָּבָא דִּילֵהּ, בְּחִינוֹת צַדִּיק אוֹת בְּרִית. וּבְכָל מָקוֹם שֶׁמֻּזְכָּר צַדִּיק, גַּם בְּרִית תַּתָּאָה נִכְלָל בּוֹ, כִּי הַתַּחְתּוֹן נִכְלָל בָּעֶלְיוֹן, בִּבְחִינַת יָדְךָ תַּחַת יְרֵכִי:

Pacto inferior. Aún necesitará unirse a los verdaderos Tzadikim, pues ellos están en el nivel del Pacto superior (*Torat Natán* #10).

61. ...un Tzadik y un erudito. Esta afirmación Talmúdica proveniente de *Jaguigá* (*loc. cit.*) se basa en las palabras del profeta (Malají 2:7): "Pues los labios del sacerdote guardarán *daat* (conocimiento) y ellos buscarán la Torá de su boca, pues él es un ángel del Dios de las Huestes". Siempre y cuando sea un ángel del Dios de *Tzevaot* –un Tzadik y un erudito– busca aprender Torá de él; de lo contrario, no. Sobre esto, comenta el Maharsha (*v.i. Im*): Si deseas aprender Torá de alguien, primero mira si sus actos son parecidos a los de un ángel. El *Etz Iosef* explica esto como que el maestro es un Tzadik, gobernando totalmente su mala inclinación. En nuestra lección, el Rebe Najmán los considera como una y la misma cosa.

62. erudito...Metat, como se explicó más arriba. Como se ha explicado, el ángel servidor Metat corresponde a la Ley Oral, el erudito.

63. TzeVAOT...OT...TzaVA.... Enseña el Talmud: Cuatro grandes sabios entraron en el Jardín: El rabí Akiba, Ben Azai, Ben Zoma y Elisha (Ajer). Allí fueron testigos de los misterios más exaltados de la Creación. Ajer, en particular, vio al ángel servidor Metat. Tan tremendo era, que Ajer supuso que Metat era un dios en sí mismo. El rabí Akiba no se dejó engañar. Comprendió que Metat era sólo uno entre las muchas huestes (צבאות, *tzevaot*) de ángeles, un *ot* (את) en el ejército (צבא) de ángeles de Dios (*Jaguigá* 14b y sig.). La palabra hebrea *ot* (una señal) también denota un pacto; la circuncisión es la señal del pacto que Dios hizo con Abraham y con sus descendientes (ver n. 68). Por lo tanto, explica el Rebe Najmán, el maestro de Torá debe ser como "un ángel del Dios de *Tzevaot*" – i.e., un ángel/erudito y un *ot*/Tzadik que cuida el Pacto. Si el maestro es alguien así se deberá hacer todo lo posible para estudiar con él. De lo contrario, habrá que tener cuidado. (Más adelante, en la sección 13, el Rebe Najmán pasa revista a la historia de "Los Cuatro que Entraron en el Jardín" de acuerdo a nuestra lección. En la sección 16, enfatiza la ventaja del nivel superior/rectitud por sobre el nivel inferior/erudición, indicando que es posible ser muy erudito y a la vez completamente malvado. Cf. *Likutey Moharán* I, 11:6, donde el Rebe también explica el concepto del *brit* superior y el *brit* inferior, Metat, etc.).

64. lo inferior está incluido.... En otra instancia, el Rebe Najmán enseña que es posible ser un Tzadik y no ser un erudito. Sin embargo, agrega, tal persona no será capaz de alcanzar profundas

Y el Pacto superior es cuidar el *brit*, mientras que el Pacto inferior es cuidar [las leyes de] lo prohibido y lo permitido, etc.[57] La persona debe poseer ambos niveles del Pacto, es decir, tiene que ser tanto un Tzadik como un erudito. Pues un ignorante no puede ser un santo (*Avot* 2:5).[58] Es llamado un Tzadik debido al hecho del cuidado del santo *brit*,[59] y un erudito a través de lo prohibido y lo permitido.[60]

Y éste es el significado de, "Si el maestro es como un ángel del Dios de las *Tzevaot* (Huestes), [busca la Torá de su boca]" (*Jaguigá* 15b). Debe ser un Tzadik y un erudito.[61] "Ángel" alude al erudito, el concepto de Metat, como se explicó más arriba[62]; "*TzeVAOT*" –él es una *ot* (una señal) en Su *TzaVá* (ejército)– alude al Tzadik, la señal del Pacto.[63]

Y en todo lugar en el que se menciona al Tzadik, también se incluye en él el Pacto inferior. Ello se debe a que lo inferior está incluido en lo superior, como en, "tu mano bajo mi muslo".[64]

---

57. es cuidar las leyes de.... Esto hace referencia a la observancia simple y práctica de las mitzvot, tal cual es requerida por la ley de la Torá.

58. un ignorante no puede ser un santo. Rashi explica que la persona ignorante puede ser recta y temerosa de Dios, pero sin el conocimiento de la Torá nunca podrá llegar a ser santa. Carece del conocimiento para aplicar apropiadamente sus devociones y alcanzar así niveles más grandes de piedad y de santidad.

59. Tzadik.... Enseña el *Zohar*: Aunque el judío transgreda algunas de las mitzvot, mientras cuide el Pacto, es llamado un tzadik y tiene una porción en el Mundo que Viene (*Zohar* I, 59b; ver *ibid.*, *Nitzutzei Orot* #5).

60. un erudito a través de lo prohibido y lo permitido. Existen incontables niveles de piedad y de conocimiento a los cuales puede aspirar una persona. Cada judío tiene al menos algún aspecto de tzadik y de erudito. Su trabajo es dedicarse a desarrollarlos más todavía. La observancia de una persona simple, que conoce al menos un mínimo de la ley de la Torá (erudito), estará de acuerdo con su nivel de rectitud (Tzadik). Por contraste, los Tzadikim muy grandes deben tener un abundante conocimiento de la Torá si desean alcanzar los niveles más grandes de piedad.

Escribe el rabí Natán: Si la persona daña el *brit*, su erudición no será completa. Indudablemente carecerá de puntos que son vitales para comprender totalmente la ley y ponerla en práctica. La solución para esa persona es unirse a los verdaderos Tzadikim, aquellos que han cuidado plenamente el *brit*. Ellos la guiarán por el sendero correcto. Al mismo tiempo, deberá tener cuidado de –deberá evitar transformarse en– aquellos que han dañado el *brit* y que, en lugar de acercarse a los Tzadikim, se oponen a ellos. La erudición de esas personas las extravía completamente (*Torat Natán* #8). Agrega el rabí Natán que los seis días de la semana corresponden a Metat/el erudito (los seis conceptos de lo permitido, prohibido, etc.), mientras que el Tzadik corresponde al Shabat (ver *Likutey Moharán* I, 11:5). Como se explicó anteriormente (§2, §3), el Shabat también es un aspecto del Pacto. Por lo tanto, aunque la persona sea muy erudita, su erudición la llevará, en el mejor de los casos, al nivel correspondiente del

ו. **וּמִי שֶׁהוּא בִּבְחִינַת בְּרִית, אֲזַי** (אדרא נשא קמ"ב.): 'חֶסֶד מִתְגַּלֶּה בְּפוּמָא דְאַמָּה', בִּבְחִינַת (תהלים פ"ט): "לְעוֹלָם אֶשְׁמָר לוֹ חַסְדִּי וּבְרִיתִי נֶאֱמֶנֶת לוֹ". וּבִשְׁבִיל זֶה נִתְּנָה מִדַּת חֶסֶד לְאַבְרָהָם, כִּי הוּא הָיָה רֹאשׁ לַמַּאֲמִינִים וְרֹאשׁ לַנִּמּוֹלִים:

וּכְשֶׁנִּתְגַּלֶּה הַחֶסֶד, הַיְנוּ הָאַהֲבָה וְהַהִשְׁתּוֹקְקוּת, בִּבְחִינוֹת (שיר השירים ב): "כִּי חוֹלַת אַהֲבָה אָנִי". אֲזַי הוּא עוֹשֶׂה נְפָשׁוֹת, בְּחִינוֹת (בראשית י"ב): "וְאֶת הַנֶּפֶשׁ אֲשֶׁר עָשׂוּ", הַיְנוּ שֶׁעוֹשֶׂה נְקֻדּוֹת

preservaré Mi bondad – los *jasadim*, debido a que **Mi pacto se mantendrá fiel** – ha sido cuidado el *brit*.

67. primero en tener fe. En el Pacto Entre las Mitades, Dios le prometió al estéril y anciano Abraham que sus descendientes serían tan numerosos como las estrellas en el cielo. Las Escrituras dicen que, pese a lo asombroso que sonaba, Abraham "tuvo fe en Dios" (Génesis 15:6). El Midrash enseña que, debido a que Abraham fue el primero en expresar la fe en Dios, fue en su mérito que los judíos fueron redimidos de Egipto (*Shir HaShirim Rabah* 4:19).

68. primero en ser circuncidado. "Dios le dijo a Abraham, 'Guardarás Mi pacto, tú y tu simiente después de ti, en todas las generaciones. Éste es Mi pacto, entre Yo y ustedes y entre tu simiente después de ti: Que sea circuncidado cada varón entre ustedes. Serán circuncidados en la carne del prepucio. Esto será un *ot* (señal) del pacto entre Yo y ustedes'" (Génesis 17:9-11). El Midrash hace notar que Abraham estuvo elegido para esa mitzvá desde el tiempo de la Creación (*Esther Rabah, Pesikta* 10). Esto se une con nuestro texto en el hecho de que Abraham, quien personifica la cualidad de *jesed*, "reveló" y fue el ejemplo de la fe y del Pacto. Debido a su fe y al cuidado del *brit*, fue elevado por sobre los *galgalim* (ver §3 y n. 34); fue él quien los guió y no al revés. Consecuentemente, se hizo posible que las luces ocultas dentro de él –la bondad– descendieran y fuesen reveladas en el mundo. (En la sección 9 el Rebe Najmán agrega a este concepto el hecho de que Abraham controló y guió a las constelaciones debido a su fe y al Pacto).

69. bondad...amor.... Estas palabras citadas por el Rebe Najmán, provenientes de la más clásica canción de amor, el Cantar de los Cantares, fueron dichas por el pueblo judío para expresar su anhelo hacia Dios. El Rebe enseña aquí que la bondad está asociada con la añoranza y los dolores de amor que se sienten por alguien. Así, cuando se revela el *jesed*, se revelan la añoranza y el anhelo.

70. las almas que hicieron. Las Escrituras hacen referencia a las almas, a los prosélitos, que hicieron Abraham (y Sara). Abraham es el *jesed* que, al ser revelado en la corona del órgano masculino, produce almas (ver notas 45, 47). Agrega el rabí Natán: El hecho de que el anhelo surja principalmente del cuidado del Pacto se debe a que el hombre recibió el deseo físico asociado con el *brit* para que pudiese procrear. Al controlar su deseo físico y dirigir el anhelo hacia la santidad, la persona puede traerles almas santas a los hijos que engendra. De hecho, cada persona, en el grado en que anhela por Dios, trae una medida equivalente de santidad hacia las almas de sus hijos (*Torat Natán* #12).

6. Debido a aquél que se encuentra en el aspecto del Pacto, *jesed* (bondad) se revela en el órgano masculino,[65] como en (Salmos 89:29), "Por siempre preservaré Mi bondad hacia él y Mi pacto se mantendrá fiel a él".[66] Es por ello que le fue dado a Abraham el rasgo de la bondad. Pues fue el primero en tener fe[67] y el primero en ser circuncidado.[68]

Cuando se revela la bondad –i.e., el amor y el anhelo, como en (Cantar de los Cantares 2:5), "Estoy enferma de amor"–[69] él hace entonces almas, como en, "las almas que hicieron".[70] En otras palabras, él hace

---

percepciones de Divinidad (*Sabiduría y Enseñanzas del Rabí Najmán de Breslov* #76). Aquí, por otro lado, el Rebe explica que el nivel superior incluye automáticamente al nivel inferior; el Tzadik es por definición también un erudito. Aun así, no hay contradicción entre las dos enseñanzas. Tal como el Rebe Najmán hace notar, el "erudito" en nuestra lección es aquel que tiene conocimiento de Torá. Obviamente, sin conocimiento de lo permitido y de lo prohibido, etc., no se puede llegar a cuidar apropiadamente el Pacto y alcanzar el nivel de Tzadik. Por lo tanto, el hecho de haber alcanzado el nivel del cuidado del pacto, en el grado que fuera, implica haber alcanzado también algún grado de conocimiento, aunque no necesariamente el nivel en el cual uno es llamado erudito de Torá. Por supuesto, cuanto más grande sea el conocimiento, más profunda será la comprensión de la Divinidad – siempre y cuando esté unida al nivel superior del *brit*. Pues entonces, tal como indica el Rebe Najmán en la sección siguiente, esas profundas percepciones se le revelan al Tzadik (ver más adelante, n. 79).

Resumen: La caridad tiene el poder de guiar las bandas celestes. Debido a que es un acto de compasión, la caridad corresponde a un conocimiento claro (§1). La caridad es también un aspecto del Shabat, que corresponde a la fe. La fe/Shabat es la fuente de todas las bendiciones (§2). Sin embargo, la fe sola no es suficiente. También se necesita el Pacto (§3). La caridad, cuando está suplementada por la fe y el Pacto, le permite a la persona influenciar las bandas celestes que afectan su fortuna. Cuidar el Pacto la ayuda a protegerse de la desgracia al viajar (§4). Existen dos niveles del Pacto: el nivel superior, que es el cuidado del *brit* y el nivel inferior, que es tener conocimiento de Torá. El nivel superior incluye al inferior (§5).

65. jesed se revela.... Enseña el *Zohar*: El *brit* contiene 248 luces de *jesed* conocidas como *jasadim* (benevolencias). Esas luces están ocultas por la piel que cubre la corona del órgano masculino. Sin embargo, al realizar la mitzvá de la circuncisión, se revelan esos 248 *jasadim* ocultos en el *brit*. Por lo tanto, incluso Abraham, la personificación de *jesed*, no fue considerado completo [*jesed*] hasta que se circuncidó (*Zohar* III, 142a). Como se dijo más arriba (n. 45), *Jesed* es la primera *sefirá* en Zeir Anpin. Sin embargo, las luces de las *sefirot* de Zeir Anpin están ocultas hasta que descienden a *Iesod*, donde se revelan. En nuestro contexto cuidar el *brit* corresponde a la mitzvá de la circuncisión. Cuidar el Pacto se equipara por lo tanto con retirar la piel y revelar los *jasadim*. En otras palabras, mediante el Pacto la persona trae bondad al mundo.

Es de notar que el valor numérico del nombre Abraham (אברהם) es 248. Él corresponde a las luces ocultas dentro de Zeir Anpin, que se revelan cuando uno es circuncidado – i.e., cuida el Pacto.

66. bondad...pacto.... En el contexto de nuestra lección, el versículo se lee: **Por siempre**

לְאוֹתִיּוֹת הַתּוֹרָה. כִּי אוֹתִיּוֹת בְּלֹא נְקֻדּוֹת, כְּגוּף בְּלֹא נֶפֶשׁ, שֶׁאֵין לָהֶם שׁוּם תְּנוּעָה וּפְעֻלָּה בְּלֹא נֶפֶשׁ. כֵּן הַצְטָרְפוּת וְזִוּוּגָן שֶׁל הָאוֹתִיּוֹת ברל"א שְׁעָרִים, לַעֲשׂוֹת אֵיזֶה פְּעֻלָּה, אֵין לָהֶם כֹּחַ אֶלָּא לְפִי הַנְּקֻדּוֹת.

וְהַנְּקֻדּוֹת הֵן הָאַהֲבָה וְהַכִּסּוּפִין, בִּבְחִינוֹת (שיר השירים א'): "נְקֻדּוֹת הַכֶּסֶף", וְהַכִּסּוּפִין הֵן הַנֶּפֶשׁ, בִּבְחִינוֹת (תהלים פ"ד): "נִכְסְפָה וְגַם כָּלְתָה נַפְשִׁי". וּלְפִי הַכִּסּוּפִין כֵּן הַנְּקֻדּוֹת, אִם כּוֹסֵף לְרַע, עוֹשֶׂה הַנְּקֻדּוֹת רָעִים, וַאֲזַי נִצְטָרְפִים הָאוֹתִיּוֹת וְנִזְדַּוְּגִים לַעֲשׂוֹת פְּעֻלּוֹת רָעוֹת, וְאִם כּוֹסֵף לָשׁוּב בִּתְשׁוּבָה, נַעֲשֶׂה נְקֻדּוֹת טוֹבוֹת, הַיְנוּ נְפָשׁוֹת טוֹבוֹת, וּמִתְנוֹעֲעִים הָאוֹתִיּוֹת וְנִזְדַּוְּגִים לַעֲשׂוֹת פְּעֻלּוֹת טוֹבוֹת.

וְזֶהוּ (שיר השירים שם): "תּוֹרֵי זָהָב נַעֲשֶׂה לָּךְ", כִּדְאִיתָא בַּזֹּהַר (וישב דף קפ"ו): 'אִתְעָרוּתָא דְזִוּוּגָא מִסִּטְרָא דְצָפוֹן', "וּמִצָּפוֹן זָהָב יֶאֱתֶה"

de sus deseos y acciones, determina si lo que recibe es una bendición o una maldición. Y a partir de esa luz/abundancia se forman las combinaciones de letras en los 231 Portales. El *Sefer Ietzirá* (*loc. cit.*) ofrece el siguiente ejemplo: "No hay nada más grande que *ONeG* (ענג, deleite espiritual); no hay nada peor que *NeGA* (נגע, plaga)". Las letras son las mismas. Sus significados, sin embargo, son diametralmente opuestos. Así, también puede decirse que las combinaciones de letras provienen de Dios de manera indiferenciada, "sin vocalizar" y la forma en que descienden y afectan a la persona depende de ella. Como explica el Rebe a continuación, mediante sus deseos y acciones les provee vocales –las almas– a las letras inanimadas. (El Rebe explica esto en gran detalle más adelante, en las secciones 11 y 12).

73. en relación directa con los puntos vocales. Como se explicó en las dos notas anteriores, cada persona tiene que hacer las vocales que le dan definición a las letras. Esas vocales, las almas que les dan vida a las letras, están en relación al *jesed* que ella revela. El Rebe Najmán explica a continuación qué son esas almas y cuál es su poder o función.

74. KiSuFin…KeSeF…niJSeFa…. Los "puntos de *kesef* (כסף)" corresponden a los puntos vocales. Las vocales representan el anhelo y la añoranza, el *kisufin* (כסופין) de cada persona. Esos anhelos, de hecho, se asemejan a su misma alma, como en, "Mi alma *niksefa* (נכספה) (anhela)". Así, tal como el alma le da movimiento y vida al cuerpo, las vocales/anhelos les dan "movimiento y vida" a las letras.

75. despertar a la unión…norte. Explica el *Matok Midbash* (*Zohar, loc. cit.*): *Jesed* (bondad) corresponde al sur. *Guevurá* (fuerza) corresponde al norte. El despertar a la unión sexual surge del deseo físico, de una pulsión *fuerte* y profundamente enraizada en la persona. Por lo tanto, el despertar a la unión proviene del norte (de las *guevurot*). Es por ello que uno debe cuidar el *brit*, para que sus deseos estén gobernados por la santidad.

puntos vocales para las letras de la Torá. Pues las letras sin los puntos vocales son como un cuerpo sin alma; careciendo de un alma, no tienen ningún movimiento ni función.[71] Lo mismo se aplica a la combinación y a la unión de las letras en los Doscientos Treinta y Un Portales.[72] El poder que tienen para llevar a cabo alguna función está en relación directa con los puntos vocales.[73]

{"**Haremos para ti** *turei* **(collares) de oro con puntos de** *kesef* **(plata)**" (Cantar de los Cantares 1:11).}

Los puntos vocales son el amor y los *KiSuFin* (anhelos), como en, "puntos de *KeSeF* (plata)". Y los *kisufin* son el alma, como en (Salmos 84:3), "Mi alma *niKSeFa* y languidece". En la medida del anhelo así serán los puntos vocales.[74] Si uno anhela el mal, se crean puntos vocales malos; entonces las letras se juntan y se unen para llevar a cabo malas acciones. Pero si uno anhela retornar en arrepentimiento, se crean puntos buenos –buenas almas– y las letras se mueven y se unen para llevar a cabo buenas acciones.

Éste es el significado de, "Haremos para ti collares de oro". Como viene en el *Zohar* (I, 186b), "el despertar a la unión proviene del norte",[75] y

---

71. ningún movimiento ni función. El Rebe Najmán asocia la creación de almas con los puntos vocales que "les dan vida" a las letras de la Torá. A diferencia de muchos idiomas que tienen letras que representan las vocales, las letras hebreas son sólo consonantes. Al igual que la materia inanimada, son incapaces de "moverse" y no pueden indicarle al lector cómo pronunciar la palabra que forman. Esto sólo puede hacerse con la ayuda de los puntos vocales, los puntos y los guiones que son las "almas" de las letras. Éstos muestran cómo pronunciar las palabras e incluso determinan su significado. Como ejemplo consideremos las letras *i-sh-v*. Dependiendo de cómo se vocalicen, la palabra que forman puede ser pronunciada *iashav*, *ioshev* o *ishiv*, todos tiempos verbales diferentes de "sentarse", o *iashuv*, *iashov* o *iushav*, diferentes aspectos de "retornar".

72. Doscientos Treinta y Un Portales. Este concepto aparece en el *Sefer Ietzirá* 2:4 y puede explicarse como sigue: Hay veintidós letras en el *alef-bet*. Si se combina cada letra con cada una de las demás (tal como *alef* con *bet*, *bet* con *guimel* y así en más), ello produce un total de 462 combinaciones (22 x 21 = 462). Sin embargo, debido a que cada letra ya ha sido combinada con las otras letras (por ejemplo, *alef* con *bet*), no hay necesidad de combinarlas en el orden inverso (por ejemplo, *bet* con *alef*). Esto deja la mitad de combinaciones o sea 231. Estos son los Doscientos Treinta y Un Portales o combinaciones de letras. (El lector puede consultar el *Sefer Ietzirá*, traducido por el rabí Aryeh Kaplan, Moznaim, págs. 108-124, para una explicación más completa). En nuestro contexto, el Rebe Najmán hace referencia a las combinaciones de letras que conforman las palabras. Afirman las Escrituras (Lamentaciones 3:38), "De la boca del Altísimo no vienen los males ni el bien". No puede decirse que la Luz, o abundancia, que Dios envía a Su creación sea intrínsecamente buena o mala. Cada persona, dependiendo

(איוב ל״ז). וְזֶהוּ: "תּוֹרֵי זָהָב נַעֲשֶׂה לָּךְ", הַיְנוּ אִתְעָרוּתָא דְזִוּוּגִין וְהַצְטָרְפוּתָן שֶׁל אוֹתִיּוֹת הַתּוֹרָה, לִפְעֹל אֵיזֶהוּ פְּעֻלָּה, אֵינוֹ אֶלָּא עַל-יְדֵי נְקֻדוֹת הַכֶּסֶף, אֵין לָהֶם שׁוּם תְּנוּעָה אֶלָּא עַל-יְדֵי נְקֻדוֹת, שֶׁנַּעֲשֶׂה עַל-יְדֵי הַכְּסוּפִין:

וְזֶהוּ: "אִם הָרַב דּוֹמֶה לְמַלְאַךְ ה' צְבָאוֹת" כַּנַּ״ל, אֲזַי בְּוַדַּאי חֶסֶד וְאַהֲבָה מִתְגַּלֶּה, וְהִשְׁתּוֹקְקוּת נִתְגַּלֶּה, שֶׁהֵם הַנְּקֻדוֹת, אֲזַי "תּוֹרָה יְבַקְשׁוּ מִפִּיהוּ", אֲזַי אוֹתִיּוֹת הַתּוֹרָה בְּעַצְמָן מְבַקְשִׁים מִמֶּנּוּ שֶׁיְּדַבֵּר אוֹתָם, כְּדֵי שֶׁיִּהְיֶה לָהֶם נְקוּדוֹת וּנְפָשׁוֹת:

ז. וְדַע שֶׁלֹּא דַי לָאָדָם בְּהִשְׁתּוֹקְקוּת בַּלֵּב בִּלְבַד, כִּי צָרִיךְ הָאָדָם לְהוֹצִיא בִּשְׂפָתָיו כִּסּוּפָיו, וְעַל זֶה נִסְדַּר סֵדֶר הַתְּפִלּוֹת.

hemos visto que la revelación de *jesed* trae bendiciones, buenas combinaciones. Más aún, la persona que tiene fe en el Tzadik (el maestro) perfecciona la caridad y trae así abundancia, *shefa,* al mundo. Ello se debe a que la fe está suplementada por el Pacto y el maestro que cuida el Pacto trae buenos anhelos y bendiciones (cf. *Torat Natán* #9).

Resumen: La caridad tiene el poder de guiar las bandas celestes. Debido a que es un acto de compasión, la caridad corresponde a un conocimiento claro (§1). La caridad es también un aspecto del Shabat, que corresponde a la fe. La fe/Shabat es la fuente de todas las bendiciones (§2). Sin embargo, la fe sola no es suficiente. También se necesita el Pacto (§3). La caridad, cuando está suplementada por la fe y el Pacto, le permite a la persona influenciar las bandas celestes que afectan su fortuna. Cuidar el Pacto la ayuda a protegerse de la desgracia al viajar (§4). Existen dos niveles del Pacto: el nivel superior, que es el cuidado del *brit* y el nivel inferior, que es tener conocimiento de Torá. El nivel superior incluye al inferior (§5). Aquel que alcanza el nivel del *brit* revela *jesed*, lo que produce un gran anhelo de santidad. Los anhelos de la persona determinan cómo conformará las combinaciones de letras – i.e., la luz/abundancia que desciende del cielo (§6).

80. se establecieron las plegarias. Escribe el Rambam: Aparte de recitar el *Shemá*, los Salmos y otros pasajes bíblicos, la gente solía utilizar sus propias palabras para expresar lo que había en su corazón. Sin embargo, como resultado del exilio, la mayor parte perdió el uso del idioma hebreo y su capacidad de expresarse en el Lenguaje Sagrado. En respuesta a ello, los Hombres de la Gran Asamblea instituyeron la forma estándar de plegarias y bendiciones para todas las ocasiones (*Mishne Torá, Hiljot Tefilá* 1:2-4).

    Sin embargo, la liturgia fija nunca tuvo la intención de obviar la plegaria personal compuesta por la gente en su propio lenguaje. Hoy en día, esta plegaria personal es conocida como la práctica de *hitbodedut*. Enseña el Rebe Najmán (*Likutey Moharán* II, 25): "*Hitbodedut* es un nivel muy grande, por encima de todos los otros niveles". El *hitbodedut* es la plegaria privada, en reclusión, en la que la persona derrama su corazón ante Dios por todo aquello que

"el oro proviene del norte" (Job 37:22).⁷⁶ Esto es, "Haremos para ti *TURei zahav* (collares de oro)": el despertar a la unión y la combinación de las letras de la *TORá* para llevar a cabo alguna acción, sólo se producen mediante los puntos de *kesef*. Éstas no tienen ningún movimiento excepto por medio de los puntos que se hacen mediante los *kisufin*.⁷⁷

Y éste es el significado de, "Si el maestro es como un ángel del Dios de las Huestes", como se explicó más arriba.⁷⁸ Entonces se revelan ciertamente la bondad y el amor. Se revelan los anhelos, que son los puntos vocales. Entonces, "busca la Torá de su boca". Las mismas letras de la Torá le ruegan para que las diga, para que puedan tener puntos vocales y almas.⁷⁹

7. ¡Y debes saber! No es suficiente con que la persona sólo anhele en [su] corazón. Deberá expresar su anhelo de manera verbal. Fue para este fin que se establecieron las plegarias.⁸⁰

---

76. oro...del norte. La plata y el oro son aspectos de *Jesed* y de *Guevurá* respectivamente (*Zohar* II, 90b). El oro corresponde así al despertar a la unión – por ejemplo, la unión (combinación) de las letras.

77. TURei zahav...kisufin. Enseña el Midrash que *TURei* (תורי) corresponde a la *TORá* (תורה, *Shir HaShirim* 1:11). El "*zahav*" (oro) sugiere la unión de las letras. Éstas no pueden juntarse para formar combinaciones viables (para bien o para mal) a no ser mediante los "puntos de *kesef*", las vocales, el anhelo. El Rebe Najmán se refiere así a las letras de los Doscientos Treinta y Un Portales como "las letras de la Torá". Éstas corresponden a la *sefirá* de *Jojmá*, de donde emana toda la Creación (*Sefer Ietzirá* 2:4). Así, todo en el mundo está determinado por las uniones y combinaciones de las veintidós letras de la Torá, el *alef-bet*. El Rebe Najmán ha enseñado así que cada persona tiene el poder de crear almas mediante la expresión verbal de sus anhelos. Lo que distingue al Tzadik es que, debido a que él es el aspecto del Pacto, revela *jesed* y produce un gran anhelo de santidad (*Parparaot LeJojmá*). Esto explica por qué muchas personas sienten un despertar al arrepentimiento después de oír una lección de Torá proveniente de un Tzadik. Aunque no hayan alcanzado el aspecto del Pacto, reciben de los discursos del Tzadik algo del gran anhelo que siente el Tzadik mismo.

78. como se explicó más arriba. Como se explicó, el maestro debe ser tanto un Tzadik como un erudito. Entonces, debido a que ha alcanzado ambos niveles del Pacto, se revela *jesed*/un buen anhelo. Debido a ello....

79. de su boca.... Explica el rabí Natán: "Si el maestro (sacerdote) es como un ángel del Dios de las Huestes, busca la Torá de su boca" (ver más arriba, §5). Es decir, si el maestro tiene ambos niveles del Pacto, entonces, con el *jesed* que revela despierta una unión de las letras de la Torá. Las mismas letras de la Torá buscan ser dichas por ese maestro, porque él ciertamente creará buenos anhelos. El *cohen* (el sacerdote/maestro; n. 61) es un aspecto de *jesed*. De ahí que la Torá estipule que los sacerdotes bendigan a Israel (Números 6:22-27). En nuestro contexto,

כִּי עַל-יְדֵי הִשְׁתּוֹקְקוּת בַּלֵּב, נַעֲשֶׂה נֶפֶשׁ וּנְקֻדּוֹת בְּכֹחַ. וּכְשֶׁמּוֹצִיא
אֶת תְּשׁוּקָתוֹ בְּפִיו, אֲזַי נַעֲשֶׂה הַנֶּפֶשׁ בְּפֹעַל. כִּי עִקַּר מוֹצָא הַנֶּפֶשׁ
הִיא מִפִּיו, בִּבְחִינַת (שיר השירים ה׳): "נַפְשִׁי יָצְאָה בְדַבְּרוֹ". וּבִשְׁבִיל
זֶה "תּוֹרָה יְבַקְשׁוּ מִפִּיהוּ", "מִפִּיהוּ" דַּיְקָא.
וְגַם תַּרְגּוּמוֹ שֶׁל (בראשית ב׳): "וַיְהִי הָאָדָם לְנֶפֶשׁ חַיָּה", תַּרְגּוּמוֹ:
"לְרוּחַ מְמַלְלָא", כִּי עִקַּר הַנֶּפֶשׁ מֵהַדִּבּוּר:

ח. וְזֶהוּ (קהלת ח׳): "יֵשׁ הֶבֶל אֲשֶׁר נַעֲשָׂה עַל הָאָרֶץ" וְכוּ׳.
זֶהוּ בְּחִינַת גִּלְגּוּלֵי נְפָשׁוֹת, כְּשֶׁאָדָם מִשְׁתּוֹקֵק לְאֵיזֶה דָּבָר, וּמוֹצִיא

En base al versículo citado aquí, proveniente del Cantar de los Cantares, el Talmud enseña: Con cada palabra que Dios decía en el Monte Sinaí, las almas de los judíos los abandonaban (*Shabat* 88b). En nuestro contexto, esto indica la manera en que el gran anhelo del judío por Dios se manifiesta en la palabra hablada – ésta trae el alma.

83. su boca. La boca del Tzadik revela ciertamente su gran anhelo por Dios. Por lo tanto, es necesario hacer lo posible por oír Torá de la boca del Tzadik. Más aún, incluso la persona simple que estudia Torá o que ora, debe asegurarse de enunciar las palabras. Como resultado, incluso ella traerá almas santas.

84. en el habla. Las Escrituras describen la creación del hombre: "Dios formó al hombre a partir del polvo de la tierra y sopló en sus narices un aliento de vida. El hombre se volvió un alma viviente". La traducción de Onkelos de "alma viviente" indica que la característica única del hombre es un "espíritu hablante". El poder esencial del alma del hombre está unido a su poder del habla.

85. hevel, una vanidad. El Rebe Najmán expande ahora el concepto del anhelo del hombre y de la enunciación de sus deseos. Cuando la persona habla, el aliento deja su boca y viaja por el aire. Como tal, cada soplo deja una "marca" personal en el aire. Esta marca del *hevel* (aliento) de los anhelos y añoranzas expresadas puede ser buena o lo contrario, como continúa explicando el Rebe.

86. guilgul de las almas. Si la persona que ha pecado muere antes de arrepentirse, es enviada nuevamente a este mundo. Su alma reencarna en otro cuerpo y se le da una oportunidad para rectificar sus malas acciones. El Ari explica que debido a que cada judío debe cumplir las 613 mitzvot, si alguien tuvo la oportunidad de llevar a cabo una mitzvá poco común (por ejemplo, la ceremonia del levirato) y no lo hizo, debe pasar por la transmigración, para realizar esa mitzvá. Esto es verdad incluso si la persona es un Tzadik (*Shaar HaGuilgulim* ##11,16). Así, incluso las personas rectas pueden ser *guilgulim* (reencarnaciones), almas que vuelven a este mundo para lograr la plenitud.

Cuando Adán pecó, todas las chispas de su alma –el alma de toda la humanidad– cayeron en el ámbito de las *klipot* (fuerzas malignas) y necesitaron la rectificación. Pero Adán no pudo

Como resultado del anhelo en el corazón, se crea en potencia un alma y un punto vocal.[81] Entonces, cuando se expresa el anhelo verbalmente, se actualiza el alma. Pues el alma surge principalmente de la boca, como en (Cantar de los Cantares 5:6), "Mi alma salió cuando él habló".[82] Y debido a ello, "busca la Torá de su boca". Específicamente de "su *boca*".[83]

Además, "El hombre vino a ser un alma viviente" (Génesis 2:7) se traduce en arameo como "un espíritu hablante". Ello se debe a que lo esencial del alma está en el habla.[84]

8. Y éste es el significado de: "Hay un *hevel* (vanidad)[85] que tiene lugar en la tierra, [que hay Tzadikim a quienes les sucede de acuerdo a las acciones de los malvados; y hay malvados a quienes les sucede de acuerdo a las acciones de los Tzadikim]" (Eclesiastés 8:14).

Éste es el concepto del *guilgul* (transmigración) de las almas.[86]

---

siente y que anhela en ese momento particular. Cada persona debe disponer de un tiempo fijo y de un lugar determinado para esta forma de plegaria. Sin embargo, cualquier momento y cualquier lugar también son buenos. Incluso espontáneamente, la persona puede detenerse y hablarle a Dios, diciéndole aquello que anhela y añora en ese momento.

Reb Efraím beReb Naftalí, uno de los seguidores del rabí Natán, se encontraba cierta vez en una feria de joyas en Kiev. Mientras estaba sentado en su puesto, comenzó a pensar en los objetivos de su vida y lo que estaba haciendo para alcanzarlos. Comenzó a llorar y a dedicarse al *hitbodedut*. Uno de sus amigos pasó por allí y le preguntó si no era más apropiado ir a la sinagoga cercana para orar. "El Rebe Najmán nos enseñó otra cosa", respondió Reb Efraím. "Él dijo que cada vez que la persona se sienta motivada a orar, deberá hacerlo de manera inmediata. Si espera hasta llegar a un lugar más apropiado, es posible que el sentimiento desaparezca" (*Avanea Barzel* p.67, #43). El libro *Donde la Tierra y el Cielo se Besan* está dedicado completamente a explicar la práctica del *hitbodedut*. Al igual que *Expansión del Alma* (en el volumen *Cuatro Lecciones del Rabí Najmán de Breslov*). Ver también *Cruzando el Puente Angosto*, Capítulo 9; y *Bajo la Mesa*, Capítulo 6.

81. en potencia.... Como se explicó en la sección previa (ver n. 74), los *kisufin* de la persona son expresión de su alma y corresponden a los "puntos de *kesef*", los puntos vocales. El Rebe Najmán agrega aquí que aunque las almas se crean como resultado del anhelo, inicialmente sólo existen en potencia. Aún deben manifestarse como bendiciones. Agrega el rabí Natán que las bendiciones son de hecho revelaciones de Torá. La sed generada por los anhelos de santidad evoca enseñanzas de Torá, que, a su vez, inspiran a la persona con una mayor añoranza de santidad (*Torat Natán* #13). Pero esos anhelos deben primero concretarse mediante el habla, como explica a continuación el Rebe.

82. Mi alma salió cuando él habló. El alma, la vida y el movimiento de las letras, pasa de la potencia al acto –i.e., "sale"– cuando la persona expresa verbalmente sus anhelos.

הִשְׁתּוֹקְקוּתוֹ אַחַר-כָּךְ בְּהֶבֶל פִּיו כַּנַּ"ל, אֲזַי נַעֲשֶׂה הַנֶּפֶשׁ. וְהַנֶּפֶשׁ הַזֹּאת, הַיְנוּ הָרוּחַ מְמַלְּלָא, הוֹלֶכֶת בָּאֲוִיר, וּמַגִּיעַ לְאָדָם אַחֵר, וּמְעוֹרֶרֶת אֶת הָאָדָם אַחֵר לִתְשׁוּקָה. וּלְפִי הַתְּשׁוּקָה, לְפִי הַנֶּפֶשׁ, לְפִי הָרוּחַ מְמַלְּלָא, כֵּן נִתְעוֹרֵר הָאָדָם.

אִם הַתְּשׁוּקָה בָּא מִצַּדִּיק לְרָשָׁע, אֲזַי נִתְעוֹרֵר הָרָשָׁע בְּהִרְהוּרֵי תְּשׁוּבָה, בִּבְחִינוֹת: "יֵשׁ רְשָׁעִים שֶׁמַּגִּיעַ אֲלֵיהֶם כְּמַעֲשֵׂה הַצַּדִּיקִים". וְאִם לְהֶפֶךְ, לְהֶפֶךְ. וְהַכֹּל נַעֲשֶׂה עַל-יְדֵי הַהֶבֶל פִּיו שֶׁהוּא הַנֶּפֶשׁ. כִּי זֶה יָדוּעַ לַכֹּל, שֶׁעִקַּר הַדִּבּוּר הוּא, שֶׁכְּלֵי הַדִּבּוּר מַכִּין בָּאֲוִיר, וַאֲוִיר הַזֶּה פּוֹגֵעַ בָּאֲוִיר הַסָּמוּךְ לוֹ, וְהַסָּמוּךְ בַּסָּמוּךְ, עַד שֶׁמַּגִּיעַ לַחֲבֵרוֹ, וְשׁוֹמֵעַ חֲבֵרוֹ הָאוֹתִיּוֹת. וּכְשֶׁהוּא מְקַבֵּל דִּבּוּרוֹ, הוּא מְקַבֵּל נַפְשׁוֹ וְנִתְעוֹרֵר לַדָּבָר הַזֶּה:

87. la persona se despierta. Como se explicó (n. 70), el Pacto está asociado con la procreación y, mediante los anhelos expresados verbalmente, con la creación de almas. Cuidar el *brit*, de modo que los anhelos sean de santidad, engendra almas santas; el daño del *brit*, de modo que los deseos son para el mal, engendra lo contrario. Esas almas, creadas por los anhelos expresados de manera verbal, se manifiestan como el *hevel* que emerge de la boca cuando uno habla. De aquí la mencionada conexión entre el alma y el "espíritu hablante". Ese *hevel*/alma, viaja y es *mitgalguel* hasta que se une a alguien más. El efecto que tenga en la otra persona dependerá de su naturaleza. Esto es lo que el Rebe quiere decir con "en la medida de ese anhelo... la persona se despierta".

88. de un Tzadik que llega a un malvado.... Debido a que el anhelo expresado en palabras por el Tzadik es para bien y santidad, evoca pensamientos de arrepentimiento en los malvados (ver n. 77). Esto se alinea con la enseñanza del Ari concerniente a la transmigración (n. 86) en el hecho de que, al anhelar la santidad, la persona queda "preñada" con el alma del Tzadik, de modo que ella misma busca una mayor santidad. Por el contrario, Dios no lo permita, desear el mal puede traerle a la persona el alma de un malvado. Por lo tanto buscará incluso un mal mayor. En síntesis, sea cual fuere el sendero que elija la persona, éste le será abierto; pues se encuentra, literalmente, en el aire que la rodea. Como explica el rabí Natán, el hombre siempre tiene libertad de elección. Aunque se encuentre abrumado por los deseos de los malvados, siempre podrá elegir el bien. Esto se debe a que el *hevel*/alma del Tzadik también está presente. Alternativamente, la persona puede crear una "buena atmósfera" a su alrededor mediante su propio anhelo y añoranza del bien. Cuando uno anhela verdaderamente la santidad, Dios lo ayuda a encontrarla (*Torat Natán* #16).

89. despierta a lo anhelado. Como se explicó, esto se debe a que el alma del que habla, su anhelo, está encarnada en esas palabras. A partir de esto se vuelve claro que cada persona tiene una increíble capacidad para producir el bien (o el mal). Al anhelar el bien —¡al expresar

Cuando una persona anhela por algo y luego expresa ese anhelo con el *hevel* (aliento) de su boca, se crea un alma. Esa alma, el "espíritu hablante", viaja por el aire y llega a otra persona. Esto despierta en la otra persona el anhelo; y en la medida de ese anhelo/el alma/el "espíritu hablante", la persona se despierta.[87]

Si el anhelo de un Tzadik le llega a un malvado, el malvado despierta con pensamientos de arrepentimiento, como en, "hay malvados a quienes les sucede de acuerdo a las acciones de los Tzadikim". Pero si es lo opuesto, entonces sucede lo contrario. Todo depende del aliento de la boca, que es el alma.[88]

Pues esto es algo conocido por todos: La esencia del habla es que los articulantes golpean contra el aire y el aire golpea contra el aire que tiene cerca y así en más, hasta que llegan a su congénere. Su compañero oye las letras. Y cuando acepta sus palabras, acepta su alma y se despierta a lo anhelado.[89]

---

rectificar todas las chispas caídas de una sola vez. Más bien, éste se volvió un proceso continuo, aplicable a cada generación, en la media de las acciones de cada una de ellas Ello se debe a que las chispas son las *nefashot* (almas) que están *mitgalguel* (reencarnadas) en los vivos. Como explica el Ari, las almas están encarnadas en el aspecto de *ibur* ("embarazo"). Ello significa que esas *nefashot*/chispas no son el alma primaria de la persona, sino un alma adicional con la cual está "embarazada" su alma principal. El alma adicional se une al alma primaria de la persona para ayudarla a llevar a cabo las mitzvot. Mientras se encuentran en la persona, las *nefashot*/chispas son capaces de recibir la rectificación de esas mitzvot sin ser afectadas por sus pecados. Así, las almas de ciertos Tzadikim se unen a la persona en el aspecto de *ibur*, para completar aquello que dejaron sin hacer en un *guilgul* previo. Ayudan a la persona a llevar a cabo la mitzvá y recibir así la rectificación para ellas mismas. En algunas ocasiones, el alma del Tzadik puede permanecer unida a la persona durante un período extenso, como cuando la persona continúa realizando mitzvot (*ibid*. #3, #5). Por el contrario, mediante el proceso del *guilgul* y el *ibur*, el alma de los malvados puede hacer que la persona peque (*ibid*. #22). Estos conceptos están elaborados en la sección 15. Aquí, el Rebe Najmán hace referencia a las *nefashot* que están siendo constantemente *mitgalguel* de un lugar a otro.

La rectificación del alma mediante el *guilgul* también se relaciona con el tema con el cual el Rebe Najmán comenzó la lección, la caridad. Como se explicó, la caridad guía a los *galgalim* (bandas celestes). A partir del *Tikuney Zohar* (#69, p.100a) aprendemos que *guilgul* y *galgal* son en esencia un solo proceso (ver *Likutey Moharán* I, 14:9, n. 71). Hemos visto que la perfección de la caridad se produce mediante la fe y el Pacto. El Pacto cuidado da nacimiento a un gran anhelo de santidad, creando a su vez las almas que son rectificadas por las enseñanzas del Tzadik. Y esto explica por qué la ley judía considera una mitzvá el dar caridad en memoria del alma de una persona fallecida (*Oraj Jaim* 621:6). Pues la caridad genera el anhelo y la añoranza, como resultado de lo cual la persona benevolente guía los *galgalim*/*guilgulim*.

ט. **וּמִי שֶׁהוּא בְּמַדְרֵגַת אַבְרָהָם**, הַיְנוּ בְּחִינוֹת בַּעַל נֶפֶשׁ, אֲזַי בְּוַדַּאי כָּל אֲכִילוֹתָיו וּסְעֻדּוֹתָיו בִּבְחִינַת לֶחֶם הַפָּנִים. בִּבְחִינַת (בראשית י"ז): "הִתְהַלֵּךְ לְפָנַי", "הִתְהַלֵּךְ", זֶה בְּחִינַת רַגְלִין, בְּחִינַת פַּרְנָסָתוֹ. בְּחִינַת (דברים י"א): "וְאֵת הַיְקוּם אֲשֶׁר בְּרַגְלֵיהֶם", (וְדָרְשׁוּ רַבּוֹתֵינוּ, זִכְרוֹנָם לִבְרָכָה, סַנְהֶדְרִין ק"י זֶה מָמוֹנוֹ שֶׁל אָדָם שֶׁמַּעֲמִידוֹ עַל רַגְלָיו). "הִתְהַלֵּךְ לְפָנַי", שֶׁנַּעֲשֶׂה מֵהֶם בְּחִינַת פָּנִים.

וְזֶה בְּחִינַת (שמואל-א כ"א): "לֶחֶם חַם בְּיוֹם הִלָּקְחוֹ", הַיְנוּ לֶחֶם הַפָּנִים, הֵם לֶחֶם חַם, דַּרְגִּין דְּאַבְרָהָם, שֶׁהוּא בְּחִינַת (בראשית

tan fresco y tibio como cuando había sido sacado del horno (*Menajot* 96b). En nuestro contexto, el *lejem hapanim*, que servía de alimento para los *cohanim*, connota el sustento. El milagro asociado con el pan de la proposición significa que el sustento está directamente supervisado por la providencia Divina de Dios y no por factores astrológicos. Más aún, enseña el *Zohar* (II, 155a): El pan de la proposición era específicamente denominado *lejem hapanim* debido a que el sustento del mundo proviene del *panim* celestial (*Parparaot LeJojmá*). Esto es lo que enseña el Rebe Najmán en la frase de apertura: La caridad guía las esferas celestes. La persona que tiene fe y cuida el Pacto, de manera que su caridad está completa, guía esas esferas – i.e., se encuentra por sobre la influencia de los *galgalim*.

93. Anda delante de Mí.... Dios le dijo esto a Abraham cuando le ordenó circuncidar su carne. Abraham ya había probado su fe y con este mandamiento alcanzaría el nivel del Pacto. Como resultado de ser "completo", Abraham tendría control sobre las esferas celestes (ver notas 2, 8).

94. sustento...Anda leFaNaI...PaNIm. El Rebe Najmán interpreta las palabras "Anda delante de Mí" como aludiendo al sustento, en particular al sustento asociado con la providencia Divina. Después de hacer la conexión entre la palabra "anda" y los pies, el Rebe cita de *Sanedrín* 110a para demostrar que los pies aluden al sustento. Enseñan nuestros Sabios: Las Escrituras hacen referencia al dinero (sustento) como los "bienes (יקום, *iKUM*) a sus pies". Los bienes son lo que le permiten a la persona *KUM* (קום) – pararse sobre sus pies. El sustento se conecta así con los pies. La palabra *lefanai* (לפני, "delante de Mí") indica que ese sustento es un aspecto de *panim* (פנים, rostro), el rostro de Dios.

El versículo se traduce así en nuestro texto como: **Anda** – el sustento de la persona **lefanai** – está directamente gobernado por la providencia Divina, el concepto del *lejem hapanim*, cuando se hace merecedora del Pacto. Ello se debe a que el Pacto le permite ascender por sobre las esferas celestiales y las influencias astrológicas y guiarlas. Su sustento, al igual que el pan de la proposición, es "milagroso" en lugar de "natural".

95. Pan caliente...retirado. Al huir del rey Shaul, David pasó por la ciudad de Nov. No tenía alimento alguno y le pidió a Ajimelej, el Sumo Sacerdote, algo de pan. Dado que Nov estaba habitada exclusivamente por *cohanim*, cuyo sustento provenía de la *trumá* (diezmos), algo prohibido para los que no son sacerdotes, el único pan que podía ofrecerle era el pan de la

9. Ahora bien, [cuando] alguien alcanza el nivel de Abraham,[90] es decir, es un amo del alma,[91] entonces ciertamente todas sus comidas y alimentos están en la categoría del pan de *panim* (de la proposición).[92] Esto es como en (Génesis 17:1), "Anda delante de Mí [y sé perfecto]".[93] "Anda" alude a los pies, correspondientes al sustento, como en (Deuteronomio 8:6), "y todos los bienes que estaban a sus pies". {Como expusieron nuestros Sabios: Esto hace referencia los bienes de la persona que la establece sobre sus pies (Sanedrín 110a).} "Anda *leFaNaI* (delante de Mí)": ellos se vuelven el aspecto de *PaNIm*.[94]

Éste es el significado de (Samuel I, 21:7), "Pan caliente en el día en que fue retirado".[95] En otras palabras, el pan *panim* es pan caliente, el nivel

---

simplemente el deseo de ser un buen judío!– se infunde el bien en la atmósfera que nos rodea y se generan en los demás pensamientos de arrepentimiento.

Resumen: La caridad tiene el poder de guiar las bandas celestes. Debido a que es un acto de compasión, la caridad corresponde a un conocimiento claro (§1). La caridad es también un aspecto del Shabat, que corresponde a la fe. La fe/Shabat es la fuente de todas las bendiciones (§2). Sin embargo, la fe sola no es suficiente. También se necesita el Pacto (§3). La caridad, cuando está suplementada por la fe y el Pacto, le permite a la persona influenciar las bandas celestes que afectan su fortuna. Cuidar el Pacto la ayuda a protegerse de la desgracia al viajar (§4). Existen dos niveles del Pacto: el nivel superior, que es el cuidado del *brit* y el nivel inferior, que es tener conocimiento de Torá. El nivel superior incluye al inferior (§5). Aquel que alcanza el nivel del *brit* revela *jesed*, lo que produce un gran anhelo de santidad. Los anhelos de la persona determinan cómo conformará las combinaciones de letras – i.e., la luz/abundancia que desciende del cielo (§6). Pero no es suficiente con sólo añorar; la persona debe expresar en palabras sus anhelos (§7). Expresar el anhelo de manera verbal afecta a aquellos que están cerca, para bien o para mal (§8).

90. el nivel de Abraham. En esta sección el Rebe Najmán introduce la pieza final del tapiz de la lección, conectando al mismo tiempo este concepto nuevo con aquellos tratados previamente. El resultado es una larga serie de pruebas, cuya complejidad requiere de una cuidadosa consideración y perseverancia por parte del lector.

91. Abraham…amo del alma. Abraham corresponde a la fe y al *brit* (§5, §6). También personifica a *jesed*, los anhelos y añoranzas que crean los puntos vocales –i.e., las almas– de las letras. Abraham es considerado por lo tanto el "amo del alma" (*Parparaot LeJojmá*).

92. el pan de la proposición. El pan de la proposición era horneado especialmente para la Mesa en el Templo. Se lo horneaba en una fuente cuyas partes delantera y trasera estaban abiertas, de modo que daba la impresión de tener "rostros". De ahí que era denominado *lejem hapanim*, literalmente, "pan del rostro". El pan de la proposición era horneado en la tarde del viernes y colocado sobre la Mesa en la mañana del Shabat. Allí quedaba hasta el siguiente Shabat cuando era retirado y entregado para comer a los *cohanim* (los sacerdotes). El milagro consistía en que cuando se lo retiraba, ocho días después de haber sido horneado, el pan de la proposición estaba

י"ח): "כְּחֹם הַיּוֹם": וְאָז כָּל הָעַכּוּ"ם וְכָל הַכּוֹכָבִים וּמַזָּלוֹת שֶׁהֵם תַּחְתֵּיהֶם, כֻּלָּם הֵן טוֹרְחִין בִּשְׁבִיל זֶה הָאִישׁ. בִּבְחִינַת (תהלים ק"י): "שֵׁב לִימִינִי", בְּחִינַת אַבְרָהָם, "עַד אָשִׁית אוֹיְבֶיךָ הֲדֹם לְרַגְלֶיךָ", שֶׁהֵם טוֹרְחִים בִּשְׁבִיל פַּרְנָסָתְךָ.

בִּבְחִינַת (במדבר י"ד): "לַחְמֵנוּ הֵם סָר צִלָּם מֵעֲלֵיהֶם", 'כִּי מַרְאֵה חַמָּה עֲמֻקָּה מִן הַצֵּל' (שבועות ו:), 'חַמָּה' בְּחִינַת "כְּחֹם הַיּוֹם", בְּחִינַת "לֶחֶם חַם". אֲבָל כְּשֶׁסָּר צִלָּם, אֲזַי נִתְעַלֶּה וְנִתְרָאֶה מַרְאֵה חַמָּה, דַּרְגָּה דְאַבְרָהָם. וְהֵם נִשְׁפָּלִים תַּחְתָּיו, בִּבְחִינַת: "עַד אָשִׁית אוֹיְבֶיךָ הֲדֹם" וְכוּ'.

esto se relaciona con alcanzar el "lado derecho", el nivel de Abraham. Todo se encuentra entonces bajo su dominio – i.e., todas las esferas celestes y aquellos a los que gobiernan hacen su voluntad y lo proveen.

100. pan para nosotros.... Cuando los espías enviados por Moshé a la Tierra Santa le aconsejaron a Israel no subir, uno de ellos, Kalev, trató de convencer a la gente de lo contrario. A diferencia de los otros espías, quienes consideraban a los habitantes de la Tierra Santa demasiado poderosos para ser vencidos, Kalev insistió en que los cananeos podían ser fácilmente conquistados. Él estaba seguro de que la fe del pueblo judío y la mitzvá de la circuncisión los ayudarían a vencerlos. "Ellos son pan para nosotros...", y serán subyugados delante nuestro, porque "su sombra los ha dejado". La "sombra" que protegía a los gentiles había sido retirada debido a la revelación de la fe y del Pacto – i.e., el nivel de Abraham.

101. más profunda que la sombra. Al explicar la naturaleza de la lepra, el Talmud (*loc. cit.*) dice que una *baheret* (mancha brillante) se asemeja a un lugar iluminado por el sol dentro de una zona en sombras. Ésta parece "más profunda", más atrás, que la piel que la rodea. La sombra por lo tanto parece estar por sobre el lugar soleado.

102. JaMá...JoM...pan JaM. Ver más arriba, nota 96. El Rebe Najmán conecta el lugar iluminado por el sol, el *jamá* (חמה), con el mencionado "*jom* (חם) del día" y el pan del rostro que es *jam* (חם).

103. sombra...vencidos debajo...tu escabel. El *Parparaot LeJojmá* explica y une los conceptos tratados en esta sección de la siguiente manera: El *jamá*, que es más profundo que la sombra, indica que *jom*/el nivel de Abraham está subyugado bajo el gobierno de los gentiles. Dicho de otra manera, la sombra hace referencia a la providencia Divina de Dios oculta dentro de las fuerza de la naturaleza. Como resultado, las naciones gentiles, cuyo destino está gobernado por las esferas celestes, son generalmente ricas. En contraste, el pueblo judío se encuentra empobrecido y debe trabajar muy duro para ganarse el sustento. Es por ello que las naciones son llamadas "sombra", pues ocultan el sol, el aspecto del sustento bajo la directa providencia Divina. Pero cuando se revela el sol/el Pacto/Abraham, la sombra "los deja" – i.e.,

de Abraham quien es el aspecto de "en el calor del día" (Génesis 18:1).⁹⁶ Entonces, todos los gentiles, y todas las estrellas y las constelaciones bajo las cuales se encuentran, todo trabaja para esa persona.⁹⁷ Esto es como en (Salmos 110:1), "Siéntate a Mi derecha" – el aspecto de Abraham⁹⁸ – "hasta que Yo haga de tus enemigos tu escabel" – ellos trabajarán para tu sustento.⁹⁹

Esto corresponde a (Números 14:9), "Ellos son pan para nosotros, su sombra los ha dejado".¹⁰⁰ Pues "la semejanza del *jamá* (lugar iluminado por el sol) es más profunda que la sombra" (Shevuot 6b).¹⁰¹ "*JaMá*" alude al "*JoM* del día", el aspecto del pan *JaM*.¹⁰² Pero, cuando "su sombra los ha dejado", entonces asciende y es vista "la semejanza del lugar iluminado por el sol" – el nivel de Abraham. Y ellos quedan vencidos debajo de él, como en, "hasta que Yo haga de tus enemigos tu escabel".¹⁰³

---

proposición. A partir del versículo citado por el Rebe Najmán, nuestros Sabios aprenden que el pan de la proposición estaba tan caliente y fresco en el día en que se retiraba de la Mesa como en el día en que había sido horneado.

96. caliente…calor del día. Como se mencionó, Abraham personificaba la cualidad de *jesed*. Esa bondad se manifestaba en particular en su gran devoción por la mitzvá de la hospitalidad. Su tienda estaba abierta a los cuatro vientos y recibía a viajeros de todo tipo. Luego de que Abraham hizo el pacto con Dios y se circuncidó, Dios sacó al sol de su funda, haciéndolo demasiado caluroso para los viajeros. De esa manera, Abraham podría recuperarse de la circuncisión sin ser perturbado por los transeúntes. Pero Abraham se sentía consternado. No había nadie para recibir. Incluso así, se sentó bajo el sol esperando a que apareciese algún huésped (*Rashi, loc. cit.*; *Bereshit Rabah* 48:8). El "calor del día", el ardiente sol, está asociado así con Abraham y su pacto con Dios. Ya hemos visto que "*pan* caliente" hace referencia al pan de la proposición. Al alcanzar el nivel de Abraham, que es la fe y el Pacto, el sustento de la persona se asemeja al pan de la proposición. Agrega el *Parparaot LeJojmá* que el Pacto también corresponde al sol. Así como el sol brilla sobre el cuerpo, el Pacto "brilla" en el cuerpo y hace que éste resplandezca (ver *Zohar* II, 3b; más adelante, §18).

97. todo trabaja para esa persona. Habiendo alcanzado la fe y el Pacto, la persona se ha elevado por sobre las esferas celestes. Ellas hacen ahora su voluntad.

98. Mi derecha…Abraham. Cuando Abraham peleó con los Cuatro Reyes, Dios le dijo, "siéntate a Mi derecha" – i.e., confía en Él y Él te salvará (*Rashi, loc. cit.*). Esto enseña la conexión entre Abraham y el lado derecho. Además, Abraham corresponde a la *sefirá* de *Jesed*, que está en el lado derecho (Apéndice: La Estructura de las Sefirot). El *Zohar* (I, 83b) enseña que Abraham es conocido como el "lado derecho del mundo".

99. ellos trabajarán…. Abraham hizo como se le instruyó y Dios cumplió Su promesa de vencer a sus enemigos y hacer de ellos su "escabel". Después de la batalla con los Cuatro Reyes, los cautivos redimidos le ofrecieron a Abraham todo el botín que quisiese. En nuestro contexto,

וְזֶהוּ: "הִתְהַלֵּךְ לְפָנַי וֶהְיֵה תָמִים" בִּבְחִינַת (דברים י"ח): "תָּמִים תִּהְיֶה עִם ה' אֱלֹקֶיךָ" – שֶׁלֹּא תִּצְטָרֵךְ לִדְרשׁ אַחַר כּוֹכָבִים וּמַזָּלוֹת. כִּי תִּהְיֶה לְמַעְלָה מֵהֶם:

וְזֶהוּ (שם ט"ז): "וְלֹא יֵרָאֶה אֶת פְּנֵי ה' רֵיקָם" – בָּרְגָלִים, שֶׁאָז נִתְגַּלִּין פְּנֵי ה', בְּחִינַת פָּנִים. וּבָזֶה שֶׁכָּל אֶחָד מֵבִיא עוֹלַת רְאִיָּה מִיגִיעָתוֹ שֶׁמִּתְיַגֵּעַ כָּל הַשָּׁנָה, עַל-יְדֵי-זֶה נִתְתַּקֵּן וְנִתְעַלֶּה כָּל לַחְמוֹ וּפַרְנָסָתוֹ, בִּבְחִינַת לֶחֶם הַפָּנִים:

וְזֶהוּ שֶׁהֵשִׁיב הַקָּדוֹשׁ-בָּרוּךְ-הוּא לְמשֶׁה (שמות ל"ג): "פָּנַי יֵלֵכוּ וַהֲנִחוֹתִי לָךְ", כִּי משֶׁה בִּקֵּשׁ כַּפָּרָה, וְהֵשִׁיב לוֹ: "פָּנַי יֵלֵכוּ", שֶׁיִּתַקְּנוּ בְּחִינַת רַגְלִין, בִּבְחִינַת פָּנִים, אֲזַי יִתְכַּפֵּר לָהֶם, 'כִּי שֻׁלְחָן

34:20,23,24; Deuteronomio 16:16. El *Parparaot LeJojmá* (ver la nota siguiente) explica por qué el rostro de Dios se revela específicamente durante las Tres Festividades. Para una explicación más detallada de las diferentes perspectivas, ver Lección #30:5 y notas 56-67.

108. ofrenda de peregrinación...pan de panim. Las Tres Festividades son conocidas como los Tres *Regalim* (רגלים). La palabra *reguel* (רגל) significa "pierna" o "pie", que, como se explicó, también alude al sustento. El rostro de Dios se revela entonces debido a que cada una de las Tres Festividades conmemora Sus milagros y los milagros corresponden al *panim* (ver n. 94). Así, "Anda *lefanai*" se traduce como: **Anda** – los pies/Festividades revelan el *lefanai* – el rostro. Ascender a Jerusalén es por lo tanto conceptualmente similar a elevar el sustento desde bajo las esferas hacia por encima de ellas (ver §4, n. 36). La ofrenda de peregrinación a Dios corresponde a la caridad que guía las esferas celestes. También corresponde a la fe que completa la caridad (§2), pues dar del propio dinero para ofrecer un sacrificio es una expresión de fe. Al dar, la persona demuestra que cree que es Dios quien le provee el sustento. Ello rectifica cualquier daño a la fe del año entero. Por lo tanto era costumbre durante las Tres Festividades que los *cohanim* levantasen el pan de la proposición, mostrándoselo a aquellos que hacían la peregrinación a Jerusalén, diciendo, "Miren cuán amados son ustedes delante de Dios" (*Menajot* 96b). El *lejem hapanim* era la prueba de que el rostro de Dios estaba brillando para ellos (*Parparaot LeJojmá*).

109. Mi panim...los guiará. Cuando los judíos dañaron su fe adorando el becerro de oro, Moshé le rogó a Dios el perdón. Dios respondió, "Mi *panim* irá…". El Rebe Najmán explica ahora la respuesta de Dios dentro del contexto de nuestra lección.

110. Mi panim irá...serán perdonados. Cuando los judíos rectifiquen sus pies/fe, el concepto de "ir", de modo que éste sea elevado al concepto de *panim*, serán perdonados. Ello puede lograrse adhiriéndose a las enseñanzas de esta lección. En particular, esto implica cuidar el Pacto. El Pacto suplementa y completa a la fe, mediante la cual la persona alcanza el sustento en el aspecto del *lejem hapanim*.

Y éste es el significado de, "Anda delante de Mí y sé perfecto".[104] Esto corresponde a (Deuteronomio 18:3), "Serás perfecto para con el Señor, tu Dios" – no tendrás que investigar las estrellas y las constelaciones (*Pesajim* 113b). Pues tú estarás por sobre ellas.[105]

Y esto es (Deuteronomio 16:16), "No se presentará delante del rostro de Dios con las manos vacías" en las Festividades,[106] cuando se revela el rostro de Dios – el aspecto de *panim*.[107] Mediante esto, cuando cada persona trae una ofrenda de peregrinación de los frutos de su labor, por lo cual ha trabajado durante todo el año, rectifica y eleva todo su alimento y sustento en el aspecto del pan *panim*.[108]

Esto es lo que el Santo, bendito sea, le respondió a Moshé (Éxodo 33:14), "Mi *panim* (rostro) irá y los guiará".[109] Pues Moshé había rogado el perdón y Él le respondió: "Mi *panim* irá". Esto era para rectificar el aspecto de los pies, en el aspecto de *panim*. Entonces ellos serían perdonados.[110]

---

las fuerzas de la naturaleza son anuladas. Al igual que el pan de la proposición, el sustento es entonces milagroso (n. 92). La Luz del rostro de Dios (la providencia Divina) brilla sobre ese "pan" y se vuelve *lejem haPanim*, reflejando la luz de Dios. Esto se debe a que cuando la persona cuida el Pacto –i.e., cuando el sol supera a la sombra, cuando Abraham vence a los gentiles– crea un gran anhelo y añoranza. Esos anhelos crean almas que le traen bien al mundo. No sólo se anulan todos los males y las falsas creencias sino que éstas mismas les traen el bien y un sustento pleno a aquellos que merecen "comer del pan de la proposición".

104. Anda delante de Mí y sé perfecto. Como se mencionó (n. 93), Dios le dijo esto a Abraham cuando Él hizo el pacto y le ordenó circuncidarse. Alude al sustento de Abraham ("anda"/pies) sobre el cual brilla la Luz del rostro de Dios (*Parparaot LeJojmá*).

105. perfecto...no tendrás que investigar las estrellas.... El Talmud considera la directiva de "sé perfecto con Dios tu Señor" como el mandamiento de no consultar las estrellas. Rashi explica esto como no investigar el horóscopo mediante los astrólogos (*v.i. Bekaldiim*). En verdad, cuando la persona cuida el Pacto –cuando es "perfecta con Dios"– se eleva por sobre las estrellas. No es afectada por la posición de las constelaciones ni por ninguna de las otras esferas celestes. Como se explicó (§3), ello se debe a que tiene fe, que confía en Dios y no en las influencias estelares. Debido a que la fe depende del Pacto, la persona "perfecta" se encuentra por sobre esas influencias y las controla para su propio beneficio (*Parparaot LeJojmá*).

106. rostro...Festividades. En cada una de las Tres Festividades, los judíos deben subir a Jerusalén, al Santo Templo (*Jaguigá* 2a). El versículo de Deuteronomio enseña que cuando la persona asciende a Jerusalén debe llevar consigo una ofrenda de peregrinación a Dios (*Rashi, loc. cit.*).

107. rostro...el aspecto de panim. Como dice el versículo, "No se presentará delante del *panim*...". En verdad, todos los versículos que hablan de la peregrinación al Templo en las Festividades hacen referencia al "rostro de Dios". Éstos se encuentran en Éxodo 23:15,17,

דּוֹמֶה לְמִזְבֵּחַ שֶׁמְּכַפֵּר' (חגיגה כ"ז). וְזֶהוּ (שם): פֶּתַח בְּ"מִזְבֵּחַ" וְסִיֵּם "זֶה הַשֻּׁלְחָן אֲשֶׁר לִפְנֵי ה'", "לִפְנֵי" דַּיְקָא, שֶׁיִּהְיֶה דַּיְקָא בִּבְחִינַת פָּנִים, וַאֲזַי מְכַפֵּר:

וְלֶעָתִיד יִתְקַיֵּם (ישעיה ל'): "וְלֹא יִכָּנֵף עוֹד מוֹרֶיךָ וְהָיוּ עֵינֶיךָ רֹאוֹת אֶת מוֹרֶיךָ", שֶׁאֲזַי יִתְגַּלֶּה בִּבְחִינַת פָּנִים. כִּי עַכְשָׁו פְּנֵי ה' מֻסְתָּר בְּדֶרֶךְ הַטֶּבַע, בְּהַנְהָגַת הַמַּזָּלוֹת, בִּבְחִינַת (דברים ל"א): "וְהִסְתַּרְתִּי פָנַי מֵהֶם וְהָיוּ לֶאֱכֹל".

וְעַכְשָׁו מַרְאֵה הַחַמָּה עֲמֻקָּה מִן צִלָּם. וְזֶה בְּחִינַת (ישעיה י"ח): "צִלְצַל כְּנָפַיִם", שֶׁהַכְּנָפַיִם וְהַהַסְתָּרָה שֶׁהַנְהָגָתוֹ מְכֻנָּף וּמֻסְתָּר בָּהֶם, וְזֶהוּ הַצֵּל שֶׁמַּסְתִּיר אוֹר הַחַמָּה. וְאֵין זֶה אֶלָּא מֵחֲמַת שֶׁאוֹר הַחַמָּה, אֵין מֵאִיר בִּשְׁלֵמוּת, וְאֵין זֶה אֶלָּא מַרְאֵה הַחַמָּה, מַרְאֵה דַּיְקָא.

explica que "Tu Maestro no Se ocultará" significa que Dios no ocultará Su rostro. El Rebe Najmán agrega que Dios oculta ahora Su rostro permitiendo que el mundo funcione de acuerdo a los dictados de la naturaleza, tal cual están determinados, entre otras cosas, por las influencias astrológicas.

Así, cuando el rostro de Dios está oculto del pueblo judío, en lugar de que sus enemigos les provean el sustento (como se explicó más arriba), son los judíos quienes se vuelven "alimento para sus enemigos". El sustento del pueblo judío se vuelve un botín para las naciones, quienes lo expropian mediante impuestos injustos y demás (ver Lección #25:4, n. 54). También está implícito en el concepto de "alimento para sus enemigos" aquel que no come en santidad (§10, n. 122).

116. más profundo que su sombra. Ver más arriba, nota 103.

117. tziltzal knafaim.... El profeta hace referencia a las naciones gentiles que habitan en las tierras de Gog y Magog, hacia el este. Ellas están "ensombrecidas por alas" porque, como explica Rashi, el clima cálido de sus países atrae muchas aves. En nuestro contexto, *tziltzal knafaim* –*tzel* (sombra) y *kanef* (ocultamiento)– es una indicación de las fuerzas de la naturaleza (las naciones) que ocultan la providencia Divina e impiden que se revele. Cuando llegue el Mashíaj esa sombra desaparecerá, actualmente, ella oculta la luz de Dios.

118. específicamente una semejanza. La luz plena del sol (correspondiente al Pacto; n. 96) está actualmente oculta. Lo que nosotros percibimos es sólo una semejanza del sol. Por lo tanto, no nos llega todo su poder. El *Parparaot LeJojmá* elabora: En otra instancia, el Rebe Najmán enseña que durante los seis días de la semana Dios Se oculta dentro de Metat, para gobernar el mundo. Pero en el Shabat gobierna Dios Mismo, sin ningún ocultamiento (ver *Likutey Moharán* I, 11:5, notas 56, 57). De acuerdo a ello, Metat es llamado *Kanaf*; Dios Se oculta en él. Es así que las naciones que gobiernan y ocultan la verdadera luz de Dios toman su poder de Metat, el Pacto inferior (§5).

Pues la mesa[111] es un paralelo del altar, que trae el perdón (*Jaguigá* 27a).[112] Esto es (*ibid.*): Él comenzó con el altar y concluyó con: "ésta es la mesa que está *lifnei* (delante de) Dios" (Ezequiel 41:22).[113] Específicamente *liFNeI*; debe estar específicamente en el aspecto de *PaNIm* y entonces traerá el perdón.[114]

En el futuro se cumplirá (Isaías 30:20), "Tu Maestro no *ikanef* (Se ocultará) más y tus ojos verán a tu Maestro". Entonces se revelará el aspecto de *panim*. Pues ahora, el rostro de Dios está cubierto por la naturaleza, por la influencia de las constelaciones, como en (Deuteronomio 31:17), "Yo ocultaré Mi *panim* de ellos y serán alimento [para sus enemigos]".[115]

Actualmente, "el lugar iluminado por el sol es más profundo" que su sombra.[116] Esto corresponde a (Isaías 18:1) "*tziltzal knafaim* (ensombrecido por las alas)" – las *KNaFaim* y el ocultamiento [connotan] que Su guía está *KaNeF* (tapada) y oculta en ellos. Y así el *tzel* (sombra) oculta la luz del sol.[117] Y esto sólo se debe a que la luz del sol no brilla completamente. Es sólo una semejanza del sol; específicamente una semejanza.[118]

---

111. mesa. En nuestro contexto, la mesa puede entenderse como el alimento de la persona, el sustento, para lo cual se necesita la fe. Hemos visto que Moshé oró pidiendo el perdón y se le dijo cómo podía ser alcanzado. El Rebe demuestra a continuación cómo la fe puede traer el perdón.

112. ...altar que trae perdón. El Talmud (*loc. cit.*) explica que cuando el Templo estaba en pie, la persona ofrecía un sacrificio en el altar y era perdonada. Ahora que el Templo está destruido, la mesa de la persona puede efectuar ese perdón. Ver las dos notas siguientes.

113. Él comenzó con el altar.... El profeta Iejézquel recibió una visión del Tercer Templo, incluidas las medidas y los detalles de sus artículos. El versículo citado en la lección comienza con las medidas de la mesa que debía ser colocada junto al altar en el Tercer Templo (*Targúm Ionatán*; *Metzudat David*). Las Escrituras hacen referencia inicialmente a esa mesa como a un "altar" pero concluyen llamándola "la mesa que está delante de Dios". A partir de esto nuestros Sabios concluyen que cuando no existe el altar el hombre puede obtener el perdón mediante su mesa.

114. liFNeI...PaNIm.... En el comienzo de esta sección, el Rebe Najmán explicó la palabra *lefanai* (לפני, "delante de Mí") como indicando un aspecto de *panim* (פנים), el rostro de Dios. Esto se aplica también a la "mesa que está *lifnei* (לפני) Dios". Rashi explica que la mesa de la persona representa la hospitalidad (*Jaguigá* 27a, *v.i. Shuljano*). En nuestro contexto, la hospitalidad es un acto de bondad, *jesed*. Como hemos visto (§6), la persona alcanza *jesed* sólo al cuidar el *brit*. Cuando merece el Pacto y alcanza la fe, ejecuta *jesed*, elevándose al nivel de *panim*. Puede entonces efectuar el perdón.

115. Dios está cubierto por la naturaleza...alimento para sus enemigos. Rashi (*loc. cit.*)

אֲבָל לֶעָתִיד שֶׁאָז יִתְקַיֵּם: "וְזָרְחָה לָכֶם שֶׁמֶשׁ", שֶׁהַחַמָּה בִּתְקֻפָּהּ יִתְגַּלֶּה, בִּבְחִינַת 'עָתִיד הַקָּדוֹשׁ־בָּרוּךְ־הוּא לְהוֹצִיא חַמָּה מִנַּרְתִּיקָהּ'. אֲזַי יִתְקַיֵּם: "וּמַרְפֵּא בִּכְנָפֶיהָ" (מלאכי ג'), הַיְנוּ שֶׁלֹּא יִכָּנֵף עוֹד מוֹרֶיךָ כַּנַּ"ל:

וְזֶהוּ מַה שֶּׁשָּׁאֲלוּ סָבֵי דְּבֵי אַתּוּנָא:
אִית לָן בֵּירָא בְּדַבְרָא, עַיְלֵהּ לֵהּ לְמָתָא. בֵּירָא – זֶה בְּחִינַת בַּר וּמָזוֹן, שֶׁהוּא בַּחוּץ וְלַאֲחוֹרֵי הַקְּדֻשָּׁה, בִּבְחִינַת: "וְהִסְתַּרְתִּי פָנַי מֵהֶם" וְכוּ'.
עַיְלֵהּ לֵהּ לְמָתָא – לִפְנִים, שֶׁיִּהְיֶה בִּבְחִינַת לֶחֶם הַפָּנִים כַּנַּ"ל.

celestes que afectan su fortuna. Cuidar el Pacto la ayuda a protegerse de la desgracia al viajar (§4). Existen dos niveles del Pacto: el nivel superior, que es el cuidado del *brit* y el nivel inferior, que es tener conocimiento de Torá. El nivel superior incluye al inferior (§5). Aquel que alcanza el nivel del *brit* revela *jesed*, lo que produce un gran anhelo de santidad. Los anhelos de la persona determinan cómo conformará las combinaciones de letras – i.e., la luz/abundancia que desciende del cielo (§6). Pero no es suficiente con sólo añorar; la persona debe expresar en palabras sus anhelos (§7). Expresar el anhelo de manera verbal afecta a aquellos que están cerca, para bien o para mal (§8). Al alcanzar el nivel de Abraham/*jesed* es posible ver el "rostro" de Dios; reconocer que todo está guiado por la providencia Divina y no por las fuerzas de la naturaleza (§9).

121. la explicación.... Aquí, el Rebe Najmán explica cómo los conceptos de la lección se aplican al intercambio entre el rabí Ioshúa y los Sabios de Atenas.

122. BeiRa...BaR.... El *beira* (בירא) alude a *bar* (בר), el sustento que la persona piensa que le llega a través de medios naturales. Con el rostro de Dios oculto, la fuente del sustento parece estar fuera de la santidad – i.e., "en el desierto" (ver la nota siguiente).

La conexión que hace el Rebe Najmán entre el pozo y el alimento también indica una conexión entre la naturaleza del comer y la fe. Cuando la persona tiene fe en que cada porción que come puede acercarla a Dios, su comer es en santidad, un aspecto del *lejem hapanim*. Por el contrario, cuando la persona cae de esa fe en Dios, entonces y tal como cita el Rebe, "Yo ocultaré Mi *panim* de ellos y serán alimento…". En lugar del *lejem hapanim*, su comer es gula. Hay muchas lecciones del *Likutey Moharán* que demuestran que comer es un sinónimo del anhelo por Dios (ver *Likutey Moharán* I, 19: ibid., 39; ibid., 62; *Likutey Moharán* II, 7).

123. ciudad...como se explicó. El desierto es el dominio de las *klipot* (fuerzas malignas) como opuesto a las áreas habitadas, tales como una ciudad (cf. *Likutey Halajot, Bet Kneset* 5:2,3). Esto está aludido más arriba, en nuestro texto (§4), donde el Rebe Najmán menciona que ciertas áreas están habitadas mientras que otras son desérticas, dependiendo de las influencias celestes. La persona guiada por la naturaleza supone que está en el "desierto" y que no tiene manera de llegar a la "ciudad".

{**"Para ustedes que temen Mi Nombre brillará un sol de caridad con curación en sus knafaim (alas)"** (Malaji 3:20).}

Pero en el futuro, se cumplirá "para ustedes… brillará un sol". El sol será revelado en toda su fuerza, como en, "El Santo, bendito sea, sacará en el futuro al sol de su funda" (*Nedarim* 8b).[119] Entonces se cumplirá "curación en sus *knafaim*" – i.e., se cumplirá "Tu Maestro no *ikanef* (no se ocultará) más".[120]

10. Ésta es la explicación de lo que preguntaron los Sabios de Atenas[121]: **Tenemos un beira (un pozo) en el desierto** – *BeiRa* alude a *BaR* (grano) y alimento. Éstos se encuentran por fuera y más allá de la santidad, como en, "Yo ocultaré Mi *panim* de ellos [y serán alimento para sus enemigos]".[122]

Tráelo a la ciudad – Hacia el *panim*, para que pueda estar en el aspecto de pan de *panim*, como se explicó.[123]

---

119. …al sol de su funda. El Rebe Najmán concluye esta sección demostrando cómo los conceptos tratados hasta aquí están aludidos en el versículo de Malaji. El Talmud (*loc. cit.*) afirma que aquellos que temen a Dios y honran Su Nombre son curados por el sol que está fuera de su funda (cf. n. 96 con respecto a Abraham). Por el contrario, los malvados, aquellos que desacralizan el Nombre de Dios, sólo experimentan el sufrimiento que proviene del sol desenfundado. Dado que esa gran revelación del sol sólo tendrá lugar plenamente en el futuro, luego de la llegada del Mashíaj, la enseñanza del Talmud apoya la afirmación previa del Rebe Najmán de que en el presente sólo recibimos una semejanza del brillo del sol.

120. …se cumplirá…. El sol revelado en todo su brillo corresponde al Pacto cuidado (n. 96). Cuando el Pacto está completo, ello trae la revelación de Dios. Como se explicó, el sol también hace referencia al Shabat, la fe (ver más arriba, §2). Cuando brilla en su plenitud, indica que la fe está completa. Mediante el rostro y la fe es posible alcanzar el *panim*, el rostro de Dios y así comprender que todo –incluso el sustento– está guiado totalmente por Su providencia y no por las fuerzas de la naturaleza. Dios, su Maestro, no está más oculto de él; hay "curación" en el *kanaf*/ocultamiento. Y éste es el significado del versículo de Isaías, "Tu Maestro no *ikanef*". Comienza diciendo, "Dios te alimentará con pan… y agua…". Debido a la revelación del *panim* de Dios, el hombre ya no anhelará comida. Estará completamente satisfecho con el pan y el agua, que tendrán el sabor y la consistencia del *lejem hapanim* (ver *Rashi*, Isaías 30:20). (Más adelante, en la sección 18, el Rebe Najmán trae una interpretación adicional para *knafaim* e *ikanef*).

Resumen: La caridad tiene el poder de guiar las bandas celestes. Debido a que es un acto de compasión, la caridad corresponde a un conocimiento claro (§1). La caridad es también un aspecto del Shabat, que corresponde a la fe. La fe/Shabat es la fuente de todas las bendiciones (§2). Sin embargo, la fe sola no es suficiente. También se necesita el Pacto (§3). La caridad, cuando está suplementada por la fe y el Pacto, le permite a la persona influenciar las bandas

אִיתָא פָּארֵי וְשָׁדֵי לְהוּ, וְאָמַר לוֹן, אַפְשִׁילוּ לִי חַבְלֵי. פָּארֵי – זֶה שַׁבָּת אֱמוּנָה. כְּפֵרוּשׁ רַשִׁ"י (דברים כ"ו): "אֶת ה' הֶאֱמַרְתָּ וַה' הֶאֱמִירֶךָ" – לְשׁוֹן פְּאֵרִי וָשֶׁבַח, שֶׁאָנוּ מְפָאֲרִין אֶת הַקָּדוֹשׁ-בָּרוּךְ-הוּא, וְאָנוּ מַאֲמִינִים בּוֹ, וְאוֹמְרִים: "ה' אֶחָד".

וְשָׁדֵי לְהוּ – זֶה בְּחִינַת בְּרִית, בְּחִינַת שַׁדַּי כַּנַּ"ל.

וְחַבְלֵי – זֶה בְּחִינַת אַהֲבַת חֶסֶד, שֶׁמִּתְגַּלִּים בְּפֻמָּא דְּאַמָּה כַּנַּ"ל, כְּמוֹ שֶׁכָּתוּב (הושע י"א): "בְּחַבְלֵי אָדָם אֶמְשְׁכֵם בַּעֲבֹתוֹת הָאַהֲבָה".

הַיְנוּ עַל-יְדֵי שַׁבָּת וּבְרִית, נִתְגַּלֶּה אַהֲבָה כַּנַּ"ל. וְעַל-יְדֵי הָאַהֲבָה, בָּאִים לִבְחִינַת לֶחֶם הַפָּנִים כַּנַּ"ל:

(עַד כָּאן לְשׁוֹן רַבֵּנוּ, זִכְרוֹנוֹ לִבְרָכָה):

manera milagrosa. Gracias a la bondad y a la compasión de Dios, 600.000 judíos y sus familias fueron vestidos y alimentados diariamente, contradiciendo todas las leyes de la naturaleza. De la misma manera, *jesed* lleva a cada individuo al nivel en el cual su sustento es un aspecto del *lejem hapanim*.

128. Shabat…Pacto, amor…. El intercambio entre el rabí Ioshúa y los Sabios de Atenas se lee entonces así:

Los Sabios de Atenas le dijeron al rabí Ioshúa, Tenemos un pozo en el desierto – ¿Qué le sucede a la persona que cree que su alimento y el sustento le llegan debido a sucesos naturales?

Tráelo a la ciudad – ¿Podrá alcanzar alguna vez el nivel del sustento gobernado directamente por la providencia Divina – i.e., comer del *lejem hapanim*?

El rabí Ioshúa trajo parei y shadei a ellos – El rabí Ioshúa les contestó diciendo que cuando alguien observa el Shabat (lo que indica que tiene fe) y también cuida el Pacto, puede guiar y gobernar las fuerzas naturales.

Él les dijo, Háganme cuerdas con este afrecho y yo se los traeré – Aquel que cuida el Pacto y tiene fe hace que se revele la bondad. Esto, a su vez, crea almas para las letras – i.e., lleva a un gran anhelo y añoranza por las enseñanzas de Torá (§6), por la Divinidad. Al expresar verbalmente esos anhelos, la persona merece un sustento que es milagroso, en el aspecto del *lejem hapanim*.

Ellos le dijeron, ¿Hay alguien capaz de hacer cuerdas a partir del afrecho? ¿Acaso hay alguien que pueda traer un pozo desde el desierto hasta la ciudad? – Rashi explica la frase final del rabí Ioshúa como sigue: Si ustedes no hacen lo que yo les pido, yo no haré lo que ustedes me piden. El Rebe Najmán no aclaró esta parte del intercambio. Sin embargo, en ésta misma lección vemos que el Tzadik revela enseñanzas de Torá que pueden llevar a la persona a un gran amor y anhelo por la santidad (§6). Es decir, el Tzadik puede llevar a sus seguidores al nivel de comer del *lejem hapanim*. Pero no puede hacerlo solo. Debe tener la cooperación de sus seguidores. El Tzadik trabaja para inspirarlos hacia la fe y el cuidado del Pacto; instila en

Él trajo parei (afrecho) y se lo arrojó a ellos. Él les dijo, Háganme cuerdas – *PaRei* es Shabat, fe. Como explica Rashi el versículo (Deuteronomio 26:17,18), "Declaraste a Dios… y Dios te declaró…": esto connota *PeeR* (glorificación) y alabanza. Nosotros glorificamos al Santo, bendito sea y tenemos fe en Él y decimos, "Dios es Uno".[124]

y ShaDeI (se lo arrojó) a ellos – Esto alude al Pacto, el aspecto de *ShaDaI*.[125]

cuerdas – Esto corresponde a "bondad" (Mija 6:8) que se revela en el órgano masculino, como se explicó más arriba.[126] Como está escrito (Hoshea 11:4), "Con cuerdas de hombre Yo los traje, con lazos de amor…".[127]

En otras palabras, mediante el Shabat y el Pacto, se revela el amor, como se explicó. Y mediante el amor, uno llega al aspecto de pan de *panim*.[128]

Los Sabios de Atenas desafiaron al rabí Ioshúa: Si la persona ha descendido al ámbito de las *klipot*, de modo que cree que el sustento está determinado por sucesos naturales, ¿cómo podrá llegar a aceptar la providencia Divina? Si la fuente del sustento parece estar "detrás" de la santidad, ¿cómo podrá llegar al "rostro" – i.e., llevar el *beira* al nivel del *lejem hapanim*?

124. PaRei es Shabat, fe…Peer…. El Rebe Najmán conecta el afrecho que trajo el rabí Ioshúa, el *parei* (פארי), con *peer* (פאר), la glorificación de Dios por parte del pueblo judío. Nosotros glorificamos a Dios mediante la declaración de fe: Él es el Dios único. El Shabat también es fe (ver más arriba, §2). Y la fe suplementa y completa la caridad (§2) de modo que ésta guía a las fuerzas de la naturaleza (§1). Traer afrecho alude así a rectificar la fe dañada.

125. ShaDeI…ShaDaI. Como se mencionó, el nombre Metat tiene el mismo valor numérico que *Shadai*, el Santo Nombre asociado con *Iesod/brit*/Pacto. Esto hace referencia a ambos niveles del Pacto (ver más arriba §5, n. 49) que suplementan la fe. Cuando el rabí Ioshúa trajo el *parei* y lo arrojó, *shadei*, les estaba demostrando a los Sabios de Atenas que, mediante el Shabat/fe y el Pacto, es posible alcanzar el nivel del *lejem hapanim*. Ello se debe a que al cuidar el Pacto….

126. más arriba. Ver la sección 6 y las notas 65-69, que *jesed* se revela en virtud del cuidado del *brit*.

127. Con cuerdas…. Los comentarios hacen notar que cuando Dios sacó a los judíos fuera de Egipto, los acercó a Él. "Con cuerdas de hombre Yo los traje, con lazos de amor… Yo les di alimento". Los "lazos de amor" de Dios eran actos de bondad y palabras compasivas (*Targúm Ionatán, Rashi*). El Rebe Najmán demostró anteriormente cómo el hecho de cuidar el Pacto lleva a un gran anhelo y añoranza, que se revelan mediante el *jesed*. Así, en nuestro contexto, "cuerdas" alude a *jesed*, la bondad revelada mediante el Pacto. La conclusión del versículo, "Yo les di alimento", hace referencia a Dios sustentando a los judíos mientras estaban en el desierto. En nuestro contexto, esto se refiere a recibir el sustento en el aspecto del *lejem hapanim*, de una

זאת הַתּוֹרָה נֶאֶמְרָה עַל פָּסוּק: "וַיֵּשֶׁב אֱלֹקִים" – אֵין הֲסִבָּה אֶלָּא סְעֻדָּה, כִּדְאִיתָא בַּמִּדְרָשׁ (שמות פרשה כ'). הַיְנוּ בְּחִינַת פַּרְנָסָה, בְּחִינַת בַּר וּמָזוֹן, שֶׁהוּא בְּחִינַת 'בְּיָרָא', כַּמְבֹאָר לְעֵיל, וְגָמַר בְּאוּר הַפָּסוּק עַל-פִּי הַתּוֹרָה הַזֹּאת, לֹא זָכִינוּ לְקַבֵּל:

(עִנְיַן מַעֲלַת הַכִּסּוּפִין דִּקְדֻשָּׁה וְכוּ' הַנִּזְכָּר לְעֵיל בְּתוֹךְ הַתּוֹרָה הַזֹּאת, שֶׁשָּׁמַעְתִּי מִפִּיו הַקָּדוֹשׁ תְּחִלָּה בְּבֵאוּר יוֹתֵר עִם עוֹד כַּמָּה חִדּוּשִׁים שֶׁלֹּא נִזְכְּרוּ כָאן כְּלָל, וְכֵן בְּעִנְיַן הָאֱמוּנָה וּשְׁאָר הַבְּחִינוֹת שֶׁנִּזְכְּרוּ כָּאן, שֶׁשָּׁמַעְתִּי גַּם כֵּן מִפִּיו הַקָּדוֹשׁ תְּחִלָּה, פִּסְקָא פִּסְקָא, בְּסִגְנוֹן אַחֵר קְצָת, עַל כֵּן אַעְתִּיקֵם הֵנָּה. וְזֶהוּ:)

זִוּוּגָן וְהִצְטָרְפוּתָן שֶׁל הָאוֹתִיּוֹת הוּא עַל-יְדֵי הַנְּקֻדּוֹת, כִּי הַנְּקֻדּוֹת הֵם הַחִיּוּת וְהַתְּנוּעָה שֶׁל הָאוֹתִיּוֹת. וּבְלִי הַנְּקֻדּוֹת הָאוֹתִיּוֹת הֵם כְּגֹלֶם, וְאֵין בָּהֶם שׁוּם תְּנוּעָה. וְעַל כֵּן הַנְּקֻדּוֹת הֵם בְּחִינַת נֶפֶשׁ, כִּי כְּמוֹ שֶׁהַנֶּפֶשׁ הוּא חִיּוּת הָאָדָם, וְכָל תְּנוּעָה שֶׁאָדָם מִתְנוֹעֵעַ, הַכֹּל הוּא עַל-יְדֵי הַנֶּפֶשׁ, וּבִלְתִּי הַנֶּפֶשׁ הוּא כְּגֹלֶם, כֵּן הַנְּקֻדּוֹת הֵם הַחִיּוּת וְהַנֶּפֶשׁ שֶׁל הָאוֹתִיּוֹת, וּבְלִי הַנְּקֻדּוֹת הֵם כְּגֹלֶם, וְאֵין לָהֶם שׁוּם תְּנוּעָה וְחִיּוּת. רַק עַל-יְדֵי הַנְּקֻדּוֹת הֵם מִתְנוֹעֲעִין, וְעַל-יְדֵי הַנְּקֻדּוֹת נִזְדַּוְּגִין וְנִצְטָרְפִין הָאוֹתִיּוֹת:

Suf – en virtud de su fe; **y los hijos de Israel subieron armados de la tierra de Egipto** – y en virtud de haber cuidado el Pacto.

131. mencionado en la lección. En las secciones 6-8.

132. Era como sigue. El rabí Natán oyó del Rebe Najmán las siguientes secciones (§11-§18) incluso antes de que el Rebe diese la lección y le presentase el manuscrito (§1-§10; ver n. 1). Como era su costumbre, el rabí Natán registraba lo que oía del Rebe, en la forma en que lo escuchaba. En un sentido, por lo tanto, las secciones siguientes son un repaso de la enseñanza. Al mismo tiempo, proveen de nuevas ideas sobre los conceptos de la lección. Es por ello que el rabí Natán las introduce diciendo que estas secciones tomaron un "acercamiento algo diferente". Así, aunque mucho del material puede parecer repetitivo, se le aconseja al lector prestar cuidadosa atención a las muchas y sutiles ideas que se introducen a lo largo, al igual que a los textos de prueba adicionales que apoyan lo que el Rebe afirmó anteriormente en el texto.

133. un golem y no tienen movimiento. Esto ha sido explicado más arriba. Ver nota 71, que los puntos vocales "les dan vida" a las letras de la Torá, que de otra manera son como un *golem*: materia que no está bien formada ni claramente definida.

{Esta lección[129] fue dada sobre las palabras (Éxodo 13:18), "Dios *vaiaSeB* (hizo que el pueblo diese vuelta por el camino del desierto)". Como vemos en el Midrash: *haSeBa* connota una comida (cf. *Shmot Rabah* 20:18). Esto alude al sustento, el aspecto de *BaR* (grano) y alimento, que corresponde a *BeiRa* (un pozo), como se explicó. Pero no fuimos dignos de recibir toda la explicación de este versículo basado en los conceptos enseñados en la lección.[130]

La importancia del anhelo sagrado, que está mencionado en la lección,[131] fue algo que escuché originalmente de manera más clara, explicada por los santos labios del Rebe. Había más ideas adicionales que no están mencionadas aquí en absoluto. Lo mismo sucedió con la fe y otros tópicos tratados aquí. Primero oí de él una explicación detallada que tomó una forma algo diferente. Era como sigue[132]:}

11. La unificación y combinación de las letras se produce mediante los puntos vocales. Ello se debe a que los puntos vocales son lo que les da vida y movimiento a las letras. Sin los puntos vocales, las letras son como un *golem* y no tienen movimiento.[133] Así, los puntos vocales corresponden al alma; tal como el alma es la vitalidad de la persona y todo movimiento que haga el hombre lo hará debido al alma, sin la cual es un *golem*, de la misma manera, los puntos vocales son la vitalidad y el alma de las letras, sin los cuales son como un *golem* y no tienen movimiento ni vida. Sólo se mueven debido a los puntos vocales y mediante ellos las letras se unen y se combinan.

---

ellos el temor y el amor a Dios. Si los seguidores buscan activamente la santidad, comparten el "alimento" del Tzadik. Pero si se quedan y esperan a que el Tzadik haga todo por ellos, incluso sus devociones más básicas, entonces el rabí Ioshúa (el Tzadik) responde: "Si ustedes no hacen lo que yo les pido y no buscan la santidad, entonces, yo no haré lo que ustedes me piden y no será posible llevar el pozo desde el desierto hacia la ciudad" (ver *Likutey Halajot, Aveda uMetzia* 3:15).

129. Esta lección. La lección hasta este punto es *leshón Rabeinu* (ver n. 1). Éstas son las palabras del rabí Natán.

130. toda la explicación…. Sin embargo, el rabí Natán ofrece lo siguiente: Relatan las Escrituras: "Dios hizo que el pueblo diese vuelta por el camino del *midbar* (desierto) hacia el Mar de Suf; y los hijos de Israel subieron armados de la tierra de Egipto". El *MiDBaR* alude a la fe, que uno debe *MeDaBeR* (expresar verbalmente). El Mar de *SuF* también corresponde a la fe, pues la fe es *Maljut*, el *SoF* (último y final) de las *sefirot*. El hecho de que estaban armados corresponde a cuidar el Pacto (ver *Likutey Moharán* I, 2:2). Así, con la fe y el Pacto es posible alcanzar la "comida" –*vaiaseb*/*haseba*/sustento– en el aspecto del *lejem hapanim* (*Torat Natán* #22).

Así, en el contexto de nuestra lección, el versículo se traduce como sigue: **Vaiaseb** – Dios llevó a los judíos a compartir el *lejem hapanim* **por el camino del midbar hacia el Mar de**

וְעִקַּר הִתְהַוּוּת הַנֶּפֶשׁ, הוּא עַל-יְדֵי הַהִשְׁתּוֹקְקוּת וְהַכִּסּוּפִין שֶׁל אִישׁ יִשְׂרָאֵל אַחַר הַשֵּׁם יִתְבָּרַךְ. כָּל אֶחָד לְפִי מַדְרֵגָתוֹ שֶׁהוּא נִכְסָף וּמִשְׁתּוֹקֵק וּמִתְגַּעְגֵּעַ לְהַגִּיעַ אֶל מַדְרֵגָה לְמַעְלָה מִמֶּנָּה, עַל-יְדֵי הַכִּסּוּפִין אֵלּוּ נַעֲשֶׂה נֶפֶשׁ. כְּמוֹ שֶׁכָּתוּב (תהלים פ"ד): "נִכְסְפָה וְגַם כָּלְתָה נַפְשִׁי", הַיְנוּ מַה שֶּׁאֲנִי נִכְסָף וְכָלֶה אַחַר הַשֵּׁם יִתְבָּרַךְ, מִזֶּה בְּעַצְמוֹ נַעֲשֶׂה נַפְשִׁי.

וְזֶה שֶׁאָמְרוּ רַבּוֹתֵינוּ, זִכְרוֹנָם לִבְרָכָה (ביצה ט"ז.): "וַיִּנָּפַשׁ" – 'כֵּיוָן שֶׁשָּׁבַת וַי אָבְדָה נֶפֶשׁ'. הַיְנוּ שֶׁבִּתְחִלַּת הַשַּׁבָּת שֶׁצָּרִיךְ לְקַבֵּל נֶפֶשׁ יְתֵרָה אָנוּ זוֹכְרִין מֵאֲבֵדַת הַנֶּפֶשׁ בְּחֹל, וְאוֹמְרִים: "וַיִּנָּפַשׁ", וַי אָבְדָה נֶפֶשׁ, וּמַתְחִילִין לְהִתְגַּעְגֵּעַ אַחֲרֶיהָ. וְעַל-יְדֵי-זֶה בְּעַצְמוֹ שֶׁאָנוּ מִתְגַּעְגְּעִין אַחַר הַנֶּפֶשׁ, מִזֶּה בְּעַצְמוֹ נִתְהַוֶּה הַנֶּפֶשׁ הַיְתֵרָה:

וְזֶה בְּחִינַת (שיר השירים א'): "נְקֻדּוֹת הַכָּסֶף", הַיְנוּ שֶׁעַל-יְדֵי הַכִּסּוּפִין נַעֲשִׂין הַנְּקֻדּוֹת, שֶׁהֵם בְּחִינַת נֶפֶשׁ. הַיְנוּ שֶׁעַל-יְדֵי מַה שֶּׁהוּא נִכְסָף וּמִשְׁתּוֹקֵק לְדָבָר, אִם לְטוֹב אוֹ לְרַע, חַס וְשָׁלוֹם, אֲזַי לְפִי הַכִּסּוּפִין נַעֲשׂוּ נְקֻדּוֹת, וְנִצְטַיְּרִין הָאוֹתִיּוֹת שֶׁבְּתוֹךְ הַדָּבָר שֶׁהוּא נִכְסָף.

136. partida del alma…. Como enseña el Talmud (*Beitzá* 16a): Dios le da a la persona un alma adicional en la víspera del Shabat (viernes por la tarde) y se la retira a la finalización del Shabat (sábado por la noche).

137. …llega a la existencia el alma adicional. Debido a que la persona sabe que su alma adicional está destinada a partir con la finalización del Shabat, anhela esa alma y lamenta la pérdida del espíritu adicional de Divinidad que se le ha dado. Como se explicó, el anhelo y el lamento por esa pérdida crea en verdad el alma adicional, cada persona en la medida de su nivel. El *Parparaot LeJojmá* explica por qué esto sucede en la víspera del Shabat. El Shabat corresponde tanto a la fe (§2) como al Pacto (§3). Cuidar el Pacto revela *jesed*, lo que lleva, a su vez, a un gran anhelo (§6). Por lo tanto, con la llegada del Shabat hay un aumento del anhelo por el alma. El rabí Natán agrega que el Shabat trae un aumento del anhelo hacia Dios, siendo ello lo que crea el alma adicional. Habiendo alcanzado ese nivel espiritual, sus comidas del Shabat son un aspecto del *lejem hapanim*. Esto explica por qué se colocaba el *lejem hapanim* en la Mesa del Templo en Shabat (*Torat Natán* #18).

138. Éste es el concepto…. La mayoría de la primera parte de esta sección es un paralelo de la sección 6. Ver también las notas 71 y 72.

Ahora bien, el alma llega a la existencia principalmente mediante el anhelo y el deseo que el judío siente por Dios – cada persona en la medida de su nivel, de su anhelo, deseo y ansia de alcanzar el nivel siguiente. Mediante esos anhelos se crea un alma, como está escrito, "Mi alma anhela y languidece". En otras palabras, del hecho de que anhelo y languidezco por Dios, de eso mismo se crea "mi alma".[134]

Esto es lo que enseñaron nuestros Sabios (*Beitzá* 16a): "[pero en el Shabat Él cesó de trabajar] *vainafash* (y descansó)" – tan pronto como Él cesó de trabajar, *vai avda nefesh* ("¡Ay! El alma ha partido").[135] En otras palabras, al comienzo del Shabat, cuando debemos recibir el alma adicional, recordamos la partida del alma durante la semana.[136] Decimos, "*vainafash* – ¡Ay! El alma ha partido", y comenzamos a anhelar por ella. Y en virtud de eso mismo, del hecho de que anhelamos el alma, a partir de ello llega a la existencia el alma adicional.[137]

12. Éste es el concepto de "puntos de *KeSeF* (plata)". Es decir, como resultado de los *KiSuFin* (anhelos), se crean los puntos vocales que corresponden al alma. En otras palabras, mediante el hecho de que anhela y languidece <por la cosa> –así sea para el bien o, Dios no lo permita, para el mal– entonces, en la medida del anhelo, se crean los puntos vocales y se combinan las letras dentro de la cosa por la cual anhela.[138]

---

134. se crea mi alma. Ver más arriba, sección 6 y nota 74. El Ari explica que toda persona nace con el primer nivel de alma, el *nefesh* (alma). Luego de completar el *nefesh*, obtiene el segundo nivel, *rúaj* (espíritu). Completando el *rúaj*, alcanza la *neshamá* (alma superior) y así en más hacia los niveles de *jaiá* (esencia viviente) y *iejidá* (esencia única; ver Apéndice: Niveles de Existencia/Alma). En verdad, cada nivel de alma comprende a los demás, de modo que el *nefesh* mismo contiene *nefesh, rúaj, neshamá, jaiá* y *iejidá*. En la medida del deseo y del esfuerzo en servir a Dios que ponga la persona, asimismo completará su nivel actual y avanzará hacia el nivel superior (*Shaar HaGuilgulim* 1). Por lo tanto, el Rebe Najmán dice aquí: El alma llega a la existencia principalmente mediante el anhelo y el deseo que el judío siente por Dios.

135. vainafash…vai avda nefesh. El versículo parece redundante. Una vez que sabemos que Dios *shavat* ("cesó de trabajar"), ¿no es obvio que *vainafash* ("descansó")? Sin embargo, cada término se aplica a cada una de las dos almas diferentes que descansan en el Shabat (*Maharsha, Beitzá* 16a, *v.i. Kivan*). Enseña el Ari: Aparte del alma regular de la persona, un alma adicional desciende para ella en la tarde del viernes. Esa alma adicional corresponde a su nivel (ver *Shaar HaKavanot, Inian Leil Vav*, p. 25). Rashi (*loc. cit. v.i. Neshamá*) explica que el alma adicional puede ser experimentada como la expansión que le permite a la persona relajarse y disfrutar el Shabat.

כִּי כָּל דָּבָר יֵשׁ לוֹ אוֹתִיּוֹת, אַךְ שֶׁהָאוֹתִיּוֹת בְּעַצְמָן הֵם כְּגֹלֶם, וְאֵין לָהֶם שׁוּם צִיּוּר בְּלִי נְקֻדּוֹת. וּלְפִי הַכִּסּוּפִין וְהַהִשְׁתּוֹקְקוּת שֶׁל הָאָדָם, כָּךְ נִצְטַיְּרִין הָאוֹתִיּוֹת עַל-יְדֵי הַנְּקֻדּוֹת שֶׁהֵם בְּחִינַת נֶפֶשׁ שֶׁמְּקַבְּלִין עַל-יְדֵי הַכִּסּוּפִין.

הַיְנוּ אִם הוּא נִכְסָף לְדָבָר טוֹב, נַעֲשֶׂה מֵהַכִּסּוּפִין נֶפֶשׁ קְדוֹשָׁה. וְנַעֲשִׂים נְקֻדּוֹת, בְּחִינַת "נְקֻדּוֹת הַכָּסֶף". וַאֲזַי נִצְטַיְּרוּ הָאוֹתִיּוֹת שֶׁהָיוּ כְּגֹלֶם, וְנַעֲשִׂים כְּלִי לְקַבֵּל טוֹב. וְכֵן לְהֵפֶךְ, חַס וְשָׁלוֹם, אִם נִכְסָף לְרַע, חַס וְשָׁלוֹם, נַעֲשִׂים מֵהַכִּסּוּפִין נְפָשׁוֹת שֶׁהֵם בְּחִינַת נְקֻדּוֹת, וְנִצְטַיְּרוּ הָאוֹתִיּוֹת וְנַעֲשִׂים כְּלִי לְקַבֵּל רַע, חַס וְשָׁלוֹם. כִּי "מִפִּי עֶלְיוֹן לֹא תֵצֵא הָרָעוֹת וְהַטּוֹב" (איכה ג'); רַק כָּל אֶחָד לְפִי מַה שֶּׁהוּא מְצַיֵּר וְעוֹשֶׂה כְּלִי לְקַבֵּל טוֹב אוֹ רַע, חַס וְשָׁלוֹם, עַל-יְדֵי הַכִּסּוּפִין וְהַהִשְׁתּוֹקְקוּת שֶׁלּוֹ, עַל-יְדֵי-זֶה נַעֲשֶׂה הַנֶּפֶשׁ בְּחִינַת נְקֻדּוֹת. וְעַל-יְדֵי הַנְּקֻדּוֹת מִתְנוֹעֲעִים הָאוֹתִיּוֹת, וְנִצְטַיְּרוּ לְטוֹב אוֹ לְהֵפֶךְ, חַס וְשָׁלוֹם:

אַךְ כְּדֵי שֶׁתֵּצֵא הַנֶּפֶשׁ מִכֹּחַ אֶל הַפֹּעַל, צָרִיךְ לְדַבֵּר בַּפֶּה הַכִּסּוּפִין וְהַשְׁתּוֹקְקוּת, שֶׁהוּא נִכְסָף וּמִשְׁתּוֹקֵק. כְּמוֹ שֶׁכָּתוּב (שם ה'): "נַפְשִׁי יָצְאָה בְדַבְּרוֹ", שֶׁעַל-יְדֵי הַדִּבּוּר יוֹצֵאת הַנֶּפֶשׁ מִכֹּחַ אֶל הַפֹּעַל. כִּי עַל-יְדֵי הַהִשְׁתּוֹקְקוּת נִתְהַוָּה הַנֶּפֶשׁ בְּכֹחַ, וְעַל-יְדֵי הַדִּבּוּר שֶׁהוּא מְדַבֵּר בְּפִיו הַהִשְׁתּוֹקְקוּת, נִגְמָר הַנֶּפֶשׁ וְיוֹצְאָה מִכֹּחַ אֶל הַפֹּעַל:

וְזֶה שֶׁאָמְרוּ רַבּוֹתֵינוּ, זִכְרוֹנָם לִבְרָכָה (מועד קטן י"ז): 'אִם הָרַב דּוֹמֶה לְמַלְאַךְ ה' צְבָאוֹת תּוֹרָה יְבַקְּשׁוּ מִפִּיהוּ', כִּי אוֹתִיּוֹת הַתּוֹרָה הֵם פּוֹעֲלִים, כִּי הֵם הַחִיּוּת שֶׁל כָּל דָּבָר. כְּמוֹ שֶׁכָּתוּב: 'וּבְטוּבוֹ מְחַדֵּשׁ

---

141. las letras de la Torá son trabajadores.... Como se mencionó (n. 77), las letras de los Doscientos Treinta y Un Portales, las letras de la Torá, están en *Jojmá*, el punto de emanación de la Creación. Cuando Dios decidió crear el mundo, miró en el plano –la Torá– y luego permutó los ladrillos básicos de la creación –el *alef-bet* hebreo– con lo cual le dio forma a toda la existencia (*Bereshit Rabah* 1:1). Aquí, el Rebe Najmán llama a esos ladrillos básicos "trabajadores". Toda la vida y la vitalidad llegan a través de ellos.

Pues todas las cosas tienen letras, pero las letras en sí mismas son como *golem* y no tienen animación sin los puntos vocales. Sin embargo, en la medida del anhelo y del deseo de la persona las letras se animan a través de los puntos vocales, que son el aspecto del alma recibida como resultado de ese deseo.

En otras palabras, si uno tiene anhelo de algo bueno, se crea un alma santa a partir de los *kisufin*, y los puntos vocales se vuelven puntos de *kesef*. Entonces, las letras, que son *golem*, se animan y se transforman en recipientes para el bien. Lo mismo sucede a la inversa, Dios no lo permita. Si la persona anhela el mal, se crean, a partir de ese anhelo, almas que son el aspecto de puntos vocales. Entonces, las letras se animan y se transforman en recipientes para captar el mal, Dios no lo permita.

Pues, "De la boca del Altísimo no vienen los males ni el bien" (Lamentaciones 3:38). Más bien, cada persona [recibe] en la medida del recipiente que haya diseñado y creado, mediante su anhelo y deseo, para captar el bien o el mal. <Pues> con ello el alma se vuelve un aspecto de los puntos vocales y mediante los puntos vocales las letras se mueven y se animan para bien o para lo contrario, Dios no lo permita.[139]

Aun así, <como resultado de los mencionados anhelos, el alma aún se encuentra en potencia y> para que pueda pasar de la potencia al acto es necesario articular los anhelos y deseos que la persona anhela y desea. Como está escrito, "Mi alma salió cuando él habló" – mediante el habla el alma pasa de la potencia al acto. Por medio del anhelo el alma llega a existir en potencia. Y por medio de las palabras con las cuales se expresa ese anhelo, el alma se completa y pasa de la potencia al acto.[140]

Esto es como enseñaron nuestros Sabios: "Si el maestro es como un ángel del Dios de las Huestes, busca la Torá de su boca". Ello se debe a que las letras de la Torá son "trabajadores", pues ellas son la vitalidad de cada cosa.[141] Como está escrito (*Liturgia Diaria*), "En Su bondad Él

---

139. de la boca del Altísimo.... Ver más arriba, nota 72. Dios dirige la luz espiritual –i.e., la abundancia– hacia Su creación. Sin embargo, Él no predetermina si la luz será para bien o para mal. Más bien, es el hombre, dependiendo de su anhelo y de sus acciones, quien la recibe como una bendición o como una maldición. Todo depende de él. Mediante las vocales creadas por su anhelo, anima las letras inanimadas con "almas", para bien o lo contrario.

140. de la potencia al acto. Esto es un paralelo de la sección 7. El próximo párrafo une los conceptos de la sección 6 y 7.

בְּכָל יוֹם תָּמִיד מַעֲשֶׂה בְרֵאשִׁית', וְ'אֵין טוֹב אֶלָּא תוֹרָה' (ברכות ה.), כִּי הֵם מַנְהִיגִין אֶת כָּל הָעוֹלָם. אַךְ הָאוֹתִיּוֹת בְּעַצְמָן הֵם כְּגֹלֶם, וְאֵין לָהֶם שׁוּם תְּנוּעָה וְחִיּוּת, וְאֵין לָהֶם שׁוּם צִיּוּר. וְעַל כֵּן יֵשׁ לְהַתּוֹרָה שְׁנֵי כֹחוֹת, 'זָכָה, נַעֲשָׂה לוֹ סַם חַיִּים' (יומא ע״ב: ועיין תענית ז') וְכוּ'. כִּי כָּל אֶחָד לְפִי מַה שֶּׁהוּא נִכְסָף, כָּךְ הוּא מְצַיֵּר וּמְפָרֵשׁ אוֹתִיּוֹת הַתּוֹרָה. כִּי בְּהַתּוֹרָה כָּלוּל אֲחִיזַת טוֹב וָרָע, "וְצַדִּיקִים יֵלְכוּ בָם וּפֹשְׁעִים יִכָּשְׁלוּ בָם" (הושע י״ד). הַיְנוּ כָּל אֶחָד לְפִי הַכִּסּוּפִין שֶׁלּוֹ, שֶׁמֵּהֶם נַעֲשִׂים נְפָשׁוֹת, עַל-יְדֵי-זֶה עוֹשֶׂה נְקֻדּוֹת לְאוֹתִיּוֹת הַתּוֹרָה, וְנִצְטַיְּרוּ הָאוֹתִיּוֹת, וְנִתְפָּרְשׁוּ לְטוֹב אוֹ לְהֵפֶךְ, חַס וְשָׁלוֹם. וּלְפִי מַה שֶּׁנִּצְטַיְּרִין, כָּךְ הֵם פּוֹעֲלִים בָּעוֹלָם. וְעַל-כֵּן אוֹתִיּוֹת הַתּוֹרָה מְבַקְשִׁים לְהִצְטַיֵּר מִפִּי צַדִּיק, שֶׁהוּא מְדַבֵּר הַכִּסּוּפִין דִּקְדֻשָּׁה שֶׁלּוֹ, שֶׁעַל-יְדֵי-זֶה מְקַבְּלִין הָאוֹתִיּוֹת נְקֻדּוֹת וְנִצְטַיְּרִין לְטוֹב.

וְזֶהוּ: 'אִם הָרַב דּוֹמֶה לְמַלְאַךְ ה' צְבָאוֹת', כִּי הָרַב צָרִיךְ גַּם כֵּן שֶׁיִּהְיֶה לוֹ שְׁנֵי כֹחוֹת שֶׁיֵּשׁ לְהַתּוֹרָה: סַם חַיִּים וְסַם וְכוּ', בְּאֹפֶן שֶׁיִּהְיֶה אֶפְשָׁר לְהַמִּתְקָרֵב אֵלָיו לְקַבֵּל כִּרְצוֹנוֹ, "צַדִּיקִים יֵלְכוּ, וּפֹשְׁעִים יִכָּשְׁלוּ". אִם הוּא מִשְׁתּוֹקֵק לַעֲבוֹדַת הַשֵּׁם יִתְבָּרַךְ, יוּכַל לְקַבֵּל מֵהָרַב דֶּרֶךְ יְשָׁרָה לַעֲבֹד אֶת ה'. וְאִם לָאו, וְטִינָא יֵשׁ בְּלִבּוֹ, יוּכַל גַּם כֵּן לִמְצֹא בְּהָרַב דָּבָר שֶׁיְּקַצֵּץ בִּנְטִיעוֹת וִיכַפֵּר בַּכֹּל, חַס וְשָׁלוֹם:

145. Tzadikim...malvados.... Dice el profeta: "Los caminos de Dios son rectos; los Tzadikim andan en *ellos* mientras que los malvados tropiezan en *ellos*". Los mismos "ellos", las mismas letras de la Torá, conforman un sendero de vida para los rectos, aquellos que anhelan el bien, y un tropiezo para los malvados, aquellos que desean el mal.

146. la boca del Tzadik. Comparar la sección 6:final y la nota 79.

147. el maestro debe poseer también los dos poderes.... Las letras de la Torá se ven siempre atraídas hacia la boca del Tzadik. Como se explicó anteriormente en la lección, "Las mismas letras de la Torá le ruegan para que las diga". Sin embargo, aunque el Tzadik siempre tiene buenos deseos y uno esperaría que, por lo tanto, aquellos a quienes enseña deberían volverse también hacia el bien, ello no siempre es así. Esto, explica el Rebe Najmán, se debe a que el Tzadik también debe tener ambos poderes.

148. arrancar las plantaciones...Dios no lo permita. Esta frase, una metáfora de la herejía,

renueva cada día, constantemente, la obra de la Creación". Y "bien" no es otra cosa que la Torá (Berajot 5a),¹⁴² pues <la Torá es la vitalidad de todas las cosas>. [Y las letras] son lo que guía al mundo entero. Pero las letras en sí mismas son como *golem*, sin movimiento ni vitalidad y no tienen animación alguna.¹⁴³

Debido a ello, la Torá tiene dos poderes: Si uno es digno, se vuelve un elixir de vida… (Ioma 72b).¹⁴⁴ Pues cada persona, en la medida de su anhelo, diseña y explica las letras de la Torá. La Torá contiene bien y mal y "los Tzadikim andan en ellos mientras que los malvados tropiezan en ellos" (Hoshea 14:10).¹⁴⁵ Es decir, cada persona, en la medida de sus anhelos, de los cuales se crean almas, hace puntos vocales para las letras de la Torá. Las letras se animan y son explicadas para bien o lo contrario, Dios no lo permita. Y de acuerdo a la manera en que son animadas, así es como trabajan en el mundo. Es por ello que las letras de la Torá buscan ser animadas por la boca del Tzadik.¹⁴⁶ Pues él articula sus anhelos sagrados y con ello las letras reciben puntos vocales y se animan para bien.

Y esto es: "Si el maestro es como un ángel del Dios de las Huestes". Pues el maestro debe poseer también los dos poderes que tiene la Torá: un elixir de vida y una poción [mortal].¹⁴⁷ Esto para que aquel que se acerque a él pueda recibir lo que desea; "los Tzadikim andan… los malvados tropiezan". Si <realmente> anhela servir al Santo, bendito sea, podrá recibir del maestro un sendero recto mediante el cual servir a Dios. Pero si no, y guarda un rencor en su corazón, también puede encontrar en el maestro un medio para "arrancar las plantaciones" y negar heréticamente todo, Dios no lo permita.¹⁴⁸

---

142. Su bondad…Torá. El bien corresponde a la Torá. La plegaria se lee entonces: "En Su Torá Él renueva…". Pues las letras de la Torá son la fuente de todo.

143. no tienen animación alguna. Aquí es donde se hace presente el anhelo: para animar las letras para bien o lo contrario.

144. la Torá tiene dos poderes…. Aquí se presenta una pregunta obvia. Aunque "de la boca del Altísimo no vienen los males ni el bien", también hemos establecido que todo en la Creación surge de las letras de la Torá. Si es así, ¿no deberían las letras de la Torá dirigir todo hacia el bien? El Rebe Najmán enseña por lo tanto que la Torá misma contiene ambos poderes, para bien y para mal. Mientras que algunos estudian la Torá y son llevados hacia el bien y se vuelven rectos, otros son, paradójicamente, alejados de la Torá y del bien como resultado de sus estudios. Todo depende de la intención de la persona, de la naturaleza de su anhelo y deseo. En lugar de un "elixir de vida", la Torá se vuelve a veces "una poción mortal".

וְזֶה בְּחִינַת (חגיגה י״ד:): 'אַרְבָּעָה שֶׁנִּכְנְסוּ לַפַּרְדֵּס, רַבִּי עֲקִיבָא נִכְנַס בְּשָׁלוֹם וְיָצָא בְּשָׁלוֹם, בֶּן עַזַּאי הֵצִיץ וְנִפְגַּע, בֶּן זוֹמָא הֵצִיץ וָמֵת, אַחֵר קִצֵּץ בִּנְטִיעוֹת'. וְאֵלּוּ הָאַרְבַּע בְּחִינוֹת הֵם בְּחִינוֹת צַדִּיק וְרָשָׁע, עוֹבֵד אֱלֹקִים וְלֹא עֲבָדוֹ, הָאֲמוּרִים בַּפָּסוּק (מלאכי ג׳): "וְשַׁבְתֶּם וּרְאִיתֶם בֵּין צַדִּיק וְכוּ'

וְאֵלּוּ הָאַרְבַּע בְּחִינוֹת הֵם נִמְצָאִים בְּכָל בְּנֵי־אָדָם הָרוֹצִים לִכָּנֵס לַעֲבוֹדַת ה׳, וּלְהִתְקָרֵב לְהַצַּדִּיק וְהָרַב שֶׁבַּדּוֹר. כִּי יֵשׁ מִי שֶׁהוּא נִכְנָס וְנִתְקָרֵב לְהַצַּדִּיק, וְהוּא מְקַבֵּל מִמֶּנּוּ דֶּרֶךְ יְשָׁרָה לַעֲבוֹדַת ה׳ לְפִי מַדְרֵגָתוֹ וְעֶרְכּוֹ. וְהוּא בְּחִינוֹת צַדִּיק, בְּחִינוֹת רַבִּי עֲקִיבָא שֶׁנִּכְנַס בְּשָׁלוֹם וְיָצָא בְּשָׁלוֹם.

וְיֵשׁ מִי שֶׁהוּא בְּחִינוֹת הֵצִיץ וָמֵת, הֵצִיץ וְנִפְגַּע. הַיְנוּ שֶׁנִּתְלַהֵב לִבּוֹ מְאֹד, מִגְדַּל הָאוֹר וְהַהִתְלַהֲבוּת שֶׁהֵאִיר בּוֹ הַצַּדִּיק בְּיֶתֶר שְׂאֵת לְמַעְלָה מִמַּדְרֵגָתוֹ, וְעַל יְדֵי זֶה יוּכַל לָמוּת. וְזֶה בְּחִינַת הֵצִיץ וָמֵת,

Akiba también vio lo que vio Ajer pero comprendió que Metat no era más que uno entre las muchas legiones que sirven a Dios. En su comentario, el Maharsha explica que Ajer arrancó y separó a Metat de Dios. Es por ello que se dice que "arrancó las plantaciones". (El verdadero nombre de Ajer era Elisha el hijo de Abuia. Era un gran hombre y muy erudito. Su discípulo, el rabí Meir, fue uno de los sabios más importantes de la Mishná. Aun así, cuando Elisha encontró a Metat, cometió una herejía. Debido a que había expresado una creencia en "otro dios", Elisha fue más tarde llamado Ajer, que significa "el Otro").

(En nuestro texto hebreo, que es el texto estándar de todas las principales ediciones del *Likutey Moharán*, encontramos que fue Ben Azai quien fue golpeado y Ben Zoma quien falleció. Esto se basa en el Talmud *Ierushalmi*, *Jaguigá* 2:1 y en el Midrash *Shir HaShirim Rabah* 1:28. Nuestro texto en español, sin embargo, es una traducción de un manuscrito anterior del *Likutey Moharán*, que cita este relato del Talmud *Babli*, *Jaguigá* 14b).

150. entre el recto. El versículo completo dice: "Entonces se volverán y verán la diferencia entre el recto y el malvado, entre aquel que sirve a Dios y aquel que no Lo sirve". El Talmud hace notar que la frase "aquel que sirve a Dios y aquel que no" denota dos clases de Tzadikim; ellos difieren sólo en el grado de estudio de la Torá (*Jaguigá* 9b). El versículo así habla de cuatro niveles, correspondientes a los cuatro que entraron en el Jardín, como el Rebe Najmán continúa explicando. El rabí Natán agrega que cada uno de esos niveles depende de las buenas acciones y del anhelo de la persona. Con cantidad de buenas acciones y con anhelo por los niveles a los cuales puede acceder, "entrará y saldrá en paz". Sin embargo, si tiene buenas acciones pero anhela niveles más allá de su capacidad, estará en peligro de perder su mente e incluso la vida. Por el mismo motivo, si sus deseos son para el mal, entonces, aunque tenga buenas acciones, el mal hará que "arranque las plantaciones" (*Torat Natán* #20). El Rebe Najmán explica esto en el texto.

13. Éste es el significado de: Cuatro entraron en el Jardín. El rabí Akiba entró en paz y salió en paz; Ben Azai atisbó <y falleció>; Ben Zoma miró <y fue golpeado>; Ajer arrancó las plantaciones (*Jaguigá* 14b).[149] Estos cuatro aspectos corresponden a los rectos y a los malvados, a aquél que sirve a Dios y a aquél que no Lo sirve. Éstos aparecen en el versículo (Malaji 3:18), "Entonces se volverán y verán la diferencia entre el recto...".[150]

Ahora bien, esos cuatro aspectos pueden encontrarse en todos los seres humanos que quieran entrar en el servicio a Dios y acercarse al Tzadik y maestro de la generación. Pues está aquel que entra y se acerca al Tzadik y recibe de él un sendero recto para servir a Dios, de acuerdo a su nivel y estatura. Éste corresponde a "los rectos", al rabí Akiba, quien "entró y salió en paz".

Y está aquel que corresponde a "atisbó y falleció, miró y fue golpeado". Es decir, su corazón se encendió sobremanera debido a la gran luz y al entusiasmo que el Tzadik hizo brillar en él, con gran intensidad y más allá de su nivel. Como resultado de ello, es posible que fallezca – los aspectos de "atisbó y falleció" y de "uno que sirve a

---

indica destruir las plantaciones espirituales del "Jardín" (explicado en la siguiente sección; ver también n. 63). Comenta el rabí Natán: Hay muchas personas, especialmente en las recientes generaciones, cuya visita a los Tzadikim famosos tiene por objetivo sólo una ganancia personal. Incluso la caridad que dan sólo es para su propio engrandecimiento; quieren bendiciones para fama, fortuna e hijos. Cada una de estas personas tiene un "rencor en su corazón" y no les interesa avanzar en la rectitud como resultado de su visita a los Tzadikim. De modo que no se vuelven más rectas. Por el contrario, utilizan su nueva posición para promover la maldad disfrazada de rectitud (cf. *Likutey Halajot, Shevuot* 2:34, 35).

149. Cuatro entraron en el Jardín.... Esta historia (que se encuentra en *Jaguigá* 14b-16a) es una de las más famosas y más explicadas de todo el Talmud. El texto *Maim*, basado en el *Likutey Moharán* I, 51 (que forma parte del libro *Cuatro Lecciones del Rabí Najmán de Breslov*) ofrece un estudio en profundidad de algunas de las ideas del Rebe Najmán sobre este relato. Aquí se presentan aquellas partes necesarias para comprender la lección, junto con el comentario de Rashi y el *Ein Iaacov* (entre paréntesis): Cuatro entraron en el Jardín (ascendieron a las cámaras celestiales por medio de un Santo Nombre de Dios). Ellos fueron Ben Azai, Ben Zoma, Elisha (Ajer) y el rabí Akiba. Ben Azai miró (la tremenda belleza celestial) y falleció. Ben Zoma miró (hacia la Presencia Divina) y fue golpeado (enloqueció). Ajer arrancó las plantaciones (se volvió un hereje y "arrancó la verdad" de su fuente [ver más adelante]). El rabí Akiba entró en paz y salió en paz. ¿Cuál fue el error de Ajer? Él vio al ángel Metat sentado y registrando los méritos del pueblo judío. Ajer dijo, "¿Acaso no hemos aprendido que Arriba, ante la presencia del Santo, bendito sea, no existe el sentarse...? Es posible que haya dos Autoridades en el Cielo". De acuerdo a ello, Ajer concluyó que Metat era una autoridad en sí mismo. El rabí

בִּבְחִינוֹת עוֹבֵד אֱלֹקִים. וְיֵשׁ מִי שֶׁיּוֹצֵא מִדַּעְתּוֹ מֵחֲמַת שֶׁעוֹלֶה לְמַעְלָה מִמַּדְרֵגָתוֹ, וְהוּא בְּחִינוֹת הֵצִיץ וְנִפְגַּע, בְּחִינוֹת לֹא עָבְדוֹ. אַךְ עַל כָּל פָּנִים אֲפִלּוּ הֵצִיץ וָמֵת הֵצִיץ וְנִפְגַּע, שְׁנֵיהֶם הֵם בְּחִינוֹת צַדִּיק, וַעֲלֵיהֶם גַּם כֵּן נֶאֱמַר: "צַדִּיקִים יֵלְכוּ בָם", רַק שֶׁלֹּא נִכְנְסוּ וְיָצְאוּ בְּשָׁלוֹם כְּמוֹ רַבִּי עֲקִיבָא.

וְיֵשׁ מִי שֶׁמִּתְקָרֵב לְהַצַּדִּיק וּמְקַצֵּץ בִּנְטִיעוֹת וְכוֹפֵר בַּכֹּל, חַס וְשָׁלוֹם, וְהוּא נִקְרָא רָשָׁע, וְזֶה בְּחִינוֹת אַחֵר. וְזֶה בְּוַדַּאי 'טִינָא הָיְתָה בְּלִבּוֹ', כְּמוֹ שֶׁאָמְרוּ רַבּוֹתֵינוּ, זִכְרוֹנָם לִבְרָכָה (שם ט"ו.): עַל אַחֵר. וְעַל כֵּן בְּהֶכְרֵחַ שֶׁיִּמְצָא בְּהַצַּדִּיק אֶת שֶׁלּוֹ, שֶׁיִּמְצָא דָּבָר שֶׁיְּקַצֵּץ בִּנְטִיעוֹת עַל יָדוֹ, וְעַל זֶה נֶאֱמַר: "וּפשְׁעִים יִכָּשְׁלוּ בָם". כִּי הָרַב בְּהֶכְרֵחַ שֶׁיִּהְיֶה לוֹ שְׁנֵי הַכֹּחוֹת אֵלּוּ כַּנַּ"ל:

וְזֶה בְּחִינַת: "מַלְאַךְ ה' צְבָאוֹת", כְּמוֹ שֶׁאָמְרוּ רַבּוֹתֵינוּ, זִכְרוֹנָם לִבְרָכָה (שם א.): עַל אַחֵר, מַאי חֲזָא, חֲזָא מַטַ"ט דְּקָא יָתֵב וְכוּ', אָמַר שְׁמַע מִנַּהּ וְכוּ', רַבִּי עֲקִיבָא דָּרַשׁ: ה' צְבָאוֹת שְׁמוֹ, אוֹת הוּא בַּצָּבָא שֶׁלּוֹ.

וְעַל כֵּן צָרִיךְ הָרַב שֶׁיִּהְיֶה לוֹ שְׁנֵי בְּחִינוֹת אֵלּוּ, בְּחִינוֹת "מַלְאָךְ", הַיְנוּ מַטַ"ט, וּבְחִינוֹת "ה' צְבָאוֹת", וְזֶהוּ: "דּוֹמֶה לְמַלְאַךְ ה' צְבָאוֹת". וַאֲזַי אֶפְשָׁר לְהַנִּכְנָס וְנִתְקָרֵב אֵלָיו, לְקַצֵּץ בִּנְטִיעוֹת עַל-יְדֵי בְּחִינוֹת "מַלְאָךְ", כְּמוֹ אַחֵר שֶׁקִּצֵּץ בִּנְטִיעוֹת עַל-יְדֵי שֶׁרָאָה מַטַ"ט שֶׁהוּא מַלְאָךְ, שֶׁהוּא יוֹשֵׁב וְכוּ', שֶׁעַל יְדֵי זֶה טָעָה וְאָמַר שֶׁהוּא רְשׁוּת בִּפְנֵי עַצְמוֹ, חַס וְשָׁלוֹם, כַּנַּ"ל. אוֹ לִכָּנֵס וְלֵיצֵא בְּשָׁלוֹם, עַל יְדֵי בְּחִינוֹת "ה' צְבָאוֹת", כְּמוֹ רַבִּי עֲקִיבָא.

especial y memorable, tal como el rabí Akiba y Ajer descubrieron cuando encontraron a Metat. Sin embargo, el rabí Akiba, sabiendo que incluso un gran maestro debe subordinarse a Dios (debe estar en el nivel del Tzadik; ver más arriba, §5), no se dejó engañar por la tremenda presencia de Metat. Él sabía que también el Ángel Servidor es sólo un sirviente del Santo, bendito sea. Ajer, por otro lado, se vio tan abrumado por la grandeza de Metat, que asumió que ese gran maestro era una autoridad por sí mismo y que no estaba subordinado a Dios. Éste fue un grave error. Como se explica en el texto, aparte de poseer un vasto conocimiento, el gran maestro debe ser también extremadamente piadoso.

Dios". Y está aquel que se sale de su mente, porque asciende más allá de su nivel – los aspectos de "miró y fue golpeado" y de "aquel que no Lo sirve". Sea como fuere, incluso "atisbó y falleció, miró y fue golpeado", ambos corresponden al Tzadik. De ellos también se dice, "Los Tzadikim andan en ellas". Es sólo que no "entraron y salieron en paz", como el rabí Akiba.

Y está aquel que se acerca al Tzadik y "arranca las plantaciones" y niega heréticamente todo, Dios no lo permita. Él es llamado malvado, correspondiente a Ajer; y ciertamente guarda un rencor en su corazón, como enseñaron nuestros Sabios sobre Ajer (*ibid*.15a).[151] Por lo tanto, forzosamente encuentra en el Tzadik aquello que le pertenece – encuentra algo con lo cual "arrancar las plantaciones". De él se dice, "los malvados tropiezan en ellos". Pues el maestro debe tener ambas cualidades, como se explicó.[152]

Y éste es el concepto de "un ángel del Dios de las Huestes", como dijeron nuestros Sabios sobre Ajer: ¿Qué es lo que vio? Vio a Metat sentado…. Y dijo, <"Es posible que haya dos Autoridades".> El rabí Akiba expuso: "El Dios de *TzeVAOT* es Su nombre". Él es un *OT* (una señal) en Su *TzaVA* (ejército).[153]

Por lo tanto, el maestro debe poseer ambas cualidades: el aspecto de "ángel"/Metat, y el aspecto de "el Dios de las Huestes". Éste es el significado de, "como un ángel del Dios de las Huestes". Y entonces, es posible que aquél que entre y se acerque a él "arranque las plantaciones" debido al aspecto de "ángel". Esto es lo que le sucedió a Ajer quien "arrancó las plantaciones" cuando vio que Metat, que era un ángel, estaba sentado. Como resultado de ello se equivocó, diciendo que había una Autoridad independiente, Dios no lo permita. O es posible "entrar y salir en paz" debido al aspecto de "el Dios de las Huestes", como el rabí Akiba.[154]

---

151. rencor en su corazón…Ajer. El Talmud (*loc. cit.*) relata que Ajer tenía el hábito de cantar canciones griegas y de citar ideas de contenido herético. También estudiaba enseñanzas ateas (ver *Maharsha, v.i., Zemer*). Así, aunque era recto al estudiar Torá, su inclinación hacia "otras" enseñanzas e ideas terminó por extraviarlo.

152. como se explicó. Ver más arriba, sección 12.

153. dos Autoridades…OT…TzaVA. Ver más arriba, notas 63 y 149. El rabí Akiba comprendió que Metat, pese a su gran prominencia entre las huestes celestiales, no era más que uno de los muchos servidores de Dios, un *ot* en Su *tzava*.

154. como el rabí Akiba. Encontrarse con un maestro verdaderamente grande es una experiencia

כִּי כָל צַדִּיק צָרִיךְ שֶׁיִּהְיֶה לַמְדָן בַּתּוֹרָה, וְחָסִיד בְּמַעֲשִׂים טוֹבִים. כִּי אִם אֵינוֹ לַמְדָן, אָמְרוּ רַבּוֹתֵינוּ, זִכְרוֹנָם לִבְרָכָה: 'וְלֹא עַם הָאָרֶץ חָסִיד'. וְלַמְדָן בִּלְבַד בְּוַדַּאי אֵינוֹ כְלוּם, כִּי אֶפְשָׁר לִהְיוֹת לַמְדָן וְרָשָׁע גָּמוּר. וְלֹא זָכָה נַעֲשָׂה לוֹ סַם מָוֶת.

עַל כֵּן צָרִיךְ שֶׁיִּהְיֶה לַמְדָן וְחָסִיד. וּשְׁתֵּי בְחִינוֹת אֵלּוּ, הֵם בְּחִינוֹת: 'מַלְאַךְ ה' צְבָאוֹת'. כִּי מַה שֶּׁהוּא לַמְדָן בַּתּוֹרָה, הוּא בְּחִינַת מַלְאָךְ שֶׁהוּא מֵט"ט. כְּמוֹ שֶׁכָּתוּב (בתקונים תקון ל' דף ע"ב): "וַיֹּאמֶר אֱלֹקִים יְהִי רָקִיעַ וִיהִי מַבְדִּיל בֵּין מַיִם לְמָיִם, דָּא מֵט"ט. שֶׁהוּא בְּחִינוֹת מִשְׁנָה, הַמַּבְדִּיל וּמַפְרִישׁ בֵּין מַיִן דָּכְיָן וּבֵין מַיִן מְסָאֲבִין, בֵּין טָמֵא לְטָהוֹר, אָסוּר וּמֻתָּר וְכוּ'. וְצָרִיךְ לְהִדַּמּוֹת לְקוֹנוֹ, לִהְיוֹת חָסִיד בְּמַעֲשִׂים טוֹבִים, וְזֶה בְּחִינוֹת ה' צְבָאוֹת.

אַךְ מִי שֶׁטּוֹעֶה וְסוֹבֵר שֶׁבְּחִינוֹת לַמְדָן לְבַד הוּא הָעִקָּר, הוּא בְּחִינוֹת אַחֵר שֶׁקִּצֵּץ בִּנְטִיעוֹת, עַל־יְדֵי שֶׁסָּבַר שֶׁמַּלְאָךְ מֵט"ט בְּעַצְמוֹ הוּא רָשׁוּת, חַס וְשָׁלוֹם. אַךְ בֶּאֱמֶת מֵט"ט בְּעַצְמוֹ בְּלִי הַקָּדוֹשׁ־בָּרוּךְ־הוּא אֵינוֹ כְלוּם, וְאֵין לוֹ שׁוּם רָשׁוּת. כָּךְ הַתּוֹרָה בְּלֹא מַעֲשִׂים טוֹבִים אֵינָהּ כְּלוּם, אַדְּרַבָּא לֹא זָכָה כוּ'.

וּמֵחֲמַת שְׁנֵי הַבְּחִינוֹת אֵלּוּ שֶׁצָּרִיךְ לִהְיוֹת הַצַּדִּיק, לַמְדָן וְחָסִיד, וְהֵם בְּחִינוֹת מַלְאַךְ ה' צְבָאוֹת. עַל־יְדֵי־זֶה נִמְצָא בְּהַצַּדִּיק שְׁנֵי כֹחוֹת שֶׁיֵּשׁ לְהַתּוֹרָה, סַם חַיִּים וְסַם מָוֶת. וְאֶפְשָׁר לְהַמִּתְקָרֵב אֵלָיו, לִמְצֹא בּוֹ דָבָר שֶׁיְּקַצֵּץ בִּנְטִיעוֹת, אוֹ לִכָּנֵס וְלָצֵאת בְּשָׁלוֹם:

וְזֶהוּ: 'אִם הָרַב דּוֹמֶה לְמַלְאַךְ ה' צְבָאוֹת', הַיְנוּ שֶׁהוּא לַמְדָן בַּתּוֹרָה,

---

Rebe Najmán intercambia aquí "Tzadik" con "santo", pues ambos hacen referencia al mismo concepto – i.e., el *brit* superior que incluye al *brit* inferior (*Parparaot LeJojmá*).

157. Metat...Mishná.... Ver más arriba, sección 5 y nota 55.

158. el Tzadik posee los dos poderes.... En última instancia, cada persona determina por sí misma el tipo de Torá que tomará del Tzadik, el gran maestro/Metat. Si su anhelo es sólo de conocimiento, un conocimiento divorciado del temor a Dios y de Su servicio, la Torá que traiga será una poción mortal, una poción de herejía. Pero si busca la Divinidad y los medios para acercarse a Dios, la Torá que tome del gran maestro le dará vida y la iluminará.

Pues todo Tzadik debe ser un erudito en la Torá y un santo en virtud de sus buenas acciones. Pues si no es un erudito, enseñaron nuestros Sabios: Un ignorante no puede ser un santo. Y ser sólo un erudito carece ciertamente de valor, pues es posible ser un estudioso <notable> y ser completamente malvado – "y si no es digno, se vuelve una poción mortal".[155]

Por lo tanto debe ser un estudioso y un santo.[156] Estas dos cualidades son los aspectos de "un ángel del Dios de las Huestes". El hecho de que sea un erudito corresponde al aspecto de "ángel", que es Metat. Como está escrito, "Dios dijo, 'Que haya un firmamento… para dividir entre agua y agua'" (Génesis 1:6) – éste es Metat. Él corresponde a la Mishná, que separa entre las aguas claras y las aguas turbias, entre lo impuro y lo puro, entre lo prohibido y lo permitido, etc. (Tikuney Zohar #30, p. 83a).[157] Y debe asemejarse a su Creador, siendo un santo mediante sus buenas acciones; el aspecto de "el Dios de las Huestes".

Pero aquel que, equivocadamente, supone que lo más importante es sólo el aspecto de erudito, corresponde a Ajer, quien "arrancó las plantaciones" debido a que pensó que el ángel Metat era, de por sí, una Autoridad, Dios no lo permita. Pues la verdad es que Metat, en sí mismo, sin el Santo, bendito sea, no es nada y no tiene autoridad. De la misma manera, la Torá sin buenas acciones no es nada. Por el contrario, "si no es digno [se vuelve una poción mortal]".

Y debido a estas dos cualidades, que tiene que ser un erudito y un santo, los aspectos de "un ángel del Dios de las Huestes", el Tzadik posee los dos poderes de la Torá: un elixir de vida y una poción mortal. Y es posible para el que se le acerca encontrar en él los medios para "arrancar las plantaciones" o "entrar y salir en paz".[158]

Éste es el significado de: "Si el maestro es como un ángel del Dios de las Huestes". Es decir, él es un erudito de la Torá y sirve a Dios, y

---

155. si no es digno…. Ver más arriba, sección 5 y notas 57-60. Aunque la persona pueda ser muy erudita y tener un tremendo conocimiento, aun así es posible que también sea extremadamente malvada. Por lo tanto, al buscar a un gran maestro que nos guíe en el servicio a Dios, será necesario encontrar a alguien que se adhiera a los preceptos de la Torá – i.e., la *Halajá*.

156. un estudioso y un santo. Afirma el *Zohar* (III, 213b): El Tzadik es llamado un *jasid*. Los comentarios explican el término *JaSid* como sugiriendo el *JeSeD* que se revela en el *brit* (*Maharju*; *Matok Midbash*). En nuestra lección hemos visto que este *jesed* se revela sólo cuando uno alcanza los dos niveles del *brit*: el nivel del Tzadik y el nivel del estudioso. Así, el

וְעוֹבֵד אֶת ה', וְעַל-יְדֵי-זֶה הוּא מְצַיֵּר אוֹתִיּוֹת הַתּוֹרָה לְטוֹב. אֲזַי 'תּוֹרָה יְבַקְשׁוּ מִפִּיהוּ', שֶׁאוֹתִיּוֹת הַתּוֹרָה מְבַקְּשִׁין לְקַבֵּל נְקֻדּוֹת וּלְהִצְטַיֵּר מִפִּיו, הַיְנוּ עַל-יְדֵי שֶׁפִּיו יְדַבֵּר הַהִשְׁתּוֹקְקוּת וְהַכִּסּוּפִין דִּקְדֻשָּׁה שֶׁלּוֹ, שֶׁעַל-יְדֵי-זֶה נִגְמָרִין וְיוֹצְאִין הַנְּפָשׁוֹת, וְנַעֲשִׂין נְקֻדּוֹת לְהָאוֹתִיּוֹת, וְנִצְטַיְּרוּ וְנַעֲשִׂין כְּלִי לְקַבֵּל טוֹב. כִּי עַל-יְדֵי הַנְּקֻדּוֹת, נִזְדַּוְּגוּ וְנִצְטָרְפוּ הָאוֹתִיּוֹת כַּנַּ"ל:

וְזֶה שֶׁכָּתוּב: "תּוֹרֵי זָהָב נַעֲשֶׂה לָּךְ עִם נְקֻדּוֹת הַכָּסֶף", כִּי זָהָב הוּא בְּחִינוֹת זִוּוּג, כְּמוֹ שֶׁכָּתוּב (איוב ל"ז): "מִצָּפוֹן זָהָב יֶאֱתֶה". וְאִתְעָרוּתָא דְּזִוּוּגָא מִסִּטְרָא דִשְׂמָאלָא, שֶׁהוּא צָפוֹן (זהר וישב דף קפ"ו:):

וְזֶהוּ: "תּוֹרֵי זָהָב נַעֲשֶׂה לָּךְ", שֶׁאוֹתִיּוֹת הַתּוֹרָה נִזְדַּוְּגִין וְנִצְטָרְפִין עַל יְדֵי נְקֻדּוֹת הַכֶּסֶף. כִּי זִוּוּגָן וְהִצְטָרְפוּתָן שֶׁל הָאוֹתִיּוֹת הִיא עַל-יְדֵי הַנְּקֻדּוֹת, שֶׁנַּעֲשִׂים מֵהַכִּסּוּפִין וְהַהִשְׁתּוֹקְקוּת, שֶׁעַל יָדָם נִתְהַוִּין הַנְּפָשׁוֹת. שֶׁהֵם בְּחִינוֹת נְקֻדּוֹת. כִּי עַל יְדֵי הַכִּסּוּפִין נַעֲשֶׂה זִוּוּג. כִּי עַל יְדֵי מַה שֶּׁהוּא נִכְסָף אֶל הַדָּבָר, נַעֲשֶׂה נֶפֶשׁ. וְעַל-יְדֵי מַה שֶּׁהוּא נִכְסָף לַדָּבָר, חוֹזֵר הַדָּבָר וְכוֹסֵף אֵלָיו. וּמִזֶּה נִתְהַוֶּה גַּם כֵּן נֶפֶשׁ. וְהַנְּפָשׁוֹת מִזְדַּוְּגִין, וְאַחַר-כָּךְ בָּאִים לִבְחִינוֹת עִבּוּר וְלֵדָה.

וְזֶהוּ עִנְיַן הַכָּתוּב בַּזֹּהַר הַקָּדוֹשׁ (לך-לך דף פ"ה:): 'תֵּאוֹבְתָהּ דְּנוּקְבָא עָבֵד נֶפֶשׁ נוּקְבָא, וְתֵאוֹבְתֵהּ דִּדְכַר עָבֵד נֶפֶשׁ דְּכַר'. כִּי מַה שֶּׁהוּא

anhelo de algo crea un anhelo recíproco en aquello que es anhelado. Como dice el Rebe Najmán en la lección, "De ello también llega a la existencia otra alma". Es decir, cada anhelo crea un alma. Cada anhelo también crea un anhelo recíproco, creando otra alma. La subsiguiente unión de esas almas es seguida por las etapas metafóricamente descritas como gestación y nacimiento, como se explica en el siguiente párrafo.

163. el deseo de la mujer...el alma de una mujer...hombre. En la Kabalá se habla de los conceptos de *maim nukvin* y de *maim dujrin*, que se traducen literalmente como "aguas femeninas" y "aguas masculinas", respectivamente. Esencialmente, *maim nukvin* denota la energía espiritual que asciende desde abajo. Es un símbolo del cumplimiento por parte del hombre de la voluntad de Dios. Su complemento es *maim dujrin*, la energía espiritual que con ello anima las letras de la Torá para bien. Entonces, "busca la Torá de su boca". Las letras de la Torá buscan recibir los puntos vocales y ser animadas por su boca. Ello se debe a que su boca expresa sus anhelos y deseos sagrados –mediante los cuales se completan y surgen las almas– y de ese modo hace puntos vocales para las letras, para que se animen y se vuelvan recipientes del bien. Pues, como se explicó, es mediante los puntos vocales que las letras se unen y se combinan.[159]

14. Esto es lo que está escrito, "Haremos para ti collares de oro con puntos de plata". Pues el oro corresponde a la unión marital, como está escrito, "el oro proviene del norte" y el despertar a la unión marital proviene del lado izquierdo, que es el norte.[160]

Así, "Haremos para ti collares de oro". Las letras de la Torá se unen y se combinan mediante los puntos de *kesef* (plata). Ello se debe a que la unión y la combinación de las letras se producen por medio de los puntos vocales que se generan a partir de los *kisufin* y anhelos, mediante los cuales llegan a la existencia las almas – los aspectos de los puntos vocales.[161] La unión se genera mediante los anhelos: Como resultado del hecho de que tiene el anhelo de una cosa, ello crea un alma. Y debido al hecho de que anhela por la cosa, esa cosa siente un anhelo recíproco. A partir de esto también llega a la existencia otra alma; y esas almas se unen. Después, llegan al aspecto de gestación y nacimiento.[162]

Éste es el significado de lo que está escrito en el Santo *Zohar* (I, 85b): El deseo de la mujer produce el alma de una mujer, el deseo del hombre produce el alma de un hombre.[163] El hecho de que él anhela,

---

159. como se explicó.... Ver el final de la sección 6 y la nota 79.

160. oro...norte...lado izquierdo.... Esto se explica más arriba en la sección 6, notas 75 y 76. Aquí, el Rebe Najmán agrega los conceptos correspondientes de "el lado izquierdo", el lado de las *guevurot* y "el norte" (proverbialmente, el judío mira hacia el este, de modo que el norte se encuentra a su izquierda).

161. llegan a la existencia. Ver más arriba, sección 6, concerniente a Abraham y las almas que hizo. También ver notas 70-74.

162. un anhelo recíproco...gestación y nacimiento. Nuevamente, aquello que inicialmente parecía una revisión presenta una nueva idea, esta vez sobre el concepto de crear almas mediante el anhelo. El Tzadik siente un gran anhelo de santidad. Con ese anhelo crea almas – i.e., vocales para las letras de la Torá. Al mismo tiempo, debido a que su anhelo es tan grande, las mismas letras de la Torá buscan ser dichas por el Tzadik (ver más arriba, §6). Ello se debe a que el

נִכְסָף הוּא בְּחִינוֹת תֵּאָבוּתָהּ דְּנוּקְבָא, וְהוּא עָבֵד נֶפֶשׁ נוּקְבָא. וּמַה שֶּׁהַדָּבָר חוֹזֵר וְנִכְסָף אֵלָיו, הוּא בְּחִינוֹת תֵּאָבוּתָהּ דִּדְכַר, וְעָבֵד נֶפֶשׁ דְּכַר. וְאַחַר-כָּךְ בָּאִים לִבְחִינוֹת עִבּוּר וְלֵדָה, כְּמוֹ שֶׁכָּתוּב בַּזֹּהַר שָׁם:

וְזֶה בְּחִינוֹת גִּלְגּוּלֵי הַנְּפָשׁוֹת, כִּי הַדִּבּוּר שֶׁמִּשָּׁם יוֹצְאִים הַנְּפָשׁוֹת, נַעֲשֶׂה עַל יְדֵי חִתּוּךְ הָאוֹתִיּוֹת בָּאֲוִיר. כִּי הַמּוֹצָאוֹת מַכִּים זֶה בָּזֶה, וְחוֹתְכִים הָאוֹתִיּוֹת בָּאֲוִיר. וְהָאֲוִירִים מַכִּים זֶה בָּזֶה, עַד שֶׁמַּגִּיעִין לְאֹזֶן הַשּׁוֹמֵעַ. וְעַל יְדֵי חִתּוּךְ הָאוֹתִיּוֹת בָּאֲוִיר נַעֲשֶׂה הַדִּבּוּר, שֶׁמִּשָּׁם יוֹצְאִין הַנְּפָשׁוֹת. כִּי הָאֲוִיר הוּא הַחִיּוּת שֶׁל כָּל דָּבָר, וּבְלִי

desciende a este mundo como unión, gestación y nacimiento. Como resultado de la unión entre *Zeir Anpin* (el Santo, bendito sea) y *Maljut* (la Presencia Divina), se concibe la *shefa*. Mientras se encuentra en un estado embrionario, la abundancia es transferida desde *Zeir Anpin* a *Maljut*. Allí, pasa por un período llamado "gestación y desarrollo". Así, cuando la *shefa* desciende finalmente a este mundo, ello es considerado como si *Maljut* hubiera dado a luz. En nuestro contexto, esto corresponde al anhelo de la persona por algo; cuando ese anhelo es recíproco, nace algo nuevo. Un ejemplo de ello son las enseñanzas de Torá del Tzadik. Mediante su anhelo el Tzadik eleva *maim nukvin*. En respuesta, las letras de la Torá anhelan ser dichas por él, correspondiente a *maim dujrin*. Cuando esas dos energías se unen, nacen nuevas y originales enseñanza de Torá que son reveladas al mundo. Otro ejemplo es el nacimiento que resulta del anhelo de servir a Dios por parte de una persona simple. Su anhelo la lleva a buscar la guía del Tzadik. Al reconocer ese anhelo, el Tzadik le da a la persona la dirección espiritual correspondiente a su nivel. La persona entonces comienza a servir a Dios con un deseo nuevo y más grande. Esto también es considerado un nacimiento. Y, nuevamente, queriendo llevar a cabo una mitzvá, se crea un anhelo en la mitzvá, la cual anhela ser realizada por esa persona. Ello también es considerado un nacimiento. (Los mismos principios y procesos se aplican a los malos anhelos y deseos). Vemos por lo tanto que todo anhelo lleva finalmente a un nacimiento. Tanto el rabí Akiba como Ajer anhelaron ascender al cielo. Sin embargo, mientras el anhelo del rabí Akiba dio nacimiento a un reconocimiento más grande de Dios, el de Ajer dio nacimiento a la herejía.

167. Y éste.... *Éste*, el anhelo expresado de manera verbal, es el concepto de la transmigración; como se explica más arriba, sección 8 (notas 85, 86). Acabamos de ver que el anhelo expresado de manera verbal lleva a un nacimiento. El Rebe Najmán demuestra aquí que ese nacimiento es el concepto de la transmigración.

168. de la cual surgen las almas. Como afirman las Escrituras: "Mi alma salió cuando él habló" (Cantar de los Cantares 5:6). Ver más arriba, secciones 7 y 12.

169. cinco articulantes de la boca. El *Sefer Ietzirá* (2:3) enseña que las letras del alfabeto hebreo están divididas en cinco familias fonéticas de acuerdo a las cinco diferentes partes de la boca utilizadas en su pronunciación. Ellas son: la garganta (אחהע), el paladar (גיכק), la lengua (דטלנת), los dientes (זסשרץ) y los labios (בומפ).

corresponde al deseo de la mujer y produce un alma femenina.[164] Y el hecho de que el objeto siente un anhelo recíproco corresponde al deseo del hombre y produce un alma masculina.[165] Más tarde, entran en el aspecto de gestación y nacimiento, tal cual está registrado allí en el *Zohar*.[166]

Y éste es el concepto de la transmigración de las almas.[167] Pues el habla, de la cual surgen las almas,[168] se produce debido a la articulación de las letras en el aire. Los <cinco articulantes de la boca[169]> golpean entre sí y articulan las letras en el aire. Entonces las [partículas de] aire golpean entre sí hasta que llegan al oído de quien las escucha. Y mediante la articulación de las letras en el aire se forma el habla, de la cual surgen las almas. Ello se debe a que el aire es la fuerza vital de todas las cosas y sin aire no es posible vivir. Esto corresponde al

---

desciende desde Arriba. Es un símbolo del flujo de la *shefa* (abundancia) que Dios le provee benévolamente al hombre. Así como en el mundo físico, la concepción se produce mediante la unión que combina los "fluidos" masculinos y femeninos, lo mismo sucede, si así pudiera decirse, en lo espiritual: La creación se produce mediante la unión superior que combina *maim dujrin* con *maim nukvin* – i.e., la unificación de esas energías y de sus correspondientes *sefirot*, que representan las características masculinas y femeninas. En nuestro contexto, esto corresponde al anhelo que crea almas. La contribución de *maim nukvin*, el anhelo femenino, produce un alma femenina; la contribución de *maim dujrin*, el anhelo masculino, produce un alma masculina. La unión de esas almas trae entonces "nuevas almas".

El Ari enseña que cada uno debe alcanzar el nivel en el cual pueda elevar *maim nukvin* para generar la unión con las fuerzas de Arriba. Ello, a su vez, produce *maim dujrin* y hace que la *shefa* descienda al mundo. Al recibir esa abundancia, la persona se vuelve un recipiente (un aspecto femenino) frente al Benefactor (un aspecto masculino). Sin embargo, tal como veremos (n. 175), sólo los Tzadikim pueden alcanzarlo de manera plena. Ello puede comprenderse a la luz de la afirmación anterior del Rebe Najmán sobre el hecho de que las letras de la Torá buscan ser dichas específicamente por el Tzadik. Es decir, para generar la unión, el Tzadik primero despierta *maim nukvin* mediante su gran anhelo. Las letras buscan entonces ser dichas por él para crear nuevas almas (§6). (Esto es tratado más adelante, en la sección 15 y en la nota 175, donde el Rebe menciona el concepto de *maim nukvin* y su papel al crear la unión entre el Santo, bendito sea y Su Presencia Divina).

164. anhela...produce un alma femenina. Dado que el hombre es el recipiente de la *shefa* celestial, su anhelo corresponde al aspecto femenino, *maim nukvin* y así produce un alma femenina.

165. recíproco...produce un alma masculina. El anhelo recíproco por parte del objeto de su anhelo corresponde al aspecto masculino, *maim dujrin*, y así produce un alma masculina.

166. gestación y nacimiento.... Nuevamente trayendo una analogía de lo corpóreo, la Kabalá habla del proceso en el cual la *shefa* (incluida la aparición de un alma adicional, ver n. 86)

אֲוִיר אִי אֶפְשָׁר לִחְיוֹת. וְהוּא בְּחִינוֹת הַנֶּפֶשׁ, וְהַנְּפָשׁוֹת יוֹצְאִים וּמִתְגַּלְגְּלִים:

וּכְלַל הַדָּבָר, שֶׁמְּאֹד יָקָר הַכִּסּוּפִין וְהַהִשְׁתּוֹקְקוּת לְדָבָר שֶׁבִּקְדֻשָּׁה. כִּי עַל יָדָם נִתְהַוֶּה נֶפֶשׁ, וְנִגְמָר עַל יְדֵי הַדִּבּוּר כַּנַּ"ל, וְיוֹצֵא וּמִתְגַּלְגֵּל. וְלִפְעָמִים מִתְגַּלְגֵּל וּבָא הַנֶּפֶשׁ דִּקְדֻשָּׁה לְתוֹךְ הָרָשָׁע, וְנוֹפְלִים לוֹ הִרְהוּרֵי תְּשׁוּבָה, וְתוּכַל לְהַחֲזִירוֹ לְמוּטָב. וְכֵן לְהֵפֶךְ, כַּמָּה רָעוֹת גּוֹרְמִים הַכִּסּוּפִין לְדָבָר רַע, חַס וְשָׁלוֹם. כִּי הַנֶּפֶשׁ שֶׁנִּתְהַוָּה עַל יְדֵי כִסּוּפִין רָעִים, מִתְגַּלְגֵּל לִפְעָמִים לְתוֹךְ הַצַּדִּיק, וְתוּכַל לְהַחֲטִיאוֹ, חַס וְשָׁלוֹם:

וְזֶה בְּחִינַת (קהלת ח'): "יֵשׁ הֶבֶל אֲשֶׁר נַעֲשָׂה עַל הָאָרֶץ" וְכוּ'. "הֶבֶל", הוּא בְּחִינַת הֶבֶל פֶּה, שֶׁמִּשָּׁם יוֹצְאִים הַנְּפָשׁוֹת. וְעַל-יְדֵי-זֶה "יֵשׁ צַדִּיקִים אֲשֶׁר מַגִּיעַ אֲלֵיהֶם כְּמַעֲשֵׂה הָרְשָׁעִים", עַל יְדֵי שֶׁמִּתְגַּלְגֵּל לְתוֹכָן נֶפֶשׁ מִכִּסּוּפִין רָעִים. וְיֵשׁ רְשָׁעִים שֶׁמַּגִּיעַ אֲלֵיהֶם כְּמַעֲשֵׂה הַצַּדִּיקִים, עַל-יְדֵי שֶׁמִּתְגַּלְגֵּל לְתוֹכָן נֶפֶשׁ מִכִּסּוּפִין טוֹבִים:

notas 88, 89), aunque la enseñanza que el Rebe presentará sobre los Tzadikim rectificando el alma malvada y los malvados corrompiendo el alma sagrada es algo totalmente nuevo.

173. Hevel...de la boca.... Como se explicó, cuando los anhelos/almas emergen a través del *hevel*-hálito de la boca y son articulados en el aire, éste los lleva hacia el objetivo al cual están destinados. Esto apunta al increíble poder que tiene cada persona para influenciar a las demás con sólo la palabra hablada. El solo hecho de expresar de manera verbal sus anhelos puede hacer que aquellos que la rodean se arrepientan o, Dios no lo permita, lo contrario.

Esto es suficientemente simple como para ser ilustrado con algo que sucede de manera cotidiana. Cuando se visita un lugar sagrado (por ejemplo, el *kotel* en Jerusalén), se siente un despertar espiritual. Ello se debe a que allí hay mucha gente que ora y habla de temas espirituales, llenando el aire con sus anhelos y añoranzas. Cuando la persona que está de visita respira ese aire, no puede dejar de sentirse inspirada. Por el contrario, cuando una persona visita un lugar alejado de Dios, un lugar de libertinaje y corrupción (por ejemplo, la ciudad de Las Vegas), se despiertan sus deseos y su mala inclinación. Ello se debe a que las personas que allí estuvieron llenaron el aire de lujuria y de codicia. Y aunque trate de concentrarse en temas espirituales, el solo hecho de respirar ese aire la hará sucumbir. En definitiva, esto subraya la importancia de unirse a los verdaderos Tzadikim. Al estar cerca de ellos, al oír sus palabras, la persona puede al menos tener la esperanza de que sus anhelos de santidad generen almas santas que puedan reencarnarse en ella, para que pueda arrepentirse en verdad.

alma¹⁷⁰; y las almas surgen y son reencarnadas.¹⁷¹

15. En resumen: Los anhelos y deseos por algo santo son muy valiosos <y agradables>. Mediante ellos llega a la existencia un alma. Ésta es perfeccionada entonces por el habla, como se explicó, por lo que surge y es reencarnada. Y hay veces en que un alma santa es reencarnada y le llega a un malvado. [Esta persona] tiene entonces pensamientos de arrepentimiento y [el alma santa] puede llevarla de retorno al sendero correcto.

Lo contrario también sucede. ¡Cuánto mal produce el anhelo por algo malo, Dios no lo permita! Pues el alma que llega a la existencia como resultado de los malos anhelos, reencarna ocasionalmente en el Tzadik y lo lleva a pecar, Dios no lo quiera.

Esto corresponde a, "Hay un *hevel* (vanidad) que tiene lugar en la tierra, [que hay Tzadikim a quienes les sucede de acuerdo a las acciones de los malvados; y hay malvados a quienes les sucede de acuerdo a las acciones de los Tzadikim]".¹⁷²

"*Hevel*" alude al *hevel* (hálito) de la boca, del cual surgen las almas.¹⁷³ Como resultado, "hay Tzadikim a quienes les sucede de acuerdo a las acciones de los malvados", porque un alma proveniente de los malos deseos ha sido reencarnada en ellos. "Y hay malvados a quienes les sucede de acuerdo a las acciones de los Tzadikim", porque un alma proveniente de los buenos anhelos ha reencarnado en ellos.

---

170. el aire…el alma. Así como el aire es vida, siendo imposible vivir sin él, de la misma manera es imposible vivir una vida de espiritualidad sin el alma.

171. almas…reencarnadas. Cuando la persona expresa sus anhelos y añoranzas de manera verbal, sus palabras golpean el aire y lo llenan de letras. El aire lleva entonces esas letras hasta los oídos del escucha, en quien dejan una impresión. Así, es el aire el que le da vitalidad y vida al habla, la que, de otra manera, se mantendría dormida y sin espíritu. El habla, como se explicó, es el medio mediante el cual emergen las almas. Al articular sus anhelos, la persona les instila vida y vitalidad a las almas que surgen – siendo ésta la transmigración de esas almas (ver §8 y n. 86).

172. a quienes les sucede…. En base a lo que el Rebe ha enseñado aquí sobre el papel que juega el anhelo en la transmigración de las almas, presenta ahora una solución para lo que constituye el enigma más grande que debe enfrentar el verdadero creyente: por qué los rectos sufren mientras que los malvados prosperan. El rey Shlomo, el más sabio de todos los hombres, también estuvo preocupado por el problema de la justicia Divina, llamándola un "*hevel* que tiene lugar en la tierra". Mucho de esto ya se trató en la primera parte de la lección (ver también

וְלִפְעָמִים הַצַּדִּיק מְתַקֵּן הַנֶּפֶשׁ רָעָה שֶׁמִּתְגַּלְגֵּל אֵלָיו, וְכֵן הָרָשָׁע מְקַלְקֵל הַנֶּפֶשׁ קְדוֹשָׁה שֶׁמִּתְגַּלְגֵּל בְּתוֹכוֹ. אַךְ בַּתְּחִלָּה בְּעֵת שֶׁמַּגִּיעַ הַנֶּפֶשׁ, עַל זֶה אָמַר הַכָּתוּב: "יֵשׁ צַדִּיקִים שֶׁמַּגִּיעַ" וְכוּ'. כִּי בְּוַדַּאי נוֹפְלִים לוֹ הִרְהוּרֵי עֲבֵרָה בְּעֵת שֶׁמַּגִּיעַ אֵלָיו נֶפֶשׁ רָעָה מִכִּסּוּפִין רָעִים. אַךְ אַחַר־כָּךְ אֶפְשָׁר שֶׁתַּחֲטִיאוֹ, וְאֶפְשָׁר שֶׁהוּא יְתַקֵּן הַנֶּפֶשׁ: וְכֵן יֵשׁ רְשָׁעִים שֶׁמַּגִּיעַ וְכוּ', שֶׁנּוֹפְלִים לוֹ בְּוַדַּאי הִרְהוּרֵי תְּשׁוּבָה, בְּעֵת שֶׁהִגִּיעַ אֵלָיו נֶפֶשׁ קְדוֹשָׁה מִכִּסּוּפִין קְדוֹשִׁים. אַךְ אַחַר כָּךְ אֶפְשָׁר שֶׁהוּא יְקַלְקֵל הַנֶּפֶשׁ הַקְּדוֹשָׁה, אוֹ שֶׁתַּחֲזִירוֹ לְמוּטָב:
וְזֶה סוֹד 'נְפִילַת אַפַּיִם', שֶׁכַּוָּנָתוֹ לְהַעֲלוֹת הַנֶּפֶשׁ בִּבְחִינוֹת הָעֲלָאוֹת מַיִּין נוּקְבִין וְלַעֲשׂוֹת יִחוּד. כִּי עַל־יְדֵי הַכִּסּוּפִין וְהַהִשְׁתּוֹקְקוּת,

Y, agrega el Ari, esto es equivalente al misterio de los muy grandes Tzadikim que descienden al Gueinom después de fallecer y retiran de allí las almas de los malvados, elevando sus almas junto con la de ellos. Debido a que el Tzadik dedicó su vida entera al servicio de Dios, también su muerte es un acto –el acto final– de autosacrificio en aras de Dios. El *maim nukvin* que eleva entonces ayuda a rectificar esas almas. Conceptualmente, la muerte corresponde a las *klipot*, cuyo ámbito está en el Mundo de *Asiá*. La persona que voluntariamente desciende allí en aras de Dios (como cuando "cae sobre su rostro" al recitar la plegaria de *Tajanun*) logra esa misma rectificación, elevando *maim nukvin* para rectificar las almas que han caído entre las *klipot*. Más aún, en virtud de su altruismo, trae *shefa* desde Arriba y hace que una gran luz brille sobre ella. De esa manera renueva su propio *nefesh*, *rúaj* y *neshamá*. Sin embargo, no todos tienen el suficiente mérito como para lograrlo. Sólo un Tzadik completo o aquel que recite la plegaria con una dedicación y *kavaná* (intención) completas, sin ningún pensamiento externo, deberá hacer el intento. De otra manera y debido a que existe un grado de impureza en su servicio, corre el riesgo de quedar atrapado por las *klipot*; incapaz de elevarse y menos aún de ayudar a los demás. Hay por lo tanto tres niveles: aquel que es lo suficientemente recto como para rectificar a los demás, aquel que sólo se puede ayudar a sí mismo y aquel que queda atrapado, Dios no lo permita. Es por ello que a veces sucede que un Tzadik se vuelve súbitamente malvado. Incapaz de vencer al mal que encuentra, queda atrapado por las *klipot* y se aleja de la rectitud (*ibid*. págs. 303-305). (Sin embargo, el hecho de no ser un gran Tzadik no exceptúa a la persona de recitar el *Tajanun*. Por el contrario, necesita mucho más su rectificación. Pues, como hemos visto en nuestro texto, los buenos deseos de la persona la acercan a Dios. Debe por lo tanto recitar el *Tajanun* cada vez que sea requerido por la ley judía, tal cual está delineado en el *Shuljan Aruj*. Su deseo de servir a Dios, sea cual fuere el nivel, dará como resultado la rectificación, aunque más no sea la de su propia alma).

A partir de la lección hemos visto que el anhelo crea y les da nacimiento a las almas. Éstas son las almas presentes en este mundo (n. 86), donde buscan la rectificación. En ese proceso, no es raro que el alma de una persona malvada se una a un Tzadik. Si el Tzadik se mantiene firme en sus devociones a Dios, logrará elevar el alma de la persona malvada; su gran

Ocasionalmente, el Tzadik rectifica el alma que ha reencarnado en él; y de manera similar, el malvado corrompe el alma santa que ha reencarnado en él. Pero con respecto al comienzo, cuando el alma llega [por primera vez], el versículo dice, "hay Tzadikim a quienes…". Pues cuando le llega un alma malvada proveniente de los malos anhelos ciertamente le produce pensamientos de pecado. Pero más tarde, es posible que lo haga pecar o es posible que rectifique esa alma. De manera similar, "hay malvados a quienes…". Cuando le llega una alma santa proveniente de anhelos santos, ciertamente tiene pensamientos de arrepentimiento. Pero más tarde, es posible que pueda corromper el alma santa o que ésta lo lleve de retorno al camino correcto.

Éste es el significado interno de "caer sobre el rostro" [como parte de la plegaria de *Tajanun*[174]], cuya intención profunda es elevar el alma en el aspecto de "aguas femeninas" y crear una unión <entre el Santo, bendito sea y Su Presencia Divina >.[175] Pues por medio del anhelo y del

---

174. la plegaria de Tajanun. La práctica de "caer sobre el rostro", i.e., bajar la cabeza apoyándola en el brazo, es parte de la plegaria diaria de *Tajanun* recitada después de la *Amidá* (*Oraj Jaim* 131:1).

175. …una unión entre el Santo, bendito sea y Su Presencia Divina. (Ver n. 163, donde se explican los conceptos de *maim nukvin* y *maim dujrin*). El Ari explica que la Plegaria de la Mañana se divide en cuatro secciones: las Bendiciones Matutinas y los *Korbanot* (lectura de los sacrificios); los *Pesukey deZimra* (Salmos); el *Shemá*; y la *Amidá* (*Shmone Esere*). Éstas corresponden a los Cuatro Mundos en orden ascendente (ver Apéndice: Niveles de Existencia). Nuestro objetivo con las plegarias de la mañana es elevar los Mundos Inferiores y unirlos a los Mundos Superiores (*Shaar HaKavanot, Drushei Tefilat HaBoker* 1, p. 78). Cuando uno recita la *Amidá*, asciende al Mundo de *Atzilut* y allí despierta suficiente *maim dujrin* como para garantizar el descenso de la *shefa* hacia este mundo. Pero el solo *maim dujrin* no puede transferir la *shefa* a no ser que haya un correspondiente despertar del *maim nukvin* desde abajo. Esto se logra mediante la plegaria de *Tajanun*. "Caer sobre el rostro" eleva el *maim nukvin* necesario para promover una unión entre el Santo, bendito sea (*Zeir Anpin*) y la Presencia Divina (*Maljut*), permitiendo así la transmisión de la *shefa* (ver más arriba, n. 166). Así, para que la persona pueda recibir la *shefa* que le corresponde (debido al despertar del *maim dujrin*), deberá primero "caer sobre su rostro".

Enseña el Ari: Habiendo recitado la *Amidá*, la persona que está orando alcanza el Mundo de *Atzilut* y debe entonces demostrar un gran autosacrificio en aras de Dios. "Caer sobre el rostro" es equivalente a arrojarse desde un techo y caer al suelo – i.e., el nivel más bajo, *Asiá*. Esto demuestra su voluntad de entregar la vida en aras de Dios, de servirlo incluso en las circunstancias más difíciles. La santificación del Nombre de Dios que esto produce es una mitzvá de un calibre tan grande que tiene el poder de elevar *maim nukvin* directamente hasta *Atzilut* (*Shaar HaKavanot, Inian Nefilat Apaim* #2, págs. 302-303).

שֶׁזֶּה בְּחִינוֹת הַעֲלָאַת מַיִּין נוּקְבִין כַּיָּדוּעַ, מִזֶּה בְּעַצְמוֹ נַעֲשָׂה נֶפֶשׁ וְנִתְעַלֶּה וְנַעֲשָׂה יִחוּד וְזִוּוּג כַּנַּ"ל: "עַל-יְדֵי הַכִּסּוּפִין נַעֲשִׂין הַנְּפָשׁוֹת, שֶׁהֵם בְּחִינוֹת נְקֻדּוֹת, וְנִזְדַּוְּגוּ הַנְּפָשׁוֹת וְכוּ'". וְזֶה בְּחִינוֹת זִוּוּגָן וְהִצְטָרְפוּתָן שֶׁל הַנְּקֻדוֹת, שֶׁהֵם בְּחִינוֹת זִוּוּגֵי הַנְּפָשׁוֹת: וְעַל יְדֵי הַנְּקֻדּוֹת נִזְדַּוְּגוּ וְנִצְטָרְפוּ הָאוֹתִיּוֹת, זֶה בְּחִינוֹת זִוּוּגֵי הַגּוּפוֹת: וְזֶה שֶׁכָּתוּב (במדבר כ"ג): "לֹא הִבִּיט אָוֶן בְּיַעֲקֹב", עַל דֶּרֶךְ שֶׁדָּרְשׁוּ רַבּוֹתֵינוּ, זִכְרוֹנָם לִבְרָכָה, 'מַחֲשָׁבָה רָעָה אֵין הַקָּדוֹשׁ-בָּרוּךְ-הוּא מְצָרְפָהּ לְמַעֲשֶׂה' (קדושין מ' ועיין ירושלמי פאה פרק א'). וְזֶהוּ: "לֹא הִבִּיט אָוֶ"ן, רָאשֵׁי-תֵּבוֹת וַי אָבְדָה נֶפֶשׁ (ביצה ט"ז), שֶׁהוּא בְּחִינוֹת הִשְׁתּוֹקְקוּת וְכִסּוּפִין כַּנַּ"ל. הַיְנוּ שֶׁהִשְׁתּוֹקְקוּת וְכִסּוּפִין רָעִים אֵין הַקָּדוֹשׁ-בָּרוּךְ-הוּא מְצָרֵף, וְזֶה: "לֹא הִבִּיט אָוֶן בְּיַעֲקֹב":

181. AVeN.... Como se mencionó (§11, notas 135-137), el alma adicional que el hombre recibe en la víspera del Shabat se crea mediante el anhelo que siente por el hecho de saber que esa alma está destinada a partir – *vai avda nefesh* (וי אבדה נפש). Aquí, el Rebe Najmán conecta esto con *aven* (און), el deseo de maldad y el aspecto opuesto del anhelo de santidad. Si sólo se piensa en cometer un pecado, si sólo se anhela satisfacer el deseo, "Él [Dios] no mira" – i.e., no se hace un alma. El pensamiento solo no produce un alma malvada. Únicamente se crea un alma si se actualiza ese pensamiento (aunque sea de manera verbal; ver §7).

182. el Santo, bendito sea, no considera el mal deseo.... Enseña el Talmud: El pueblo judío no es considerado culpable por sus malos pensamientos. Las naciones gentiles, por otro lado, sí lo son (*Talmud Ierushalmi, Peá* 1:1). Ello se debe a que los judíos están circuncidados y tienen fe. Su anhelo está dirigido hacia aquello que es bueno, aquello que es santo (§6). De llegar a tener un mal pensamiento, ello sólo se debe a un descuido momentáneo de su parte; el *hevel*-aliento de los malvados hace que los rectos consideren deseos que no son propios ni de su predilección (§8, §15). Sin embargo, las naciones están lejos de la fe y del Pacto. Cuando tienen malos pensamientos, ello es un reflejo de su deseo de incorporar el mal en su ser. Por lo tanto son castigadas por el solo pensamiento (*Parparaot LeJojmá*).

183. no mira el aven en Iaacov. Debido a que los judíos, descendientes de Iaacov, están lejos del pecado (tienen buenos deseos), Dios los considera libres de pensamientos idólatras. El versículo se lee entonces de la siguiente manera: **Él no mira el aven** – los anhelos de los malvados de Iaacov no crean almas. El Rebe Najmán ha introducido así otra dimensión en la lección. La mente está en constante movimiento, pasando de un pensamiento a otro. Como se explicó (§6-§8, §11-§15), los pensamientos producen de acuerdo a lo que son: Los buenos pensamientos producen el bien y los malos pensamientos producen el mal. Siendo así, la persona común, que se ve confrontada diariamente con cantidad de tentaciones –aunque sólo sean imágenes fugaces– puede crear, por medio de sus malos pensamientos, cientos y miles de almas desafortunadas. El Rebe Najmán explica por lo tanto que el hombre no es considerado

deseo –el aspecto de elevar las "aguas femeninas", como es sabido– a partir de ello se crea un alma.[176] Ésta asciende y hace una unificación y unión marital, como se mencionó más arriba[177]: "mediante el anhelo, se crean almas –el aspecto de puntos vocales– ...y las almas se unen". Esto corresponde a la unión y a la combinación de los puntos vocales, el aspecto de unir las almas; y mediante los puntos vocales las letras se unen y se combinan – análogo a la unión marital de los cuerpos.[178]

Esto es lo que está escrito (Números 23:21), "Él no mira el *aven* (mal) en Iaacov",[179] [que puede comprenderse] en base a la manera en que los Sabios expusieron: El Santo, bendito sea, no considera un mal pensamiento como una acción (*Kidushin* 40a).[180] Éste es el significado de, "Él no mira el *AVeN*" – cuyas iniciales corresponden a *Vai Avda Nefesh* (¡Ay! El alma ha partido).[181] Esto corresponde al deseo y al anhelo, como se explicó más arriba. Es decir, el Santo, bendito sea, no considera el mal deseo y anhelo <como una acción>[182] – "Él no mira el *aven* en Iaacov".[183]

---

anhelo por el Santo, bendito sea, puede llevar incluso al malvado a volverse voluntariamente a Dios y arrepentirse en verdad. Pero, de lo contrario, si el Tzadik flaquea en sus devociones, corre el peligro de sucumbir al mal del alma malvada y llegar a pecar.

176. del anhelo y del deseo...aguas femeninas.... El *Zohar* enseña que las mitzvot que se llevan a cabo en este mundo –especialmente la plegaria devocional– tienen el poder de elevar *maim nukvin* desde *Asiá* directamente hasta *Atzilut*. Ello se debe al hecho de que realizar las mitzvot de la manera apropiada, como orar apropiadamente, es una expresión de los anhelos y deseos que, en sí mismos, corresponden a *maim nukvin*, un despertar a la santidad (*Zohar* I, 244a; *Matok Midbash, ibid.*).

177. más arriba. Esto ha sido tratado en las secciones 6 y 11.

178. unión marital de los cuerpos. Esto es similar al mundo corpóreo en el hecho de que las almas son concebidas, pasan por un período de gestación y luego nacen (ver §14 y notas 162, 166).

179. no mira el aven.... El *Targúm* traduce esto como: No habrá idólatras entre los judíos. El Rebe Najmán explica por qué.

180. no considera un mal pensamiento como una acción. El Talmud (*loc. cit.*) cita de hecho otro versículo con la palabra *aven* (Salmos 66:18): "Si yo hubiese visto *aven* (maldad) en mi corazón, Dios no me habría oído". A partir de esto nuestros Sabios aprenden: El Santo, bendito sea, no considera un mal pensamiento como si fuera una acción. Aunque la persona piense en pecar, Dios no se lo considera como un pecado y no la castiga debido a ese pensamiento. (Sin embargo, si más tarde lo pone en práctica, ambos, el pensamiento y la acción, son considerados en su contra).

וְזֶה שֶׁכָּתוּב (תהלים קמ"ה): "רְצוֹן יְרֵאָיו יַעֲשֶׂה וְאֶת שַׁוְעָתָם יִשְׁמַע וְיוֹשִׁיעֵם", הַיְנוּ שֶׁצְּרִיכִין שְׁנֵי הַבְּחִינוֹת, רָצוֹן וְדִבּוּר כַּנַּ"ל. כִּי הָרָצוֹן, שֶׁהוּא הַכִּסּוּפִין, פּוֹעֵל שֶׁנַּעֲשֶׂה הַנֶּפֶשׁ בְּכֹחַ, וְעַל יְדֵי הַדִּבּוּר יוֹצֵא הַנֶּפֶשׁ מִכֹּחַ אֶל הַפֹּעַל, וְאָז נַעֲשֶׂה בַּקָּשָׁתוֹ, עַל-יְדֵי שֶׁמְּצַיֵּר הָאוֹתִיּוֹת לְטוֹב וְכוּ' וְכַנַּ"ל.

וְזֶהוּ: "רְצוֹן יְרֵאָיו יַעֲשֶׂה", כִּי עַל יְדֵי הָרָצוֹן, שֶׁהוּא הַכִּסּוּפִין, נַעֲשָׂה הַנֶּפֶשׁ בְּכֹחַ, וְאָז נַעֲשֶׂה בַּקָּשָׁתוֹ וּרְצוֹנוֹ בְּכֹחַ, בְּחִינוֹת: "רְצוֹן יְרֵאָיו יַעֲשֶׂה". וְאַחַר-כָּךְ, "וְאֶת שַׁוְעָתָם", שֶׁמְּדַבְּרִים בְּפִיהֶם הַהִשְׁתּוֹקְקוּת וְהָרָצוֹן וְהַכִּסּוּפִין שֶׁלָּהֶם, עַל יְדֵי זֶה, "יִשְׁמַע וְיוֹשִׁיעֵם". כִּי עַל-יְדֵי הַדִּבּוּר נִגְמַר הַנֶּפֶשׁ וְיוֹצֵא מִכֹּחַ אֶל הַפֹּעַל.

וַאֲזַי נִצְטַיְּרוּ הָאוֹתִיּוֹת, וְנַעֲשִׂים כְּלִי לְקַבֵּל טוֹב, וְנִתְמַלֵּא בַּקָּשָׁתוֹ בְּפֹעַל כַּנַּ"ל. כִּי כְּפִי הַנֶּפֶשׁ שֶׁעוֹשֶׂה בְּכֹחַ אוֹ בְּפֹעַל, כֵּן נַעֲשִׂין נְקֻדּוֹת לְהָאוֹתִיּוֹת, וְכֵן נִצְטַיְּרִין הָאוֹתִיּוֹת, וְכָךְ הֵם פּוֹעֲלִים וְעוֹשִׂים בַּקָּשָׁתוֹ וּרְצוֹנוֹ כַּנַּ"ל:

שַׁיָּךְ לְעֵיל, לָמָה שֶׁכָּתוּב שָׁם, שֶׁלַּמְדָן בִּלְבַד בְּוַדַּאי אֵינוֹ כְּלוּם וְכוּ', וּמִי שֶׁטּוֹעֶה וְסוֹבֵר, חַס וְשָׁלוֹם, שֶׁלַּמְדָן לְבַד הוּא הָעִקָּר, הוּא בְּחִינוֹת אַחֵר שֶׁקִּצֵּץ בִּנְטִיעוֹת, כִּי יָכוֹל לִהְיוֹת לַמְדָן וְרָשָׁע גָּמוּר וְכוּ' כַּמְבֹאָר לְעֵיל. וְכֵן אֲפִלּוּ הַצַּדִּיק לִפְעָמִים כְּשֶׁנּוֹפֵל מִמַּדְרֵגָתוֹ, כַּיָּדוּעַ שֶׁאִי אֶפְשָׁר לַעֲמֹד תָּמִיד בִּקְבִיעוּת עַל מַדְרֵגָה

corresponde a *Asiá* (עשיה). El Rebe Najmán conecta esto con *iasé* (יעשה), Dios haciendo en potencia la voluntad de aquellos que Le temen.

186. Como se explicó. Más arriba, secciones 6, 7 y 12.

187. explicado más arriba. Esto está citado de la sección 13. Ver también la nota 155.

188. siempre firme en un nivel. Todos los mundos, los Mundos Superiores e incluso este mundo y sus esferas celestes, están en constante movimiento (*Etz Jaim* 1:5, p. 43). El alma del hombre, como una extensión de esos mundos, no puede permanecer inerte: O bien se mueve hacia un nivel superior o bien desciende a un nivel inferior. Sin embargo, su descenso no tiene porqué ser negativo. Pues sin descenso no puede haber ascenso. Éste es uno de los temas principales del *Likutey Moharán* I, 22 (secciones 9-11), donde el Rebe Najmán explica en detalle el concepto de "la caída antes del ascenso".

Y esto es lo que está escrito (Salmos 145:19), "Hará la voluntad de los que Le temen; oirá también su clamor y los salvará". Es decir, ambos aspectos son necesarios: la voluntad y el habla. Pues la voluntad, que son los anhelos, actúa para que el alma sea creada en potencia. Y por medio del habla, el alma surge de la potencia al acto. Entonces se lleva a cabo su pedido, como resultado de haber animado las letras para bien, como se explicó.[184]

Esto es, "La voluntad de los que Le *iasé*". Pues mediante la voluntad, i.e., los anhelos, se crea el alma en potencia. <Pues *IASé* tiene las mismas letras que *ASIá* (acción) y el Mundo de *Asiá* corresponde al alma, como es sabido.[185]> Entonces su pedido y voluntad se hacen en potencia, como en, "Hará la voluntad de los que Le temen". Luego, debido a "su clamor" –ellos expresan <sus anhelos en voz alta>– "Oirá y los salvará". Como resultado del habla, el alma se completa y surge de la potencia al acto.

Y entonces, las letras <se combinan> y se transforman en un recipiente para el bien. Sus pedidos se cumplen en la acción, como se explicó más arriba. Pues de acuerdo al alma que crea en potencia o en acto, se hacen los puntos vocales para las letras y de acuerdo a ello se animan las letras y así se actualizan y hacen su pedido y voluntad, como se explicó.[186] <Comprende bien [estos conceptos], pues son profundos y contienen asombrosos secretos.>

16. Lo siguiente se relaciona con lo que está escrito más arriba, que **ser sólo un erudito carece ciertamente de valor...Pero aquel que, equivocadamente, supone que lo más importante es sólo el aspecto de erudito, corresponde a Ajer, quien "arrancó las plantaciones"... pues es posible ser un estudioso y ser completamente malvado.** Esto ha sido explicado más arriba.[187] Y así, debido a que ocasionalmente sucede que incluso el Tzadik cae de su nivel –como es sabido, es imposible mantenerse siempre firme en un nivel[188]– puede tratar de

---

responsable de aquellos pensamientos que entran y salen rápidamente. Sólo es responsable por ese pensamiento si habla sobre el hecho de cometer un pecado o lo lleva a cabo. Pero si el mal pensamiento pasa rápidamente por su mente, no necesita preocuparse, porque Dios "no mira el *aven* en Iaacov".

184. como se explicó. Esto aparece las secciones 6, 11 y 12.

185. IASé...ASIá...como es sabido. Ver *Shaar HaGuilgulim* #1, que el nivel del alma

אֶחָת. אֲזַי, בְּעֵת שֶׁנּוֹפֵל מִמַּדְרֵגָתוֹ, אִם יִרְצֶה לְהַחֲזִיק עַצְמוֹ בְּמַדְרֵגַת לַמְדָן שֶׁנִּשְׁאַר לוֹ, הוּא לֹא טוֹב, רַק צָרִיךְ לְהַחֲזִיק עַצְמוֹ בְּיִרְאַת שָׁמַיִם מַה שֶׁיֵּשׁ לוֹ עֲדַיִן מֵהָרְשִׁימוּ שֶׁנִּשְׁאַר לוֹ.

עַיֵּן בַּתִּקּוּנִים, ס"ט דַּף ק"ב: אָמַר לֵהּ: "כִּי בְּיוֹם אֲכָלְךָ מִמֶּנּוּ" כְּתִיב. אָמַר לֵהּ: בְּהַהוּא יוֹמָא הֵצִיץ וָמֵת. אָמַר רַבִּי שִׁמְעוֹן: בְּגִין דָּא כְּתִיב: יֵשׁ הֶבֶל אֲשֶׁר נַעֲשָׂה עַל הָאָרֶץ אֲשֶׁר יֵשׁ צַדִּיקִים וְכוּ', עַיֵּן שָׁם וְהָבֵן:

שְׁלֵמוּת כָּל הַדְּבָרִים הִיא הָאֱמוּנָה, וּבִלְתִּי הָאֱמוּנָה כָּל הַדְּבָרִים חֲסֵרִים. כְּמוֹ שֶׁאָמְרוּ רַבּוֹתֵינוּ, זִכְרוֹנָם לִבְרָכָה, (בבא-בתרא ט'): לְעִנְיַן צְדָקָה, 'הַנּוֹתֵן פְּרוּטָה לְעָנִי מִתְבָּרֵךְ בְּשֵׁשׁ, וְהַמְפַיְּסוֹ בְּאַחַד-עָשָׂר'. וּבֵין בְּנוֹתֵן צְדָקָה וּבֵין בִּמְפַיֵּס הֶעָנִי הַנַּ"ל, חָסֵר אַחַת.

En nuestra lección, el Rebe Najmán habla sobre cómo el anhelo de santidad de la persona le permite comer del *lejem hapanim* – i.e., un sustento supervisado directamente por la providencia Divina (§9, n. 92). En el Jardín del Edén, todo el sustento venía directamente de la mano Divina. Se le dijo al hombre que podía disfrutar de todo, excepto del Árbol del Conocimiento. En nuestro contexto, el Árbol simboliza el ángel Metat, el erudito, el nivel inferior del Pacto (§5, n. 55). Debido a que el Árbol carecía de la cualidad del Pacto Superior, el hombre podía llegar a pecar debido a él – y así sucedió. Abel era un Tzadik. Él quería servir a Dios, como queda en evidencia por su sacrificio. Aun así miró a Metat, el concepto del erudito. En lugar de tomar fuerzas del aspecto de las buenas acciones, del nivel del Tzadik, se apoyó en el aspecto de la erudición. Por lo tanto, falleció (ver §13: "Ben Azai miró". Él era un Tzadik, pero se equivocó y falleció). Éste es el significado de lo que dijo el rabí Simón, "Hay un Hevel...". Es decir, hay veces en que, debido a que la persona trata de fortalecerse sólo mediante el estudio y no con sus buenas acciones, sucumbe a un mal deseo y como resultado "le sucede de acuerdo a las acciones de los malvados", aunque sea recta. Debido a que Adán comió del Árbol del Conocimiento, fue exilado del Jardín y tuvo que "trabajar la tierra" – i.e., el sustento quedó gobernado por las esferas celestes. Desde ese entonces, la misión del hombre consiste en rectificar esto y volver a una fe completa en la providencia Divina.

191. perfección...todas las cosas. Esta sección, que también es una transcripción del rabí Natán del discurso tal cual lo oyó antes de que el Rebe Najmán diese la enseñanza en público (ver n.1), sirve concomitantemente como un repaso de los conceptos que se encuentran en las secciones 1-4. Por ese motivo, las notas de esta sección hacen referencia principalmente a esas secciones anteriores.

192. incompletas. Ver sección 2.

193. seis...once. Esto está explicado en la sección 1.

fortalecerse en virtud del nivel de erudito que ya ha dejado. Esto no es bueno. Más bien, deberá fortalecerse con el temor al Cielo que haya quedado como impresión [de su nivel anterior].[189]

Estudia el *Tikuney Zohar* #69 (p. 102a): Él le dijo, "Está escrito (Génesis 2:17), 'Pues en el día en que comas de él'". Él dijo, "En ese día él atisbó y falleció". Dijo el rabí Simón, "Es por ello que está escrito, "Hay un *hevel* que tiene lugar en la tierra, que hay Tzadikim…". Estudia allí y comprende.[190]

17. La fe es la perfección de todas las cosas.[191] Sin fe todas las cosas están incompletas.[192] Como enseñaron nuestros Sabios: Concerniente a la caridad, aquel que le da un centavo a un pobre es bendecido con seis y aquel que lo consuela [con palabras] es bendecido con once.[193] Y así le dé caridad al pobre o lo consuele, falta una [bendición]. Porque

---

189. como impresión de su nivel anterior…. El hecho de ser sólo un erudito conlleva la posibilidad de engañar a la persona y de llevarla al error y al pecado. Por contraste, el nivel de Tzadik, aunque se encuentre disminuido temporalmente, siempre permanecerá lo suficientemente intacto como para dirigir a la persona hacia el servicio a Dios. El Rebe Najmán comienza así la lección con el concepto de la caridad, que, explica, debe ser suplementada con la fe. Cuando está completa, la caridad tiene el poder de guiar las esferas celestes. Lo mismo sucede con la Torá (§2, n. 24). Sin embargo, para que no se piense que el dominio de la Torá –i.e., el ser sólo un erudito– es suficiente para guiar las esferas y traer la *shefa* (sustento), el Rebe concluye diciendo que "no es bueno" apoyarse en la erudición. Más bien, es necesario tener buenas acciones y fe – el cimiento sobre el cual descansa todo lo demás (ver n. 23).

190. Estudia allí y comprende. Lo siguiente es la explicación del pasaje del *Tikuney Zohar* basada en los comentarios: Adán recibió la orden de no comer del Árbol del Conocimiento. Dios le dijo, "Pues en el día en que comas de él *mot tamut* (morir, morirás)" (Génesis 2:17). Los comentarios explican que la doble expresión denota una muerte en este mundo y una segunda muerte cuando el alma sea castigada después de separarse del cuerpo. Los hijo de Adán, Caín (Kain) y Abel (Hevel) nacieron en el primer día de la existencia humana. En el mismo día presentaron sus sacrificios (*ibid.* 4:3-4). Caín se puso celoso del gran favor con el cual fue recibido Arriba el sacrificio de Abel y mató a su hermano. Pregunta el *Zohar*: Adán recibió la orden de no comer del Árbol del Conocimiento, pero, ¿cuál fue el mal de Abel para merecer morir? El *Zohar* afirma que el crimen de Abel fue esencialmente el mismo que el de Adán. La única diferencia fue que Adán se arrepintió y se libró de morir inmediatamente; Abel, que no se arrepintió, falleció. Pero, ¿acaso no dijo Dios, "Pues en el día en que *comas*…", lo que sugiere que el pecado era comer? ¿Dónde vemos que Abel comió? Responde el *Zohar*: "En ese día él *miró*" –i.e., Abel comió del Árbol del Conocimiento– "y murió". Dijo el rabí Simón bar Iojai, "Debido a ello está escrito, 'Hay un *hevel* (vanidad) que tiene lugar en la tierra…'". Hevel (Abel) era un Tzadik. Él sólo "miró" el Árbol del Conocimiento –i.e., sólo cometió un pecado– y aun así fue muerto, pues "hay Tzadikim a quienes les sucede de acuerdo a las acciones de los malvados…" (ver *Tikuney Zohar* #69, p.102; *ibid., Kisei Melej; HaGra*).

כִּי רָאוּי לִהְיוֹת שֶׁבַע וּשְׁתֵּים-עֶשְׂרֵה, כְּנֶגֶד שִׁבְעָה כּוֹכְבֵי לֶכֶת, וּכְנֶגֶד שְׁנֵים-עָשָׂר מַזָּלוֹת. כִּי צְדָקָה הוּא בְּחִינוֹת גַּלְגַּלִּים, כְּמוֹ שֶׁאָמְרוּ רַבּוֹתֵינוּ, זִכְרוֹנָם לִבְרָכָה (שבת קנ"א:): "כִּי בִגְלַל הַדָּבָר הַזֶּה יְבָרֶכְךָ" - גַּלְגַּל הוּא שֶׁחוֹזֵר בָּעוֹלָם.

וּכְמוֹ שֶׁהַגַּלְגַּל יֵשׁ לוֹ שְׁתֵּי תְּנוּעוֹת, אַחַת תְּנוּעָה הַטִּבְעִית מִמַּעֲרָב לְמִזְרָח, וְאַחַת תְּנוּעָה הַהֶכְרֵחִית מִמִּזְרָח לְמַעֲרָב, מַה שֶּׁהַגַּלְגַּל הַיּוֹמִי חוֹזֵר וּמִתְגַּלְגֵּל מִמִּזְרָח לְמַעֲרָב, וּמַכְרִיחַ עִמּוֹ כָּל הַגַּלְגַּלִּים. כֵּן לְעִנְיַן צְדָקָה אָמְרוּ רַבּוֹתֵינוּ, זִכְרוֹנָם לִבְרָכָה: 'יוֹתֵר מִמַּה שֶּׁבַּעַל-הַבַּיִת עוֹשֶׂה עִם הֶעָנִי, הֶעָנִי עוֹשֶׂה עִם הַבַּעַל-הַבַּיִת', שֶׁזֶּה בְּחִינוֹת שְׁנֵי תְּנוּעוֹת, מִמַּעֲרָב לְמִזְרָח וּמִמִּזְרָח לְמַעֲרָב, דְּהַיְנוּ מֵהֶעָנִי לְבַעַל-הַבַּיִת וּמִבַּעַל-הַבַּיִת לֶהָעָנִי. (וכמבאר לעיל בלשונו, זכרונו לברכה).

כִּי כָּל הַשֶּׁפַע וְהַבְּרָכוֹת בָּאִים עַל יְדֵי הַגַּלְגַּלִּים, כִּי עַל יָדָם מַנְהִיג הַקָּדוֹשׁ-בָּרוּךְ-הוּא הָעוֹלָם, כַּיָּדוּעַ. וְעַל כֵּן הָיָה רָאוּי שֶׁיִּהְיוּ הַבְּרָכוֹת הָאֲמוּרִים אֵצֶל צְדָקָה שֶׁבַע וּשְׁתֵּים-עֶשְׂרֵה, כְּנֶגֶד הַגַּלְגַּלִּים. אַךְ בָּזֶה הוֹרוּ לָנוּ רַבּוֹתֵינוּ, זִכְרוֹנָם לִבְרָכָה, שֶׁהַצְּדָקָה חֲסֵרָה וְאֵין לָהּ שְׁלֵמוּת, וַעֲדַיִן חָסֵר אַחַת, הֵן בַּנּוֹתֵן וְהֵן בַּמְפַיֵּס. הַיְנוּ שֶׁחָסֵר שֶׁהָאֱמוּנָה, שֶׁבִּלְעָדֶיהָ הַצְּדָקָה חֲסֵרָה עֲדַיִן, וְעַל יְדֵי הָאֱמוּנָה נִשְׁלָם וּמְאִירָה בְּחִינוֹת הַצְּדָקָה: וְזֶה שֶׁכָּתוּב: "וְהֶאֱמִן בַּה' וַיַּחְשְׁבֶהָ לּוֹ צְדָקָה", שֶׁעַל יְדֵי הָאֱמוּנָה נֶחְשֶׁבֶת הַצְּדָקָה, כִּי בִּלְתִּי הָאֱמוּנָה הִיא חֲסֵרָה:

וְזֶה שֶׁאָמְרוּ רַבּוֹתֵינוּ, זִכְרוֹנָם לִבְרָכָה, 'שֶׁמֶשׁ בְּשַׁבָּת צְדָקָה לַעֲנִיִּים', כִּי שַׁבָּת הוּא בְּחִינוֹת אֱמוּנָה, כִּי שַׁבָּת הוּא מֵעִיד עַל יִחוּדוֹ וְעַל חִדּוּשׁ הָעוֹלָם, כַּמּוּבָא בַּסְּפָרִים. וְעַל יְדֵי אֱמוּנָה, שֶׁהוּא בְּחִינוֹת

(y Él se lo consideró) como caridad". Como explica aquí el rabí Natán, la caridad misma era deficiente y poco importante. Pero cuando la suplementó con la fe, se volvió *JaShuV* (importante).

200. El sol en Shabat...fe. Esto está tratado en la sección 2 y en las notas 15, 16, 18 y 19.

201. ...en los libros sagrados. El Shabat es un testimonio de la unidad de Dios y de la

deberían haber sido siete y doce, paralelas a los siete planetas y a las doce constelaciones, porque la caridad corresponde a los *GaLgaLim* (ruedas, bandas).[194] Como enseñaron nuestros Sabios: "pues *biGLaL* (debido a) esta cosa Él te bendecirá" – la rueda de la fortuna es lo que gira y retorna en el mundo.[195]

Y así como los *galgalim* tienen dos movimientos –uno, el movimiento natural desde el oeste hacia el este; y el otro, la restricción de ese movimiento que va desde el este hacia el oeste, en el cual la banda diurna[196] gira y rota desde el este hacia el oeste y restringe a los otros *galgalim*– lo mismo sucede con la caridad. Enseñaron nuestros Sabios: Más de lo que hace el dueño de casa por el pobre, hace el pobre por el dueño de casa. Esto corresponde a los dos movimientos, desde el oeste hacia el este y desde el este hacia el oeste; i.e., del pobre al dueño de casa y del dueño de casa al pobre {como se explicó más arriba}.[197]

Pues toda la abundancia y la bendición llegan por medio de los *galgalim*, porque a través de ellos el Santo, bendito sea guía al mundo, como es sabido.[198] Por lo tanto habría sido apropiado que las bendiciones conectadas con la caridad hubieran sido siete y doce, paralelas a los *galgalim*. Pero con esto nuestros Sabios, de bendita memoria, nos enseñaron que la caridad es deficiente y no tiene perfección. Aún le falta algo; tanto al que da como al que consuela. En otras palabras, falta la fe. Sin ella, la caridad aún es deficiente. Pero mediante la fe, se perfecciona y brilla el aspecto de la caridad. Así está escrito, "Él tuvo fe en Dios y Él se lo consideró como caridad" – mediante la fe considerada como caridad. Pues sin fe, es deficiente.[199]

Y esto es lo que enseñaron nuestros Sabios: El sol en Shabat es caridad para los pobres. El Shabat corresponde a la fe,[200] pues el Shabat testifica de Su unidad y de la renovación del mundo, como se explica en los libros sagrados.[201] Y mediante la fe, que corresponde al Shabat,

---

194. siete…doce. Ver sección 2 y nota 13.

195. gira y retorna en el mundo. Ver sección 1 y nota 3.

196. movimiento natural…banda diurna. Esto está explicado en la sección 2 y en la nota 25.

197. explicó más arriba. Ver sección 2 y notas 26-29.

198. como es sabido. Ver más arriba, nota 2.

199. Él tuvo fe…. Ver sección 2 y nota 18. El versículo se lee: "Él tuvo fe en Dios, *vaiaJShVeha*

שַׁבָּת, מְאִירָה הַצְּדָקָה. וְזֶה: "שֶׁמֶשׁ בְּשַׁבָּת צְדָקָה", שֶׁמֶשׁ לְשׁוֹן אוֹר, הַיְנוּ שֶׁבְּשַׁבָּת, שֶׁהוּא בְּחִינוֹת אֱמוּנָה, מְאִירָה הַצְּדָקָה כַּנַּ"ל:

וְכֵן הַתּוֹרָה, גַּם כֵּן חֲסֵרָה בְּלִי אֱמוּנָה, וְעַל כֵּן אָמְרוּ רַבּוֹתֵינוּ, זִכְרוֹנָם לִבְרָכָה (מכות כ"ד) בָּא דָוִד וְהֶעֱמִידָן עַל אַחַד-עָשָׂר, בָּא יְשַׁעְיָה וְהֶעֱמִידָן עַל שֵׁשׁ, נִמְצָא שֶׁחָסֵר גַּם כֵּן אֶחָד מִן הַמִּנְיָן, מְכֻוָּן מַמָּשׁ כְּמוֹ שֶׁאָמְרוּ אֵצֶל צְדָקָה שֵׁשׁ וְאַחַת-עֶשְׂרֵה, כִּי הַתּוֹרָה חֲסֵרָה בְּלִי אֱמוּנָה, וְזֶה שֶׁאָמְרוּ: 'עַד שֶׁבָּא חֲבַקּוּק וְהֶעֱמִידָן עַל אַחַת: וְצַדִּיק בֶּאֱמוּנָתוֹ יִחְיֶה', כִּי עַל-יְדֵי הָאֱמוּנָה נִשְׁלָם הַתּוֹרָה:

וְזֶה כַּוָּנַת הַתַּנָּא, שֶׁהִתְחִיל בַּמִּשְׁנָה: 'יְצִיאוֹת הַשַּׁבָּת שְׁתַּיִם שֶׁהֵן אַרְבַּע. כֵּיצַד? הֶעָנִי וְכוּ', פָּשַׁט הֶעָנִי אֶת יָדוֹ לִפְנִים', שֶׁבִּתְחִלַּת שַׁבָּת הִתְחִיל תֵּכֶף בְּמִצְוַת צְדָקָה, לִרְמֹז שֶׁבְּשַׁבָּת נִשְׁלָם וּמְאִירָה הַצְּדָקָה כַּנַּ"ל, 'שֶׁמֶשׁ בְּשַׁבָּת צְדָקָה לַעֲנִיִּים'. כִּי עַל-יְדֵי שַׁבָּת שֶׁהוּא בְּחִינוֹת אֱמוּנָה, נִשְׁלָם וּמְאִירָה הַצְּדָקָה.

וְעַל יְדֵיהֶם נִתְמַלְאוּ הַבְּרָכוֹת שֶׁהָיוּ חֲסֵרִים. כִּי אֱמוּנָה הוּא מְקוֹר הַבְּרָכוֹת, כְּמוֹ שֶׁכָּתוּב (משלי כ"ח): "אִישׁ אֱמוּנוֹת רַב בְּרָכוֹת". וְכֵן שַׁבָּת נֶאֱמַר בּוֹ, 'כִּי הִיא מְקוֹר הַבְּרָכָה' (בהזמר "לכה דודי"):

וְזֶה שֶׁכָּתוּב (תהלים פ"ה): "צֶדֶק לְפָנָיו יְהַלֵּךְ" וְכוּ', כִּי יֵשׁ דְּרָכִים רְחָבִים שֶׁהֵם דֶּרֶךְ הַכְּבוּשָׁה לָרַבִּים, וְכֵן יֵשׁ שְׁבִילִים, וְזֶה הַדֶּרֶךְ וְהַשְּׁבִיל נִמְשָׁךְ לְכָאן, וְזֶה לְכָאן. וּלְכָל דֶּרֶךְ וּשְׁבִיל יֵשׁ כְּנֶגְדּוֹ בַּגַּלְגַּלִּים דֶּרֶךְ וּשְׁבִיל. וְכֵן בֵּין דֶּרֶךְ לְדֶרֶךְ גָּדֵל כָּאן עֲשָׂבִים, כֵּן יֵשׁ גַּם כֵּן נֶגֶד כָּל עֵשֶׂב וָעֵשֶׂב כּוֹכָב שֶׁהוּא כְּנֶגְדּוֹ, שֶׁהָעֵשֶׂב גָּדֵל מִכֹּחוֹ, כְּמוֹ שֶׁאָמְרוּ רַבּוֹתֵינוּ, זִכְרוֹנָם לִבְרָכָה (מדרש רבה בראשית

---

completas, ambas necesitan el suplemento de la fe.

205. tratado Shabat…caridad… Ver sección 2 y nota 17.

206. mediante ambos. Mediante el Shabat y la fe.

207. fuente de las bendiciones. Ver sección 2 y notas 21 y 22. Enseña el Talmud: Todo aquel que le traiga deleite al Shabat será recompensado con una herencia de inacabables bendiciones (*Shabat* 118a).

brilla la caridad. Éste es el significado de: El Sol en Shabat es caridad. El sol connota luz. En otras palabras, como se explicó, en el Shabat, que corresponde a la fe, brilla la caridad.[202]

También la Torá es deficiente sin la fe.[203] Por ello enseñaron nuestros Sabios: El rey David vino y la basó en once, Ishaiahu vino y la basó en seis. Aquí también falta uno en la cuenta, correspondiente exactamente a lo que se dijo sobre la caridad: seis y once. Esto se debe a que sin fe, la Torá es deficiente. Y esto es lo que ellos dijeron: Hasta que vino Habakuk y la basó en uno: "El Tzadik vive por su fe" (Habakuk 2:4). Pues mediante la fe se completa la Torá.[204]

Y ésta es la intención del Taná que comenzó la Mishná: "Las [leyes de] llevar un objeto en Shabat son dos que son cuatro. ¿Cómo? El pobre… El pobre extiende su mano hacia adentro". El principio del [tratado] *Shabat* comienza con la mitzvá de la caridad. Esto es para indicar que en el Shabat se perfecciona la caridad y ésta ilumina, como se explicó: El sol en Shabat es caridad para los pobres. Pues mediante el Shabat, que corresponde a la fe, se perfecciona la caridad y ésta ilumina.[205]

Y mediante ambos,[206] se agregan las bendiciones que faltaban, porque la fe es la fuente de las bendiciones, como está escrito, "Un hombre de fe, muchas son [sus] bendiciones". Igualmente se dice del Shabat, que "es la fuente de las bendiciones" (Leja Dodi).[207]

Esto es también lo que está escrito (Salmos 85:14), "La caridad irá delante de él [y asentará sus pasos en el camino]". Pues hay caminos amplios que son rutas transitadas y existen senderos; una ruta y sendero llevan hacia allí y otro hacia acá. Paralela a cada ruta y sendero existe una ruta y sendero en las bandas celestes. Y así como aquí [en la tierra] las hierbas crecen entre los caminos, de la misma manera hay estrellas correspondientes a cada hierba y de cuya fuerza crecen éstas. Ello es

---

renovación de la Creación tal cual está explicado en *Shnei Lujot HaBrit, Mesijta Shabat; Torá Or* p. 19a. Ver más arriba, nota 20.

202. Shabat…la caridad. Ver más arriba, nota 16.

203. la Torá es deficiente sin la fe. Ver las secciones 13 y 16. Como se explicó, la persona puede ser erudita y aun así totalmente malvada. Ver más arriba, nota 189.

204. mediante la fe se completa la Torá. Esto está explicado en las secciones 2 y 3 y en las notas 23, 24 y 33. Tanto la caridad como la Torá guían las esferas celestes. Pero, para estar

פרשה י'): 'אֵין לְךָ כָּל עֵשֶׂב וְעֵשֶׂב שֶׁאֵין לוֹ כּוֹכָב' וְכוּ'.
וְלִפְעָמִים כְּשֶׁאָדָם יֵשׁ לוֹ עִכּוּב וְצַעַר בַּדֶּרֶךְ, הוּא מֵחֲמַת שֶׁכְּנֶגֶד
הַמָּקוֹם הַזֶּה יֵשׁ שָׁם עִכּוּב בְּהַכּוֹכָב, שֶׁאֵינוֹ מֵאִיר בִּשְׁלֵמוּת. וְעַל
כֵּן הַתַּקָּנָה לָזֶה לִתֵּן צְדָקָה קֹדֶם שֶׁיֵּצֵא לַדֶּרֶךְ, כְּמָה שֶׁכָּתוּב: "צֶדֶק
לְפָנָיו יְהַלֵּךְ וְיָשֵׂם לְדֶרֶךְ" וְכוּ'. כִּי עַל-יְדֵי הַצְּדָקָה יָאִיר הַכּוֹכָב,
כִּי עַל יְדֵי צְדָקָה מְאִירִין הַגַּלְגַּלִּים כַּנַּ"ל. וְעַל כֵּן עַל יְדֵי הַצְּדָקָה
שֶׁנּוֹתֵן, יְבַטֵּל עִכּוּבוֹ שֶׁיֵּשׁ לוֹ בְּהַדֶּרֶךְ, שֶׁנִּמְשָׁךְ מֵהָעִכּוּב שֶׁיֵּשׁ
בְּהַגַּלְגַּלִּים וְהַכּוֹכָבִים כַּנַּ"ל:

וְזֶה שֶׁאָמְרוּ רַבּוֹתֵינוּ, זִכְרוֹנָם לִבְרָכָה (הוריות י): 'כּוֹכָב אֶחָד יֵשׁ
שֶׁמַּטְעֶה אֶת הַסְּפִינוֹת', הַיְנוּ כְּשֶׁהַסְּפִינָה מַגִּיעָה תַּחַת אוֹתוֹ כּוֹכָב,
אֲזַי הַסְּפִינָה תּוֹעָה בַּדֶּרֶךְ, מֵחֲמַת שֶׁזֶּה הַכּוֹכָב אֵינוֹ מֵאִיר בִּשְׁלֵמוּת:

שֶׁמֶשׁ הוּא בְּחִינוֹת בְּרִית. וְעַל יְדֵי פְּגַם הַבְּרִית אֵין לָנוּ מָאוֹר

Asombrado por la amplitud del conocimiento del rabí Ioshúa, el Raban Gamliel le dijo, "Con semejante conocimiento, ¡¿realmente tienes que viajar para ganarte el sustento?!" (*Horaiot* 10a). El *Maharsha* ve en esto una alegoría. Tanto el Raban Gamliel como el rabí Ioshúa eran conocidos por su capacidad para debatir con los herejes de su tiempo. Los argumentos y refutaciones del Raban Gamliel se basaban solamente en el conocimiento de la Torá, "el pan". El rabí Ioshúa, además del "pan", estaba muy bien versado en astronomía y en otras ciencias, "la harina". El viaje por mar y la falta de sustento aluden al viaje hacia el exilio, y la estrella que confunde a los navegantes alude a los setenta años de la vida de la persona. El Raban Gamliel se preguntaba por qué, considerando el hecho de que el rabí Ioshúa era tan grande, no había sido capaz de impedir la destrucción del Templo y de eliminar así la necesidad de ir al exilio (*Maharsha, Horaiot, loc. cit., v.i., deRaban Gamliel*).

Todo esto se relaciona con nuestra lección. El rabí Ioshúa sabía que son muchos los que caen víctimas de la herejía. Siendo un Tzadik, sus pensamientos y anhelos estaban dirigidos a instilar fe en los demás, para que también pudieran servir a Dios (§6-§8). Era experto en la ciencia de la astronomía – i.e., como Tzadik (con fe) y como erudito (§5) que cuidaba el Pacto, era capaz de guiar las esferas celestes (§2, §3). La harina que había llevado para alimentarse, él y el Raban Gamliel, corresponde a dar caridad (§1), debido a lo cual no se vio disturbado por la desorientadora estrella. Su sendero le fue claro incluso antes de salir de viaje (§4). Por lo tanto, el sustento del rabí Ioshúa era un aspecto del *lejem hapanim* y del Santo Templo en general (§9). En respuesta a la sorpresa del Raban Gamliel de que el rabí Ioshúa no había sido capaz de impedir la destrucción del Templo, éste le respondió que aunque el Tzadik pueda alcanzar niveles verdaderamente elevados, el decreto de la destrucción del Templo había venido directamente del Cielo (ver *Maharsha, ibid.*).

211. sol...Pacto. Ver más arriba, nota 96. Esta sección es un repaso de la sección 9. Como en

como enseñaron nuestros Sabios: No hay hoja de hierba debajo que no tenga una estrella....[208]

Ahora bien, ocasionalmente, cuando la persona encuentra alguna adversidad o dificultad en el camino, ello se debe a que, paralelo a ese lugar [abajo], existe una interferencia en la estrella, que le impide brillar plenamente. La solución, por lo tanto, es dar caridad antes de salir de viaje, como está escrito, "La caridad irá delante de él y asentará sus pasos en el camino". Ello se debe a que, mediante la caridad, la estrella podrá brillar. Pues, como se explicó, por medio de la caridad las bandas celestes iluminan. Por lo tanto y como resultado de la caridad que haya dado, eliminará las interferencias en el camino que surgen de la interferencia en los *galgalim* y en las estrellas.[209]

Esto es lo que enseñaron nuestros Sabios: Hay una estrella que confunde a los navíos (*Horaiot* 10a). Es decir, cuando una nave pasa bajo esa estrella, el [capitán de la] nave pierde el rumbo debido a que la estrella no brilla plenamente.[210]

18. El sol corresponde al Pacto,[211] de modo que cuando hay un daño

---

208. ...tenga una estrella. Esto ha sido explicado en la sección 4 y la nota 35.

209. caridad...eliminará las interferencias.... Ver la sección 4, nota 36. El versículo se traduce así en nuestro texto como: **La caridad irá delante de él** – antes de salir de viaje, da caridad; **y asentará sus pasos en el camino** – pues la caridad guía las esferas celestes para que no experimente ninguna dificultad en el camino. Es interesante notar que nuestros Sabios también aprenden de este mismo versículo que es necesario orar antes de salir de viaje (*Berajot* 14a). En nuestro contexto, esto es nuevamente una prueba de que la caridad debe estar suplementada con la fe. La plegaria es un acto de fe. La persona debe por lo tanto dar caridad y orar antes de salir de viaje. De esa manera, sus plegarias (fe) suplementan la caridad que da y el camino se libera permitiéndole un viaje seguro.

210. la estrella no brilla plenamente. Pero con una caridad completa, la persona tiene el poder de guiar las esferas celestes y eliminar así cualquier dificultad en el camino. La "estrella que confunde a los navíos" alude a los senderos de la vida que están ocultos detrás de las esferas celestes. La tarea del hombre es revelar el hecho de que la providencia Divina controla el mundo y no las fuerzas de la naturaleza.

Relata el Talmud: El Raban Gamliel y el rabí Ioshúa estaban viajando por mar. Mientras que el Raban Gamliel había llevado pan suficiente para el viaje, el rabí Ioshúa había llevado pan y además algo de harina. El viaje llevó mucho más tiempo que el esperado y al Raban Gamliel se le acabó el pan. Le preguntó al rabí Ioshúa, "¿Qué te hizo anticipar este atraso como para que trajeras también harina?". El rabí Ioshúa respondió que una vez cada setenta años aparece una estrella en el cielo que confunde a los navegantes y hace que las naves pierdan el rumbo.

הַשֶּׁמֶשׁ, כִּי אִם מַרְאֵה חַמָּה. וְעַכּוּ"ם נִקְרָאִים צֵל, כְּמוֹ שֶׁכָּתוּב (ישעיה י"ח): "הוֹי אֶרֶץ צִלְצַל כְּנָפַיִם, וְהֵם מְכַסִּים אוֹר הַשֶּׁמֶשׁ". וְזֶהוּ בְּחִינוֹת 'צִלְצַל כְּנָפַיִם', מִלְּשׁוֹן "וְלֹא יִכָּנֵף עוֹד מוֹרֶיךָ". וְזֶהוּ בְּחִינוֹת 'מַרְאֵה חַמָּה עֲמֻקָּה מִן הַצֵּל', כִּי אַף שֶׁיִּשְׂרָאֵל עִקָּר, עַל כָּל זֶה הָעַכּוּ"ם מְכַסִּין עֲלֵיהֶם, כְּאִלּוּ כָּל הָעוֹלָם שֶׁלָּהֶם, וּמְכַסִּין הָעוֹלָם בְּדֶרֶךְ הַטֶּבַע. כִּי בֶּאֱמֶת הַקָּדוֹשׁ-בָּרוּךְ-הוּא מַנְהִיג הָעוֹלָם, וְהֵם מְכַסִּים הַנְהָגַת הַשֵּׁם יִתְבָּרַךְ כְּאִלּוּ מִתְנַהֵג, חַס וְשָׁלוֹם, עַל יְדֵי הַכּוֹכָבִים וּמַזָּלוֹת בְּעַצְמָן. אַךְ לֶעָתִיד לָבוֹא יַעֲבִיר אוֹתָם, וְאָז יְקַיֵּם: "סָר צִלָּם".

וַאֲזַי יִתְגַּלֶּה אוֹר הַשֶּׁמֶשׁ. בִּבְחִינוֹת: "וְזָרְחָה לָכֶם יִרְאֵי שְׁמִי שֶׁמֶשׁ", הַיְנוּ שֶׁיִּתְגַּלֶּה אוֹר הַשֶּׁמֶשׁ. וְזֶהוּ: "וּמַרְפֵּא בִּכְנָפֶיהָ", הַיְנוּ בְּחִינַת: "וְלֹא יִכָּנֵף עוֹד מוֹרֶיךָ". וְאָז יְקַיֵּם: "עַד אָשִׁית אוֹיְבֶיךָ הֲדֹם לְרַגְלֶיךָ", הַיְנוּ שֶׁהֵם יִהְיוּ לְמַטָּה, לֹא כְּמוֹ שֶׁהָיוּ מִקֹּדֶם מַרְאֵה חַמָּה עֲמֻקָּה:

בְּאַבְרָהָם נֶאֱמַר כְּחֹם הַיּוֹם, שֶׁהוּא בְּחִינַת שֶׁמֶשׁ, עַל-יְדֵי שְׂמֹאל

---

agregan entonces la sombra de las *knafaim* (כנפים, "alas"), ello alejará mucho más a los judíos de Dios y debilitará más aún su fe en Él (ver también n. 120).

216. más profunda que la sombra. Ver sección 9 y notas 101 y 103.

217. el Futuro Último...ha dejado. El poder que tienen las naciones para ensombrecer al pueblo judío y ocultarle la luz proviene del ocultamiento de Dios en las esferas celestes. Así como creen que las fuerzas de la naturaleza gobiernan el destino del hombre, las naciones también creen que son ellas quienes gobiernan a la humanidad. Pero en el Futuro Último, cuando "su sombra los haya dejado", quedará claro para todos que sólo Dios gobierna y que Israel es la esencia de Su creación.

218. ...no Se ocultará más. Cuando la sombra se retire y el Maestro ya no esté oculto, todos reconocerán la grandeza del maestro/Tzadik y la tremenda importancia del cuidado del Pacto. Verán entonces cómo, mediante sus grandes anhelos y añoranzas, el Tzadik hace que las almas se unan y den a luz, cómo les da vida incluso a los recipientes similares a un golem. El pueblo judío anhelará que el sol/Pacto brille con fuerza, como resultado de lo cual la providencia Divina de Dios no estará más oculta – "Tu Maestro no se ocultará más y tus ojos verán a tu Maestro".

219. estarán debajo...profunda. Ver sección 9 y nota 103.

en el *brit*, no tenemos la luz del sol sino su semejanza.²¹² Los gentiles son llamados "sombra", como está escrito, "Oh [habitantes de] la tierra ensombrecida por las alas".²¹³ Ellos bloquean la luz del sol.²¹⁴ Éste es el significado de, "ensombrecida por *KNaFaim*", similar a "Tu Maestro no *iKaNeF* (no Se ocultará) más".²¹⁵

Y éste es el significado de, "La semejanza del lugar iluminado por el sol es más profunda que la sombra".²¹⁶ Aunque el pueblo judío es lo más importante, sin embargo, los gentiles lo cubren de sombra como si el mundo entero les perteneciese a ellos. Y ellos cubren al mundo en el orden natural. Pues la verdad es que el Santo, bendito sea guía el mundo, pero ellos encubren la guía del Santo, bendito sea, como si, Dios no lo permita, éste fuese guiado por las estrellas y las constelaciones mismas. Sin embargo, en el Futuro Último serán retirados y entonces, se cumplirá "su sombra los ha dejado".²¹⁷

Entonces se revelará la luz del sol, como en, "Pues para ustedes que temen Mi nombre, brillará el sol [de caridad]…". Es decir, se revelará la luz del sol. Y esto es "…con curación en su *KaNaF*", como en, "Tu Maestro no *iKaNeF* (no se ocultará) más".²¹⁸ Y entonces se cumplirá, "hasta que Yo haga de tus enemigos tu escabel". Es decir, ellos estarán debajo; no como estuvieron antes [cuando] "la semejanza del lugar iluminado por el sol es más profunda".²¹⁹

Se dice de Abraham, "en el calor del día", pues él es el aspecto

---

la sección 17, algunas de las notas dirigen al lector a los conceptos paralelos que se encuentran en esa porción anterior de la lección.

212. sino su semejanza. Un daño en el Pacto/*brit* es una deficiencia en el sol, debido a lo cual la luz del sol no puede brillar completamente. Todo lo que aparece es su semejanza. Ver nota 118.

213. Ensombrecida por las alas. Esto está explicado en la nota 117.

214. bloquean la luz del sol. El Tzadik simboliza un *brit* cuidado, un sol pleno. Pero cuando la persona daña el *brit*, sólo se beneficia de una semejanza del sol y no puede apreciar plenamente al Tzadik (*Torat Natán* #8; ver n. 60). Incluso así, la luz/Tzadik continúa igualmente brillando sobre ella, aunque de una manera disminuida, pero las naciones la ensombrecen y la cubren por completo. Sus falsas creencias ocultan totalmente incluso la semejanza del sol, de modo que la persona que daña el *brit* no sabe siquiera dónde buscar la luz/Tzadik que pueda ayudarla.

215. ensombrecida por KNaFaim…iKaNeF más. El Rebe Najmán demuestra ahora cómo este doble ocultamiento está aludido en las Escrituras. Es suficientemente difícil cuando el maestro –i.e., el Tzadik que cuida el Pacto– *ikanef* (יכנף, "se oculta"). Pero si las naciones

וְנִתְגַּלָּה הַבְּרִית: הַתְּפִלָּה נִקְרֵאת בְּחִינַת רֶגֶל:
כָּל זֶה הָעִנְיָן שָׁמַעְנוּ תְּחִלָּה בְּלִי בֵּאוּר וְקֶשֶׁר, וּכְבָר מְבֹאָרִים הַדְּבָרִים הֵיטֵב בְּהַתּוֹרָה אִית לָן בֵּירָא הַנַּ"ל:

"גַּבְרָא דְאוֹזִיף", "וְרֵיחַיָּא דִּתְבִירָא", לֹא זָכִינוּ לִשְׁמֹעַ עֲלֵיהֶם תּוֹרָה. אֲבָל מִכְּלַל דְּבָרָיו שָׁמַעְתִּי, שֶׁרְצוֹנוֹ לְגַלּוֹת תּוֹרוֹת עַל כָּל הַמַּאֲמָרִים הַנֶּאֱמָרִים שָׁם. וְגַם גִּלָּה דַּעְתּוֹ, שֶׁרְצוֹנוֹ הָיָה לְגַלּוֹת תּוֹרָה גַּם עַל כָּל הַמַּעֲשֶׂה הַנֶּאֱמָר שָׁם בְּעִנְיַן הַסָּבֵי דְּבֵי אַתּוּנָא בַּתְּחִלָּה וּבַסּוֹף, אֵיךְ הִתְנַהֵג רַבִּי יְהוֹשֻׁעַ בֶּן חֲנַנְיָה עִמָּם, אֵיךְ בָּא אֲלֵיהֶם וְכוּ', וְאֵיךְ הִתְנַהֵג עִמָּהֶם אַחַר-כָּךְ. וְדִבֶּר עִמִּי קְצָת מֵעִנְיַן הַמַּעֲשֶׂה הַזֹּאת הַנֶּאֱמָר שָׁם בַּגְּמָרָא בְּעִנְיָן זֶה, וְהֲבַנְתִּי שֶׁיֵּשׁ לוֹ חִדּוּשֵׁי תּוֹרָה עַל כָּל זֶה. אַךְ בַּעֲווֹנוֹתֵינוּ הָרַבִּים בָּא הַשֶּׁמֶשׁ בַּצָּהֳרַיִם, וְלֹא זָכִינוּ לִשְׁמֹעַ כִּי אִם מַה שֶּׁנִּדְפַּס, תְּהִלָּה לְאֵל חָי:

הַפַּעַם נוֹדֶה אֶת ה' בְּגִילָה בְּרִנָּה, אֲשֶׁר זָכִינוּ לְסַיֵּם סָבֵי דְּבֵי אַתּוּנָא, דְּבָרִים הַסְּתוּמִים וַחֲתוּמִים בְּאֶלֶף עִזְקָאִין אֵין חָכְמָה וְאֵין תְּבוּנָה, וְגַם אִם יֹאמַר הֶחָכָם לָדַעַת לֹא יוּכַל לִמְצֹא נִלְעַג לָשׁוֹן אֵין בִּינָה, נָתִיב לֹא יָדְעוּ עַיִט וְלֹא שְׁזָפַתּוּ עֵינָא, מָה אֲדַבֵּר וְהוּא אָמַר וְעָשָׂה אָזְנַיִם לַתּוֹרָה הַצְּפוּנָה, עַתָּה כַּפֵּינוּ פְּרוּשׂוֹת אֶל ה' בְּבַקָּשָׁה וּתְפִלָּה וּתְחִנָּה. ה' יִגְמֹר בַּעֲדֵינוּ לְהַדְפִּיס יֶתֶר הַמַּאֲמָרִים הַנּוֹרָאִים, אֲשֶׁר גִּלָּה בָּהֶם דַּרְכֵי עֲבוֹדָתוֹ יִתְבָּרַךְ בִּדְרָכִים נִפְלָאִים, עַמּוּדֵי שֵׁשׁ מְיֻסָּדִים עַל אַדְנֵי פָז עַל כָּל פְּסוּקֵי תַּנַ"ךְ וְעַל כָּל דִּבְרֵי הַתַּנָּאִים וַאֲמוֹרָאִים, גְּלִילֵי זָהָב בְּתַרְשִׁישׁ מְמֻלָּאִים, מִפְּנִינִים יְקָרִים וּמִפָּז מְסֻלָּאִים, בִּזְכוּתָם נִזְכֶּה לִלְמֹד וּלְלַמֵּד לִשְׁמֹר וְלַעֲשׂוֹת וּלְקַיֵּם אֶת כָּל דִּבְרֵי תוֹרָתְךָ אֲשֶׁר קִבַּלְנוּ מִפִּי אֲדוֹן כָּל הַנְּבִיאִים, וִיקֻיַּם בִּמְהֵרָה בְיָמֵינוּ וְעָלוּ בְּהַר צִיּוֹן מוֹשִׁיעִים. אָמֵן כֵּן יְהִי רָצוֹן:

222. Aquel Que Presta Dinero...Una Piedra de Molino Quebrada. Éstas dos historias forman parte del intercambio entre el rabí Ioshúa y los Sabios de Atenas. Aparecen traducidas al comienzo de este volumen, historias B y G, respectivamente.

223. el sol se puso a mediodía. Como se explicó, el sol es el Tzadik. Esto hace referencia al Rebe Najmán que falleció a la temprana edad de treinta y ocho años y medio (ver *Tzadik* #1).

224. no tuvimos el mérito de oír nada más.... Sin embargo, en su *magnum opus*, el *Likutey Halajot*, el rabí Natán presenta un comentario sobre cómo el rabí Ioshúa trató con los Sabios de Atenas. También explica los dos intercambios que el Rebe Najmán dejó sin exponer. Estos discursos se encuentran en el *Likutey Halajot, Shabat* 6 y están traducidos en las páginas que siguen al texto. Quiera Dios otorgarnos el mérito de llevar a cabo aquello que hemos recibido. Amén.

del sol, en virtud de haberse circuncidado y revelado el Pacto.[220] La plegaria es llamada un aspecto de pie.[221]

{Al principio oímos esto sin ninguna explicación ni conexión. Sin embargo, los conceptos han sido claramente explicados en la lección, "Tenemos un Pozo".

No tuvimos el mérito de oír las lecciones sobre "Aquel Que Presta Dinero" y "Una Piedra de Molino Quebrada",[222] pero a partir de lo esencial de las palabras [del Rebe Najmán] comprendí que él quería revelar enseñanzas sobre todos los pasajes [en *Bejorot*]. También manifestó sus intenciones de revelar una lección sobre toda la historia de los Sabios de Atenas, desde el comienzo hasta el final; sobre cómo el rabí Ioshúa ben Janania trató con ellos, cómo llegó a ellos y cómo se condujo con ellos después. Él me habló un poco sobre la historia que está registrada allí en el Talmud y comprendí que tenía ideas originales sobre ello. Pero debido a nuestros muchos pecados, el sol se puso al mediodía [223] y no tuvimos el mérito de oír nada más que aquello que ha sido impreso. "Alabanzas al Dios Vivo".[224]}

220. Abraham...revelado el Pacto. Pues el sol corresponde al Pacto, como se explicó en la nota 96. Ver también las notas 91, 93, 98 y 99.

Todos los conceptos mencionados por el Rebe Najmán en esta lección pueden encontrarse en Abraham. Él tenía fe y con ella suplementó a la caridad (§2); también fue capaz de elevarse por sobre las esferas celestes (§1, n. 8). Abraham fue también el primero en ser circuncidado (§6) y así fue el primero en cuidar el Pacto (§3). Las Escrituras mencionan varios viajes de Abraham: de Jaran (§5); a Egipto; cuando persiguió a los Cuatro Reyes (§9, notas 98-99); a la tierra de los filisteos y demás. Incluso frente a la adversidad, siempre tuvo éxito (§4). Era el amo de Eliezer, el *brit* inferior (§5); es un símbolo de *jesed*; hizo almas (§6-§8); y su comer fue "en el calor del día" – i.e., un aspecto del *lejem hapanim*. En suma, Abraham encarnaba personalmente todas las enseñanzas de nuestra lección.

221. La plegaria...aspecto de pie. Enseñan nuestros Sabios (*Berajot* 6b). "*Amidá* (estar de pie) no es otra cosa que la plegaria". Allí en donde aparezca el término *amidá* siempre denota plegaria y en particular la "Plegaria de Pie" (la *Amidá*). Por extensión, por lo tanto, las piernas sobre las que uno *se para* corresponden a la plegaria (ver *Likutey Moharán* I, 9:2; *ibid.* 55:4). El *Parparaot LeJojmá* explica que este último punto está en conexión con el párrafo previo, donde el Rebe Najmán menciona el versículo, "...tu escabel". La plegaria tiene el poder de cambiar la naturaleza (*Likutey Moharán* I, 7:1). Las fuerzas de la naturaleza son subyugadas por la plegaria, el concepto de los pies. Por lo tanto, las naciones serán "tu escabel" – subyugadas por tus pies/plegarias. Esto está aludido más arriba, donde el Rebe Najmán menciona que las plegarias fueron establecidas para expresar los anhelos (§7). Cuando la persona expresa sus anhelos de manera verbal, trae un alma de la potencia al acto. Con ello, las letras adquieren vocales/almas y así toman forma. Las palabras formadas tienen el poder de producir cambios para bien en el mundo. Así, cuando el Tzadik ora y cambia las cosas para mejor, todo en el mundo, incluyendo las naciones y las esferas celestes, hace su voluntad. Ellos se transforman en "tu escabel".

ליקוטי מוהר"ן סימן ל"ב

(לְשׁוֹן רַבֵּנוּ, זִכְרוֹנוֹ לִבְרָכָה):

"אֲדֹנָי שְׂפָתַי תִּפְתָּח", (תהלים נ"א) וְהוּא בְּחִינַת רְקוּדִין שֶׁל חֲתֻנָּה.

el *Ein Sof* hasta este mundo, a través de los conductos conocidos como los *partzufim* (personas Divinas). Esas personas arquetípicas corresponden a las *Diez Sefirot* cuando están divididas en cinco grupos interactivos (ver Apéndice: Las Personas Divinas). Cuando están completas, las personas Divinas actúan como un vehículo para canalizar la *shefa* hacia el hombre, en grados mesurados, para que pueda ser recibida (ver una explicación completa de los *partzufim* en *Innerspace* por el rabí Aryeh Kaplan, Moznaim Pub., Capitulo 11).

Antes de continuar, es importante repetir la advertencia indispensable que hace la Kabalá en contra de tomar de manera literal los antropomorfismos asociados con las personas Divinas. El hombre sólo tiene permitido representar en el ojo de la mente un cierto paralelo entre los *partzufim* y la estructura física humana, para comprender mejor esos conceptos difíciles. Sin embargo, es necesario recordar constantemente que Arriba no existe absolutamente nada físico (ver *Etz Jaim* 1:4).

En su papel de conductos para la *shefa*, los *partzufim* actúan alternativamente como *mashpia* (benefactor) o como *mekabel* (beneficiario). Cuando un *partzuf* se encuentra en el modo de recibir *shefa*, es considerado un beneficiario, el aspecto femenino; cuando transmite *shefa* a aquellos que están debajo, es considerado un benefactor, el aspecto masculino. Es por ello que, en general, vemos que las *sefirot* y los *partzufim* son considerados como masculinos y femeninos, marido y mujer, padres e hijos. Pues todas las personas Divinas deben interactuar entre sí, en los modos de recibir y de dar, para entregarle *shefa* a este mundo. Así, cuando el hombre recibe esa *shefa* de Dios, es un beneficiario. Pero cuando el hombre lleva a cabo las mitzvot, se vuelve un benefactor y, de manera increíble, Dios se vuelve entonces el Beneficiario, recibiendo alegría y placer de la persona que hace Su voluntad.

En particular, las interacciones antropomórficas para la transferencia de *shefa* – incluyendo la unión, la concepción, la gestación, el nacimiento, la lactancia y la madurez– se aplican a los *partzufim* de *Zeir Anpin* y *Maljut* (*Innerspace*, p.93). Estos dos son llamados el novio y la novia. Para que el novio/*Zeir Anpin* le transfiera a su novia/*Maljut* la *shefa* que ha recibido debe haber un matrimonio, una unión entre ellos. Esa unión sólo puede ocurrir cuando ambos están dispuestos y "maduros" – habiendo alcanzado el nivel de plenitud. A diferencia de otros *partzufim*, estos dos no comienzan como configuraciones completas de diez *sefirot*. *Zeir Anpin* comienza como seis *sefirot* y *Maljut* como una. El Ari explica que es por ello que esos dos *partzufim* están tan íntimamente relacionados con el hombre. Fueron creados de manera incompleta y sólo reciben la forma final de diez *sefirot* a través de las buenas acciones del hombre (*ibid*., p.95). Ese estado de plenitud se alcanzó en la época del rey Shlomo, cuando el Santo Templo estaba en pie. *Zeir Anpin* y *Maljut* estaban entonces en constante unión y la transferencia de *shefa* era directa. Por ello se dice que incluso la plata no tenía valor alguno en esos días; el mundo estaba lleno de una abundancia de riqueza (*shefa* material).

LIKUTEY MOHARÁN 32[1]

"*Adonai Sfatai* (Dios, mis labios) abre" (Salmos 51:17). Esto corresponde a bailar en una boda.[2] Ello se debe a que mientras

---

1. Likutey Moharán 32. Esta lección fue compuesta palabra por palabra por el Rebe Najmán, de aquí la designación *leshón Rabeinu* (ver Lección #23, n. 1). Su tema principal es mitigar los juicios/decretos al bailar con alegría en una boda (para la conexión entre los juicios y los decretos ver *Likutey Moharán* I, 10, n. 2). Aunque no tenemos registro alguno sobre cuándo fue dado este discurso, lo más probable es que haya sido en algún momento del año 1803. Varios de los discursos del Rebe Najmán de ese año hablan de bailar para mitigar los decretos. El más prominente de ellos es el *Likutey Moharán* I, 10, que fue dado durante el invierno de 1803, poco después de la boda de Sara, la hija del Rebe. El rabí Natán escribe que el Rebe bailó mucho todo ese año y especialmente en la boda de Sara (*Sabiduría y Enseñanzas del Rabí Najmán de Breslov* #131; *Tzadik* #13, #263). El *Likutey Moharán* I, 49, dado durante la semana de la boda, también trata el concepto de mitigar los decretos. En 1802, el zar había comenzado a formular una serie de decretos concernientes a los judíos que vivían en su país. Ello llevó finalmente a los infames Decretos de los Cantonistas; que incluían la leva forzosa de los niños judíos en el ejército durante 25 años, la educación secular forzosa y la puesta en vigor de los estatutos diseñados para aumentar la pobreza de los judíos (ver *Until The Mashiach*, Historical Overview págs. *xxvii-xxix*). El rabí Natán escribe que al construir sus enseñanzas, el Rebe Najmán invariablemente incluía en ellas los diferentes eventos o temas, tanto locales como globales. Esto consistía en comentarios directos o alusiones a temas que lo afectaban a él, a sus seguidores o al pueblo judío (ver *Tzadik* #127, #132, #138, #390; *A Través del Fuego y del Agua*, Capítulo 32).

2. ...bailar en una boda. El Rebe Najmán demuestra cómo el significado interno del baile está aludido en la interpretación Kabalista de las palabras "*Adonai sfatai tiftaj* (Dios, abre mis labios)". Esta interpretación aparece varias veces en los escritos del Ari, más explícitamente donde trata sobre la *Amidá* (*Shmone Esere*, Dieciocho Bendiciones), que está precedida por el recitado de este versículo. En la terminología Kabalista, *Adonai sfatai tiftaj* alude a preparar a *Maljut* para el *zivug* (unión) con la persona Divina *Zeir Anpin*. La explicación del Rebe Najmán emplea una intrincada serie de pruebas construidas enteramente sobre esos conceptos Kabalistas. Debido a la compleja estructura de la lección, se le aconseja al lector estudiar inicialmente cada pensamiento como una unidad separada, sin que intente comprender la relación entre las piezas. Con perseverancia, con el apoyo de las notas que acompañan y la ayuda de Dios, emergerá una imagen más completa. Allí donde sea necesario, deberán consultarse los apéndices, especialmente sobre los *partzufim*, la tabla de los valores de *guematria* y las expansiones de los Santos Nombres de Dios.

A manera de introducción general: Dios hace descender constantemente *shefa* (un influjo de abundancia y bendiciones) al mundo. El flujo de esa *shefa* desciende continuamente desde

כִּי כָּל זְמַן שֶׁלֹּא נְתוּנָה לְזִוּוּג, הִיא אִתְקְרִיאַת נַעֲר בְּלֹא ה' (זהר בא דף ל"ח:) גִּימַטְרִיָּא שָׁ"ךְ דִּינִים.
וְכַד אִתְתַּקְּנַת לְזִוּוּג אִתְקְרִיאַת נַעֲרָה בְּהֵ"א, שֶׁנִּמְתָּקִין הַדִּינִין עַל-יְדֵי ה' אַלְפִין שֶׁל אֶהְיֶ"ה שֶׁבַּבִּינָה, כַּמּוּבָא בְּ"פְּרִי-עֵץ-חַיִּים" שַׁעַר עֲמִידָה.

3. naara...sin la letra hei. Deuteronomio (22:13-29) trata sobre las leyes concernientes a la violación y a la difamación de la esposa. En toda la sección, la palabra *naaráh* (נערה, joven mujer) está escrita *naara* (נער), sin la *hei* final (hay una excepción, de la cual nuestros Sabios deducen ciertas leyes; ver *Ketuvot* 44b). La explicación de esto aparece en el *Zohar* (*loc. cit.*): Antes de contraer matrimonio, la joven es llamada *naara* debido a que ella carece de la *hei* (= 5) que recibe del hombre. Esto hace referencia a *Maljut*, que antes de la unión carece de los *jasadim* de *Zeir Anpin*. Pero incluso antes de eso, *Maljut* debe recibir cinco *guevurot* adicionales de *Biná* (ver n. 2). Esos *hei* juicios transforman a *naara* en *naaráh*, como continúa explicando el Rebe.

4. trescientos veinte juicios. En el relato de la Creación en el primer capítulo del Génesis, el Santo Nombre *Elohim* aparece treinta y dos veces. Esto es conocido en la terminología de la Kabalá como los "Treinta y Dos *Elohim* del Acto de la Creación" (ver *Likutey Moharán* I, 19:7, n. 95). El Santo Nombre *Elohim*, que corresponde a *Biná*, el *partzuf* femenino *Ima*, es un aspecto del juicio (ver Apéndice: Las Sefirot y los Nombres de Dios). El *Zohar* enseña así (III, 10b): "La fuente del juicio está en *Biná*". (Aunque las tres *sefirot* superiores –*Keter, Jojmá* y *Biná*– son bondad y misericordia, *Biná* misma es la fuente de los Juicios que se manifiestan sólo en las *sefirot* inferiores). Más aún, las cinco letras de *ELoHIM* (אלהים) indican que los juicios en *Biná* son cinco (*hei*). Esos juicios son transmitidos por *Biná* hacia la otra persona Divina en la cual predomina el aspecto femenino, es decir, *Maljut*. El término hebreo para juicios severos es *din* (דין), cuyo valor numérico es 64. Los cinco *dinim* de *Biná* son así 320 (64 x 5). En otras palabras, hay un total de 320 juicios entregados a *Maljut*. Es por ello que, en este punto, *Maljut* es llamada *NaARa* (נער), cuyo valor numérico es también 320.

5. naaráh, con la letra hei. Esto hace referencia a la preparación de *Maljut* para el *zivug* con *Zeir Anpin*. Para que se pueda agregar la *hei* y transformar a *naara* en *naaráh* y preparar a la novia para la unión, deben mitigarse los 320 juicios.

6. cinco alef de ELoHIM...Shaar Amidá. Ver Capítulo 1. En otra instancia, el Rebe Najmán enseña que "mitigar los juicios/decretos es algo que se lleva a cabo en su fuente" (*Likutey Moharán* I, 41). Como se mencionó (n. 4), la fuente de los juicios está en *Biná*. Aparte de *Elohim*, hay un segundo Santo Nombre de Dios asociado con *Biná*, *EHIéH* (*Tikuney Zohar* #69). La letra más importante en *EHIéH* (אהיה) es la *alef* (א). Es por este motivo que *Biná* es también llamada *alef* (*Tikuney Zohar* #55). Al mismo tiempo, *Biná* corresponde a la primera *hei* (= 5) del Tetragrámaton (יהוה) y ello alude a lo que en nuestra lección se conoce como "las cinco *alef* de *EHIéH*".

Para mitigar los juicios/decretos que se encuentran en el aspecto de *naara*, es necesario por lo tanto volver a su fuente, que es *Biná*, y llevar las cinco *alef* hacia *Maljut*. De esa manera, ella [la novia] aún no se ha entregado a la unión (*zivug*), es llamada una *naara* (joven) – escrito sin la [letra] *hei* (Zohar II, 38b)³; numéricamente equivalente a los trescientos veinte juicios.⁴

Pero cuando ella está rectificada para la unión, es llamada una *naaráh*, con la [letra] *hei*.⁵ Los juicios son mitigados por medio de las cinco *alef* de *Ehiéh* que están en *Biná*, como se explica en el *Pri Etz Jaim, Shaar Amidá*.⁶

Por el contrario, cuando las acciones del hombre no están en orden –cuando un individuo, la comunidad o toda la nación pecan– el flujo de *shefa* se ve afectado por ello. *Zeir Anpin* y particularmente *Maljut*, pierden su plenitud, de modo que los conductos para la transferencia de *shefa* se vuelven "estrechos" y se reduce el flujo. Esto sucede de la siguiente manera: Como hemos dicho, la transferencia de *shefa* desde las personas Divinas hacia este mundo se lleva a cabo en *Maljut*, la más baja de las *sefirot*. *Maljut*, el beneficiario/femenino, recibe *shefa* de *Zeir Anpin*, el benefactor/masculino. Pero cuando el hombre peca, *Maljut* se empequeñece, incapaz de mantenerse unida con *Zeir Anpin*. Vuelve a su forma original de una sola *sefirá*, un pequeño punto. En los peores momentos, cuando son muchos los pecados del hombre, el influjo de bendiciones se ve limitado a un mínimo – lo suficiente para asegurar que el mundo continúe existiendo.

La situación sin embargo permanece fluida. Si el hombre que pecó lleva a cabo una mitzvá, nuevamente se transforma en un benefactor. Mediante sus buenas acciones reconstruye a *Maljut*. *Maljut* se expande y crece así hasta la "madurez", volviendo a estar dispuesta para unirse con *Zeir Anpin*. Entonces se restauran los conductos para transmitir la *shefa* Divina. A partir de esto queda claro que cada uno tiene una tremenda responsabilidad; dependiendo de sus acciones, puede asegurar el flujo de *shefa* al mundo o ser causa de su retención, Dios no lo permita.

Esta reconstrucción de *Maljut* y su unión con *Zeir Anpin* con el propósito de dar a luz la *shefa* es tratada en gran detalle en todas las enseñanzas de la Kabalá. En verdad y debido al hecho de que estos son los *partzufim* que interactúan más continuamente con este mundo, mucho del *Etz Jaim, Pri Etz Jaim* y del *Shmone Shearim*, los tratados básicos de Kabalá del Ari, trata sobre *Zeir Anpin, Maljut* y su relación. Inicialmente, hace falta que *Maljut* sea construida como un *partzuf* completo. Como se mencionó, se dice de los *partzufim* y de sus correspondientes *sefirot* que algunos son "masculinos" y otros "femeninos". El elemento que caracteriza al principio masculino es conocido como *jasadim* (benevolencias), mientras que el elemento que caracteriza al principio femenino es conocido como *guevurot* (juicios). Antes de que tenga lugar una unión, las *guevurot* de *Maljut* deben ser atemperadas y mitigadas (tal como los decretos que requieren ser mitigados, ver n. 1). Una vez que esto sucede, la novia/*Maljut* es entregada al novio/*Zeir Anpin*. Mediante su unión, el elemento de los *jasadim* es transmitido a *Maljut*, de modo que *Maljut*, por así decirlo, se vuelve capaz de concebir y de dar a luz – i.e., de traer *shefa* al mundo. Pero sólo cuando hay *jasadim* para continuar atemperando a las *guevurot* puede llevarse a cabo una segunda unión, aquella que permita la canalización de la *shefa* a través de las personas Divinas. En nuestra lección, el Rebe Najmán se centra en *Maljut* que está siendo preparada para la unión con *Zeir Anpin*. La lección por lo tanto gira alrededor de "preparar a la novia" y mitigar las *guevurot*.

נִמְצָא הַכַּלָּה עֲדַיִן בִּבְחִינוֹת נַעַר, בִּבְחִינוֹת שַׁ"ךְ דִּינִים, וְצָרִיךְ לְהַמְתִּיקָהּ וּלְתַקְּנָהּ וְזֶה נַעֲשֶׂה עַל-יְדֵי רִקּוּדִין. כִּי הָרַגְלִין הֵם בִּבְחִינוֹת נֶצַח וָהוֹד. וְהֵם נִתְנַשְּׂאִים עַל-יְדֵי הַלֵּב, הַיְנוּ עַל-יְדֵי שִׂמְחַת הַלֵּב. כַּנִּרְאֶה בְחוּשׁ שֶׁעַל-יְדֵי שִׂמְחַת הַלֵּב מְרַקְּדִין, כְּמוֹ שֶׁכָּתוּב גַּבֵּי יַעֲקֹב (בראשית כ"ט): "וַיִּשָּׂא יַעֲקֹב אֶת רַגְלָיו", וּפֵרֵשׁ רַשִׁ"י: 'לִבּוֹ נָשָׂא אֶת רַגְלָיו'. וְלֵב הוּא בִינָה כְּמוֹ שֶׁכָּתוּב. בִּינָה לִבָּא וּבָהּ הַלֵּב מֵבִין.

עַל כֵּן צָרִיךְ לְכַוֵּן בָּרִקּוּדִים [לְהַמְשִׁיךְ] הָאֲלָפִין שֶׁבַּלֵּב עַל-יְדֵי הָרַגְלִין, לְהַכַּלָּה שֶׁהִיא בְּחִינַת חָמֵשׁ פְּעָמִים דִּין, גִּימַטְרִיָּא שַׁ"ךְ, גִּימַטְרִיָּא נַעַ"ר. וְעַל-יְדֵי אוֹר הַלֵּב שֶׁנִּמְשָׁךְ לָהּ, נַעֲשֵׂית נַעֲרָה בְּהֵ"א, וְנַעֲשֵׂית ה' פְּעָמִים "אֲדֹנָי".

וְזֶה בְּחִינַת: "אֲדֹנָי שְׂפָתַי תִּפְתָּח", שֶׁעַל-יְדֵי הַשְּׂפָתַיִם שֶׁהֵם נֶצַח וָהוֹד נִפְתָּח וְנִמְתָּק הַכַּלָּה בִּבְחִינַת זִוּוּג, וְנַעֲשֵׂית בְּחִינַת אֲדֹנָי, שֶׁהִיא נַעֲרָה, שֶׁהִיא רְאוּיָה לְזִוּוּג.

---

camino a la casa de Labán, Dios se le apareció y le aseguró que volvería sano y salvo a la Tierra Santa. Esto alegró el corazón de Iaacov, quien se sintió confiado y regocijado. Esa alegría "levantó sus piernas". Ver *Likutey Moharán* I, 10:6 y nota 60.

10. Biná es el corazón.... El corazón/*Biná* levanta las piernas/*Netzaj* y *Hod*. Llevando la alegría de *Biná* hacia las piernas las "levanta" con el baile. Dado que *Biná* es la fuente de los juicios/decretos, cuando, en su lugar, uno trae alegría, puede mitigar los decretos. Y así continúa el Rebe....

11. al bailar...piernas. Al llevar la alegría en el corazón hacia las piernas, las *alef*, que mitigan los decretos, pueden ser transferidas a la novia – i.e., *Maljut*.

12. cinco veces din...naara. Como se explicó más arriba, notas 3 y 4.

13. cinco veces Adonai. Ver más arriba, nota 6. Así, traer la alegría del corazón/*Biná* al bailar puede mitigar los decretos. El Rebe Najmán une ahora esto con el versículo de apertura.

14. labios...Netzaj y Hod. Así como se dice que el orden de las siete *sefirot* en *Zeir Anpin* y *Maljut* es un paralelo del cuerpo humano desde el cuello hacia abajo, también se lo ve como correspondiente a la cabeza. En este esquema, *Netzaj* y *Hod* son un paralelo de los labios. Así, "Dios, abre mis *labios*" implica un pedido para que Él "levante mis *piernas*" – i.e., *Netzaj* y *Hod*.

15. apta para la unión. La enseñanza mencionada del Ari proveniente del *Shaar Amidá* hace referencia al hecho de elevar a *Maljut* hacia el Mundo de *Atzilut*. Durante la Plegaria de la

Por lo tanto, la novia aún se encuentra en la categoría de *naara*, los trescientos veinte juicios, y debe ser mitigada y rectificada. Esto se logra al bailar,[7] porque las piernas corresponden a *Netzaj* y *Hod*.[8] Ellas son elevadas por el corazón, i.e., mediante la alegría del corazón. Esto es algo que puede verse de manera empírica, que debido a la alegría en el corazón nos ponemos a bailar. Como está escrito sobre Iaacov (Génesis 29:1), "Iaacov levantó sus piernas", y Rashi explica que su corazón levantó sus piernas.[9] Y el corazón es *Biná*, como está escrito: *Biná* es el corazón y con ella el corazón comprende (*Tikuney Zohar*, Introducción).[10]

Por lo tanto, al bailar, se debe tener la intención de llevar las *alef* en el corazón hacia la novia, por medio de las piernas.[11] Ella es el aspecto de cinco veces *din* (juicio), que es numéricamente equivalente a trescientos veinte y a *naara*.[12] Y mediante la luz del corazón que es llevada hacia ella, ella se vuelve *naaráh*, con una *hei*, y cinco veces *Adonai*.[13]

Éste es el significado de "*Adonai* (Dios), abre mis labios". Mediante los labios, que son *Netzaj* y *Hod*,[14] la novia es abierta y mitigada en el aspecto de unión. Ella se vuelve el aspecto de *Adonai*, *naaráh*, apta para la unión.[15]

---

la *Alef* (א) se une con los juicios (דין) –A + DIN– en *Maljut* y los mitiga. Éste es el Santo Nombre que corresponde a *Maljut*, *ADoNaI* (אדני), que es numéricamente equivalente a 65. Cinco veces 65 (el *din* ahora mitigado) es 325, el mismo valor numérico que *naaráh* con la *hei* (ה). Una vez que los juicios están mitigados y *naara* (320) se transforma en *naaráh* (325), la novia/*Maljut* está preparada para la unión.

7. naara…bailar. El Rebe Najmán vuelve a su afirmación del comienzo: "*Adonai Sfatai* abre… corresponde a bailar en una boda". Como hemos visto, la novia que va a contraer matrimonio es un aspecto de los juicios no mitigados. Debemos por tanto traer desde *Biná*, la fuente de los juicios/decretos, para mitigar los juicios en su fuente. Bailar en una boda trae las *alef* de *Biná* para lograr esto.

8. piernas…Netzaj y Hod. Una de las explicaciones de "Dios creó al hombre en Su imagen" (Génesis 1:25) es que el cuerpo humano fue diseñado para ser un paralelo del orden de las *sefirot* (ver Apéndice: Las Sefirot y el Hombre). Esto se encuentra en el *Tikuney Zohar*, Introducción. Aquí, el Rebe Najmán hace referencia a las *sefirot* de *Netzaj* y *Hod* tal cual están ubicadas en la parte inferior del *partzuf Zeir Anpin*. Su papel es completar el descenso de la *shefa* hacia *Iesod*, la extremidad de *Zeir Anpin*. Entonces *Zeir Anpin* está dispuesto para transferir la *shefa* a *Maljut*.

9. …Iaacov…su corazón levantó sus piernas. Cuando Iaacov huyó de Esaú y estaba en

וְזֶה דְּאִיתָא בַּמִּדְרָשׁ (בראשית פרשה ע׳) 'כְּשֶׁנָּשָׂא יַעֲקֹב אֶת לֵאָה, בְּשָׁעָה שֶׁהָיוּ מְרַקְּדִין הָיוּ מְזַמְּרִין הִיא לֵיא, לִרְמֹז לְיַעֲקֹב הָא לֵאָה'. הַיְנוּ כִּי לֵאָה הִיא עָלְמָא דְּאִתְכַּסְיָא (זהר ויצא קנ״ד), שֶׁהוּא בְּחִינַת לֵב, כְּמוֹ שֶׁכָּתוּב (תהלים קי״ט): "בְּלִבִּי צָפַנְתִּי אִמְרָתֶךָ". וּמִשָּׁם הַמָּתוֹק שֶׁל הַדִּינִים, כְּשֶׁמַּמְשִׁיכִין ה״א מֵהַלֵּב. וְזֶה 'הָא לֵאָה', שֶׁצָּרִיךְ לְהַמְשִׁיךְ מְלֵאָה הָאֲלָפִין, כְּדֵי לְהַמְתִּיק וּלְתַקֵּן אֶת הַכַּלָּה: גַּם הָיוּ אוֹמְרִים שֶׁהַכַּלָּה שְׁמָהּ לֵאָה, שֶׁעַל-יְדֵי בְּחִינוֹת עַצְמָהּ נִמְתֶּקֶת:

y la más revelada. Sin embargo, como Lea, la Presencia Divina está oculta y es trascendente (ver *Etz Jaim* 37:4; *Likutey Moharán* I, 12:4, n. 63). Lea es así el mundo oculto.

18. mi corazón…ocultado…. Este texto de prueba apunta a la conexión entre el corazón y la cualidad del ocultamiento, conectando así a Lea, el aspecto oculto de la *Shejiná*, con el corazón/*Biná*. Como uno de los tres *partzufim* superiores y trascendentes, *Biná/Ima* no está revelada en este mundo. Aun así, debido a que es la fuente de todos los juicios/decretos (n. 4), tiene la llave para "endulzar" o mitigar los decretos.

19. hei es traída desde el corazón. Como se explicó, la *hei* son las cinco *alef* traídas desde *Biná*, que corresponden a la letra *hei* del Tetragrámaton. Esa *hei* "endulza" los juicios/decretos, que emanan de *Biná* (ver más arriba, n. 6).

20. hei Lea…la novia. Esto es lo que la gente del pueblo quería decir al cantar, "*Heia LEiA*". Estaban diciendo, "Toma la *Hei* de *LEA*" – si quieres rectificar a la novia, trae la *hei*, las cinco *alef*, desde Lea/*Biná*.

21. el nombre de la novia era Lea…propio aspecto…. Debido a que Lea es *Biná*, la fuente de los juicios/decretos, esta novia tiene el poder innato de mitigar todos los decretos.

En síntesis: Es necesario tratar de mitigar todos los juicios/decretos que afectan al mundo. Esto requiere ir hacia la fuente de todos los juicios/decretos, i.e., *Biná*. En otras palabras, para contrarrestar los juicios es necesario traer la alegría desde *Biná*/el corazón. Esto se logra al bailar. Ello trae alegría a través de las piernas/*Netzaj* y *Hod* hacia este mundo/*Maljut*, y así se mitigan los decretos.

Esto es lo que dice en el Midrash (*Bereshit Rabah* 70:19): En la boda de Iaacov y Lea, mientras [la gente] bailaba, cantaba, "*Haia Laia*" – para insinuarle a Iaacov que "Ésta es Lea".[16] Ello se debe a que Lea es el "mundo oculto" (*Zohar* I, 154a),[17] correspondiente al corazón como en (Salmos 119:11), "En mi corazón he ocultado Tu palabra".[18] De allí proviene el mitigar de los juicios, cuando la *hei* es traída desde el corazón.[19]

Éste es el significado de, "*hei* Lea", que uno debe traer las *alef* de Lea para mitigar y rectificar a la novia.[20] Ellos también estaban diciendo que el nombre de la novia era Lea, quien es mitigada mediante su propio aspecto.[21]

Mañana recitamos los *Korbanot* (lectura de los sacrificios), los *Pesukey deZimra* (Salmos) y el *Shemá*, que corresponden a los mundos de *Asiá*, *Ietzirá* y *Beriá*, respectivamente. Con el recitado de cada sección de la plegaria *Maljut* se eleva a través de los mundos espirituales, hasta el Mundo de *Atzilut* (ver Lección #24:2, n. 17). Ésta es la "preparación de la novia", la construcción de *Maljut* para la unión con *Zeir Anpin*. La unión misma tiene lugar durante la cuarta sección de la plegaria, la *Amidá*, en *Atzilut*. Sin embargo, aunque *Maljut* se encuentra preparada, aún carece de la *hei* final para estar apta para la unión. Nuestros Sabios incorporaron por lo tanto el recitado de este versículo inmediatamente antes de la *Amidá*. Ello completa la preparación para la unión (*Pri Etz Jaim, Shaar Amidá* 1). En nuestro contexto, el Rebe Najmán enseña que también ésta es la razón por la cual el hecho de bailar en una boda mitiga los decretos. Así como el recitado de ese versículo trae las *alef* de *Biná* a través de *Netzaj* y *Hod*, abriéndolos para permitir que pase la *shefa* y atempere las *guevurot* en *Maljut*, de la misma manera, levantar las piernas (*Netzaj* y *Hod*) en el baile durante la boda mitiga los decretos trayendo la alegría desde el corazón (*Biná*).

16. Haia Laia...Lea. La gente del pueblo sabía que Labán había puesto a Lea en lugar de Raquel. Aunque Labán les había advertido que no debían informarle de ello a Iaacov, trataron de hacerlo igualmente. Al bailar, cantaban en arameo, "*Haia Laia, Haia Laia* – Ésta es Lea, ésta es Lea".

17. Lea es el mundo oculto. La *Shejiná* (Presencia Divina) se manifiesta en una de dos fases: como *Maljut*, cuando es conocida como Raquel; y como *Biná*, cuando es conocida como Lea. Como Raquel, la *Shejiná* está revelada, al igual que *Maljut* que es la *sefirá* más cercana al mundo

Gráficos-Diagramas

EL ORDEN DE LAS DIEZ SEFIROT

ESTRUCTURA DE LAS SEFIROT

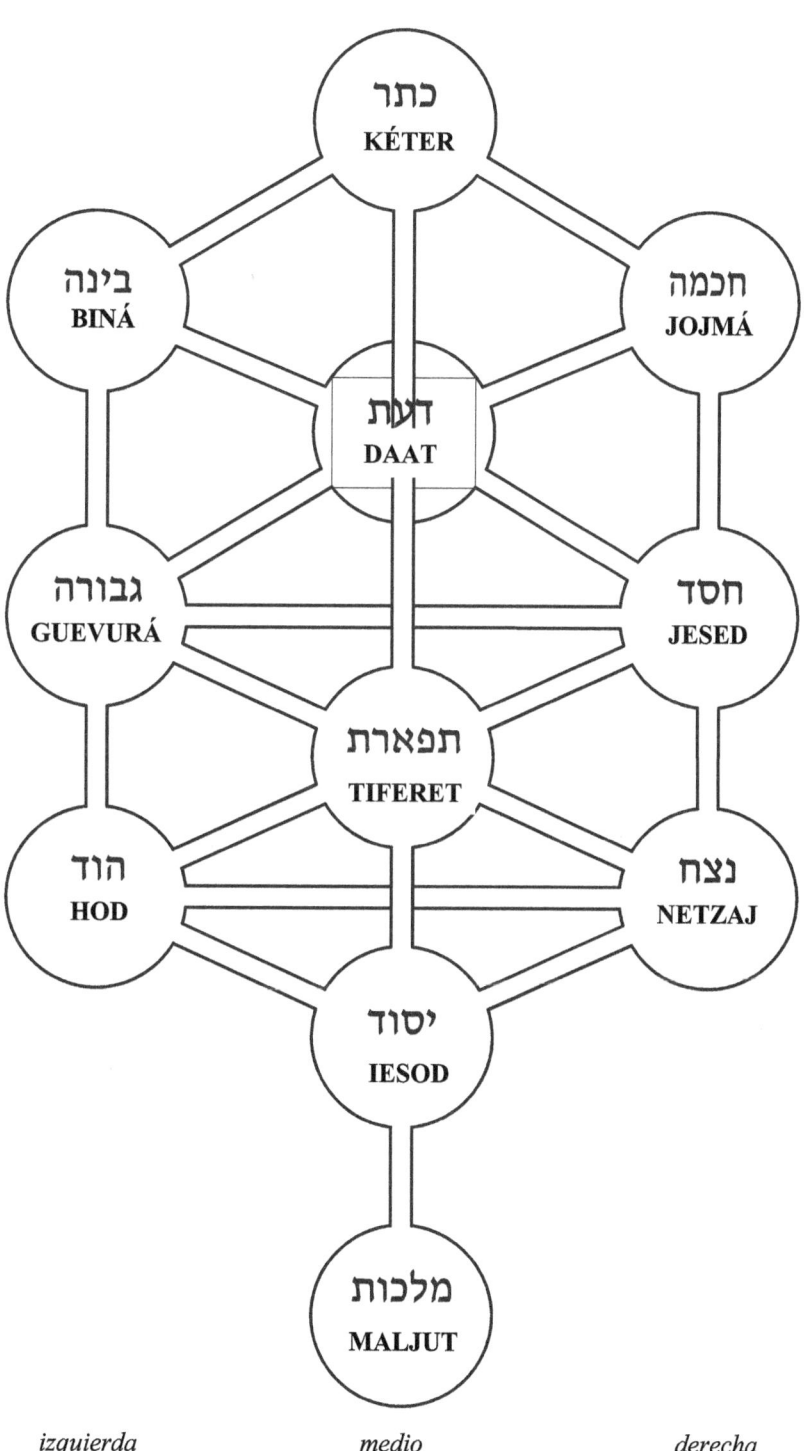

LOS PARTZUFIM - LAS PERSONAS DIVINAS

Sefirá		Persona
KÉTER		ATIK IOMIN ARIJ ANPIN
JOJMÁ	⎫ ⎬ Daat ⎭	ABA
BINÁ		IMA
TIFERET	⎧ Jesed ⎪ Guevurá ⎨ Tiferet ⎪ Netzaj ⎪ Hod ⎩ Iesod	ZEIR ANPIN
MALJUT		NUKVA DE ZEIR ANPIN

Nombres alternativos para *Zeir Anpin* y *Maljut*:

Zeir Anpin: Iaacov, Israel, Israel Sava, Torá, Ley Escrita, Santo Rey, el Sol.

Maljut: Lea, Rajel, Plegaria, Ley Oral, *Shejiná* (Divina Presencia), la Luna.

LAS SEFIROT Y EL HOMBRE

Kéter - Corona, Voluntad	Cráneo
Jojmá - Sabiduría	Cerebro derecho
Biná - Comprensión	Cerebro izquierdo
(*Daat* - Conocimiento)	(Cerebro medio)
Jesed - Amor	Brazo derecho
Guevurá - Fuerza, Restricción	Brazo izquierdo
Tiferet - Belleza, Armonía	Torso
Netzaj - Victoria, Duración	Pierna derecha
Hod - Esplendor	Pierna izquierda
Iesod - Fundamento	Organo Sexual (*Brit*)
Maljut - Reinado	Pies

Alternativamente: *Jojmá* corresponde al cerebro/mente; *Biná* al corazón
Alternativamente: *Maljut* corresponde a la pareja del hombre, o la boca

NIVELES DE EXISTENCIA

Mundo	Manifestación	Sefirá	Alma	Letra
Adam Kadmón		Keter	*Iéjida*	Apice de la Iud
Atzilut	Nada	Jojma	*Jaiá*	Iud
Beriá	Pensamiento	Bina	*Neshamá*	Hei
Ietzirá	Habla	Tiferet (seis Sefirot)	*Ruaj*	Vav
Asiá	Acción	Maljut	*Nefesh*	Hei

Mundo	Habitantes	T-N-T-A
Adam Kadmón	Los Santos Nombres	
Atzilut - Cercanía	Sefirot, Partzufim	*Taamim* - Musicalidad
Beriá - Creación	El Trono, Almas	*Nekudot* - Vocales
Ietzirá - Formación	Angeles	*Taguim* - Coronas
Asiá - Acción	Formas	*Otiot* - Letras

GUEMATRIA DEL SANTO NOMBRE DE DIOS

$$IHVH = 26 = \text{יהוה}$$

$$EHIeH = 21 = \text{אהיה}$$

$$ELOHIM = 86 = \text{אלהים}$$

EXPANSIONES DEL SANTO NOMBRE DE DIOS

IHVH – Expansión del Tetragrámaton – יהוה

Expansión	Partzuf	Nombre	Valor		Expansión
IUD HI VIV HI	Aba - *Jojmá*	AB	72	עב	יוד הי ויו הי
IUD HI VAV HI	Ima - *Biná*	SaG	63	סג	יוד הי ואו הי
IUD HA VAV HA	Zeir Anpin	MaH	45	מה	יוד הא ואו הא
IUD HH VV HH	Nukva - *Maljut*	BaN	52	בן	יוד הה וו הה

EHIH – Expansión del Santo Nombre EHIeH – אהיה

Expansión	Nombre	Valor		Expansión
ALeF HI IUD HI	KSA	161	קסא	אלף הי יוד הי
ALeF HH IUD HH	KNA	151	קנא	אלף הה יוד הה
ALeF HA IUD HA	KMG	143	קמג	אלף הא יוד הא

ELHIM – Expansión del Santo Nombre ELoHIM – אלהים

Expansión	Nombre Valor	Expansión
ALeF LaMeD HI IUD MeM	300	אלף למד הי יוד מם
ALeF LaMeD HH IUD MeM	295	אלף למד הה יוד ממ
ALeF LaMeD HA IUD MeM	291	אלף למד הא יוד ממ

LAS SEFIROT Y LOS NOMBRES DE DIOS ASOCIADOS CON ELLAS

Kéter - Corona	*Ehiéh*
Jojmá - Sabiduría	*IaH*
Biná - Comprensión	*IHVH (pronunciado Elohim)*
Jesed - Amor	*El*
Guevurá - Fuerza	*Elohim*
Tiferet - Belleza	*IHVH (pronunciado Adonai)*
Netzaj - Victoria	*Adonai Tzevaot*
Hod - Esplendor	*Elohim Tzevaot*
Iesod - Fundamento	*Shadai, El Jai*
Maljut - Reinado	*Adonai*

LAS SEFIROT Y EL TETRAGRÁMATON

SEFIRÁ	**PUNTOS VOCALES**	**VOCALES DE ACUERDO A LA KABALÁ**	**PUNTOS VOCALES DEL *IHVH***
Kéter	*Kamatz*	*Kamatz*	יָהָוָהָ
Jojmá	*Pataj*	*Pataj*	יַהַוַהַ
Biná	*Tzeyrey*	*Tzeyrey*	יֵהֵוֵהֵ
Jesed	*Segol*	*Segol*	יֶהֶוֶהֶ
Guevurá	*Shva*	*Shva*	יְהְוְהְ
Tiferet	*Jolem*	*Jolem*	יֹהֹוֹהֹ
Netzaj	*Jirik*	*Jirik*	יִהִוִהִ
Hod	*Kubutz*	*Shuruk*	יֻהֻוֻהֻ
Iesod	*Shuruk*	*Mloopum*	יו הו וו הו
Maljut	Ninguna vocal	Ninguna vocal	יהוה

LOS COLORES SUPERIORES

Kéter - Corona	blanco cegador
Jojmá - Sabiduría	un color que incluye todos los colores
Biná - Comprensión	amarillo y verde
Jesed - Amor	blanco y plata
Guevurá - Fuerza	rojo y oro
Tiferet - Belleza	amarillo y púrpura
Netzaj - Victoria	rosa claro
Hod - Esplendor	rosa oscuro
Iesod - Fundamento	naranja
Maljut - Reinado	azul

LOS SIETE PASTORES SUPERIORES

Jesed - Amor	Abraham
Guevurá - Fuerza, Restricción	Isaac
Tiferet - Belleza, Armonía	Iaacov
Netzaj - Victoria, Duración	Moisés
Hod - Esplendor	Aharón
Iesod - Fundamento	Iosef
Maljut - Reinado	David

NUMEROLOGIA DE LAS LETRAS HEBREAS - GUEMATRIA

300 = ש	70 = ע	20 = ך,כ	6 = ו	1 = א
400 = ת	80 = ף,פ	30 = ל	7 = ז	2 = ב
	90 = ץ,צ	40 = ם,מ	8 = ח	3 = ג
	100 = ק	50 = ן,נ	9 = ט	4 = ד
	200 = ר	60 = ס	10 = י	5 = ה

valores alternativos para las 5 letras finales, MaNTzPaJ:

| 900 = ץ | 800 = ף | 700 = ן | 600 = ם | 500 = ך |

ליקוטי הלכות

LIKUTEY HALAJOT

LOS SABIOS DE ATENAS

(del *Likutey Halajot, Shabat* 6)

Escribe el rabí Natán: Ésta es la explicación de la increíble historia del rabí Ioshúa y de los *Sabei debei Atuna* ("Los Sabios de Atenas"). Todos se preguntan de qué trata este debate. El Rebe Najmán, con su asombrosa y profunda percepción, ya ha explicado la mayor parte de sus conversaciones. Pero hay dos intercambios que no fueron explicados, junto con el resto de la historia de cómo el rabí Ioshúa fue a verlos y lo que sucedió al final. El Rebe Najmán había querido "decir Torá" sobre esas parte de la historia también, pero debido a nuestros numerosos pecados no tuvimos el mérito de oírlo revelar esas enseñanzas. Incluso lo que sí oímos no fuimos dignos de ello, sólo que Dios, sea Su Nombre por siempre bendecido, se apiadó de nosotros y con una gran bondad nos permitió oír aquello que oímos. Ahora bien, con esa gran bondad, Dios ha despertado mi corazón y ha abierto mis ojos como para encontrar en ellas palabras agradables.

Relata el Talmud (*Bejorot* 8b):

Cierta vez, el Emperador romano le hizo la siguiente pregunta al rabí Ioshúa ben Janania: "¿Cuánto dura el tiempo de gestación de una serpiente?".

"Siete años", respondió el rabí Ioshúa. Cuando el Emperador insistió en que los Sabios de Atenas habían hecho copular a dos serpientes y la hembra había parido luego de tres años, el rabí Ioshúa replicó que la serpiente ya había estado preñada por cuatro años. Cuando le preguntó cómo era posible que la serpiente hubiese copulando una vez que estaba preñada, el rabí Ioshúa explicó, "En esto, las serpientes no son diferentes a los humanos".

"Pero los Sabios son expertos", arguyó el Emperador.

"Quizás, pero nosotros somos más listos", le replicó el rabí Ioshúa.

"Si ése es el caso", dijo el Emperador, "entonces anda a verlos. Sé más listo que ellos y tráemelos aquí".

"¿Cuántos son ellos?".

"Son sesenta". El rabí Ioshúa le solicitó al Emperador que le preparase una nave con sesenta camarotes, cada uno con sesenta sillas. Una vez hecho esto, salió para Atenas.

Cuando el rabí Ioshúa llegó a Atenas, entró a una carnicería. Allí encontró al carnicero trozando un animal. El rabí Ioshúa le dijo, "Véndeme tu cabeza".

"De acuerdo", respondió al carnicero. Cuando le preguntó cuánto quería por ella, el carnicero le respondió que costaba medio *zuz*.

El rabí Ioshúa le dio el dinero y le dijo, "Ahora bien, dame tu cabeza". El carnicero le alcanzó la cabeza del animal. "Yo no te pedí la cabeza del animal", insistió el rabí Ioshúa, "¡yo te pedí tu cabeza! Ahora bien, si quieres liberarte del compromiso, comienza a caminar y guíame hacia la entrada de la academia de los Sabios de Atenas".

El carnicero protestó. "Temo llevarte allí. Si ven que alguien está señalando hacia su colegio, lo matan".

"Entonces lleva un atado de cañas", le aconsejó el rabí Ioshúa, "y cuando lleguemos a la puerta, deja el atado en el piso como si estuvieses descansando".

Al llegar a la residencia de los Sabios, el rabí Ioshúa notó que había unos guardias dentro de la entrada para impedir que alguien entrase y que había guardias afuera de la entrada para impedir que alguien saliese. Si los ancianos notaban las huellas de alguien entrando, matarían a los guardias de afuera por haber sido negligentes. Si notaban las huellas de alguien saliendo, matarían a los guardias de adentro por haber sido negligentes. En cuanto a los guardias mismos, ellos nunca matarían a nadie salvo que la persona entrase o saliese totalmente. ¿Qué hizo el rabí Ioshúa? Se puso las sandalias al revés y se quedó en la entrada dejando huellas. Cuando los ancianos notaron las marcas, presumieron que alguien había salido y mataron a los guardias de adentro. Entonces el rabí Ioshúa volvió a invertir sus sandalias y se quedó en la entrada haciendo huellas. Cuando los ancianos notaron las marcas, presumieron que alguien había entrado de modo que mataron al resto de los guardias. El rabí Ioshúa pudo entonces entrar....

Adentro, encontró a los Sabios más jóvenes sentados en la galería superior más prestigiosa y a los Sabios más ancianos sentados abajo. Esto era hecho a propósito, para desorientar al intruso. Si saludaba primero a los ancianos, los más jóvenes lo acusarían de no haberles mostrado el debido respeto en virtud de su posición más preeminente. Y si primero saludaba a los más jóvenes en la galería superior, los ancianos lo acusarían de no haberles mostrado el respeto debido a su edad. Así, de la manera que fuese, siempre podrían acusarlo y condenarlo a muerte. Rabí Ioshúa comprendió esto y por lo tanto saludó a todos los Sabios de Atenas al mismo tiempo.

"¿Qué te trae aquí?", preguntaron.

"Soy un sabio judío. He venido a aprender sabiduría de ustedes", les respondió.

"Si es así, te haremos algunas preguntas".

"Muy bien", dijo el rabí Ioshúa. "Si me vencen, podrán hacer conmigo lo que quieran. Pero si yo demuestro ser más listo que ustedes, entonces les pediré que vengan a comer pan conmigo a bordo de mi nave".

*

Escribe el rabí Natán:

El Emperador romano le hizo la siguiente pregunta al rabí Ioshúa ben Janania: "¿Cuánto dura el tiempo de gestación de una serpiente?". "Siete años", respondió el rabí Ioshúa.

La "serpiente" alude a las ideologías y las filosofías seculares que minan la verdadera sabiduría. La Torá dice así que "la serpiente era la más astuta de todas las bestias salvajes" (Génesis 3:1), pues esas ideologías le llegan al Hombre como resultado del hecho de que Eva fue envenenada por la Serpiente primordial. Al preguntar "¿Cuánto dura el tiempo de gestación?", el Emperador de hecho estaba preguntando, "¿Cuál es la raíz de su sabiduría? ¿Cuánto tiempo y cuán duro es necesario trabajar para 'dar nacimiento' a una sabiduría como la de ellos?".

Al responder "siete años", el rabí Ioshúa estaba insinuando que la raíz de las ideologías y de las filosofías seculares está relacionada con los Siete Atributos (que corresponden a las siete *sefirot* inferiores; ver Apéndice). Como sabemos a partir de la interpretación del sueño del faraón que hizo Iosef (Génesis 41), las siete vacas gordas y las siete espigas buenas indicaban siete años buenos, mientras que las siete vacas enjutas y las siete espigas consumidas indicaban siete años malos. Estos son los siete atributos positivos y los siete atributos negativos. El rabí Ioshúa respondió que esa sabiduría sólo proviene de los siete atributos negativos, debido al hecho de que ellos están atrapados en los deseos y rasgos negativos de la personalidad que están incluidos en los "siete años". Así, la raíz de su sabiduría es su apego y deseo de la materialidad de este mundo.

Cuando el Emperador insistió en que los Sabios de Atenas habían hecho copular a dos serpientes y la hembra había parido luego de tres años, el rabí Ioshúa replicó que la serpiente ya había estado preñada por cuatro años.

El Emperador contestó diciendo que los Sabios de Atenas habían hecho dar a luz a una serpiente sólo después de tres años. Esos "tres años" son una alusión a los Tres Intelectos, que corresponden a Sabiduría, Comprensión y Entendimiento (las tres *sefirot* superiores). Pues es un principio conocido que "Dios hizo uno contrapuesto al otro" (Eclesiastés 7:14), todo aquello que existe en el ámbito de la santidad tiene su contraparte e imagen especular en el ámbito de lo no santo. Consecuentemente, el Otro Lado (la Serpiente) también consiste de Siete Atributos y de Tres Intelectos. Así, la pregunta del Emperador era, "¿Pero los Sabios de Atenas dicen que su sabiduría está enraizada totalmente en los Tres Intelectos, sin ningún apego a los Siete Atributos?". Es algo bien sabido que aquellos que comparten esas ideologías afirman que llegaron a esas percepciones exclusivamente mediante su intelecto, completamente divorciados de los deseos y de los malos rasgos de la personalidad.

La respuesta del rabí Ioshúa fue que "la serpiente ya había estado preñada por cuatro años". Es decir, dado que se dedican a la investigación filosófica y al debate científico, daría la impresión de que sus conclusiones se basan solamente en las facultades intelectuales. Sin embargo, en verdad, todas provienen de los deseos y de los malos rasgos de la personalidad con los cuales ellos fueron "preñados" años antes. Esos deseos y rasgos distorsionan sus procesos de pensamiento y los llevan hacia las ideologías y las filosofías extrañas que profesan.

Más aún, los "cuatro años" aluden a los cuatro elementos fundamentales de la creación: el fuego, el aire, el agua y la tierra. Se enseñó que todos los rasgos y deseos están incluidos en los Siete Atributos y enraizados en los cuatro elementos. En el ámbito de la santidad, esos elementos corresponden a las cuatro letras del Santo Nombre de Dios (el Tetragrámaton) (ver *Likutey Moharán* I, 8:5). Pero debido a sus deseos y a sus malos rasgos, ellos han caído en el ámbito de lo no santo y han quedado influenciados por los aspectos negativos de los cuatro elementos. Consecuentemente, es de allí de donde traen su sabiduría y sus percepciones intelectuales. Así, el rabí Ioshúa insistió en el hecho de que ya habían estado cargando esas influencias con ellos, lo que dio nacimiento a esas ideas extrañas. Esto está en línea con lo que enseña el Rebe Najmán: Los pensamientos de la persona y sus percepciones están relacionados con aquellos rasgos a los cuales se encuentra adherida (*Likutey Moharán* I, 29:final).

Cuando le preguntó cómo era posible que la serpiente hubiese copulado una vez que estaba preñada, el rabí Ioshúa explicó, "En esto, las serpientes no son diferentes a los humanos".

El término hebreo para copular es *meshamesh*, que también significa "servir". Así, la pregunta del Emperador estaba relacionada con el servicio a sus maestros llevado a cabo por aquellos que se adhieren a las filosofías seculares. Él preguntó, "¿Pero acaso no sirven y atienden a sus maestros en sus academias?". Cuando el estudiante sirve y pasa tiempo observando a su maestro, a un verdadero estudioso de Torá, esa asociación da nacimiento a nuevas ideas y conocimientos santos. Pero aquí, también, "Dios hizo uno frente al otro". Pues aquellos atraídos por una equivocada búsqueda de sabiduría también sirven a sus maestros y reciben de ellos las enseñanzas de las ideologías seculares.

Así, el rabí Ioshúa respondió que "en esto, las serpientes no son diferentes a los humanos". En este respecto, aquel que corre detrás de las ideologías y de las filosofías, de la serpiente, se parece al estudiante de la verdadera sabiduría, al ser humano. Sin embargo, de hecho, sólo están imitando el comportamiento humano, pues sólo aquellos dedicados a la sabiduría Divina –al estudio de la Torá– son llamados "humanos", en el sentido espiritual de la palabra. Y, mientras que éstos sirven a sus maestros para obtener las claves para entrar al Mundo que Viene, los otros lo hacen como un medio para aumentar su apego a este mundo.

"Pero los Sabios son expertos", arguyó el Emperador. "Quizás, pero nosotros somos más listos", le replicó el rabí Ioshúa.

Esto debe comprenderse de manera simple. Cuando se le preguntó, "Pero pese a todo, ¿no son sabios? ¿Acaso no han hecho algunas invenciones y descubrimientos asombrosos?". El rabí Ioshúa respondió que incluso así, "Nosotros somos más listos. Su sabiduría se centra en este mundo pasajero, mientras que nuestra sabiduría está dirigida a alcanzar el verdadero propósito de la creación del hombre: el mundo eterno. Por lo tanto, ciertamente somos más listos que ellos".

Y en verdad, también los grandes Tzadikim, quienes no escatimaron esfuerzos en trabajar para el verdadero objetivo y separarse enteramente de este mundo, alcanzaron el conocimiento de la sabiduría secular. Así, hubo muchos Tzadikim que fueron muy competentes en las ciencias, en la música, etcétera, incluso más aún que los así llamados expertos y autoridades. Sin embargo, es mejor que la gente común no se involucre en esos estudios, debido a los "tropiezos" intelectuales que allí se ocultan. Aun así, incluso las personas comunes son más listas que aquellas que se dedican a la búsqueda de tales sabidurías, pues siguen el sendero de la Torá y esto las lleva más allá de toda ideología y filosofía.

"Si ése es el caso", dijo el Emperador, "entonces anda a verlos. Sé más listo que ellos y tráemelos aquí". "¿Cuántos son ellos?". "Son sesenta". El rabí Ioshúa le solicitó al Emperador que le preparase una nave con sesenta camarotes, cada uno con sesenta sillas. Una vez hecho esto, salió para Atenas.

El rabí Ioshúa le respondió al Emperador que para poder vencer a los Sabios de Atenas –los exponentes de las ideologías seculares– uno debe estar bien preparado. Es necesario ser un "guerrero" en la Torá, en la plegaria y en las buenas acciones, pues ésas son las armas necesarias para el éxito.

El rabí Ioshúa pidió por lo tanto una "nave". Esa nave alude a la Torá. Este mundo es como un mar turbulento, con sus profundidades amenazando constantemente con tragarse el alma del hombre. Si se quiere sobrevivir, se deberá tener una nave muy sólida. Ésta es la santa Torá, la cual sólo se merece a través de los verdaderos sabios que saben cómo interpretar y transmitir sus enseñanzas. De ellos se dice (Salmos 107:23), "Aquellos que descienden al mar en navíos" –la Torá– "que hacen su obra en agua poderosas". Ellos hacen sus grandes y tremendas "obras en aguas poderosas", en las aguas torrenciales de este mundo.

Así, el siguiente versículo dice de esos Tzadikim que "ellos han visto los actos de Dios y Sus maravillas en las profundidades del mar". Pues sólo ellos son capaces de ver "los actos de Dios y Sus maravillas" en las profundidades del mar que es este mundo. Sólo ellos saben cómo las feroces olas (las tribulaciones físicas y espirituales) golpean contra cada uno de nosotros y sólo ellos saben cómo salvar a aquellos que se les acercan para evitar que se hundan en el abismo. Esto lo hacen llevándolos a bordo de sus sólidas naves: las santas enseñanzas de Torá que ellos revelan.

Éste es el significado del hecho de que el rabí Ioshúa pidiese "una nave con sesenta camarotes". Estos son los sesenta tratados del Talmud, que representan la totalidad de la Torá Oral, que a su vez es un símbolo de la fe en los sabios. También pidió que hubiese "sesenta sillas" en cada uno de esos camarotes. "Sillas" corresponde a la plegaria, al reino de David, al trono (silla) del reinado. Esto explica por qué el rey David, que pasó todos sus días en plegaria hasta llegar a ser digno de componer el Libro de los Salmos, mereció el trono del reinado eterno; pues los Salmos incluyen todas las plegarias y canciones de alabanza.

Éste es el motivo por el cual también deben ser "sesenta", porque la plegaria está compuesta de sesenta, como en, "Hay sesenta *melajot* (reinas)" (Cantar de los Cantares 6:8). Y en contraste con los "sesenta" de la plegaria están los Sabios del Otro Lado, quienes también son sesenta. Así, Rashi explica "sesenta *melajot*" como haciendo referencia a los descendientes de Abraham: Los hijos de Ishmael, los hijos de Ketura, la concubina de Abraham y los hijos de Itzjak, incluyendo aquellos de Esaú (Roma) y de Iaacov. Juntos eran sesenta. Y de ellos fue elegida "una paloma fiel" (ibid. :9) – Israel.

Ahora bien, cuando la plegaria está compuesta por "sesenta *melajot*" de santidad –el santo *Maljut*– tiene el poder de vencer al *Maljut* no santo de Esaú – las *melajot* del Otro Lado. Pues los Sabios dependen para su "sustento" de las "sesenta *melajot*" de santidad. Esto coincide con los "sesenta guerreros armados" que rodeaban el lecho del rey Salomón (ibid. 3:7, 8). Rashi explica que esos guerreros eran los sabios que aseguraban y cuidaban el estudio de la Torá, en particular, la Torá Oral.

El rabí Ioshúa le pidió por lo tanto al Emperador una nave con sesenta camarotes y con sesenta sillas en cada camarote. Los "sesenta camarotes" son los sesenta tratados; las "sesenta sillas" son la plegaria. Cada *halajá* (ley) de la Torá Oral debe estar unida a la plegaria. Pues será necesario orar y pedirle a Dios ser dignos de cumplir con cada *halajá* que se estudie. Éste es el significado de lo que dijo el Rebe Najmán, "Transforma tu Torá en plegaria". Y aquel que lo logre podrá vencer a las fuerzas del Otro Lado; se habrá construido una nave sólida y podrá por lo tanto enfrentar a los Sabios de Atenas y vencerlos.

El rabí Ioshúa era un hombre así. Era un Tzadik grande y tremendo, por lo que fue capaz de ordenarle al Emperador que "le preparase una nave". Pues es sabido que cuanto más meritorios sean los actos de la persona, más grande será el control que tenga sobre el Otro Lado. Y cuando alguien es digno de vencerlos, ellos mismos lo ayudan para aumentar la santidad. Esto, nos enseñan nuestros Sabios, es el significado de lo que decimos en la plegaria del *Shemá*: "con todo tu corazón" – con nuestra inclinación al bien y con nuestra inclinación al mal (*Berajot* 54a). Una vez conquistada, incluso nuestra mala inclinación contribuirá a nuestro servicio a Dios. Por ello el rabí Ioshúa fue capaz de ordenarle al Emperador, la personificación del reinado del mal, que lo ayudase a perfeccionar "su nave" – símbolo de la Torá y de la plegaria.

Cuando el rabí Ioshúa llegó a Atenas, entró a una carnicería. Allí encontró al carnicero trozando un animal.

El rabí Ioshúa llegó a Atenas y entró a una carnicería. "Una carnicería" alude al Otro Lado, y particularmente a Satán y a sus fuerzas. Su objetivo es aniquilar y matar espiritualmente a la gente. Esto lo logra inundando a la persona de pensamientos malos y no santos, minando así su santidad.

Podemos conectar esto con la historia de Iosef, quien fue vendido como esclavo al jefe de los carniceros del faraón. Pues el hecho de que el rabí Ioshúa pusiese en peligro su vida descendiendo a Grecia es el mismo concepto que el descenso de Iosef a Egipto. En época del rabí Ioshúa, Grecia se había vuelto el asiento de las ideologías y filosofías seculares, la capital del Otro Lado, al igual que Egipto, que había sido el centro mundial de la idolatría y de la filosofía en la época de Iosef. En verdad, los filósofos griegos, los Sabios de Atenas, heredaron mucho de su pensamiento de la civilización egipcia. Así, Iosef el Tzadik, al llegar a Egipto, fue vendido al jefe de los carniceros, el agente del Otro Lado responsable de la muerte espiritual de aquellos que estaban bajo su control. De la misma manera, también el rabí Ioshúa, cuando llegó a Atenas, se dirigió primero a la carnicería. Al igual que Iosef, desafiaría a las fuerzas del Otro Lado que buscan aniquilar al hombre inundándolo con pensamientos no santos.

Así, cuando el rabí Ioshúa entró a la carnicería, encontró "al carnicero trozando un animal". Es decir, encontró al instigador y al seductor trabajando sobre un "animal", algún pensamiento no santo con el cual corromper la mente de los hombres (ver *Likutey Moharán* I, 233, que los malos pensamientos son "animales muertos").

El rabí Ioshúa le dijo, "Véndeme tu cabeza". "De acuerdo", respondió al carnicero. Cuando le preguntó cuánto quería por ella, el carnicero le respondió que costaba medio *zuz*. El rabí Ioshúa le dio el dinero y le dijo, "Ahora bien, dame tu cabeza". El carnicero le alcanzó la cabeza del animal. "Yo no te pedí la cabeza del animal", insistió el rabí Ioshúa, "¡yo te pedí *tu* cabeza!".

Esta "cabeza" alude a los pensamientos en la cabeza de la persona. El rabí Ioshúa quería saber si el carnicero estaba dedicado a venderle pensamientos no santos a la mente de los hombres. "Dime, ¿cuánto cuesta la cabeza?", preguntó el rabí Ioshúa. En otras palabras, "¿Qué pensamientos son los que trabajan mejor para atrapar a los hombres?". "Medio *zuz*", respondió el carnicero, aludiendo así al deseo de dinero. Esto es como enseñaron nuestros Sabios: El hombre muere sin llegar a satisfacer la *mitad* de sus deseos. Si tiene cien quiere doscientos (*Kohelet Rabah* 1:34). El deseo de dinero es llamado por lo tanto "medio *zuz*" – siempre es medio, nunca está completo.

De modo que el rabí Ioshúa le dio el dinero. El rabí Ioshúa había llegado a Atenas para quebrar y subyugar el poder de las ideologías externas del Otro Lado. Como hemos visto, este poder proviene de los malos pensamientos que están enraizados en los malos deseos. Por lo tanto, para destruirlos, debía descender hacia el ámbito a través del cual les era canalizado ese poder. Ahora bien, cuando el Tzadik desciende al nivel de las fuerzas del Otro Lado, éstas suponen, equivocadamente, que él es como cualquier otra persona y que, debido a que ha sucumbido a sus malos deseos, ha quedado atrapado en su trampa (ver *Likutey Moharán* II, 8:5).

Éste es el significado de "le dio el dinero". Él le dio el "medio *zuz*", que es el deseo de dinero. En otras palabras, el rabí Ioshúa descendió intencionalmente hacia el atributo negativo de la codicia, al punto en que pensaron que era como cualquier otra persona que le da fuerza al Otro Lado sucumbiendo a la avaricia y a la codicia.

"Ahora bien, dame tu cabeza", le dijo el rabí Ioshúa al carnicero. "Dame el mal pensamiento en la cabeza a través del cual conquistas el mundo, pues yo lo compré con el medio *zuz* – descendiendo hacia el deseo de dinero". El carnicero le entregó la cabeza del animal. Le entregó algún mal pensamiento, que corresponde a "un animal muerto". "Yo no te pedí la cabeza del animal", insistió el rabí Ioshúa, "¡Yo te pedí *tu* cabeza!". Con esto el rabí Ioshúa les informó a las fuerzas del Otro Lado que el propósito de haber descendido hacia ellas no era comprar o tomar los malos pensamientos y las ideologías seculares, sino comprar "¡*tu* cabeza!". Había venido por ellas, para cortar sus cabezas y vencerlas. "Éste fue el único propósito por el cual descendí a este ámbito malvado, para quebrarlo y destruirlo".

"Ahora bien, si quieres liberarte del compromiso, comienza a caminar y guíame hacia la entrada del colegio de los Sabios de Atenas". El carnicero protestó. "Temo llevarte allí. Si ven que alguien está señalando hacia su colegio, lo matan".

El rabí Ioshúa vio que ya tenía la fuerza como para quebrar el ámbito malvado al cual había descendido, pero no estaba satisfecho con ello. Quería destruir totalmente a las fuerzas del Otro Lado. Por lo tanto no quería eliminar por completo "al carnicero", para poder descender más aún, hacia la "entrada" de la absoluta impureza. Allí, el rabí Ioshúa encontraría a los principales exponentes de la filosofía griega, a los Sabios de Atenas – la esencia del Otro Lado. Pues cuanto más uno quiera destruirlas, mas deberá descender hacia ellas. Dijo por lo tanto, "Si quieres que te libere, comienza a caminar y guíame hacia la entrada".

Pero el carnicero protestó, "Temo llevarte allí", le dijo. Debe comprenderse que todo este incidente tuvo lugar en el ámbito de la mente y del intelecto. Esta protesta, por lo tanto, fue la objeción presentada por el pensamiento al cual había descendido el rabí Ioshúa. Habiéndolo vencido, quería que el pensamiento lo guiase más aún, de un pensamiento a otro, hasta la fuente misma de la impureza de los Sabios de Atenas. "¿Cómo puedo hacerlo?", arguyó el pensamiento. "Ellos matan a cualquiera que se acerque".

"Entonces lleva un atado de cañas", le aconsejó el rabí Ioshúa, "y cuando lleguemos a la puerta, deja el atado en el piso como si estuvieses descansando".

La respuesta del rabí Ioshúa al carnicero, al pensamiento, fue como sigue: "Viendo que tienes miedo de descender allí por temor a quedar atrapado, te daré algunos consejos generales sobre cómo salvarte de tales pensamientos". Esto alude a los pensamientos que son llamados cañas (*kané*), como en (Proverbios 4:5), "Adquiere (*kné*) sabiduría, adquiere (*kné*) comprensión" de santidad. Por el contrario, las fuerzas del Otro Lado también tienen "cañas", aunque las suyas son cañas de impureza (ver *Likutey Moharán* I, 35).

Así, el "atado de cañas" al cual hacía referencia el rabí Ioshúa puede comprenderse como los atados de pensamientos en la mente. Todos nuestros pensamientos e ideas están catalogados en la mente en la forma de "atados", unidos y conectados entre sí. Es por ello que la persona puede quedar atrapada en sus pensamientos; un pensamiento lleva a otro, una idea lleva a la siguiente, hasta que llega a quedar atrapada por pensamientos indeseables o incluso algo peor.

La solución propuesta por el rabí Ioshúa para ello era "dejar el atado en el piso como si estuvieses descansando". Cuando el pensamiento comienza a correr, la persona debe detenerse inmediatamente y descansar. Deberá "sentarse y no hacer nada" en su mente. Éste es el concepto del Shabat; en medio de todos los problemas y ansiedades, en medio de todos los pensamientos e ideas, la persona se cierra y suspende todas las actividades mentales. Pues la verdad es que uno siempre tiene la capacidad de controlar los pensamientos a voluntad. Lo que sucede es que cuando ellos lo confunden y lo abruman, da la sensación de que no hay esperanza de poder controlarlos. La única solución entonces es detenerse inmediatamente y frenar todo pensamiento.

Así, el consejo del rabí Ioshúa era: Si te encuentras aplastado por muchos atados de pensamientos e ideas, deberás detenerte. Arroja la pesada carga de tu mente. Anúlate. Ésta es la regla general cuando se trata de los pensamientos indeseables: "sentarse y no hacer nada" (*Likutey Moharán* II, 122).

Esto es verdad incluso para la persona cuyos pensamientos ya se han extraviado y han quedado atrapados. Si, en su deseo de retornar desde allí, trata de forzar la vuelta, quedará mucho más aprisionada y apegada. Aquí también, la única solución es "sentarse y no hacer nada", al menos desde ahora en adelante. En medio de su más profunda confusión deberá detenerse y cesar todo pensamiento. Ocasionalmente, esto requerirá anularse por completo; quedar unido a Dios y anularse en la luz del Infinito. Éste es el concepto de recordar constantemente el Shabat y de traer la santidad del Shabat a todo momento, incluso durante los días de la semana. Esto coincide con la enseñanza de que el Shabat protegió a Adán después de que pecó y al pueblo de Israel después de transgredir con el Becerro de Oro (ver *Los Cuentos del Rabí Najmán* #11, p.147).

Siguiendo el consejo del rabí Ioshúa será posible salvarse de los malos pensamientos y así ver las entradas que allí existen. Esto se aplica a todos, aunque sólo los espiritualmente fuertes, como el rabí Ioshúa ben Janania, son capaces de anularse siempre, por completo, en el aspecto del Shabat. Esto les permite ver todas las entradas hacia las fuerzas de la impureza –las entradas hacia donde residen los Sabios de Atenas– para entrar y vencerlos.

Al llegar a la residencia de los Sabios, el rabí Ioshúa notó que había unos guardias dentro de la entrada para impedir que alguien entrase y que había guardias afuera de la entrada para impedir que alguien saliese. Si los ancianos notaban las huellas de alguien entrando, matarían a los guardias de afuera por haber sido negligentes. Si notaban las huellas de alguien saliendo, matarían a los guardias de adentro por haber sido negligentes. En cuanto a los guardias mismos, ellos nunca matarían a nadie salvo que la persona entrase o saliese totalmente.

Rashi indica que esos guardias estaban a la espera de todo aquel que quisiese entrar o salir. Esto alude a los muchos asaltantes del Otro Lado que están a la espera de todo aquel que se les acerque. Es sabido que el Satán es el seductor, el acusador y el ejecutor, todo en uno. Satán y sus fuerzas seducen a la persona para que entre en su ámbito. Entonces, tan pronto como demuestra el deseo de unirse a ellos, la acusan y la ejecutan, en general de manera inmediata. Así vemos que muchos han muerto súbitamente, antes de poder implementar la entrada al mal que intentaban hacer. Otros son seducidos y logran entrar, sólo para encontrarse atrapados, incapaces de liberarse. Si tratan de salir, son asesinados inmediatamente.

Estos eran los "guardias" que encontró el rabí Ioshúa. Como nos dice el relato mismo, si los ancianos notaban una huella de alguien entrando, matarían a los guardias de afuera. Si, por otro lado, notaban una huella de alguien saliendo, matarían a los guardias de adentro. En otras palabras, si alguien quiere entrar, lo matan afuera; y si alguien quiere salir, lo matan adentro. Ése es el significado de (Proverbios 2:19), "Ninguno que va hacia ella" –el ámbito del Otro Lado– "regresa ni retoma los senderos de la vida" (ver *Avodá Zará* 17a).

¿Qué hizo el rabí Ioshúa? Se puso las sandalias al revés y se quedó en la entrada dejando huellas. Cuando los ancianos notaron las marcas, presumieron que alguien había salido y mataron a los guardias de adentro. Entonces el rabí Ioshúa volvió a invertir sus sandalias y se quedó en la entrada haciendo huellas. Cuando los ancianos notaron las marcas, presumieron que alguien había entrado de modo que mataron al resto de los guardias. El rabí Ioshúa pudo entonces entrar....

El rabí Ioshúa tomó nota del miedo que tenía de entrar y del temor que sentía por los guardias y le atribuyó esto al hecho de no haberse perfeccionado como debía. "Aún debo tener algún mínimo apego a este mundo", se dijo, "y ello hace que tenga miedo". Pues es sabido que todo aquel que quiera descender al ámbito a través del cual se canaliza el poder hacia los malvados deberá estar totalmente libre de la mínima pasión corporal y purificado de todos los deseos físicos (*Likutey Moharán* I, 8).

Es por ello que el rabí Ioshúa dio vuelta sus sandalias. El *Tikuney Zohar* (#26, 72a) enseña que cuando Dios le dijo a Moshé que debía quitarse las sandalias frente a la zarza ardiente, le estaba advirtiendo de que aún tenía algún remanente y dejo de deseo físico del cual debía limpiarse. Las sandalias son así una alusión al cuerpo y fue en este respecto que se le oyó decir al Rebe Najmán de que uno debe refinar el cuerpo hasta que no quede hedor alguno de materialidad. Pues ha habido Tzadikim que quebraron sus deseos pero que aun así siguieron siendo como el cuero de un animal, que incluso después de ser curtido mantiene algo de olor. Por lo que es necesario eliminar incluso esto mediante una profunda purificación espiritual. Así, en su analogía, el Rebe dice que el cuero debe ser trabajado de un lado y del otro, hasta que se vea libre de todo olor indeseable (*Tzadik* #234).

Esto es exactamente lo que hizo el rabí Ioshúa. Dio vuelta sus sandalias y las volvió a invertir. En otras palabras, se purificó una y otra vez. Pues cuanto más se purifica la persona, más grande es el poder que tiene para enfrentar y destruir a las fuerzas del Otro Lado. Así después de la inversión inicial de las sandalias –el refinamiento inicial de su cuerpo– el rabí Ioshúa logró vencer a algunos de los guardias. Más tarde, cuando se despojó completamente de las pasiones corpóreas y se liberó de todos los deseos físicos, pudo destruir a los que quedaban.

Adentro, encontró a los Sabios más jóvenes sentados en la galería superior más prestigiosa y a los Sabios más ancianos sentados abajo.

Este ordenamiento asombroso será comprendido rápidamente por todo aquel que esté bien versado en el comportamiento de los que se oponen a la verdad. Así sean aquellos que propugnan las ideologías y filosofías seculares o incluso aquellos de entre los judíos rectos que han sido arrastrados a tomar partido en contra de la verdad e instigar así las peleas internas, invariablemente sucede que los instigadores más ardientes de la oposición y los más entusiastas partidarios de la disputa son los más jóvenes. Estos saltan al foro y arrogantemente acosan a la gente devota que se dedica de todo corazón al servicio divino. Sin ningún escrúpulo y con osadía los ridiculizan y hablan mal de todos aquellos con los que no están de acuerdo.

Mientras tanto, los componentes más ancianos se sientan debajo; se alejan y guardan silencio. Pero en cierto aspecto son peores que sus jóvenes camaradas. Pues fueron los ancianos los que, mediante sus palabras y enseñanzas malignas que instilaron en los jóvenes, generaron la controversia en primer lugar. Lo que sucede es que, habiéndose vuelto menos beligerantes en sus últimos años, dan la sensación de estar sentados a un lado.

Esto era hecho a propósito, para desorientar al intruso. Si saludaba primero a los ancianos, los más jóvenes lo acusarían de no haberles mostrado el debido respeto en virtud de su posición más preeminente. Y si primero saludaba a los más jóvenes en la galería superior, los ancianos lo acusarían de no haberles mostrado el respeto debido a su edad. Así, de la manera que fuese, siempre podrían acusarlo y condenarlo a muerte. El rabí Ioshúa comprendió esto y por lo tanto saludó a todos los Sabios de Atenas al mismo tiempo.

Esto, entonces, es lo que descubrió el rabí Ioshúa cuando entró al lugar de los Sabios de Atenas. "¿Qué debo hacer?", se preguntó. "Si saludo a los ancianos, los jóvenes me condenarán a muerte, diciendo, '¿Acaso no ves que somos más importantes que ellos, pues nos sentamos arriba y ellos se sientan abajo?'. Y si saludo a los jóvenes primero, los ancianos me condenarán a muerte, diciendo, '¿Acaso no ves que somos más importantes, pues somos más ancianos y ellos son más jóvenes?'".

Pues la verdad es que cada uno de ellos tiene una ventaja y una desventaja. Las personas jóvenes pueden ser muy irrespetuosas y no mostrar ningún reparo en atacar a los verdaderamente devotos, pero también tienen la ventaja de que, debido a que aún son jóvenes, no están asentadas en sus comportamientos e ideas adversas. Aún es posible hablar con ellas, debatir abiertamente y convencerlas de la verdad. Éste era el punto del Rebe Najmán cuando dijo que es más fácil hacer que la gente joven retorne a Dios (El *Libro de los Atributos*, Arrepentimiento B:4; *Likutey Moharán* I, 206; ver *Tzadik* #543). Las personas mayores, por otro lado, son mucho más obstinadas. Aunque se quedan a un lado y no parecen estar involucradas en la disputa, obstinadamente bloquean todo intento de convencer a los jóvenes de la verdad. En cuanto a los ancianos mismos, están demasiado enraizados en sus creencias equivocadas como para que puedan ser influenciados. Aun así, debido a que son mucho menos excitables, se puede razonar con ellos, al menos en el sentido de que lleguen a aceptar que el rencor y la controversia no benefician a nadie. Pero aquí es donde las personas jóvenes saltan a la palestra. Apasionadamente declaran su disposición a luchar por la causa. Con total falta de respeto, se niegan a prestarles atención a sus propios ancianos y dicen que son ellos, los jóvenes, quienes son los más prominentes.

Éste era el dilema del rabí Ioshúa. Si lograba convencer y superar a los Sabios jóvenes, los ancianos correrían a oponerse; y si lograba convencer y superar a los Sabios ancianos, los jóvenes correrían a oponerse. ¿Qué es lo que hizo? El rabí Ioshúa saludó a todos los Sabios de Atenas al mismo tiempo. "La paz sea con todos ustedes", dijo el entrar. Al hacerlo, les indicó que él tenía el poder de hacer la paz con todos ellos, tanto jóvenes como ancianos. Ésta era su manera de decir que podía convencerlos y superarlos a todos, pues la victoria del verdadero Tzadik es un aspecto de la paz. Pues tal Tzadik no tiene deseo alguno de victoria *per se*, sino que desea alcanzarla como medio de revelar la verdad y darles un bien eterno a los vencidos. En virtud de ello es conocido como "un hombre de paz" (cf. Números 25:12 que Pinjas, el Tzadik, recibió el pacto de paz).

Este último punto es muy importante. Lo esencial de la paz se manifiesta cuando una persona convence a otra de la verdad. Ésta es la unión de la verdad y de la paz expresada en el versículo (Zacarías 8:19), "Ama la verdad y la paz". Porque de ser lo contrario, Dios no lo permita, si la verdad fuera convencida y anulada por la mentira, esto no produciría paz. Pues la verdad por su naturaleza misma es eterna y nunca puede ser anulada absolutamente ni convertida en mentira. Éste es el significado de (Isaías 48:22), "Así dice Dios: 'No hay paz para los malvados'". Pues mientras estén vueltos hacia la mentira, será imposible una coexistencia pacífica con ellos. La verdad nunca puede ser anulada. De modo que la paz sólo se logra cuando el Tzadik convence y supera a aquellos que se oponen y argumentan en contra de ella.

Ahora podemos comprender por qué el rabí Ioshúa les dijo, "La paz sea con todos ustedes". Él declaró su habilidad para vencerlos convenciéndolos de la verdad, siendo ésta la verdadera paz. Incluso aunque los Sabios jóvenes estaban sentados arriba y los Sabios ancianos estaban sentados abajo, lo que le hacía imposible debatir con ellos, siendo un gran Tzadik tenía la capacidad de superarlos a todos al mismo tiempo. Pues él ya había invertido dos veces sus sandalias; se había limpiado de los deseos físicos mediante sucesivas purificaciones.

"¿Qué te trae aquí?", preguntaron. "Soy un sabio judío. He venido a aprender sabiduría de ustedes", les respondió.

Cuando los Sabios de Atenas le preguntaron al rabí Ioshúa para qué había ido, su respuesta fue, "Soy un sabio judío". Él quería dejar establecido que su sabiduría era sabiduría judía, exclusivamente; una sabiduría que se centra en el propósito último del hombre en el mundo. No había sido influenciado por la sabiduría vacua de los filósofos y sus ideologías ajenas ni por su ciencia. Toda su sabiduría era sabiduría judía, dedicada sólo al logro del objetivo final, algo a lo que el pueblo judío se ha ocupando constantemente y que le otorgó el nombre de "una nación sabia y entendida" (Deuteronomio 4:6).

El rabí Ioshúa quería que supiesen que "si bien es posible que la mayor parte del pueblo judío haya sido influenciada por la sabiduría externa, yo soy un sabio judío. Toda mi sabiduría es sabiduría judía, nada más. Pero ahora he venido a aprender sabiduría de ustedes. Estoy seguro de que podré aprender incluso de ustedes". Pues la verdad es que aquel que es un sabio verdadero es capaz de recibir sabiduría y alusiones para acercarse a Dios incluso de los baluartes del Otro Lado y de los sabios de las naciones. Ello se debe a que, en cada lugar y en cada situación, se oculta algo de bien y puede encontrarse la Divinidad, como en (Malaji 1:11), "En *todo lugar* [incluso en la idolatría], se quema incienso y se ofrecen sacrificios a Mi nombre". Lo que sucede es que se le advierte a la mayoría de la gente para que no se ponga en peligro entrando en esas ideologías y disciplinas, pues es muy probable que pueda quedar allí, atrapada. Pero el Tzadik es capaz de recibir incluso de ellos, con seguridad, en cumplimiento de la máxima de Ben Zoma, "¿Quién es sabio? Aquel que aprende de todos los hombres" (Avot 4:1).

"Si es así, te haremos algunas preguntas". "Muy bien", dijo el rabí Ioshúa. "Si me vencen, podrán hacer conmigo lo que quieran. Pero si yo demuestro ser más listo que ustedes, entonces les pediré que vengan a comer pan conmigo a bordo de mi nave".

Los comentaristas están asombrados de este intercambio. Después de que el rabí Ioshúa afirmó que había ido a aprender de ellos, los Sabios le propusieron hacerle algunas preguntas. ¡Al responderles, sería él quien los estaría iluminando a ellos! Sin embargo, en base a lo que se ha dicho más arriba, la respuesta es clara. Cuando el rabí Ioshúa les dijo, "He venido a aprender sabiduría de ustedes", no era porque él era menos sabio que ellos. Por el contrario, de esa manera estaba revelando cuán fuerte era en su verdadera sabiduría. Confiaba tanto en su fortaleza que no temía quedar atrapado en su locura. Podía recibir sabiduría incluso de ellos.

Por lo tanto, es completamente comprensible el hecho de que ellos le propusiesen hacerle preguntas a él. "Muy bien", dijo el rabí Ioshúa, "Si me vencen, podrán hacer conmigo lo que quieran. Pero si yo demuestro ser más listo que ustedes, entonces les pediré que vengan a comer pan conmigo a bordo de mi nave". Esto alude a la enseñanza: "Si tu enemigo está hambriento, dale pan" (Proverbios 25:21) – el pan de la Torá.

Es decir, el rabí Ioshúa les respondió, "Yo quiero hacer algo para beneficio de ustedes. Si los convenzo y demuestro ser más listo que ustedes, quiero que vengan conmigo y coman del pan de mis percepciones de Torá, a bordo de mi nave" – símbolo de la Torá en general. Esto serviría de prueba: Si lo deseaban, podían retornar a la verdad – siendo ésta la sincera intención del Tzadik genuino. Pero de lo contrario, sufrirían las consecuencias del siguiente versículo en Proverbios: "Carbones ardientes acumularás sobre su cabeza".

(La explicación del Rebe Najmán sobre los intercambios que siguen en la historia se encuentra en las Lecciones #23-31. Lo que sigue es la explicación del rabí Natán para aquellas partes de la historia que el Rebe no comentó).

***

B. Los Sabios de Atenas preguntaron, "¿Qué hay de la persona que le presta dinero a su vecino y le cuesta recuperarlo? ¿Por qué les presta entonces dinero a otros? ¿No debería haber aprendido su lección la primera vez?".

"Que no les sorprenda esto", les respondió el rabí Ioshúa. "Esa persona es como alguien que va a un pantano y corta cañas hasta que hace un atado. Cuando quiere levantarlo no puede. ¿Qué hace entonces? Continúa cortando y apilando nuevos atados sobre el primero, hasta que llega alguien y la ayuda. Entonces, levantan toda la carga, incluido el primer atado".

*

Escribe el rabí Natán:

Es sabido que el mayor ascendiente de toda plegaria, estudio de Torá y mitzvot se logra a través del verdadero Tzadik. Debido a ello, nos volvemos a él para todo apoyo y esperanza. Pues incluso aquél que está dedicado al estudio de la Torá y al cumplimiento de las mitzvot no puede elevar sus devociones hacia el lugar requerido sin el Tzadik. Como explica el Rebe Najmán, hay gente que estudia Torá y que sirve a Dios y que aun así está espiritualmente dormida. Necesita del Tzadik para despertar (*Likutey Moharán* I, 60).

Más aún, incluso la persona que se encuentra en un nivel espiritual bajo, quien, cada vez que comienza a orar, encuentra su mente invadida por distracciones y preocupaciones, debe sin embargo mantenerse firme y continuar orando a Dios. Al elevar todas las otras plegarias, el verdadero Tzadik elevará también esas plegarias confusas e incoherentes.

Los Sabios de Atenas preguntaron, "¿Qué hay de la persona que le presta dinero a su vecino y le cuesta recuperarlo?

La "persona que presta" alude a alguien que está orando. Esto está explicado por el Rebe Najmán (ver *Likutey Moharán* II, 1:9): Cada estrella toma prestado de su compañera... la luna recibe prestado del sol... y así en más, hasta el gran prestamista: la persona que se dedica a la plegaria. Esto también es verdad con respecto a todas las devociones que se llevan a cabo en el servicio a Dios, lo que coloca a la persona en la posición del que presta. No hay recompensa en este mundo por llevar a cabo las mitzvot; hoy es para hacer y mañana para recibir su recompensa.

El resultado de esto es que la persona que sirve a Dios está, por así decirlo, prestándole a Él, hasta que reciba su justa recompensa. Esto puede ser comprendido fácilmente con respecto a la mitzvá de la caridad –el dinero que uno les da a los necesitados es como un préstamo a Dios, quien es Aquel que les Provee a todos– también se aplica igualmente a todos los preceptos.

Ésta, entonces, era la pregunta de los Sabios de Atenas: "¿Qué sucede con la persona que ora y sirve a Dios (se vuelve un prestamista) y se da cuenta de que lo que hace es confuso e incoherente (la palabra *taraf*, que indica tener dificultades para cobrar un préstamo, también connota confusión)?". Como se mencionó, esto es algo que le sucede en general a la mayor parte de la gente: incluso cuando se esfuerza en orar, sólo puede lograr muy poco antes de que vuelva a distraerse y no pudiendo seguir.

¿Por qué les presta entonces dinero a otros? ¿No debería haber aprendido su lección la primera vez?".

"Si el caso es que sus plegarias y devociones son siempre confusas", preguntaron los Sabios, "¿por qué vuelve a orar? Después de comprobar que es incapaz de orar de la manera apropiada para que sus plegarias se eleven, ¿por qué sigue tratando? Estas plegarias también serán inadecuadas y la dejarán confusa".

Los Sabios de Atenas eran hombres malvados, totalmente opuestos a la santidad. Su intención, por tanto, era desanimar a todo aquel que quisiese arrepentirse y acercarse a Dios. "Viendo que sus plegarias no han encontrado respuesta, ¿Para qué preocuparse?", le preguntaron al rabí Ioshúa.

"Esa persona es como alguien que va a un pantano y corta cañas hasta que hace un atado. Cuando quiere levantarlo no puede. ¿Qué hace entonces? Continúa cortando y apilando nuevos atados sobre el primero, hasta que llega alguien y la ayuda. Entonces, levantan toda la carga, incluido el primer atado".

"Que esto no los sorprenda", les respondió el rabí Ioshúa. "Incluso aquellos que se dedican al estudio de la Torá y al cumplimiento de las mitzvot son incapaces de elevar sus devociones sin el verdadero Tzadik. Sólo él tiene el poder de elevar todas las cosas, incluso las plegarias confusas e incoherentes de aquellos que se encuentran en los niveles espirituales más bajos. Esto lo hace iluminando el poco de bien que puede encontrarse en esas plegarias, es decir, que la persona hace al menos el esfuerzo de orar. El Tzadik eleva todas y cada una de las palabras y construye a partir de ellas maravillosas estructuras".

El rabí Ioshúa les explicó a los Sabios que aquel que presta y que vuelve a prestar –que ora una y otra vez– es como alguien que va a un pantano. Un pantano, una zona de tierra ablandada por el agua, alude a la Torá que también se equipara con el agua. Esa persona fue a cortar cañas, fue a dedicarse al servicio a Dios. Logró juntar un atado de Torá y mitzvot pero descubrió que era incapaz de levantarlo. Pese a haber puesto un gran esfuerzo, aún no podía elevar sus devociones por sí sola.

¿Qué es lo que hizo? Debido a que, como explica Rashi, esa persona necesitaba igualmente de la ayuda de los demás, continuó cortando atados de Torá y de mitzvot, apilando los nuevos atados sobre el primero. Estaba esperando a que alguien llegase para ayudarla. Ese alguien hace referencia al verdadero Tzadik, quien es capaz de elevar todas las cosas.

Esto se aplica igualmente a la persona que, cada vez que comienza a orar, encuentra su mente inmediatamente invadida por distracciones y preocupaciones. Queda tan confusa que no puede seguir orando. Sin embargo, debe mantenerse firme y continuar orando a Dios, una y otra vez, todos los días. Pues el Tzadik, al elevar todas las otras plegarias, también elevará esas plegarias confusas e incoherentes.

Por el contrario, en lugar de abandonar tiene que hacer un esfuerzo todavía mayor y orar con más dedicación, para despertar la compasión del Tzadik y para que éste eleve en verdad sus plegarias al lugar indicado Arriba. Pues es posible que si todo lo que tiene es un solo atado, no haya nadie que quiera hacer el esfuerzo de venir y ayudarla por algo tan inconsecuente. Es por ello que deberá seguir cortando más atados, pues esto producirá algo digno de procurar la ayuda que necesita.

Lo mismo es verdad con respecto al servicio a Dios. Debido a que no puede elevar por sí misma sus devociones y plegarias, por ello mismo debe orar mucho más. Incluso la persona que sirve a Dios deberá generar atados sobre atados de estudio de Torá y de mitzvot, hasta que el Tzadik venga y eleve todo.

* * *

G. "Tenemos una piedra de molino que se ha quebrado en pedazos", le dijeron los Sabios al rabí Ioshúa. "¿Podrías coserla para nosotros?".

Tomando uno de los trozos de la piedra, se los arrojó y les dijo, "Háganme hilos con esto, como hacen las mujeres cuando sacan hilos de una prenda para poder coserla. Entonces les podré coser la piedra de molino".

"Imposible", le dijeron. "No es posible devanar hilo de una piedra".

"Entonces, ¡¿es posible coser una piedra de molino?!".

*

Escribe el rabí Natán:

La piedra de molino quebrada con la cual los Sabios de Atenas desafiaron al rabí Ioshúa sugiere la fe en los Sabios que ha sido quebrada. Enseña el Talmud: ¿Por qué las palabras de Torá son equiparadas a una piedra de molino? Pues, así como la piedra de molino nunca deja de trabajar, de la misma manera los sabios de la Torá nunca dejan de estudiar. De este modo, la piedra de molino alude al verdadero estudioso de Torá que trabaja para aclarar todas las *halajot*, la Ley Oral. Al hacerlo, es como una piedra de molino que separa el trigo de la cáscara.

"Tenemos una piedra de molino que se ha quebrado en pedazos", le dijeron los Sabios al rabí Ioshúa. "¿Podrías coserla para nosotros?".

Los Sabios le preguntaron al rabí Ioshúa, "Cuando una piedra de molino se quiebra" – cuando uno cae de la fe en los Sabios – "¿cómo es posible repararla y devolverla a su estado original?". Debido a que ellos mismos estaban muy lejos de esa fe, no podían comprender cómo era posible elevarla una vez que había caído. "¿Podrías coserla para nosotros?", le pidieron al sabio judío.

Tomando uno de los trozos de la piedra, se los arrojó y les dijo, "Háganme hilos con esto, como hacen las mujeres cuando sacan hilos de una prenda para poder coserla. Entonces les podré coser la piedra de molino".

Ahora bien, la verdad es que la elevación de la fe es algo asombroso, algo que el intelecto encuentra difícil de comprender. Pues, ¿cómo es posible elevar y aumentar la fe por medio de alguna sugerencia o consejo cuando la persona que carece de fe ni siquiera cree en la eficacia de ese mismo consejo? Así, por ejemplo, aunque se nos diga que hacer un voto es beneficioso para rectificar la fe en los Sabios, la persona que ha perdido la fe en los Sabios ciertamente no será ayudada por ese consejo. Debido a que no cree en él, no lo llevará a cabo.

En verdad, ¿cómo es posible elevar la fe una vez que ha caído? Pues aunque existen numerosas maneras mediante las cuales es posible restaurar las piezas quebradas de la fe y devolverle su plenitud, incluyendo el estudio de la *halajá* y decir palabras de fe, no serán de ninguna ayuda para la persona que no cree en ellas.

Sin embargo la verdad es que el pueblo judío es una nación santa, son creyentes hijos de creyentes, cuya raíz espiritual es la fe. Así, incluso si un judío llega a caer de la fe, Dios no lo permita, aún quedará en su interior un mínimo de esa raíz. Es posible que ese punto remanente sea muy pequeño y por lo tanto considerado como quebrado, pero sin embargo existe. Podemos dar testimonio de su existencia en el mismo hecho de que su caída le produce dolor. Si no fuese así, ello sería una señal segura de que ni siquiera existe un pequeño punto de fe. Pero en el corazón del corazón de cada judío existe al menos una vaga apreciación de la santidad de la fe judía: que Dios es Uno, Amo y Gobernante; y que Él tiene grandes y tremendos Tzadikim que Lo reconocen, Tzadikim en los cuales nos apoyamos.

Lo que sucede es que su experiencia de esa fe no es manifiesta ni completa. Aquí es donde entra en juego el consejo. Tan pronto como el judío recibe un buen consejo sobre cómo aumentar su fe, se aferra a él como si fuese una piedra preciosa. El punto de fe que tiene en el corazón del corazón le hace anhelar una manera para perfeccionar y elevar la fe que ha caído y se ha quebrado, y actuar sobre ella sin cuestionamientos.

No sucede lo mismo con los gentiles, en especial con sus sabios, cuya sabiduría es la sabiduría de la ideología y la filosofía secular. Ellos están muy alejados de la verdadera fe, en especial de la fe en los Sabios. Y lo mismo se aplica a aquellos judíos que se autoproclaman sabios. Aunque son judíos, se han extraviado en sus acciones al punto en que se han separado por completo de la fe en los Sabios. Por lo tanto, les es ciertamente muy difícil rectificar la fe quebrada, pues carecen totalmente de fe en los verdaderos Sabios y en su santo consejo.

Éste es el significado del rabí Ioshúa arrojándoles a los Sabios un trozo de la piedra de molino pidiéndoles que con ello hiciesen hilos para coser las piezas quebradas. En las mismas piezas quebradas encontrarían los medios para reparar la piedra. En otras palabras, el rabí Ioshúa les respondió que incluso si la fe del judío en los Sabios se ha quebrado, aún es posible que pueda tomar algún consejo de esos mismos Sabios y con ello restaurar la fe a su estado original. Aunque al caer de la fe en los Sabios haya dañado su unión con la santa fe en general –pues son ellos quienes nos traen una fe perfecta y sin la fe en ellos nuestra fe en Dios Mismo está incompleta– sin embargo puede ser rectificada por medio de la misma fe quebrada. Porque en el corazón de su corazón queda al menos algún pequeño punto de esa fe ahora quebrada. De ese modo habrá algo de sus santas y asombrosas sugerencias y consejos sobre la fe que ellos puedan aceptar y llevar a cabo, mediante lo cual lleguen a restaurar y rectificar aquello que se ha quebrado.

"Imposible", le dijeron. "No es posible devanar hilo de una piedra".

Pero alguien que ha caído en las ideologías seculares al punto en que ya no tiene fe en absoluto e incluso pone en ridículo a aquellos que tienen fe en los Sabios, ciertamente encontrará muy difícil rectificar su fe quebrada. Es por ello que los Sabios de Atenas replicaron inmediatamente que "no es posible devanar hilo de una piedra". En otras palabras, insistieron en que era imposible sacar hilos de fe de la piedra de molino, pues ellos no tenían fe en esa misma sugerencia.

"Entonces, ¡¿es posible coser una piedra de molino?!".

La respuesta del rabí Ioshúa fue que en verdad no era posible restaurar la fe quebrada de personas como ésas, que ni siquiera creen en el consejo mismo. Pues alguien que no puede hilar a partir de un trozo de la piedra de molino –es decir, llevar a cabo el consejo de los Sabios aunque su fe en ellos se haya quebrado– no puede ciertamente coser la piedra quebrada para reconstruir la fe que ha caído.

Pues la verdad es que la fe es llamada una piedra, como en (Salmos 118:22), "La piedra que los constructores rechazaron se ha vuelto piedra angular". Y aunque la fe se equipara a una piedra, debido a que la persona debe ser fuerte como una roca en su fe, sin embargo no debe ser comparada con una roca seca y dura que no tiene humedad. Más bien, la fe se asemeja a una piedra preciosa de la cual surgen toda clase de bendiciones y abundancia espiritual. Por lo tanto, es posible hacer hilos con los cuales restaurar la fe a partir de un trozo de la piedra de molino quebrada – de un consejo y de las santas palabras de los verdaderos Sabios y Tzadikim.

Pero para aquellos que se oponen a los Sabios y a los Tzadikim, la fe es como una piedra dura y seca. Por lo tanto, los Sabios dijeron "No es posible devanar hilo de una piedra" y el rabí Ioshúa estuvo de acuerdo. Pues es definitivamente imposible que tales personas puedan rectificar y reconstruir la fe.

*

Más adelante en la lección, el rabí Natán ofrece otra interpretación de este intercambio entre los Sabios de Atenas y el rabí Ioshúa. Sugiere que la piedra de molino quebrada alude a un daño en la pureza sexual, *pegam habrit*. La conexión entre la piedra de molino y las relaciones sexuales puede verse en la traducción del *Targúm Ierushalmi* sobre el versículo, "No tomes la piedra superior del molino como garantía de un préstamo, pues es como tomar en garantía la vida" (Deuteronomio 24:6). Esto, afirma el *Targúm*, se relaciona con aquellos que interfieren con las relaciones maritales entre el novio y la novia. En el *Likutey Torá* (p.277), el Ari enseña también que trabajar en el molino alude a la unión del novio con la novia.

"Tenemos una piedra de molino que se ha quebrado en pedazos", le dijeron los Sabios al rabí Ioshúa. "¿Podrías coserla para nosotros?".

Los Sabios le preguntaron al rabí Ioshúa, "Cuando se quiebra una piedra de molino" – cuando se daña el *brit* abusando de la sexualidad – "¿cómo es posible repararla?" – i.e., devolverle su pureza original.

Tomando uno de los trozos de la piedra, se los arrojó y les dijo, "Háganme hilos con esto".

El rabí Ioshúa les respondió de la siguiente manera: "¿Cómo hace un judío culpable de transgresión sexual para rectificar lo que ha hecho? ¡Mediante el acto mismo!". Al decirles que sacasen algún hilo del trozo de piedra de molino para volver a unir todo, el rabí Ioshúa les estaba diciendo que es posible traer rectificaciones para la transgresión sexual del mismo acto sexual. Mientras la persona se mantenga dentro de los límites de lo que permite la Torá, siempre será posible que su cohabitación genere una criatura judía y a partir de ello se producirá una rectificación del *brit*. Pues la manera esencial de rectificar el *brit* es engendrar niños judíos. Éste es el primer mandamiento de la Torá: "fructifíquen y multiplíquense". Cuantos más judíos nazcan en el mundo, más se santificará el nombre de Dios. Pues Su nombre se engrandece mediante las mitzvot, las devociones, las plegarias y las canciones de alabanza. Esto es verdad incluso del judío que peca; mientras siga siendo llamado judío, Dios se deleita en él y en las mitzvot que lleva a cabo. Como resultado, la existencia misma de cada judío –definido como tal debido a que declara la unidad de Dios al recitar el *Shemá* y llevar a cabo las mitzvot– rectifica la "piedra de molino" que sus padres quebraron.

Más aún, si el nacimiento de un simple judío, uno cuyo judaísmo juega un papel menor en su vida, tiene tal poder para rectificar los daños al *brit*, ¿cuánto más aún el de muchos judíos rectos y temerosos de Dios nacidos en cada generación? Además, periódicamente suele nacer un gran Tzadik, cuya singularidad es tan asombrosa que puede rectificar muchas generaciones. Y, una vez cada mucho tiempo, nace un Tzadik como el rabí Shimón bar Iojai, que puede incluso rectificar el mundo entero. Aun así, incluso el rabí Shimón nació como resultado de las relaciones entre su padre y su madre. ¿Y acaso hay algún motivo para suponer que todos sus ancestros fueron rectos y piadosos a ultranza? Por el contrario, lo más probable es que muchos hayan sido simples judíos, hombres y mujeres cuyas relaciones maritales no se llevaban a cabo con las devociones asociadas con una elevada santidad. Sin embargo, de ellos provino un Tzadik tremendo y santo, un hombre de Dios quien reconoció al Anciano y que al componer el *Zohar* reveló a Dios en el mundo como nadie lo había hecho antes.

Lo mismo se aplica a los grandes Tzadikim en todas las generaciones. "Se cuidadoso con los hijos de los incultos", advierte el Talmud, "pues de ellos vendrá Torá". De la misma manera, el Rebe enseña en nombre del Ari (*Likutey Moharán* I, 37): En general, las almas más elevadas y exaltadas llegan al mundo específicamente a través de la simiente de los incultos. Éste, explica el Ari, es el significado oculto del hecho de que Abraham descendió de un idólatra como Teraj, de que el rabí Akiba descendió de conversos y, en última instancia, de que el alma del Mashíaj descenderá también al mundo de una manera similar.

"Imposible", le dijeron. "No es posible devanar hilo de una piedra".
Los Sabios no podían aceptar la respuesta del rabí Ioshúa. Debido a que ellos mismos estaban hundidos en la inmoralidad, lejos de un *brit* rectificado, no podían comprender cómo era posible remediarlo una vez que había sido dañado. No podían aceptar el hecho de que a partir de la

unión física entre el esposo y la esposa era posible engendrar a alguien tan sagrado como para rectificar todo.

"Entonces, ¡¿es posible coser una piedra de molino?!".

Claramente, aquel que no cree que la unión entre el hombre y la mujer es, en esencia, algo santo y exaltado, no puede comprender cómo es posible rectificar el *brit* una vez que ha sido dañado. Esto es lo que el rabí Ioshúa les respondió a los Sabios, "Si ustedes no creen que sea posible sacar hilos de la piedra, entonces por supuesto no aceptarán el hecho de que la piedra pueda ser reparada". Y aunque, como resultado de la transgresión de Adán y de aquellos de las generaciones siguientes, el acto marital ha sido degradado, al punto en que parece ser sólo una herramienta para gratificar el cuerpo y el ego, la verdad es que hay personas rectas cuyas relaciones maritales se llevan a cabo con tal santidad que incluso al cohabitar están tremendamente unidas a Dios. Incluso la gente común, aunque siga los dictados de la Torá sin ninguna devoción adicional, podrá dar nacimiento a hijos judíos y producir la rectificación del *brit*. Sin embargo, los heréticos y los no creyentes son otra cosa. Debido a que ridiculizan todo esto y rechazan la posibilidad de que haya algo de santidad en la unión entre el esposo y la esposa – "No es posible devanar hilo de una piedra" – es en verdad imposible "coser la piedra" – i.e., *ellos* no pueden ser rectificados.

* * *

(Retornamos a la historia, a su conclusión, que relata cómo el rabí Ioshúa trató con los Sabios de Atenas).

Viendo que había vencido a los Sabios de Atenas, el rabí Ioshúa les dijo que debían cumplir con su parte del acuerdo y comer pan con él a bordo de su nave. A medida que los Sabios fueron llegando, el rabí Ioshúa los condujo, a cada uno, a un camarote separado. Cuando cada uno vio las sesenta sillas, supuso que sus camaradas estarían por llegar. El rabí Ioshúa entonces instruyó al capitán para que levase anclas y partiese. Antes de dejar Atenas, el rabí Ioshúa llenó una bolsa con tierra. En alta mar, pasaron junto a un remolino que tragaba toda el agua que uno le arrojaba. El rabí Ioshúa vio tres imágenes: una con las manos en la cabeza, otra con las manos en el corazón y la última con las manos detrás de la espalda. Tomó una pequeña jarra e inclinándose por sobre la borda de la nave la llenó con agua del remolino.

Al llegar a Roma, el rabí Ioshúa le presentó al Emperador a los Sabios de Atenas. Debido a que habían estado durante mucho tiempo lejos de su tierra, los Sabios se comportaban de manera humilde y recatada. No parecían en absoluto los sabios orgullosos y arrogantes que el Emperador esperaba. "Estos no pueden ser los hombres que te pedí que trajeras", insistió el Emperador. "¿Puedes probarme que éstos son los Sabios de Atenas?", le pidió al rabí Ioshúa.

Tomando un puñado de tierra de la bolsa que había traído con él, el rabí Ioshúa lo arrojó sobre los Sabios. Inmediatamente los hombres de Atenas sintieron el polvo familiar de su tierra natal y se transformaron. En un instante revivieron sus espíritus y les volvió su arrogancia aristocrática. Pensando que estaban cerca de su hogar, no tuvieron prurito alguno en hablarle de manera desafiante y desdeñosa al Emperador. "Puedes hacer con ellos lo que quieras", el convencido Emperador le dijo al rabí Ioshúa.

Tomando el agua del remolino que había traído, el rabí Ioshúa la volcó en una cisterna. "Llenen esta cisterna con agua", les ordenó a los Sabios, "y luego podrán irse". Los Sabios comenzaron a traer baldes de agua. Sin embargo, pese a toda el agua que volcaban en la cisterna, ésta era tragada por el agua que el rabí Ioshúa había puesto allí. Los Sabios de Atenas continuaron llevando más y más agua, hasta que finalmente se desplomaron y murieron.

*

Escribe el rabí Natán:
Viendo que había vencido a los Sabios de Atenas, el rabí Ioshúa les dijo que debían cumplir con su parte del acuerdo y comer pan con él a bordo de su nave. A medida que los Sabios fueron llegando, el rabí Ioshúa los condujo, a cada uno, a un camarote separado. Cuando cada uno vio las sesenta sillas, supuso que sus camaradas estarían por llegar.

Después de convencerlos y de superarlos con sus respuestas, el rabí Ioshúa llevó a los Sabios a su nave – a la santa Torá. Ubicó a cada uno de ellos en cada uno de los sesenta camarotes de la nave. Esto alude al hecho de que el rabí Ioshúa le enseñó a cada uno ideas de Torá específicas y leyes adaptadas específicamente para cada uno. Con esto los probaría para comprobar si estaban dispuestos sinceramente a aceptar la verdad.

El Talmud relata a continuación que cuando cada Sabio llegó y vio el arreglo de las sesenta sillas en el camarote al cual había sido llevado supuso que sus camaradas estarían por llegar. En otras palabras, cuando cada uno entró en su "camarote" de Torá y vio las tremendas ideas que contenía, también descubrió las sesenta sillas – las tremendas plegarias asociadas con esas ideas. Los Sabios estaban asombrados de esto, pues nunca imaginaron que cada enseñanza de Torá estuviese acompañada de numerosas y maravillosas plegarias, a partir de las cuales es posible, al dedicarse a ellas con verdad y devoción, alcanzar todo aquello que uno siempre necesitó.

En su asombro, cada uno dijo, "Todos mis camaradas se reunirán conmigo aquí". Es decir, sus camaradas, que también eran sabios, sin duda alguna verían la verdad tal cual él la estaba viendo ahora. Y aunque lo que él descubrió era de hecho verdadero y válido, la conclusión que sacó fue sin embargo obra del Satán. Esto coincide con el axioma espiritual que indica que, para mantener a la persona lejos de la verdad, sea como fuere, el Otro Lado actúa con gran astucia. Así, es muy común que los ojos de la persona se abran y se le muestre la asombrosa verdad de los verdaderos Tzadikim, pero que aun así no se comprometa ante esa verdad y ante el Tzadik que la posee. Ésta es la obra del Satán: la convence de que es mejor esperar hasta que todos los demás hagan el mismo descubrimiento y se comprometan. Pues su máxima preocupación es que su aceptación de la verdad pueda hacer que la consideren demente y perder su estatura frente a los demás. Sin embargo, siente que, si espera, podrá acceder a la verdad y a los verdaderos Tzadikim junto con todos los demás y así mantener su status y prestigio.

Ésta, en esencia, es la prueba principal: retornar a Dios y a Su verdad en un momento en que la verdad es considerada insignificante y en que aquellos que temen a Dios son despreciados, tal cual sucede hoy en día debido a nuestros muchos pecados. Por lo tanto, es correcto que la persona cuyos ojos han sido abiertos por Dios al punto de ser capaz de ver un mínimo de la real verdad de las ideas de Torá que el Tzadik le muestra, deba apegarse a ellas al igual que uno que se apega a la vida misma. Pero aquellos que están lejos de la verdad, debido a las poderosas influencias de este mundo y a sus luchas y seducciones, encuentran muy difícil acercarse. Ellos ven que son muchas las personas prestigiosas e influyentes que no se acercan y temen las consecuencias de acercarse solos. Éste es el motivo por el cual cada uno de los Sabios dijo que con seguridad sus camaradas se reunirían con ellos. Pues aunque cada uno comprendió dónde estaba la verdad, erróneamente esperó a sus camaradas, para no perder el prestigio acercándose solo.

Lo que esta persona no comprende es que ése es precisamente el momento de acceder a la verdad, cuando, al hacerlo tiene que aceptar la vergüenza y el ridículo que la acompañan. Pues esta aceptación es en verdad un proceso de limpieza de los pecados que, hasta ese momento, le han impedido acercarse a Dios. En verdad, sin la purificación que se produce a través de la angustia, ¿cómo podrá ser digna de tal iluminación? Esta prueba, por lo tanto, es su rectificación. Pero aquellos cuya sabiduría consiste en los interrogantes de las ideologías y filosofías seculares son incapaces de resistir esta prueba. Al igual que los Sabios de Atenas, esperan que el mundo entero se convenza, para aceptar con seguridad aquello que sus corazones ya han reconocido como correcto y válido.

El rabí Ioshúa entonces instruyó al capitán para que levase anclas y partiese.

El rabí Ioshúa les había dado a los Sabios de Atenas la posibilidad de probar la santidad de la sabiduría judía con la esperanza de que irían a aceptar la verdad de propio acuerdo. Ésta es, de hecho, la manera en que actúan todos los grandes Tzadikim. Ellos están llenos de compasión y se esfuerzan por acercar a los hombres al propósito para el cual fueron creados. Al mismo tiempo, saben que el hombre debe siempre operar con libertad de elección; que está prohibido retirarle el libre albedrío, pues todos los mundos dependen del ejercicio de esa propiedad específicamente humana. Los Tzadikim utilizan por lo tanto su gran sabiduría para tratar con cada persona en particular: despertándola a la verdad y permitiéndole sin embargo ser probada espiritualmente para que pueda ejercitar así su libertad de elección.

Después de comprobar que los Sabios aún no estaban dispuestos a aceptar la verdad, el rabí Ioshúa le ordenó al capitán levar anclas. La noción de zarpar alude aquí al hecho de que ocasionalmente se le permite al hombre un despertar espiritual proveniente de arriba. Súbitamente se siente motivado e inspirado al servicio a Dios, aunque sin esfuerzo de su parte. Esto se hace para despertarlo a la verdad. Entonces, tan rápido como llegó la inspiración así mismo desaparece y la persona se queda solamente con su libertad de elección. Pues ahora, después de haber probado un poco del servicio divino y una vez que se le ha retirado la motivación del cielo, se espera que la motivación provenga de ella misma.

De modo que ahora, viendo que aún seguían obstinados y que no volverían sin sus camaradas, el rabí Ioshúa le ordenó al capitán levar anclas. Como hemos visto, la "nave" es la Torá. El rabí Ioshúa ordenó que se les diese un despertar desde arriba, a partir de la santidad de la Torá. Ese despertar los llevaría durante un tiempo y entonces el rabí Ioshúa los volvería a probar.

Antes de dejar Atenas, el rabí Ioshúa llenó una bolsa con tierra. En alta mar, pasaron junto a un remolino que tragaba toda el agua que uno le arrojaba. El rabí Ioshúa vio tres imágenes: una con las manos en la cabeza, otra con las manos en el corazón y la última con las manos detrás de la espalda.

La "tierra" alude a los deseos físicos y a los malos rasgos de la personalidad. Estos surgen de los cuatro elementos, de los cuales la tierra es el más corpóreo. Así, el rabí Ioshúa tomó y ocultó sus deseos físicos para probarlos más tarde con ellos y demostrar que toda su sabiduría estaba enraizada en esos deseos. Pues ésa era la esencia de su disputa con el Emperador. Éste es también el significado de las palabras del profeta (Isaías 65:25), "La tierra será el alimento de la serpiente" – el sustento de las ideologías y filosofías seculares de la Serpiente proviene exclusivamente de lo terreno y de la corporeidad de los malos deseos.

Continuando con esta analogía, el Talmud nos dice que llegaron a un remolino que tragaba toda el agua que se le arrojaba. Esto hace referencia al deseo básico del cual es más difícil liberarse: el deseo de dinero. Al igual que ese remolino, el deseo de dinero se traga todo. Todo el dinero del mundo no es suficiente para la persona codiciosa, pues por más que tenga siempre desea más. Sea cual fuere la cantidad de dinero con la que Dios la haya bendecido, siempre será tragado como si no hubiese ganado nada. Siempre querrá más y más.

El deseo de dinero es por lo tanto llamado un remolino que traga todo lo que cae en él. El Salmista dice así (Salmos 69:16), "No me anegue el torrente de las aguas ni me trague el abismo". A partir de esto podemos ver que la búsqueda de dinero es algo universal y que el hombre no le presta atención a lo que le espera al final.

Mirando en el mar, el rabí Ioshúa vio tres imágenes. Esto alude a las tres formas de idolatría y a las fuerzas del mal que separan a la persona de Dios. El servicio a Dios depende principalmente de la mente y del corazón. El hombre debe atraer hacia sí el verdadero conocimiento y luego llevar ese conocimiento desde la mente hacia el corazón, para eliminar los deseos. Sin embargo, las fuerzas malignas tratan de impedirlo.

La imagen con las manos en la cabeza ataca el conocimiento en la mente y hace que ésta tenga pensamientos de dinero y otros deseos. La segunda, cuyas manos están sobre el corazón, ataca el corazón y lo hace anhelar los placeres físicos de este mundo. Aun así, es posible que todavía quede alguna buena cualidad, mediante la cual la persona pueda superar los deseos del corazón y los pensamientos tortuosos de la mente. Ello se debe a que, pese al control que esas fuerzas malignas ejercen sobre la mente y el corazón, se despierta la esencia interna del bien que posee cada judío. Aún hay esperanzas, siempre y cuando se mantenga firme en su resolución de no ser separado totalmente de Dios.

Sin embargo, aquí es donde aparece la tercera imagen, aquélla con las manos detrás de la espalda. Como nos dice el Talmud, esta fuerza es la "última" – la más difícil de contrarrestar. La posición de sus manos es un símbolo de la manera en la cual esta fuerza aleja a la persona de Dios y de los Tzadikim. Le dice: "¿Para qué todos tus esfuerzos? Mira cuánto tiempo has estado asociada con estas personas piadosas y temerosas de Dios, tratando de ser como ellas. ¿Qué puedes mostrar de todos tus esfuerzos? ¡Todos tus pensamientos tortuosos y deseos físicos aún son tan fuertes como siempre! Estás perdiendo el tiempo. Mejor será que olvides todo y te ocupes de ganarte la vida como todos los demás. Pues en definitiva, sólo se trata de dinero".

Esta fuerza maligna es la peor de todas. Mientras la persona mantenga el ánimo, sin importar en qué nivel espiritual se encuentre, tendrá una manera de rectificarse. El solo hecho de asociarse a personas rectas y temerosas de Dios, aunque ella misma no sienta ningún crecimiento espiritual y aunque crea estar más lejos de Dios que antes, ello mismo es muy valioso. Pues, ¿quién sabe lo que habría sido de ella de no haber estado asociada con gente piadosa? Ciertamente habría sido peor. Ninguna persona sabe qué pruebas y tribulaciones le tiene preparada la vida; ni puede estar segura de sí misma, como enseñaron los Sabios: No confíes en que ti mismo hasta el día de tu muerte.

Tomó una pequeña jarra e inclinándose por sobre la borda de la nave la llenó con agua del remolino.

Es decir, el rabí Ioshúa llevó consigo la esencia del deseo de dinero. Hizo esto para expulsar y vencer a los Sabios si aún se negaban a aceptar más tarde la verdad.

Al llegar a Roma, el rabí Ioshúa le presentó al Emperador a los Sabios de Atenas. Debido a que habían estado durante mucho tiempo lejos de su tierra, los Sabios se comportaban de manera humilde y recatada. No parecían en absoluto los sabios orgullosos y arrogantes que el Emperador esperaba. "Estos no pueden ser los hombres que te pedí que trajeses", insistió el Emperador.

Debido al hecho de que los Sabios habían entrado a la nave plenos de Torá y de plegaria y a causa de que el rabí Ioshúa había ordenado que fuesen cambiados mediante un despertar desde arriba, su apariencia no era ya la que solían tener. En lugar de ser los hombres orgullosos y soberbios que el Emperador esperaba, se presentaron humildes y simples, tal como suele ser la gente recta y temerosa de Dios. "Estos no pueden ser los hombres que te pedí que trajeses", insistió el Emperador. "Por el aspecto de sus rostros, estas personas se asemejan a los verdaderamente piadosos".

Tomando un puñado de tierra de la bolsa que había traído con él, el rabí Ioshúa lo arrojó sobre los Sabios. Inmediatamente los hombres de Atenas sintieron el polvo familiar de su tierra natal y se transformaron. En un instante revivieron sus espíritus y les volvió su arrogancia aristocrática. Pensando que estaban cerca de su hogar, no tuvieron prurito alguno en hablarle de manera desafiante y desdeñosa al Emperador.

El rabí Ioshúa tomó un puñado de tierra —es decir, la materialidad y la corporeidad de todos los malos deseos y malos rasgos de carácter— y se los arrojó. En esa tierra los Sabios sintieron nuevamente sus deseos anteriores e instantáneamente se transformaron en lo que habían sido. Así volvió su anterior osadía y arrogancia de modo que no tuvieron reparo alguno en hablarle de manera desafiante y desdeñosa al Emperador. Ésta era una prueba clara de que toda su sabiduría estaba enraizada en los deseos físicos, pues tan pronto como percibieron el olor de esos deseos originales revirtieron a la ideología y a la arrogancia anterior. "Si éste es el caso, puedes hacer con ellos lo que quieras", el convencido Emperador le dijo al rabí Ioshúa.

Tomando el agua del remolino que había traído, el rabí Ioshúa la volcó en una cisterna. "Llenen esta cisterna con agua", les ordenó a los Sabios, "y luego podrán irse".

Como se explicó, el agua del remolino alude al deseo de dinero. El rabí Ioshúa tomó el agua y la volcó en una cisterna. El término para "cisterna" que aparece en este pasaje Talmúdico, *tigra*, se asemeja a la palabra *tagar*, que significa "conflicto y disputa". Esto se relaciona con el hecho de que las disputas y los conflictos son motivados predominantemente, de una manera u otra, por el deseo de dinero. Los participantes de esos conflictos son llamados por lo tanto "hombres de *damim*". La palabra *damim* tiene dos connotaciones: dinero y sangre – y ambas se aplican aquí. Debido al deseo de *damim* (dinero), la gente llega al conflicto y al derramamiento de *damim* (sangre).

Al insistir en que llenasen toda la cisterna con agua, el rabí Ioshúa estaba arrojando a los Sabios a las profundidades mismas del deseo de dinero. Ésta es la manera principal de inducir la caída de nuestros enemigos. Como explica el Rebe Najmán (*Likutey Moharán* I, 23), la manera de vencer a los oponentes del Tzadik es arrojarlos hacia el deseo de dinero. Éste, según explica, es el significado del versículo (Deuteronomio 33:27), "Él echará delante de ti al enemigo y proclamará: '¡Destrúyelo!'". Pues por más dinero que tenga, siempre querrá más, hasta que esa insaciable codicia termine destruyéndolo.

"Llenen su deseo de dinero", les dijo el rabí Ioshúa a los Sabios, "¡y entonces podrán irse!".

Los Sabios comenzaron a traer baldes de agua. Sin embargo, pese a toda el agua que volcaban en la cisterna, ésta era tragada por el agua que el rabí Ioshúa había puesto allí.

Sea lo que fuere que ganaran y arrojaran en las aguas de sus malos deseos, siempre era tragado. Esto se asemeja a lo que sucedió con las siete vacas gordas en el sueño del faraón. Fueron "tragadas" por las siete vacas enjutas "y no se conocía que hubieran entrado en sus entrañas"

(Génesis 41:21). Como hemos visto, esto alude a los atributos positivos que son consumidos y absorbidos por los atributos negativos.

Los Sabios de Atenas continuaron llevando más y más agua, hasta que finalmente se desplomaron y murieron.

Al igual que los Sabios de Atenas que seguían arrojando más y más agua, las personas que quedan atrapadas en el deseo de dinero malgastan todos sus días tratando de satisfacer ese deseo. Esto continúa hasta que se desploman y mueren – desarraigadas tanto de este mundo como del próximo.

Ahora bien, esto tiene lugar por dos motivos: Se consideran sabios y conocedores y, por otro lado, no tienen fe en los Sabios. Pues el principal camino para rectificar el deseo de dinero es la asociación con el Tzadik. Él tiene el poder de endulzar la amargura de la vida de modo que, aunque hasta cierto grado todos están atrapados en la búsqueda de dinero, hay una gran diferencia entre aquellos que están cerca del Tzadik y de los verdaderamente piadosos y aquellos que no lo están. Cuanto más uno se aleja del Tzadik, y más aún si uno se opone a él, más será tragado por el deseo de dinero, al cual le entregará toda su vida – literalmente. Por el contrario, cuanto más uno se acerque a los Tzadikim y a los verdaderamente piadosos, más se endulzará la amargura de este mundo – el deseo de dinero. Merecerá estar satisfecho y contento con lo que posee.

*

En conclusión, el rabí Ioshúa ben Janania les demostró a los Sabios de Atenas que toda su sabiduría estaba enraizada en los deseos. Debido a su fuerte apego a los deseos físicos y, en particular, al deseo de dinero, no podían aceptar la verdad. No podían reconocer la asombrosa y verdadera sabiduría del Tzadik que realmente sigue la Torá de Dios. Lo mismo se aplica a todos los sabios y eruditos, incluso a aquellos entre los judíos, que no se han santificado completamente y que se niegan a disminuirse delante de verdadero Tzadik que se ha limpiado totalmente de todo rasgo de deseo. Todas sus objeciones y razonamientos para oponerse y rechazar al verdadero Tzadik sólo provienen de los deseos; pues no se han liberado de ellos y en particular, del deseo de dinero. Comprende bien esto.